일러두기

1. 표제어의 표기는 '한글 [프랑스어]'를 기본으로 한다. 이때 한글 표기는 공식적 혹은 대중적으로 통용되는 것을 선정하여 기재한다. 단, 영어와 표기가 다를 경우, 영어 표제어가 필요할 경우엔 '한글 [프랑스어 / 영어]'로 표기한다.
    [예] 독수리 [Aigle / Eagle], 불가사의한 출산 [Accouchements Prodigieux / Prodigious Births]

2. 표제어 안의 괄호는 인물의 성, 별칭, 추가 설명 등을 표기한다.
    [예] 수도원장 아담 [Adam(L'Abbé)], 쟈네뜨 다바디 [Abadie(Jeannette d')]

3. 표제어가 둘 이상일 경우 쉼표(,)로 구분한다. 한글 표기에서는 '또는'을 사용한다.
    [예] 아브라카스 또는 아브락사스 [Abracax, Abraxas]

4. 본문 내의 인물, 지역의 병기는 영어를 기본으로 한다. 단, 프랑스 인물, 프랑스 지역이라면 프랑스어로 표기한다.

5. 인용 문헌의 제목이 라틴어일 경우 라틴어로 병기한다.

6. 인용 문헌의 표기는 겹낫표(『 』)를 사용한다. 인용 신문의 표기는 겹괄호(《 》)를 사용한다.

7. 역주는 해당 단어, 문구에 *, **, *** 등으로 표기한다.

8. 인용 문헌을 기재할시 'Lib.'는 '권'으로, 'Cap.'과 'Ch.'는 '장'으로, 'T.'는 '권' 혹은 '호'로, 'P.'는 '페이지'로, 'Dis.'는 '논설'로 'Ext.'는 '추가본'으로 번역 표기한다.

9. 인용 문헌의 표제는 원본 서적에 실린 것과 같이 생략형으로 표기, 번역하기도 한다.

10. 표제 삽화는 해당 내용 중간 혹은 하단에 삽입한다.

파이크로 공격을 하는 아이슬란드 마법사

DICTIONNAIRE
INFERNAL

지 옥 사 전
PART II

영, 악마, 마법사, 지옥과의 교류, 점술, 사악한 저주, 카발라 및 기타 오컬트학, 경이, 사기, 다양한 미신 및 예언, 강신술의 실체 그리고 일반적으로 통용되는 경이롭고, 놀랍고, 신비하고 초자연적인 잘못된 믿음에 얽매여있는 존재, 인물, 책, 사건과 사물들

F - N

J. Collin de Plancy

저자. 자크 콜랭 드 플랑시 **역자.** 장비안

1863

F

파알 [Faal] 생 장 다크르Saint-John d'Acre의 주민들이 평상시 많이 읽던 어느 천문 관찰 모음서에 붙인 이름.

파베르(알버트 오톤) [Faber(Albert-Othon)] 17세기 함부르크Hamburg에 살던 의사. 음용 금에 관한 황당무계한 몇몇 글을 남겼다.

파베르(아브라함) [Faber(Abraham)] 평범한 병사에서 프랑스의 장성으로 거듭난 인물. 루이 14세Louis XIV 시절 명성을 떨쳤다. 그는 악마와의 거래를 통해 성공했다는 황당한 풍문에 시달렸다. 이는 그가 평소 판별점성술을 믿던 데서 비롯되었을지도 모른다.

파브르(피에르 장) [Fabre(Pierre-Jean)] 17세기 초 화학 발전에 기여했던 몽펠리에Montpellier의 의사. 파브르의 화학엔 약간의 연금술이 가미되어 있었다. 그는 해당 분야를 비롯한 식물 기반 치료술에 관한 책을 펴냈다. 그 중 가장 흥미로운 책은 『기독교인 연금술사L'Alchimiste chrétien』(1632년, 툴루즈, 8절판)이다. 그는 『헤라클레스 피오키미쿠스Hercules piochymicus』(1634년, 툴루즈, 8절판)를 저술하기도 했다. 이 책에서 파브르는 헤라클레스의 업적이 연금 철학술의 비밀을 다루는 상징에 불과하다고 주장했다.

파브리시우스(장 알베르트) [Fabricius(Jean-Albert)] 1668년 라이프치히Leipzig에서 태어난 독일인 서지학자. 교회가 구약성경과 신약성경 모두에서 배제한 외경들을 모아 책으로 제작했다. 이 책에는 동방 미신과 민담에 관한 흥미로운 이야기가 수록되어 있다.[1]

> (1) 『검열과 관찰의 증거로 수집, 수정, 설명된 구약성서의 외경 사본Codex pseudepigraphus Veteris Testamenti, collectus, castigatus, testimoniisque censuris et animadversionibus illustratus』, 1715년, 함부르크와 라이프치히, 8절판. 『신약성서의 외경 사본Codex apocriphus Novi Testamenti』, 1719년, 함부르크, 8절판 등.

파즐 이븐 살 [Fadhel-Ben-Sahal / Fazl Ibn Sahl] 칼리프 알마문Caliph Al-Ma'mun의 재상. 위대한 점성가이기도 했다. 그 내용이 사실이라는 전제하에, 파즐 이븐 살은 놀라운 점술과 예언을 펼쳤다. 그의 계산된 용의주도함은 곤경을 통해 배운 것임이 분명하다.[1]

> (1) 『예언가 이야기Légendes de l'esprit prophétique』 속 그의 이야기를 참조할 것.

악마의 허기 [Faim Diabolique / Devilish Hunger] 악마는 빙의된 자들에게 채울 수 없는 허기짐을 느끼게 하며 재미를 보곤 한다. 브로뇰리Brognoli는 아침부터 저녁까지 끊임없이 음식을 먹으면서도 포만감을 느끼지 못하는 어느 아이를 빙의에서 구해낸 적이 있다. 괴레스Görres는 저서 『신비주의Mystique』 7부 20장에서 이 광기 어린 식욕에 관한 많은 예시를 들고 있다. 이 예시 중에는 물 한 양동이를 한 번에 마시는 아이의 이야기도 등장한다. 주목할 만한 것은, 이 끔찍한 질병이 오직 구마 의식을 통해서만 치유되었다는 것이다.

페어팍스(에드워드) [Fairfax(Edouard / Edward)] 16세기 영국의 시인이자 『악마학Demonology』이라는 표제의 책을 펴낸 작가. 페어팍스는 자신의 저서에서 상당히 순진한 태도로 마법을 다루고 있다.

페어 포크 [Fairfolks / Fair Folk] 스코틀랜드에 나타나는 장난꾸러기 요정의 일종. 프랑스의 요정과 유사하다.

페어리 [Fairies] 영국에서 요정을 부르는 명칭이다.

파키어 [Fakir] 참조. 파퀴어Faquir.

우소리 [Fakone / Usori] 일본의 호수. 일곱 살이 되기 전에 죽은 모든 아이가 머무는 일종의 고성소*가 있던 곳이다. 일본인들은 이곳에서 아이들의 영혼이 행인에 의해 해방되기 전까지 형벌과 고통을 겪는다고 믿었다. 승려들은 신의 이름이 적힌 종이를 판매했다. 주민들은 이 종이를 물에 던지면 아이들의 고통을 덜 수 있다 믿었다. 그로인해 호수의 가장자리가 종이로 뒤덮이기도 했다. 이는 교회의 변질된 풍습과 유사하다.

* 천국과 지옥, 연옥 중 어디에도 가지 못한 영혼들이 머무르는 장소.

팔콘 [Falcon / Falckon] 1812년 사망한 독일인 연대기 작가 아르체놀즈Archenolz는 1788년 파리Paris에서 출간한 저서 『영국의 정경Tableau de l'Angleterre』에서 다음과 같은 이야기를 기록했다. "지난 30년간 런던 카발라 연대기에서 유명세를 떨친 비범한 남자가 있었다. 그의 이름은 하임 사무엘 제이콥 포크Hayyim Samuel Jacob Falk였으며, 주로 팔콘 박사라 불렸다.

얼마 전 프랑스군 여단장을 지내던 중 사망한 란조우Rantzau 백작은 카발라와 마법 등을 다루는 회고록에서 이 포크라는 자를 언급했다. 란조우 백작은 브라운슈바이크Brunswick에 있는 아버지의 토지 중 한 곳에서 포크를 목격했다고 기록했다. 목격한 곳엔 여러 저명한 인물들이 있었는데, 백작은 이들 모두의 이름을 열거하며 이야기가 진실한 것임을 보여주려 하였다. 포크는 유령들을 소환하였다. 포크는 이 소환을 위해 쉬롭퍼Schropfer*의 방법을 이용한 것일까? 그것까진 알 수 없으나, 확실한 것은 이 남자가 현재 런던에 살고 있다는 것이다. 그가 드물게 외출에 나설 때는 엄숙하면서도 매력 있는 외모에 긴 수염을 하고 있다. 또 늘 잘 어울리는 발목 길이의 가운을 입은 채이다. 포크는 현재 일흔 살 정도의 나이가 되었다. 나는 굳이 여기서 대중들이 이 노인이 행했다고 떠드는 믿을 수 없고 놀라운 일들을 나열하지 않을 것이다…." 참조. 쉬롭퍼Schopfer.

* 독일의 사기꾼이자 강령술사.

팔코네(노엘) [Falconet(Noël)] 1734년 사망한 의사. 그의 저서 중에선 음용 금에 관한 서신과 해설만을 언급하도록 하겠다. 그가 쓴 글들은 제법 흥미롭다.

광신주의 [Fanatisme / Fanaticism] 모든 과도한 행위를 금기시하는 교회는 언제나 광신을 규탄해왔다. 신세계* 정복자들의 광신적 행위는 흉악범들에 의해 저질러졌고, 성직자들은 온 힘을 다해 이에 맞서 싸우곤 했다. 바르톨로메 데 라스 카사스Bartolome de las Casas의 생애와 저서를 살펴보면 이러한 사실을 확인할 수 있다. 작가와 철학자들은 광신이 아닌 것도 광신이라 불렀다. 예를 들자면 성 바르톨로메의 정치적 학살이 종교에 기반했다 주장한 것이다. 하지만 두 요소는 서로 관계가 없다. 이 작가들은 주변 모든 것을 말살시키던 세벤느Cevennes 광신도들을 보호하는 일도 벌였다.

이단은 물론 마법에서도 도가 지나친 광신적 행위를 갖게 목격할 수 있다. 루이 12세Louis XII 통치 시절의 일이다. 어느 파리 대학교 학생이 호메로스Homer 종교에 대한 확신 때문에 신부 손에 들려있던 성체의 빵을 빼앗아 발로 짓이겨버린 일이 있었다. 광신이란 바로 이런 것이다. 유대인들은 광신을 두고 무수한 예시를 들고 있다. 위대한 광신은 많은 현대 철학자를 구별해낸다. "광신에는 정치적 광신, 문학적 광신, 전사적 광신, 철학적 광신이 존재한다[1]." 우리는 자신이 점술가라 주장하며 사원에서 신탁을 내리는 자를 파나Fana(광기)라고 부른다. 오늘날 광신은 눈이 먼 모든 열의를 가리킨다.

(1) 베지에Bergier, 『신학 사전Dictionnaire théologique』. /
* 과거엔 남북 아메리카를 신세계라 지칭했다.

파니우스(가이우스) [Fannius(Gaius)] 네로Nero에 대적하는 작품을 만드는 도중 공포로 인해 사망한 역사학자. 그가 세 권의 책을 완성한 뒤 네 번째 책의 집필을 시작하고 있었을 때, 생생한 모습의 네로가 꿈에 나타났다. 네로는 앞서 완성된 세 권의 책을 살펴본 뒤, 네 번째 책은 쳐다도 보지 않고 사라졌다. 그 꿈은 파니우스를 겁에 질리게 만들었다. 그는 저서가 완성되지 않을 것이라 믿었고, 실제로 얼마 지나지 않아 사망했다.

판타스마고리아나 [Fantasmagoriana] 유령과 귀신이 주인공으로 등장하는 민담 집록에 붙은 제목. 이 장황한 이야기의 대부분은 독일어로 번역됐다(1812년, 파리, 12절 판,2부작).

주마등 [Fantasmagorie / Phantasmagoria] 일종의 개량을 거친 환등기로 펼치는 광학 공연. 순진한 자의 눈엔 마법처럼 보일 수 있다.

귀신 [Fantômes / Ghosts] 옛사람들을 몹시 겁에 질리게 만들었던 나쁜 징조의 혼 혹은 망자. 과거엔 쐐기풀과 함께 서양톱풀을 들고 있으면 이들을 두려워하지 않아도 된다 믿었다. 하지만 그럼에도 귀신의 공포를 이겨낼 수는 없었다[1]. 유대인들은 얼굴에 베일을 덮고 있으면 귀신이 알아보지 못한다고 주장했다. 다만 북스토르프Buxtorf의 말에 따르면 그 사람이 죄인일 경우, 망령이 확인하고 쫓을 수 있도록 얼굴에서 베일이 떨어진다고. 때때로 귀신은 죽음을 고하러 찾아온다. 스코틀랜드 왕 알렉산더 3세Alexandre III의 죽음을 알리고자 그의 결혼식에 나타난 귀신처럼 말이다.

실제로 왕은 혼인 후 얼마 지나지 않아 사망했다. 카메라리우스Camerarius는 당대의 교회에서 머리가 잘린 채 수도자나 성직자의 차림을 한 귀신을 볼 수 있었다고 기록했다. 귀신은 명이 곧 다할 수도자, 수녀의 성직자 석에 앉아있었다고 한다.

스페인의 한 기사가 수녀를 상대로 범죄 계획을 꾸미고 있었다. 어느 날 밤, 수도원 교회당 열쇠를 손에 넣은 기사는 그곳을 지나다 촛불이 밝혀진 것을 보게 되었다. 그곳에선 처음 보는 신부들이 무덤 하나를 둘러싼 채 추도의 기도를 올리고 있었다. 기사는 신부 중 한 명에게 다가가 누구를 위해 기도를 올리는지 물었다. 신부가 답했다. "바로 당신이죠." 모든 신부가 그에게 똑같이 답했다. 겁에 질린 기사는 교회당에서 뛰쳐나와 말을 타고 집으로 향했다. 그리고 집 앞에서 두 마리의 개에게 목이 물려 사망했다[2].

역마차를 타고 여행 중이던 어느 여성의 놀라운 일화도 있다. 그녀는 마차 차축이 망가져 어쩔 수 없이 한 마을에서 하룻밤을 묵게 되었다. 때는 가을로 공기는 차갑고 축축했다. 마을에는 하숙집이 없었기에, 주민들은 그녀를 성으로 안내했다. 성주를 알고 있던 그녀는 고민하지 않고 성으로 향했다. 그녀를 마중 나온 성의 관리인은 지금 성에 결혼을 축하하기 위해 많은 사람이 모여있다 알려주었다. 그리고 성주에게 그녀가 도착했다는 사실을 알리겠다 덧붙였다. 극심한 피로로 피폐한 몰골이 된 그녀는 그저 휴식을 취하고 싶은 마음뿐이었다. 그녀는 관리인에게 성주를 귀찮게 하지 말라 부탁하며, 침실 하나만 내어 줄 것을 요청했다. 하지만 접객들로 인해 빈방은 없었다. 성 한구석에 마지막 남은 빈방이 있었으나, 상태가 부실해 관리인은 선뜻 그 방을 제안하지 못했다. 그러나 그녀는 침대와 벽난로만 있다면 그것만으로 충분하다 답했다. 관리인이 요구를 들어주었고 그녀는 간단하게 저녁을 먹고 몸을 따뜻하게 한 뒤 침대에 누웠다. 잠이 들려는 순간, 쇠사슬 소리와 함께 음산한 소음이 들려와 그녀를 깜짝 놀라게 했다. 소리는 점점 가까워졌고 문이 열렸다. 벽난로의 불빛이 비치는 곳에 남루한 흰 천을 덮은 망령이 들어오는 것이 보였다. 새하얗고 비쩍 마른 몸, 길고 무성히 자란 수염, 목 주위에 둘둘 감긴 쇠사슬은 이 세상의 존재가 아님을 알려주었다. 벽난로에 가까이 다가가 그 앞에 누운 귀신은 몸을 삐걱대며 사방을 돌아보았다. 그리고 침대 곁에서 나는 소리에 즉각 반응하며 일어서서 다가왔다. 그 어떤 전사라고 해도 이 같은 상황에 용감히 맞설 수 있을까? 하지만 그녀는 용감했고, 주저함 없이 침대와 벽 사이 공간으로 빠져나왔다. 오히려 공포감이 민첩하게 움직이는 데 도움이 되었다. 그녀는 잠옷을 입은 채 전속력으로 길고 어두운 복도를 달렸다. 뒤에선 계속해서 성벽에 부딪히는 쇠사슬 소리가 들려왔다. 마침내 희미한 불빛을 발견한 그녀는 그곳이 관리인의 방문임을 알아보았다. 그녀는 문을 두드린 뒤 문턱 위로 쓰러졌다. 문을 연 관리인은 그녀를 침대로 옮긴 뒤 최선을 다해 보살폈다. 그녀는 관리인에게 겪었던 모든 일을 들려주었다. 관리인은 탄식했다. "그 미친 사람이 쇠사슬을 끊고 도망쳤군요!" 미친 사람은 성주의 부모로, 몇 년째 그곳에 갇혀 있었다. 그리고 문지기들이 결혼식에 참석한 틈을 타 쇠사슬을 풀었고 우연히 여행객 방에 닿았던 것이다. 이를 마주한 여행객은 크게 겁에 질려 달아날 수밖에 없었다[3]. **참조.** 유령Apparitions, 환상Visions, 환각Hallucination, 영Esprits, 망령Revenants, 요괴Spectres, 데줄리에르 Deshoulières 등.

(1) 『대 알베르투스의 경이로운 비밀들Les admirables secrets d'Albert le Grand』. / (2) 토르케마다Torquemada, 『6일 창조Hexameron』 / (3) 『스펙트리아나Spectriana』, 79페이지.

하늘을 나는 유령 [Fantôme Volant/ Flying Ghost] 바스 브르타뉴Basse-Bretagne 지역에선 폭풍우가 칠 때 공기 중에 하늘을 나는 유령의 소리가 들린다고 믿는다. 이 유령은 나무의 뿌리를 들추고 초가집을 날리는 주범으로 지목된다. **참조.** 플라잉 더치맨Voltigeur Hollandais.

파피시아 [Fapisia] 포르투갈인들 사이에 잘 알려진 식물. 악마를 쫓는데 탁월한 효과가 있다[1].

(1) 드 랑크르Pierre de Lancre, 『악마의 변화론Tableau de l'inconstance de démons』 등, 4권, 297페이지.

파퀴어 또는 파키어 [Faquir / Faqir, Fakir] 인도엔 파퀴어라 불리는 솜씨 좋은 요술쟁이가 있다. 오즈번Osborne의 저서 『룬젯 싱의 궁전과 기지la Cour et le camp de Rundjet-Sing』에는 파퀴어에 얽힌 이야기가 기록되어 있다. "인도 왕의 궁전에서, 영국 사절단은 파퀴어라고 불리는 한 인물을 보게 되었다. 파퀴어는 매장당한 뒤 부활한 남자로, 그의 경이로움은 펀자브PunJab 일대에서 큰 화제가 되었다. 파퀴어에겐 일정 시간 동안 땅속에 산채로 묻히는 능력이 있었고 이는 시크교도Sikhs 사이에서 격한 숭배를 받았다. 우리는 파퀴어에 대한 이야기를 너무도 많이 들어 호기심으로 잔뜩 들떠있었다. 그는 벌써 몇 해째 땅에 묻히는 것을 자신의 업으로 삼고 있었다. 웨이드Wade 선장은 내게 그가 부활하는 모습을 직접 목격한 적이 있다 말해주었다. 또 그가 땅속에 묻혀있던 시간은 수개월에 달했다 덧붙였다. 그가 들려준 이야기는 다음과 같았다. 룬젯 싱, 벤투라Ventura 장군, 주요 사령관이 참석한 가운데 파퀴어가 땅속으로 들어가기 위한 사전 의식이 열렸다. 준비 과정은 며칠이 걸렸고 파퀴어를 위한 특별 지하 묘소가 마련되었다. 파퀴어는 왕이 보는 앞에서 준비를 마쳤다. 그리고 밀랍으로 귀, 코를 비롯한 몸의 모든 구멍을 막아 몸 안으로 어떤 공기도 들어가지 못하도록 만들었다. 단, 입은 봉하지 않았다. 그는 옷을 벗고 마대 안에 들어갔으며 혀를 뒤집어 목구멍을 막았다. 이후 일종의 혼수상태에 빠져들었다. 마대는 입구를 닫은 뒤 국왕의 인장으로 봉하였다. 봉인된 마대는 전나무 관으로 옮겨졌고, 마찬가지로 관 또한 봉한 뒤 지하 묘소에 안치했다. 그 위로는 흙을 뿌린 뒤 보리를 심었다. 그리고 보초를 세워 항시 감시하도록 했다.

소문에 따르면 파퀴어의 생존을 의심한 마하라자Maharajah*가 두 번이나 사람을 보내 땅을 파고 지하 묘지를 열어 관을 확인했다고 한다. 하지만 매번 파퀴어는 똑같은 자세로 누운 모습이었다고. 그에게서 생명의 징조는 전혀 보이지 않았다. 약속된 기간인 10개월이 되었을 때, 웨이드 선장은 마하라자와 함께 발굴 현장에 참석했다. 그는 직접 묘지 내부를 주의 깊게 확인했다. 선장은 자물쇠를 풀고 봉인을 뜯은 뒤 관을 야외로 꺼내는 모습을 지켜보았다. 파퀴어를 꺼냈을 때 그의 동맥과 심장에서는 어떠한 맥박도 느껴지지 않았다. 파퀴어를 부활시키기 위해 진행된 첫 단계는 쉬워 보이지 않았다. 일단 그의 혀를 원래 위치로 되돌려놓아야 했다. 웨이드 선장은 파퀴어의 후두부가 열이 나서 펄펄 끓고 있는 것을 발견했다. 하지만 신체의 다른 부분은 생생해 보였다. 이후 뜨거운 물을 뿌리자 파퀴어는 두 시간 만에 부활했다. 10개월 전 만큼이나 건강한 모습으로 말

이다.

그는 관속에서 그 어느 때보다 달콤한 꿈을 꾸었다 말하며, 깨어나기 싫을 정도였다고 덧붙였다. 그의 손톱, 발톱, 머리카락은 전혀 자라지 않았다. 그의 유일한 걱정은 지렁이나 벌레로 인해 상처를 입는 것이었다. 그가 자신의 관을 지하 묘소 한 가운데에 매달아 달라고 부탁한 것도 이런 이유에서였다. 파퀴어는 영국 사절단이 라호르Lahore에 도착했을 때 죽음과 부활을 보여주고 싶다는 터무니없는 목표를 가지고 있었다. 하지만 영국인들은 파퀴어의 경이에 불신을 가지며 몇 가지 조건을 지킬 것을 제안했다. 영국인들은 직접 가져온 자물쇠를 주며 묘지에 영국인 보초병을 둘 것을 원했다. 이 제안을 회피하려 시도하던 파퀴어는 쩔쩔매다가 결국 영국인들의 제안을 거부했다. 룬젯 싱은 역정을 냈다. 파퀴어는 오즈번 선장에게 다음과 같이 말했다. '당신이 나를 죽이고 내가 무덤에서 살아서 나오지 못하게 하려는 걸 잘 알겠소.' 초라한 사기꾼의 죽음 때문에 비난받고 싶지 않았던 선장은 그를 시험하길 단념했다. **참조.** 야마부시Jamambuxes.

* 인도에서 왕을 부르는 칭호이다.

파르파데 [Farfadet] 한밤중 순진한 사람들에게 목격당하거나 소리를 들키는 영. 장난꾸러기 악마 또는 사역마다. 일부는 동물의 모습을 하고 있지만, 대다수는 눈에 보이지 않는다. 이들은 대체로 선행을 한다. 여행객들은 인도에 방문하면 선한 혹은 악한 파르파데를 만날 수 있으며, 인도인들은 평상시 그들과 거래한다고 전해진다.

여기 한 파르파데의 이야기가 있다. 1221년 포도 수확기의 일이다. 시토Citeaux 수도원의 요리사가 두 시종에게 밤새 포도밭을 지키라고 지시했다. 하루는 두 시종 중 하나가 쏟아지는 잠을 이기지 못하고 큰 소리로 악마를 불렀다. 그러고선 자신을 대신해 포도밭을 지켜준다면 값을 제대로 쳐주겠다고 맹세했다. 시종이 말을 끝내기 무섭게 악마가 나타났다. 악마는 소환한 이에게 다음과 같이 말했다. "준비가 되었다. 내가 그 일을 대신하면, 너는 무엇을 주겠는가?" 시종이 답

했다. "질 좋은 포도 한 바구니를 주겠다. 단, 아침까지 포도밭을 지켜야 한다." 악마는 제안을 받아들였다. 그리고 시종은 집으로 돌아가 휴식을 취했다. 아직 잠에 들지 않았던 요리사는 휴식을 취하는 시종에게 어째서 포도밭에 있지 않느냐 물었다. 시종은 답했다. "포도밭은 제 동료가 지키고 있습니다. 그리고 아마 잘 지킬 것입니다." 사정을 잘 몰랐던 요리사가 말했다. "그래도 한 번 가보거라. 네가 필요할지도 모르지 않느냐." 더는 대꾸할 수 없었던 시종은 집을 나섰다. 하지만 포도밭으로 가지는 않았다. 그는 다른 시종을 불러 무슨 일이 있었는지 들려주었다. 두 시종은 악마를 믿고, 인근 작은 동굴에 들어가 휴식을 취하며 잠을 청했다. 일은 기대한 것보다도 더 순탄하게 흘러갔다. 악마는 아침까지 자리를 지켰고 시종들은 그에게 약속한 포도 한 바구니를 선물했다. 이야기는 그렇게 끝났다[1]. **참조.** 베르비귀에Berbiguier, 베리스Bérith, 영Esprits, 월 오더 위스프Feux Follets, 헥데킨Hecdekin, 오르톤Orthon 등.

(1)『하이스터바흐의 케사리우스 병과 기적Cœsarius Heisterbacheensis ill. miracul』, 5권.

파르파렐리 [Farfarelli] 이탈리아에서 파르파데Farfadet를 지칭하는 이름.

파머(위그) [Farmer(Hugues)] 1787년 사망한 영국의 신학자. 『신약성경 속 악마에 관한 수상록Essai sur les démoniaques du Nouveau Testament』(1775년)을 저술했다. 파머는 이 저서에서 빙의로 인한 질병이 악마 때문이 아니며, 자연적으로 발생한 것이라는 매우 어설픈 주장을 펼쳤다.

현혹 [Fascination] 눈앞의 사물을 실제와 다르게 보이도록 만드는 마법의 일종. 보게Boguet가 언급한 어느 보헤미안 마법사는 건초 더미를 돼지로 바꾼 뒤 판매하곤 했다. 이때 돼지를 구매하는 이에게 절대 어떤 물에도 씻기지 말라고 경고를 해 주었다고. 보헤미안의 돼지를 산 이가 그 조언을 듣지 않고 목욕시키자, 목욕물 위로 건초 더미가 떠다니는 것을 보게 되었다.

델리오Delrio는 다음과 같은 이야기를 기록했다. 어느 마법사가 특수한 활, 활시위를 사용해 특수한 나무로 제작한 화살을 쏘았다. 그러자 그 앞에 화살이 비행한 거리만큼의 강이 생겨났다. 유대인 마법사가 현혹 마법을 활용해 사람들과 건초 더미를 집어삼키고, 사람의 머리와 팔다리를 뜯어낸 뒤 다시 원상태로 되돌렸다는 풍설도 있다.

보헤미아Bohemia의 블라디슬라스Vladislas 공작과 그레모지슬라스Gremozislas 공작 사이에서 전쟁이 일어났던 당시의 일이다. 어느 나이든 마녀가 블라디슬라스를 섬기는 의붓아들에게 그의 주인이 전투에서 죽을 것이라고 말했다. 또 많은 병력의 대부분이 사망할 것이라 덧붙였다. 마녀는 이 학살에서 아들이 살아남기 위한 방법을 알려주었다. 일단 전투에서 처음 마주한 사람을 검으로 죽인 뒤, 두 귀를 잘라 주머니에 넣는 것. 그리고 타고 있는 말 두 앞발 사이 지면에 검 끝으로 십자가를 그리고, 입을 맞추고, 서둘러 달아나는 것이다. 젊은 청년은 마녀가 시키는 대로 행했고 전투에서 무사히 돌아왔다. 전투에서 블라디슬라스와 대다수 병사는 사망했다. 하지만 집에 돌아온 젊은 전사는 사랑하던 아내가 검에 상처 입은 채 죽어가는 모습을 보게 되었다. 그녀의 두 귀는 모두 잘려있었다….

하지만 대부분의 현혹 마법은 마술 묘기에 불과하다. 『장난꾸러기 틸의 모험Aventures de Till l'espiègle』에선 이 같은 현혹 묘기를 살펴볼 수 있다. 어느 날 축제에 간 틸은 그가 선보일 마법을 두고 대영주와 내기를 했다. 틸은 도자기를 파는 여성이 상점의 상품들을 모두 박살 낼 것이라고 말했고, 실제로 그런 일이 일어났다. 하지만 그는 이미 대영주가 모르게 깨질 도자기 값을 여성에게 모두 지불한 상태였다. 다음에 그는 잔치에서 비슷한 마법을 부렸다. 틸은 마법의 모자를 손가락으로 빙빙 돌리는 것만으로 음식값을 계산했다. 그러나 이 식사 또한 이미 사전에 계산된 것이었다.

무어Moors의 여성들은 눈빛으로 아이를 죽일 수 있는 마법사들이 존재한다고 생각했다. 이는 고대 로마인들 사이에서 흔한 것이었다. 이들은 파시누스Fascinus 신을 숭배하며, 그가 현혹과 저주로부터 아이들을 지켜줄 것이라고 믿었다. **참조.** 눈Yeux, 질론 Zilon, 마력 Prestiges 등.

운명론 [Fatalisme / Fatalism] 운명의 실재를 인정하는 이들의 교리. 운명론자들은 누군가가 강도에게 피해를 보면, 어차피 강도에게 살해당할 운명이었다 말한다. 이렇게 운명은 여행객을 강도의 검에 희생되도록 하며, 그에 앞서 강도에겐 피해자를 죽일 의지와 뒷받침할 계획, 힘을 부여한다. 그리고 누군가가 건물이 무너져 사망한다면, 이는 그가 건물 잔해에 매장될 운명이었기 때문에 벽이 넘어진 것이라 말한다. 그냥 벽이 넘어져 그 잔해에 깔렸다고 말하면 될 것을 말이다⁽¹⁾. 맹목적인 숙명, 피할 수 없는 운명에서 벗어나는 것이 불가능하다면, 인간의 자유는 어디에 존재할까? 결혼하고 이러저러한 삶의 유형을 따르는 것보다 더 자유로운 것이 존재할까? 검에 찔려 죽고, 익사하고, 병에 드는 것보다 더 뜻밖의 것이 있을까?… 큰 노력을 기울여 욕망을 다스린 자가 방탕해질 수밖에 없는 운명이라면, 더는 노력을 기울일 필요가 없는 것 아닐까?… 이는 칼뱅 Calvin의 가증스러운 교리와 닮은 면이 있다.

(1) 바클레이Barclai, 『아르제니스L'Argenis』.

파우누스 [Faunes / Fauns] 정체를 알 수 없는 소박한 그리스 신. 염소의 뿔을 달고 허리 아래로는 숫염소의 몸을 지니고 있다. 하지만 사티로스Satyr, 숲의 요정과는 구별된다. 파우누스는 사티로스보다 쾌활하며 덜 흉측하고, 덜 난폭한 모습을 보인다. 고대인들은 파우누스를 인큐버스Incubus(남성 몽마)로 보기도 했다⁽¹⁾. 유대인 학자들 사이에선 다음과 같은 이야기가 전해진다. '신이 파우누스와 사티로스의 영혼을 만들 당시 마녀 집회로 인해 방해를 받았다. 그렇기에 이 영혼들을 육체에 이어줄 수 없게 되었다. 따라서 이들은 순수한 영혼이자 불완전한 존재로 남게 되었다. 이런 이유로 파우누스와 사티로스는 마녀 집회를 두려워하고, 어둠 속에서 집회가 끝나기를 기다린다. 이들은 때때로 인간들을 공포에 빠트리기 위해 육신을 탈취하기도 한다. 그러나 결국은 유한한 존재이기에 언젠가는 죽음을 맞이한다. 이들은 천상의 영적 존재에 아주 가까이 다가갈 수 있다. 그리고 그 영적 존재들로부터 몇몇 미래의 사건을 알아내 예언을 내릴 수 있다. 예언을 좋아하는 사람은 파우누스와 사티로스의 능력에 매우 놀라곤 한다.'

(1) 드 랑크르Delancre, 『악마의 변화론Tableau de l'inconstance des démons』, 214페이지.

파우스트(장) [Faust(Jean)] 독일의 유명한 마법사. 16세기 초에 주목받았다. 찬양하던 이들은 파우스트를 불굴의 호기심, 넘치는 기발함, 지식에 대한 열망이 가득 찬 천재라고 보았다. 그는 의학, 법률학 그리고 신학을 배웠으며 점성술을 깊이 연구했다. 자연 과학을 모두 습득했을 때, 파우스트는 마법에 뛰어들었다. 대중들은 종종 그를 인쇄술 발명가 구텐베르크Gutenberg의 동업자인 파우스트와 혼동하는 경우가 있다. 파우스트가 처음 몇 권의 책을 발행했을 때, 대중들은 그를 마법사라고 지목했다. 또 그의 작업물을 두고 악마의 작품이라고 주장했다. 루이 11세Louis XI와 소르본Sorbonne 대학의 보호가 없었더라면, 그는 첫 작품이 인쇄되자마자 교수형에 처해졌을 것이다.

파우스트의 세부적인 개인사는 제대로 알려진 적이 없다. 시적인 관점으로 그의 삶을 들여다보는 사람들은 그가 바이마르Weimar, 안할트Anhalt, 슈바벤Swabia 또는 브란덴부르크 변경백령Margraviate of Brandenburg에서 태어났다고 주장한다. 파우스트와 얽힌 두 인물인 트리테미우스Trithemius, 멜란히톤Melanchthon을 제외하면 그에 관해 확신할만한 이야기는 없다. 파우스트는 15세기 말 뷔르템베르크Wurtemberg의 군들링Gundling에서 태어났다. 그의 아버지는 촌사람이었고, 비텐베르크Wittemberg에 부유한 친척을 두고 있었다. 그는 비텐베르크에서 공부했으며 루터Luther, 멜란히톤을 비롯한 여러 선진 철학자를 만나게 되었다. 필립 카메라리우스Philippe Camerarius는 그가 열아홉의 나이에 크라쿠프Krakow에 마법을 배우러 떠났으며, 오컬트학 수업을 들었다고 언급했다. 파우스트가 다시 나타났을 때, 그는 자신이 강신술사의 수장, 점성술의 일인자, 마법, 수상술 그리고 다른 점술에서 이인자의 자리에 올랐다고 주장했다. 비텐베르크에 살던 숙부가 남긴 큰 재산을 물려받은 그는 거침없이 죽은 자의 소환과 마법에 몰두하기 시작했다. 파우스트는 모든 마법서를 탐독했으며, 가장 저명한 수정 점술가(크리스토프 케이린저Christophe Kayllinger)의 가르침을 받았고, 모든 금지된 학문을 찾아 헤맸다. 파우스트는 스스로가 예수 그리스도Jesus Christ만큼 대단한 기적을 행한다고 과시했다. 확실한 것은, 그가 스물일곱 살에 악마를 소환해 계약을 맺었다는 것이다. 이 계약의 기간은 24년으로, 끝나는 시점엔 파우스트의 영혼을 악마에게 바치는 것이 주요 내용이었다. 파우스트는 열성적인 시종인 악마 메피스토펠레스Mephistopheles를 곁에 두었다. 이때부터 그는 원하는 것을 무엇이든 이룰 수 있었다. 진지한 역사가들은 파우스트가 황제 막시밀리안Maximilian과 카를 5세Charles V의 왕궁에서 벌였던 놀라운 환각 마법을 기록했다. 파우스트는 제국군이 이룬 모든 승리가 자신의 덕이라고 주장했다. 파우스트를 개인적으로 알고 있던 멜란히톤은 그를 모든 법관이 쫓는 끔찍한 몰골의 짐승이자 지옥 지배자의 오물 구덩이라고 묘사했다. 그는 마법사 시몬Simon처럼 하늘을 날길 시도했으나, 추락하여 몸이 반쯤 으스러지고 말았다. 악마와의 계약이 끝났을 때, 파우스트는 림이크Rimlich 곁에서 악마에게 목이 졸려 사망했다. 우리가 알고 있는 작가 프랑수아 위고François Victor Hugo는 이 끔찍한 임종을 마치 공문서를 쓰듯 덤덤히 기록했다.

파우스트와 메피스토펠레스

프랑수아 위고가 펴낸 『영국의 파우스트Le Faust Anglais』(1858년 5월 10일, 프랑스 논평Revue Française)의 기록에선 파우스트가 인쇄업자로 소개된다. 파리 의회Paris는 파우스트를 수감시켰지만, 그는 탈옥해 마인츠Mainz로 갔다. 파우스트는 그곳에서 악마를 소환했는데, 그 악마는 용, 그리핀Griffin, 별, 불타는 대들보 그리고 수도자와 같이 다양한 모습으로 나타났다. 파우스트는 악마와 계약을 맺었으며 그를 만나기 위해 지옥을 방문했다. 그리고 지옥 방문의 보상은 제법 이른 시일 내에 발생했다. 이번엔 지옥의 일곱 왕자가 파우스트의 집에 찾아온 것이었다. 소로 변한 벨제부스Belzébuth, 붉은 떡갈나무 도토리 색의 인간 모습을 한 루시퍼Lucifer, 황색 발을 달고 있는 뱀으로 변신한 아스타로스Astaroth, 고양이 꼬리가 달린 당나귀 모습을 한 사탄Satan, 4온Aune* 길이의 귀를 달고 흑백 무늬를 한 개로 변한 아나브리Anabry, 자고새의 모습을 한 다이티칸Dythican, 붉은 꼬리가 달린 푸른 불꽃의 모습을 한 드락Drac, 몸의 균형이 맞지 않은 코끼리로 변한 벨리알Belial 등이었다.

파우스트의 지옥에서 온 세 부랑자의 이름 아래, 모든 악마를 소환하는 매우 어처구니없는 지옥 의식도 존재한다. 이는 검은 종이 위 까마귀의 피로 주문을 적어야 한다. **참조**. 계약Pactes. 파우스트의 제자 중 하나였던 바그너Wagner, 비드만Videman 그리고 몇몇 이들은 파우스트의 이야기를 기록했다. 괴테Johann Wolfgang von Goethe는 그를 두고 기이한 시를 한 편 쓰기도 했다[1].

(1) 『지옥의 전설Légendes Infernales』에서 파우스트와 메피토펠레스의 이야기를 참조할 것. / * 길이의 단위. 1온은 약 115센티미터이다.

페슈너(장) [Fechner(Jean)] 기체에 관한 라틴어 개론 또는 당대 저명한 철학자들이 따른 유령에 관한 학설(1698년, 브레슬라우, 12절판)을 펴낸 작가.

수태 능력 [Fécondité / Fertility] 몇몇 근엄한 작가들은 바람이 망아지와 자고새를 낳는다고 주장했다. 바론Varron은 특정 계절에 부는 바람이 루시타니아Lusitania의 암말과 암탉을 임신시킨다고 말했다. 버질Virgil, 플리니우스Pliny, 콜루멜라Columelle 또한 근거가 없음에도 이를 실제로 일어나는 일인 것처럼 말했다. 이런 엉뚱한 이야기를 많이 믿던 시절이 있었지만, 오늘날엔 이들을 오류로 인식한다. 그르노블Grenoble 의회는 1537년 상상으로 임신한 여성의 생식 능력을 인정한다고 발표했다. 하지만 이 발표는 장난에 불과했다.

페코르 [Fécor] 아나라젤Anarazel의 동료. **참조**. 아나라젤.

요정 [Fées / Fairies] 동방에서 정령의 역사가 시작되었다면, 요정과 식인귀의 근원지는 브르타뉴Bretagne라고 볼 수 있다. 브르타뉴 요정은 우리 조상의 드루이드 여사제였다. 프랑크 제국 최초의 왕이 제위에 오르던 아득한 옛날, 브르타뉴인을 비롯한 모든 갈리아인Gauls은 드루이드 여사제들이 자연의 비밀을 들춰냈다고 믿었다. 또 여사제들이 이후 세상에서 모습을 감추었다고 생각했다. 드루이드 여사제들의 힘은 동방의 마법사들과 견주기에 부족함이 없었고, 대중들은 이들을 요정이라 불렀다. 이 요정들은 우물 깊은 곳, 급류 가장자리, 어두운 동굴에 산다고 여겨졌다. 요정들은 인간을 동물로 변신시키고, 때로는 숲속에서 정령 님프Nymph와 같은 일들을 하기도 했다. 요정 사이에선 여왕이 존재하며, 여왕은 일 년에 한 번 총회에 요정들을 불러 모았다. 그리고 힘을 남용한 요정에겐 벌을 내리고 선행을 한 요정에겐 상을 내렸다.

스코틀랜드 일부 지방에선, 요정들이 신생아 영혼을 하늘로 인도한다는 이야기가 전해진다. 게다가 이 요정들을 소환하면 사탄의 주문을 깨뜨리도록 돕는다고. 오래된 기사도 소설이나 다양한 이야기에서 요정은 꽤 중요한 역할을 맡는다. 이들은 불멸의 존재임에도 몇 년에 한 번씩은 강제로 동물의 모습으로 있어야 한다. 그리고 변신하였을 땐 죽음을 포함한 모든 운명을 받아들이는 수밖에 없다. 대중들은 선한 요정과 악한 요정을 구분했다. 또 요정의 애정, 증오가 가족의 행복, 불행을 결정짓는다고 믿었다. 브르타뉴에선 아이가 태어나면 외딴 방 식탁 위에 만찬과 세 명분의 식기를 놓는다. 요정 대모 또는 요정의 방문에 감사를 전하고, 이들의 호의를 사 태어난 아이에게 좋은 자질을 심어주기 위함이다. 브르타뉴인들은 이 신비로운 존재들을 공경했다. 마치 로마인이 아이를 수호하는 여신 카르멘테스Carmentes를 공경하듯 말이다. 카르멘테스는 아이의 출생에 관여하고 운명을 예언하며 부모로부터 숭배받았다.

고대 북부인들의 삶에는 항상 요정이 등장했다. 그리고 요정이 사는 곳엔 우박과 폭풍우가 열매를 상하게 하지 못한다는 믿음이 널리 퍼져 있었다. 요정은 달이 뜬 밤에 찾아와 외딴 초원에서 춤을 추었다. 그리고 원하는 곳은 그리핀Griffin, 스페인 고양이, 구름을 타고 어디든 순식간에 이동할 수 있었다. 운명의 장난으로 인해 요정들은 집 안에서 눈이 보이지 않고, 집 밖에서 백 개의 눈이 생긴다는 풍설도 존재한다. 프레이Frey는 인간과 마찬가지로 요정에게도 힘과 권력의 차이가 있다고 주장했다. 기사도 소설과 설화를 살펴보면 선한 요정이 더 강력한 악한 요정에게 패하는 이야기가 종종 등장한다.

카발리스트들 또한 요정의 존재를 인정했으나, 이들을 실프Sylphs(공기의 요정)라고 보았다. 샤를마뉴Charlemagne와 루이 르 데보네르Louis le Debonnaire 통치 시절, 전설 속에선 악마로, 카발리스트들에겐 실프로, 우리 연대기에선 요정으로 불리는 영들이 다수 등장한다. 코르네이유 드 캥팽Corneille de Kempen은 로테르Lothair 통치 시절 프리슬란트Friesland의 산 인근 동굴에 많은 요정이 살고 있었다고 주장했다.

이 요정들은 오직 달빛이 비칠 때만 동굴 밖으로 나왔다고. 또 올라우스 마그누스Olaus Magnus는 당시 스웨덴에서도 동일한 요정을 많이 목격할 수 있었다며 다음과 같이 언급했다. "그녀들은 가장 깊은 숲, 어두운 동굴 속에서 생활한다. 이들은 가끔 모습을 드러내고, 찾아온 사람에게 말을 걸다가 갑작스럽게 사라져 버린다." 프로아사르Froissart의 저서를 살펴보면 케팔로니아Kefalonia 섬에도 많은 요정이 살고 있었음을 알 수 있다. 이 요정들은 그리스를 모든 재난으로부터 보호하고, 섬의 여성과 허물없이 어울렸다. 독일의 백색 여인들 또한 요정들이다. 그리고 이 여성들은 대다수가 위험한 존재들이다.

르 루아예Pierre Le Loyer는 스코틀랜드에 요정 페어포크Fair Folk가 살며, 밤이면 초원을 찾는다 주장했다. 이 요정들은 아우소니우스Ausonius가 말하는 스트리져Strige(흡혈귀) 또는 마법사로 볼 수 있다. 헥토르 드 보에티우스Hector de Boëce는 『스코틀랜드 연대기Annales d'Ecosse』에 요정 셋이 스튜어트Stuarts 가문 수장 뱅쿼Banquo에게 가문이 위대해질 것을 예언했다고 기록했나. 셰익스피어Shakespeare는 『맥베스Macbeth』에서 이 세 명의 요정을 마녀로 묘사했다. 세상에는 요정과 얽힌 기념물이 많이 존재한다. 일례로 샤블레Chablais에는 '요정의 동굴'이 있다. 이 동굴들에 들어가기 위해선 고통이 수반된다. 그리고 세 동굴 끝엔 기적의 효능을 지닌다는 샘이 자리잡고 있다. 샘 옆엔 토리개가 달린 물레가 있다. 위쪽 동굴에서 떨어진 물은 바위 사이로 흘러, 천장 아래 병아리를 품는 닭의 형상을 만들어 냈다. 18세기의 한 작가는 인근 여성들이 말한 풍설을 기록했다. 이는 토리개 위에서 석화된 여성을 본 적이 있다는 것이다. 이에 주민들은 이 동굴들에 다가갈 엄두를 내지 못했지만, 석화된 여성의 모습이 사라진 뒤엔 주저 없이 동굴들을 찾았다. 랑그독Languedoc의 강주Ganges 인근에는 또 다른 요정의 동굴(또는 처녀의 동굴)이 존재하며 경이로운 이야기가 숨겨져있다. 스위스 메를링겐Merlingen에는 '요정의 우물'이라 불리는 검은 저수지가 있다. 샹봉Chambon에서 2리유* 떨어진 보르 생 조르주Bord-Saint-Georges 인근에선 아직도 어느 오래된 우물 잔해를 귀하게 여긴다. 이 장소는 요정의 우물 또는 '파데스Fades의 우물'로 불린다. 또 7개의 못을 '파데스 구덩이'라 부르기도 했다. 본Beaune의 바위 위엔 인간의 발자국 두 개가 찍혀있다. 전설에 따르면 하나는 성 마르티알리스St. Martial의 것이고 또 다른 하나는 요정의 여왕 것이라고 한다. 그녀가 격노했을 당시 오른발로 너무 세게 바위를 내디딘 나머지 자국이 남은 것이다. 더불어 주민들에게 불만을 품었던 그녀는 요정의 샘 식수를 말린 뒤 그 물을 에보Evaux로 흐르도록 만들었다. 동레미 Domremy 인근에는 '요정의 나무'가 있다. 잔 다르크Joan of Arc는 이 나무 아래 춤을 추러 온 요정과 인연을 맺었다는 비난을 받았다.

생트Saintes에서 1리유* 떨어진 콩쿠리 Concourie의 작은 섬엔 '요정의 산'이라 불리는 높은 언덕이 있다. 브르타뉴에도 유사한 유적이 다수 존재한다. 해당 고장에선 여러 샘에 요정이 살고 있다고 전해진다. 이 요정들은 경솔하게 손을 넣어 샘물을 더럽히는 이들의 손을 금덩이나 다이아몬드로 변하게 했다.[1] 오늘날 오토이Hautoye 산책로라고 불리는 아미앵Amiens 산책로는 한때 '요정의 산책로'라고 불렸다.

타유망 데 로Tallemant des Réaux의 기록에서 알 수 있듯, 앙주베일러Angeweiller 공작은 요정과 결혼했다. 요정은 공작에게 마법 도구인 컵과 숟가락 그리고 반지를 선물했다. 이 물건들은 공작 가문의 행복 징표로 남게 되었다. 1300년경 쓰인 생 아르망테르St. Armentaire의 이야기 속엔 요정 에스트렐Esterelle에 관한 소소한 이야기가 등장한다. 에스트렐은 샘 인근에 거주했다. 프로방스Provence 지방 사람들은 에스트렐에게 제물을 바쳤고 그녀는 여성 주민들에게 마법의 음료를 선물했다. 노트르담 드 레스트렐Notre-Dame de l'Esterel 수도원은 이 요정의 거주지에 지어졌다고 한다. 멜리진Melusine 또한 요정이었다. 그녀는 기이한 운명 때문에 토요일마다 뱀의 하반신을 한 채로 있어야 했다. 15세기 초, 한 요정은 아르구쥬Argouges 군주와 결혼을 하였다. 요정은 군주에게 절대 자신 앞에서 죽음을 언급하지 말라고 당부했다. 하지만 그녀를 오랜만에 만나는 어느 날, 군주는 그만 참지 못하고 그녀에게 죽음에 대해 언급하고 말았다. 요정은 경멸을 담아 벽을 손으로 쳤고, 그 때문에 요정의 손자국이 벽에 남게 되었다. 이후 아르구쥬 가문에선 무기에 수직으로 겹친 세 개의 손과 요정의 모습을 새겨넣었다. 멜리진의 남편 또한 호기심을 이기지 못하고 토요일에 그녀가 변신하는 모습을 보았다. 그리고 이 이유로 인해 멜리진은 떠나갔다.

요정의 여왕은 오베론Oberon 왕의 아내 티타니아Titania이다. 독일의 빌란트Wieland는 티타니아로부터 영감을 받아 유명한 시를 썼다.

(1) 어느 한 캥페르Quimper 주민의 이야기에 따르면, 1848년 샤틀랭Châteaulin에서 기이한 사건이 일어났다고 한다. '르 파리지앵Le Parisien이라는 증기선이 생뜨 필로멘Sainte-Philomène에서 열린 순례제를 지내고 랑데베넥 Landévénec으로 돌아오는 길이었다. 이 증기선은 한밤중 샤틀랭 강에서 침몰되었다. 배에 타고 있던 여성들은 다른 승객들처럼 강가로 갔다. 그들은 인근 소작지 농가를 찾아가 숙식을 제공해 줄 수 있는지를 물었다. 잠이 들었던 농부는 그들의 소리를 듣고 문을 열었다. 그러나 여성들의 우아한 흰 옷차림을 보곤 요정 혹은 귀신이라고 생각했다. 농부는 재빨리 문을 닫고 그들을 들이는 것을 완고히 거절했다. 낮이라면 어느 집에서든 여왕처럼 대접받았겠지만, 한밤중엔 악귀처럼 쫓겨날 수 밖에 없었다. 시인들이나 켈트족 고고학자에게 동일한 사건이 일어났다면, 분명 순진하고 애처로운 브르타뉴의 미신과는 다른 모습으로 여성들을 볼 수 있었을 것이다.' / * 과거의 거리 단위. 1리유는 약 4km 정도이다.

펠젠하버(폴) [Felgenhaver(Paul)] 17세기 독일의 몽상가. 신으로부터 과거와 현재 그리고 미래의 일을 알게 되었다 주장하였다. 펠젠하버는 그의 제자들에게 아스트랄 영 Astral Spirit을 전도하였다. 그의 말에 따르면 아스트랄 영은 예언가와 사도에게 예지력을 주고 악마를 쫓을 능력을 부여한다. 펠젠하버는 몇몇 추문으로 인해 감옥에 수감되었다. 그리고 그는 옥중에서 겪은 고통을 바탕으로 부여받은 사명의 신성함을 증명하는 책을 펴냈다. 책에서 그는 신의 계시를 전달한다. 또 신의 은혜를 받았다는 이야기도 기록되어 있다. 그의 주된 저서로는 다음과 같은 것들이 있다.

1) 『연대학 또는 세상의 연도가 가진 효력 Chronologie ou efficacité des années du monde』 (1620년, 발행지 미상, 4절판). 그는 이 책에서 이 세상의 나이가 우리가 알고 있는 것보다 235년 더 오래되었으며, 예수가 4235년에 태어났음을 주장하려 했다. 그는 이 숫자에 대단한 불가사의가 담겨 있다고 보았다. 7의 배수로 되어있기 때문이다.[1] 펠젠하버는 세상이 6천 년 이상 존재할 수 없다고 주장했다. 그렇다면 저술했을 1620년 당시엔 145년의 시간밖에 남지 않은 셈이었다. 저서의 기록에 따르면 신은 그에게 심판의 날이 가까워졌으며 1765년이 바로 그 해가 될 것이라는 계시를 내렸다고 한다.

2) 『모두를 향한 경고와 별개로 성총과 성령의 계시를 통해 쓰였으며 독자의 눈에 드러낸 시간의 거울Miroir des temps, dans lequel, indépendamment des admonitions adressées à tout le monde, on expose aux yeux ce qui a été et ce qui est parmi tous les États écrit par la grâce de Dieu et par l'inspiration du Saint-Esprit』(1620년, 4절판).

3) 『기수 또는 모든 우주와 생명을 대상으로 한 새 달력과 예측-점성-예언Postillon ou Nouveau calendrier et pronosticon-astrologico-propheticum, présenté à tout l'univers et à toutes les créatures』(1636년, 12절판, 독일어).

요약하자면, 펠젠하버의 서적들은 마태오 라엔스버그Matthieu Laensberg의 경쟁작이었던 것으로 보인다.

(1) 외젠 바레스트M. Eug. Bareste의 예언 연감과 마찬가지로 카발라에 속한다. 4,235라는 숫자를 구성하는 각 숫자인 4, 2, 3, 5를 더하면 14가 나오는데, 이는 7의 배수이다. 하지만 4,136의 경우에도 결과가 동일하다. 3,245나 2,453 등의 무수한 숫자 또한 마찬가지다. 단, 4,235에서 첫 번째 수와 세 번째 수를 더하거나, 두 번째 수와 네 번째 수를 더했을 때 7이 등장한다. 물론 이러한 숫자는 4,235 외에도 얼마든지 존재한다.

여성 [Femmes / Women] 일부 이단 가운데선 여성이 짐승이라고 믿는(여성은 인간이 아니다Mulieres non esse homines) 부류가 있었다. 마콩Mâcon의 두 번째 공의회 당시, 고위 성직자들은 랍비로부터 파생된 이러한 사상을 제압했다. 여기에서는 여성을 주제로 지어낸 수많은 헛소리를 굳이 나열하진 않겠다. 드 랑크르Pierre de Lancre와 보댕Jean Bodin은 여성이 남성보다 마법에 뛰어나다고 주장했다. 또 여성이 악마와 사이좋게 지내는 것은 끔찍한 결과를 초래한다 덧붙였다. 과거 철학자들은 특정 날에 여성이 나타나면 우유가 상하고, 거울이 깨지며, 밭이 마르고, 뱀이 나오거나 개를 미치게 한다고 주장했다. 이를 통해 철학자란 작자들이 보통 어리석은 것이 아니라는 점을 알 수 있다.

백색 여인 [Femmes Blanches / White Women] 몇몇 이들은 실프Sylphs(공기의 요정), 정령 님프Nymph, 아이들을 보호하고 가정을 돌보는 독일 요정을 백색 여인이라고 부른다. 혹은 해를 끼치진 않지만, 겁을 주는 유령을 떠올리는 이들도 있다. 델리오Martin Delrio는 백색 여인이 숲과 들판에서 나타난다고 기록했다. 또 이들은 외양간에 불붙인 양초를 들고 나타나며, 말총에 촛농을 떨어뜨린 뒤 빗질하거나 정갈하게 땋아준다고 덧붙였다. 델리오는 이 백색 여인들을 무녀나 요정이라 지칭했다. 브르타뉴Bretagne에서 백색 여인은 세탁부 또는 밤가수라고 불린다. 이들은 달빛 아래 외딴 샘에서 노래를 부르며 빨래를 한다. 백색 여인은 행인에게 빨랫감 비트는 것을 도와달라고 부탁하는데, 마지못해 도와주는 사람의 팔을 부러뜨린다.

에라스무스Erasmus는 독일의 유명한 백색 여인의 이야기를 언급했다. "독일에서 가장 주목할 만한 것은, 백색 여인이다. 그녀는 일부 귀족의 임종이 닥쳤을 때 모습을 드러낸다. 그리고 독일뿐 아니라 보헤미아Bohemia에서도 나타난다. 이 유령은 노이하우스Neuhaus와 로젬베르크Rosemberg 귀족들의 죽음 당시 나타났는데, 오늘날에도 종종 목격된다. 이 왕국의 수상인 기욤 슬라바타Guillaume Slavata는 노이하우스 성이 굳건히 서 있는 한 이 여성이 연옥을 빠져나올 일은 없을 것이라 선언했다. 백색 여인은 사망 외에도 결혼이나 출산 시 모습을 드러낸다. 단, 그녀가 흑색 옷을 입고 있다면 이는 죽음의 상징이다. 반면 새하얀 옷을 입고 있다면 이는 기쁨의 표시이다. 게를라니우스Gerlanius는 오스만 튀르키예 황제 대사인 운제나덴 남작Baron d'Ungenaden으로부터 보헤미아 로젬베르크 가문의 누군가가 죽을 때 검은 옷을 입은 백색 여인이 나타난다는 이야기를 들었다고 기록했다. 로젬베르크의 기욤 군주는 브라운슈바이크Brunswick, 브란덴부르크Brandenburg, 바덴Baden, 페른슈타인Pernstein 등 네 귀족 가문과 동맹을 맺고 있었다. 여기에는 많은 돈이 들었는데 특히 브란덴부르크 공주의 결혼식이 그러했다. 백색 여인은 이 네 가문에도 드나들기 시작했다. 또한 이 가문들이 동맹을 맺고 있는 몇몇 다른 가문에도 모습을 드러냈다. 그녀는 이동할 때 방에서 방으로 매우 빠르게 움직이며 허리에 찬 열쇠 꾸러미로 밤낮을 가리지 않고 방문을 여닫았다. 누군가 그녀에게 인사를 한다면, 그녀는 남편 잃은 여성의 목소리를 내며 품위 있는 태도로 머리를 숙여 인사를 하곤 사라졌다. 그녀는 함부로 언행을 하는 법이 없었다. 오히려 겸손하고 신중하게 모두를 대했다. 하지만 화를 내는 일도 잦았다. 백색 여인은 신이나 그녀가 하는 일에 관해 불편한 이야기를 들으면 돌멩이를 던지곤 했다. 또 가난한 자들에겐 어질게 대하고, 이들을 돕지 않는 자들에겐 크게 분노했다. 스웨덴인들이 성을 정복했을 때 그녀가 정해두었던 지침(죽을 끓여 가난한 자들에게 대접하는 것)을 행하지 않자, 그녀는 화를 냈다. 백색 여인의 소란이 매우 컸기에 성을 지키던 병사들은 숨을 곳마저 찾지 못할 정도였다. 이러한 소란은 장군들도 예외가 아니었다. 누군가 죽을 끓여 가난한 자에게 나눠주어야 함을 기억해 냈고, 이를 행하자 다시 평화를 되찾았다." **참조.** 요정Fées.

백조 여인 [Femmes-Cygnes / Swan Women] 스칸디나비아 전설에선 백조 여인이 등장한다. 사실 이들은 인간적인 면모를 갖춘 운디네Undine(물의 요정)이다. 알타이Altai 산맥에 거주하던 타타르족Tartars은 이들을 거의 악마로 여겼다. 이들은 40명의 여성으로 구성되어 있다. 사례를 살펴보면, 이 중 30명이 한 마리의 늑대인간으로 변신하기도 했다. 또 40명 전원이 한 명의 백조 여인으로 합체하여 끔찍한 장난을 치기도 했다. 더불어 용사의 길을 잃게 만들기 위해 검은 여우로 변장하는 일도 있었다. 이 운디네는 기

력을 회복하기 위해 손을 가득 채우는 양의 피를 세 번 마신다. 그리하면 쉬지 않고 40년을 달릴 수 있다고 한다.[(1)]

(1) 엘리 르클루Elie Reclus, 『타타르족의 전설Légendes Tartares』, 1860년 8월 31일, 게르만 간행물.

녹색 여인 [Femmes Vertes / Green Women] 스코틀랜드에선 눈부신 녹색 로브를 입고 인적 드문 곳에 나타나는 요정들을 이렇게 불렀다.

펜리스 [Fenris] 펜리스* 늑대(혹은 이리)는 스칸디나비아 지옥에 사는 괴물로, 로키Loki와 거인 앙게르보드Angerbode 사이에서 태어났다. 이 늑대는 땅을 흔들 수 있을 정도로 힘이 세다. 펜리스에겐 세상의 종말이 오는 순간 오딘Odin을 잡아먹어야 하는 임무가 있다. 그때까지 펜리스는 쇠사슬에 묶여 있다.

* 늑대(혹은 이리) 펜리르Fenrir와 동일한 괴물이다.

달군 쇠(시험) [Fer Chaud(épreuve du) / Hot Iron(Trial of)] 어떤 고발로부터 자신을 변호하고 싶거나, 논쟁의 진위를 증명하기 위해 사용하는 시험. 달군 쇠의 시험에 든 자는 붉게 달궈진 3파운드 쇠 막대를 아홉 걸음에서 열두 걸음 거리까지 들고 운반해야 한다. 이 시험은 큰 화덕에서 꺼낸 쇠사슬 토시에 손을 올리는 것, 달군 쇠 위를 걷는 것 등으로 대체될 수 있다. **참조.** 엠마Emma. 디디모티호Didymoteicho에 거주하던 한 남성은 아내의 정조를 의심하였다. 그는 아내에게 잘못을 시인하든지 달군 쇠를 만져 결백을 증명하든지 선택하라고 말했다. 아내는 잘못을 고하면 죽은 목숨이고, 쇠를 만지면 화상을 입기에 선택하지 못하고 걱정만 하고 있었다. 그녀는 존경받는 고위 성직자인 디디모티호 주교에게 도움을 요청했다. 아내는 눈물로 자신의 죄를 고해하며 잘못을 바로잡겠다고 약속했다. 뉘우치는 모습을 확인한 주교는 진심으로 회개하는 것은 결백의 상태로 되돌려준다고 말하였다. 그리고 그녀에게 아무 걱정 없이 시험을 받아도 된다고 권유했다. 그녀는 불에 달군 쇠를 든 채로 의자를 세 바퀴 돌았고, 남편은 그녀의 결백을 완전히 믿게 되었다. 이 일은 요안니스 6세 칸타

쿠지노스John Kantakouzenos의 통치 당시 일어난 일이다.

말라바르Malabar 해안에서도 달군 쇠 시험이 집행되었다. 이곳에서의 시험은 다음과 같았다. 먼저 범죄자의 손을 바나나 잎으로 감싼 뒤, 달군 쇠를 갖다 대었다. 그리고 왕의 세탁 관리인이 피고인의 손을 쌀뜨물에 적신 수건으로 감싼 뒤, 밧줄로 묶었다. 이후 왕이 직접 매듭 위에 인장을 찍었다. 3일 후, 수건을 벗겼을 때 화상 자국이 없으면 죄가 없다고 선언했다. 그리고 반대의 경우엔 형벌장으로 보내졌다. 소포클레스Sophocles의 『엘렉트라Electra』에도 등장하듯 달군 쇠 시험은 꽤 오래전부터 존재했다.

페르디난드 4세 [Ferdinand IV] 소환된 자라고도 불린 카스틸Castile과 레온Leon의 왕. 1285년에 태어났다. 그는 카스틸의 어느 귀족을 암살한 혐의로 두 형제를 사형에 처했다. 형제들은 결백을 주장했고 확실한 증거가 없었지만, 페르디난드 4세는 형을 집행하기를 강력히 원했다. 당대 역사학자들의 이야기에 따르면 두 형제는 형벌로 뛰어내려야 하는 암벽 위를 오르던 중 페르디난드 4세에게 말을 건넸다고 한다. 이는 30일 뒤 신의 심판에 소환할 것이라는 내용이었다고. 그리고 정확히 30일 뒤, 저녁 식사 이후 잠자리에 든 왕이 죽은 채로 발견되었다. **참조.** 소환Ajournement.

페르난드(앙투안) [Fernand(Antoine)] 스페인의 예수교 신자. 구약성경 속 환영과 계시를 다룬 흥미로운 해설서의 저자이다. 그의 책은 1617년 출간되었다.

페라구스 [Ferragus] 튀르팽Turpin 대주교 연대기에 등장하는 거인. 키는 12피트이고 아주 단단한 피부를 지녔다. 그렇기에 어떤 창이나 검도 페라구스의 피부를 뚫을 수 없었다고. 샤를마뉴Charlemagne의 기사 중 한 명이 그를 쓰러뜨렸다.

페리에(오제르) [Ferrier(Auger)] 의사이자 점성가. 잘 알려지지 않은 『탄생에 관한 천문학적 판단 또는 점술Jugements d'astronomie sur les nativités, ou horoscopes』(16절판)이란 책을 펴냈다. 이 책은 여왕 카테린 드 메디시스Catherine de Medicis에게 헌정되었다. 오제르 페리에는 1549년 리옹Lyon에서 『꿈De somniis』이라는 라틴어 서적을 출간하기도 했다. 이 책은 불면증에 관한 히포크라테스Hippocrates 개론을 포함한다.

페리(잔) [Féry(Jeanne)] 상브르Sambre 지역 소르Sore의 처녀. 아버지에 의해 저주받은 그녀는 4살 때부터 악마에게 빙의를 당했다. 악마는 그녀에게 흰 빵과 사과를 주며 매질의 고통을 느끼지 못하게 만들었다. 그녀가 성인이 되었을 때, 악마는 그녀를 조금씩 타락시켰다. 그리고 그녀에게 세례와 교회, 예수를 거부하는 종이에 서명하도록 지시했다. 그녀는 그 종이를 오렌지에 감싸 삼킨 뒤 악마에게 자신을 맡겼다. 그녀는 짐작할 수 있는 모든 죄악, 신성 모독, 불경, 모욕, 악행을 저질렀다. 또 악마 집회에 불려 가 여러 악마를 숭배했다. 그녀는 자백 당시 샤름Charm, 니누스Ninus, 피의 정령, 벨리알Belial 등의 악마가 있었다고 고백했다. 그녀가 25세가 되었을 때, 곳곳에서 빙의 징후가 나타났다. 캉브레Cambrai의 대주교 루이 드 베를레몽Louis de Berlaymont은 그녀를 구마했다. 구마 의식은 총 2년이 걸렸으며 이 과정 중 끔찍한 증오들이 모습을 드러냈다. 무수한 증언을 통해 이 일은 실제로 있었던 것임을 명백히 알 수 있다. 괴레스Johann Joseph Görres의 저서 『신비주의Mystique』 제8권 12장에도 관련된 이야기들이 담겨 있다. 가여운 페리는 열렬히 애원하던 성녀 막달라 마리아Mary Magdalene의 특별한 가호로 인해 빙의에서 풀려났다.

마녀 집회의 축하연 [Festins du Sabbat / Feasts of the Sabbat] 이곳에선 소금을 찾아볼 수 없으며 밀가루가 아닌 완두콩 가루로 빵을 만든다. 또 훔친 개나 고양이 고기로 요리하는데 부패할수록 더 좋은 만찬이 된다. 축하연에선 아이의 시체도 먹는다. 일부 지역에선 집회에 자주 참석하는 이들이 시체를 캐내 온갖 요리를 해 먹기도 하였다. 종교재판에선 마녀들이 아이의 시체를 파내 꼬치를 만들어 먹었다는 사실이 밝혀지기도 했다. 마녀 집회의 축하연에서 오가는 음료는 술이

전부이다. 와인, 기름, 소금을 비롯해 교회가 축복을 내린 모든 것들은 이 끔찍한 연회에서 배제된다.

인도의 의식 [Fêtes dans l'Inde / Feasts in India] 이것은 영국인들이 가톨릭 신자로 남았다면 100년 전에 계몽되었을 어느 국가에서 벌어진 집단 숭배 이야기이다. 인도인들이 10월 초에 행하는 이 의식은 두르가 Dourga(시바Siva의 아내이자 바바니Bhavani라고도 불린 여신)와 그녀의 눈에서 태어난 딸인 칼리Cali(혹은 모하칼리Mohakali. 검은색, 위대한 검은색을 상징한다) 그리고 루드라니 Roudrani(눈물의 어머니)를 기린다. 이 행사는 인도의 종교의식 가운데 가장 웅장하고, 큰 비용이 들며 인기가 많다. J. Th. 스톡클러J.Th. Stocqueler는 『인도L'India』에서 이 종교의식에 관해 다음과 같이 설명하고 있다.

사전 준비는 의식보다 많은 시간이 소요된다. 의식 기간 모든 일은 중단되며, 각자 더없는 쾌락과 즐거움에 빠지게 된다. 첫날엔 모두의 숭배를 받는 신의 우상을 선보인다. 브라만Brahman 계급에 속하는 이가 우상의 두 뺨과 두 눈, 가슴과 이마를 만지며 다음과 같이 외친다. "두르가의 영혼이 오래도록 이 몸에서 행복하게 해주시기를!" 이는 성상에 시야와 신의 존재를 불어넣기 위함이다. 제물 공양 의식에선 많은 수의 가축이 희생되는데 들소, 양, 염소 등이 동원된다. 대량으로 희생된 가축의 살과 피는 여신과 신들의 성상을 둘러싼다. 둘째 날과 셋째 날의 의식과 공양은 첫날과 비슷하게 진행된다. 모든 동물을 도살한 뒤 군중들은 진흙과 굳은 피로 몸을 덮고 절을 한 곳과 동일한 장소에서 광란의 춤을 춘다. 의식 다음 날 성상은 같은 브라만에 의해 능력을 벗게 된다.

우리가 상상할 수 있는 것보다 훨씬 불쾌하기 짝이 없는 이 성상은 죽음을 의인화한 두르가(또는 칼리)를 나타낸다. 이 끔찍한 여성은 매우 검거나 푸른 피부를 지니며, 네 개의 손 중 하나에 언월도를 들고 다른 손에는 거인의 머리를 들고있다(머리카락을 움켜쥐고 있다). 세 번째 손은 활짝 벌린 채 축복을 내리는 듯 하고, 네 번째 손은 두려움을 막는다. 귀걸이에는 두 해골이 달려있고, 목걸이에는 두개골이 주렁주렁 일렬로 달려있다. 혀는 턱 아래로 늘어져 있다. 이는 억제할 수 없는 분노로 남편 시바를 짓밟다가 느꼈던 수치심에 대한 증거이다. 거인들의 잘린 머리가 허리띠에 달려있고, 많은 머리는 발꿈치까지 내려온다. 그녀는 전투 중 살해한 거인의 피를 마셨기에, 눈썹의 색이 갈증을 풀어준 피의 색으로 물들어 있다. 또 칼리의 가슴에선 같은 액체로 이루어진 진홍빛 액체가 흐른다. 두 눈은 술에 취한 것처럼 붉고, 한 발은 남편의 가슴 위에, 다른 발은 남편의 허벅지 위에 올린 채로 서 있다.

이 성상은 신관들에 의해 대나무길에 놓이게 된다. 이때 군중 행렬이 이를 짊어진 채로 북, 나팔 그리고 다른 인도 악기 소리에 맞춰 신성한 강의 연안을 따라 걷는다. 그리고 모든 신분의 사람이 지켜보는 앞에서 성상을 강물에 담근다. 그동안 신관들은 여신을 부르는데 생명, 건강, 번영을 기원한다. 또 세상의 어머니인 칼리에게 잠시 그녀가 있던 곳으로 돌아갔다가 다시 그들의 품으로 돌아오길 애원한다.

의식이 집행되는 3일 동안, 인도의 부유한 집안에서는 밤새 화려하게 조명을 켜두고 낮에는 모든 손님에게 문을 열어둔다.

이것이 전부가 아니다. 다음 날이면 강에서 멀리 떨어진 마을에서 우상을 버리러 오는데, 이때 큰 소동이 일어난다. 이 혼란은 묘사가 불가능하다. 이때 전시된 성상들은 건초, 나뭇조각, 진흙으로 만들어진 것으로 어떤 것은 10~12피트의 크기를 가진다.

이 의식은 막대한 돈을 끌어들인다. 이 중 일부는 신관과 거지들을 먹이고 입히는데 사용되며, 나머지는 국민의 즐거움과 여신 앞에서 춤을 추는 무희들을 고용하는 데 사용된다.

영국인들은 이 망측한 암흑지대에 단 한 번도 빛을 비추지 않았다. 그리고 이러한 악행을 막기 위해 아무것도 하지 않았다.

주물 [Fétiches / Fetishes] 기니Guinea 주민들이 주로 믿었던 신성. 이 신들은 다양한 형태를 띤다. 비쩍 마른 짐승, 나뭇가지 혹은 나무 자체, 산 등 무엇이든 신이 될 수 있다. 보통 조각으로 작게 만든 뒤 목이나 팔에 걸고 다닌다. 기니인들은 '주물* 수목'이라고 불리는 나무를 숭배한다. 숭배할 땐 나무 밑치에 종려나무, 쌀, 조로 만든 술로 상을 차린다. 주물 수목은 중요한 일이 있을 때 찾는 신탁의 신이기도 하다. 나무 신은 검은 개를 통해 답변을 주는데, 악마학자들의 주장에 따르면 이 검은 개는 악마라고. 타브라Tabra라는 이름의 거대한 바위는 캅 코스Cap Corse 곶에 있는 거대한 주물이다. 이 바위는 거의 섬의 모습을 하며 바다를 가로질러 있다. 이 바위는 주물 중에서 가장 강력한 만큼, 대할 때에 특별히 예우를 갖춘다. 콩고에서는 주요 주물에 무언가 바치지 않고 술을 마시는 법이 없다. 콩고의 주물은 주로 코끼리의 상이다.

다음은 『식민 논평Revue coloniale』에서 발췌한 내용이다. '두 기니엔 어디든 끔찍한 주물 숭배가 퍼져있다. 그곳에서 우스꽝스럽고, 상스러우며 때로는 잔인한 미신 행렬이 이어진다. 종교라는 명목하에 윤회를 믿으며 일부다처제, 이혼, 인간 제물은 물론 식인풍습마저 동원된다.

해당 민족의 미신적 사상과 영향을 이해하기 위해선, 이 미신이라는 것이 정치와 종교를 구분하지 않고 사회 전체를 구성하고 있다는 사실을 알아야 한다. 이들에게 종교적 사상과 행위는 사회의 본질에 해당한다. 따라서 삶의 공과 사 영역을 가리지 않고 주물 혹은 수호신 숭배가 이뤄진다. 왕국의 주물, 마을의 주물, 가족의 주물 그리고 개인의 주물이 존재하는 것이다.

한 국가의 수장이 분쟁 시 판결을 하거나, 상업을 규제하거나, 음식의 사용을 정할 때도 주물의 이름을 빌린다. 주인이 노예의 목숨을 결정지을 때도 마찬가지다. 이러한 방식으로 인육은 인간의 음식이 되기도 한다. 또 주물이 분노한 것으로 생각되면 화를 누그러뜨리려 인간 제물을 바치기도 한다.

숭배받는 주물의 모습은 국가마다 상이하다. 도마뱀, 말, 하이에나, 호랑이, 독수리와 같은 동물의 모습을 할 때도 있는데, 특히 뱀의 형태를 취하는 경우가 잦다. 주물이 식물의 형태를 한다면 그 종은 신성시된다. 끝으로 인간의 형상을 한 작은 우상도 있다.'

*초자연적인 힘이 있으며 영혼 혹은 신성이 있다 여겨지는 자연물 혹은 인공물.

불 [Feu / Fire] 여러 국가가 이 원소를 숭배했다. 페르시아에선 지붕 없이 벽으로 둘러싼 방을 만들어 불을 피우고 유지했다. 그리고 귀족들은 불 위로 향유와 향수를 뿌렸다. 페르시아 왕이 임종을 맞이하는 순간에는 왕국 주요 도시의 불을 껐다. 이 불은 후계자가 왕위를 계승한 날에 다시 지폈다. 일부 타타르족Tartars 사이에선 정화 의식을 치르지 않은 외부인을 받아들이지 않았다. 이 정화 의식은 두 개의 불 사이를 걷는 것이었다. 이들은 불에 대한 존경의 의미를 담아 고개를 남쪽으로 돌리고 조심스럽게 물을 마셨다. 시베리아 민족인 자구족Jagus은 불 속에 선과 악을 구분하는 존재가 산다고 믿었다. 그들은 불에 빈번히 재물을 바쳤다.

카발리스트들의 말에 따르면 불은 샐러맨더Salamander(불도마뱀)의 요소이다. **참조.** 샐러맨더.

'신의 심판'이라 불리는 미신적 시험 중엔 불의 시험도 존재한다. **참조.** 달군 쇠Fer Chaud, 끓는 물Eau Bouillante 등.

성 요한의 불 [Feu de la Saint-Jean / St. John's Fire] 1634년, 브르타뉴Bretagne 캥페르Quimper 주민들은 성 요한의 불 주변에 의자를 놓았다. 이는 죽은 조상이 편안하게 불을 만끽하도록 하기 위함이었다. 이 고장에선 천둥으로 피해를 보지 않기 위해 성 요한의 불씨를 간직했다. 또 그해에 결혼하고자 하는 여성들은 같은 날 밤 9개 불을 둘러싸고 춤을 추어야 했다. 이런 행사는 어렵지 않게 진행되었다. 불은 촌락 가득 퍼져 환하게 빛나고 있었기 때문이다. 더불어 다른 고장에서도 성 요한의 불은 훌륭한 부적으로 여겨졌다. 성 요한의 불은 행운을 가져오기 때문에 불씨를 간직해야 한다는 속설이 있었다. 파리Paris에선 때때로 24마리의 새끼 고양이(악마의 상징이라는 이유로)를 성 요한의 불 속에 집어 던졌다. 같은 날 밤 마녀의 집회가 이뤄진다고 믿었기 때문이다. **참조.**

고양이Chat.

성 요한의 밤은 저주를 내리기에 가장 적합하기에, 네잎클로버를 비롯한 마법에 필요한 식물들을 채집해야 한다는 설도 있다.

그리스 불 [Feu Grégeois / Greek Fire]

그리스 불의 위험성 그리고 그리스 불을 만드는 법. '이 불은 너무나도 격렬하기에 닿는 모든 것을 불태운다. 오로지 소변, 고농도 식초와 모래로만 불을 끌 수 있다. 이 불을 만들기 위해선 신선한 유황, 주석, 사르코콜라Sarcocolla, 피콜라Picola, 구운 소금, 펜트레올라Pentreola 그리고 기름이 필요하다. 이제 재료들을 넣고 쇠 주걱으로 저어준다. 이후 삼베 한 조각을 넣고 천이 탈 때까지 끓인다. 이 불은 야외에서 제조해야 한다. 불이 붙으면 진화에 애를 먹을 수 있기 때문이다.[1]'. 여기서 말하는 불은 아르키메데스Archimedes의 그리스 불과 동일한 것이 아니다.

(1) 『작은 알베르투스의 경이로운 보물Admirables secrets du Petit Albert』, 88페이지.

세인트 엘모의 불 또는 생 제르망의 불 또는 성 안셀무스의 불 [Feu Saint-Elme, Feu Saint-Germain, Feu Saint-Anselme / St. Elmo's Fire, St. Germains' Fire, St. Anselm's Fire]

라드지빌Radzivill 왕자는 『예루살렘 여행Voyage de Jérusalem』에서 배의 메인마스트 위에 여러 번 나타난 불에 대해 기록했다. 왕자는 이 불을 생 제르망의 불이라고 불렀다. 이 외에도 세인트 엘모의 불, 성 안셀무스의 불이라고도 불린다. 고대 이교도들은 이 불이 가끔 한 쌍으로 나타나기에 카스토르Castor와 풀룩스Pollux라고 생각하기도 했다. 물리학자들은 이를 두고 불이 붙은 발산물에 불과하다고 주장했다. 하지만 고대인들은 세인트 엘모의 불을 초자연적이고 신적인 것으로 보았다.[1]

(1) 돔 칼메Dom Calmet, 『환영에 대한 수상록Dissert. sur les apparitions』, 88페이지.

윌 오더 위스프 [Feux Follets / Will-O'-the-Wisps]

여름 열기에 데워진 땅이 내뿜는 불꽃. 주로 대림절 긴 밤에 불쑥 나타난다. 낮은 지대와 늪지를 향해 구르는 이 불꽃을 보며 농부들은 악마라고 생각했다. 또 길 잃은 여행객을 현혹해 마치 안내자로 여기도록 만든 뒤, 낭떠러지로 인도한다고 믿었다. 올라우스 마그누스Olaus Magnus는 당대 여행객과 목동이 지나간 길을 끔찍하게 태우는 윌 오더 위스프를 마주치곤 했다. 이 불꽃이 지나간 길에 풀도 나무도 자라지 않았다고 한다.[1]

러시아와 폴란드인들에게 윌 오더 위스프는 망자의 영혼을 의미한다. 아주 컴컴한 어느 밤, 밀라노Milan에서 돌아오는 길이던 한 젊은이가 폭우를 만나게 되었다. 그때 멀리서 환한 빛이 보였으며, 그의 왼편에선 여러 목소리가 들려왔다. 잠시 후 그는 자신을 향해 달려오는 불붙은 수레를 보게 되었다. 수레엔 목동이 타고 있었는데, 연거푸 비명을 지르며 큰 소리로 외쳤다. "조심하시오!" 겁에 질린 젊은이는 타고 있는 말을 재촉했지만, 달리면 달릴수록 수레는 점점 더 가까워져 왔다. 그렇게 젊은이는 한 시간가량을 달아났고, 내내 온 힘을 다해 신에게 기도했다. 그리고 그가 교회 앞에 다다르자, 모든 것이 사라졌다. 카르다노Cardan는 이 환영에 대해 머지않아 찾아올 여러 재앙과 흑사병의 예고라고 주장했다. 이 이야기를 들었을 당시 카르다노는 어린아이였다. 그렇기에 해당 이야기는 충분히 변질되었을 법 하다. 환영을 보았던 젊은이는 당시 스무 살의 나이였다. 그는 혼자였고 큰 공포에 사로잡혀 있었다. 그리고 이후 지독한 흑사병이 찾아왔고, 같은 해에 굉장한 폭염이 이어졌다. **참조**. 엘프Elfs, 잭 오 랜턴Jack of Lantern 등.

스코틀랜드 카디건Cardigan 주민 중 하나는 환상이 아닌 듯한 윌 오더 위스프를 본 일이 있다. 바터Barter는 저서 『영의 확신De la certitude des esprits』에서 이 이야기를 다룬다. 자정이 지나 잠에서 깬 주민은 열두 개의 윌 오더 위스프가 차례로 방에 들어오는 모습을 보게 되었다. 이 불빛들은 어린아이를 안은 여성의 모습을 하고 있었다. 불빛이 들어오자, 그의 방은 완전히 밝아졌다. 불빛은 춤을 추더니 양탄자 주변에 모여 앉아 저녁 식사를 준비했다. 그리고 방의 주인에게 같이 식사하겠냐고 권하기까지 했다. 그가 놀라 불빛을 보는 동안 기도를 올리자, 불빛은 그에게 겁먹지 말라고 진정을 시켰다. 그리고 4시간 뒤, 환영은 사라졌다. 그는 분명히 멀쩡한 상태였으며 꿈이 아니라고 주장했다. 그는 상식과 신망을 갖춘 자였다.

(1)돔 칼메Dom Calmet, 『환영 개론Dissertation sur les apparitions』, 109페이지.

페발(폴) [Féval(Paul)] 『늪지대의 백색 여인La Femme blanche des marais』, 『모래밭의 요정 La Fée des grèveS』, 『악마의 아들Du fils du diable』 (1846년)이라는 아름다운 이야기를 쓴 작가. 이 중 『악마의 아들』은 그다지 추천하지 않는다.

잠두콩 [Fèves / Beans] 피타고라스 Pythagoras는 제자들에게 잠두콩 섭취를 금하였다. 이는 마법을 부릴 때 사용하며, 잠두콩이 살아있다고 믿었기 때문이었다. 그는 이 채소를 특별히 숭배했다. 피타고라스는 잠두콩을 삶은 뒤, 며칠 밤 동안 달빛에 내어놓아 피로 변하기를 기다렸다. 그리고 콩이 피로 변했을 때, 이를 사용해 볼록 거울 위에 원하는 내용을 기록했다. 보름달이 떴을 때 이 글을 달에 비추면, 멀리 떨어져 있는 친구들이 볼록한 달 표면을 활용해 그의 글을 읽을 수 있었다고…. 피타고라스는 절대 잠두콩에 손 대지 않던 이집트인들로부터 이러한 착상을 얻어냈다. 이집트인들은 몇몇 신이 양파 속에서 사는 것과 같이 일부 영혼이 콩 속에 숨어있다고 상상했다. 풍설에 의하면 피타고라스는 잠두콩 밭에 숨느니, 자신을 쫓는 이들에게 죽임당하는 편을 택하겠다고 말했다.

그의 평판을 떨어뜨리는 이런 이야기는 널리 퍼져있다. 어찌 되었든, 고대인들은 지옥의 신에게 검은 잠두콩을 바치곤 했다.

이집트 나일Nile 강기슭엔 잠두콩을 닮은 작은 돌멩이들이 있었는데, 이는 악마의 은신처기도 했다.(이는 혹시 화석화된 잠두콩이 아니었을까?) 페스투스Festus는 잠두콩 꽃은 불길하고, 열매는 지옥의 입구처럼 생겼다고 주장했다…. 드 랑크르Pierre de Lancre는 『완전히 입증된 마법에 대한 의심과 불신 Incrédulité et mécréance du sortilège pleinement convaincue』 263페이지에서 잠두콩을 이용해 폐가에서 귀신을 내쫓는 방법을 기록했다. 먼저 깨끗한 손에 검은 잠두콩을 쥐고 폐가를 돌아다니며 구리 항아리로 소리를 낸다. 그리고 등 뒤로 잠두콩을 던지며 귀신에게 자리를 뜰 것을 아홉 번 빈다. 베네치아Venice의 젊은 여성들은 검은 잠두콩으로 유행과 동떨어진 점술을 행했다. 무리 중 가장 충직한 이를 알고자 할 땐 검은 잠두콩 한 알당 각 젊은이의 이름을 붙여주고 타일 위로 던진다. 바닥에 떨어지며 굴러가지 않는 콩은 충성을 의미한다. 소리를 내며 굴러가는 콩은 변덕스러운 마음을 뜻한다.

페이 [Fey] 스코틀랜드에서 마법에 걸렸다고 생각되는 모든 사람을 지칭하는 말.

피안 [Fian] 의사록에 따르면 제임스James 왕 시대에 마녀와 협업했거나 종속돼 있었던 의사이다. **참조.** 제임스Jacques.

수도원장 피아르드 [Fiard(L'abbé)] 『마법에 관한 철학서Lettres philosophiques sur la magie』, 『악마숭배자에게 속아 넘어간 프랑스La France trompée par les démonolâtres』, 『적그리스도의 선구자Les Précurseurs de l'Antéchrist』, 『미신과 철학자들의 위용 또는 계몽주의 시대의 악마 숭배 Superstitions et prestiges des philosophes ou les démonolâtres du siècle de lumières』라는 책을 펴냈다. 피아르드는 1818년 파리Paris에서 사망했다. 그는 신의 적 가운데 악마의 종들이 있다고 주장하여 많은 비난을 받았다. 그러나 이는 신성 격언인 '나를 위한 것이 아니면 나에게 대적하는 것이다.' 와 일치하는 내용이다. 피아르드는 볼테르Voltaire가 악마라고 선언했다. 하지만 토마스Thomas는 이보다 더 빨리 볼테르가 악마라는 이야기를 언급했다.

피키노(마르실레) [Ficino(Marsile)] 피렌체Firenze의 철학자. 1433년에 태어났다. 그는 제자 미카엘 메르카티Michel Mercati와 영혼의 불멸성에 관해 다툰 일이 있었다. 결국 의견이 일치하지 않은 둘은 먼저 세상을 떠나는 사람이 진실을 말해주기로 합의를 보았다. 그리고 그날은 빠르게 다가왔다. 어느 날 미카엘 메르카티가 잠에 들지 않고 공부하는 도중, 문 앞에 다급한 말발굽 소리를 듣게 되었다. 또 이와 동시에 마르실레 피키노의 외침도 들려왔다. "미카엘, 우리가 저세상에 관해 이야기한 모든 게 맞았네." 미카엘 메르카티는 창을 열어 스승인 피키노를 보았다. 그는 흰 말에 올라타 빠르게 멀어지는 중이었다. 메르카티는 멈추라고 소리쳤으나, 피키노는 계속해서 말을 달려 결국 시야에서 사라졌다. 넋이 나간 청년은 곧장 피키노의 집으로 가 그가 유명을 달리했다는 사실을 확인하였다.

마르실레 피키노는 점성술, 연금술, 환영과 꿈에 관한 글을 썼으며 지금은 찾아보기 힘든 다양한 서적들을 펴냈다.

정조 [Fidélité / Faithfulness] 『대 알베르투스의 경이로운 비밀들Les admirables secrets d'Albert le Grand』에는 다음과 같은 내용이 기록되어 있다. 잠든 여성의 머리 위에 다이아몬드를 올리면 그녀가 정조를 지켰는지를 알 수 있다. 만약 여성이 정조를 지키지 않았다면 깜짝 놀라 잠에서 깨며 언짢아할 것이다. 반대로 조용하게 잠에서 깨어난다면 정조를 지킨 것이다. 『작은 알베르투스의 견고한 보물Le solide trésor du Petit Albert』(24페이지)엔 늑대 척추에서 뽑아낸 골수를 먹이면 정조를 지켰는지 알 수 있다고 기록되어 있다.

피엔(토마스) [Fien(Thomas)] 앤트워프Antwerp의 주민. 상상력의 놀라운 효력을 설명한 신비서, 『이미지의 힘De viribus imaginationis』(1657년, 런던)을 저술했다.

짐승의 변 [Fientes/ Droppings] 변은 각 독특한 효능을 지니고 있다. '인간은 가장 고귀한 존재이기에, 배설물에도 여러 지병을 낫게 하는 특별한 효능이 있다. 디오스코리데스Dioscorides와 갈레노스Galen는 이에 동의하며 인간의 배설물이 인후통과 인후염을 낫게 한다고 주장했다. 제조법은 다음과 같다. 심성이 고운 청년에게 3일간 루피너스 효모와 소금을 층층이 넣어 구운 빵을 먹인다. 그리고 맑은 포도주를 마시게 한다. 이후 이 식단을 지킨 청년이 3일 뒤 배설한 대변을 보관한다. 그리고 꿀에 섞어 아편제처럼 음용한다. 만약 환자가 조미료를 싫어할 경우, 찜질에 사용한다. 이 치료약은 실패하는 법이 없다.' 이 과정이 유쾌한 것인지는 굳이 여기에 쓰지 않겠다.

개의 변 — 개를 가두고 3일 동안 뜯어 먹을 수 있는 뼈다귀를 준 뒤 변을 모아 말린다. 이것을 가루로 만들면 이질을 치료하는 놀라운 약이 된다. 강의 조약돌을 주워 데운 뒤, 소변 가득한 용기에 담고 가루로 만든 개의 변을 조금 섞는다. 이를 환자에게 하루 두 번 3일 동안 마시게 한다. 이때, 무엇으로 약을 만들었는지는 환자에게 말하지 않는다…. 이 변은 악성, 만성 궤양의 치료를 위한 최상의 건조제이기도 하다….

늑대의 변 — 이 짐승은 주로 먹잇감의 뼈와 살을 먹기에, 변에서 뼈만 채취한다. 뼈를 가루 낸 뒤 와인과 마시면 설사를 치료하는 특효약이 된다.

소의 변 — 갓 나온 숫소나 암소의 변을 포도잎이나 양배추잎에 싼 뒤 재 위에서 데우면 상처로 생긴 염증을 낫게 할 수 있다. 같은 변으로 좌골 신경통을 안정시킬 수도 있다. 또 식초와 섞으면, 음낭샘과 음낭 화농을 치료한다. 갈레노스는 미시아Mysia의 어느 의사가 종기 위에 뜨거운 변을 발라 모든 수종을 치료했다고 기록했다. 이 변을 꿀벌, 말벌 등에 쏘인 자리에 바르면 통증이 즉시 사라진다.

돼지의 변 — 각혈을 낫게 한다. 환자가 토한 피에 넣어 끓인 뒤, 신선한 버터를 첨가해 다시 환자에게 먹인다(용기가 있다면 그렇게 한다).

염소의 변 — 염소의 변엔 모든 종기를 낫

게 하는 효험이 있다. 갈레노스는 보릿가루와 옥시크라트Oxycrat*를 섞어 무릎 찜질에 사용함으로써 수많은 종기와 무릎 경직을 낫게 했다. 신선한 버터와 호두기름 찌꺼기를 섞으면 유행성 이하선염에 탁월하다. 이 비법이 우스꽝스러워 보일 수는 있으나 사실이다. 8일간, 매일 아침 공복 상태에서 백포도주에 작은 염소 똥 다섯 알을 넣어 마시게 했더니, 20명의 황달을 치료할 수 있었다….

암양의 변 — 이 짐승의 변은 다른 변과 달리 입에 넣어서는 안 되고 오로지 발라야 한다. 염소의 변과 똑같은 효능이 있다. 모든 종류의 사마귀, 딱딱한 부스럼과 발바닥 상처를 치료한다. 식초에 적신 뒤 상처 부위에 바르면 된다.

산비둘기와 집비둘기의 변 — 좌골 신경통엔 산비둘기 또는 집비둘기의 변이 특효약이다. 방법은 물냉이 씨앗과 섞는 것이다. 종기 또는 염증을 치료하려면 비둘기 변 1온스, 겨자와 물냉이 씨앗 2드라크마, 오래된 타일 오일 1온스를 섞어 찜질한다. 복숭아씨 기름과 이 변을 섞어 여러 사람을 낫게 한 것은 사실이다.

갈레노스는 거위의 변이 매운맛으로 인해 사용할 수 없다고 말했다. 하지만 이 새의 변 또한 백포도주와 섞어 9일 동안 마시면 황달을 치료할 수 있다. 디오스코리데스는 닭의 변은 오직 화상을 치료하는 데만 효과가 있으며, 장미 기름과 섞어서 써야 한다고 주장했다. 하지만 갈레노스와 에지네트Eginette는 닭의 변에 초밀을 첨가하면 호흡곤란을 완화할 수 있다고 말했다. 또 질식을 진정시키고 구토를 유발함으로써 곰팡이를 섭취한 사람들을 치료한다고 덧붙였다. 갈레노스 시대의 어느 의사는 이 변을 이용해 설사를 낫게 하였으며, 꿀과 포도주에 희석해 사용했다. 쥐의 변에 꿀을 섞어 털이 빠진 자리에 바르면 털이 다시 자란다고 한다….

여성들의 미모를 유지하기 위한 비결을 소개한다. 이것은 분(화장품)을 만드는 방법이다. 작은 도마뱀의 변, 백포도주의 주석, 사슴뿔 찌꺼기, 흰 산호, 쌀가루를 섞은 뒤 절구로 빻는다. 고운 가루를 증류수에 넣은 뒤, 아몬드, 포도나무 또는 정원의 민달팽이, 우단담배풀 꽃과 섞어준 뒤 흰 꿀을 넣어 함께 간다. 이 가루는 은이나 유리병에 보관하며 필요시 얼굴이나 손에 바른다[1]. 단연 굉장한 제법이다.

(1)『대 알베르투스의 비밀Secrets d'Albert le Grand』, 167쪽. / * 물과 식초의 혼합물.

열 [Fièvre / Fever] 아직도 몇몇 이들은 부활절 전날이나 오순절 전날 성수를 마시면 열을 내릴 수 있다고 믿는다. 한때 플랑드르Flanders에선 금요일에 태어나는 이는 신으로부터 열을 내리게 하는 능력을 부여받는다고 믿었다[1].

(1)드 랑크르Pierre de Lancre,『완전히 입증된 마법에 대한 의심과 불신Incrédulité et mécréance du sortilège pleinement convaincue』, 157페이지.

피귀에(루이) [Figuier(M. Louis)] 현대 마법에 관한 흥미로운 연구를 한 작가. 지나친 회의주의자이다.

악마의 모습 [Figures du Diable / Figures of the Devil] 많은 마녀의 증언에 따르면, 악마는 자주 모습을 바꾼다고 한다. 마리 다게르Marie d'Aguerre는 마녀 집회 한복판에 놓인 항아리에서 악마가 숫염소의 모습을 하고 튀어나왔다고 고백하였다. 프랑수아즈 세크레텡Françoise Secrétain은 악마가 건장한 시체의 모습을 하고 있다고 주장했다. 또 다른 마녀들은 악마가 팔다리 없는 나무둥치 모습을 하고 설교단에 앉아있으며, 인간의 얼굴을 가진다고 말했다. 하지만 악마는 대개 머리 앞쪽에 두 개, 뒤쪽에 두 개의 뿔을 가진 숫염소의 모습을 하고 있다. 세 개의 뿔이 달린 경우, 가운데 뿔에서 빛이 새어 나오기도 하며 마녀 집회의 검은색 초에 불을 붙이는 데 사용된다. 악마는 뿔 위에 모자 같은 것을 쓰기도 한다. 이외에 해골의 형상으로 등장하는 경우도 있다.

일부 사람들은 악마가 안면이 불처럼 붉게 타오르며 스스로를 드러내지 않기 위해 기이한 옷차림을 한다고 주장했다[1]. 또 다른 사람들은 그가 야누스Janus처럼 한 머리에 두 개의 얼굴이 달렸다고 생각했다. 드 랑크르Pierre de Lancre는 투르넬Tournelle의 종교재판에서 악마를 거대한 그레이하운드로 묘사하였다. 그리고 때로는 바닥에 누운 청동 소를 닮았다고 덧붙였다. 르 루아예Pierre Le Loyer는 악마가 용의 모습을 하거나 불행한 거지의 모습을 한다고 말했다.

악마의 모습 중 하나

악마는 한때 예언자의 모습을 남용하기도 했다. 테오도시우스Theodosius 시대엔 맨발로 바다를 건너겠다던 모세Mose의 모습을 하고, 칸디아Candia에서 유대인을 익사시키려 했다(2). 토머스 발싱햄Thomas Valsingham의 주석가는 악마가 당나귀의 모습을 하고 교회 분리론자 부사제 몸에서 튀어나온 일, 워릭셔Warwickshire에서 개구리로 변장해 오래도록 주정뱅이를 괴롭혔던 일을 기록했다. 르 루아예는 랑Laon에서 파리의 모습으로 나타난 악마를 언급했다. 악마가 인간 앞에 모습을 드러내기 위해 취하는 다양한 형상은 셀 수 없이 많다. 만약 인간의 몸을 하고 나타난다면, 염소나 오리의 발을 가지고 발톱이나 뿔을 달고 있다. 그들은 발톱이나 뿔의 일부는 감출 수 있지만, 모두 숨기는 것은 절대 불가능하다. 하이스터바흐의 케사리우스Cesarius d'Heisterbach는 이러한 인상착의에 덧붙여, 악마가 인간의 형상을 할 때 등도 엉덩이도 없으며 뒤꿈치를 보여주는 법이 없다고 기록했다(『놀라운 기적과 기억에 남는 역사 12서, 시토회 수도회의 케사리우스 하이스터바흐 저 Illustrium Miraculorum et Historiarum Memorabilium Libri XII, a Cœsario Heisterbachensi, Ordinis Cisterciensis』, 3권). 유럽인들은 보통 악마가 검게 탄 피부를 지녔다고 생각했다. 흑인의 경우엔 반대로 악마가 흰 피부를 가졌다고 주장했다. 17세기 아프리카 아르드라Ardra 왕국에 살던 어느 프랑스인 장교는 아르드라 사제의 수장을 방문했다. 그는 고위 성직자 방에서 커다란 흰색 인형을 발견하고 의미하는 바를 물었다. 성직자는 인형이 악마라고 답했다. 이에 순진한 프랑스인이 말했다. "아닙니다. 악마의 피부는 검은색입니다." 나이 든 사제가 다시 입을 열었다. "틀린 건 당신이오. 나는 당신보다 악마의 피부색에 대해 잘 알고 있소. 악마를 매일 보고 있기 때문이오. 장담하건대, 그건 당신네처럼 흰 피부를 지녔다오(3)." 이 책에 실린 주요 악마 키워드들을 참고할 것. **참조.** 형태Formes.

(1) 드 랑크르, 『악마의 변화론Tabl. de l'inconstance des démons』 등, 2권, 70페이지. / *(2)* 소크라테스Socrates, 『교회의 역사Ecclesiastical History』, 7권, 28장. / *(3)* 『노예 해안의 아프리카인 이야기Anecdotes africaines de la côte des Esclaves』, 57페이지.

성모 마리아의 실 [Fil de la Vierge / Virgin's Thread] 순진한 사람들은 하늘에서 내려와 대기 중에 떠다니는 솜 같은 흰색 털 뭉치를 성모 마리아가 준 선물로 믿었다. 그리고 이를 천상의 씨아에서 떼어낸 것이라고 여겼다. 하지만 이 실은 화창한 날씨를 예고하는 현상일뿐이다. 의사 라마르크Lamarck는 이 현상이 거미나 다른 곤충이 만든 실이 아니며, 오직 안개가 끼지 않은 날에 목격할 수 있다 주장했다. 그의 관찰 결과에 따르면 성모 마리아의 실은 안개가 흩어지며 생긴 찌꺼기이며 햇빛에 의해 이것이 작은 부피로 농축된 것이다. "여러 날 동안 햇빛이 들며 마른 안개가 끼어야만 선명한 성모 마리아의 실이 생길 조건이 갖추어진다. 단, 열대지역의 햇빛보다 더 좋은 볕이 들어야 한다(1)."

(1) 살그Salgues, 『오류와 편견Des erreurs et des préjugés』, 3권, 184페이지.

필리아 추 치 [Filiat-Chout-Chi] 캄차달족Kamchadals의 신이자 투이타Touita의 아버지.

악마의 딸 [Filles du Diable / Devil's Daughters] 참조. 악마의 결혼Mariage du Diable.

세상의 종말 [Fin du Monde / End of the

World] 헤로도토스Herodotus는 10,800년 뒤 세상의 종말이 찾아올 것이라고 주장했다. 디온Dion은 13,984년, 오르페우스Orpheus는 120,000년, 카산드라Cassandra는 1,800,000년 후에 종말이 올 것이라고 말했다. 예언했던 때가 아직 오지 않은 이 사람들의 말을 믿는 게 나을 것이다. 점성술 연대기에서 얼간이었음이 들통난 많은 예언가의 말을 믿는 것보다 말이다. 아르타르코스Aristarchus는 3384년에 인간의 종말이 찾아올 것이라고 예언했다. 나레테스Daretes는 5552년, 아르날두스 드 빌라노바Arnaldus de Villa Nova는 기원후 1395년, 독일인 장 힐튼Jean Hilten은 1651년에 종말이 올 것이라고 언급했다. 『요한계시록Apocalypse』 해설가인 영국인 휘스턴Wistons은 기하학과 대수를 이용해 최후 심판의 날을 계산했다. 그는 1715년, 늦어도 1716년에 심판이 일어날 것이라고 결론지었다. 더 무서운 이야기도 있다. 1816년 7월 18일은 지구 종말의 날이었으나 폰 크루데너Von Krudener는 1819년으로 이를 연기했다. 그리고 폰 리벤슈타인Von Liebenstein이 다시 1823년으로, 드 살마르 몽포르De Sallmard-Montfort가 1836년으로 또다시 연기했다. 이후에도 다른 예언가들은 종말까지의 기한을 1840년 1월 6일까지로 연기시켜 놓았다. 모두 마음의 준비를 하고 다 같이 기다려 보는 게 좋을 듯하다.

아비뇽Avignonet에서 멀지 않은 곳, 랑그독Languedoc 빌프랑슈Villefranche 인근의 어느 마을은 작은 언덕을 보유하고 있다. 이 언덕은 유럽에서 가장 비옥한 평원 한 가운데에 있다. 언덕 정상엔 노로즈Naurause의 돌들이 있는데, 이것은 드루이드 시대에 옮겨진 거대한 화강암 덩어리들이다. 당신이 알아야 할 것은, 이 두 개의 돌이 서로 만나는 날에 세상이 멸망할 것이라는 사실이다. 이 고장에 사는 사람이라면 누구나 이 예언에 고개를 끄덕일 것이다. 노인들은 지난 백 년 동안 두 돌이 너무도 가까워졌으며 이제는 덩치 큰 사람이 지나갈 정도의 공간만 남았다고 말한다. 불과 백 년 전엔 말을 탄 사람도 거리낌 없이 돌 사이를 지날 수 있었다고. **참조.** 튀링겐의 버나드Bernard de Thuringe, 펠젠하버Felgenhaver, 식Éclipses 등.

핀란드인 [Finnes / Finn] 알베르트 크란츠Albert Krantz[1]의 저서엔 핀란드인들이 마법사이며 미래와 비밀을 아는 능력이 있다고 기록되어 있다. 이들은 황홀경 상태에서 몸을 이동하지 않고 먼 나라로 여행을 떠난다. 그리고 황홀경에서 깨어나면 유람한 것들을 이야기해 주며, 이 증거로 영혼이 주워 온 반지 또는 보석을 내민다. 드 랑크르Pierre de Lancre는 이 마법사들이 타국의 뱃사람에게 바람을 팔아 원하는 방향으로 항해할 수 있게 만든다고 주장했다. 하루는 어리숙한 이가 이들의 능력을 몰라보고 천대한 일이 있었다. 이후 끔찍한 폭풍우가 몰려왔고 그의 배는 난파되었다. 올라우스 마그누스Olaus Magnus는 일부 핀란드인 마법사가 세 개의 마법 매듭을 항해사에게 팔았다고 기록하고 있다. 이 매듭의 첫 번째 것을 풀면 부드럽고 호의적인 바람이, 두 번째 것을 풀면 더 강렬한 바람이 일어난다. 마지막 세 번째 매듭은 사나운 폭풍우를 몰고 온다.

(1) 르 루아예Pierre Le Loyer, 『귀신의 역사 혹은 귀신 환영Histoire des spectres et apparitions des esprits』, 4권, 450페이지.

핀스크갈든 [Finskgalden] 아이슬란드에서 사용했던 일종의 마법. 어느 마법사가 라플란드Lapland 여행을 통해 들여온 마법이다. 이 마법은 귀신을 조종해 지렁이 또는 파리의 모습으로 마법사를 따라다니게 만든다. 또 이 귀신이 마법을 부리게 지시한다.

피오라반티(레오나르도) [Fioravanti (Léonard / Leonardo)] 16세기 의사이자 연금술사. 그의 무수한 저서 중 주목할 만한 것은 『의학, 외과학 그리고 연금술에 관한 비밀 요약Résumé des secrets qui regardent la médecine, la chirurgie et l'alchimie』(1571년, 1666년, 베네치아, 8절판. 1580년, 토리노)[1]이다.

(1) 『비밀 요약Compendio dei secreti』.

피오리나 [Fiorina] 참조. 플로린Florine.

피셔(거트루드) [Fischer(Gertrude)] 리에주Liège 교구의 수도원장 다비드David는 '수백만의 고리대금업자Million de l'usurière' 라는 놀

라운 이야기에 이어 어느 젊은 여성의 이야기를 들려주었다. "돈에 대한 사랑이 악마를 끌어온다는 것을 증명하는 좋은 이야기가 여기 있다. 16세기, 뤼뷔Lubus 부르주아, 피셔의 딸인 거트루드는 다른 이들의 옷, 소매, 수염을 잡아당겼을 때 돈이 생겨났다. 그리고 아무도 막지 않는다면, 그녀는 그 돈을 입에 넣고 씹어 삼켰다. 주민들은 그녀에게서 생긴 이 동전을 가져와 오래도록 간직했다. 동시대의 유명한 박사 마르틴 루터Martin Luther는 거트루드의 몸 상태를 진료했다. 그리고 그녀를 훈계하며 신께 기도를 올렸다. 개신교 목사들의 도움을 받지 못하자, 아버지 피셔는 가톨릭 신부를 찾아갔다. 신부는 거트루드가 수전노 악마에게 빙의되었다는 사실을 알아냈고, 구마 의식을 통해 그녀를 해방해 주었다. 빙의에서 풀려난 거트루드는 이후 행실 좋은 시녀로 일했다.

거트루드가 악마에게 유혹당한 경위는 다음과 같다. 그녀는 금과 은에 대한 소유 열망에 사로잡혀 있었다. 어느 날 밤, 거트루드는 잠결에 한 목소리를 듣게 되었다. '일어나라. 네게 큰 부를 내릴 것이다.' 일어난 거트루드 앞엔 어느 남자가 있었다. '내 노예가 되면, 이 세상에 있는 나의 모든 보물을 네게 줄 것이다.' 그녀는 탐욕으로 인해 경솔한 대답을 하였다. '당신이 누구든 간에, 제 주인이 되셨습니다.' 남자는 순식간에 끔찍한 모습으로 변하였고, 거트루드는 빙의되었다. 이 젊은 여성의 일화는 기이한 결과를 유발했는데, 이 책에서 언급할 만한 가치는 없다(1). 우리가 알아야 할 것은 교회의 기도를 통해 쫓아낸 악마는 다시는 돌아오지 않았다는 것이다. 악마에게 빙의되었을 당시 그녀는 상상할 수 없는 힘으로 금속을 끌어당길 수 있었다. 똑같은 마법을 부리고 싶다면, 사탄의 기운으로 더 강해질 만큼 탐욕을 유지하자."

(1) 괴레스Johann Joseph Görres, 『신비주의Mystique』, 5권, 284페이지, 일부 발췌.

플라드 [Flade] 트리어Trier 대학의 학장이자 마법사들의 큰 적. 여러 마법사를 화형에 처하게 했다. 하지만 본인 또한 마법사이며 악마에게 자신의 잔인함을 이용하도록 몸 바쳤음을 인정했다. 그는 1586년 주민들이 보는 앞에서 직접 화형대에 올랐다. 이것이 바로 종교 개혁 시대를 연 국가의 모습 아니겠는가!

플라가 [Flaga] 사악한 스칸디나비아의 요정. 몇몇 이들은 독수리를 타고 다니는 마녀에 불과하다고 말한다.

횃불 [Flambeaux / Torches] 한 방에 횃불 세 개가 켜져 있는 것은 죽음의 징조이다. 그러니 횃불을 밝히고 싶다면 두 개 혹은 네 개를 켜는 게 좋을 것이다.

플라멜(니콜라) [Flamel(Nicolas)] 14세기의 유명인. 그의 정확한 출생지나 출생일은 알려지지 않았다. 다만 파리 또는 퐁투아즈Pontoise에서 태어난 것으로 추정된다. 그는 성결한 이들의 묘지Holy Innocents' Cemetery 대서인, 시인, 화가이자 건축가였다. 가난했던 플라멜은 대단한 부자가 되었는데, 대중들은 그가 현자의 돌을 찾아 부를 축적했다고 믿었다. 혹은 정체를 알 수 없는 한 영혼이 플라멜에게 돌을 손에 넣는 법을 알려주었다고 생각했다. 또 몇몇 이들은 카발라에 흥미 있던 사람들이 소득 없이 읊던 어느 기도 덕분에 플라멜이 구리를 금으로 바꿀 수 있었다고 말하기도 했다.

파리 고문서 학교 출신 오귀스트 발레Aug. Vallet가 분석한 어느 책에선 플라멜이 주변 도움과 열정을 통해 연금의 비밀을 알아냈다고 한다. 그가 이를 통해 당시 축적한 부는 오백만* 정도의 가치를 가졌다고(이는 오늘날 오십에 해당하는 숫자이다). 그러나 이는 지어낸 이야기에 불과하다. 수도원장 빌랭Vilain은 플라멜이 악착같은 노동을 통해 부자가 된 평범한 부르주아일 뿐이며, 살아생전 선행을 행했음을 주장했다. 그러나 비전문가들은 여전히 그가 연금술을 행하던 철학자 중 가장 뛰어난 사람이었다고 생각한다. 오늘날에도 플라멜이 장생의 영약과도 같은 현자의 돌을 통해 여전히 살아있다 믿는 이들이 있다.

다음과 같은 이야기도 있다. 어느 밤, 그가 잠이 든 사이, 앞에 천사가 나타났다. 천사의 손에는 눈에 띄는 책이 들려 있었는데, 정교하게 세공된 구리로 포장되어 있었다. 책의 표지는 섬세하면서 수려한 솜씨로 조각되어 있었고, 쇠침으로 글이 새겨져 있었다. 또 커다란 금색 글자로 유대인, 왕자, 사제, 점성가이자 철학자인 아브라함Abraham이 이 책을 유대인 민족에게 헌정한다고 적혀있었다. 천사는 말하였다. "플라멜이여, 네가 아무것도 이해할 수 없는 이 책을 보라. 다른 사람들 또한 이 책이 의미하는 바를 알 수 없으리라. 하지만 언젠가 너는 다른 이들이 볼 수 없는 것을 보게 될 것이다." 이 말을 들은 플라멜은 손을 뻗어 귀한 선물을 움켜쥐려 했다. 하지만 천사는 책과 함께 모습을 감추었다. 그것들이 사라진 자리에 금빛 물결이 나타났다. 그리고 그는 잠에서 깨어났다. 이 꿈이 실현되기까진 꽤 긴 시간이 걸렸다. 그가 느꼈던 흥분이 식어버렸던 어느 날, 플라멜은 한 헌책방에서 꿈에 보았던 책과 표지, 헌사, 작가가 똑같은 책을 발견하고 구입하게 되었다. 그 책은 금속의 변환을 담고 있었다. 또 21장으로 구성되어 있었는데, 이는 3에 7을 곱한 수로 카발라에서 신비한 수의 조합을 의미한다. 플라멜은 이 책을 연구하기 시작했다. 이야기꾼들의 풍문에 의하면 이때 그는 책을 읽을 수 없었기에 해석본을 구하게 해달라고 소원을 빌었다고 한다. 그리고 플라멜은 겨우 랍비의 해석본 한 부를 얻게 되었다. 그는 맹세했던 산티아고 데 콤포스텔라Santiago de Compostela로 순례를 갔으며, 계시를 받아 돌아왔다. 앞서 언급한 이야기꾼들은 플라멜이 지혜를 얻기 위해 순례 중 다음과 같은 기도를 올렸다고 주장한다. "전능하시고, 영원하시고, 빛의 아버지인, 모든 온전한 선과 은총의 근원인 주님. 당신의 끝없는 관용을 간청합니다. 당신이 지닌 불멸의 지혜를 알도록 해주옵소서. 그 지혜야말로 당신의 왕좌를 둘러싸고, 모든 것을 창조하고, 안내하고, 보존하는 것입니다. 주님의 성소인 하늘, 영광의 왕좌에서 제게 그 지혜를 내려주시어 그 자체가 제가 되고 제 안에서 일하도록 하옵소서. 왜냐하면 그 지혜가 천상과 오컬트의 모든 기술을 다루고, 모든 학문과 지식을 품고 있기 때문입니다. 제가 하는 모든 일에 지혜가 따라올 수 있도록, 그리고 그 정신을 통해 진정한 지식을 소유할 수 있도록 하옵소서. 실패 없이 고귀한 기술을 행하도록 하옵소서. 주님이 이 세계 어딘가 숨겨두어 선민만이 발견할 수 있도록 한 기적 같은 지혜의 돌을 찾도록 하옵소서. 그렇게 이 땅에서 제가 이루어야 하는 큰일을 시작하고, 이어가고, 기쁘게 끝마치도록 하옵소서. 그러하다면 그 기쁨은 영원할 것입니다. 영원불멸 주님이 명하며 지배하는 천상의 돌, 초석이자, 기적의 돌을 내려주옵소서.[1] 예수 그리스도의 이름으로 기도하옵나이다."

이 기도는 완벽히 효과를 발휘했다. 플라멜이 수은을 은으로 바꾸었고 뒤이어 구리를 금으로 바꾼 것이다. 그는 독실함과 번영을 증명하는 기념비를 원했을 당시, 간신히 현자의 돌을 손에 넣었다. 그리고 모든 곳에 자신의 동상, 성상, 조각을 세우길 원했다. 더불어 한 손에 필기도구를 들고 있는 모습을 문장처럼 그린 휘장도 함께 걸었다. 플라멜은 이외에도 아내 페르넬Pernelle의 초상화를 새겼다. 플라멜의 아내는 그의 연금술 작업을 보조했다.

플라멜은 파리 부쉐리의 생자크 교회Saint-Jacques de la Boucherie에 묻혔다. 그의 사망 이후, 몇몇 이들은 생자크 교회의 모든 우화 조각이 카발라 상징을 내포하고 있다고 믿었다. 또 오래된 마리보가Rue de Marivaux 16번지에 위치한 플라멜 생가에 보물이 숨겨져 있다고도 생각했다. 플라멜의 한 친구는 이러한 희망을 품고 무료로 집을 복원해 주겠다며 모든 것을 부수었으나 결국 아무것도 찾지 못하였다.

일부 사람들은 플라멜이 죽지 않았으며, 그의 수명이 천 년은 더 남았다 주장한다. 그리고 그가 발견한 유니버설 밤Universal Balm을 통해 이보다 더 오래 살 수도 있을 것이라고도 말한다. 여행가 폴 루카스Paul Lucas는 인도로 향하는 배에서 어느 이슬람교 수도승(혹은 튀르키예 수도사)과 나눈 이야기를 견문록에 기록했다. 이 수도승은 니콜라 플라멜과 그의 아내를 만난 적이 있었다고 한다.

대중들은 플라멜을 연금술의 대가로 만드는 데 그치지 않고 작가로도 만들었다. 플라멜의 사망 143년 후, 자크 고호리Jacques Gohorry는 『금속 변형Transformation métallique』 (1561년, 18절판, 프랑스어)이라는 표제의 3권짜리 시리즈물을 출간했다. 이 시리즈물은 『과학 애호가의 샘Fontaine des amoureux des sciences』, 소설가 장 드 묑Jean de Meun에게 회신하는 『방황하는 연금술사에게 해주는 훈계Remontrances de nature à l'alchimiste errant』, (니콜라 플라멜의) 『철학적 약술Sommaire philosophique』로 구성되었다. 자크 고호리는 코스모폴리탄Cosmopolitan 그리고 샤를 6세Charles VI의 훌륭한 작품과 함께 등장하는 『열망한 열망 또는 철학의 보물Désir désiré, ou Trésor de philosophie』 혹은 『유황 개론Traité du soufre』 혹은 『여섯 가지 말씀Livre des six paroles』(1618년, 1629년, 파리, 8절판) 또한 플라멜이 쓴 것이라고 주장했다. 더불어 『모든 금속 변환을 위한 현자의 돌의 대대적 설명Grand éclaircissement de la pierre philosophale pour la transmutation de tous métaux』(1628년, 파리, 8절판)을 저술했다고 말했다. 출판사는 『나 니콜라 플라멜과 내 아내 페르넬의 완벽한 행복Joie parfaite de moi, Nicolas Flamel, et de Pernelle, ma femme』이라는 책을 예고했으나 결국 출간이 되지는 못했다. 끝으로 그의 작품으론 아주 귀한 소책자인 『화학 음악Musique chimique』과 아무도 찾지 않는 잡록들이 있다.

요약하자면 플라멜은 유대인들과 일하며 재산을 모은 근면한 사람이었다. 그러나 그 방법을 비밀로 했기에 대중들은 그가 마법을 부렸다고 생각했다. 빌라르Villars 수도원장은 『가발리스 공작Comte de Gabalis』에서 플라멜을 원소 정령과 교류하는 의사로 등장시켰다. 그에 관한 이야기는 무수히 많다. 그리고 1818년 5월, 어느 사기꾼이 4백 년 전 마리보가 한 귀퉁이에서 현자의 돌을 찾던 유명한 니콜라 플라멜 자신이라며 파리 여러 카페에 오가며 공고했다. 그는 자신이 세계 각국을 여행했으며 운 좋게 생명의 물을 통해 4백 년째 연금술을 행하는 중이라고 주장했다. 더불어 4세기에 걸친 연구 덕에 아주 박식해졌으며 연금술사 중에서도 가장 위대한 학자가 되었다고도 덧붙였다. 호기심 많은 사람은 클레리가Rue de Cléry 22번지에 있는 그의 집에 찾아가 연금술의 비밀을 배우기 위해 30만 프랑에 달하는 수업료를 냈다. 만약 비밀만 알아낸다면 손쉽게 80만 프랑에 달하는 수입을 얻을 수 있기 때문이었다.

(1) 『지적유체 또는 물의 지혜Hydrolicus sophicus seu aquarium sapient』, 만제Manget의 화학 도서관, 2권, 557페이지. / * 원문에서도 수의 단위나 크기 등이 기록되어 있지 않다.

플라크(루이 외젠) [Flaque(Louis-Eugène)]
1825년 아미앵Amiens에서 종교재판을 받은 마법사. 죄목은 마법과 카발라 기술을 통해 사기 행각을 벌인 것이다. 또 아미앵 오트 코른가Rue des Hautes-Cornes에 사는 염색업자 부리Boury, 콘티Conti의 농부 프랑수아 뤼스Francois Russe의 공범이기도 했다. 1825년 3월, 아미앵 왕실은 앞서 말한 세 사람이 부정한 방법을 통해, 주민들에게 초자연적인 힘의 존재를 믿게 했음을 판결했다. 어느 경솔한 남성은 초자연적인 힘의 덕을 보고자 부리에게 192프랑을 건넸다. 부리는 나우르Naours 숲에서 악마(로 변장한 사람)를 남성에게 소개해 주었다. 악마는 남성에게 80만 프랑을 선물해 주겠다고 약속했으나, 그런 일은 당연히 일어나지 않았다. 부리, 플라크와 뤼스는 남성에게 받은 돈인 192프랑을 돌려주지 않았고, 돈의 주인은 이들을 고소했다. 이에 부리는 15개월의 금고형을 선고받았고, 플라크와 뤼스는 1년 동안 수감되었다. 또 50프랑의 벌금 및 피해액 상환을 하게 되었다.

이 소송에서 알게 된 내용을 살펴보면 다음과 같다. 부리는 미르보Mirvaux 지역에서 의사로 일하고 있었다. 치료 결과가 좋지 못했을 때 그는, 환자들에게 누군가 건 저주 때문이라고 설득하였다. 그리고 의사보다는 신묘한 예언가를 찾아가라고 조언한 뒤, 돈을 받고 달아났다. 부리의 이러한 농간은 더 심각한 사기 행각의 시작이었다. 1820년, 수레를 만들던 목수 루이 파크Louis Paque는 돈을 구하기 위해 아미앵을 찾았다. 아미앵에서 그는 어느 목수에게 돈을 빌렸다. 이 사실을 안 부리는, 루이 파크에게 접근했고, 선금 몇 푼을 내면 더 큰 돈을 벌게 해주겠다고 꼬드겼다. 부리는 수레공에게 돈을 벌기 위한 최고의 방법은 악마와 계약을 맺는 것이라고 말했다. 루이 파크가 이 허황한 말에 솔깃한 눈치를 보이자, 부리는 지옥 의회를 모으기 위해 200프랑가량이 든다고 말했다. 이에 루이 파크는 선뜻 192프랑을 내었다. 부리는 그렇게 사전 비용으로 7,000~8,000프랑을 받아내는 데 성공했다. 여기에 그치지 않고 부리는 파크에게 루이Louis 금화 4닢을 더 내면 10만 프랑을 벌 수 있다고 설득했다. 불행히도 루이 파크는 가진 돈을 모두 강탈당한 뒤였기에, 금화 2닢밖에 줄 수 없었다. 이후 루이 파크는 부리와 마법사 수장이라는 플라크 그리고 노양쿠르Noyencourt라는 신사와 함께 생 제르베Saint-Gervais 숲으로 향했다. 부리는 주머니에서 종이를 꺼내 모인 사람들이 각자 모서리를 하나씩 붙잡고 있도록 지시했다. 그리고 자정이 찾아왔다. 플라크는 주술을 세 번 행했다. 하지만 악마는 나타나지 않았다. 그러자 노양쿠르와 부리는 악마가 바쁜 날이라며, 나우르 숲에서 다음 약속을 잡았다. 루이 파크는 이 약속에 딸과 동행했다. 오, 불쌍한 아이 같으니! 하지만 부리는 맏아들이 의식에 참여해야 한다고 말했다. 이제 플라크와 부리가 라틴어로 악마를 불렀고, 드디어 악마가 모습을 드러냈다. 악마의 이름은 로버트Robert였고, 사다이Saday라는 이름의 시종과 함께 있었다. 그는 청홍색 프록코트와 장식줄 달린 모자를 착용하고 있었다. 또 키는 어림잡아 5피트 6인치 정도였으며 검을 차고 있었다. 부리가 악마에게 말했다. "여기 당신에게 소개할 인물이 있소. 그는 루이 금화 네 개로 40만 프랑을 얻길 원하오. 그리해 줄 수 있소?" 악마가 답했다. "그리하겠다." 루이 파크는 악마에게 금화를 주었다.

악마는 루이 파크에게 40만 프랑을 받기 전에 부리, 플라크와 함께 45분간 숲을 돌 것을 명했다. 이들이 명령에 따라 숲을 도는 중 마법사 하나는 신발 한 짝을 잃어버렸다. 돌아오는 길, 루이 파크는 초가 놓인 식탁을 발견하고 소리를 질렀다. 그러자 플라크가 말했다. "조용히해! 네 비명 때문에 모든 걸 망쳤잖아. 거래는 끝났어." 어리석은 수레공은 숲을 가로질러 달아나다가 용기를 되찾아 악마에게 다시 돌아갔다. 악마는 그를 보고 다음과 같이 말했다. "극악무도한 자여. 숲을 돌고 오라 했더니 가로질러 왔구나. 돌아보지 말고 물러가라. 그렇지 않으면 목을 비틀어 버리겠다…."

이것이 이야기의 전부가 아니다. 같은 숲에서 루이 파크가 다시 의식을 치르고 40만 프랑을 요구하자, 악마는 어느 장소를 설명했다. "사무실을 찾아가라." 하지만 찾아간 그곳은 덤불이었다…. 덤불 속에 아무것도 없자, 악마는 수레공의 창고에 다음 날 아침 돈이 있을 것이라고 약속했다. 다음 날 아침, 루이 파크는 아내와 부리와 함께 창고를 찾았다. 하지만 그곳엔 여전히 아무것도 없었다. 그러자 갑자기 부리는 루이 파크 부부를 비난하며, 오히려 검사를 찾아가겠다며 협박했다…. 그제야 파크는 자신이 속았음을 깨닫고 돈은 받지 못한 채 떠났다…. 이것은 18세기 지식을 전수받아 19세기를 살아가는 사람들의 일화이다….

플라로스 [Flauros] 지옥의 위대한 장군. 끔찍한 표범의 모습으로 나타난다. 사람의 형상을 할 때, 끔찍한 얼굴에 불타는 눈이 박혀있다. 플라로스는 과거와 현재, 미래를 알고 있다. 또 모든 악마와 귀신을 이들의 적인 구마사들로부터 구해낸다. 그는 20개의 군단을 거느린다.[1]

(1) 요한 바이어Johann Weyer, 『악마의 유사군주제 Pseudomonarchia Dæmonium』, 929페이지.

플라비아 베네리아 베사 [Flavia-Veneria-Bessa] 꿈에서 받은 경고에 따라, 과거 지옥 군주인 플루토Pluto와 프로세르피나Proserpina를 위한 예배당을 지은 여성.[1]

(1) 르 루아예Pierre Le Loyer, 『귀신의 역사 혹은 환영

Hist. des spectres ou apparition』, 4권, 439페이지.

플라로스

플라뱅 [Flavin] 『죽은 영혼들의 국가L'État des âmes trépassées』(1579년, 파리, 8절판)의 저자.

플렉스빈더 [Flaxbinder / Flachsbinder] 단치히Danzig 사서였던 하노브Hanov 교수는 여러 민족 사이에서 회자되는 망자와 귀신에 관한 오류에 맞서 싸웠다. 그런데도 그는 다음의 이야기를 들려주었다.

"요한 드 쿠리스Johannes de Curiis로 잘 알려진 플렉스빈더는 젊은 시절을 탐식과 방탕 속에서 보냈다. 어느 저녁, 플렉스빈더가 지저분한 취기 속에 빠져있던 동안 그의 어머니는 플렉스빈더와 쏙 빼닮은 귀신을 목격하게 되었다. 그녀는 빼닮은 외모와 태도 때문에 그 귀신을 자기 아들로 착각하게 되었다. 이 귀신은 책으로 뒤덮인 책상 옆에 앉아있었는데, 매우 집중하며 한 권씩 독서하는 듯 보였다. 자기 아들로 생각한 그녀는 갑작스러운 아들의 변화에 놀라고 기뻐했다. 하지만 방에 있다고 생각한 아들의 목소리가 길가에서 들려왔을 때 그녀는 끔찍해하며 놀라게 되었다. 아들인척 하던 자가 침울하고 얼이 빠져 과묵히 있자 그녀는 그자가 귀신이라 결론을 내렸다. 배로 공포에 질린 그녀는 자기 아들 플렉스빈더에게 방문을 열어보라며 지시했다. 플렉스빈더는 방으로 들어갔고 귀신에게 조금씩 다가갔지만, 그는 전혀 미동이 없었다. 자신을 닮은 귀신 때문에 아연실색한 플렉스빈더는 몸을 떨며 죄악으로부터 멀어지기로 마음을 먹었다. 그는 방탕한 생활을 거부하고, 귀신의 행동처럼 공부하기로 결심했다. 그가 이 칭찬할 만한 결심을 내리기 무섭게 귀신은 조금 잔인한 웃음을 보이더니 학자처럼 책을 덮고 사라졌다…."

화살 [Flèches / Arrows] 튀르키예인들은 화살을 사용해 점을 보았다. 전쟁에 나가거나, 여행을 떠나거나, 어떤 물건을 구매해야 할 때, 그들은 화살 네 개의 촉을 마주 보게 한 뒤 두 사람이 들고 서 있도록 했다.(네 개의 손이 각각 한 개의 화살을 쥐고 있는 셈이다) 그리고 방석 위에 칼집에서 뺀 칼을 놓고 『코란Koran』의 일부 구절을 읊었다. 이 화살들은 각각 조금씩 움직이다가 결국엔 어느 화살이 위로 올라가게 되었다. 만일 올라간 화살을 크리스천이라고 지칭했다면, 이는 기독교인이 승리할 징조였다(전쟁과 관련한 점술의 경우 두 개의 화살에는 튀르키예인이라는 이름을, 다른 두 개의 화살에는 적의 이름을 부여했다) 아닐 경우, 반대의 상황이 일어날 징조였다[1]…. **참조.** 화살점Bélomancie.

(1) 르브룅Lebrun, 『미신관행사Histoire des pratiques superstitieuses』, 2권, 405페이지.

꽃 [Fleurs / Flowers] 꽃에 관해서도 여러 기이한 속설이 존재한다. 그중 하나는 다섯 장의 꽃잎이 특별한 능력을 갖춘다는 것이다. 과거엔 꽃잎 한 장으로는 매일열을, 세 장으로는 간헐열을, 네 장으로는 사일열을 치료할 수 있다고 믿었다.

플린 [Flins] 고대 반달족Vandals은 기다란 천으로 덮은 커다란 암석을 이 이름으로 부르며 숭배했다. 플린을 숭배할 때 그들은 한 손에 막대기를 들고 어깨 위엔 사자 가죽을 올렸다. 주민들은 이 신의 기분이 좋아지면 죽은 사람을 부활시킬 수 있다고 믿었다.

플로랑 드 빌리에 [Florent de Villiers] 참조. 빌리에Villiers.

플로리몽 드 레몽 [Florimond de Rémond] 보르도Bordeaux 의회의 의원. 1602년 사망했다. 그는 칼뱅Calvin의 종교개혁에 뛰어들었다. 플로리몽 드 레몽은 빙의로 인해 구마 의식을 받던 한 여성을 보고 교회에 발을 담그게 되었다. 그는 적그리스도와 이단에 관한 책을 저술했다. 그의 저서는 귀한 연구물이다. 하지만 그가 등을 진 개신교들은 이 책들의 가치를 떨어뜨리기 위해 애썼다.

플로린 또는 피오리나 또는 플로랑드 [Florine, Fiorina, Florinde] 마법사 피네Pinet와 오랫동안 교류한 사역마. 피코 델라 미란돌라Giovanni Pico della Mirandola의 기록에 등장한다.

플로론 [Floron] 체코 다스콜리Cecco d'Ascoli의 사역마. 저주받은 지품천사(케루빔 Cherubim) 계급에 속한다.

플로틸드 [Flotilde] 미지의 인물이지만 그의 예언은 보존되었다. 뒤셴Duchesne의 집록에 등장한다[1].

[1] 『플로틸드의 예언, 두 번째 스크립트, 프랑스 역사 Flotildæ visiones, in t. II Script. Hist franc』 그리고 뒤셴, 1836년.

물결 [Flots / Sea Water] 캄브리Cambry는 플루가스누Plougasnou 인근에서 벌어지는 독특한 점술에 대해 언급했다. 예언가들은 바다의 움직임, 해변으로 밀려오는 물결을 해석하고 이에 따라 미래를 예견했다[1].

[1] 『피니스테르 여행Voyage dans le Finistère』, 1호, 195페이지.

정기 [Fluide / Fluid] "평민들이 정기라고 부르는 이 최고의, 독립적이거나 복합적인 힘엔 명칭이 있다. 따라서 이는 실재하는 힘이다! 이 힘은 효과가 있으며, 모든 고대 문명에서 알려져 왔다! 이 힘에선 자기Magnetism와 마법, 영혼과 육신, 우리 존재와 귀신, 우리의 영혼과 유령 즉 다른 존재를 이어주는 연결고리가 생성되고 발생한다. 그러나 자연이 어떤 필요로 이들을 소통하게 만드는지는 알 수 없다[1]." 진지한 사람들은 신경의 기운이 인간과 귀신을 소통하게 만드는 매개체라고 생각한다. **참조.** 자기Magnétisme, 범신론Panthéisme, 폴터가이스트Esprits Frappeurs, 교령술Spiritisme 등.

[1] 기사 구구노 데 무소Gougenot des Mousseaux 기사, 『19세기 마법La magie au dix-neuvième siècle』, 199p.

복희씨 [Fo, Foé / Fu Xi] 중국의 주요 신 중 하나. 기원전 1000년경, 인도에서 태어났다. 복희씨의 어머니는 그를 임신했을 당시 흰 코끼리를 삼키는 꿈을 꾸었다. 어쩌면 이 이야기를 시작으로 인도 왕들이 흰 코끼리를 숭배하게 되었는지도 모른다. 그는 79세에 생을 마감했다. 승려들은 복희씨가 8천 번을 다시 태어났다고 이야기하며, 신이 되기 이전 많은 동물의 몸을 거쳐 갔다고 주장한다. 그를 용, 코끼리, 원숭이 등의 모습으로 탑에 그려 넣는 것도 이러한 이유에서이다. 신자들은 복희씨를 인간의 입법자처럼 여기며 숭배한다.

포칼로르 [Focalor] 지옥의 장군. 그리핀Griffin의 날개를 단 인간의 모습으로 나타난다. 이 형상일 때 포칼로르는 부르주아들을 죽인 뒤 바다에 던져버린다. 그는 바다와 바람을 조종하며, 군함을 전복시킨다. 포칼로르는 천 년 후에 하늘로 돌아갈 것이라는 헛된 희망을 품고 지낸다. 그는 30개 군단을 지휘한다. 또 싫은 기색을 내보이면서도 구마사에게 복종한다[1].

[1] 요한 바이어Johann Weyer, 『악마의 유사군주제 Pseudomonarchia Dæmonium』, 926페이지.

신앙 [Foi / Faith] 교회를 이탈하여 감리교도가 된 스위스의 한 목사는 신앙과 신의 영으로 모든 것이 가능하다고 믿었다. 그는 자신이 이 두 가지 은총을 소유했다고 주장했으며, 1832년 콘스탄스Constance 호수 위를 걸을 것이라고 허풍을 떨었다. 그 기상천외한 시험의 결과는 우리가 예견할 수 있는 것과 크게 다르지 않았다. 결국 그의 기이한 믿음이 누군가의 마음을 울리는 일은 일어나지 않았다. 그는 자신의 믿음이 충분하지 않았으며, 신의 능력을 충분히 느끼지 않았다는 결론을 내렸다. 이듬해 그는 다시 호수 위를 걷는 것을 시도했다. 1833년 이 시도는 첫 번째 해와 별다른 것 없는 결과를 낳았다. 목사는 실패했다[1]. 그리고 진실한 믿음은 신을 시험하는 것이 아니며, 가톨릭교회가 아닌 교회에선 기적을 이룰 수 없다는 교훈을 얻었다. **참조**. 진리Raison.

(1) 개신교 일간지 《자유 연구Le libre examen》, 1834년 1월.

폴가르 [Folgar] 부모의 영혼을 기리는 세네갈Senegal의 축제. **참조**. 도마뱀Lézards.

광기 [Folie / Madness] **참조**. 빙의Possessions.

가닥 [Follet / Wisp] **참조**. 윌 오더 위스프Feux Follets, 루틴Lutins, 파르파데Farfadets* 등.

* 프랑스 민담에 등장하는 장난꾸러기 요정.

풍수 [Fong-Chwi / Feng Shui] 중국에서 건조물, 그중에서도 특히 무덤을 지을 때 행하는 신비한 행위. 이웃 건물 반대편에 무언가를 지을 때, 집 한 모퉁이가 다른 집 모퉁이와 마주하면 모든 것을 잃는다는 믿음이다. 만약 이렇게 건물을 짓는다면 유지되는 긴 시간 동안 불행이 이어진다. 대처법으로는 진흙으로 구운 용 또는 다른 괴물을 방에 놓는 것이다.(이때 문제의 모서리를 용이나 괴물이 무시무시한 눈길로 쳐다보도록 배치해야 한다) 이렇게 하면 모든 재앙을 막을 수 있다. 이러한 조치를 취한 이들은 매일 여러 번에 걸쳐 이 수호용 도자기 인형을 찾는다. 이들은 도자기 인형 또는 이를 다스리는 혼령 앞에서 향을 피우는 행위를 계속해서 이어간다.

봉황 [Fong-Onhang / Fenghuang] 피닉스Phoenix와 유사한 중국의 신비한 새. 여성들은 이 새의 형상이 들어간 장신구를 착용했다. 재력과 신분에 맞추어 금, 은 또는 동으로 만들어진 장신구를 차고 다녔다.

폰세카(P. 피에르 드) [Fonséca(Le P. Pierre de)] 그의 철학에 따르면 이 세상으로 다시 돌아오는 성인들의 영혼은 육신을 갖추어 모습을 드러낼 수 있다.

분수 [Fontaines / Fountains] 아직도 브르타뉴Bretagne에선 성 삼위일체의 날 사제가 서문을 읊을 때 끓어오르는 분수가 있다고 생각한다.[(1)] **참조**. 물점Hydromancie. 피카르디Picardy의 쿠시Coucy 성엔 죽음의 분수가 있었다. 이 분수는 쿠시 영주가 임종을 맞이했을 때 말라붙었다고 한다.

(1) 자크 캠브리Cambry, 『피니스테르 여행Voyage dans le Finistère』, 2호, 15페이지.

퐁트넬 [Fontenelle] 그의 저서 『신탁 이야기Histoire des oracles』는 완전 엉터리이다. P. 발투스Baltus는 이 책을 반박하였다. 그의 『세상의 다원성에 관한 담론Entretiens sur la pluralité des mondes』은 덜 심각한 편이다.

퐁트네트(샤를) [Fontenettes(Charles)] 『지난 4년 동안 마시지도 먹지도 않는 한 소녀에 관한 논고Dissertation sur une fille de Grenoble qui depuis quatre ans ne boit ni mange』(1737년, 4절판)의 저자. 퐁트네트는 이 기이한 현상이 악마 그리고 악마보다 덜 음험한 원인 때문에 발생한 것이라고 설명했다.

포레이 또는 모락스 [Foray, Morax] **참조**. 모락스Morax.

포르카스 또는 포라스 또는 푸르카스 [Forcas, Forras, Furcas] 지옥의 기사이자 대의장. 긴 수염과 백발을 한 활기찬 남성의 모습으로 등장한다. 또한 그는 거대한 말 위에 올라 뾰족한 투창을 들고 있다.

그는 식물과 보석의 효능을 알며 논리학, 미학, 수상술, 불점, 수사학 등을 교수한다. 인간을 투명하게 만들거나 영리한 웅변가로 바꿀 수 있다. 또한 포르카스는 잃어버린 물건과 보물의 위치를 알려준다. 그는 29개의 악마 군단을 거느린다.[(1)]

(1) 요한 바이어Johann Weyer, 『악마의 유사군주제 Pseudomonarchia Dœmonium』, 924페이지.

힘 [Force / Strength] 영웅 크로토나의 밀론Milo of Croton만이 엄청난 힘을 지녔던 것은 아니다. 14세기 '장수Le Fort'라는 별명으로도 불렸던 루이 드 부플레르Louis de Boufflers는 놀라운 힘과 민첩함을 지녔다고 전해진다. 만약 그가 두 발을 교차하고 서 있다면 단 한 걸음도 앞뒤로 움직이게 만들 수 없었다. 게다가 루이 드 부플레르는 힘을 들이지 않고 편자를 부술 수 있었고, 황소의 꼬리를 잡아 마음대로 끌고 다닐 수 있었다. 또 말을 번쩍 들어 어깨 위에 짊어지고 다녔다. 목격담에 따르면 그는 완전 무장을 한 채, 등자에 발을 딛거나 도움을 받지 않고도 말 위로 펄쩍 뛰어올랐다고 한다. 루이 드 부플레르는 달리는 속도 또한 놀라웠다. 가장 날쌔다는 스페인 말보다 빨랐는데, 무려 200보나 앞서 달릴 수 있었다. 18세기 초 프랑스 군인으로 복역했던 바사바Barsabas는 사람을 태운 말을 짊어지고 루이 14세 앞을 찾아갔다. 어느 날 그가 제철공을 만나러 간 일도 있었다. 그는 제철공에게 단조할 편자를 주었다. 그리고 제철공이 잠시 자리를 비웠을 때 모루를 챙겨 외투 안에 감추었다. 돌아와서 쇠를 두드리려던 제철공은 모루가 없어진 것에 놀랐다. 그리고 바사바가 아무런 어려움 없이 무거운 모루를 다시 제자리에 두는 것에 또 한 번 놀랐다. 바사바 때문에 기분이 상했던 어느 가스코뉴Gascogne인은 그에게 결투를 신청했다. 흔쾌히 결투를 수락한 바사바는 다음과 같이 말했다. "잡아보시라." 남자가 바사바의 손을 잡았고, 바사바가 힘을 주자 남자는 모든 손가락이 부서질 것 같은 느낌을 받았다. 남자는 싸울 수 없는 상태가 되었다. 작센Saxony의 제철공 또한 비슷한 인물이었다. 과거엔 이러한 놀라운 힘을 가진 이들이 악마의 편애를 받았다고 믿었다.

숲 [Forêts / Forests] 르 루아예Pierre Le Loyer의 주장에 따르면(1) 악마와 마법사는 어두운 숲에서 교류한다. 이 악마들은 나무 그늘에서 편안하게 연회를 펼친다. 이 장소만큼 악마들이 대놓고 모습을 드러내는 곳은 없다.

(1) 르 루아예Pierre Le Loyer, 『귀신의 역사 혹은 환영 Histoire des spectres ou apparition』, 4장, 344페이지.

악마의 외형 [Formes du Diable / Devil's Shapes] '인간에게 접근하고 싶은 악마는 여러 모습으로 변신할 수 있다. 다만 새끼 양과 비둘기의 모습은 신이 금하였기에 변신할 수 없다. 악마는 주로 숫염소의 모습으로 나타난다. 또 친숙하게 보이고 싶을 땐 고양이, 개 등의 모습을 한다. 누군가를 태우고 싶다면 말의 모습을, 좁은 곳을 지나고 싶으면 쥐나 족제비로 변신한다. 그리고 누군가의 입을 막고 싶으면 땅벌로 변신한다. 악마는 겁을 주고 싶으면 늑대, 독수리, 여우, 부엉이, 거미, 용 등으로 변한다. 혹은 인간의 머리와 짐승의 몸을 가진 형태로 변하기도 한다.

수탉은 이러한 악마를 알아보며 이후 공포에 질린다. 악마가 인간의 모습으로 완벽하게 변신하기란 어렵다. 인간으로 변한 악마가 항상 더럽고, 냄새나고, 고약한 모습을 하는 것도 이러한 이유에서이다.

혹은 코가 삐뚤어지거나 눈이 움푹 들어가거나 손과 발에 발톱이 달려있다. 두 다리를

모두 끌지 않을 땐 한쪽이라도 절룩거린다. 목소리는 깊은 굴이나 큰 통에서 나오는 것처럼 울린다(1)...'

디드론Didron은 흥미로운 저서 『악마의 역사Histoire du Diable』(고고학의 역사) 서문에서 다음과 같은 주장을 하였다. '인도에선 악마가 사납거나 해로운 짐승의 팔다리를 마구 섞은 괴물의 모습을 하고 있다. 그리고 보통 여러 개의 머리와 여러 개 팔을 지닌다. 서양 악마는 인간의 모습을 한다. 하지만 못생기고 혐오스럽다.'

학식 있는 고고학자는 『요한계시록Apocalypse』으로부터 사탄이 악마의 수장이라는 것을 추론해 냈다. 성 요한St. John은 사탄이 7개 머리와 10개의 뿔이 달렸다고 말하고 있다. 또 7개의 왕관을 쓰고 거대한 꼬리를 지녔다고 그리고 있다. 사탄에게는 두 명의 보좌관이 있다. 하나는 바다를 통치하는데 사탄과 마찬가지로 7개의 머리와 10개의 뿔이 달렸다*. 하지만 그의 주인보다 3개 많은 10개의

왕관을 쓰고 있다.

이 보좌관은 표범의 몸통과 곰의 발 그리고 사자의 꼬리를 달고 있다.

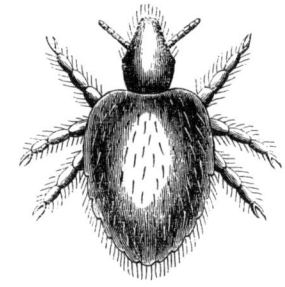

다른 또 한 명의 보좌관은 지상을 지배하며, '짐승'으로 불린다. 또 두 개의 뿔을 단 야수의 모습을 하고 있다**. 아래에 속한 악마들은 각각 괴물 같은 짐승 모습을 한다. **참조. 형상**Figures.

(1) 괴레스Johann Joseph Görres, 『신비주의Mystique』, 7권, 26장. / * 『요한계시록』, 13장 1절. / ** 『요한계시록』, 13장 11절.

포르네우스 [Fornéus] 지옥의 후작. 바다 괴물과 닮았다. 인간에게 고도의 일을 가르치며, 친구에게는 선행을 베풀고 적에게는 악행을 일삼는다. 좌품천사와 천사로 이루어진 29개 군단이 그를 따른다(1).

(1) 요한 바이어Johann Weyer, 『악마의 환상De Præstigiis Dæmonum』.

포라스 [Forras] 참조. 포르카스Forcas.

강한 어깨 [Fortes-Épaules / Strong Shoulders] 디종Dijon의 주민들은 '강한 어

깨'라고 불리는 꼬마 악마의 존재를 믿는다. 이 악마는 무거운 짐을 지고 다닌다. 그는 또 『운 좋은 기사Chevalier Fortuné』에 등장하는 돌누아 부인Madame d'Aulnoy의 강한 등을 연상케 한다.

포지트 [Fosite] 7세기 프리슬란트Friesland[(1)]의 사도인 성 윌리브로드St. Wlilibrord는 태풍에 휩쓸려 작은 섬에 떨어지게 되었다. 프리슬란트 인근에 위치한 섬은 포지트랜드Fositeland라고 불렸다. 이 지명은 포지트라는 악마의 이름에서 기원한 것이었다. 성 윌리브로드는 섬 주민들이 포지트를 숭배하는 것을 보며 안타까워했다. 포지트는 섬 안에서 널리 숭배받고 있었다. 그리고 섬에 사는 동물을 죽이는 일, 섬에서 나는 것을 먹는 일, 샘물을 길으며 말을 하는 일 등은 불경하며 악마를 모독한다고 여겨졌다. 성 윌리브로드는 조잡한 미신에 눈이 먼 주민들을 깨닫게 해주고 싶었다. 그는 동료들과 함께 몇몇 동물을 죽인 뒤 그 고기를 먹었다. 그리고 세 아이에게 샘물로 세례를 내리며 교회의 말씀을 큰 소리로 읊었다. 이를 본 주민들은 사제들이 벌을 받고 목숨을 잃게 될 것으로 생각했다. 하지만 곧 주민들은 포지트가 그들을 상대로 아무것도 할 수 없다는 사실을 깨닫게 되었다. 선교사들의 대담한 행동에 분노한 프리슬란트 왕 라드보트Radbod는 사흘 동안 매일 제비뽑기를 하여 걸린 이를 죽이겠다고 선포했다. 사도의 동료는 결국 제비뽑기에 걸려 미신의 희생양이자 진리의 순교자로 생을 마감했다. 하지만 세 번의 제비뽑기 동안 윌리브로드의 이름이 나온 일은 없었다.

(1) 란트Lant는 네덜란트 방언으로 나라를 의미한다.

화석 [Fossiles / Fossils] 지난 세기 철학자들이 세운 바벨의 탑을 모두 무너뜨린 것은, 지질학서 그 자체라고 볼 수 있는 화석들이다. 비록 우리가 그 지질학서의 첫 장을 겨우 반 정도만 넘겼음에도 말이다. 퀴비에Cuvier[*]는 작은 뇌를 가졌기에 신앙을 품지 못한 가련한 자들에게 화석을 통해 모세Mose의 말씀을 부정할 수 없다는 것을 보여주었다. 우리 또한 기다려 보자.

[*] 화석을 최초로 분류한 지질학자이자 해부학자.

묘지기 [Fossoyeur / Gravedigger] 문명이 자리 잡지 않은 많은 마을에선 순진한 주민들이 묘혈 파는 묘지기들을 두려워했다.

카타콤의 묘지기

주민들은 묘지기들이 망자와 교류한다고 믿었다. 그리고 시체의 영혼이 인부의 집 근처를 떠돌 것으로 생각해, 밤에 이들을 찾지 않았다.

사람들은 묘지기들이 자기 일을 훌륭하게 수행했을 때, 두려움이 아니라 오히려 존경받아야 한다는 점을 잊고 지낸다.

불이 켜진 장례식 램프

교회는 카타콤Catacomb*의 묘지기들에게 하급 직위를 부여하였다. 이 인부들은 묏자리를 준비하고, 순교자의 피를 담을 병과 거룩한 장례식을 비추는 등불을 관리했다.

* 초기 그리스도 교의 지하 묘지.

벼락 [Foudre / Lightning] 아우구스투스Augustus 황제는 벼락에 맞지 않기 위해 바다표범의 가죽을 소중히 지니고 다녔다. 티베리우스Tiberius는 동일한 효과를 위해 월계관을 썼다. 만일 동쪽에서 시작된 벼락이 누군가를 스치고 같은 방향으로 되돌아간다면, 이는 완벽한 행복을 의미한다. 현대 그리스인들은 천둥이 칠 때 개와 고양이를 밖으로 내쫓는데, 이 동물들의 존재가 벼락을 불러온다고 믿기 때문이다.

고사리 [Fougère / Fern] "저주에 사용할 고사리를 얻기 위해 동원되는 악랄하고 악마 같은 방식을 모르는 사람은 없다. 6월 23일, 성 세례자 요한 축일Saint-Jean-Baptiste Day 전날 밤, 40일간 금식을 한 마법사들은 사탄의 지도하에 고사리를 채취한다. 이 식물은 줄기도 꽃도 씨앗도 없고 같은 뿌리에서 다시 풀이 자란다. 악마는 이날 밤 태풍이 부는 가운데 비참한 마법사들 앞에 모습을 드러낸다. 또 마법사들을 겁주기 위해 몇몇 괴물의 모습을 한다. 마법사들은 주변에 원과 문자를 그리며 이 구마 의식으로 몸을 지킬 수 있다고 믿는다. 이 의식에서 마법사들은 고급 아마포(혹은 삼)로 만든 새 식탁보 위에 고사리를 올려두고 씨를 받는다. 이후 타프타 천(또는 흰 양피지)을 접어 씨를 안에 넣은 후 소중히 간직한다. 이는 해몽과 정령 소환에 사용하기 위함이다. 간교한 거짓말쟁이 악마는 고사리 씨가 예언 외에도 다른 능력이 있다고 이야기한다. 바로 씨를 보관할 때 주머니에 금이나 은을 넣어두면 다음 날 두 배가 된다는 것이다. 만일 이런 일이 벌어지지 않을 경우 마법사들은 믿음이 약한 탓이라고 하거나 사탄의 가증스러운 속임수에 넘어가 어떤 죄를 지었기 때문이라고 주장한다[1]." 영국인 마법사들은 고사리 씨로 몸을 투명하게 만드는 비밀을 알아냈다고 말한다.

(1) 드 랑크르, 『악마의 변론』Tableau de l'inconstance des démons』, 151페이지.

풀크 [Foulques] 알비파Albigensians 전쟁 당시, 풀크 백작이라는 악독한 귀족이 살고 있었다. 그는 모독을 하고 저주를 퍼붓는 습관이 있었다. 어느날 백작은 맹렬한 신성 모독 언사 이후 낙마하여 다시는 일어나지 못하게 되었다. 사람들은 백작의 절친한 친구인 악마로부터 죽임을 당했다고 여겼다.

협잡 [Fourberies / Deceit] 참조. 마법사Sorciers, 마녀의 집회Sabbat 등. 여러 협잡꾼의 이야기도 참조할 것.

개미 [Fourmis / Ants] 테살리아인Thessalians들은 이 곤충을 숭배하며 자신들의 조상으로 여겼다. 그리스인들은 이민족 식민 지배를 받았다는 것을 인정할 바에 어리석게도 에기나Aegina 숲 개미를 조상 삼기로 한 것이었다. 개미는 케레스Ceres의 상징이기도 했으며 점복관들의 점술에 필요한 재료를 제공해주었다.

푸르네(카테린) [Fourner(Catherine)] 참조. 플랑드르의 빙의자들Possédées de Flandre.

광인 [Fous / Mad People] 일부 종교에선 광인들을 성자로 취급하며 존중하는 풍습이 있다. **참조.** 빙의Possessions.

프리메이슨 [Francs-maçons / Freemasons] 프리메이슨은 늘 신비로운 이야기에 둘러싸여 있으며, 그 유래는 솔로몬Solomon 시대까지 거슬러 올라가야 한다. 영국에서 생겨난 것으로 추정되는 프리메이슨의 설립 목적은 교회 건설에 있었다. 오늘날 그들의 이러한 설립 목적은 우화로만 남았으며, 많이 변질되었다. 이들의 주장에 따르면 컴퍼스와 직각자*의 새로운 목표는 심장을 만들고, 정신을 지배하고, 질서를 되찾는 것이라 한다. 그러나 사실 프리메이슨은 비밀결사 집단으로, 18세기 영국에서 몬태규Montague 경에 의해 창립되었다. 이들은 무신앙 시대에 출세를 이룬 신교도 집단으로, 가톨릭에 대한 음모를 가진 사람들에 불과했다. 기존 프리메이슨엔 영국에 거주하는 단 한 명의 그랜드 마스터만 존재했다. 오늘날에는 국가별로 한 명씩 그랜드 마스터가 존재한다. 회원들의 집회는 일반적으로 로지Lodge**라고 불린다. 로지는 최소 7명의 회원으로 구성되어야 한다. 로지의 대표는 지부장Venerable이라고 불린다. 로지는 두 명의 관리자에게 감독을 받는다. 관리자들은 규정을 집행하는 역할을 맡는다. 공식 모임에서 각 회원은 가죽이나 흰 비단으로 만든 앞치마를 두르는데, 끈 또한 흰색이어야 하며, 끈의 옷감도 앞치마와 같은 것이어야 한다. 견습공Apprentices 계급은 하나의 색으로 된 앞치마를 착용하며, 숙련공Fellowcrafts 계급은 앞치마 테두리를 로지의 색으로 칠한다. 마스터Masters 계급은 앞치마에 직각자, 컴퍼스, 두 개의 기둥 그리고 단체를 상징하는 여러 문양을 자수로 새긴다. 마스터 계급은 푸른색 끈이 달린 앞치마를 착용하기도 하는데, 끈엔 직각자와 컴퍼스가 달려있다.

식사 시간에 조명 빛은 삼각형으로 비추어야 한다. 식기는 회식자의 인원에 맞춰 3개, 5개, 7개, 9개를 놓는다. 더 늘릴 수 있지만, 반드시 홀수로 두어야 한다. 식사 장소에서 사용하는 모든 언어는 포병대로부터 빌려 온 것이다. 마치 건축가의 용어를 빌려 건설 현장에서 사용하는 것처럼 말이다. 첫 번째 건배는 섬기는 왕에게, 두 번째 건배는 그랜드 마스터에게, 세 번째 건배는 로지의 가엾은 자에게 향한다. 그러고는 관리자, 신입 회원, 모든 회원을 위해 건배한다.

프리메이슨의 자식은 루프톤Loufton(1)이라고 불리며, 14살이 되면 단체에 가입할 수 있다. 프리메이슨이 아닌 사람의 자식은 21세가 되기를 기다려야 한다. 로지에서 보이는 신비한 표식을 살펴보면, Y 글자 한 가운데 빛나는 별이 있고 신God의 첫 번째 글자인 G가 있다. 프리메이슨에는 크게 3개의 계급이 존재한다. 마스터 계급이 되기 위해서는 견습공 계급을 거쳐야 하며, 견습공 계급을 위해서는 숙련공 계급을 거쳐야 한다. 마스터 계급은 로지에 들어가기 전에 반드시 끔찍한 몸짓을 취한다(2). 이것은 히람Hiram (또는 아도니람Adoniram)의 죽음을 기리기 위한 것인데, 여러 이야기가 전해진다. 이 이야기들은 어리석은 자들을 즐겁게 해주기 위해 만든 것에 불과하다(여기서 '어리석은 자들'이란, 앞서 말한 세 개 계급에 속한다고 과시하고 고위급만 알 수 있는 위대한 비밀은 알지 못하는 자들을 가리킨다). 어떤 이들은 이 이야기에서 티르Tyr의 왕 히람이 솔로몬과 동맹을 맺고 성전을 짓는 데 큰 도움을 주었다고 주장한다. 또 다른 이들은 히람이 금, 은, 구리를 훌륭하게 다루는 장인이었으며, 티르 남성과 납달리족Nephtali 여성 사이에서 태어난 자라고 주장한다(3). 『열왕기Book of Kings』네 번째 책에서 볼 수 있듯 솔로몬은 성전 장식 작업을 위해 히람을 티르에서 불러냈다. 히람은 성전 입구에 두 개의 구리 기둥을 세웠다. 이 기둥은 각각 18큐빗Cubit(약 9미터)의 높이와 4큐빗(약 2미터)의 지름을 가지고 있었다. 그는 기둥에 각각 자킨Jakin, 부즈Booz라는 이름을 붙였다. 그리고 자킨 기둥 앞에선 견습공에게 임금을 주었고, 부즈 기둥 앞에서는 숙련공에게 임금을 주었다. 이것이 프리메이슨 내에서 가장 널리 알려진 아도니람(4) 또는 히람의 이야기다. 이들은 이 이야기를 『탈무드Talmud』에서 찾아냈다고 주장한다. 『탈무드』엔 훌륭한 히람이 솔로몬에게 석공의 옷과 각인을 주었고, 솔로몬이 기뻐하며 이를 입었다고 적혀있다.

솔로몬의 성전 공사를 지휘한 아도니람은 일꾼들을 고용했는데, 이름을 모두 외우지 못할 정도로 많았다. 그는 견습공에게 숙련공의 임금을 주거나, 숙련공에게 마스터의 임금을 주지 않도록 하기 위해 한가지 방편을 고안해 냈다. 마스터들은 특별한 암호와 손짓을 쓰고, 숙련공들 또한 견습공이 알지 못하는 특별한 표식을 지니게 하는 것이었다. 임금에 불만을 품은 세 명의 숙련공은 아도니람에게 마스터가 사용하는 암호를 물어보기로 하고, 그가 혼자 남게 되길 기다렸다. 숙련공들은 아도니람이 암호를 말하지 않으면 살해할 계획까지 세우고 있었다. 어느 날 저녁, 세 숙련공은 성전에서 아도니람이 나오길 기다렸다. 그리고 한 숙련공은 사원의 북문을, 다른 숙련공은 남문을, 또 다른 숙련공은 동문을 지켰다. 서문을 열고 들어와 남문으로 나가려던 아도니람에게 세 명의 숙련공 중 하나가 다가왔다. 그리고 손에 든 망치를 치켜들며 마스터의 비밀 암호가 무엇인지를 물었다. 아도니람은 마스터의 암호를 그런 식으로 전달할 수 없다고 말했다. 이를 들은 숙련공은 곧장 그의 머리를 망치로 내리쳤다. 하지만 그를 쓰러뜨리기에는 충분히 강하지 않으며, 아도니람은 재빨리 북문으로 달아났다. 그곳엔 두 번째 숙련공이 그를 기다리고 있었다. 두 번째 숙련공 또한 그를 망치로 내리쳤으나, 이 또한 아도니람을 쓰러뜨리기에 충분하지 않았다. 아도니람은 다시 동문으로 달아나려 했다. 동문을 지키던 숙련공 또한 똑같은 질문을 한 뒤, 결국 망치를 내리쳐 그를 죽이는 데 성공했다. 살인범들은 시체를 돌무더기 속에 감췄다가, 어둠이 찾아온 뒤에 작은 산으로 옮겨 매장했다. 그리고 위치를 표시하기 위해, 구덩이를 팠던 자리에 아카시아 나뭇가지 하나를 심었다. 아도니람이 일주일간 나타나지 않았을 때, 솔로몬은 아홉 명의 마스터에게 그를 찾아올 것을 명했다. 아홉 명의 마스터는 솔로몬의 명령을 충직하게 수행했다. 성과 없는 긴 탐색 끝에 세 명의 마스터는 쉬고자 아도니람이 묻힌 장소에 우연히 앉게 되었다. 그 중 한 마스터가 아무 생각 없이 아카시아 가지를 뽑았고, 최근에 파헤쳐진 곳이라는 걸 알아차렸다. 이유가 궁금했던 세 마스터는 땅을 파 내려갔으며, 결국 아도니람의 시체를 발견했다. 이들은 다른 마스터들을 불러와 수장의 신원을 확인하였고, 범죄를 저지를 만한 몇몇 숙련공을 떠올렸다. 그리고 그 숙련공들이 아도니람에게 마스터 암호를 갈취했을 경우를 대비해, 그 자리에서 새로 암호를 만들었다(5). 마스터들은 솔로몬 왕에게 이 일을 보고 했다. 솔로몬 왕은 충격을 받았으며 아도니람의 시체를 성전으로 가져와 성대한 장례를 치르도록 명했다. 장례가 치러지는 동안 모든 마스터는 흰색 가죽으로 만든 앞치마와 장갑을 착용하였다. 이는 그 누구도 수장의 피를 묻히지 않도록 하기 위함이었다.

아도니람의 이야기는 이러하다. 프리메이슨은 심각할 정도로 이야기를 부풀린다. 이 이야기가 우스꽝스럽게 빚어지고 가공된 것임에도 말이다. 이러한 단체가 종교에 유해한 풍조를 만들지 않았을 리 없다. 교황청에선 별도의 네 가지 법령을 공포해 프리메이슨을 공식적으로 금지했다. 그들이 로지에서 부리는 신비한 재주 때문에 시골에선 그들을 마법사로 취급하기도 한다. 프리메이슨은 재미로 만든 다른 기사단 외에 다양한 분파가 존재하는데, 이 중엔 다소 터무니없는 비밀 조직들도 있다. 독일의 몹스Mopses는 불독을 상징으로 삼은 프리메이슨이었다. '자유의 단체'라고 불리는 또 다른 이단은 모세Mose를 단체의 창립자로 본다. 프러시안Prussian 기사들은 자신들이 바벨Babel 탑 또는 노아Noah로부터 유래했다고 주장한다.

여성들은 '채용 로지'라고 불리는, 무도회와 축하연을 여는 로지에서만 가입할 수 있었다. 이때, 단체의 비밀이 누설되지 않도록 암호와 표식을 바꾸었다. 이는 여성에 대한 더없는 모욕이었다(6).

(1) 대다수의 프랑스인은 루브토Louveteau라고 잘못 부른다. / *(2)* 3천 년 전에 작고한 히람의 죽음에 대한 마스터들의 비탄은 아도니스Adonis 죽음을 기리는 이교도의 축제를 떠올리게 한다. / *(3)* 솔로몬은 납달리 과부의 아들이자 국고를 담당하는 히람을 티르에서 데려왔다, 4권. / *(4)* 성서에는 솔로몬의 성전을 짓던 사람의 이름이 아도니람이라고 기록되어 있다. 『유대인 역사Histoire des Juifs』를 저술한 요세푸스Josephus는 그를 아도람Adoram이라고 부른다. / *(5)* 비밀 암호는 '여호와Jehovah'였다. 이후로 프리메이슨 사이에서 이 단어는 부패한 몸을 의미했다. / *(6)* 『프리메이슨 자크맹, 비밀결사 이야기Jacquemin le franc-maçon, légendes des sociétés secrètes』를 참조할 것. 《브뤼셀 신문Journal de Bruxelles》은 어느 유명한 프리메이슨으로부터 최고 권력을 가진 강력한 총감이 그에게 내려준 33도 계급과 스코틀랜드 최종 의식에 관한 증서를 얻어냈다. 다음은 그 증서를 묘사한 것이다. "눈앞에 말려있는 거대한 양피지의 고급스러움에 우리는 거의 현혹될 지경이었다. 발톱으로 검을 쥐고 있는 한 쌍의 독수리, 네덜란드 사자와 명구 주변으로 작은 정사각형 패턴이 새겨진 깃발이 보였다. 게다가 서로 다른 색 밧줄에 달린 3개의 인감까지. 모든 것이 존경심을 불러일켰다. 그 위에는 대문자로 '건강, 안정, 권력'이라는 세 단어가 적혀있었다. 서명자들은 중천의 하늘 지붕 아래에서 증서를 작성했다고 선언하고 있었다. 이들은 다음과 같이 말했다. '우리는 최고의 권력을 가진 강력한 총감이자 최고 위원회의 위원이며, 비밀 왕국의 아주 저명하고 용맹하고 숭고한 왕들, 기사 K와 H를 비롯한 말로 표현할 수 없을 위대하고 탁월한 자유로운 명성 있는 귀족과 기사들에게 신임장을 내린다. 이제 두 반구 표면에서 생긴 과거와 현대의 모든 계급을 인정한다.'"

브뤼셀 자유 대학교 학장이자 주교들을 상대로 한 선

언문을 쓴 베르하겐Verhaegen은 앞서 말한 최고 권력을 가진 강력한 총감들로부터 유사한 증서를 받았다. 이 증서에는 다음과 같은 내용이 담겨있다. "우리는 다음을 증명하고 공표하는 바이다. 상징적 로지의 마스터, 비밀의 마스터, 완벽의 마스터, 개인 조수, 영국인 마스터, 호기심의 마스터, 법관과 판사, 아일랜드의 마스터, 건물의 관리인, 이스라엘의 마스터, 9인이 선출한 마스터, 15인이 선출한 저명한 자, 선출된 숭고한 기사, 건축 그랜드 마스터, 왕실 아치, 위대한 당선인, 위대한 스코틀랜드인, 숭고한 석공, 동방의 또는 검의 기사, 예루살렘의 왕자, 정규 로지의 수장, 동방과 서방의 기사, 펠리칸Pelican과 성 앤드류St. Andrew의 기사, 장미십자회의 군주, 고위 성직자, 숭고한 스코틀랜드인, 상징적 로지의 존엄한 그랜드 마스터, 영원한 그랜드 마스터, 노아치트Noachite, 프러시아 기사, 왕실 도끼, 위대한 총주교, 레바논의 왕자, 감실의 수장, 메르시Mercy의 왕자, 청동 뱀의 기사, 성전의 총지휘관, 독수리와 태양의 기사, 통달한 왕자, 성 앤드류의 위대한 스코틀랜드인, 십자군의 총주교, 위대한 당선인, 흰 독수리와 검은 독수리의 기사, 카도치Kadosch 기사, 총감 조사관, 성 앤드류의 기사 지휘관." / * 프리메이슨을 상징하는 심벌. / ** 오두막.

프랑크(크리스티안) [Frank(Christian)]
1590년에 사망한 몽상가. 자주 종교를 바꾸었기에 풍향계(변덕쟁이를 지칭하는 별칭)라 불렸다. 그는 일본의 성자들이 황홀경에 빠진다는 내용을 책에서 읽고 난 후 일본의 종교가 가장 뛰어나다고 믿었다.

프랑크(세바스티앙) [Frank(Sébastien)]
16세기의 또 다른 몽상가. 그의 삶과 관련해 긍정적인 이야기는 거의 찾아볼 수 없다. 하지만 그는 생전 대중의 관심을 사로잡는데 성공한 바 있다. 1531년 그는 『아담 그리고 인류가 죽음을 집어삼킨, 선악 과학의 나무L'Arbre de la science du bien et du mal, dont Adam a mangé la mort, et dont encore aujourd'hui tous les hommes la mangent』라는 책을 펴냈다. 이 책에 기록된 바에 따르면 아담의 죄악은 비유에 불과하며, 나무는 아담의 인격, 의지, 과학, 생명을 의미한다. 프랑크는 1545년에 사망했다.

프랑크는 에라스무스Erasmus의 『광기에 대한 찬사L'Eloge de la folie』를 독일어로 번역했다. 또 아그리파Agrippa의 『과학의 무용론Traité de la vanité des sciences』, 『당나귀에 대한 찬사L'Éloge de l'âne』도 독일어로 옮겼다. 그는 『성서에서 발췌한 역설 또는 기적의 이야기 280선Paradoxa ou Deux cent quatre-vingts discours miraculeux』(1533년, 8절판), 『선한 천사와 나쁜 천사에 관한 성서 속 증언Témoignage de l'Écriture sur les bons et les mauvais anges』(1535년, 8절판) 등을 펴냈다. 혹시 그는 크리스티안 프랑크의 아버지가 아니었을까?

프란조티우스 [Franzotius]
『천사의 예지력에 관하여De la divination des anges』(1632년, 프랑크푸르트 또는 베네치아, 4절판)의 저자.

때리는 자 [Frappeurs / Strikers]
웨일스Wales에서는 탄광에 사는 유령들을 '때리는 자'라고 불렀다. 루이스 메리스Louis Merris는 『젠틀맨스 매거진Gentleman's Magazine』 3호에서 이 유령에 관한 두 개의 글을 실었다. 이들은 오늘날 교령 원탁에서 부르는 유령들과 연관이 없다*. 참조. 폴터가이스트Esprits Frappeurs.

* '때리는 자'라는 의미의 Frappeurs란 단어는 폴터가이스트를 의미하는 Esprits Frappeurs라는 단어를 연상케 한다.

프라티첼리 [Fratricelles / Fraticelli]
13세기와 14세기에 교회에 맞서 오컬트 서클을 만든 방랑자 집단. 이들은 발도파Waldensian 혹은 마법사들과 동맹을 맺었다. 이들의 연회에 참석한 남녀는 아이의 목숨이 끊어질 때까지 손으로 던져 주고받았다. 만약 어떤 이의 손에서 아이가 사망하면, 그는 대사제가 되어 죽은 아이를 불태웠다. 화장 후 나온 재는 와인에 녹여 신규 가입자 모두에게 마시도록 했다.

공포 [Frayeur / Fright]
어느 겨울밤 피롱Piron이 열 살이 되었을 무렵, 아버지의 집에서 가족과 식사를 하게 되었다. 그러던 중 갑자기 통 제조공이 사는 옆집에서 끔찍한 비명이 들려왔고, 피롱과 가족은 급히 옆집을 찾았다. 공포에 질린 어린 피롱이 비명이 들려오는 방에 들어가자, 비명 소리는 배가 되었다. 침대에 옆으로 누워있던 이웃은 바들바들 떨며 말했다. "신사분들! 서둘러 의사를 불러주세요. 제게 살날이 많이 남지 않은 것 같습니다." 피롱의 아버지는 하인을 불러 환자의 부탁을 들어 주도록 한 뒤, 다가가 병의 원인을 물었다. 이웃은 답했다. "당신이 지금 보는 것은 세상에서 가장 비참한 남자의 모습입니다! 저주받을 여자여! 부르고뉴Bourgogne의 가장 끔찍한 마녀와의 관계가 나를 죽음으로 몰고 갈 것이라 했건만…." 그의 말은 정신 이상이 의심되었으며, 사람들은 그저 의사가 오기를 기다렸다. 의사가 방에 들어오는 것을 본 이웃이 소리쳤다. "선생님! 선생님의 도움이 필요합니다. 전 죽은 목숨이에요!" 의사가 그에게 말했다. "무슨 일인지나 압시다." 가여운 남자가 답했다. "제 고통이 어디서 시작되었는지 말하기 위해선, 내 아내를 욕보여야 합니다! 하지만 이 상태로 그런 것을 가릴 수가 없지요. 오늘 저녁이었습니다. 동네 와인 가게에서 두 시간을 보낸 뒤였어요. 집에 오니 아내는 아직도 내가 취한 줄 알더군요. 화가 난 그녀는 저를 심하게 몰아세웠습니다. 전 조용히 자고 싶어 조금 거칠게 맞받아쳤어요. 그리고 아내는 복수를 하겠다며 집을 나갔습니다. 아내가 나간 후 이제 침대에 오르기 위해 옷을 벗었는데, 침대에 올라가는 순간…. 세상에 어떻게 그런 일을! 달군 쇠, 깜부기불처럼 뜨거운 손바닥이 내 오른쪽 엉덩이를 내리쳤습니다. 전 고통과 두려움으로 심장이 떨어져 나가는듯 했습니다. 죽게 되는 줄 알았지, 뭡니까. 웃음이 나오시는가 보군요? 신사분들. 루시퍼Lucifer의 손바닥이 아니고서야 그렇게 심한 매질은 할 수 없을 겁니다!" 자리에 모인 사람들은 상처를 보았고 검은 멍과 손톱자국이 새겨져 있었다. 이를 본 모두는 충격을 받았다. 어린 피롱은 자리를 피하고 싶을 정도였다. 하지만 의사는 그가 생각하는 것(아내가 마녀라는 것)이 사실이 아니라며 환자를 안심시켰다. 이는 사실 그의 음주벽을 고치기 위해 공포상태에 노출시킨 의사의 치료법이었다. 이 처방은 그의 아내가 남편의 난폭함을 치료하기 위해 시도한 것으로 부모 중 한 명을 방에 숨겨두어 행한 일이었다. 이 외에 유명한 이야기가 하나 더 있다. 호텔에서 잠이 들었던 한 남자가 있었다. 그의 옆방엔 염소 떼가 머무르고 있었는데 남자는 이 사실을 알지 못했다. 두 방을 구분하는 것은 아주 얇은, 몇 개의 구멍이 있는 칸막이가 전부였다. 몹시 피곤했던 남자는 숙소를 살펴보지 않고 잠이 들었고, 두 시간 정도 단잠을 청했다. 그러다 그는 옆방 염소의 방문으로 인해 잠에서 깨어났다. 염소는 칸막이의 공간이 벌어진 틈을 타 남자의 방으로 온 것이었다. 염소 발굽 소리에 남성은 깨어났고, 매우 놀라며 도둑이라고 착각했다. 방을 여러 바퀴 돌아본 염소는 침대로 와 두 앞발을 들어 올렸다. 이때 불쌍한 남자는 재빨리 몸을 피하거나 거침없이 가격하는 것, 둘 중 하나를 선택해야 했다. 그는 결국 도둑을 잡겠다고 결심했다. 하지만 그를 향해 뻗어있던 두 발이 매우 수상하게 느껴졌다. 더욱 놀라운 것은, 도둑의 얼굴에 손을 대었을 때 뾰족한 주둥이, 덥수룩한 수염, 머리 위의 뿔이 만져진 것이었다. 그것이 악마라고밖에 생각할 수 없었던 남자는 공황에 빠져 침대에서 펄쩍 뛰어내렸다. 그리고 밤새 극심한 공포 속에서 무릎을 꿇고 기도했다. 날이 밝아 어둠이 사라진 뒤에 그는 악마의 진상을 확인할 수 있었다.

프레드리히 바르바로사 [Frédéric Barberousse / Frederick Barbarossa] 독일에선 그가 죽지 않고 키프호이저Kyffhäuser 낡은 성 지하 대리석 식탁 앞에 잠들어 있다고 믿는다. 심지어 그의 수염은 계속 자라 식탁을 세 번이나 둘렀다고. 프레드리히 바르바로사는 간혹 산에 나타나며 수많은 전설에 등장한다.[(1)]

(1) 『다른 세계의 전설Légendes de l'autre monde』을 참조할 것.

물푸레나무 [Frêne / Ash Tree] 북쪽 고장에선 물푸레나무가 악귀를 쫓는 능력이 있다고 믿는다.

프라이부르크 [Fribourg / Freiburg] 루시앵 브룅Lucien Brun은 흥미진진한 이야기를 들려준다. 이는 당시 브라이스가우Breisgau 지역 프라이부르크 시장이었던 늙은 블루멘탈의 콘라드Conrad of Blumenthal가 한 경솔한 발언과 관련된 것이다. 그는 피해를 본 도시의 재산을 두고 "사탄이 이 도시의 절반과 우리를 함께 데려가도 좋다! 만약 어세 내가 문제를 해결하지 않았다면 말이다!"라고 말했다. 당연히 이는 허세였다. 이 소리를 들은 두 악마는 즉시 브라이스가우의 프라이부르크 주민 절반을 오래된 헬베티아Helvetia 산허리에 데려다 놓았다. 이렇게 스위스 프리부르Fribourg가 탄생하게 되었다(1).

(1)『정령과 악마의 전설Légendes des esprits et démons』을 참조할 것.

머리카락의 떨림 [Frisson Des Cheveux / Goosebumps] 한때 일부 고장에선 머리카락이 떨릴 경우 악마가 근처에 있거나 지나가는 것이라 믿었다.

이마 [Front / Forehead] 이마의 주름을 통한 점술이 있다. 이는 즉 관상을 말한다. 카르다노Cardan는 16세기에 이마점 개론을 펴내며 대중들에게 놀라운 정보를 가득 안겨주었다. 그의 저서엔 이마가 얼굴에서 가장 중요한 부분이자 가장 특징적인 부위라 기록되어 있다. 솜씨 좋은 관상가는 이마만 보고도 한 사람의 모든 성격을 일일이 파악할 수 있다는 것. 일반적으로 긴 얼굴에 뾰족한 턱과 긴 이마를 지녔다면 이는 무능함을 의미한다. 뼈가 돌출된 이마는 고집이 세고 싸우기 좋아하는 성정을 가진다.

만일 이 이마에 살이 통통하게 올라 있다면 무례한 사람이다. 이마가 넓은 사각형이며 뻔뻔하지 않은 솔직한 눈을 가지고 있다면 용감함과 지혜를 겸비한 사람이다. 윗부분이 돌출되어 눈을 향해 직각으로 경사가 지며, 옆으로 넓고 동그란 이마는 판단력, 기억력, 활발함을 의미한다.

단 이 사람은 차가운 마음을 지닌다. 비스듬한 주름이 이마에 일렬로 있는 경우엔 의심 많은 성정을 상징한다. 만일 주름이 반듯하고, 규칙적이며 그리 깊지 않다면 판단력, 지혜와 순수한 마음씨를 가진 것이다. 이마의 위쪽에 주름이 많이 지고, 아랫부분에 주름이 없다면 어리석음을 의미할 수 있다. 주름은 나이를 먹으면서 확연해진다. 하지만 주름은 나타나기 전에 이미 이마 속에 존재하고 있다. 때때로 주름은 유년기에 노동으로 인해 생기기도 한다. 살펴보면 총 7개의 주름(또는 이마 선)이 한쪽 관자놀이에서 반대쪽 관자놀이로 그어진다. 토성은 가장 높은 곳, 즉 첫 번째 주름에 자리한다. 목성은 두 번째, 화성은 세 번째, 태양은 네 번째, 금성은 다섯 번째, 수성은 여섯 번째, 달은 일곱 번째(마지막이자 가장 낮으며 눈썹에 가까운) 주름에 해당한다. 주름이 짧고 구불구불하고 가느다랗다면 허약한 사람으로 명이 짧다. 주름이 끊어지고 불규칙한 경우엔 질병, 괴로움, 불운을 예고한다. 뚜렷하고, 우아하게 나열되어 있으며 깊이 패 있는 주름은 공정한 정신과 길고 행복한 생을 의미한다. 만약 노동이나 불운으로 인해 깊은 주름이 생겼다면 위와 같은 의미를 부여할 수 없다. 강제로 생긴 것, 즉 인내의 결과일 뿐이기 때문이다.

토성 주름이 없는 경우, 부주의로 인한 불행이 닥칠 수 있다. 토성 주름이 중간에 끊어진다면, 우여곡절이 많은 삶을 살게 된다. 주름이 깊게 패 있다면 행복한 기억과 현명한 참을성을 의미한다.

끊어진 목성 주름은 어리석은 행동을 상징한다. 이 주름이 옅을 경우, 정신이 나약하고 무지각하며 시시한 사람으로 남게 된다. 이 주름이 깊게 패 있다면, 명예와 부를 바랄 수 있다. 끊어진 화성 주름은 앞뒤가 맞지 않는 성격을 의미한다. 이 주름이 없다면 부드럽고, 소심하며 겸손한 성격을 지닌다. 반면 깊게 파인 경우엔 뻔뻔함, 화, 격노를 상징한다. 태양 주름이 없는 사람은 구두쇠이다. 태양 주름이 끊어지고 구불구불한 사람은 따분하고 수전노이며 무뚝뚝하다. 하지만 이 사람에게도 좋은 시기가 찾아올 것이다.

태양 주름이 깊다면 절제, 세련됨, 처세술,

너그러운 성향을 보인다. 금성 주름이 깊은 사람은 환락을 아주 좋아한다.

금성 주름이 끊어지거나 구불구불하다면 자기 성찰을 의미한다. 금성 주름이 거의 보이지 않다면 차가운 성격을 지닌다. 수성 주름이 진한 이는 상상력, 시적 영감, 표현력을 가진다. 반면 끊어진 수성 주름은 사교성과 사회성을 상징한다. 수성 주름이 없는 사람은 무능하다. 끝으로 달 주름이 매우 뚜렷한 경우, 차갑고 우울한 기질을 가진다. 구불구불하고 끊어진 달 주름은 기쁨과 슬픔이 뒤섞인 날들을 예고한다. 달 주름이 없는 사람은 명랑하고 쾌활한 성격을 가진다. 수성 주름 위에 십자가 주름이 있다면 문학과 과학에 종사하게 된다. 두 개 주름이 나란히 혹은 직각으로 있다면 두 번의 결혼을, 이 주름이 세 개라면 세 번의 결혼을, 네 개라면 네 번의 결혼을 하게 된다. 토성 주름 위에 C자 모양의 주름이 있다면 뛰어난 기억력을 의미한다. 뮈레Muret가 언급한 코르시카Corsican 섬의 청년은 이마에 이런 주름이 존재했다. 청년은 이해하지도 못하는 외국어 단어 1만 8천 개를 어려움 없이 하루 만에 외워 말할 수 있었다. 화성 주름 위에 C자 주름이 있으면 힘을 상징한다. 이 표식은 작센Saxen 지방 어느 원수의 이마에서 볼 수 있었다. 그는 너무나 건장했으며 평범한 농부가 나뭇가지나 목재를 부수듯 쇠막대를 부술 수 있었다. 금성 주름 위에 C자 주름이 있으면 사업의 곤경을 예고한다. 수성 주름 위의 C자 주름은 잘못된 정신과 엇나간 판단력을 의미한다. 달 주름 아래, 두 눈썹 사이의 C자 주름은 승리욕 있는 기질과 복수심 강한 성정을 의미한다. 이런 표식을 지닌 자는 보통 격투사나 복싱 선수가 된다. 배우자의 이마에 이러한 표식이 있다면 집에서 싸움이 끊이질 않는다….

다음은 상당히 대담한 견해이다. 두 눈썹 사이, 달 주름 위에 X자 주름이 있다면 큰 전투에서 전사할 운명을 가진 것이다. 이마 한 가운데, 태양 주름 위에 작은 정사각형 또는 삼각형 주름이 있다면 어려움 없이 재산을 축적할 수 있다. 이때 해당 주름이 오른쪽에 있다면 상속을 받고, 왼쪽에 있다면 잘못된 방법으로 재산을 모은다. 코에서 시작해 눈

위에서 이마 양쪽으로 휘어지는 두 줄 주름은 소송을 예고한다. 만일 이 주름이 네 개로 이마 쪽에서 두 개씩 갈라진다면, 외국 땅에서 전쟁 포로가 되어 고생할 수 있다. 달 주름 위에 동그라미가 있다면 눈의 질병을 예고한다. 만일 이마 우측, 화성 주름 위에 Y자와 비슷한 주름이 있다면 류머티즘을 앓는다. 또 같은 주름이 이마 한 가운데 있다면 통풍을 앓는다. 좌측에 있다면 심한 통풍으로 죽음에 이를 수 있다. 토성 주름 위 3자 모양의 주름이 있다면 몽둥이질을 예고한다. 3자 모양의 주름이 목성 주름 위에 있다면 돈이 되는 일자리를 의미한다. 반면 화성 주름 위에 있다면 전투에서 부대를 지휘하지만, 전쟁에서 포로가 된다. 태양 주름 위에 3자 주름이 있다면 재산 삼분의 일을 잃게 되는 사고를 겪는다. 그리고 금성 주름 위에 있다면 집안에 불행이 찾아온다. 수성 주름 위에 3자 주름이 있다면 변호사가 된다. 달 주름 위에 있는 사람은 비행에 대한 열정을 억제해야 한다. 그렇지 않는다면 불행히도 죽음을 맞이하게 된다. 목성 주름 위에 V자 주름이 있으면 군에 들어가 하사가 된다. 태양 주름이나 토성 주름 위에 H자 주름이 있으면 정치적 입장으로 인해 박해받는다. P자 주름은 어디에 있든 큰 실수를 불러오는 식탐을 유발한다. 주름에 관한 마지막 정보로 가장 듣기 좋은 해석을 알려주겠다. 바로 M자 주름이다. 이마 어느 곳, 어느 주름 위에서라도 이 표식이 발견된다면 행복, 재능, 침착한 심성, 마음의 평정, 유복함, 좋은 평판과 호상을 예고한다. 즉 모든 가호가 따를 것이다.

프로톤 [Frothon] 알베르트 크란츠Albert Krantz의 말에 따르면 덴마크 왕 프로톤은 암소로 변신한 마녀에게 죽임을 당했다고 한다. 프로톤 왕은 마법을 믿었고, 어느 저명한 마녀를 지원했었다. 이 마녀는 마음대로 동물의 모습으로 변신할 수 있었다. 마녀에겐 자신 만큼이나 못된 아들이 있었는데, 두 사람은 왕의 보물을 훔쳐 달아났다. 보물이 도난당했음을 확인하고 마녀와 그의 아들이 부재중이라는 사실을 알게 된 프로톤은 유죄를 단정했다. 그리고 마녀의 집을 찾아가기로 결심했다. 자기 집으로 왕이 들어오는 것을 본 마녀는 즉시 마법을 부려 암소로 변신하고, 아들은 수소로 변신시켰다. 암소가 마녀일 것으로 생각한 왕은 몸을 숙여 그녀를 자세히 들여다보았고, 암소는 맹렬하게 뒷발질해 왕의 옆구리를 세게 걷어찼다. 왕은 그 자리에서 즉사했다.[1]

(1)르 루아예Pierre Le Loyer, 『귀신 논설Discours des spectres』, 142페이지.

선악과 [Fruit Défendu / Forbidden Fruit] 참조. 담배Tabac, 아담의 사과Pomme d'Adam 등.

치즈 제조인 [Fruitier / Dairyman] 쥐라Jura에서 치즈와 버터를 만드는 사람은 곧 그 지역의 박사가 되었다. 그는 치즈 제조인이라 불렸지만 마법사 취급을 받았다. 치즈 제조인은 주민들의 재산을 쥐고 흔들고, 재료 탓을 하며 만들던 치즈를 버릴 수 있었다. 즉 이 지역의 수입을 조절할 권한이 있었던 것이다. 이 같은 능력을 지닌 그에게 사람들은 존경을 보내고 많은 특혜를 부여했다. 치즈 제조인은 풍족한 삶을 살았으며, 하루의 절반을 '어떻게 하면 더 큰 신뢰를 얻을까?' 라고 생각하는 것 외에 달리 할 일이 없었다. 치즈 제조인은 버터를 만들어 오는 각 가정의 사람을 차례대로 만났다. 그리고 이들과 오전 시간을 함께 보냈다. 그가 쉽게 버터를 만들도록 해주는 동안, 사람들은 가족 또는 이웃의 가장 은밀한 비밀을 들려주었다. 이 모든 사항을 고려해 본다면, 치즈 제조인이 마법사(최소한 예언자)가 될 수밖에 없었다는 사실이 크게 놀랍지 않을 것이다. 사람들은 무언가 잃어버릴 때 그를 찾아왔다. 치즈 제조인은 예언으로 해당 고장에서 아주 높은 신용을 쌓았으며 모두가 그의 기분을 살피곤 했다.[1]

(1)르퀴니오Lequinio, 『쥐라 여행Voyage dans le Jura』, 2권, 366페이지.

연기 나는 입 [Fume-Bouche / Smoking Mouth] 계급은 알 수 없으나, 마녀 집회에 소환되던 악마.

연기 [Fumée / Smoke] 캠브리Cambry의 주

장에 따르면 피니스테르Finistere 모든 마을엔 가톨릭 종교가 생기기 이전의 풍습이 남아있다고 한다. 누군가가 운명하면, 피니스테르 주민들은 연기를 피워 점을 친다. 만약 연기가 쉽게 피어오르면 망자는 축복받은 이들의 거처에 머무른다. 반면 연기가 두꺼운 경우엔 절망의 소굴, 지옥의 동굴로 내려간다. 영국에선 연기가 가장 아름다운 사람에게 간다는 속담이 있다. 이러한 믿음은 어떠한 근거가 없음에도 아주 오래전부터 내려왔다. 빅토랭Victorin과 카조봉Casaubon은 아테네Athenee의 어느 식객 이야기에서 언급된 이 속담에 주목했다. 식객은 자신을 다음과 같이 묘사했다. "나는 맛있는 식사엔 가장 먼저 도착한다. 그런 이유로 몇몇 사람은 나를 '식사'라고 부른다. 나는 어떤 문이든 숫양처럼 밀고 들어가 채찍처럼 모든 것에 들러붙고, 연기처럼 가장 아름다운 여인에게로 간다[1]." 샹파뉴Champagne에선 가장 식탐이 많은 사람에게 아궁이 연기가 간다는 속설이 있다.

(1) 브라운Thomas Brown, 『대중적 오류에 관한 수상록 Essai sur les erreurs populaires』, 22장, 80페이지.

퓌메(마르탱) [Fumée(Martin)] 드 제니에De Génillé라고도 불렸다. 그는 아테나고라스 Athenagoras의 작품을 번역해 『진실하고 완벽한 사랑Du vrai et parfait amour』이라는 표제의 책을 펴냈다. 퓌메는 이 따분한 소설로 연금술 신봉자들의 관심을 끄는 법을 발견했다. 여기에는 다양한 암시와 흥미로운 대목이 동원되었다. 우화의 베일 아래, 그는 걸작을 조작했다. 후세에 연금술을 행하는 이들 사이에서 유명해진 해당 구절은 1612년 판의 345페이지에서 찾아볼 수 있다. 이 판본은 초판보다 구하기가 쉽다. 이외에 이 책은 다비드 라뇨David Laigneau의 『신비의 균형Harmonie mystique』(1636년, 파리, 8절판)에서도 등장한다.

훈증 요법 [Fumigations] 일부 학자들은 좋은 향이 악마를 쫓아낸다고 생각했다. 또 위대한 성자가 말했듯 악취가 나고 사랑할 수 없는 사람까지 쫓아낸다고 여겼다. 구마사들은 악마를 쫓기 위해 다양한 훈증 요법을 사용했다. 마법사들은 고사리, 마편초 연기를 사용해 악마를 소환하기도 했으나 이는 부차적인 의식에 불과했다.

장례식 [Funérailles / Funerals] 참조. 애도Deuil.

푸르카스 [Furcas] 포르카스Forcas와 동일한 악마. 참조. 포르카스.

푸르푸르 [Furfur] 지옥의 백작. 불붙은 꼬리를 단 사슴의 모습으로 나타난다.

그의 입에서 나오는 모든 말은 거짓이다. 진실을 듣고 싶다면 그를 삼각형 안에 가둬야 한다. 푸르푸르는 종종 천사의 얼굴을 하고 쉰 목소리로 말을 한다. 그는 남녀 관계를 유지시키며, 지시한 곳에 벼락을 내리고 천둥을 울리게 만든다. 또 난해한 질문에 답해준다. 26개의 군단을 거느린다[1].

(1) 요한 바이어Johann Weyer, 『악마의 유사군주제 Pseudomonarchia dœm』 등.

복수의 세 여신 [Furies] 고대인들 사이에서 지옥의 신으로 여겨지는 인물들. 신들의 복수를 대신 행하며 지옥에서 내려진 심판을 집행한다.

푸젤리(헨리) [Fusely(Henri)] 유명한 영국 예술가. 프랑스의 낭만파 화가들과 일부 비슷한 부분이 있다. 그는 추하고 미개한 주제들을 아주 좋아했다. 스칸디나비아의 야만적 신화에 심취한 것도 이런 이유에서일 것이다. '오딘Odin의 나스트런드Nastrund 기슭',

'어두운 날의 신 로키Loki, 제물로 바쳐진 인간을 먹다' 와 같은 작품에서 그의 성향을 확인할 수 있다. 푸젤리는 자기 작품 중 '뱀과 싸우는 토르Thor' 를 특히나 좋아해서, 왕실 아카데미에 지원할 때 이 그림을 제출했다. 그는 고요한 아름다움, 평화로운 우아함과 같은 주제를 그려야 할 때면 난처해했다. 그리고 기독교 관련 주제를 다룰 땐 항상 사탄 혹은 루시퍼Lucifer를 등장시켰다. 그의 화풍은 끔찍하기로 유명했기에 동료들은 악마의 전담 화가라는 별명을 지어주기도 하였다. 화가 자신도 동료들과 이야기할 때면 때때로 이 별칭에 관해 농담을 던지곤 했다. "악마가 종종 모델이 되어주는 것도 사실이지. 그 모습을 그대로 재현해 낼 수 있었다면, 난 미켈란젤로Michelangelo를 넘어선 화가가 되었을 것이고, 그대들은 두려움과 존경심으로 숨이 멎었을걸."

G

갑 [Gaap] 탑Tap이라고도 불린다. 참조. 탑.

가비니우스 또는 가비에누스 [Gabinius, Gabienus] 옥타비아누스Octavian와 섹스투스 폼페이우스Pompey 간에 일어난 시칠리아Sicily 전쟁 당시의 일이다. 옥타비아누스의 부하 중 한 명인 가비니우스는 포로로 잡힌 뒤 목이 잘리게 되었다. 이후 갑자기 늑대가 나타났으며 가비니우스의 머리를 물고 달아났다. 사람들은 늑대에게서 이를 빼앗았고, 그날 밤 가비니우스의 머리가 불평을 늘어놓으며 누군가와 대화를 하고 싶다며 요청했다. 사람들은 머리 주변으로 모여들었다. 가비니우스의 머리는 자신이 지옥에서 돌아왔으며 폼페이우스에게 해줄 중요한 이야기가 있다고 말했다. 폼페이우스는 이를 듣고 즉시 보좌관 한 명을 보냈다. 그러자 머리는 폼페이우스가 승리할 것이라고 고했다. 그리고 로마에 닥칠 불행을 이야기하는 시를 노래하고 숨을 거두었다. 이는 플리니우스Pliny와 발레리우스 막시무스Valerius Maximus가 전하는 이야기이다.

해당 이야기는 복화술사를 이용해 꾸민 사기 행각으로 부대의 사기를 올리기 위해 고안했을 것이다. 하지만 이는 실패로 돌아갔다. 섹스투스 폼페이우스는 패배했고 속수무책 아시아로 도망치게 되었다. 그리고 그곳에서 마르쿠스 안토니우스Marcus Antonius의 부하들에게 살해당했다.

가비노 [Gabino] 클루데Kludde 계열의 악마. 주로 야생마의 모습으로 등장한다. 반Vannes 지역에서 무시무시한 두려움의 대상으로 여겨진다.

갑카르 [Gabkar] 동방에선 갑카르라고 불리는 신비로운 도시의 존재를 믿는다. 이 도시는 정령들이 거주하는 사막에 존재한다.

가브리엘(질) [Gabriel(Gilles)] 17세기에 기독교 윤리와 악마의 윤리를 비교하는 책인 『기독교 윤리와 악마의 윤리의 표본Specimina moralis christianæ et moralis diabolicæ in praxi』(1675년, 브뤼셀, 12절판)을 저술했다.

가브리엘 [Gabrielle] 프랑스 벡생Vexin에 네 명의 딸을 둔 어느 부르주아는 아들을 갖고 싶은 마음에 막내딸 이름을 가브리엘이라 지었다. 이렇게 하면 아들이 생기는 마법에 걸린다고 믿었기 때문이다.

가브리엘 데스트레 [Gabrielle d'Estrées] 앙리 4세Henry IV의 정부. 1599년에 사망했다. 그녀는 부유한 자본가였던 자멧Zamet의 집에 살며 왕의 아내가 될 궁리를 했다. 정원을 걷던 그녀는 갑자기 격렬한 뇌졸중을 겪게 되었다. 사람들은 그녀를 친척 마담 드 수르디 Madame de Sourdis의 집으로 데려갔다. 끔찍한 밤을 보낸 다음날, 가브리엘은 경련을 일으키다 몸이 시커멓게 변했다. 그녀의 입은 돌아갔고, 끔찍하게 뒤틀린 얼굴로 숨을 내쉬었다. 그녀의 죽음에는 다양한 풍설이 있다. 다수의 사람은 이 죽음이 악마의 짓이며 목을 비튼 것이라 말한다. 충분히 있을 법한 일이다.

가브리엘 드 P [Gabrielle de P] 『인간들 사이에 모습을 드러낸 유령과 악마의 역사Histoire des fantômes et des démons qui se sont montrés parmi les hommes』(1819년, 12절판)와 『데모니아나 또는 악마, 작은 요정과 귀신 출현에 관한 이야기Demoniana, ou Anecdotes sur les apparitions de démons, de lutins et de spectres』(1820년, 18절판)를 쓴 작가.

가에치 [Gaetch] 캄차달족Kamchadals 죽음의 신인 투이타Touita의 아들. 참조. 도마뱀Lézards.

가파렐(자크) [Gaffarel(Jacques)] 1601년 프로방스Provence 만Mannes에서 태어나 1681년 사망한 히브리어 학자이자 동양학자. 그의 주된 저서로는 다음과 같은 것이 있다. 『소피스트들의 역설에 반하는 신성한 카발라의 은밀한 미스터리Mystères secrets de la cabale divine, défendus contre les paradoxes des sophistes』(1625년, 파리, 4절판), 『페르시아인들의 부적 같은 진귀한 조각상, 족장의 점성술 그리고 별 해석Curiosités inouïes sur la sculpture talismanique des

Persans, l'horoscope des patriarches et la Lecture des Étoiles』 (1629년, 파리, 8절판),『조반니 피코 델라 미란돌라가 사용한 19권의 카발라 서 색인 Index de 19 cahiers cabalistiques dont s'est servi Jean Pic de la Mirandole』(1651년, 파리, 8절판),『지하의 세계사, 가장 아름다운 소굴과 가장 진귀한 동굴, 창고, 둥근 천장, 거대 굴과 지하 Histoire universelle du monde souterrain, contenant la description des plus beaux antres et des plus rares grottes, caves, voûtes, cavernes et spélonques de la terre』. 마지막 저서의 설명서는 1666년 파리에서 8장으로 된 2절판으로 인쇄되었으며 매우 희귀하다. 책은 작가의 죽음으로 인해 출간되지 않았는데, 광기와 학식으로 채워진 불후의 저술이라 알려져 있다. 그는 인간의 몸속에서도 동굴을 찾아냈다. 가파렐의 말에 의하면 우리 몸속엔 천 개의 구멍이 있다고 한다. 그는 지옥, 연옥, 고성소Limbo 등의 동굴을 찾고 헤집고 다녔다. 가파렐은 리슐리외Richelieu 추기경의 사서였다.

가일랑 [Gaïlan] 아랍인들은 숲에 살며 인간과 동물을 죽이는 특정 악마를 이 이름으로 불렀다.

가이야르(프랑수아) [Gaillard(François)] 참조. 쿠아리에르Coirières.

가이우스 [Gaius] 안토니누스Antoninus 시대에 기적으로 보이지 않는 눈을 고친 사람. 그의 꿈에 아스클레피오스Asclepius가 나타나 다음과 같은 일을 행하라고 지시했다. 이는 아스클레피오스의 제단 앞에 절을 하고 오른쪽에서 왼쪽으로 제단을 넘어간 뒤, 제단 위에 다섯 손가락을 올리고 이후 손을 들어 두 눈을 만지는 것이다. 가이우스는 사람들이 보는 앞에서 이 지시를 따랐고 눈을 뜨게 되었다. 이를 본 군중은 열정적인 박수를 보냈다. 이는 기독교의 진정한 기적을 훼손하기 위한 우스꽝스러운 장난이었다.

갈라차이드 또는 가라차이드 [Galachide, Garachide] 여러 작가가 신비한 효능이 있다고 기록한 검은 돌. 돌을 쥐고 있는 자를 파리나 다른 벌레로부터 지켜주는 효능이 있다. 이 돌의 진위를 판명하기 위해, 한여름 꿀을 바른 사람이 오른손에 이 돌을 쥐고 기다렸다. 효능이 검증되면 돌멩이는 진짜 갈라차이드인것으로 판명되었다. 입에 물고 있으면 다른 사람의 비밀을 알 수 있다는 풍설도 있다.

갈란타 [Galanta] 16세기 마녀. 하루는 바욘Bayonne의 성신교회Church of the Holy Spirit 문지기 딸에게 사과 한 개를 맛보라고 주었다. 문지기의 딸은 때마침 사과 세 바구니를 구하고 있었다. 사과를 베어 물자마자 그녀는 쓰러졌다. 그리고 저주에 걸려 평생을 고통받았다. 마녀를 볼 때마다 그녀는 매서운 발작을 일으켰다. 드 랑크르Pierre de Lancre는 이 건을 두고 "우리는 그 모습을 직접 목격함으로써 검증하였다"고 말했다. 오늘날이라면 마법의 짓이라 여기지 않았을지 모르지만, 당시에는 마녀에게 죄를 물었다.

갈다크라프티간 [Galdarkraftigans] 앵글로색슨족Anglo-Saxons 마법사. 갈드라Galdra라고 불리는 마법의 노래로 주문을 걸거나 풀었다. 이 노래는 오딘Odin으로부터 나왔다.

갈레노스 [Galien / Galen] 히포크라테스Hippocrates 후대의 가장 위대한 마법사.『마법론Traité des enchantements』이라는 책의 저자로 알려져 있다. 경험주의자 의사들은 자주 그의 이름을 남용했다.

갈리가이(레오노라) [Galigaï(Léonora)] 1617년 폭도들에 의해 죽임을 당한 안크레 콘치노 콘치니d'Ancre Concino Concini 장군의 아내. 대중들은 그녀를 마녀로 여겼다. 갈리가이는 실제로 오컬트에 빠져 있었으며 주술을 행했다. 또 그녀가 여왕에게 저주를 걸었다는 소문이 퍼지기도 했다. 그녀의 집에선 세 권의 마법서, 군주의 혼을 지배하는 데 사용하는 벨벳 두루마리 다섯 개, 목에 거는 부적, 부적으로 보이는 어린 양Agnus, 성스러움과 불경한 마법이 섞인 것, 마녀 이자벨Isabel에게 쓰라고 지시한 편지 등이 발견되었다. 재판에선 장군과 그의 아내 갈리가이가 저주를 걸기 위해 작은 관속의 밀랍상을 이용하였다는 것이 밝혀졌다. 이들은 이를 위해 마법사, 점성가에게 조언을 구했다. 또 낭시Nancy에서 마녀들을 불러 악마에게 수탉을 바치는 의식을 가졌다. 갈리가이는 이 의식 중 마법을 건 수탉의 볏과 숫양의 콩팥만을 섭취했다. 그녀는 마튜 드 몽타네Matthieu de Montanay라는 사기꾼 마법사로부터 구마 의식을 받았다고 믿었다. 이러한 자백 이후 같은 해에 갈리가이는 파리 그레브 광장Place de Grève에서 참수형을 당했으며 화장되었다. 판사 쿠르탱Courtin이 갈리가이에게 여왕에게 건 저주가 무엇인지 물었을 때, 그녀는 거만한 태도로 다음과 같이 답했다. "내 주문은 강한 영혼이 약한 영혼을 지배하는 힘이다."

갈릴레오 [Galilée / Galileo] 얀센주의자Jansenists들이 모방한 신교도들은, 갈릴레오가 천문학적 발견으로 인해 겪은 것으로 알려진 박해에 대해 반발심을 내비친다. 그들은 로마 종교 재판소에서 갈릴레오가 받은 선고에 대해 잡음을 내며 이의를 제기한다. 이미 오래전부터, 이같이 부정한 자들의 뻔뻔한 행동은 변함없고 확고했다. 삼류작가들은 계속해서 이들의 말을 옮기고, 무지한 화가들은 이런 거짓말을 붓으로 옮겨 욕보였다. 하지만 갈릴레오는 천문학자가 아닌 잘못된 신학자로서 형을 받은 것이다. 갈릴레오는 성경을 설명하고자 했다. 코페르니쿠스Copernicus 학설에 기반한 그의 발견은 다른 천문학자들보다 더 많은 적을 만들어 냈다. 그는 자신의 방법으로 성경과 코페르니쿠스 학설을 연결짓고자 했고, 이 고집으로 인해 종교재판을 받았다. 당대 로마엔 저명한 이들이 다수 있었으며, 교황청 또한 무지한 자들로 채워져 있지는 않았다. 1611년, 기독교의 수도를 처음으로 방문했을 당시, 갈릴레오는 자신의 발견을 선보였으며 추기경들과 귀족들의 존경과 온갖 찬사를 받았다. 1615년 그가 다시 그곳을 찾았을 때, 델몬테Delmonte 추기경은 갈릴레오에게 절제하고 지켜야 할 학계의 범위를 설명했다. 하지만 그의 열의와 자만심은 꺾이지 않았다. 귀차르디니Guicciardini는 '그는 나에게 교황과 교황청이 성경에 기반한 코페르니쿠스 학설을 공식적으로 인정해주길 요구했다.'라고 말했다. 갈릴레오는 이 주제에 관해 회고록을 집필했다. 그의 탄원에 피로를 느낀 교황 바오로 5세Paul V는 성의회에서 이 논쟁을 심판하도록 허락했다. 하지만 갈릴레오가 쏟아낸 모든 분노는 성의회 법령에 어떤 영향도 미치지 못했고, 성의회는 코페르니쿠스 학설이 성경 내용과 부합하지 않다고 공포했다. 그는 떠나기 전, 교황과 아주 은혜로운 만남을 가졌다. 이후 추기경 벨라르미노Bellarmine는 그에게 천문학 가설이 아닌, 신학 가설만을 금지시켰다.

그로부터 15년 후 1632년, 갈릴레오는 교황 우르바노 8세Urban VIII가 즉위했을 때 허가와 동의를 얻어 유명 저서인『두 개의 주세계관에 관한 대화Dialogo dei due massimi sistemi del mondo』라는 책을 펴냈다. 이 내용에 항의하는 이는 아무도 없었다. 그는 1616년 쓴 회고록을 다시 세상에 내놓으며 지구가 자전축을 기준으로 회전한다는 학설을 세우려 애썼다. 이후 갈릴레오는 도전적 언동으로 인해 로마로 소환되었다. 1633년 2월 3일, 그는 로마에 도착했고 종교재판소가 아닌 토스카나Tuscany 사절단 관저로 보내졌다. 그리고 한 달 뒤, 많은 거짓말쟁이가 기록한 바와 달리 종교재판소 감옥이 아닌, 검사실에 머무르게 되었다. 18개월 뒤, 갈릴레오는 자신이 한 발언들을 부인했다. 즉, 모든 사건의 유일한 원인이었던 코페르니쿠스와 성경의 양립설을 포기하고 고향으로 돌아간 것이다. 여기 1633년 갈릴레오가 제자였던 P. 레세네리P. Receneri에게 쓴 글이 있다. '교황은 나를 존경할 만한 사람이라고 생각했네. 나는 트리니티 두 몽Trinity-du-Mont의 근사한 관저에 머물렀었지. 교황청에 도착했을 때, 성 도미니크회Dominican 두 신부가 정말 진심으로 나를 예찬해 주었어. 나는 신실한 가톨릭교도로서 내 주장을 철회할 수밖에 없었다네. 그들은 나에게 벌로 대화를 금지시켰고, 로마에서 5개월을 지낸 뒤 집으로 돌려보내 주었어. 또 피렌체Firenze에 흑사병이 돌고 있었기에, 가장 친한 친구이자 시에나Siena 대주교인 피콜로미니Piccolomini의 집에서 지낼 수 있도록 해주었지. 그곳에서 난 너무도 평화로운 날들을 보냈어. 나는 지금 아르체트리Arcetri로 돌아와 사랑하는 고향 땅에서 깨끗한 공기를 마시고 있네[1].'

그러나 반발심 있는 철학자들은 계속해서 갈릴레오를 미신과 광신의 피해자로 만들고 있다. 감옥에 갇힌 갈릴레오가 벽에 원을 그리고 '그래도 지구는 돈다e pur si muove!'라고 적었다는 일화가 있다. 마치 그가 주장을 펼치는 행위를 금지시켰다는 듯 말이다. 사람들은 이 교활한 헛소리를 그림과 조각으로 만들어 냈다. 루이 라신Louis Racine은 '종교Religion'라는 시에서 다음과 같은 아름다운 구절로 악의적 거짓을 담아냈다. '열의 가득한 오류의 뿌리를 뽑기가 이토록 어렵다니! 어떤 경우에도 우리는 갈릴레오의 학실을 심판하지 않을 것이다. 이는 마지막까지도 결론 내리기 힘든 것일 테니. 그들은 종교재판소에서 불태웠다고 하는 갈릴레오의 수사본을 찾아냈다. 이 수사본은 교회의 적들이 가져갈 수 있겠지만 적힌 것은 오로지 선한 믿음뿐일 것이다!'

(1) 베지에Nicolas Sylvestre Bergier, 『신학 사전 Dictionnaire théologique』 속 '과학'을 참조할 것.

갈(프란츠 요세프) [Gall(Jean-Joseph / Franz Josef)] 1775년경 뷔르템베르크Wurttemberg에서 태어나, 1828년 파리 인근 몽루주Montrouge에서 사망했다. 갈은 두개골 돌출부를 관찰해 성격과 재능을 읽어내는 기술을 만들었다. 이는 무수한 인간과 짐승 두개골을 대상으로 오래된 연구를 펼친 끝에 얻은 결과였다. 이 방법은 두개골점 또는 골상학이라고 부른다. 갈은 백치 상태가 되고 5일 뒤 사망했기에 그 어떤 종교적 감정을 드러낼 수 없었다. 갈은 물질주의자 취급을 받았으며 제법 모험적이었던 그의 이론 역시 같은 모욕을 받게 되었다.

그러나 일부 주장과는 달리, 골상학(두개골점)이 물질주의를 반영하거나 끔찍한 운명의 법칙을 강화했다고 보긴 어렵다. 오히려 반대로 종교 교육, 미풍양속 교육 등을 통해 타고난 성향은 변한다고 확신한다. 천재성은 타고나는 것이라는 말이 있다. 이 주장은 일부만 맞는데, 노력하지 않는 천재 중에 걸작을 탄생시킨 자가 없기 때문이다. 위대한 시인과 화가들은 오직 노력의 힘으로 그 자리에 올랐다. 뷔퐁Buffon의 주장에 의하면 천재성은 곧 참을성을 의미한다. 악하게 태어난 소크라테스Socrates는 선한 이로 자랐다. 갈과 그의 제자 스푸르하임Spurzheim이 세상에 나오기 전, 고루한 생리학자들은 골상학(또는 두개골점)에 관해 모호한 생각만을 지니고 있었다. 골상학은 두개골 형태와 돌출부를 통해 도덕성을 판단하는 방법이다. 갈과 스푸르하임이 발표한 이 이론은 두 개의 극명한 반응을 받게 되었다. 대중의 절반은 존경과 박수를 보낸 반면, 나머지 반은 이를 의심하고 반대한 것이다. 하지만 차차 대중은 두 독일인의 두개골 추론이 진실이었음을 알게 되었다. 그리고 이 이론은 과학이 되었으며 법의학에 도움을 주었다. 오늘날엔 골상학 학과가 존재하며 비웃음당했던 이 학문은 범죄 수사의 보조 기술이 되었다.

대중들은 흔히 영혼이 뇌에 자리한다고 보았다. 모든 창조물의 뇌와 신경 질량은 더욱 높은 교육을 수용하기 위해 증가한다. 오직 물질적 정보만으로 이야기한다면, 창조주는 모든 생명체 중에서도 인간에게만 완벽하고 (상대적으로) 큰 뇌를 주었다. 일부 동물에겐 특정 성향을 타고나는 것들이 있다. 인간 또한 다수의 성향이 내재되어 있는데, 인간이 가진 이성은 그 어떤 성향들과도 비교가 불가하다. 기록을 살펴보면 어려서부터 어떤 기술이나 학문에 확실한 두각을 나타내는 이들이 있다. 다수의 위대한 화가나 뛰어난 시인들은 이러한 기질을 통해 예술에 입문하였으며 유명해졌다. 때로는 부모의 반대에도 불구하고 말이다. 이러한 재능은 교육을 통해서만 발전되고 완벽해질 수 있다. 하지만 교육이 씨앗 자체를 심어주는 경우는 없다. 왜냐하면 이러한 재능을 나타내는 최초 징후는 교육이라고 부를만한 것을 하기 전 어린아이에게서 보이기 때문이다.

동물계의 경우 모든 종은 고유한 특질을 지닌다. 호랑이의 잔인함, 비버의 근면함, 코끼리의 능숙함은 종마다 존재하는 특질이다. 물론 여기에 일부 우발적 변이가 존재하기도 한다. 그러나 인간은 하나의 특질로만 국한되지 않는다.

선천적인 성향이 존재하는 것처럼, 뇌 또한 선천적으로 생명 기능을 수행하는 여러 기관이 가까이 모여 있다. 이러한 기관은 뇌 바깥 부분에서 돌출되어 보이는데, 크면 클수록 더 도드라진 성향을 가진 것이라고 볼 수 있다. 또 기관들은 두개골 바깥에 돌출을 일으켜 어머니 뱃속에서 만들어질 때부터 두개골과 함께 뇌를 감싼다. 이러한 이론은 오직 건강한 뇌를 대상으로만 적용이 가능하다. 즉 질병에 걸렸던 이는 예외로 해야 한다. 다만 갈처럼 선과 악을 구분하는 것에 이 이론을 적용해서는 안 된다. 두개골의 돌기로 선과 악을 판별한다면 물질적인 것이 운명을 인정하는 결과가 되어 버린다. 도둑을 예로 들면 도벽 성향이 점차 뇌에 영향을 미쳐 '도벽 돌기'를 키워낸 것으로 봐야 한다.

이 이론을 간단히 약술하자면 다음과 같다. 번식 본능은 목 상단과 접한 귀 뒷부분의 두 돌기에서 나타난다. 이 부분은 여성보다는 남성에게서 훨씬 많이 발달해 있다. 아이를 사랑하는 것과 관련된 부분 또한 번식 본능 돌기 옆에 있다. 이는 목덜미와 뒷머리가 만나는 부분에 자리한 두 개의 돌기를 통해 나타난다. 이 돌출부는 남성보다 여성에게서 훨씬 도드라진다. 그리고 짐승의 두개골을 비교해 보면, 그 어떤 짐승보다 원숭이에게서 이 부분이 발달하여 있음을 확인할 수 있다. 우정과 충성의 돌기는 아이 사랑 돌기와 가까운 곳에 있다. 귀 쪽으로 향하는 동그란 두 개의 돌기가 바로 그것이다. 이는 바벳Barbet, 바셋Basset 등의 개에게서 주로 보인다. 싸우기 좋아하는 성향은 귀 뒷부분과 윗부분에 있는 반구형 돌출부로 알 수 있다. 이 돌출부는 양옆에 하나씩 있으며 격투가들에게서 잘 보인다. 살인자의 돌기는 싸움 돌기 위, 관자놀이 가까이에서 확인할 수 있다. 이 돌기는 살인자와 더불어 육식동물에게서도 나타난다. 교활함과 관련된 돌기는 양쪽 귓바퀴 바깥쪽 위 돌출부에서 드러난다. 이는 관자놀이와 살인자 돌기 사이에 자리한다. 교활함과 관련된 돌기는 사기꾼, 위선자, 음흉한 사람들에게서 찾을 수 있다. 하지만 현자, 뛰어난 관료, 줄거리를 정교하게 매만지는 소설가, 극작가 같은 이들에게서도 이러한 특징을 볼 수 있다. 도벽과 관련된 돌기는 관자놀이 윗부분, 눈꼬리 그리고 귀 아랫부분과 삼각형을 만드는 부분에 자리한다. 이 돌기는 도둑과 일부 짐승, 특히 까치 두개골에서 도드라진다. 예술 돌기는 이마뼈 옆에 둥근 돌출부를 말한다. 이는 도벽 돌기 아래에 자리한다. 라파엘로Raphael, 미켈란젤로Michelangelo, 루벤스Rubens의 두개골엔 이 부분이 돌출되어 있다. 음색과 음악의 돌기는 이마 각 모서리에 나타난다. 이는 예술 돌기 위에 자리한다. 이 돌기는 앵무새, 재색멋쟁이새, 큰까마귀, 노래하는 수컷 새에게서 보인다. 하지만 노래하지 않는 새, 짐승과 음악을 싫어하는 인간에겐 나타나지 않는다. 이 돌기는 모짜르트Mozart, 글루크Gluck, 하이든Haydn, 비오티Viotti, 보엘디외Boieldieu, 로시니Rossini, 마이어베어Meyerbeer 등과 같은 위대한 음악가에게서 나타난다. 교육 돌기가 위치한 곳은 이마 아래, 두 눈썹 사이 코가 시작되는 부분이다. 이는 오소리처럼 후두부에서 눈까지 평평한 두개골을 지닌 짐승들은 교육이 전적으로 불가능함을 의미한다. 이 돌기는 여우, 사냥개, 푸들, 코끼리, 오랑우탄으로 갈수록 점점 더 발달하며 인간의 두상과 닮아 있다. 공간 감각 능력은 코 시작 부분 눈썹 안쪽의 외부 돌출부를 통해 확인할 수 있다. 이 돌기는 거리 인지 능력을 나타내는데, 공간의 비율을 관찰하고 측정하고 결정하는 모든 기술로 이어진다. 예를 들면 지리학에 대한 관심도 이 돌기와 연관이 되어 있다. 뛰어난 모험가는 이 돌기를 가지고 있으며 쿡Cook, 콜롬버스Columbus, 다른 여행가의 흉상에서 확인이 가능하다. 더불어 유목 동물에게서도 이 돌기를 찾을 수 있다. 철새는 이동거리에 따라 이 부분이 더욱 발달하고, 황새 두개골에서 뚜렷하게 관찰된다. 이 기관을 가진 덕에 황새는 이전 해에 머물렀던 곳을 찾아내며, 제비처럼 매년 같은 굴뚝에 둥지를 틀 수 있다. 색상 감각 돌기는 양쪽 눈썹의 중간이자 공간 감각 돌기 바로 옆에서 나타난다. 이 부분이 특히 발달한 경우, 독특한 눈썹을 만들어 낸다. 이처럼 눈썹이 위쪽으로 휘어진 화가들은 일반인들보다 더 명랑하고 유쾌한 표정을 하고 있다. 이 돌기는 꽃과 꽃의 다양한 색을 통해 즐거움을 얻는 성격을 부여한다. 공간 감각 돌기와 함께 발달한다면 풍경화가가 될 수 있다. 이 돌기는 동물에겐 발견되지 않는다. 동물은 일부 색을 보았을 때 단지 눈에 자극만 받을 뿐이다. 숫자 감각 돌기는 안와 위쪽, 색상 감각 돌기 옆에 자리한다. 이는 안구 뼈 바깥쪽의 꺾어진 부분이다. 이 부분이 지나칠 정도로 도드라지면 관자놀이 쪽까지 부풀어 올라 사각 얼굴형을 만든다. 이 돌기는 뉴턴Isaac Newton의 흉상에서 돋보이며 유명한 수학자들에게서 발견된다. 그리고 천문학자의 두상에서 공간 감각 돌기와 함께 드러난다. 기억력 돌기는 안와 상측 후면부에 자리한다. 이 돌기는 안구를 아래와 앞쪽으로 밀어낸다. 많은 저명한 희극배우들이 이 돌기 때문에 돌출된 눈을 가지고 있다. 명상과 관련된 돌기는 이마 상단 가장자리 아래 약 0.5인치 정도 위치에서 두툼한 부분으로 나타난다. 소크라테스Socrates 흉상과 여러 현자에게선 이 돌기를 찾을 수 있다. 명민함의 돌기는 이마 정중앙 세로로 볼록한 부위에서 나타난다. 정신력 돌기는 불룩한 명상 돌기 아래, 명민함 돌기와 만나는 지점에서, 두 개의 반원 모양 돌출부로 나타난다. 이는 르사주Lesage, 부알로Boileau, 세르반테스Cervantes 등에게서 보인다. 친밀감의 돌기는 이마 만곡부에서 시작되어 정수리까지 가는 수직각에서 드러난다. 이는 명민함의 돌기 위에 자리한다. 이는 양, 노루, 개 등에게서 볼 수 있다. (그것이 진실된 종교든 아니든)신앙심의 돌기는 친밀감 돌기 바로 위 둥글게 부푼 모습으로 나타난다. 오만과 자존심 돌기는 후두부 위 타원형 돌출부로 나타난다. 야망과 허영의 돌기는 정수리와 자존심 돌기가 교차하는 지점에 나타난다. 신중함의 돌기는 야망의 돌기 옆인 두개골 뒤쪽에 두 개의 돌출부로 나타난다. 끝으로 끈기와 단호함의 돌기는 머리 뒤, 자존심의 돌기 아래에 위치한다.

갈 박사의 이 학설은 앞서 말했듯 여러 신봉자를 낳았지만, 그만큼 많은 적을 만들기도 했다. 몇몇 이들은 골상학이 일부 관상가들의 망상에 불과하다고 주장했으나, 적어도 표면상으로는 덜 공상적인 근거에 기반하고 있다. 위인과 평범한 사람의 얼굴 특징이 닮을 수는 있어도, 천재의 두개골이 바보의 두개골과 닮는 경우는 없다. 물론 갈의 학설에 지나친 비약이 있을 수도 있고, 일정하지 않은 결과를 두고 확고한 규칙을 제시했을 수도 있다. 현대의 한 학자는 갈의 학설에 반대하며 내재적 성향이 두개골 돌출부로 나타날 수 없음을 지적했다. 학자는 갈의 주장이 맞는다면 산파가 아이의 출생 시부터 머리 형태를 주무르고 바꿔 바보를 천재로 만들 수 있을 것이라고 비웃었다. 그러나 갈 박사는 이를 우스꽝스러운 반박이라고 말했다. 그는 주요 기관이 자리한 두개골은 압력이 가해져도 눌린 부분이 다시 원래대로 돌아온다고 주장했다. 또 뇌는 부드러운 조직의 유연성을 이용해 외부 압력에 맞서며, 완전히 부서지거나 망가진 것이 아니라면 충분히 이를 보호할 수 있다고 덧붙였다. 블루멘바흐Blumenbach는 카리브해Caribbean Sea 주민들이 특정 장치를 이용해 아이들의 머리를 눌러 민족 특유의 두상을 만들어 낸다고 기록했다. 반면 자연주의자들은 돌출부가 아닌 두개골의 형상 자체에서 정신적 특성이 나타난다고 본다. 그리고 갓 태어난 아이의 머리에 충격을 가하면 바보가 된다고 주장하는 자도 여럿 있다. 가해진 충격으로 이성을 잃거나 기억을 잃는 경우가 이에 해당한다. 포데레Fodere 박사는 저서 『법의학Médecine légale』에서 도둑과 미치광이의 두개골에서 도벽, 광기의 돌기가 발견되지 않았다고 말했다. 참고로 나폴레옹 1세Napoleon I의 두개골에는 골상학자들을 놀랍게 만든 둥근 돌기들이 있었다.

카메오 [Gamahé, Camaieu / Cameo, Kame'o] 자연적으로 그림 또는 문자가 새겨진 돌로 만든 일종의 부적. 사람들은 귀신이 이러한 현상을 만들어 냈다고 믿었으며, 카메오에 대단한 효능이 있다는 미신까지 생겨났다. 가파렐Gaffarel은 대 알베르투스Albert le Grand도 이런 돌을 지니고 있었다고 주장했다. 그 돌에는 뱀이 그려져 있었고, 이를 지니면 주변 뱀들을 불러들일 수 있었다고. 다른 돌 중에는 뱀에게 물린 상처를 낫게 하거나 해독하는 효능을 지닌 돌도 있다. 조르주아 그리콜라George Agricola는 카메오 중에 신체의 일부 또는 식물이 그려져 있는 돌에 대해 언급했다. 그리고 이 돌에 뛰어난 효능이 있다 덧붙였다. 피가 그려져 있는 돌은 지혈에 도움이 된다고 한다.

가물리 [Gamoulis / Gamuli] 캄차카반도Kamchatka 주민들 사이에서 회자되는 귀신. 가물리는 싸울 때, 그들의 오두막에서 반쯤 탄 깜부기불을 던져 번개를 생성한다. 비가 내리는 것은 가물리들이 남은 음료를 버리는 것이라고 한다.

가미긴 [Gamygyn] 지옥의 대후작. 강력한 악마. 작은 말의 모습을 하고 나타난다. 하지만 인간의 모습을 할 땐 쉰 목소리를 내며 자유학예를 교육한다. 바다에서 죽은 영혼을 구마사들 앞으로 데려오기도 한다. 이 영혼들은 카르타그라Carcagra (영혼의 불행)라고 불리는 바다의 연옥에서 고통받는 존재들이다. 가미긴은 묻는 말에 무엇이든 명확히 대답해 준다. 그리고 구마사가 명하는 모든 것을 이행할 때까지 곁을 떠나지 않는다. 그는 30개 군단을 거느린다[1].

(1) 요한 바이어Johann Weyer, 『악마의 유사군주제Pseudomonarchia Dœmonum』, 926페이지.

강디용(피에르) [Gandillon(Pierre)] 프랑슈콩테Franche-Comte의 마법사. 산토끼의 모습으로 밤을 보냈다는 죄로 1610년 화형당했다[1].

(1) 줄 가리네Jules Garinet, 『프랑스 마법사Histoire de la Magie en France』, 166페이지.

강드레이드 [Gandreid] 아이슬란드인들이 사용하는 마법의 일종. 하늘을 나는 능력을 부여한다. 현 세기에 만들어진 마법이라는 말이 있지만, 사실 이 이름은 고대에서부터 내려온 것이다. 과거 아이슬란드인들은 공중을 비행하는 행위를 악마나 다른 유령의 짓이라고 보았다. 반면 오늘날엔 마녀가 빗자루 손잡이 대신 말 갈비뼈나 정강이뼈에 올라타 비행한다고 믿는다. 니더 작센Lower Saxony 주와 브라운슈바이크 공국Duchy of Brunswick 마녀들도 같은 방법을 사용한다. 마을에서 찾을 수 있는 다른 뼈들은 한밤에 강드레이드를 사용하는 이들이 다가올 때 가루가 되어버린다. 이들이 비행을 준비하는 기술은 강드레이드 자움Gandreid-Jaum이라고 불리는 가죽띠를 활용한다. 이 가죽 위엔 룬 문자나 마법 문자가 새겨져 있다[1].

(1) 『아이슬란드 여행Voyage en Islande』, 덴마크어를 번역, 1802년.

가넬론 [Ganelon] 참조. 귄포르Guinefort.

강가 그람마 [Ganga-Gramma] 인도인들이 몹시 두려워하는 여성 악마로 큰 숭배를 받았다. 강가 그람마는 하나의 머리와 네 개의 팔을 가지고 있다. 왼손에는 작은 사발을, 오른손에는 삼지창을 들고 있다. 인도인들은 몹시 화려한 수레에 그녀를 태운 채로 행진 한다. 이때 신앙심의 표현으로 바퀴에 깔려 죽는 광신도도 있다. 그녀의 제사 땐 주로 숫염소가 바쳐진다. 질병이나 다른 위험에서 벗어난 인도인들은 존경을 표하기 위해 다음의 의식을 행한다. 이들은 등가죽에 갈고리를 걸어 하늘로 들어 올려진다. 그러고는 구경꾼들이 보는 동안 몇 번 정도 허공에서 양발을 휘젓는다. 단순하고 경신하는 이들은 이 의식이 강가 그람마를 기쁘게 하여 어떤 고통도 받지 않을 것이라 믿는다. 하지만 의식자가 고통을 느낄 때가 되면 이미 그는 하늘로 올라가 있고, 구경꾼들의 환호에 불평할 수가 없게 된다. 같은 악마에게 경의를 표하기 위해, 살갗에 가는 끈을 통과시키고 다른 이가 이 끈을 잡아당기며 인형처럼 춤을 추는 의식도 있다. 강가 그람마 축제 다음 날 밤에는 물소를 제물로 바치고 그 피를 항아리에 담는다. 이를 우상 앞에 놓고 가면 다음

날 병이 비어있다고. 몇몇 저자들은 이때 물소가 아닌 인간을 희생양으로 삼았다고 기록했다.

강귀(시몬) [Ganguy(Simone)] 작은 어머니라고도 불리는 마녀. 마들렌 바방Madeleine Bavent의 친구이다. 화형을 당한 것 같지는 않다.

가니포트 [Ganipotes] 생통주Saintonge의 늑대인간. 참조. 늑대인간화Lycanthropie.

간나 [Ganna] 독일의 여성 예언자. 벨레다Veleda의 뒤를 이었다. 로마로 여행을 떠나 도미티아누스Domitian 황제의 환대를 받았다[1].

(1) 타키투스Tacite, 『연대기Annales』, 55.

강티에르 [Gantière] 마녀. 1582년, 파리 의회에선 페르테Ferté 대법관이 강티에르의 사형을 선고했다. 강티에르는 로파르드Lofarde가 그녀를 마녀 집회에 데려갔음을 시인했다. 그곳에서 만난 악마는 노란 옷을 입고 있었으며, 세금을 내라며 그녀에게 8수Sous*를 주었다. 하지만 집으로 돌아왔을 때 손수건 속에는 한 푼도 들어 있지 않았다고.

* 과거 프랑스의 화폐 단위.

가랑디에 [Garandier] 마녀 집회에 소환되는 악마.

가르시아(마리) [Garcia(Marie)] 톨레도Toledo 인근 마드릴레코스Madrileschos에 거주하던 여성. 어느 여성이 준 오렌지를 먹었다가 빙의되었으며, 7년 동안 악마 군단으로부터 괴롭힘을 당했다. 결국 구마 의식을 받았으며, 가르시아를 지배하던 악마에게 이름을 묻자 아스모데우스Asmodeus라고 대답하였다. 그는 다른 다수의 악마와 가르시아의 몸에 살고 있었다고 말했다. 악마들에게 복종의 증거를 대라고 하자, 그들은 전날 자신들을 구마하려 했던 신부의 여자 형제 집에서 동전 몇 푼을 훔쳤다고 말했다. 자기 돈을 되찾지 못한 신부의 여자 형제는 악마에게 은화를 준 셈이 된 것이다. 악마들에게 즉시 돈을 가져올 것을 명하자, 빙의된 여성이 고개를 숙이더니 동전을 토해냈다. 이 일은 1609년 10월 14일에 발생하였으며, 많은 사람이 해당 장면을 목격했다.

양치기 [Garde des Troupeaux / Herding] 참조. 양 떼Troupeaux.

가르드맹(마리) [Gardemain(Marie)] 참조. 글로스터Glocester.

가르강튀아 [Gargantua] 유명한 거인 영웅. 가르강튀아의 전설은 라블레Rabelais의 소설 내용과 일치하지 않는다. 비록 그의 이야기가 동화에 불과하지만, 에그 모르트Aigues-Mortes 인근에서 가르강튀아의 오래된 탑을 볼 수 있다. 사람들은 25미터나 되는 그의 팔에 잡히고 싶지 않기에 한밤중에 이 탑으로 가는 것을 꺼렸다.

가고일 [Gargouille / Gargoyle] '루앙Rouen의 가고일에 대해 어떤 이야기를 들려주면 좋을까? 루앙 대주교 참사회는 매해 의회에 참석한다. 이날은 그리스도 승천일Day of the Ascension로, 한 명의 범죄자가 생 로맹St. Romain과 가고일을 기리며 사면받는다. 이에 얽힌 이야기는 다음과 같다. 생 로맹이 루앙 주교로 있을 당시, 도시 인근에 숨어 살던 한 용이 행인을 덮쳐 잡아먹는 일이 있었다. 이 용은 다름 아닌 가고일이었다. 성 로맹은 사형 선고를 받은 한 범죄자를 대동하여 괴물을 잡기 위해 가고일 굴로 향했다. 그는 가고일을 사슬로 묶어 광장으로 끌고 간 뒤 신도들이 열광하는 가운데 불태워 버렸다[1].' 용의 존재를 부정하는 우리와 달리, 현대 지질학자들은 이 이야기가 실제 있었던 일이라고 주장한다. 하지만 이 용의 이야기는 우화에 불과할 수 있다. 또 역사학자들은 생 로맹이 살던 당시, 루앙은 홍수 피해를 보고 있었으며 이 고위 성직자의 신실한 기도로 홍수를 멈추었다고 말한다. 가고일의 기적을 간단하게 소개하자면 이런 것이다. 가고일이라는 단어를 고어로 해석하면 '물의 흐름, 들이침'이라는 의미가 있다. 또 학자들은 물을 의미하는 히드라Hydra*라는 단어를 용Dragon(가고일)의 의미로 오인해 번역한 것으로 보인다.

(1) 살그Salgues, 『오류와 편견Des erreurs et des préjugés』, 3권, 370페이지. / * 히드라는 이 외에도 머리가 여러 개 달린 물속의 뱀 괴물을 뜻하기도 한다. 즉 학자들은 이 단어의 의미를 '뱀 괴물'로 오인하여 번역한 것이다.

가리보(잔) [Garibaut(Jeanne)] 마녀. 참조. 그르니에Grenier, 피에르 라부랑Pierre Labourant.

가리네(쥘) [Garinet(Jules)] 1818년 파리Paris에서 출간한 『프랑스 마법사Histoire de la Magie en France』(8절판)를 쓴 인물. 이 흥미로운 책의 서문엔 마녀 집회에 관한 설명, 악마에 관한 논설, 고대인과 현대인의 마법과 미신에 관한 논문이 실려있다. 많은 흥미로운 사실을 담고 있기에 새로운 판본이 나올 필요가 있다. 다만 출간 당시 몹시 젊었던 작가는 이 책에 철학적 색채를 담으며 도덕적인 면을 많이 감소시켰다. 이 때문에 오늘날 그의 고귀한 정신과 방대한 연구가 신빙성이 없어 보일 수 있다. 그렇기에 새로운 판본이 필요하다.

가르니에(질) [Garnier(Gilles)] 루이 13세Louis XIII 시대, 여러 명의 아이를 잡아먹은 일로 돌Dôle에서 재판을 받은 늑대인간. 산채로 불태워졌으며 재가 된 뒤 바람에 흩어졌다. 법학 박사이자 왕의 고문인 앙리 카뮈Henri Camus는 다음과 같이 설명했다. "질 가르니에는 포도밭에서 열 살 소녀를 데려가 죽인 뒤 세르Serre숲까지 이동했다. 아이의 몸을 먹고 싶지 않았던 그는 아내에게 시체를 주었다. 또 다른 날 늑대의 모습으로 있던 가르니에는(분명 사냥을 위해 끔찍한 몰골로 변신한 것일 테지만) 돌에서 1리유* 떨어져 있고 그레디장Gredisans과 모노테Monotee 사이에 자리한 장소에서 어린 소년 한 명을 죽인 뒤 잡아먹었다. 그리고 늑대가 아닌 인간의 모습으로 12살에서 13살 정도인 어린 소년을 납치해 숲에서 목을 졸랐다…"[1] 분명 제마르Germar와 동일인일 것이다.

(1) 쥴 가리네Jules Garinet, 『프랑스 마법사Histoire de la Magie en France』, 129페이지. / * 과거의 거리 단위. 1리유는 약 4km 정도이다.

가니자 [Garniza] 참조. 엘르아살Éléazar.

복부점 [Garosmancie / Garo-smancy] 참조. 물병점Gastromancie.

가루다 [Garuda] 잘생긴 청년의 얼굴을 하고 흰 목걸이를 차며 독수리의 몸을 가진 것으로 묘사되는 전설의 새. 주피터Jupiter가 탈 것으로 독수리를 애용했듯, 비슈누Vishnu는 가루다를 타고 다녔다. 인도인들은 이 새가 비나타Vinata가 낳아 5년간 품은 알에서 태어났다고 말한다.

가스파드 [Gaspard] 헬리오도로스Heliodorus를 섬긴 악마. 참조. 헬리오도로스Héliodore.

가스트로크네미아 [Gastrocnémie / Gastrocnemia] 루키아노스Lucian가 언급한 상상의 국가. 가스트로크네미아에선 아이를 다리의 지방 속에 품으며, 이를 절개해 출산한다.

물병점 또는 복부점 [Gastromancie, Garosmancie / Gastromancy] 둥근 유리병

에 깨끗한 물을 가득 채운 뒤, 초를 여러 개 켜 위에 올린 채 행하는 점술. 낮은 목소리로 악마를 소환해 질문을 한 뒤, 젊은 남성 혹은 여성이 유리병 표면을 살핀다. 그리고 빛이 굴절되어 만들어진 상 속에서 답변을 찾는다. 칼리오스트로Cagliostro가 이 점술을 사용했다.

이 점술의 또 다른 이름은 해석 그대로인 복부점이다. 이는 입술을 움직이지 않고 답변하는 점술가가 행하는 것으로, 내담자는 허공에서 목소리가 들린다고 믿는다. 이를 행하기 위해선 점술가가 복화술사이거나 빙의가 되었거나 마법사여야 한다. 후자의 경우, 점술가는 깨끗한 물을 담은 유리병 주위로 횃불을 밝힌다. 그리고 정령을 소환하며 물을 젓는다. 그러면 머지않아 점술을 행하는 마법사의 배에서 가냘픈 목소리로 정령이 답한다. 사기꾼들은 사소한 것들로 속일 방법을 찾아내곤 했는데, 복화술은 그런 면에 있어 큰 도움이 되었다. 리옹Lyon의 상인이 시종과 함께 어느 시골을 찾았을 때였다. 갑자기 상인에게 허공에서 명령하는 목소리가 들려왔다. 목소리는 상인이 가지고 있는 것 중 일부를 가난한 자들에게 나누어주고, 시종에게 상을 주라고 말했다. 그리고 상인은 이 지시에 따랐다. 그는 시종의 배에서 들리는 소리를 기적처럼 여겼다. 당시 복화술의 존재를 아는 이는 거의 없었고, 위인들은 언제나 이를 악마의 짓이라고 생각했다. 콘스탄티노플Constantinople 총대주교였던 포티오스Photius는 다음과 같은 글을 남겼다. "우리는 악마가 사람의 배 속에서 이야기하는 것을 들었다. 그가 사는 곳에 오물을 부어야 할 것이다."

킹 케이크 [Gâteau des Rois / King Cake] 킹 케이크를 나눠 먹을 때 자리에 없는 사람의 몫은 조심스럽게 보관한다. 좋은 상태로 보관한 케이크는 곧 부재한 사람의 건강 상태를 나타내기 때문이다. 만약 해당 케이크 조각에 얼룩이 묻거나 파손된 경우 부재자의 질병을 예고한다.

성 루퍼스의 삼각 케이크 [Gâteau Triangulaire de Saint-Loup / Triangular Cake of Saint Lupus] 미신을 믿는 사람들은 7월 29일 일출 전 이 케이크를 만든다. 이 케이크는 고품질의 밀가루, 호밀가루, 보릿가루로 만들며 삼각형 반죽에는 달걀 세 개와 소금 세 스푼이 들어간다. 처음 마주치는 가난한 사람에게 이 케이크를 주면 저주가 사라진다.

고슐랭 [Gauchelin] 유명한 환영을 본 11세기 사제. 그는 거대한 망자 부대가 악마들에게 이끌려 고행하는 환영을 보았다. 오르데릭 비탈Orderic Vital은 이 모습을 기록하였다.[1]

(1) 『다른 세계의 전설Légendes de l'autre monde』에서 해당 이야기를 참조할 것.

고프리디(루이 장 밥티스트) [Gaufridi (Louis-Jean-Baptiste)] 16세기 말 성직자의 의무를 불이행했던 마르세유Marseilles 사제. 그는 타락하여 마법사가 되었다. 하루는 마법서를 읽고 있던 고프리디 앞에 악마가 나타났다. 대화를 시작한 둘은 곧 친해졌고 계약을 맺게 되었다. 이에 사제는 얼굴에 입김을 불어 복종을 얻거나 유혹하는 능력을 얻게 되었다. 이 배교자는 어느 귀족의 딸인 마들렌 드 라 팔루드Madeleine de la Palud에게 반했고 이 이야기는 금세 사람들 입에 오르내렸다. 이에 겁에 질린 여성은 성 우르술라Ursulines 수녀원으로 달아났다. 당시 풍문에 따르면 격노한 고프리디는 그곳으로 악마 군단을 보냈으며, 결국 그는 마법 행위를 들켰다고 한다. 프로방스Provence 재판소에서는 1611년 4월 그를 화형에 처했다.

고릭(뤽) [Gauric / Gaurico(Luc / Luca)] 1476년에 태어난 나폴리의 점성가. 메제레Mezeray와 투Thou의 재판장 기록에 따르면, 그는 앙리 2세Henry II가 결투 중 눈에 상처를 입고 사망할 것이라고 예언했다. 그리고 놀랍게도 그 예언은 실현되었다. 카테린 드 메디시스Catherine de Medicis는 뤽 고릭을 매우 신임했다. 볼로냐Bologna의 군주 벤티볼리오Bentivoglio는 그를 기둥에 높이 묶었다가 떨어뜨리는 형벌을 다섯 번 행하도록 지시했다. 이는 과감하게도 뤽 고릭이 군주가 추방당하게 될 것이라 예언했기 때문이었다. 하지만 이 군주를 증오하던 사람들이 여럿 있었던 것으로 보아 예언하기 그리 힘들진 않았을 것이다. 뤽 고릭은 1558년 82세의 나이로 사망했다. 그는 『천구란 무엇인가Description de la sphère céleste』(1575년, 바젤, 2절판, 3부작) 와 『점성술 찬사Éloge de l'astrologie』를 저술했다. 그의 형제 폼포니우스 고릭Pomponius Gauric 은 관상학과 자연 점성술에 관한 책을 남겼다[(1)]. 하지만 이 책은 폼포니우스가 아닌 뤽이 쓴 것으로 추정하기도 한다. 뤽 고릭의 『점성술 개론Traité astrologique』[(2)]은 꽤 흥미롭다. 점성술의 진실을 밝히기 위해 그는 유명한 사람들의 점을 보며 기록했다. 그는 모든 일이 정해진 운명에 의해 생겨난다고 주장했다. 마치 인간이 원하는 것을 모두 할 수 없다는 것처럼 말이다.

(1) 『나폴리의 폼포니우스 고릭이 쓴 대칭, 특질, 관상학, 종에 대한 논문Pomponii Gaurici Neapolitani tractatus de symmetriis, lineamentis et physiognomonia, ejusque speciebus』, 1630년, 아르겐토르, 장 Ab 잉다진Jean Ab Indagine의 수상술 포함. / (2) 『지오 포넨시스 주교 뤽 고릭의 점성술 개론, 여러 사람의 과거사와 출생, 운세의 분석Lucœ Gaurici geophonensis episcopi civitatensis tractai us astrologicus, in quo agitur de prœteritis multorum hominum accidentibus per proprias eorum genituras, ad unguem examinatis』, 1552년, 베네치아, 4절판.

고리 [Gaurie] 남부 브르타뉴Bretagne 사람들의 미신 속 악마. 돌무더기 또는 신관과 관련 건물 주변에서 춤추는 정령(혹은 도깨비)이다. 과거 섬사람들은 시오고르Chiorgaur라고 불렀다. 이와 관련한 다음과 같은 말이 있다. "거인의 춤Chorea Gigantum이지만 고리의 춤Chorea Gauriorum이라고 하는 것이 더 정확할지도 모른다."

고티에(장) [Gauthier(Jean)] 연금술사. 샤를 9세Charles IX는 고티에의 연행에 속아 금을 만들기 위해 12만 파운드를 주었다. 그는 작업을 시작했고 8일 후 군주의 돈과 함께 달아났다. 하지만 추적과 체포 끝에 결국 교수대에 올랐다.

고티에 [Gauthier] 스코틀랜드의 음모자. **참조.** 월터Walter.

고티에 드 브루주 [Gauthier de Bruges / Walter of Bruges] 성 프란치스코회Franciscan 수도사로 교황 니콜라스 3세Nicolas III에 의해 주교로 임명되었다. 이후 교황 클레멘스 5세Clement V에 의해 해임되었다. 고티에 드 브루즈는 자신의 해임을 앞두고 신을 찾았다. 그리고 자신을 안치할 때 항소문을 손에 쥐어 달라며 부탁하였다. 그의 사망 이후, 푸아티에Poitiers를 찾았다가 수도원 집에 머물게 된 클레멘스 5세는 자신이 해임한 이의 묘소를 찾고자 했다. 무덤을 연 그는 항소서 쥐고 흔드는 바싹 마른 손을 보고 겁에 질렸다[(1)]. 이는 교황의 적들이 지어낸 이야기다.

(1) 마르샹지Marchangy, 『여행가 트리스탕 또는 14세기의 프랑스Tristan le voyageur, ou la France au quatorzième siècle』, 1권, 4장, 63페이지.

가요 드 피타발 [Gayot de Pitaval] 리옹Lyon에서 태어나 1743년에 사망했다. 가요 드 피타발은 난해한 저서 『저명한 사유들Causes célèbres』을 펴냈다. 그를 이 책『지옥사전』에서 언급하는 것은 경박하고 적대적인 성정을 짚고 넘어가기 위함이다. 루덩Loudun 빙의 사건 당시 그는 생 오뱅Saint-Aubin의 모든 거짓말을 인정하였다. **참조.** 생 오뱅Saint-Aubin.

가자르디엘 [Gazardiel] 『탈무드Talmud』에 기록된 동방을 지배한 천사. 아침에 태양이 떠오르도록 살피고, 떠오르지 않을 땐 태양을 깨우는 일을 했다.

가즈(테오도르 드) [Gaze(Théodore de)] 16세기 캄파니아Campania의 농장주. 농부를 고용해 밭을 경작했다. 하루는 고용된 농부가 밭에서 일을 하다 유골 가루가 담긴 둥근 단지를 발견하게 되었다. 곧 유령이 나타났고 농부에게 단지와 안에 든 것을 땅속에 묻으라고 지시했다. 그리고 이행하지 않으면 농부의 첫째 아들이 죽을 것이라 전했다. 농부는 유령의 협박을 신경 쓰지 않았다. 그러나 며칠 뒤 장남이 침대에서 죽은 채로 발견되었다. 얼마 후 같은 유령이 농부 앞에 나타나 똑같은 요구를 하였다. 더불어 이번엔 그의 둘째 아들이 죽을 것이라고 덧붙였다. 농부는 테오도르 드 가즈에게 이 모든 사실을 알렸다. 농장주는 소작지를 직접 찾아 단지와 안에 든 유골을 땅에 묻었다. 르 루아예 Pierre Le Loyer는 망자와 장난을 쳐선 안 된다고 말한다….

가지엘 [Gaziel] 지하에 숨겨진 보물을 지키는 악마. 인간들이 보물을 발견하지 못하도록 여기저기 옮긴다. 집을 흔들고 불바람을 일으키는 것도 가지엘의 소행이다. 때때로 무도회를 연 뒤 모든 것을 한 번에 사라지게 만든다. 또 큰 종과 작은 종으로 소음을 내 사람들을 겁에 질리게 만들고 시체를 잠깐씩 되살리기도 한다. 아나라젤 Anarazel이 그의 동료다.

거인 [Géants / Giants] 전설에 등장하는 거인들은 야만적이고 사나운 눈빛, 긴 머리카락, 덥수룩한 수염, 뱀의 다리와 발 그리고 일부는 백 개의 팔과 오십 개의 머리를 가지고 있다. 호메로스 Homeros는 경이로운 거인 알로아다이 Aloadae들이 매우 거대하며, 아홉 살이 되었을 때 몸의 둘레가 4.5m, 키가 1.8m나 되었다고 기록했다. 그리고 매해 둘레는 50cm, 키는 1m씩 자란다고 덧붙였다. 탈무드 신봉자 Talmudists들은 방주에 거인이 타고 있었다고 주장했다. 이들은 많은 자리를 차지했기에, 어쩔 수 없이 코뿔소를 방주에서 빼내야만 했다고. 결국 코뿔소는 헤엄을 쳐서 방주를 쫓았다. 프랑스의 왕 샤를르 벨 Charles le Bel의 결혼식에는 큰 키의 질란드 Zealand 여성이 참석했다. 여성의 키는 너무 컸기에, 가장 키가 큰 남성도 이 여성의 옆에 서면 아이처럼 보였다. 심지어 힘이 매우 셌으며 맥주 두 통을 한 손으로 들 수 있었다. 또 들보 위에 여덟 명을 앉히고 이를 거

뜬히 들었다(1). 보통 사람보다 훨씬 크고 강한 사람은 늘 존재했다. 멕시코에선 보통 사람보다 키가 세 배 큰 인간의 뼈가 발견된 적이 있고, 크레타섬 Crete에선 13.7m 신장의 시체가 발견된 적이 있다…. 헥토르 보에스 Hector Boece는 키가 4.2m나 되는 인간의 잔해를 보았다고 말했다. 1693년 레케르케 Lekerke엔 게리 바아스트로제 Gerrit Baastrausee라는 제법 마른 남자 어부가 거주했다. 그는 2.5m의 키, 230kg의 몸무게를 가지고 있었다. 놀라운 힘에 대해서 살펴보자면 대표적으로 올림픽에서 여러 번 승리한 크로토나의 밀론 Milo of Croton이 있다. 한 스웨덴인은 무기도 없이 무장한 군인 열 명을 죽였다. 또 어떤 밀라노 Milan 사람은 보리를 짊어진 말을 번쩍 들 수 있었다. 루이 14세 Louis XIV 통치 시절, 바사바 Barsabas는 갑옷 입은 기사가 탄 말을 들어 올렸다. 이 거인과 장사들은 늘 대중 앞에 모습을 드러낸다. 하지만 고대 전설 속 마법 같은 거인의 크기를 생각해 본다면, 이들과 일반인과의 차이는 사소한 것이나 다름없다.

(1) 『존스토니 타우마토크라피아 Jonsthoni thaumatographia』.

자비르 [Geber] 인도의 왕이자 위대한 마법사. 일곱 행성과 신의 일곱 이름에 관한 터무니없는 개론 및 의문의 소책자들을 펴낸 것으로 알려져 있다(1).

(1) 노데 Naude, 『마법을 행한 것으로 의심되는 모든 위인의 변증론 Apologie pour tous les grands personnages soupçonnés de magie』, 14장, 360페이지.

제디 [Gedi] 마법의 돌. 게태족 Getae 속신에 따르면 물에 담갔을 때 공기를 바꾸고 바람과 폭우를 일으킨다고 한다. 돌의 형상은 알려지지 않았다.

제일라나 [Geilana] 프랑켄 Franconia의 공작부인. 성 킬리안 St. Kilian의 살해를 지시했고 범죄 직후 악마에게 빙의당했다.

겔리스 던캔 [Geillis Duncane / Gillis Duncan] 영국인 마녀. 제임스 James 왕에 의해 체포되었다. 악마의 도움을 받아 일부 질병을 치료했다.

제이랄다 [Geiralda] 마녀. **참조.** 칼타 Kalta.

젤로 또는 길로 [Gello, Gilo] 아이들을 납치하는 괴벽이 있던 처녀. 때로는 아이들을 잡아먹었다. 젤로는 작은 황제 모리스Maurice를 납치하기도 했다. 그러나 어린 황제가 몸에 부적을 지니고 있었기에, 손끝 하나도 건드릴 수 없었다. 그의 혼은 레스보스Lesbos 섬을 떠돌았다. 아이를 낳은 모든 여성을 질투했던 그는 출산 직전 임산부의 목숨을 앗아갔다[1]. 이는 16세기에 퍼진 여러 헛소리 중 하나이다.

(1) 델리오Martin Delrio, 『마법 연구Disquisitiones Magicae』. 요한 바이어Johann Weyer, 『악마의 유사군주제 Pseudomonarchia Dæmonum』, 466페이지.

젤리온 [Gellons / Gelions] 젤로Gello의 그리스 동료들. 이 영들은 문이 잠긴 집에 파고들어 아이를 납치한다. **참조.** 젤뤼드Géludes.

젤론(골짜기) [Gellone(Vallée de)] 참조. 까치Pie.

웃음점 [Geloscopie / Geloscopy] 웃음을 이용한 점술. 성격과 어떤 성향을 지녔는지 알 수 있다. 솔직한 웃음은 거짓된 영혼을 가리키는 법이 없다. 이 점술은 때때로 억지웃음을 의심하게 한다. **참조.** 관상학Physiognomonie.

젤뤼드 [Géludes] 동방의 마녀이자 흡혈귀. 다마스쿠스의 성 요한St John of Damascus은 자물쇠, 빗장 걸린 집에 침입하는 이 괴물들에 대해 이야기했다. 바로 젤뤼드가 피와 간을 뽑아 먹기 위해 아이들을 납치한다는 것이다. 하지만 그는 잘못된 속신을 언급했다.

게마트리아 [Gématrie / Gematria] 유대인 카발라의 한 종류. 히브리어 단어를 구성하는 철자에 숫자를 대응하고 계산을 행한다. 몇몇 이들은 이를 철자의 치환을 통한 해석이라고 말한다.

제마(코르넬리우스) [Gemma(Cornélius)] 루뱅Louvain의 학식 있는 교수. 왕의 인쇄업자였던 크리스토프 플랑탱Christophe Plantin에 의해 인쇄된 『신성의 본질 또는 희귀하고 경이로운 장면, 우주개별에 존재하는 사물의 원인, 징후 및 속성 제2권De naturæ divinis characterismis, seu raris et admirandis spectaculis, causis, indiciis, proprietatibus rerum in partibus singulis universi Libri II』(1575년, 앤트워프, 12절판)이라는 책을 펴냈다. 작가가 움직임, 목적을 심도 있게 파악하고 자연의 신비함에 대해 기록한 개론서이다. 경이로운 성찰과 감성적인 언어로 독자를 교육시키고 감동하게 만든다.

자손 [Génération] 참조. 아이들Enfants.

진구 [Gengues / Jingu] 일본의 점술가들. 숨겨진 물건, 분실물 찾는 일을 업으로 삼는다. 이들은 높은 산꼭대기의 오두막집에 살며 모두 끔찍이 못생겼다. 진구는 결혼할 수 있으나 같은 계급과 종교를 가진 사람이어야 한다. 한 여행자는 이 점술가들의 특징이 머리에서 자라는 뿔이라고 주장했다. 그리고 악마와의 계약을 통해 신탁을 받는다고. 계약이 종료되면 악마는 진구에게 어떤 바위에서 기다리라고 지시한다. 정오 혹은 저녁에 사람들이 모이면 악마는 모습을 드러내며, 이때 군중들의 감정은 고조된다. 그리고 거부할 수 없는 힘이 이 가여운 자를 덮쳐 바위 아래로 떨어지게 만든다. 이후 이들은 다시 모습을 드러내지 않는다….

제니안 [Géniane] 지니고만 있어도 적들을 슬픔에 빠뜨리는 놀라운 돌. 이 돌을 문지르면 아주 멀리서도 불만 품은 친구를 화나게 만들 수 있다. 또 위험에 빠지지 않고 복수 하는 것이 가능하다. 학자들은 이 흥미로운 돌을 어디서 발견할 수 있는지 알려주지 않는다.

정령(게니이) [Génies / Genii] 고대 이교도들 사이에서 변질된 전설은 천사를 정령처럼 만들었다. 각 개인에게는 자신만의 정령이 있다. 이집트 마법사는 마르쿠스 안토니우스Marcus Antonius에게 옥타비아누스Octavius를 상대로 패배할 것이라고 경고하였다. 이는 마법사의 정령이 알려준 예언이었다. 겁먹은 안토니우스는 클레오파트라Cleopatra[1]가 있는 곳을 향해 퇴각하였다. 『브리타니쿠스Britannicus』에서 네로Nero는 어머니에게 다음과 같은 말을 한다. "놀란 나의 정령이 그녀 앞에서 떨고 있네요."

초기 교회 이단인 보르보리트Borborites들은 신이 악을 만들지 않았다고 가르쳤다. 이들은 신이 태양, 별, 행성의 움직임을 통치하기 위해 무수한 수의 정령을 만들었고, 이 존재들은 언제나 선하고 자비로웠으며 영원히 그러할 것이라고 주장했다. 더불어 인간은 다른 짐승과 다를 것 없었으며 개와 마찬가지로 다리만 있었다고 말했다. 이후 지상에 수 세기에 걸친 평화와 화합이 이루어졌고, 무질서는 사라졌다. 하지만 한 정령이 인간 종족에게 애정을 품게 되어 손을 선물해 주니, 악의 시대가 도래하게 되었다. 이렇게 인간은 인공적인 힘을 갖게 되고, 무기를 만들었으며, 다른 짐승을 공격했고, 놀라운 제작물들을 내놓았다. 인간은 손의 재주로 인해 오만해졌는데, 이 오만은 소유욕과 누구도 가지지 못한 것을 소유하고자 하는 허영심을 낳았다. 그 때문에 분쟁과 전쟁이 시작되었고, 승리는 폭군과 노예, 부자와 가난한 자를 만들었다. 보르보리트들은 인간에게 다리만 달려있었다면, 결코 도시와 궁전 또는 선박을 만들어 낼 수 없었을 것이며, 바다를 가로지르지도, 문자를 발명하지도, 책을 쓰지도 못했을 것이고 지식을 전파하는 일도 없었을 것이라고 주장했다. 그리고 욕망, 오만, 탐욕, 걱정, 가족을 부양해야 하는 책임, 치욕, 불명예, 가난과 형벌에 대한 두려움 등의 고통과는 비견할 수 없는 육체적 고통만을 겪었을 것이라고 말했다. 아리스토텔레스Aristoteles는 인간에게 손이 있기 때문에 짐승보다 우월한 것이 아니라, 짐승보다 우월하기 때문에 손이 있는 것이라고 말했다.

아랍인들은 아담Adam이 최초의 지성인이 아니라, 현존하는 모든 인간의 아버지일 뿐이라고 생각한다. 이들은 아담의 창조 이전에도 이 땅에는 다른 존재들이 살고 있었으며, 우리보다 우월한 존재들이었다 믿는다. 마찬가지로 신이 만든 이 존재들에게는 더 많은 신성한 불과 더 적은 진흙이 들어갔다고 여긴다. 수만 년동안, 이 땅에 살다 간 이 존재들은 다름 아닌 정령들이다. 이들은 다른 특정한 곳으로 보내졌지만, 때때로 마법 주문이나 부적을 통해 소환할 수 있다. 아랍인들은 두 가지 종류의 정령이 있다고 보는데, 바로 선한 정령(페리Peris)과 악한 정령(디베Dives)이다. 이 정령의 왕 가운데 가장 유명한 지안 벤 지안Gian ben Gian에서, 정령을 의미하는 진Djinns 또는 게니이Genii라는 명칭이 유래되었다. 기니스탄Ginnistan은 열락과 경이로움의 나라이다. 이곳은 페르시아의 가장 오래된 왕 중 하나인 타이무랄Taymural에 의해 유배된 정령이 머무는 곳이다. 이는 고대 전설이 변질된 것이다.

중국엔 물과 산을 지배하는 정령이 있다. 주민들은 각 정령에게 성대한 제물로 존경을 표한다. **참조.** 요정Fées, 천사Anges, 영Esprits, 등.

(1) 플루타르코스Plutarch, 『마르쿠스 안토니우스의 생애Vie de Marc-Antoine』.

제니라드 [Génirade] 물질주의 의사이자 성 아우구스티누스St. Augustine의 친구. 그의 놀라운 능력은 카르타고Carthago 내에서 꽤 유명했다. 제니라드는 이 세상 외에 다른 세상이 더 존재할 것으로 추측했다. 어느 날 그의 꿈에 한 젊은 남성이 나타나 다음과 같은 말을 했다. "나를 따라오시오." 제니라드는 남성을 따라갔고, 경이로운 선율이 들리는 어느 도시에 도착했다. 하루는 그 젊은 남성을 꿈에서 다시 보게 되었다. 젊은 남성은 알은체하는 그에게 물었다. " 혹시 저를 아시나요?" 제니라드는 답했다. "잘 알지요.", "어떻게 저를 아시죠?" 그는 남성에게 전에 있던 도시에서 만났으며, 자신을 데려왔다고 설명했다. 남성은 물었다. "꿈에서 그 광경을 본 것인가요? 아니면 깨어난 후에 본 것인가요?" 제니라드는 답했다. "꿈에서입니다." 젊은 이가 다시 물었다. "그렇다면 당신의 육신은 지금 어디에 있나요?", "제 침대 위입니다.", "그렇다면 당신의 두 눈으로는 지금 아무것도 볼 수 없다는 걸 잘 알고 계시군요.", "맞습니다.", "그렇다면 당신은 지금 어떤 눈으로 저를 보고 계신 겁니까?" 제니라드가 답을 찾지 못하고 갈등하는 모습을 보이자, 남성은 말했다. "눈을 감고 감각이 사라졌는데도 나를 보고 듣는 것처럼, 당신은 죽음 뒤에도 살아가고 보고 듣게 될 것입니다. 영혼의 눈을 통해서요. 그러니 이제 더는 의심하지 마십시오." 제니라드는 이처럼 영혼이 꿈속에서 여행할 수 있다면 물질적인 것이 아니라고 결론지었다. 그리고 개종했다.

겐나디우스 [Gennadius] 콘스탄티노플 Constantinople의 총대주교. 겐나디우스는 교회에 가던 중, 끔찍한 몰골의 유령을 마주쳤다. 그는 그것이 악마임을 알아보고 내쫓았는데, 다음과 같은 목소리가 들렸다. "겐나디우스여. 경고하건대, 그대의 생애 동안 그리스 교회에 더 큰 피해를 줄 수 없겠지만, 그대가 사망하면 그 교회를 무너뜨릴 것이다." 총대주교는 무릎을 꿇고 자신의 교회를 위해 기도를 올린 뒤 얼마 후 세상을 떠났다[1]. 이는 무함마드Muhammad가 제국을 정복할 당시 벌어진 일이다.

(1) 르 루아예Pierre Le Loyer, 『귀신의 역사와 귀신 환영 Histoire des spectres et apparitions des esprits』, 270페이지.

조프로이 디덴 [Geoffroi d'Iden] 13세기의 기사. 마콩Mâcon 교구에서 벌어진 부당한 전투에서 사망하였다. 조프로이 디덴은 사후 2개월 뒤 기도를 부탁하며 나타났다. 그는 두 번, 두 명의 사람 앞에 모습을 보였는데 사망 당시 난 커다란 상처에서 피를 쏟고 있었다. 결국 그는 바라던 바를 이루었다. 가경자 베드로Peter the Venerable는 이 사실을 기록하여 모든 고장에 널리 알렸다.

(1) 『다른 세계의 전설Légendes de l'autre monde』(연옥의 전설)을 참조할 것.

흙점 [Géomancie, Géomance / Geomancy] 흙을 이용한 점술.

먼지 또는 흙 한 줌을 식탁 위에 던져 나타나는 선, 모양에 따라 예견한다. 커피 찌꺼기를 이용한 점술과 거의 유사한 방식이다. 일부 학자들은 지면 위에 선 또는 원을 그려 알고 싶은 것을 유추하는 점, 지면 또는 종이 위에 여러 점을 마구 찍어 나타나는 형상대로 미래를 예견하는 점, 지면에 생긴 균열에 델포이Delphi 신탁처럼 예언이 뿜어져 나오는 점 등을 흙점이라고 지칭한다.

제라드 [Gérard] 화려한 쾰른 대성당Basilica of Cologne을 지은 것으로 추정되는 건축가. 이 거대 건축물을 두고 여러 전설이 존재한다. 풍문에 따르면 악마가 이 성당을 설계하였고, 완성된 설계도를 제라드에게 가져갔다고 한다. 그리고 제라드의 영혼과 맞바꾸는 계약을 하려고 시도했다. 하지만 제라드는 한 손에 도면을, 다른 손에 성 우르술라St. Ursula의 성물을 든 채 악마를 쫓아냈다. 이 과격한 몸싸움 중에 악마는 도면의 가장 중요한 부분을 찢어 달아났고, 끝내 건축물은 미완공으로 남게 되었다. 또 다른 전설을 살펴보면 제라드는 악마와 오만한 내기를 했다. 당시 제라드의 대성당은 예정보다 빠르게 건축을 진행 중이었는데, 악마가 나타나 쾰른에서 트리어Trier까지 대수로를 건설할 테니 누가 빠른지 내기를 하자고 한 것. 결국 내기는 악마의 승리로 돌아갔고, 창피를 면치 못한 제라드는 미완성된 성당 탑 꼭대기에서 뛰어내렸다.

악마 제럴드 [Gérard le Diable / Gerald the Devil] 13세기의 불량배이자 헨트Ghent의 부유한 집 아들. 『지옥의 전설Légendes Infernales』에서 빙의된 제라르와 그의 아들 제라드 더 무어Gerald the Moor, 붉은 탑에 관한 우울한 이야기 등을 찾아볼 수 있다.

제라딘(로즈) [Gérardine(Rose)] 1856년 마녀 혐의로 체포된 로렌Lorraine의 불쌍한 여성. 억지로 마녀 집회에 끌려갔다. 그는 집회에서 권한 범죄를 거부한 대가로 잔인하게 얻어맞았음을 고백했다. 당시 생긴 상처를 증거로 내밀었기에 처벌받지는 않았다.

제르베르 [Gerbert] 참조. 실베스테르 2세

Sylvestre II.

제레아 [Géréahs] 실론Ceylon*의 주민들은 별을 차지하는 영(제레아)들이 인간의 운명을 결정짓는다고 믿었다. 또 제레아가 악마임에도 불구하고 편애하는 사람들에게 행복한 삶을 내려주는 능력이 있다고 생각했다. 주민들은 제레아라고 불리는 점토상을 만들었는데, 이는 불만 품은 영들을 위함이었다. 이들에게 끔찍한 모습을 부여하고 먹고 마시며 숭배하는 것이다. 향연에는 해가 뜰 때까지 북소리와 춤이 동원되었다. 점토상은 큰 길에 버려져 발길질을 당했고, 이에 악의를 품은 영들의 화는 소멸되었다.

* 스리랑카의 옛 명칭.

게르마니쿠스 [Germanicus] 플란치나Plancina에게 독살당한 로마 장군. 그의 사망 원인이 향수 때문인지, 직접적인 독 때문인지 아니면 저주인지 정확하게 알려지지는 않았다. 다만 암암리에 전해지는 풍문에 의하면, 게르마니쿠스 집에 무덤에서 꺼낸 해골과 뼛가루가 있었다는 것이다. 또 납으로 만든 얇은 판에 게르마니쿠스의 이름이 새겨져 있었고 이를 지옥에 바쳤다고 한다[1]. 이는 타키투스Tacitus의 견해이다.

(1) 르 루아예Pierre Le Loyer, 『귀신의 역사와 귀신 환영 Histoire des spectres et apparitions des esprits』, 370페이지.

제르마(질) [Germar(Gilles)] 종교 전쟁 당시 범죄를 저질러 돌Dôle에서 체포된 사악한 악당. 리옹Lyon에서 태어났다. 제르마가 스스로 자백한 내용은 다음과 같다. 하루는 그가 늑대인간으로 변장한 뒤 돌 인근의 세르Serre 숲에서 한 젊은 여성의 목을 졸랐다. 이후 그녀의 팔과 다리 살을 뜯어 먹었으며 남은 것은 가져가 아내와 함께 식사했다. 한 달 뒤, 늑대인간의 모습으로 변장한 제르마는 이전과 같이 한 젊은 여성을 살해해 잡아먹으려고 시도했다. 하지만 도중 세 명의 사람이 지나갔고 인기척에 놀란 그는 달아났다. 보름 뒤, 제르마는 그레디장Gredisans의 포도밭에서 어린아이를 죽여 팔과 다리살을 뜯어 먹었다. 이때 그는 늑대인간으로 변장하지 않고 인간의 모습을 하고 있었다. 그리고 페루즈Perouze 숲에선 12살에서 13살 사이의 어느 아이를 살해했으며, 체포될 당시 시신을 먹을 준비를 하고 있었다. 이 식인종은 화형에 처해졌다[1].

(1) 보댕Bodin, 『빙의망상Démonomanie』, 2권.

제롤드섹 [Géroldseck] 라인강Rhine 해안의 고성 중 하나. 성의 잔해 속에는 위티치Wittich, 지크프리트Siegfried*를 비롯한 여러 기사가 묻혀있다. 이들은 중세 암흑기를 지낸 망나니들로 최후 심판을 기다리고 있다.

* 게르만 민족의 전설에 등장하는 영웅으로 주신 오딘Odin의 자손이다.

제르송(장 샤를리에 드) [Gerson(Jean Charlier de)] 독실하고 박식한 파리 대학 사무총장. 1429년 사망했다. 진실한 계시와 거짓 계시를 구분하는 방법이 기록된 『영혼의 평가Examen des esprits』를 펴냈다. 제르송은 『개혁 점성술Astrologie réformée』이란 서적을 쓰기도 했는데, 이 책은 큰 성공을 거두었다. 여기에선 굳이 그의 신앙심 가득한 다른 저서는 언급하지 않겠다.

제르(베르토민 드) [Gert (Berthomine de)] 가스코뉴Gascogne 지방 프레샥Prechac에 거주했던 마녀. 그녀는 1608년경 다음과 같은 고백을 하였다. '만약 마녀가 집회를 마치고 집으로 돌아가는 중에 살해를 당한다면, 악마는 일단 그녀의 몸을 가져가 집에 데려다 놓는다. 이는 그녀의 명예를 지키기 위함이다. 하지만 마녀를 살해한 자가 초(혹은 밀랍초)로 망자에게 십자가를 그려놓는다면 악마는 마녀를 데려갈 수 없으며 그냥 버려두어야만 한다[1].'

(1) 드 랑크르Pierre de Lancre, 『악마의 변화론Tabl. de l'inconstance des démons』, 455페이지.

제르베 [Gervais] 랭스Reims의 대주교. 1067년에 사망하였다. 제르베에 관한 이야기 중엔 다음과 같은 것이 전해진다. 어느 노르만족 기사는 자신의 영혼을 위해 로마로 가 사도와 성인의 묘비를 보고자 했다. 기사는 때마침 랭스를 지나고 있었고, 안면이 있는 랭스의 대주교 제르베에게 축도를 내려달라고 청했다. 이후 그는 다시 먼 길을 떠났다. 로마에 당도한 그는 기도를 올렸다. 그는 이번엔 몬테 산탄젤로Monte Sant'Angelo로 향했다. 이 여행길에서 기사는 랭스의 대주교 제르베를 아는지 묻는 은자를 만났다. 여행자는 대주교를 안다고 답했다. 그러자 은자가 다시 말했다. "그 제르베가 죽었소." 기사는 깜짝 놀랐다. 그리고 은자에게 어떻게 그 소식을 알게 되었느냐고 물었다. 은자가 들려준 대답은 다음과 같았다. 그는 한밤중 방에서 기도를 올리던 동안, 소란스럽게 복도를 걷는 무리의 사람들을 발견했다. 그가 창문을 열고 어디로 가느냐 묻자, 무리 중 한 명이 답했다. "우리는 사탄의 천사들이며 랭스에서 돌아오는 길이오. 제르베의 영혼을 데려가야 하나, 그가 생전에 쌓은 덕망 때문에 그럴 수 없어 매우 화가 나 있소." 은자는 이 사실을 알게 된 시간과 날을 알려 주었다. 기사가 랭스로 다시 돌아갔을 때, 은자가 말해 준 시각에 대주교 제르베가 사망했다는 것을 확인할 수 있었다[1].

(1) 황실 서재의 수사본, 랭글레 뒤프레누아Lenglet-Dufresnoy, 『환영에 관한 논문 모음집Recueil de dissertations sur les apparitions』, 1권.

게이세릭 [Geyseric] 중세의 악마학자. 부셔Bucer나 아리우스Arius처럼 임종 후 바로 악마에게 영혼이 붙들려 지옥으로 끌려갔다[1].

(1) 드 랑크르Pierre de Lancre, 『악마의 변화론Tabl. de l'inconstance des démons』, 5페이지.

길굴 또는 길굴 네샤못 [Ghilcul, Gilgoul / Gilgul or Gilgul Neshamot] 현대 유대 교리에서 영혼의 윤회 혹은 환생을 의미한다. 전설에 의하면 예언자 엘리야Elijah는 전생에 아론Aaron의 자식 비느하스Phinehas였다고 한다.

기라델리(코르네이) [Ghirardelli(Corneille)] 16세기 말 볼로냐Bologna에서 태어난 성 프란치스코회Franciscan 수도사. 점성술과 관상학을 연구했다. 점성술 논문, 마태오 라엔스버그Matthieu Laensberg와 비슷한 연감 그리고 『두부 관상학Céphalonie physionomique』(1630년, 4절판)을 저술했다. 이 책에서 그는 두상 그림 백여 점과 각 상에 대한 분석을 기록했다. 이 기록은 이행시 소네트* 형식으로 되어 있다.

* 유럽의 정형시 중 하나. '짧은 노래'라는 뜻을 가지고 있다.

구울 [Gholes / Ghouls] 유사 괴물인 흡혈귀, 구울, 라미아Lamia에 대한 미신은 아득한 고대부터 시작되어 아랍, 페르시아, 그리스, 동방까지 퍼져 있었다. 『천일야화One Thousand and One Nights』를 비롯한 여러 아랍 이야기가 이 소재를 중심으로 흘러가며, 아직도 이 끔찍한 미신은 현대 그리스와 아라비아반도 여러 고장에서 공포스럽게 다루어진다. 구울은 여자의 성별을 지니는데, 10세기 하룬 알 라시드Harun al Rashid 통치 시절까지 거슬러 올라가는 민담들도 있다. 인간의 살을 먹고 피를 마시는 구울은 흡혈귀보다 늑대인간에 더 가깝다. 꼭 죽지 않아도 지옥의 향연을 펼칠 수 있기 때문이다. 이들은 살아있는 살이 부족하면, 공동묘지로 가 갓 묻힌 시체를 찾아 먹는다. 이 이야기들은 아마 안타까운 사건들을 배경으로 만들어진 것으로 추정된다.

동방의 전설에선 젊은 인간의 심장을 주기적으로 먹어야 추악한 삶을 이어갈 수 있는 일종의 흡혈귀가 등장한다. 이러한 이야기는 흡혈귀 미신이 아라비아반도에서 깊은 역사가 있음을 증명한다.

골리 [Ghoolée-Beenban / Gholi] 뱀파이어, 여귀 혹은 구울Ghoul. 아프가니스탄 사람들은 인적이 드문 장소나 황무지에 골리(혹은 고독의 유령)라고 불리는 악마가 산다고 믿는다. 이들은 종종 부족의 잔혹함을 설명할 때 황무지의 악마에 빗대어 설명한다.

골 [Giall / Gjoll] 스칸디나비아 지옥을 흐르는 강. 갈라르부르Gjallarbru라는 다리를 통해 건널 수 있다.

기안 벤 기안 [Gian-ben-Gian] 참조. 정령(게니이) Génies.

지벨 [Gibel] 화산이 있는 에트나Etna 산의 다른 이름. 산 정상 분화구에서 귀를 기울이면 구슬픈 울음과 끔찍한 끓는 소리가 들린다. 그리스인들은 이 분화구에 금 또는 은으로 만든 화병을 집어 던졌다. 그리고 불길이 생기지 않는다면 좋은 징조라고 여겼다. 그들은 이곳을 지옥 입구라 생각했으며, 이러한 행위가 신들을 달래준다 믿었다.[(1)]

(1) 르 루아예Pierre Le Loyer, 『귀신의 역사 혹은 귀신 환영Histoire des spectres ou apparition des esprits』, 50페이지.

길버트 [Gilbert] 올라우스 마그누스Olaus Magnus가 언급한 악마. 동고트족Ostrogoths에게 모습을 드러내며, 자신을 모욕한 스웨덴 강령술사 카틸루스Catillus를 동굴에 묶어두기도 했다.[(1)]

(1) 요한 바이어Johann Weyer, 『악마의 유사군주제Pseudomonarchia Dæmonum』, 466페이지.

질 드 친 [Gilles de Chin] 강인하고 용맹하기로 유명한 기사. 에노Hainaut의 몽스Mons 인근 지역을 폐허로 만든 용을 무찌른 자이기도 하다. 용의 머리는 몽스의 시청에 전시되었고, 생 귀슬랭Saint-Guislain 수도원엔 질 드 친의 묘비가 있었다. 하지만 모두 오래된 교회와 함께 사라졌다.[(1)]

(1) 『투르 참사원의 열두 회식자Les Douze Convives du Chanoine de Tours』(신판) 속 해당 이야기 참조.

질 드 바이야도로스 [Gilles de Vailladoros] 참조. 바이야도로스Vailladoros.

길로 [Gilo] 참조. 겔로Gello.

콰린 [Gimi, Gimin / Qarin] 이슬람교도들이 천사와 인간 사이를 오간다고 믿는 정령. 서양의 루틴Lutins과 동일한 존재이다.

긴게레 [Ginguérers / Guingerers] 거인 또는 악령들로 이루어진 동방의 다섯 번째 부족.

진느 [Ginnes] 솔로몬Solomon의 저주를 받은 페르시아의 여성 정령. 인간 창조 전, 펄펄 끓는 액체와 불로 만들어졌다.

지니스탄 [Ginnistan] 페르시아 민담에 등장하는 상상 속 고장. 악령들이 거주한다. **참조.** 정령(게니이)Génies.

긴눈가갑 [Ginnungagap] 스칸디나비아 지옥의 일부로 심연의 이름이다.

지오에르닌카 베뒤르 [GioernincaVedur] 아일랜드에서 폭우와 태풍을 일으키며 바다의 선박을 부수는 마법을 부르는 말. 이 미신적 행위는 고대가 아닌 현대 마법에 속한다. 전문가가 사용하는 도구는 아주 간단하다. 일례로 생선 대가리 턱에 마법 문자를 그리거나 새기는 것이 있다. 이때 마력을 빌려올 신인 토르Thor의 얼굴을 넣기도 한다. 이 마법을 행할 땐 하나 혹은 두 개의 문자만을 사용해야 한다. 비법은 토르 하포Thor Hafot 혹은 하풋Hafut이라고 불린다. 이 비법을 전수 받지 못한 이는 해당 마법을 이해할 수 없다.

기우르타슈 [Giourtasch] 동부 튀르키예인들이 선조로부터 물려받은 신비한 돌. 이 돌의 기원은 노아Noah의 아들인 야벳Japheth으로까지 거슬러 올라간다. 튀르키예인들의 주장에 따르면, 기우르타슈는 필요할 때 비를 내려주는 능력이 있다고 한다.

지라르(장 밥티스트) [Girard(Jean-Baptiste)] 1680년 돌Dole에서 태어난 예수회 교도. 예수회의 적들은 온갖 노력을 기울여 지라르를 추문의 남자로 만들었다. 이들은 지라르가 카테린 카디에르Catherine Cadière라는 이름의 젊은 여성을 현혹했다고 고발했다. 그리고 이와 관련해 망측한 이야기들을 지어냈다. 미쳤거나 병에 걸렸던 이 여성은 당대 사상에 비추었을 때 빙의된 것으로 여겨졌다(실제로도 그랬을 수 있다). 이에 브레스트Brest의 성 우르술라Ursulines 수녀원에 갇히게 되었다. 그리고 그녀가 저지른 여러 탈선을 두고, 엑스Aix의 의회에서 재판이 진행되었다. 하지만 모든 사건을 조사하고 검토한 끝에, 카테린 카디에르를 가족의 품에 돌려보내는 결정을 내리게 되었다. 예수회의 적들은 얀센주의자Jansenists, 의회, 철학자들을 과감하게 선동했지만, 이 사건의 범인으로 지라르 신부를 특정시킬 방법을 찾을 수 없었다. 그렇지만 반종교적 작가들은 이러한 중상모략을 담아 그를 비판하였다. 그들은 이러한 비방을 모아 6권의 책으로 펴냈다. 얀센주의자이자 변호사인 프랑수아 리셰François Richer는 그에 대한 증오와 잔혹함을 담은 『유명한 사건들Causes célèbres』을 펴냈다. 프레롱Fréron은 『문학연도 1772년littéraire 1772』 2권, 250페이지에서 명백한 증거와 함께 이 추악한 거짓말을 무너뜨렸다. 하지만 그런데도 어느 우둔한 이가 『예수회 교도 지라르 신부와 툴롱 출신 카디에르 양에 관한 역사적 사실Détails historiques sur le père Girard, jésuite, et mademoiselle Cadière de Toulon』 (1844년, 님Nimes, 8절판, 바리베Ballivet와 파브르Fabre가 인쇄)이라는 소책자를 내는 것을 막지는 못했다. 즉, 카디에르는 방탕했고 지라르 신부는 성인이었으며 중상모략을 꾸민 이들의 이야기는 위조된 것이다.[1]

(1) 유감스럽게도 괴레스Johann Joseph Görres는 저서 『신비주의Mystique』 제4권(176페이지~179페이지)에서 카디에르 사건을 잘못 다루고 있다. 반면 저서 182페이지에선 지라르 신부를 옹호하는 글도 실려있다. 그가 우리가 언급한 프레롱의 정당한 글을 읽지 못한 것이 애석할 따름이다.

기르타너 [Girtanner]
괴팅겐Gottingen의 의사. 그는 19세기에 모두가 금속 변환의 비밀을 알게 될 것이며, 모든 화학자가 금을 만들 수 있게 되고 부엌에서 사용하는 도구도 금 또는 은으로 변할 것이라고 주장했다. 또 식기에서 구리, 납, 쇠의 산화물이 생기지 않고 이를 음식물과 함께 삼키지 않으니, 수명도 많이 늘어날 것이라 덧붙였다.[1] 현대의 이름있는 화학자들은 그의 의견에 동의하고 있다.

(1) 『마법 철학Philosophie magique』, 6권, 383페이지. 『문학의 진기함Curiosités de la Littérature』, 1권, 262페이지.

기타노 [Gitanos]
스페인어로 이집트인이라는 뜻을 지니고 있다. **참조.** 보헤미안Bohémiens.

기온 텐진 [Giwon / Gion Tenjin]
일본의 영. 일본인들은 기온 텐진이 명줄에 관여하며, 낙상, 악연, 질병, 천연두와 같은 곤란한 사고로부터 지켜준다고 믿었다. 그렇기에 집 현관문에 기온 텐진의 상을 두는 관습도 있었다.

글랜빌 [Glanvil]
바스Bath 대수도원 성당의 영국인 신부. 1680년에 사망했다. 개론 『환영과 유령Visions et apparitions』(1700년, 런던, 8절판)의 저자로 알려져 있다. 또한 『마법사의 존재와 마법에 대한 철학적 고찰Considérations philosophiques touchant l'existence des sorciers et la sorcellerie』(1666년, 4절판)을 저술한 것도 확실하다.

글라피라 [Glaphyra]
헤롯 대왕Herod the Great이라고 불린 헤롯Herod의 끔찍한 아들 알렉산더Alexander의 아내. 알렉산더가 죽은 뒤 글라피라는 남편의 형제인 아르켈라오스Archelaus와 혼인했다. 신혼 첫날밤, 그녀는 자기 형제와 재혼한 것을 나무라는 전남편의 환영 때문에 착란을 겪다가 생을 마감했다.[1]

(1) 르 루아예Pierre Le Loyer, 『귀신의 역사와 귀신 환영 Histoire des spectres et des apparitions des esprits』, 23장, 436페이지.

글라샬라볼라스 [Glasialabolas] 참조. 카크리놀라스Caacrinolaas.

글레디치 [Gleditch] 참조. 환각Hallucinations.

글로스터 [Glocester / Gloucester]
헨리 4세Henry IV 통치 당시, 글로스터 공작부인의 적들은 그녀를 음해하기 위해 마녀로 몰아갔다.

그들은 강령술사로 의심받는 로저 볼링브록Roger Bolingbroke, 마녀라고 알려진 마리 가드메인Mary Gardemain과 밀회를 가졌다는 것을 근거로 내세웠다. 그들의 말에 따르면 세 사람은 악마 의식을 치렀고 작은 불꽃 위에 왕의 밀랍 허수아비를 올려두었다고. 그리고 밀랍이 녹기 시작할 때 왕의 권력도 함께 무너지기를, 밀랍이 모두 녹을 때 왕의 목숨도 완전히 소멸되길 빌었다는 것이다. 대중들은 의심 없이 이 고발을 믿었고, 무고한 세 사람은 귀족의 신분이었음에도 처벌을 받았다. 공작부인은 종신형, 로저 볼링브록은 교수형, 마리 가드메인은 스미스필드Smithfield에서 화형을 당했다.[1]

(1) 골드스미스Goldsmith, 『영국사Histoire d'Angleterre』.

글럽덥드립 [Glubbdubdrib] 『걸리버 여행기Gulliver's Travels』에 등장하는 마법사들의 섬. 스위프트Swift는 이 섬을 배경으로 매우 신랄한 이야기를 펼쳤다.

노움 [Gnomes] 인간의 친구인 원소 정령. 땅의 가장 순수한 부분들로 만들어졌다. 카발리스트의 주장에 따르면 노움들은 지구 가장 깊은 심부에 산다고 한다. 지구는 중심부 안까지 노움들로 가득 차 있다. 이 자그마한 존재들은 보물, 광산, 보석을 지킨다. 노움은 인간을 좋아하고 영리하며 다루기 쉽다. 또 카발리스트에게 필요한 모든 귀금속을 캐주고 대가를 바라지 않으며 오로지 명예만을 원한다.

노움의 여성형인 노미데스Gnomides는 작지만 다정하고 기묘한 옷을 입고 있다.[1] 노움은 인간과 비슷한 수명을 가지고 있고, 인간 사회와 유사한 마을에서 생활한다. 일부 무인도에서 들리는 소리는 노움 결혼식에서 발생하는 축제의 환성이라는 이야기가 있다. 이는 카발리스트 및 아리스토텔레스Aristotle가 주장했다. 노움은 언젠가 죽지만, 인간과 결속하면 영생을 얻을 수 있다. **참조.** 인큐보네스Incubo, 카발라Cabale, 피그미족Pygmées, 드워프Nains, 고블린Gobelins, 코볼트Kobold 등.

(1) 이 노움 이야기는 라플란드Lapland 지역을 여행하던 고대 여행가들에게서 전해진 듯하다.

그노시스파 [Gnostiques / Gnostics] 세상을 만들어 낸 무수한 정령의 존재를 인정하는 이단. 이들의 명칭은 '계시를 받은 자'를 의미한다. 자신들이 다른 이들보다 견신하다고 여겼기에 이러한 이름을 붙였다. 그노시스파는 1세기와 2세기 동방에서 주로 출현하였다. 이들은 정령들 가운데서도 인간을 가장 잘 보살펴준 정령을 숭배했다. 그노시스파는 선악과 먹는 법을 가르쳐준 정령이 인간에게 아주 특별한 것을 주었다고 주장했다…. 이들은 이 정령이 나타났던 모습 그대로 숭배했다. 이들은 뱀을 잡아 우리 안에 가두어 두었고 종교의식을 치를 때 우리를 열어 뱀을 불러냈다. 그렇게 하면 뱀은 빵이 있는 식탁 위에 올라가 주변에 있는 모든 것을 휘감았다. 그노시스파에선 이 과정을 성찬이라 불렀다…. 바실리데스주의Basilidians, 오피스파Ophites, 시몽주의Simonians, 카르포크라테스파Carpocratians 등으로 퍼져나간 그노시스주의는 기독교에 대적하기 위해 부단한 노력을 기울였다. 하지만 아무리 뱀의 이빨이라 한들, 결국 다른 이단처럼 닳아버릴 수밖에 없었다. **참조.** 바포메트의 머리Tête de Bophomet, 아이온Éons 등.

고압 [Goap] 정오의 악마 왕. 새벽 3시에서 정오 사이 혹은 저녁 9시에서 자정 사이에 소환할 수 있다.[1]

(1) 요한 바이어Johann Weyer, 『악마의 유사군주제Pseudomonarchia Dœmonum』.

고비노 [Gobbino] 참조. 상상Imagination.

고블린 [Gobelins / Goblins] 집에 사는 일종의 작은 악마. 집의 은밀한 곳, 나뭇더미 아래 등에서 나타난다. 주민들은 이들에게 가장 풍미 좋은 음식을 주는데, 이들이 다른 이의 곳간에서 보리를 훔쳐 가져다주기 때문이다. 고블린은 코발로스Kobalos의 일종이다. 파리의 제조업체 '고블린'의 이름은 노동자들과 함께 일하던 몇몇 도깨비로부터 기원하였다. 이 존재들은 노동자들에게 아름다운 양탄자 만드는 법을 가르쳐주었다고 한다.

이처럼 고블린은 다채로운 색상의 비법을 알고 있다.

노르만족Normans은 고블린을 시골의 선한 정령으로 생각했다. 하지만 화가 날 경우, 고블린들은 집에 들어가 아이들을 뒤바꿨다. 왕자를 거지의 요람에 두고, 거지의 자식을 황실의 침실에 두었다.

성 타우리누스St. Taurin가 쫓아낸 에브루Evreux의 악마 또한 고블린이라 불렸다. 성 타우리누스에게 각별한 존경심을 갖게 된 이 악마는 지옥으로 돌아가지 않아도 된다는 허락을 얻어냈고, 여러 모습으로 도시에 나타나 사람들을 놀라게 했다. 단, 외르Eure의 선량한 기독교인들을 상대로는 순진한 장난만 친다는 것이 허락 조건이었다. 에브루의 고블린은 몇 년 후 이러한 장난질에 지루함을 느꼈고, 결국 캉Caen의 주민들을 괴롭히러 가기 위해 약속을 어겼다.

최근 겨울, 윌리엄 1세William the Bastard의 도시에 살던 부르주아들은 고블린의 출몰로 인해 두려움에 떨었다. 고블린은 흰 갑옷을 입고 있었으며, 건물 가장 높은 층 창문에서 보일 정도로 키가 커졌다고 한다. 한 노장은 이 성가신 악마를 막다른 골목에서 만나 결투를 벌였다. 고블린은 다음과 같이 말했다. "내 사명은 너에게서 받은 것이 아니다. 너를 상대하고 싶지 않구나." 장군이 물러서지 않자, 키가 같은 여섯 마리의 흰 악마가 갑자기 땅에서 치솟았다. 머릿수에 밀린 장군은 후퇴가 적절하다고 판단했다. 지역 신문은 그의 용기를 높이 샀으나, 장군은 바스텔Vastel 의사에게 상처를 치료받아야만 했다. **참조.** 루틴Lutins, 가닥Follets, 코볼트Kobold 등.

고비노 드 몽뤼장 [Gobineau de Montluisant] 귀족 출신의 사기꾼으로 현자의 돌을 찾았다. 그는 파리 노트르담Notre Dame 대성당 입구 장식 조각들 속에 연금술의 비밀이 숨겨져 있다고 믿었다. 고비노는 장식에 새겨진 '성부'가 창조주이며, 곁에 있는 '두 천사'는 창조주가 무에서 만들어 낸 불연소 유황과 생명의 수은이라고 주장했다. 장식 조각 중 어떤 인물은 발아래 꼬리를 문 채로 날고 있는 용을 가지고 있다. 고비노는 이것을 현자의 돌을 만들 때 사용하는 고정성 염Fixed Salt*과 가변성 염Volatile Salt을 의미한다고 보았다. 조각을 살펴보면 거친 용의 입은 '고정성 염'을 상징하는데 '가변성 염'을 상징하는 미끄러운 꼬리를 집어삼키고 있다. 또 다른 인물 조각 발치엔 서로 물어뜯고 있는 수캐와 암캐가 있다. 고비노는 이를 습기와 열기의 대립으로 해석했다. 박식한 신부 르뵈프Leboeuf는 이 형상들을 다르게 해석했다. 발치에 용이 있는 인물은 악마를 무찌른 예수 그리스도Jesus Christ의 모습을, 수캐와 암캐를 가진 인물은 죄와 이교도를 진압하는 예수 그리스도의 모습을 의미한다고 주장했다.

* 연금술에 활용하는 물질. 고정된 염은 주로 고체, 가변성 염은 기체 혹은 액체 형체를 띤다. 많은 이들은 이 물질들을 변환, 활용해 현자의 돌을 만들려고 했다.

곱 [Gobs / Hobs] 고블린Goblins과 유사한 스코틀랜드의 작은 악마.

고브 [Gobes] 시골에선 반추 동물 위장에서 발견되는 둥근 공을 고브라고 부른다. 이것은 자연적으로 삼킨 털이 사료와 섞이고 위액으로 굳어져 발생하는 것이다. 고브가 저주 때문에 생긴 것이 아니라는 사실을 촌사람들에게 이해시키는 일은 쉽지 않았다[1].

(1) 살그Salgues, 『오류와 편견Des erreurs et des préjugés』, 2권, 44페이지.

고데슬라스 [Godeslas] 마스트리히트Maastricht 교구의 방앗간 주인.

십자군과 성묘Holy Sepulcher를 비웃은 뒤 악마에게 붙들려 갔다[1].

(1)『지옥의 전설Légendes Infernales』 속 해당 내용을 참조할 것.

고드윈 [Godwin] 켄트Kent의 백작. **참조.** 엠마Emma.

고드윈 [Godwin] 『강신술사의 삶The Life of Necromancers』 또는 초자연적 힘을 가졌던 여러 시대의 유명한 인물 이야기를 집필한 영국인 작가.

괴테 [Goëthe] 커다란 반향을 일으켰던 희곡 『파우스트Faust』의 작가. 프랑수아 위고François Victor Hugo는 이 작품 배경이 괴테보다 2세기 전에 살았던 영국 시인 말로Marlowe의 것이라는 사실을 증명하였다.

게티아 [Goêtie / Goetia] 심연의 정령들을 호의적으로 만드는 마법 단계. 주문, 주술, 부적, 호신부 등으로 마법을 걸고 비밀을 캐내는 것을 목적으로 한다.
빛의 권력자를 상대할 땐 초혼술인 테우르기아Theurgia를 시도한다.
최면술엔 게티아 주문을 이용할 때도 있고, 테우르기아를 사용할 때도 있다(게티아는 고대의 흑마법에, 테우르기아는 백마법에 해당한다).

고프(마리) [Goffe(Marie)] 로체스터Rochester 출신의 여성. 1691년 6월 3일, 그녀는 죽음을 직감하고 몇 리유* 떨어진 곳의 자식들을 간절히 보고 싶어 했다. 주변 사람들은 고프가 이동할 상태가 아니라고 말했고, 이에 그녀는 크게 상심했다. 6월 4일 새벽 2시, 그녀는 일종의 황홀경에 빠져 아이들 곁으로 가게 되었다. 그리고 동틀 무렵 정신을 차린 후, 아이들을 만난 것에 크게 기뻐했다. 독특한 점은 아이들을 돌보는 하녀가 같은 시각 침대맡에 조용히 앉아 있는 고프의 모습을 보고 놀랐다는 것이다. 이는 4리유나 떨어진 곳에서 발생한 일이었다. 안타깝게도 고프는 그날 숨을 거두었다.

* 과거의 거리 단위. 1리유는 약 4km 정도이다.

고그니 [Goguis / Gognis] 사람의 형상을 한 악마. 일본 순례자들 여행길에 동행하는데, 저울에 사람을 넣은 뒤 지은 죄를 말하게 시킨다. 만약 순례자가 이 시험에서 죄를 하나라도 밝히지 않으면, 악마는 저울을 기울인다. 그러면 순례자는 벼락으로 추락해 사지가 모두 꺾인다.(1)

(1)르 루아예Pierre Le Loyer, 『귀신의 역사 혹은 귀신 환영Histoire des spectres ou apparitions des esprits』, 2장, 336페이지.

고호리(쟈크) [Gohorry(Jacques)] 크게 주목받지 못한 연금술사 작가.

갑상선종 [Goîtres / Goiters] 아랍인들은 부적으로 이 질병을 낫게 할 수 있다고 말한다. 아베르네티Abernethy 박사는 갑상선종을 없애는 방법에 대해 다음과 같이 주장했다. "최고의 치료제는 휘파람을 부는 것일 수 있다…."

골드너 [Goldner] 『토른 연대기Chronique de Thorn』에선 프러시아Prussia 상인 골드너의 아들이 폴터가이스트*에게 괴롭힘당한 이야기가 등장한다. 이 귀신은 숫염소, 노루, 다른 동물의 모습을 하고 나타나 아이를 때리고 여러 방법으로 고통을 주었다. 이는 1665년에 3개월 동안 일어난 일이다.

* 이유 없이 소리가 들리고 물건이 떠다니는 현상. 악마, 마녀, 죽은 영혼에 의해 발생한다고 여겨졌다.

고모리 [Gomory] 강력한 힘을 지닌 지옥의 공작. 여성의 모습으로 나타난다.

머리 위에 공작 왕관을 쓰고 있으며 낙타

를 타고 다닌다. 고모리는 과거, 현재, 미래의 질문에 답을 해준다. 또 숨겨진 보물을 찾도록 도와준다. 고모리는 26개 군단을 거느린다.[1]

(1) 요한 바이어Johann Weyer, 『악마의 유사군주제 Pseudomonarchia Dœmonum』.

곤데릭 [Gonderic] 반달족Vandals의 왕. 게이세릭Geyseric과 부서Bucer처럼 악마에 의해 배가 찢어졌다. 연대기 작가들의 기록에 의하면 곤데릭의 영혼은 지옥으로 끌려갔다고 한다.[1]

(1) 드 랑크르Pierre de Lancre, 『악마의 변화론Tabl. de l'inconstance des démons』, 5페이지.

고냉 [Gonin] 고대 프랑스인들은 마법사, 주술사, 요술꾼, 마술사를 이 명칭으로 불렀다.[1]

(1) 보댕Bodin, 『빙의망상Démonomanie』, 148페이지.

군트람 [Gontran / Guntram] 다음은 헬리난드Helinand가 기록한 이야기이다. 랭스Reims의 대주교 앙리Henry를 수행하던 병사 군트람은 저녁 식사 후 들판 한복판에서 입을 벌린 채 잠이 들었다. 군트람을 따르던 이들은 잠을 자지 않고 있었는데, 그의 입에서 작은 족제비처럼 생긴 흰 짐승이 튀어나오는 것을 보았다. 이 짐승은 가까운 개울가로 곧장 달려 나갔다. 무장한 한 병사는 짐승이 길을 찾아 개울가를 위아래로 헤매는 것을 보고, 검을 꺼내 작은 다리를 만들어 주었다. 그리고 짐승은 검으로 만든 다리를 건너 멀리 달아났다…. 얼마 후 짐승은 다시 돌아왔고 무장한 병사는 다시 검으로 다리를 만들어 길을 터주었다. 짐승은 검 위로 또 한 번 지나 잠든 군트람의 입으로 들어갔다. 군트람이 깨어났을 때, 사람들은 그에게 어떤 꿈을 꾸었냐고 물었다. 그는 긴 길을 오갔으며 쇠다리를 두 번 건넜다고 말하며 몹시 피곤해했다. 하지만 이보다 더 놀라운 것은, 군트람이 족제비가 갔던 길을 그대로 따라 걸을 수 있었다는 것이다. 그를 따라 작은 언덕 발치에 도착해 땅을 파니 꿈에서 보았던 보석이 실제로 있었다. 바이어는 악마가 이러한 술책을 이용해 인간을 속인다고 주장했다. 보이지 않는 영혼이 물질성을 가지고, 육신이 죽을 때 함께 소멸한다고 믿게 만든다는 것. 대중들은 이 흰 짐승이 군트람의 영혼이라고 믿었지만, 악마의 농간에 불과했다….

구 [Goo] 일본의 요술쟁이인 야마부시Yamabushi들이 사용하는 시험. 도둑질 혹은 범죄를 저지른 것으로 의심되는 사람에게 종이 알약을 삼키게 시킨다. 이 종이엔 마법 문자, 검은 새 등이 기록되어 있다. 통상적으로 야마부시는 이 종이에 자신의 인장을 찍는다. 만약 이 알약을 먹는 자가 진짜 범죄자라면 소화하지 못하고, 죄를 고백할 때까지 끔찍한 고통에 시달리게 된다. **참조**. 쿠마노 규호 Khumano-Goo.

굿윈 [Goodwin] 참조. 패리스Parris.

괴레스 [Gœrres / Görres] 전문적이지만 몇몇 오류를 포함하고 있는 『신성하고 자연스럽고 악마와 같은 신비La Mystique divine, naturelle et diabolique』를 쓴 현대 작가. 이 책은 샤를 생트 포이Charles Sainte-foi에 의해 프랑스어로 번역되었다(1855년, 8절판).

코르손 [Gorson / Corson] 주요 악마 중 하나이자 서방의 왕. 아침 9시에 모습을 드러낸다.[1]

(1) 요한 바이어Johann Weyer, 『악마의 유사군주제 Pseudomonarchia Dœmonium』, 931페이지.

구렁 [Gouffres / Chasms] 종종 공포의 대상으로 묘사되는 곳. 빌프랑슈Villefranche 인근 어느 산 위엔 커다란 3개의 구렁(또는 연못)을 찾아볼 수 있는데, 이곳은 언제나 격렬한 폭풍우의 무대가 된다. 주민들은 구렁 밑바닥에 악마가 살며, 당장 태풍을 일으키고 싶다면 그곳에 돌멩이를 던지면 된다고 믿는다.

구구 [Gougou] '1603년, 첫 캐나다 여행을 마친 샹플랭Champlain은 원주민들이 구구라 부르는 끔찍한 괴물이 사는 살루어만Chaleur Bay 남쪽 섬 이야기를 들려주었다. 폭풍의 곶Cape of Storms* 전설처럼 캐나다에서도 그들만의 거인이 존재했다. 호메로스Homeros는 이런 존재들을 고안해 내며 그들의 아버지라고도 불린다. 그가 만든 괴물은 보통 외눈박이 거인 사이클롭스Cyclops, 바다 괴물 스킬라Scylla, 여성 괴물 카립디스Charybdis, 식인귀 또는 구구 등이다⁽¹⁾.'

(1) 샤또브리앙Chateaubriand, 『회고록Mémoires』, 제2권. / * 현재의 희망봉. 심한 폭풍우 속에서 발견되어 해당 명칭이 붙었다.

굴 [Goul] 악령의 한 종류 또는 뱀파이어 마법사. 고대인의 공포에 반응했다. 구울Ghole과 같은 존재이다.

거대한 굴 [Goule(La Grande)] 푸아티에Poitiers의 삼천 기도 행렬에 등장하는 거대한 용. 사람들은 이 용을 어진 성 베르민Vermin*이라고 불렀다. 이 용은 기독교가 쫓아낸 악마를 상징했기에, 행렬 앞에 선다는 점이 꽤 이례적인 일이었다. 투루아Troyes의 셰르 살레Chair Salée (소금에 절인 살딩이), 메스Metz의 그라우이Graouilli, 루앙Rouen의 석루조, 파리생 마르셀St. Marcel의 용, 타라스콩Tarascon의 타라스크Tarasque도 이에 속한다.

* 베르민은 해충을 의미하기도 한다.

굴레오 [Gouleho] '친구의 섬' 주민들에게 죽음의 영으로 통하는 존재. 영혼이 드나드는 어둠의 왕국을 지배한다.

식탐 [Gourmandise(La) / Gluttony] 천상과 지상 모두에게 부가하는 중대한 죄악. 이 죄를 통해 많은 이들이 지옥으로 향했다. 이 죄악의 또 다른 효과는 죽음이라 불리는 사나운 해골에게 승리를 안겨준다는 점이다. 이 때문에 유물론자들도 먹을 것 앞에선 주저하게 된다.

고용 [Goyon] 참조. 마티뇽Matignon.

그라 [Graa] 불멸의 식물과 유사한 것. 아이슬란드인들이 한때 마법에 사용하였다. 그라는 마법사들을 내쫓는 데 쓰이기도 했다.

축복의 씨앗 [Grains Bénits / Blessed Grains] 시골에서는 아직도 축복의 씨앗을 사용한다(교회에서는 이 관습을 미신으로 여기고 금지하였다). 이 씨앗을 만지면 빙의된 자를 해방할 수도, 화재나 큰불을 진압할 수도, 벼락을 피할 수도, 태풍을 잠재울 수도, 흑사병과 열병과 마비를 치료할 수도, 마법사를 쫓을 수도 있다. 또 불안감, 마음의 걱정, 신앙을 위협하는 욕망, 절망을 가라앉힐 수 있다⁽¹⁾.

(1) 르브룅Lebrun 사제, 『미신의 역사Histoire des superstitions』, 1호, 397페이지.

밀알 [Grains de Blé / Wheat Grains] 성탄절에 행하는 점술. 성탄절 날 북쪽 여러 나라에선 다음 해에 얼마나 많은 난관이 있을지 유추하는 의식을 치른다. 이 점술은 특히 촌사람들이 행한다. 먼저 크게 지펴놓은 불 앞에 모여 둥근 쇠판을 달군다. 이후 쇠판이 뜨거워지면 분필로 표시한 부분에 맞추어 12개의 밀알을 위에 올려놓는다. 각 표시는 다음 해 12개월을 의미한다. 보리알이 불에 타면 그달엔 흉작과 큰 손실이 일어날 징조이다. 만일 모든 보리알이 사라진다면, 이는 재앙의 해를 의미한다. 이렇게 슬픈 점술이라니!

마법사의 비계 [Graisse des Sorciers / Grease of Wizards] 악마는 인간의 비계를 저주에 사용한다. 마녀는 이 비계를 활용해 벽난로를 타고 집회에 간다. 하지만 프랑스 마녀들은 다리 사이에 빗자루를 끼워, 비계나 향유를 바르지 않고도 이동할 수 있었다. 이탈리아 마녀들은 항상 이동용 염소를 현관에 준비해 두었다.

그랄론 [Gralon] 참조. 이스Is.

그랜디어(위르뱅) [Grandier(Urbain)] 이 남자의 이야기는 칼뱅주의자Calvinist 생 오뱅Saint-Aubin의 서적 『루덩의 악마 이야기Histoire des Diables de Loudun』를 통해서만 대중에게 알려졌다. 이 책은 그가 속한 이단의 사상에 따라 사실을 왜곡하기 위해 제작되었다. 오늘날 밝혀진 바에 의하면, 생 오뺑의 저서는 거짓이자 비방일 뿐이다. 불행히도 당시 글들이 증언하듯, 그랜디어는 사제 신분이 허용하는 범위를 벗어난 방탕함을 저지른 자였다. 그렇기에 그는 로마 교회를 적대시하는 이들의 환심을 사게 되었다.

그랜디어는 7년간 루덩의 우르술라회Ursuline 수녀원 수녀들을 유혹하고 싶어 했다. 풍설에 따르면 그는 수녀들에게 마법이 담긴 꽃을 보내 최면을 걸었다고 한다. 이에 수녀들은 미치고 광신에 사로잡혔다. (이러한 최면술은 반체제 인사와 철학자들의 부조리하다고 취급된 여러 이야기를 의심 없이 믿게 만든다) 결국 이에 종교재판이 열렸고 많은 인원, 시간, 지식이 동원되었다. 감옥에 갇힌 그랜디어는 노래를 짓고 흥얼거렸으며, 이후 사형을 선고받았다. 대중들은 이 판결을 상대로 격렬히 항의했으며, 형의 집행을 두고 비판을 늘어놓았다. 하지만 최면술과 교령 원탁*은 과거에 그러했듯 앞으로도 즉결심판소(또는 중죄재판소)에서 다룰만한 중범죄이다. 마치 그랜디어의 범죄처럼 말이다. 참조. 루덩(1).

(1)『지옥의 전설Légendes Infernales』속 그랜디어 이야기를 참조할 것. / * 영을 부르는 교령회에 사용하는 원탁. 영매와 참여자가 다 함께 이 원탁에 빙 둘러앉은 후 진행된다. 영이 소환되면 탁자가 움직이거나 공중에 뜨며 뱅뱅 돌기도 했다.

그란도 [Grando] 괴레스Johann Joseph Görres가 들려주는 이야기에 따르면(1), 한때 카르니올라Carniola 사람들은 그란도라는 흡혈귀 때문에 두려움에 떨었다고 한다. 이 흡혈귀는 숨을 거둔 뒤에도 한동안 붉은 형상으로 남아있었다. 그리고 주민들이 그를 발견하자, 그란도의 얼굴엔 미소가 드리워졌고 신선한 공기를 마시듯 하품을 하였다. 주민들은 그란도에게 십자가 수난상을 보여주었고 그는 바로 눈물을 쏟아내었다. 주민들은 그의 영혼이 휴식을 취하도록 기도를 올려주었고 흡혈귀를 해방시키는 방법을 간청하였다. 이후 그의 머리를 베어내자, 그란도는 비명을 지르고 마치 살아있는 것처럼 몸을 비틀었다. 그의 관은 피로 가득 찼다고⋯.

(1)그의 저서『신비주의Mystique』5권, 14장을 참조할 것.

악마의 헛간 [Grange du Diable / Barn of the Devil] 후그보스Hoogsvorth의 소유이며, 메헬렌Mechelen 대주교의 형제 스텍스Sterckx가 운영하는 하멜겜Hamelghem 농장은 메이스Meysse와 오펨Ophem 사이에 위치한 오셀트Osselt 지방에 자리한다. 이는 빌보르더Vilvoorde에서 1리유*, 브뤼셀Brussels에서 3리유 떨어진 곳이다. 라켄Laeken을 지나가다 보면 이 농장에 있는 헛간을 하나 볼 수 있다. 이 곳은 고장에서 가장 큰 헛간인데, 더 놀라운 점은 주민들이 악마의 헛간Duyvel's Dak이라고 부른다는 것이다.

지방에선 이런 외딴 농장의 평판이 좋지 않은 곳간을 악마의 헛간이라고 부른다. 그리고 어려움에 처한 농부와 계약을 한 악마가 밤새 헛간을 세웠다는 이야기가 따라다닌다. 물론 이 이야기는 수탉이 울어 악마를 내쫓는 것으로 끝이 난다. 이러한 헛간엔 미처 막지 못한 공극같은, 결핍된 요소들이 존재한다. 이 책『지옥사전』에서도 유명한 이야기 몇 가지를 기록해 두었다(1).

(1)『지옥의 전설Légendes Infernales』중 악마의 헛간을 참조할 것. / * 과거의 거리 단위. 1리유는 약 4km 정도이다.

그란손 [Granson] 폴 디콘Paul Deacon(『롬바르드족의 역사History of the Longobards』)은 다음의 이야기를 기록했다. 롬바르디아Lombardy의 왕 쿠니베르트Cunibert는 자신을 불쾌하게 만든 두 귀족 알돈Aldon과 그란손Granson을 죽이기로 결심했다. 왕은 가장 총애하는 신하와 이들을 살해할 계획을 세웠는데, 갑자기 커다란 파리가 그의 이마에 앉아 맹렬한 기세로 물었다. 쿠니베르트는 벌레를 쫓았으나, 벌레는 다시 돌아와 왕이 화를 낼 때까지 괴롭혔다. 충신은 신경이 곤두선 왕을 보고 벌레가 나가지 못하도록 창문을 닫고 쫓기 시작했다. 심지어 왕까지 단검을 꺼내 파리를 죽이겠다고 나섰다. 한참이나 땀을 흘린 후, 쿠니베르트는 달아나던 벌레를 잡아 칼을 휘둘렀다. 그리고 다리 한쪽이 잘린 파리는 갑자기 눈앞에서 사라지고 말았다. 동시간에 알돈과 그란손은 함께 있었다. 그리고 그들 앞엔 피로에 지친 남성이 나무 의족을 찬 채로 나타났다. 남성은 두 사람에게 쿠니베르트 왕의 계획을 말하고, 도망치라고 경고한 뒤 사라졌다. 두 귀족은 이 유령에게 감사 인사를 올리고 상황을 파악한 뒤 멀리 달아났다.

그라브비트니르 [Grasvitnir / Grafvitnir] 폭풍우 속에서 휘파람을 불어 세상을 겁에 질리게 만드는 스칸디나비아의 용.

그라타롤로(굴리엘모) [Gratarole(Guillaume) / Gratarolo(Guglielmo)] 16세기의 의사. 1568년에 사망했다.

그라타롤로는 『도덕성 판단을 위한 인간 여러 신체 부위에 관한 고찰De prœdictione morum naturarumque hominum facili ex inspectione partium corporis』(1554년, 바젤, 8절판)을 저술했다. 그는 적그리스도에 관한 책도 집필했는데, 이 책은 알려지지 않았다. 끝으로, 연금술 개론과 연감 작성 기술에 관해서도 기록했다.

그라티안(쟈네뜨) [Gratianne(Jeannette)] 17세기 시부르Sibour(혹은 시보로 Siboro) 주민. 16세 나이에 마녀로 몰렸으며 마녀 집회에 참여했음을 자백했다. 하루는 악마가 그녀의 목에 걸린 구리 장신구를 뜯어갔다. 이 장신구는 꽉 쥔 주먹의 형상을 하고 있었는데, 엄지손가락이 다른 손가락들 사이를 지나가고 있었다. 그녀가 살던 고장 여성들은 이 형상이 모든 현혹과 마법으로부터 보호해주는 부적이라고 여겼다. 악마는 차마 이 장신구를 가져갈 수 없었기에 바로 문 앞에 두었다. 또 다른 날, 그라티안이 마녀 집회에서 귀가하는 길에 검은 남성의 모습을 한 악마를 만난 일이 있었다. 악마는 두 개의 머리를 가지고 있었으며 여섯 개의 뿔을 달고 있었다. 또 엉덩이에 꼬리가 달려있었다. 이 악마는 그녀가 창조주, 성모 마리아, 모든 성자, 부모를 부인하도록 만들었고 커다란 금덩어리를 선물했다.

(1) 드 랑크르Pierre de Lancre, 『악마의 변화L'inconstance des démons』 등, 4권, 132페이지.

그라티디아 [Gratidia] 호라티우스Horace의 기록에 따르면, 폼페이우스Pompey를 속인 여성 예언자라고 한다. 파르살로스Pharsalus 전투의 결과를 물었을 때, 그녀는 승리를 거둘 것이라 말했으나 결국 패배했다.[(1)]

(1) 드 랑크르Pierre de Lancre, 『악마의 변화론Tabl. de l'inconstance des démons』 등, 2권, 53페이지.

그라툴레 [Gratoulet] 불능 저주를 걸거나 푸는 비방을 알던 탁월한 마법사. 악마 벨제부스Belzébuth와 계약을 맺었다. 그는 1598년에 종교 재판을 받은 피에르 오프티Pierre Aupetit에게 마법 수업을 해주었다.

그레아트라크(발렌틴) [Greatrakes(Valentin)] 17세기 영국에서 소란을 일으킨 경험주의자. 1628년 아일랜드에서 태어났으며 사망 일자는 알려지지 않았다. 놀라운 업적을 남긴 그에게는 정신인인 문제가 있었다. 1662년 그레아트라크는 그에게 연주창을 치료하는 능력이 있다고 주장하는 어느 목소리를 듣게 되었다. 이 능력을 사용하고 싶었던 그는 자신에게 이와 더불어 모든 질병을 치료하는 능력이 있다고 믿기에 이르렀다. 이후 그레아트라크는 엄청난 인기를 끌게 되었고 리즈모어Lismore 교구법원에선 그에게 치료를 금하라고 권고하였다. 그의 치료법은 병자의 환부에 손을 얹은 뒤 위에서 아래로 가볍게 마사지를 하는 것이 전부였다. 이는 혹시 최면술이 아니었을까? 그레아트라크는 빙의된 이들에게도 손을 가져다 댔는데, 빙의된 이들은 그를 보거나 목소리를 듣자마자 경기를 일으키며 쓰러졌다. 이러한 행동들은 여러 작가의 비웃음을 자아냈다. 생테브르몽Saint-Évremont 또한 대중들이 그를 광적으로 맹신하는 모습을 비판했다. 하지만 그레아트라크에겐 많은 옹호자가 있었다. 들뢰즈Deleuze는 『동물 자기의 역사Histoire du magnétisme animal』에서 그를 최면술사로 소개했다.

그린(크리스틴) [Green(Christine)] 글랜빌Glanvill이 언급한 19세기 영국인 여성. 그녀에겐 고슴도치 모습을 한 사역마가 있었다. 사역마는 매일 아침 그녀를 황홀경에 빠지게 해주었고, 그 대가로 약간의 피를 빨아먹을 수 있었다.

기적을 행하는 성 그레고리 [Grégoire le Thaumaturge (Saint)] 참조. 우상Idoles.

성 그레고리 7세 [Grégoire VII / Gregory VII(Saint)] 가장 위대한 교황 중 한 명으로, 11세기 유럽을 구원하였다. 기독교의 단일화를 위해 큰일을 도모했던 그였기에, 모든 종류의 이단은 그를 적대시하였다. 나중엔 일부 개신교도들 또한 여기에 동참하여 성 그레고리 7세가 마법을 행하고, 악마와 거래하고 있다며 고발했다. 이 거짓말들은 다시 가톨릭 신자들에 의해 반복되어 퍼져나갔다. 하지만 교황은 결국 이에 대한 복수를 하였다. 한 개신교도(보이트Voigt)가 적은 역사를 통해 그에게 무죄가 선고된 것이다.[1]

(1)조리Jorry 사제의 이야기를 참조할 것.

그레일메일 [Greillmeil] 마법사. 참조. 제임스 1세Jacques Ier.

우박 [Grêle / Hail] 로마인들은 우박이 쏟아질 것처럼 구름이 드리워지면 양을 제물로 바치거나, 손가락에 상처를 내서 피가 흐르도록 했다. 이는 피에서 나온 수증기가 하늘에 닿아 구름을 쫓거나 소멸시킬 것이라 믿었기 때문이다. 세네카Seneca는 이 이야기를 두고 터무니없는 소리라고 반박했다.[1]

(1)르브룅Lebrun, 1권, 376페이지.

그르니에(장) [Grenier(Jean)] 1600년경 이름을 알린 늑대인간. 15세에 잔 가리보Jeanne Garibaut와 여러 사람의 아이를 잡아먹었다고 고발을 당했다. 그르니에는 검은 신부(마녀 집회 신부)의 아들로 태어나 늑대의 피부를 지니게 되었으며[1], 아버지로부터 마법을 배웠다고 고백했다. 그에겐 평생 수도원에서 지내라는 벌이 내려졌는데, 그곳에서 그르니에는 개종하게 되었다. 참조. 포이리에Poirier, 피에르 라로랑Pierre Larourant.

(1)쥘 가리네Jules Garinet, 『프랑스 마법사Histoire de la Magie en France』.

개구리 [Grenouille / Frog] 촌사람들이 가진 놀라운 비법에 따르면, 덤불 속 개구리를 잘라 허리에 올리면 소변이 과하게 배출되어 수종이 낫는다고 한다. 참조. 유대인의 구세주Messie des Juifs, 지진Tremblement de Terre 등.

독일 철학자들은 심도 있는 연구 끝에 인간이 개구리의 후손이고 조금씩 진화한 것임을 밝혀냈다. 하지만 이 진화는 언젠가 갑자기 멈춘 듯하다. 라바터Lavater는 약 스무 번에 걸친 미세한 변화를 통해 두꺼비의 머리가 아폴로Apollo의 머리로 변하는 모습을 그려서 새긴 적이 있다….

그레실 [Grésili / Gressil] 마들렌 드 라 팔루드Madeleine de la Palud 친구인 루이즈 카펠Louise Capelle에게 빙의했던 악마 중 하나.

그레이 메일 [Grey-Meil] 제임스 2세James II가 이끈 아녜스 샘슨Agnes Satnpson의 재판에서 증언한 영국인 여성. 마녀 집회에서 문지기 역할을 맡았다고 고백했다.

그리핀 [Griffon / Griffin] 브라운Thomas Brown은 앞에서 보면 독수리, 뒤에서 보면 사자를 닮은 이 동물이 실제로 존재한다고 주장했다. 그리핀은 솟아있는 귀와 네 발, 큰 꼬리를 지녔다. 중세 시대엔 수컷 독수리와 암컷 늑대 사이에서 그리핀이 태어난다고 믿었다.

그리그리 [Grigri] 아메리카에서 볼 수 있는 사역마. 특히 캐나다와 기니의 숲에 나타난다.

그릴란디(파올로) [Grillandus(Paul) / Grilla-ndi(Paolo)] 『주문De Malejiciis』(1555년, 리옹)이라는 서적과 마법, 라미, 고문 등에 관한 논문(1536년, 리옹)을 저술한 카스티야인Castilian. 그릴란디는 저서에 강력한 저주를 받은 변호사의 이야기를 기록했다. 어떤 의학 지식도 그를 치료할 순 없었기에, 변호사는 한 마법사를 찾았다. 마법사는 그에게 잠들기 전 어떤 물약을 먹으라고 주었고, 절대 두려워하지 말라고 일렀다. 저녁 11시 30분경, 번개가 동반된 요란한 뇌우가 쏟아졌다. 변호사는 처음에 집이 무너졌다고 생각했다. 곧 변호사는 큰 비명과 울음소리를 들었고, 자신의 방에서 여러 사람이 주먹질과 발길질을 하고 손톱과 이빨로 서로 물어뜯어 죽이는 모습을 보게 되었다. 그는 이 무리에서 인근 마을의 여성을 찾아냈다. 변호사는 이 여성을 저주의 시전자로 의심했는데, 마녀라는 소문이 도는 자였다. 여성은 누구보다 크게 괴로워하며 자기 손으로 얼굴과 머리카락을 집어뜯었다. 이 불가사의한 장면은 자정까지 계속되었다. 하지만 자정에 마법사가 등장하자, 모든 것이 사라졌다. 마법사는 환자에게 병이 나았다 말했고, 실제로도 병이 나았다[1].

(1) 드 랑크르Pierre de Lancre, 『악마의 변화론Tabl. de l'inconstance des démons』, 356페이지.

귀뚜라미 [Grillon / Cricket] 여러 지역, 특히 영국에서는 귀뚜라미가 화롯가 근처에서 밤새 즐겁게 노래하는 것을 보며 너그러운 작은 사역마들이라고 생각한다. 또한 이들이 인간에게 피해를 보지 않기 위해 작은 모습을 하고 있다고 믿는다. 많은 시골사람은 이들의 존재가 집안에 복을 불러들이며, 귀뚜라미를 죽이면 벌을 받는다고 생각한다. 더불어 이들을 발로 난폭하게 밟는 자를 좋게 보지 않는다. '귀뚜라미 떼는 강력한 영으로 이루어졌으나, 이와 관련 있는 자들은 이 사실을 알지 못한다. 세상의 보이지 않는 그 어떤 존재 중에도 이토록 친절하고 솔직한 존재는 없다. 그들은 믿을 수 있고 확실한 조언을 얻을 수 있는 존재이다. 굴뚝과 화롯가에서 들려오는 이 존재들의 노랫소리는 인간을 향한 것이다[1].'

(1) 찰스 디킨스Charles John Huffam Dickens, 『화롯가의 귀뚜라미The Cricket on the Hearth』의 크리스마스 이야기 중.

그리말디 [Grimaldi] 루도비쿠스 경건왕Louis the Pious 통치 당시, 유럽 전역엔 가축 떼를 상대로 한 전염병이 창궐했다. 그리고 이는 베네벤토Benevento의 공작이자 샤를마뉴Charlemagne의 적이었던 그리말디가 치명적인 가루를 퍼뜨려 피해를 준 것이라는 소문이 돌았다. 이후 범인으로 의심되는 불쌍한 자들이 대다수 체포되었고, 이들은 공포와 고문으로 인해 전염병 가루를 퍼뜨렸다고 자백하였다. 리옹Lyon의 대주교인 생 아고바르Saint Agobard는 이들의 편을 서며 그 어떤 가루도 공기를 오염시키지 않는다는 사실을 입증했다. 그는 남녀노소 모든 베네벤토 주민이 각각 이 가루를 세 수레씩 싣고 전 유럽에 퍼뜨린대도, 이러한 전염병이 불가능하다고 주장했다[1].

(1) 살그Salgues, 『오류와 편견Des erreurs et des préjugés』, 1권, 298페이지.

그리말킨 [Grimalkin] 영국 마녀들이 '고양이로 변신하고 마녀 집회를 찾는 악마'를 칭하는 말.

마법서 [Grimoire] 마법서를 읽어 악마를 소환할 수 있다는 것은 이미 널리 알려진 사실이다. 하지만 악마가 나타났을 때 악마의

머리에 헌 신발, 쥐, 헝겊을 던지지 않도록 주의해야 한다. 그렇지 않으면 목이 비틀릴 수 있다. 마법서라는 이름을 지닌 작고 끔찍한 서적들은 한때 비밀리에 읽혔으며, 발견 즉시 불태워졌다. 여기에선 가장 유명한 세 권의 마법서만 소개하도록 하겠다.

먼저 『가장 귀한 비밀이 수록된 교황 호노리우스의 마법서Grémoire du pape Honorius, avec un recueil des plus rares secrets』를 살펴보자. 1670년 16절판으로 발행된 이 책은 제목 아래 숫자와 원 장식이 있다. 또한 책의 50페이지까지는 액막이 주술 내용만을 다룬다. **참조.** 액막이Conjurations, 소환Évocations. 『가장 귀한 비밀이 수록된 교황 호노리우스의 마법서』에선 세 명의 여성을 한 방에서 강제로 춤추게 만드는 주술이 나온다. 일단 방에 있는 모든 사람은 몸을 씻어야 하며, 그 어떤 물건도 벽에 붙어있거나 매달려 있어선 안 된다. 이후 식탁을 흰 천으로 덮고 그 위에 밀로 만든 빵 세 개와 세 개의 자리, 석 잔의 물을 준비한다. 그리고 특정 마법 주문[1]을 외우면 소환하고 싶던 세 명의 사람이 찾아와서 춤을 춘다. 그러나 이는 자정이 되면 사라진다. 이처럼 해당 서적에선 어리석은 내용들이 잔뜩 기재되어 있다.

다음은 『진정한 마법서 또는 히브리 랍비들의 위대한 솔로몬의 열쇠, 깊이 숨겨진 자연적 혹은 초자연적 비밀의 즉각 공개; 악마는 그들 자신의 자리에 만족할 것Grimorium verum, vel probatissimœ Salomonis claviculœ rabbini Hebraici, in quibus tum naturalia, tum supernaturalia sécréta, licet abditissima, inpromptu apparent, modo operator pernecessaria et contenta facial; sciàt tamen opportet dœmonum potentiel duntaxat peragantur』(1517년, 멤피스Memphis, 16절판, 이집트인 알리벡Alibeck)이다. 이 히브리어 책은 플랭지에Plaingiere가 번역했으며 흥미로운 비밀 모음집이 포함되어 있다. 또 표지 뒷면에는 '솔로몬의 진정한 열쇠, 멤피스, 이집트인 알리벡, 1517'이라고 기재되어 있다.

마지막으로 『위대한 마법서와 솔로몬의 위대한 열쇠 그리고 숨겨진 보물을 찾고 모든 정령을 지배하는 법에 관한 흑마법 또는 위대한 아그리파의 악마적인 힘; 모든 마법기술 포함Le grand Grimoire avec la grande clavicule de Salomon, et la magie noire ou les forces infernales du grand Agrippa, pour découvrir les trésors cachés et se faire obéir à tous les esprits ; suivis de tous les arts magiques』(날짜 및 장소 미상, 18절판)이다. 이 마법서들엔 여러 비밀이 담겨있다.

마법서에 관한 다음의 일화가 있다. 어느 마을의 어린 귀족이 마법서를 빌리기 위해 목동을 방문했다. 목동은 그 마법서를 이용해 악마를 억지로 나타나게 할 수 있다고 떠벌렸다. 악마를 보고 싶었던 귀족은 방에서 나와 어둠의 정령을 강제로 소환하는 주술을 읊었다.

강력한 효과를 기대하며 떨리는 몸으로 어리석은 구절을 읊자, 닫혀있던 문이 급작스럽게 열리고 악마가 나타났다. 악마는 긴 뿔로 무장하고 시커먼 털에 덮여 있었다…. 호기심 많던 귀족은 공포에 질린 채 성호를 그으며 바닥에 쓰러졌다. 이후 아무도 그를 일으켜 주지 않은 채 한참의 시간이 흘렀다. 그리고 귀족이 다시 눈을 떴을 때, 그는 놀란 채로 가구가 망가지지 않았는지 주변을 살폈다. 귀족은 의자 위에 놓인 깨진 큰 거울을 발견했다. 이는 악마의 짓이 분명했다. 안타깝게도 이 근사한 이야기의 진실은 따로 있었다. 이 사건 직후 목동은 그의 염소가 도망쳤다가, 가엾은 귀족의 방문 앞에서 다시 포획했다는 소식을 전하러 왔다. 목동은 거울에 비친 염소를 보고 포획하려 시도하다 거울을 깨뜨렸던 것이다[2].

(1)주문은 다음과 같다. "베스티시룸Besticirum! 위안, 내게 오라. 크레옹Creon, 크레옹, 크레옹의 기운…. 나는 거짓을 말하는 게 아니다. 나는 양피지의 주인이다. 산의 왕자여, 너의 찬양으로 적들의 입을 막고 네가 아는 것을 내게 주어라." / (2)『유령과 악마의 역사Histoire des fantômes et des démons』, 214페이지. / * 원문 그대로이며 오타 아님.

그리스그리스 [Grisgris] 아프리카 무어Moors족을 종속시키는 주물Fetishes. 작은 종이에 마법 도형이나 『코란Koran』 구절을 아랍어로 표기한 것이 제법 비싼 가격에 팔린다. 주민들은 이것이 모든 화를 막아주는 부적이라고 믿는다. 각 그리스그리스에겐 특유의 형태와 특징이 있다. **참조.** 구Goo.

갱의 가스 [Grisou / Firedamp] 갱에서 생

기는 가스는 석탄 탄광에서 자연적으로 또는 우연히 발생한다. 이 가스에 불이 붙으면 큰 재앙으로 이어진다. 많은 광부는 이 가스와 불을 나쁜 악마로 간주한다.

그뢴제트 [Grœnjette] 유럽 산속 마을 전설처럼 발트해Baltic 연안에도 망자가 된 사냥꾼들이 살고 있다. 이들은 그뢴제트라고 불리는데, 생전 저지른 잘못 때문에 영원히 습지와 덤불을 달려야 하는 벌을 받는다. 스텐스클린트Sternsklint 주민들은 밤이 되면 종종 그뢴제트의 개 짖는 소리를 듣는다. 그리고 이때 망자가 된 사냥꾼이 말을 타고 골짜기를 내달리는 모습을 볼 수 있다. 이를 목격한 주민들은 집 현관에 귀리 한 줌을 놓아둔다. 이는 사냥꾼이 곡식을 밟고 지나가지 않도록 하기 위함이라고 한다[(1)]. **참조**. 사냥꾼Veneur.

(1) 마미에Marmier, 『발트해 이야기Trad. de la Baltique』.

그로자크 [Gros-Jacques] 마법사. **참조**. 보게Boguet.

그로스페터 [Grospetter] 참조. 라겐하드Laghernhard.

임신 [Grossesse / Pregnancy] 오랫동안 파리에선 임부가 거울을 보면 악마를 본다는 미신이 있었다. 이는 임부가 자신의 그림자를 보고 공포에 질리며, 산부인과 의사가 임신한 모습을 보는 것은 위험하다고 말한 데서 생긴 헛소리이다. 또한 임부가 시체를 목격하면 생기 없고 창백한 아이가 태어난다는 풍설도 존재한다[(1)]. 브라질 일부 지역에선 어떤 남편도 아내가 임신하는 동안 짐승을 죽이지 않는다. 이는 배 속의 아이가 괴로워한다는 믿음이 있기 때문이다. **참조**. 상상Imagination. 오랫동안 일부 별난 교회들은 임신한 채 사망한 여성의 장례를 치러주지 않았다. 이 이유는 여전히 알 수 없다. 추측건대 여성들이 임신했을 때 각별히 주의를 기울이게 만들기 위함이었을 것이다. 1074년 루앙Rouen의 공의회에선 임신한 채(또는 출산 도중) 사망한 여성이 성지에 묻히는 것을 절대 반대해선 안 된다는 명령이 내려졌다.

(1) 브라운Thomas Brown, 『대중적 오류에 관한 수상록 Essai sur les erreurs populaires』, *101페이지*.

그로스테스트(로버트) [Grosse-Tête / Grosseteste(Robert)] 링컨Lincoln의 주교. 구베루스Gouverus는 그에게 대 알베르투스Albert le Grand의 것과 동일한 자동인형을 주었다.

그루오 드 라 바르 [Gruau de la Barre] 겁없이 루이 17세Louis XVII의 이름을 이용해 루이 16세Louis XVI 왕좌를 노린, 승계권을 주장한 많은 이들 중 하나. 그는 1840년, 1부작 12절판 서적인 『구약성서 오류에 관한 폭로Révélations sur les erreurs de l'Ancien Testament』를 펴냈다. 이 이야기는 다음과 같이 시작한다.

'1840년 2월 5일 수요일, 런던. 나, 이 글을 쓰는 노르망디Normandy의 공작 샤를 루이Charles Louis는 여호와, 절대신의 신성한 의지가 굳건하다는 것을 깨닫게 되었다. 그리고 신은 비교 불가한 지혜로 이 땅의 인간을 구원하기 위해, 성전의 고아인 프랑스의 왕 루이 16세와 마리 앙투아네트Marie Antoinette의 아들을 이용했다. 신은 이미 영원한 자의 천사인 우리 주 예수 그리스도Jesus Christ를 통해 한차례 전파한 적 있는 천상 교리의 진리를 온 세상에 전파하고자 하였다. 신과 온 세상 앞에서 증명하고 고백하건대 신이 주신 임무를 수행할 때, 나는 그 무엇도 직접 행하지 않을 것이다. 다만 전능하신 그분의 천사의 도움을 받을 것이며, 그는 영으로 또 실존하는 존재로 내 앞에서 말을 걸 것이다. 다시 한번 증명하고 고백하건대, 이 천사는 내게 천상 교리를 읊어주고 받아적게 한 천사와 동일한 존재이다.'

노르망디 공작에게 천사가 읊어주었다는 천상 교리는 다름 아닌 구약성서에 대한 부정이었다. 또 물질의 불멸성을 정의하고, 피고 르브룅Pigault-Lebrun, 뒤퓌Dupuis, 돌바흐Holbach, 볼테르Voltaire의 엉터리 주장에서 파생된 어리석은 범신론을 따른 것이었다. 샤를 드 코송Charles de Cosson 박사를 통해 이 책은 파리에서 앞부분만 출간되었다. 그리고 1841년에 제2부와 제3부가 12절판 한 권에 합쳐졌다. 합본의 제목은 『현명한 솔로몬, 다윗의 아들, 지상에서의 소생과 천상의 계시, 그루오 드 라 바르, 구 왕위 승계권자 지음, 제1부에 이어 2부, 3부 또한 구약성서 오류에 대한 폭로이다Salomon le Sage, fils de David, sa renaissance sur cette terre et révélation céleste publié par M. Gruau de la Barre, ancien procureur du roi. Deuxième et troisième partie, faisant suite à la première, intitulée Révélations sur les erreurs de l'Ancien Testament』이다. 그는 이 세상에 영원한 성령이 만든 172개의 천국이 있다고 주장했다. 주장에 따르면, 이 땅은 인간을 주민으로 맞이하는 적절한 곳이 될 때까지 여섯 번의 혁신을 거친다고 한다. 영원한 성령은 첫 번째 자식인 리타마나Lithamana와 모든 영혼을 만들었고, 선악에 대한 지식을 전수하였다. 더불어 천사들도 만들었는데, 이 중엔 리자타마Lisathama라는 반동분자도 있었다. 영원한 성령은 지상의 육신들 속에 만든 영혼을 부여하였다. 그리고 천상에서 리자타마와 그의 추종자들을 내쫓았다. 쫓겨난 이들은 이후 인간을 유혹하고 타락시켰다. 이 유혹 때문에 카인Cain은 아벨Abel을 죽였다. 하지만 카인의 마음 깊은 곳엔 선함이 있었고, 결국 그는 회개했다. 모든 성스러운 이야기는 우리가 알 수 없는 목적들 때문에 내용이 왜곡된다.

과차로 [Guacharo] 쿠마나Cumana에서 조금 떨어진 투메레키리Tumerequiri 산엔 원주민의 명소인 과차로* 동굴이 있다. 이 거대한 동굴에는 수천 마리의 야행성 조류가 살고 있는데, 비계로 기름을 만들 수 있다. 동굴 안에선 제법 큰 강이 흐르고 이를 따라 새의 음울한 울음이 들려온다.

원주민들은 이 울음이 억지로 동굴을 지나 저세상으로 향하는 영혼들의 것이라고 보았다. 그들의 말에 따르면 이 우울한 여정엔 애처로운 탄식이 흘러나오는데, 그것이 바깥 세상에서도 들린다는 것이다. 개종하지 않은 쿠마나 원주민들은 여전히 이 이야기를 믿는다. 이 민족은 과차로 동굴을 200리유** 이상 들어가는 것이 곧 죽음을 향해 걷는 것으로 생각한다.

* 과차로는 기름 쏙독새를 말한다. / ** 과거의 거리 단위. 1리유는 약 4km 정도이다.

과요타 [Guayotta] 테네리페Tenerife 섬 주민들의 전설에 따르면, 선한 힘인 아슈과야제락Achguaya-Xerac과 대적하는 악령이다.

선한 구데만 [Gudeman(Bon Homme / Good Man)] 스코틀랜드에서 두려워하는 귀신. 농부들은 이 귀신 때문에 밭 일부를 경작하지 않고 그대로 두었다.

구에쿠바 [Guecuba] 칠레의 아라우칸족Araucanians 전설에 등장하는 악령. **참조.** 토키Toqui.

구엘드레 [Gueldre] 네덜란드 역사가들의 글에서 그의 이야기를 볼 수 있다. "거대하고 흉포한 괴물이 밭을 황폐화하고, 가축을 잡아먹다가 인간마저 잡아먹었다. 이 괴물은 악취를 내뿜어 마을을 병들게 했다. 용맹한 위차르Wichard와 루폴드Lupold는 이 끔찍한 골칫거리로부터 마을을 지키려 했고, 결국 성공하였다. 괴물은 죽을 당시 숨을 내뱉으며 여러 번 '겔레Ghelre'라고 중얼거렸다. 두 정복자는 이 승리를 기억하고자 겔레라는 이름의 도시를 세웠는데 오늘날의 구엘드레가 이곳이다."

게랑(피에르) [Guérin(Pierre)] 참조. 조명파Illuminés.

겨우살이 [Gui de Chêne / Mistletoe] 참나무에 붙어 자라는 기생 식물. 드루이드 사제들은 겨우살이를 신성한 존재로 여겼다. 사제들은 12월을 신성한 달로 생각하며 성대한 예식과 함께 이 식물을 캐러 나섰다. 가장 앞서 걷는 점술가들은 노래를 불렀고, 그 뒤는 전령관이 따랐다. 행렬 끝엔 세 명의 드루이드 사제들이 제물을 바치는 데 필요한 것들을 짊어지고 이동했다. 끝으로 드루이드의 지도자가 모든 사람을 이끌고 나타났다. 참나무 가지 위에 오른 지도자는 금도끼를 이용해 겨우살이를 잘라냈고, 신성한 물에 이를 담근 뒤 소리쳤다. "새해의 겨우살이에게."

이렇게 겨우살이로 축복을 내린 물은 저주를 막는 데 매우 효과적이며 여러 질병을 치료했다. **참조.** 구테일Gutheyl. 일부 지방에선 제비 날개와 겨우살이를 나무에 함께 걸면 2.5리유* 거리에 있는 모든 새가 모여든다는 믿음이 있다.

* 과거의 거리 단위. 1리유는 약 4km 정도이다.

노장의 길베르 [Guibert de Nogent] 11세기, 랑Laon 교구에 속한 노장 수 쿠시Nogent-sous-Coucy의 수도원장. 박식했던 그는 『프랑크족을 통한 신의 행위Gesta Dei per Francos』라는 책에서 첫 번째 십자군 이야기를 기록했다. 그가 쓴 글엔 산 자와 죽은 자의 관계를 확립하는 몇 가지 사실이 기록되어 있다.

귀도 [Guido] 전투에서 상처를 입고 숨진 어느 군주. 사후 에티엔Étienne(혹은 스테판Stephen)이라는 신부 앞에 무장을 한 채 나타났다. 그는 신부에게 연옥에서 지내는 시간을 줄이기 위해 자신의 잘못 몇 가지를 바로잡아 달라고 부탁했다. 신망 있는 피에르Pierre le Vénérable가 이 일화를 기록했다.[1]

(1)『다른 세계의 전설Légendes de l'autre monde』 속 '연옥 이야기'를 참조할 것.

기욤 [Guillaume] 15세기 율리히 공국 Duchy of Julich의 신사였던 민히어 클라츠Mynheet Clatz의 시종. 이 기욤이라는 자는 악마에게 빙의되어 이단 신부 파낭 바르톨로메Panen Bardrolomew에게 구마 의식을 청했다. 이 신부는 악마를 쫓아주고 돈을 받는 자였는데 구마는 커녕 창피를 면치 못했다. 기욤은 얼굴이 창백해지고, 목구멍이 부풀어 올라 질식사를 걱정할 지경이 되었다. (가문의 다른 사람들과 마찬가지로) 신앙심이 있던 클라츠 영주의 부인은 유딧Judith의 기도문을 읊었다. 이에 기욤은 구토를 시작했고 목동의 허리띠, 돌멩이, 실타래, 소금, 바늘, 아동복 쪼가리, 공작의 깃털이 입에서 튀어나왔다. 이 공작의 깃털은 기욤이 8일 전 직접 공작에게서 떼어낸 것이었다. 사람들이 기욤에게 빙의의 원인이 무엇인지 묻자, 그는 길을 걷다 모르는 여성이 얼굴에 바람을 불었고 그 뒤로 악운이 따랐다고 답했다. 하지만 회복된 이후 기욤은 이전의 발언을 부인하였다. 이전의 발언은 악마가 강제로 말하게 만든 것이라고. 또 기욤이 이 물건들을 삼키고 있던 것이 아니라, 구토하는 동안 악마가 모습을 바꾸어 튀어나온 것이었다고 증언했다.[1]···.

(1) 요한 바이어Johann Weyer, 『악마의 유사군주제 Pseudomonarchia Dæmonum』, 3권, 6장.

기욤 드 카르팡트라 [Guillaume de Carpentras] 시칠리아Sicily의 르네Rene 왕과 밀라노Milan의 공작을 위해 점술 구슬을 만들던 점성가. 샤를 8세Charles VIII에게도 같은 물건을 만들어 주었는데, 그 값이 1천2백 에큐*에 달했다. 다양하게 사용 가능한 이 구슬은 밤낮을 가리지 않고 원하는 시간에 행성의 움직임을 파악할 수 있도록 고안되었다. 그는 이 구슬을 이용해 점성술 표를 작성하였다.[1]

(1) 베일Bayle에 관한 졸리Joly의 주석이 담긴 수사본에서 발췌. 끝부분에 해당 내용이 기록되어 있다. / * 17~18세기에 사용되던 프랑스 은화.

윌리엄 루퍼스 [Guillaume le Roux / William Rufus] 윌리엄 1세William the Conqueror의 아들이자 11세기 영국의 폭군. 그는 가증스럽고, 신앙이 없었고, 도덕성이 결핍되었고, 신성을 모독한 잔인한 왕이었다. 그는 교회에 큰 악이었다. 또 캔터베리Canterbury의 대주교를 쫓아내 그 자리를 공석으로 두어 대주교 수입을 독차지하려고 했다. 그는 신부들을 굶주리게 했으며, 수도사들을 가난에 허덕이게 만들었다. 윌리엄 루퍼스는 부당한 전쟁을 하여 모두에게 미움을 샀고, 이후 사냥에 나섰다가 보이지 않는 손이 날린 화살에 맞아 죽게 되었다(1100년, 당시 그의 나이 44세였으며 왕위에 오른 지 13년이 되던 해였다). 윌리엄이 마지막 숨을 내뱉을 당시, 조금 떨어진 곳에서 사냥하던 콘월Cornwall 백작은 덩치가 큰 흑염소가 얼굴이 상하고 화살이 관통된 남자를 업고 가는 모습을 목격했다…. 이 광경에 놀란 백작은 염소에게 멈추라고 외치며 정체가 무엇인지, 누구를 업고 가는지, 어디로 가는지 등을 물었다. 염소가 답했다. "나는 악마이며 윌리엄 루퍼스를 데려가는 길이다. 그를 신의 법정에 세울 것이며, 폭군의 죄를 물을 것이다. 이후 그는 우리와 함께하게 될 것이다[1]."

(1)『마테우스 팀비우스의 미덕의 보상Matthœi Tympii prœmia virtutum』 -마튜 파리Matthieu Paris, 『주요 역사 Historia major』, 2권.

기욤 드 파리 [Guillaume de Paris] 악마학자들의 주장에 따르면, 그는 로저 베이컨 Roger Bacon을 따라 말하는 동상을 만들었다고 한다. 이는 악마의 기술을 통해서만 만들 수 있다고[1]. 노데Naude는 이 비난을 반박하였다.

(1) 가브리엘 노데Gabriel Naude, 『마법사로 지목된 위인들을 위한 변론서Apologie pour les grands personnages accusés de magie』, 17장, 493페이지.

기욤 3세 [Guillaume III / William III] 부르고뉴Bourgogne의 백작. 수치심을 못 느끼는 무뢰한이자 자비 없는 망나니였다. 어느 날 그는 범죄와 신성 모독을 내뱉으며 질 나쁜 연회에 참여하고 있었다. 그러던 중 갑자기 낯선 자가 아름다운 말을 선물하겠다고 그에게 접근했다. 그리고 기욤 3세가 선물 받은 말에 오르자, 말은 그를 싣고 사라져 버렸다. 낯선 이는 바로 자신의 것을 되찾으러 온 악마였다[1].

(1)『지옥의 전설Légendes Infernales』속 해당 이야기를 참조할 것.

기유맹 [Guillemin] 미셸 베르됭Michel Verdung의 사역마. 미셸은 사역마의 도움을 받아 원하는 만큼 쾌속으로 달릴 수 있었다.

권포르 [Guinefort] 중세 시대 우화 시에 등장하는 개. 뱀에게 잡아먹힐 뻔한 아이를 구한 이 개는 주인에게 죽임을 당했다. 주인은 개의 입에 피가 흥건히 묻은 모습을 보고, 자신의 아이를 물었다고 생각한 것이었다. 다른 이야기에선 싸우는 중 뱀과 함께 목숨을 잃었다고 전해진다. 이후 진상을 깨달은 주인은 개를 위한 무덤을 만들어 주었다. 하지만 이는 경솔한 일이었다. 촌사람들이 그 무덤을 성 권포르Saint Guinefort의 것으로 착각하여 기도를 올리려 방문하였기 때문이다. P. 부르봉P. Bourbon은 리옹Lyon과 오베르뉴Auvergne로 선교를 떠났을 당시, 분명 악마의 짓이었을 이 관습을 없애버렸다. 이 개는 리옹에서 권포르라고 불렸지만, 오베르뉴에서는 가넬론Ganelon이라고 불렸다[1].

(1) J. 로이조J. Loyseau, 『중세시대 우화 시Fabliaux du moyen âge』, 1846년, 26페이지.

귀브르 [Guivre] 중세 시대 우화에서만 등장하는 괴물. 예술가들은 이 존재를 재현해냈다. 폴랭 파리Paulin Paris는 귀브르와 와이번Wyvern*을 혼동해선 안 된다고 말했다. 귀브르는 오래된 건물에서 새겨져 있는 그리핀Griffin 또는 히드라Hydra에 불과하다.

* 유럽 전설에 등장하는 비룡. 날개가 달려있으며 꼬리 끝이 화살처럼 생겼다.

니세 또는 프조니세 [Gullets, Bonasses / Nisse, Fjosnisse] 노르웨이에서 인간을 섬기던 악마들. 적은 대가를 받고 도움을 주었다. 이들은 마치 훌륭한 마부처럼 말에게 먹이를 주고, 빗질을 하고, 긁어주고, 굴레를 씌우고, 안장을 올리고, 꼬리털과 갈기를 단장해주었다. 니세는 가장 귀찮은 집안일도 해냈다. **참조**. 베리스Bérith, 헥데킨Hecdekin 등.

구넴 [Gunem] 엔스Enns라고도 불렸던 영국인 병사. 스테판Stephen 왕을 섬기는 동안 범죄를 저질렀고, 아일랜드로 가 성 패트릭의 연옥St. Patrick's Purgatory에서 벌을 받게 되었다. 그곳에서 구넴은 속죄하며 여러 고통을 받았는데, 결국 마음의 짐을 덜어내고 돌아와 모범적인 삶을 살았다.

가름 [Gurme / Garm] 켈트족Celts 사이에서 지옥의 케르베로스Cerberus처럼 여겨지는 위험한 개. 세상이 존재하는 동안은 동굴 앞에 묶여있지만, 심판의 날이 오면 풀려나 신 티르Tyr(혹은 토르Thor)를 공격하고 죽인다. 펜리스Fenris 늑대(혹은 이리)와 같은 존재이다.

구산달(빛의 골짜기) [Gusandal(Vallée de Lumière / Valley of the Light)] 오늘날 마

법이 활개 치는 스웨덴에선 마녀 집회가 열리는 교차로에 이 이름을 붙인다.

구소인 [Gusoyn] 지옥의 대공. 낙타의 모습을 하고 나타난다. 그는 과거, 현재, 미래의 물음에 답하며 숨겨진 물건을 찾아낸다. 또 품위를 높여주고 명예를 확고하게 강화해준다. 45개 군단을 거느린다.

구스타프 [Gustaph] 참조. 조로아스터 Zoroastre.

구테일 또는 구틸 [Gutheyl, Guthyl / Gutheil] 독일인들이 떡갈나무 겨우살이를 숭배할 때 지칭한 명칭. 독일인들은 이 식물에 여러 놀라운 효능이 있다고 믿었는데, 특히 간질에 효과가 있다고 보았다. 그들은 갈리아인Gauls들과 동일한 의식을 하며 이 식물을 채집했다. 독일 북부 일부 지역에선 여전히 이 미신을 지키고 있는데, 주민들은 집과 마을을 뛰어다니며 "구테일! 구테일!"이라고 외친다. 독일 북부인들은 떡갈나무 겨우살이를 들고 있는 사람은 절대 상처를 입지 않는다고 여겼다. 또 이를 들고 활을 쏠 경우 모든 상대에게 상처를 입힐 수 있다고 생각했다. 겨우살이가 지니고 있다는 마법 때문에, 알자스Alsace 지방에선 이를 마렌타켄Marentakein, 즉 귀신의 관목이라고 불렀다.

귀몽 드 라 투슈 [Guymond de la Touche] 18세기 극작가이자 철학자. 1760년 2월 11일, 그는 파리에 위치한 어느 마녀의 집을 방문했다. 그는 마녀에 대한 것은 어느 것도 믿지 않았기에 오직 조롱할 계획뿐이었다. 귀몽 드 라 투슈는 마녀를 둘러싸고 있는 신비한 장치들과 그녀를 진지하게 쳐다보는 참석자를 보며 놀라게 되었다. 이 모습은 그의 호기심을 자극했다. 잠깐의 소란을 틈타 그는 목에 핀을 억지로 꽂고 있는 한 젊은 여성에게 다가갔다. 마녀는 말했다. "여기서 우리가 무엇을 하는지 알고 싶겠지요. 그토록 궁금해하니 말씀드리겠습니다. 당신은 사흘 안에 죽습니다." 그녀의 엄숙한 어조에 귀몽 드 라 투슈는 충격을 받은 채 집에 돌아가 침대에 드러누웠다. 그리고 정말 사흘 뒤인 1760년 2월 14일에 사망했다.[1]

(1) 『다른 세계의 전설Légendes de l'autre monde』을 참조할 것.

나체 고행자 [Gymnosophistes / Gymnosophists] 나체로 다니던 철학자들. 악마학자들은 이들이 마법사이며, 나무를 기울이고 인간을 향해 이성적인 말을 하게 만든다고 주장했다. 이 현자 중 하나인 테스페시온Tespesion은 나무에게 아폴로니오스Apollonius를 향해 인사할 것을 명령했다. 나무는 몸을 숙이며 가장 위에 달린 가지를 기울였고 또렷한 여성의 목소리로 그를 칭찬했다. 이는 자연 마법을 능가하는 것이었다.[1]

(1) 드 랑크르Pierre de Lancre, 『완전히 입증된 마법에 대한 의심과 불신Incrédulité et mécréance du sortilège pleinement convaincue』, 33페이지.

원점 [Gyromancie / Gyromancy] 원을 그리거나, 원 주변을 걸으며 행하는 점술. 원 주위엔 문자가 쓰여 있다. 의식을 잃고 넘어질 때까지 돌다 넘어진 곳에 있는 글자를 모아 미래를 점친다. **참조.** 수탉점Alectryomancie.

H

하겐티 [Haagenti] 지옥의 대총재. 그리핀Griffin 날개를 단 황소의 모습이다. 하겐티가 사람의 얼굴을 할 때면, 인간의 모든 능력을 한 단계 더 끌어올려 준다. 또 모든 금속을 금으로 바꾸는 기술, 맑은 물로 훌륭한 와인을 만드는 방법 등을 완벽하게 가르친다. 그는 33개 군단을 거느린다.

하본디아 [Habondia / Habondia] 피에르 드 랑크르Pierre de Lancre는 저서 『악마의 변화L'inconstance des démons』에서 하본디아가 요정의 여왕, 백색 여인White Women, 하녀, 마녀, 악령, 복수의 세 여신Furies, 하르피아Harpies라고 주장했다.

하보림 [Haborym] 아임Aym이라고도 불리는 불의 악마. 지옥에선 공작의 작위를 가지고 있다. 그는 독사를 타고 다닌다. 이 독사에게는 세 개의 머리가 있는데, 하나는 뱀, 하나는 인간, 다른 하나는 고양이이다. 하보림은 불붙은 횃불을 손에 들고 26개 군단을 거느린다. 몇몇 이들은 그가 라움Raum과 동한 존재라고 말한다. 이는 의심해 볼 만한 가치가 있다.

아셀다마 또는 아켈다마 [Haceldama, Hakeldama / Aceldama, Akeldama] 유산 또는 핏줄을 의미한다. 유다Judas가 사형을 당한 뒤, 유대인 사제들은 예수 그리스도Jesus Christ를 배반하고 얻은 은닢 30개를 지불하고 이방인 매장지로 사용하던 땅을 구매하였다. 이후 이 땅을 아셀다마라고 불렀다. 이 신성한 이야기가 전해진 뒤 해당 단어는 모든 기독교 언어에서 공통으로 사용하게 되었다. 사람들은 여전히 이방인들에게 이 땅을 보여준다. 아셀다마는 크기가 작고 둥근 천장으로 덮여 있다. 이곳에 시신을 두면 3시간에서 4시간 사이에 공기 중으로 증발해 버린다고 전해진다.

핵 [Hack] 『솔로몬의 열쇠Key of Solomon』에서 언급된 악마. 지옥의 강력한 수장 중 하나이다.

하켈베르크 [Hakelberg] "우덴Woden 또는 오딘Odin이라는 이름의 기원은 앵글로색슨족Anglo-Saxons 단어인 '우딘Woodin'에 그 뿌리를 둔다. 이는 사나운 사람 또는 미치광이를 의미하는 말이다. 북부에선 이를 사나운 사냥꾼을 가리킬 때 사용하며, 독일에선 이를 그로덴시어Groden'sheer 또는 우덴시어Woden'sheer라고 부른다. 브라운슈바이크 공국Duchy of Brunswick에서는 사냥꾼 하켈베르크를 지칭할 때 우덴이라는 단어를 사용한다[1]."

그는 로덴스테인Rodenstein의 영주로, 사냥을 계속하기 위해 자신의 천국 지분을 포기했다. 하켈베르크와 계약을 맺은 악마는 그가 최후의 심판이 있는 날까지 계속 사냥하게 될 것이라고 약속했다. 하켈베르크가 세상을 떠난 뒤, 사람들은 우슬라Usslar 숲에 있는 어느 투박한 바위를 로덴스테인 성 잔해 속 그의 무덤이라고 믿었다. 학자들은 이 바위가 신관과 관련 있는 유적일 뿐이라고 생각했다. 하지만 인근 주민들은 지옥 개들이 이 바위를 지키고 있으며, 불굴의 사냥꾼은 자정이면 묘지에서 나와 분노의 사냥을 떠난다고 생각했다. 하켈베르크가 모습을 드러내는 것은 전쟁의 발발을 암시한다. 하켈베르크는 소환이 가능하다. 다만 끔찍한 모습과 소리 때문에 소환자는 겁에 질려 거의 실신하게 된다. 이 사이에 환영은 사라진다[2].

(1) 대중적인 전통, 『분기별 검토Quarterly Rewiev』. / (2) 『지옥의 전설Légendes Infernales』 속 기사 하켈베르크를 참조할 것.

하킴 [Hakkims] 페르시아에서 주문을 통해 환자를 치료하던 의사들.

하킨 [Hakkin] 참조. 하퀸Haquin.

호흡 [Haleine / Breath] 몇몇 학자의 주장에 따르면 거친 호흡은 강한 정신을 의미하지만, 미약한 호흡은 쇠약한 성정과 어리석은 마음을 의미한다….

환각 [Hallucination] 월터 스콧Walter Scott은 자신의 저서 『악마학Démonologie』에서 대다수의 유령을 환각으로 치부했다.

이는 합리적인 주장이다. 그러나 이토록 불가사의 가득한 세상에서, 그의 주장을 완벽한 이론처럼 일반화해 해석해선 안 된다. 그가 언급했던 스코틀랜드인 패트릭 월커Patrick Walker의 일화는 전염성 환각 혹은 독특한 신기루로 해석될 수 있다. 단순히 오로라 현상을 목격한 것이 아니라면 말이다. 월커의 목격담을 살펴보자. "1686년 6월과 7월 오후 (래너크Lanark와 메인스Mains에서 2마일 떨어진, 크로스포드호Crosford가 있는)클라이드Clyde 강을 따라 호기심 많은 군중이 모여들었다. 이들은 모자, 중절모, 소총과 검이 비처럼 내리는 것을 목격하였다. 이는 여러 목격자가 증언해 줄 수 있다. 나무와 바닥은 이 물건들로 뒤덮였고, 하늘 위에는 무장한 사람들이 강을 따라 걷고 있었다. 그리고 아무 것도 없는 하늘에서 이들은 서로 싸웠다. 나는 정오경 이곳을 세 번 연달아 찾았다. 이곳에 있던 증인 중 3분의 2는 무언가를 목격했고 나머지는 아무것도 보지 못하였다. 나 또한 직접 목격한 것이 없지만 다른 목격자들이 너무나 겁을 먹고 있었기에, 무언가 느껴지는 기분이 들었다. 내 옆에 있던 한 귀족은 다음과 같이 말했다. '이 저주받은 마법사들은 두 번째 눈이 있어. 내가 무언가 본다면 악마가 나를 데려가겠지!' 그리고 즉시, 그의 표정이 변했다. 그는 그것들을 볼 수 있게 된 것이었다…. 다른 사람들보다 더 공포에 질린 그는 이렇게 외쳤다. '아무것도 보지 못하는 자들은 아무 말도 하지 말지어다. 눈이 멀지 않고서야 이걸 보지 못할 리가 없다.' 이 광경을 목격한 사람들은 소총의 특징, 길이와 넓이, 검의 손잡이, 모자의 끈 등을 상세하게 묘사할 수 있었다."

3분의 2밖에 목격하지 못한 이 괴현상은 스트랜드Strand(런던) 노섬벌랜드Northumberland 호텔 벽을 장식하는 청동 사자와 비교할 수 있다. 이 사자 동상을 쳐다보던 한 농담꾼은 다음과 같이 소리치며 주의를 끌었다. "하늘이 사자를 움직인다! 사자가 움직인다!" 이후 몇 분 만에, 수많은 군중이 몰려들었고 도로가 혼잡해졌다. 일부 사람들은 청동 사자의 꼬리가 움직이는 걸 봤다고 상상했다. 또 다른 사람들은 같은 경이로움을 감상하기 위해 청동 사자를 보며 기다렸다.

중병으로 인해 생생한 환각을 얻는 경우도 있다. 가장 빈번한 사례는 '파란 악마'라고 불리는 과음 이후의 정신적 혼란이다. 취기와 함께 생기는 기분 좋은 환영은 시간이 지나면 끔찍한 영향을 미친다. 여기 한 이야기가 있다. 평소 음주와 유흥에 빠져있던 한 부유한 청년이 의사를 찾았다. 청년은 의사에게 녹색 옷을 입은 유령들이 계속 나타나 방에서 기이한 춤을 춘다고 불평하였다. 그는 이 공연이 오직 자신의 머릿속에서 만들어내는 환영임을 알았지만, 어찌할 도리가 없었다.

의사는 그에게 건강을 위한 조언을 해주었다. 청년은 시골로 가서 의사의 조언대로 안정된 식단과 적당한 운동을 행했다. 또 일찍 일어나고 피곤하지 않도록 유의했다. 조언을 따른 청년은 이후 원래대로 회복되었다.

또 다른 예시는 베를린의 유명한 책장수인 니콜라이Nicolai에 관한 것이다. 이 남자는 책장수일 뿐 아니라 작가이다. 그는 용기 있게 베를린 철학 학회에서 자신의 고통과 환상에 사로잡힌 경험을 나누었다. 니콜라이의 경험담은 이미 세상에 공개되었으며, 페리아Ferriar와 히버트Hibbert 박사를 비롯한 다양한 악마주의 작가들로부터 증명을 받았기에 이곳에선 짧게 다루도록 하겠다. 니콜라이는 자신의 병이 1791년 초에 일어난 한 사건으로부터 발생했다고 주장했다. 이 사건 때문에 생긴 신경 쇠약은 주기적으로 행하던 사혈 요법Bloodletting을 그만두며 악화되었다. 이처럼 불안정한 건강 상태는 때때로 말을 거는 유령 무리를 보도록 만들었다. 그는 이 유령들의 생김새나 행동을 통해 불쾌감이나 두려움을 느끼지 않았다. 니콜라이는 이 기묘한 현상이 건강 악화로 인해 발생한 것임을 알아차렸다. 시간이 흐르자, 유령들은 흐릿해지고 색을 잃어갔다. 그리고 끝내 완전히 사라지게 되었다.

에든버러Edinburgh 의사인 그레고리Gregory의 환자는 다음과 같은 기이한 고통에 시달린다고 토로했다. "저는 오후 다섯 시에 저녁을 먹는데, 정확히 여섯 시면 환상 속의 손님이 찾아옵니다. 제 방문은 아무리 열쇠로 잠가도 갑작스럽게 열립니다. 그리고 포레스Forres의 흙더미를 드나드는 사람처럼 생긴 늙은 마녀가 들어옵니다.

마녀는 위협적인 태도로 들어와 제 앞에 서는데, 이는 어찌 피할 방법이 없습니다. 그 여자는 목발로 저를 거칠게 때리고, 저는 맞다가 의자 위에서 기절합니다. 이 환영은 매일 찾아옵니다. 가끔 마녀는 우아한 여성의 옷차림으로 나타나는데, 그 모습이 그리 유쾌하진 않습니다." 의사는 환자에게 이 기이한 방문을 함께 목격한 이가 있는지 물었다. 이에 환자는 없다고 대답했다. 환자는 누구에게도 자신의 환영을 이야기하지 않았다. 정신병이 있다고 여겨질까 봐 두려웠기 때문이었다. 의사는 걱정하는 환자에게 한 가지 제안을 했다. "당신이 괜찮다면, 오늘 함께 저녁 식사를 하면 어떨지 싶습니다. 그리고 그 늙은 마녀가 우리를 귀찮게 하러 오는지 확인해 봅시다." 환자는 고마워하며 제안을 받아들였다. 이후 두 사람은 저녁 식사를 했다. 의사는 환자가 신경질환이 있는 것으로 생각했다. 그래서 시간을 확인하지 못하도록 탁월한 말솜씨로 환자의 주위를 분산시켰다. 환자는 정신이 없어, 두려움에 떨던 시간이 왔는지도 몰랐다. 결국 여섯 시가 되었고 아무런 일도 일어나지 않았다. 그러나 몇 분도 채 지나지 않아, 환자는 당황한 목소리로 소리쳤다. "저게 그 마녀예요!" 그는 의자 위에서 늘어지더니 정신을 잃었다. 의사는 환자의 피를 뽑아 검사하였다. 그리고 주기적으로 일어나는 이 사고의 원인이 뇌출혈 때문이라는 것을 알게 되었다. 목발을 짚고 다니는 마녀의 환영은 그저 악몽 같은 상상력의 산물이었다.

월터 스콧은 다른 의사가 들려준 이야기를 언급했다. 문제의 환자는 존경받는 사법관이었다. 그는 청렴하고 근면하고 상식적이라는 평판을 받았다. 의사의 방문 시간에 그는 계속 집에 머물렀고, 때때로 침대에 누워있곤 했다. 또한 병중에도 자신의 업무에 전념했는데, 이는 그가 더욱더 약점이 없는 사람처럼 보이게 했다. 이 환자의 증상은 중병이 아닌 것처럼 보였다. 하지만 그의 약한 맥박, 식욕 부진, 지적 능력의 꾸준한 감퇴는 병이 아닌 다른 원인에서 기인하는 듯했다. 환자는 의사에게 말하지 않는 비밀이 하나 있었다. 이에 의사가 무슨 일인지 물었으나 이 불쌍한 자는 수수께끼 같은 말, 간략한 대답,

주저하는 행동 등으로 답했다. 의사는 이것이 병의 원인이라 생각하고 조사를 해보기로 했다. 의사는 환자의 가족에게 아는 것이 있는지 질문을 해보았지만 아무도 아는 것이 없었다.

또 환자의 직장 생활도 조사해 보았지만 매우 잘 풀리는 중이었다. 그가 일 때문에 우울할 일은 없었다. 그리고 그의 삶에서 다른 실망감을 얻을 일도 없었다. 이러한 조사 결과를 마주한 의사는 결국 환자에게 돌아가 설명을 듣고자 했다. 의사는 그에게 죽음으로 스스로를 몰고 가는 짓을 하지 말라고 조언했다. 또 그를 갉아먹는 고통에 대해 알려달라고 말했다. 의사는 이렇게 입을 다무는 것은 그의 명성에도 좋지 않은 영향을 미칠 것이라 말했다. 사람들은 그가 불명예스러운 일을 했기에 입을 다무는 것이라고 상상하기 때문이다. 마지막으로 이렇게 되면, 그의 가족까지 의심받고 명예가 실추될지 모른다고 설명했다. 의사의 주장에 동조한 환자는 그를 신임하기로 했다. 그는 문을 닫은 뒤 다음과 같이 고백했다.

"당신은 내 고통의 원인을 찾을 수 없습니다. 또 당신의 열정이나 능력도 나를 안심시킬 수 없습니다. 하지만 제 상황이 완전히 전례가 없는 것은 아닙니다. 르사주Lesage의 유명한 소설에도 나오니까요. 혹시 소설에서 올리바레스Olivares 공작이 걸려 사망한 질병을 기억하십니까? 그는 평상시 믿지 않던 유령의 방문을 받았으나, 상상의 힘으로 그를 쓰러뜨리고 이겨냈습니다. 저는 비슷한 상황에 처해있습니다. 저를 괴롭히는 끈질긴 환영 때문에 너무도 고통스럽고 불쾌합니다. 내 이성만으로는 이 뇌에서 만드는 환상을 이겨낼 수 없습니다. 간단히 말하자면, 저는 상상의 병에 걸린 환자입니다."

의사는 근심에 차 있었고, 환자는 말을 이었다.

"이 환영은 2년인가 3년 전에 시작되었습니다. 때때로, 저는 한 마리의 거대한 고양이가 집에 들어왔다 나가는 것을 보았습니다. 이는 설명할 길이 없는 현상이었습니다. 결국 저는 진실을 알아버렸습니다. 그것이 집에서 기르는 동물이 아니라, 환영이라는 것을요. 이것은 비정상적인 저의 시각기관, 상상력에서만 존재하는 것이었습니다. 이때까지만 해도, 저는 이 동물에 대해 어떠한 혐오감도 가지지 않았습니다. 오히려 저는 고양이를 좋아했고 상상이 만들어 내는 이 방문객의 존재를 침착하게 받아들였습니다. 고양이의 뒤를 이어 유령이 나타나기 전까지는요. 그는 법원의 집행관처럼 보였습니다. 자루와 검을 차고 있던 그는 자수 놓인 외투를 입고 팔 아래 모자를 끼운 채 제 곁을 스쳐 갔어요. 제가 우리 집에 있든, 다른 집에 있든, 그는 저를 앞질러서 계단을 올라갔습니다. 마치 거실에 제가 도착한 것을 알리기라도 하듯 말입니다. 그리고 자연스럽게 사람들 사이에 섞여 들어갔습니다. 당연히 다른 사람들은 그의 존재를 알아차리지 못했습니다. 오직 저만이 그가 행하는 가공의 예우에 반응했습니다. 이 별난 상황은 제 감정에 큰 영향을 미치지 못했습니다. 다만 제 신체 능력들을 저해할 수 있다는 것을 알게 되었습니다. 몇 달 후, 이 집행관 유령은 사라졌습니다. 그리고 더욱 무서운 것이 그를 대체했는데, 바로 죽음 그 자체를 상징하는 해골이었습니다. 제가 혼자있든, 다른 사람과 있든 이 유령은 저를 떠나는 법이 없습니다. 저는 수없이 이것이 환영이며 제 상상이 만들어 낸 것이라고 되뇌었습니다. 하지만 이런 유령과 함께해야 한다는 것을 아무리 환상이라고 해도 저를 불행하게 만듭니다. 저는 우울함 속에서 죽음을 맞이할지도 모르겠습니다. 지금 제 눈앞에 보이는 이 유령이 사실이 아닐지라도요."

고민에 빠진 의사는 침대에 누워있는 환자에게 몇 가지 질문을 던졌다.

"그 해골이라는 것이 항상 있습니까?" 환자가 답했다. "불행히도, 항상 그것을 봅니다.", "알겠습니다. 지금도 당신 눈에 그것이 보입니까?", "네, 있습니다.", "방의 어느 쪽에서 그것이 보입니까?", "제 침대 발치에 있습니다. 살짝 열린 커튼 사이로 그것이 자리하고 있습니다." 의사는 다시 말했다. "그럼, 용기를 내서 일어나 그것이 있다고 생각되는 곳에 서 보실 수 있겠습니까? 그 환영이 거짓이라는 것을 이해하기 위해서요."

불쌍한 남자는 한숨을 내쉬고 거절의 표시로 고개를 저었다. 의사는 말했다.

"그렇다면, 다음에 한 번 시도해 보지요."
고민하던 의사는 앉아있던 자리에서 일어났다. 그리고 유령이 있다고 알려주었던 커튼 사이에 섰다. 의사는 환자에게 여전히 유령이 보이는지 물었다. 환자가 대답했다. "완전히는 아닙니다. 의사 선생님께서 그것과 제 사이에 서 있으니까요. 하지만 선생님 어깨 위로 그것의 머리가 보입니다."

의사는 유령이 자신과 가까이 있다는 말에 조금 놀라고 말았다. 그것이 가짜임을 알면서도 말이다. 의사는 다른 검사 방법들을 시도해 보았으나, 성공하지 못했다. 환자는 점점 더 깊은 무기력증에 빠졌다. 그리고 그는 결국 세상을 떠났다. 그는 환영의 공포가 인간의 이성을 망가뜨리진 않더라도, 신체에 영향을 미칠 수 있다는 슬픈 예시를 남겼다.

모페르튀이Maupertuis의 유령이 베를린의 한 동료 교수에게 나타난 유명한 사건을 살펴보자. 이 사건은 베를린 왕립협회 회보에 기록돼 있다. 또 테오발드Theobald는 『프레드리히 대왕의 기억 Souvenirs de Frédéric le Grand』에서 이 사건을 인용하였다. 이 일을 경험한 글레디치Gleditch는 뛰어난 식물학자이자 자연철학 교수였다. 그는 몹시 진지하고 단순하며 편안한 성격의 사람이었다. 모페르튀이가 사망한 지 얼마 지나지 않았을 때의 일이다. 글레디치는 자연사 연구실에서 해야 할 일이 있었기에, 학회 세미나가 진행되는 방을 가로질러 가야 했다. 그리고 그는 모페르튀이가 강의실로 들어오는 것을 보았다. 모페르튀이는 왼쪽 구석에 선 채 미동 없이 그를 응시했다. 이는 오후 3시에 일어난 일이었다. 글레디치는 물리 이론에 깊은 지식을 가지고 있었기에, 바젤Basel의 베르누이Bernoulli 집에서 죽은 모르페튀이가 지금 여기에 나타날 수 없다고 생각했다. 그는 이 사건을 신체 기관의 교란으로 인해 생긴 환영이라 여겼다. 글레디치는 환영에 정신을 쏟지 않고 계속해서 일에 몰두했다. 그리고 이 환영 목격담 이야기를 동료들과 나누었다. 그가 완벽히 모페르튀이처럼 보였다고 말이다.

여기 또 하나의 놀라운 사건이 있다. 어느 왕은 자신이 죽었다고 생각하여 모든 음식을 먹지 않았다. 주변에서는 그를 설득하려 했지만, 이는 소용없는 일이었다. 왕의 이 비상식적인 단식 때문에 신하들은 불길한 일이 생길 것 같아 늘 걱정 속에 하루를 보냈다. 이때 신하 중 하나가 독특한 제안을 하였다. 연극처럼 세 명의 시종에게 로마 원로원 복장을 입히고, 맛있는 음식 가득한 상에 앉히자는 것이었다. 이 연극은 왕의 방에서 일어났다. 이 장면을 보며 왕은 신하에게 이방인들의 신원을 물었다. 신하는 답했다. "이들은 알렉산더Alexandre, 카이사르Caesar, 폼페이우스Pompey입니다." 왕은 놀라 소리쳤다. "뭐라고! 이들은 죽지 않았느냐. 죽은자들은 음식을 먹지 않는다." 신하는 다음과 같이 대답했다. "이들이 죽은 건 사실이지만, 왕성한 식욕을 보입니다." 설득당한 왕이 말했다. "그렇다면, 내가 그들과 같이 식사하겠다. 상을 차려라."

자신이 죽었다고 생각하던 왕은 자리에서 일어나 그들과 함께 식사하였다. 신하의 이 천재적인 발상은 왕의 육체적 건강은 물론 위태롭던 정신 건강을 회복시켰다.[1]

(1) 1768년에 사망한 레스투Restout의 그림에는 흥미로운 이야기가 얽혀있다. 이 그림은 아르미다Armida 궁전의 파멸을 묘사한다. 조금 취해있던 어느 스위스인은 이 궁전 그림에 흥분했다. 이는 마치 갈리페로스Galiferos와 아름다운 멜리산데Melissande를 향해 집착하는 돈 키호테Don Quixote 같았다. 검을 꺼내든 그는 궁전을 무너뜨리는 그림 속 악마들을 용감하게 베었다. 이는 그림 속 궁전은 물론 그림 자체를 파괴해 버렸다.

할파스 [Halphas] 지옥의 백작. 황새의 모습을 하고 시끄러운 목소리를 낸다. 그는 도시를 세우고 전쟁을 명하며 26개 군단을 거느린다.[1] 말파스Malphas와 동일 악마일 수 있다.

(1) 요한 바이어Johann Weyer, 『악마의 유사군주제Pseudomonarchia Dæmonum』.

할티아스 [Haltias] 사미인Lapps*들은 호수에서 피어오르는 수증기를 할티아스라고 불렀다. 또한 할티아스를 산을 수호하는 정령들로 여겼다.

* 라플란드에 사는 소수민족.

햄릿 [Hamlet] 덴마크의 왕자. 그의 아버지는 귀신이 되어 나타나 복수를 부탁했고, 햄릿은 이에 따랐다. 셰익스피어Shakespeare는 이 어두운 이야기를 극으로 그려 냈다. 헬싱괴르Elsinore 인근 어느 언덕에는 여전히 햄릿 무덤이 있고, 주민들의 공포감만이 그곳을 둘러싸고 있다.

아메를랭 [Hammerlein] 브로뇰리Brognoli가 『알렉시콘, 악한 일을 하는 것과 악행을 아는 것Alexicacon, Hoc Est de Maleficiis ac Moribus Maleficis Cognoscendis』(1714년, 베네치아)에서 언급한 빙의 악마. 악마에게 씌었던 자는 결국 빙의에서 풀려났다.

헨델 [Handel] 유명한 색슨족Saxon 음악가. 1700년, 사육제가 열리던 베네치아Venice에서 그는 하프 연주가로 가면 무도회에 참가했다. 헨델은 당시 열여섯 살이었으나, 이미 음악계에 이름을 널리 알리고 있었다. 뛰어난 하프 연주가였던 도미니크 스칼라티Dominique Scarlatti는 그의 연주를 듣고 다음과 같이 외쳤다. "이런 연주를 할 수 있는 것은 색슨족의 헨델이나 악마밖에 없다…."

풍뎅이 [Hanneton / Cockchafer] 카프라리아Kaffraria에서는 오두막집에 들어와 행운을 안겨주는 풍뎅이가 있다고 전해진다. 주민들은 이 풍뎅이에게 암양을 제물로 바친다. 만약 주민의 몸에 풍뎅이가 앉으면 그들은 이를 자랑스럽게 생각한다.

한노 [Hannon / Hanno] 카르타고Carthago의 장군. 새들에게 '한노는 신이다.'라는 말을 가르치고 풀어주는 사기 행각을 저질렀다.

출몰 [Hantise / Haunting] 이 단어는 방문이라는 의미를 지니고 있으며 항상 나쁘게 해석되었다. "그대가 누구의 집에 들락거리는지 말해주면, 난 그대의 정체를 알 수 있다." 악마가 출현하는 집은 메종 앙테Maison Hantée*라고 불렸다. 에르모로프Yermolof 백작은 『메종 앙테』라는 표제의 저서를 펴내 모스크바의 어느 전설을 매력적으로 그려냈다. 내용을 살펴보면 이 집에는 연금술사가 살고 있었으며 그는 종종 정령을 소환하곤 했다고. 또 샐러맨더Salamander(불도마뱀)가 이 집에 나타나 영매들을 불태워 죽이기도 했다. 샐러맨더는 매일 자정에 모습을 드러내지 않고 구슬프게 울었다. 주민들은 연금술사가 방에서 무슨 일을 벌이는지는 알아낼 수 없었다고 한다.

* 오늘날 일반적으로 '귀신의 집'을 지칭하는 말이다.

하피 [Hapi] 참조. 아피스Apis.

아콰르 [Haquart] 레미Remi는 저서 『악마학Démonologie』에서 프랑수아즈 아콰르Françoise Haquart라는 마녀에 대한 이야기를 기록했다. 1587년 화형을 당한 그녀는 자신의 딸 잔Jeanne을 악마에게 넘겨주었다. 당시 아이의 나이는 7세였다. 한 기독교 여성은 이 아이를 악마로부터 지켜내기 위해 두 독실한 시녀 사이에서 잠들게 했다. 하지만 시녀들 앞에서 아이는 악마에게 빙의 당했고 오랫동안 공중에 매달려 있었다. 시녀들은 다음과 같이 소리쳤다. "주님, 저희를 구해주옵소서." 아이는 어떤 음식도 먹지 않은 채 8일을 보냈다. 그리고 구마 의식을 통해 악마로부터 풀려나게 되었다.

하퀸 [Haquin] 스칸디나비아의 오래된 이야기엔 스웨덴의 늙은 왕이 등장한다. 그의 이름은 하퀸으로, 3세기에 통치를 시작해 5세기에 210세 나이로 사망했다. 그의 통치 기간만 190년이었다. 신하들이 그를 상대로 반기를 들었을 때, 왕은 이미 100세였다. 왕은 웁살라Uppsala에서 존경하는 주신 오딘Odin의 신탁을 듣고자 했다. 신탁은 하퀸에게 남은 외동아들을 제물로 바칠 것을 지시했다. 그리하면 왕의 수명은 60년이 연장되고 통치를 이어갈 수 있다고 덧붙였다. 하퀸은 신탁을 따랐고, 신들은 약속을 지켰다. 그리하여 왕은 150세에도 정정하였다. 하퀸은 새로운 아들을 낳고 160세에는 다섯 자식을 더 두었다. 어느 날 그는 죽음이 다시 다가오는 것을 느꼈다. 왕은 다시 수명을 연장하고 싶어 했다. 이에 신탁을 내리는 사제는 자식 중 첫째를 희생하면 10년을 더 통치할 수 있다고 말했다. 하퀸은 이를 따랐다. 두 번째 약속은 그에게 10년의 수명을 더 주었다. 그는 수명 욕심 때문에 반복해서 자식을 제물로 바쳤다. 그리고 이제는 더 이상 수명을 늘릴 수 없는 마지막 시간이 찾아왔다. 하퀸은 매우 노쇠했지만, 여전히 숨이 붙어있었다. 그가 마지막 핏줄을 희생해 제물로 바치고자 했을 때 군주와 그의 야만적 행위에 지친 백성들은 하퀸을 왕좌에서 끌어내렸다. 그는 숨을 거뒀고, 하퀸의 아들은 왕좌에 올랐다. 드 랑크르Pierre de Lancre는 이 군주가 위대한 마법사였으며, 원소 정령들의 도움으로 적을 물리쳤다고 기록했다. 예를 들면 비나 우박을 내리는 방법을 이용해서 말이다.

하리디 [Haridi] 이집트 도시인 아크민Akhmin에서 숭배받은 뱀. 몇 세기 전, 수도승 하리디는 아크민에서 사망하였다. 이후 산 아래 그를 위한 둥근 묘지가 만들어졌고 주민들은 묘지를 찾아 기도를 올렸다. 다른 수도승은 순진한 이들을 이용할 목적으로 하리디의 영혼이 뱀의 육신으로 옮겨졌다고 속였다. 그는 테바이드Thebaid에서 사람을 공격하지 않는 뱀 한 마리를 찾아 길들였다. 이 파충류는 그의 목소리에 복종했다. 수도승은 뱀이 나타날 때 온갖 사기 행각을 동원했다. 그는 주민들을 속여 모든 병을 낫게 할 수 있다고 말했다. 그리고 몇 번의 성공을 통해 수도승은 큰 인기를 얻게 되었다. 그의 후계자들 또한 돈벌이가 되는 사기행각을 돕는데 스스럼이 없었다. 이들은 뱀이 불멸이라 말하며 돈을 벌어들였고, 공개적으로 이를 시험하는 파렴치함까지 보였다. 뱀은 아미르Emir*가 보는 앞에서 여러 조각으로 잘렸고, 두 시간 동안 항아리에 담겼다. 이후 항아리를 들었을 때, 수도승의 하수인들이 바꿔놓은 유사한 뱀이 등장했다. 사람들은 기적이 일어났다고 소리쳤고, 불멸의 하리디는 더 큰 존경을 받게 되었다. 폴 루카스Paul Lucas는 이 짐승의 경이로운 소문을 확인하기 위해 아크민으로 떠났다. 아산 베이Assan Bey를 찾아가자, 수도승은 뱀(또는 천사라고 불리는 뱀)과 함께 등장했다. 그리고 그가 보는 앞에서 마법의 짐승을 꺼내 보였다. 폴 루카스는 그것이 보잘것없는 몸집을 지녔으며, 순해 보이는 독없는 뱀의 일종이었다고 말했다.

* 통치자를 의미하는 이슬람어.

하로 [Haro] 스페인의 귀족 가문. 요정을 조상으로 두었다고 주장한다.

하롤드 겜손 [Harold-Germson] 노르웨이의 왕. 그는 아이슬란드를 공격하기 위해 재능있고 박식한 트롤드만Troldman(마법사)을 밀사로 보내 샅샅이 조사하라 명했다. 트롤드만은 눈에 띄지 않기 위해 고래로 변신해 헤엄을 쳐 아이슬란드로 향했다. 그러나 그의 정체를 알아챈 아이슬란드의 한 마법사가 작은 배에 올라 그를 쫓았다. 또 휘파람을 불어 아이슬란드를 수호하는 정령인 란드바이티르Landvaettir들에게 경고했다. 정령들은 용의 모습을 하고 나타나 고래에게 독을 퍼부었다. 겨우 탈출에 성공한 트롤드만은 이번에 거대한 새의 모습으로 변신했다. 아이슬란드의 마법사는 창을 던져 새를 공격했다.

상처를 입은 그는 추락했고, 브리다포르트Bridafort 인근에서 무시무시한 황소로 변신했다. 하지만 역시 들켜 정찰에 또 실패하고 말

았다. 마지막으로 거인으로도 변신해 보았으나, 이 시도 또한 무산되고 말았다. 하롤드 겜손은 그렇게 원하던 정보를 얻지 못했다.

이 이야기는 고대 이교도 시인이 지어낸 것으로, 실제 있었던 일을 바탕으로 만들어졌다. 이는 사실 스칸디나비아 왕들인 올라프 트뤼그바손Olaf Triggvason과 하랄드Harald(하롤그 겜손)가 아이슬란드를 기독교화시키기 위해 들인 노력을 의미한다. 이들은 마법사가 아닌 선교사들을 아일랜드로 보냈고, 기독교를 전파하는 것에 큰 노력을 들였다. 결국 기독교가 그곳에서 자리를 잡았음에도, 훗날 이는 루터교Lutheranism로 발전되었다. 하지만 마법사들의 전통은 오늘날까지도 이어지고 있다(1).

(1) 레우존 르 뒥Léouzon-le-Duc의 『니칸데르의 룬 검 Glaive runique de Nicander』. 번역본 속 아름답고 조예 깊은 서문을 참조할 것.

하프 [Harpe / Harp] 칼레도니아인 Caledonians들은 유명한 전사가 위험에 처하면, 하프가 스스로 불길한 소리를 내며 이를 예언한다고 믿었다. 대부분 조상의 유령이 나타나 하프 줄을 건드리는데 이에 맞춰 음유시인들은 죽음의 노래를 시작했다. 이 노래가 없이는 그 어떤 전사도 하늘 궁전에 오를 수 없었다. 이로운 노랫소리 덕분에 다른 유령들은 자신의 거처에서 환상의 무기로 무장한 후, 열성을 다해 죽은 영웅을 맞이했다.

아르프 [Harppe] 17세기 작가 토마스 바르톨린Thomas Bartholin은 오래된 마녀 란델라 Landela로부터 들은 13세기 혹은 14세기의 한 일화를 언급했다. 란델라는 이 이야기를 한 번도 책으로 발간하지 않았다. 이야기는 다음과 같다. 아르프라는 북부의 한 남성은 임종이 다가오자, 아내에게 자신을 부엌문 앞에 선 채로 매장해달라고 요청했다. 이는 그가 생전 좋아하던 스튜의 맛을 기억하고, 집안에서 일어나는 일을 보고 싶었기 때문이었다. 아내는 그의 부탁을 충실히 행했다. 아르프가 죽고 얼마 지나지 않아 그가 종종 끔찍한 모습을 하고 오가는 것이 주민들에게 목격되었다. 되살아난 아르프는 마을의 노동자를 죽이고 이웃들을 괴롭혔다. 주민들은 아르프의 행각 때문에 마을에 살 엄두를 내지 못했다. 하지만 농부 올라우스 파Olaus Pa는 이 흡혈귀에 용맹하게 대항했다. 그는 고작 한 마리의 흡혈귀라고 생각할 뿐이었다. 농부가 흡혈귀의 몸에 창을 명중시키고 상처에 깊이 박자 더 이상 이 흡혈귀는 나타나지 않았다. 다음 날, 올라우스는 고인의 무덤을 파헤쳐 보았다. 놀랍게도 아르프의 몸에 농부의 창이 박혀있었다. 그가 흡혈귀를 공격한 부위와 같은 부위였다. 심지어 시체는 썩지 않은 채였다. 사람들은 아르프의 시체를 꺼내 태웠고 재는 바다에 뿌렸다. 이후 다시는 끔찍한 귀신이 나타나지 않았다(1).

돔 칼메Dom Calmet는 다음과 같이 말했다 (그의 말이 사실이라면). '흡혈귀 아르프가 모습을 드러냈을 때, 실제로 그의 시신이 땅 밖으로 나온 것이었다. 창이 박힌 상처로 보아 그의 육신은 만질 수 있고 상처를 입힐 수 있는 것으로 보인다. 그렇다면 그는 어떻게 무덤에서 나왔으며 다시 들어갔을까? 이해하기 쉽지 않은 부분이다. 마법사들이 개, 늑대인간, 고양이 등으로 변신했을 때 얻은 상처가 본래 모습일 때도 그대로 있는 것을 참고해 본다면, 아르프 시신에서 상처가 발견된 것이 그리 놀라운 일은 아니다.' 이 이야기의 가장 놀랍고도 잘 알려지지 않은 진실은 이야기가 제대로 변질되었다는 사실일 것이다. **참조.** 흡혈귀Vampires.

(1) 바르톨리니Bartolini, 『죽음에 대한 경멸의 원인De causa contemptus mortis』 등, 2권.

아르빌리에(잔) [Harvilliers(Jeanne)] 16세기 초 콩피에뉴Compiegne 인근에 거주하던 마녀. 종교 재판 당시 잔은 12살 때 어머니가 자신을 악마에게 소개했다고 고백했다. 또 악마는 검은 옷을 입고 검은 피부를 한 큰 덩치의 남자였다고 덧붙였다. 악마는 잔이 소환하면 승마화를 신고 박차와 검을 착용한 모습으로 나타났다. 악마와 그가 탄 말의 형상을 볼 수 있는 건 오직 그녀뿐이었다. 악마는 타고 온 말을 문 앞에 두곤 했다. 잔의 어머니는 종교재판을 받고 화형을 선고받았다. 여러 다른 범죄를 저지른 잔 역시 50세의 나이로 화형을 선고받았다. 이는 1578년 4월

마지막 날 일어난 일이다.[1]

(1) 쥴 가리네Jules Garinet, 『프랑스 마법사Histoire de la Magie en France』, 133페이지.

하비 [Harvis] 현대 이집트 마법사들을 부르는 명칭. 테오도르 파비Theodore Pavie는 다음과 같이 말했다.

"어느 시대든 이집트에는 항상 마법사들이 있었다. 모세Mose를 적대하며 무수한 마법을 행하는 점술가들을 이기기 위해 히브리인Hebrew 법관은 여호와로부터 적들을 물리칠 무적의 힘을 요청해야 했다. 아랍에서 스페인으로 전파된 카발라, 마법, 오컬트는 이미 유럽 전역에 퍼져있다. 이는 처음부터 인간의 특권이었던 초자연적인 힘이다. 과거에는 신이 '창조의 원소'들의 이름을 불러 이를 지배하였다. 오늘날, 과학의 발전으로 쇠퇴한 마법사는 물질에 대한 통제력을 점점 잃고 있다. 그리고 이제 사람들은 신비로운 마법보다 물질 그 자체를 연구한다. 마법이 길을 잃었거나, 적어도 그렇게 보이는 학문이 되었다는 것은 명백하다.

그러나 이집트는 마법 전통을 보존했다고 주장한다. 카이로Cairo 나일Nile 강 연안의 점술가들은 여전히 굉장한 유명세를 누리고 있다. 이들은 단지 저주하거나, 불행을 예고하는 것 외에 다양한 능력을 갖추고 있다. 티롤Tyrol 또는 스코틀랜드 마법사들처럼 두 번째 눈을 가지지 않고서도 말이다. 이들은 무작위로 고른 아이의 손바닥에서 멀리 떨어져 있는 초면의 사람을 불러낼 수 있다. 그리하면 아이는 이 사람의 모습을 자세히 묘사해낸다. 가장 유명한 하비는 여러 유럽인 여행자들 앞에서 일할 영광을 얻기도 했다. 사람들은 이 하비가 쓴 글을 열중해 읽고, 그 또한 자신의 명성에 해를 입지 않도록 맡은 일을 잘 해냈다. 나에게는 거부할 수 없는 세 가지 열망이 있었다. 하나는 하비를 만나는 것이고, 다른 하나는 그의 마법을 보는 것, 마지막으로 동방 마법에 익숙한 내 두 눈으로 이를 판단하는 것이었다. 그리고 그 기회가 찾아왔다.

이는 이집트 수도 카이로의 여인숙 중 한 곳에서 일어난 일이다. 위대한 하비에 관한 여러 논쟁이 벌어진 후, 만장일치로 그의 도움을 청하게 되었다. 그 식탁에는 온통 영국인들뿐이었다. 저녁 식사가 끝날 무렵, 하비가 도착했다. 그는 고개를 살짝 움직이며 방에 들어와 거실 구석 긴 의자 끝에 앉았다. 그의 앞에는 커피와 담배가 대접 되었다. 그는 사람들의 탐색하는 눈빛을 받으며, 중요한 일이라도 되는 듯 명상에 잠겼다. 이 하비는 알제Algiers에서 태어났다고 했다. 그의 외모에선 우아함을 찾아볼 수 없었으며 날카로운 눈만 살포시 뜨고 있었다. 또 반백의 수염 사이로 작은 입이 보였고 입술은 얇고 꼭 닫혀 있었다. 이집트인보다 날렵한 그의 용모는 베두인Bedouin처럼 냉정하거나 야성적인 모습과는 거리가 멀었다. 그는 키가 크고, 오만하며, 건방졌고, 우월한 사람처럼 굴었다. 이때 방에 있던 이들 중 몇몇은 긴 담뱃대를, 몇몇은 수연통을 이용해 담배를 피웠다. 그러는 동안 꼼짝하지 않고 있던 하비는 우리의 얼굴을 뜯어보며, 우리가 그를 얼마나 신용하는지 확인하였다. 그는 갑자기 주머니에서 칼람Calam(깃털의 일종)과 잉크를 꺼냈다. 더불어 향로를 요청했고, 긴 종이에 알 수 없는 문장으로 글을 한 줄씩 써 내려가기 시작했다. 뒤이어 이 종이를 찢어 불어 던져 넣자, 마법이 시작되었고 한 아이가 방 안으로 등장했다. 아이는 7세에서 8세 정도로 보이는 누비아인Nubian으로, 방에 있는 이들 중 한 명의 노예였다. 아이는 모국을 떠난 지 얼마 되지 않았으며 하비의 잉크만큼이나 피부가 검었다. 아이는 소박한 튀르키예식 복장을 우스꽝스럽게 걸치고 있었다.

하비는 아이의 손을 잡고, 잉크를 한 방울을 떨어뜨렸다. 그리고 갈대 깃펜으로 이를 문질러 퍼뜨렸다. 뒤이어 하비는 아이의 머리를 자신의 손바닥 위에 숙이게 하여 아무것도 보지 못하도록 만들었다. 아이는 방 한 구석에 있었고, 하비는 그 곁에 서서 사람들을 향해 등을 돌렸다.

'K 부인이 왔는가?' 군중 가운데 가장 혈기 왕성한 자가 소리쳤다. 그리고 아이는, 얼마간의 갈등 끝에 중얼거리기 시작했다.

그의 주인이 물었다 '뭐가 보이느냐?'. 하비는 점점 더 진지한 모습으로 마법 시를 중

얼거렸다. 그리고 로브 아래에서 한 웅큼 꺼낸 종이를 태웠다.

누비아인 아이가 답했다. '군기, 모스크, 말, 기사, 음악가, 낙타가 보입니다….'

이성적인 구경꾼이 낮은 목소리로 말했다. '그것들은 K 부인과 연관이 없군.'

K 부인을 소환하고 싶었던 하비는 소리쳤다. '똑바로 보거라Shouf ta'ib ! Shouf ta'ib !' 아이는 입을 닫고 우물거렸다. 이후 아이는 누군가가 보인다고 말했다.

하비는 물었다. '여자인가, 남자인가?' 아이는 답했다. '여자입니다!' 하비는 우리의 눈빛을 읽으며, 불신하는 사람들의 마음 중 절반은 바꾸었다고 생각한 듯했다. 하비는 물었다. '그 여자가 어떻게 생겼는가?'

아이가 말을 이어갔다. '아름답고 좋은 깨끗한 옷을 입었습니다. 손에는 꽃다발을 들고 있고, 발코니 근처에서 아름다운 정원을 쳐다보고 있습니다.'

이에 노예의 주인이 옆 사람에게 말했다. '이 노예가 로렌스Lawrence의 초상화를 본 적이 있는 것 같군.' 그는 자신이 추측이 옳다고 생각했다. 하지만 아이의 눈앞에는 생전 처음 보는 광경이 펼쳐졌다. 느리고 말이 끊어지던 아이는 몇 초 뒤에 이렇게 외쳤다. '근데 이 아름다운 여성에게 다리가 세 개 있습니다!'

아이에게 주먹을 휘두르지 않기 위해 애쓰고 있던 하비는 억지로 웃음을 지었다. 하비는 우아하지만, 힘들게 아이에게 말했다. '똑바로 보거라Shouf ta'ib !' 아이는 몸을 떨었다.

그리고 아이의 손바닥에서 보여지는 인물은 정말 다리가 세 개 달려있었다.

우리 중 그 누구도 이 환영을 설명할 수 없었다. 흑인 소년이 또 다른 노예로 대체되었다. 잠시 쉬는 시간 동안, 마법사는 많은 마법 구절을 읊으며 종이들을 태웠다. 다시 흥분된 분위기가 이어졌고 커피가 또 제공되었다. 군중들은 아까보다 더 기대하기 시작했다. 이들은 이번에 F. S.경을 불러 보자고 하비에게 권했다. 그는 한쪽 팔을 잃었기에 알아보기가 쉬울 것으로 생각했기 때문이었다. 새로운 흑인 소년이 같은 방식으로 잉크 방울을 향해 고개를 숙였고 모두가 침묵했다. 이번에도 군중 가운데 한 사람이 외쳤다. 'F. S.경이 왔는가?' 그리고 소년은 처음 듣는 이 남자의 이름을 또박또박 따라 읊었다. 뒤이어 이 소년 또한 말, 낙타, 군기와 음악가 무리가 보인다고 말했다. 잉크의 마법이 이름 불린 사람을 소환하기 전에, 방안은 전조와 혼돈의 기운이 감돌았다. 하비는 프랑스어, 영어, 이탈리아어를 하지 못했지만, 군중들의 눈빛에서 무언가를 기대한다는 것을 알아챌 수 있었다. 그는 F. S.경이라는 인물 외형에 특별한 점이 있음을 짐작했다(예전에 그는 팔다리가 하나씩 없는 넬슨Nelson을 소환하라는 요청을 받은 일이 있었다. 이번에도 이와 비슷한 인물임을 알아챘다). 소년은 혼란스러운 답변을 하다가 갑자기 소리쳤다. '그분이 보입니다! 기독교 신자이고, 터번을 쓰고 있지 않아요. 녹색 옷을 입었고…. 팔이 하나밖에 없습니다!' 이 말에 우리는 마치 승리자처럼 미소를 교환했다. 역시 마법은 존재하는 것이었다…. 하지만 자유사상가인 내 옆의 사람은 수연통의 물을 끓이더니 (여기에선 끔찍한 소리가 흘러나왔다), 하비를 쳐다보았다. 그러자 이 점쟁이는 우리의 생각을 잘못 해석한 듯 했다. 하비는 우리가 그를 사기꾼처럼 보아 웃었다고 생각하며 안절부절하고 있었다. 그는 아이에게 물었다. '팔이 하나밖에 보이지 않느냐? 다른 쪽은?' 아이는 대답하지 않았고, 커다란 침묵이 방을 채웠다. 향로 속에서 작은 종이들이 더 활활 타오르는 소리가 들렸다. 소년이 대답했다. '다른 팔이 보입니다. 잘 안 보이게 등 뒤

쪽으로 두고 있었어요. 그 손으로 장갑을 들고 있습니다!'"

그렇게 테오도르 파비 앞에서 마법을 시연해 보이려던 하비는 실패 했다. 혹은 충분히 능란하지 못했다[1].

레옹 드 라보르드Leon de Laborde는 이보다 더 운이 좋았다. 다음은 1833년도에 그가 《두 세계의 논평Revue des Deux-Mondes》에 실은 흥미로운 글이다. 그의 저서 『창세기의 지리학적 해설Commentaires géographiques sur la Genèse』에서도 이 이야기가 등장한다.

"오래된 지역인 동방은 마법과 과학의 기원으로 여겨진다. 이는 현혹하는 상상력, 불가사의한 지식, 강력한 비밀들과도 연관이 있다. 1827년 어느 아침, 카이로에서 여러 달을 보낸 프루도Prudhoe 경에게서 연락이 왔다. 그는 마법에 능한 알제리인Algerian 아흐메드Ahmed가[2] 집에 방문해 놀라운 마법을 보여주기로 약속돼 있음을 알려주었다. 나는 동양 마법 자체에 불신을 가지고 있었지만, 초대에 응하기로 했다. 재미있는 경험이 될 것으로 생각했기 때문이었다. 프루도경은 나를 평상시처럼 따뜻하게 맞이해 주었다. 그는 타지에서 진행하는 고된 연구에도 활발한 성격을 잃지 않고 있었다. 키가 크고 우아한 알제리인은 녹색 터번과 잘 어울리는 로브를 차려입고 도착했다. 입구에서 신발을 벗은 그는 긴 의자에 앉았고, 이집트 풍습에 따라 우리에게 인사를 건넸다. 부드럽고 친근한 표정, 활력있는 듯하지만 응시하지 않으려는 눈빛을 보고 나는 그가 전통 마법사가 아니라는 것을 느꼈다. 그는 말하는 사람을 보지 않고 오른쪽, 왼쪽으로 시선을 옮겼다. 작가 또는 법률가처럼 검소하게 차려입은 그는 마법을 포함한 여러 주제에 관해 이야기했다. 특히 대화에서 언급한 다른 비밀과 다르게 자신의 마법이 대중을 상대로 한 실험이라고 말했다. 대화는 계속 이어졌고 그에게 담뱃대와 커피가 대령 되었다. 그리고 마법에 필요한 두 명의 어린아이가 도착했다.

뒤이어 마법 쇼가 시작되었다. 군중들은 아흐메드 주변에 원을 그리며 앉았다. 아흐메드는 아이 하나를 자신의 옆에 앉혔다. 그리고 손을 잡고 뚫어지게 쳐다보았다. 이 아이는 11세였고 아랍어를 유창하게 구사하며, 유럽인 부모를 두고 있었다. 아이는 아흐메드가 필기대에서 깃펜을 꺼내자 불안한 표정을 지었다. 아흐메드는 아이를 다독였다. '두려워하지 마렴. 나는 그저 손에다 몇 자적을 뿐이란다. 너는 그것을 보기만 하렴' 아흐메드는 아이의 손에 사각형을 그리고 이상한 문자와 숫자를 그려 넣었다. 그리고 가운데 잉크를 살짝 붓고 반사되어 보이는 것을 말해달라 요청했다. 아이는 자신의 얼굴이 비친다고 답했다. 이에 아흐메드는 향로를 하나 가져올 것을 부탁했다. 그리고 종이 포장을 펼쳐, 몇 가지 재료를 꺼낸 뒤 비율에 맞춰 불에 던져 넣었다. 아흐메드는 아이에게 다시 잉크 속을 들여다보길 요청했다. 그리고 만약 광장을 청소하는 튀르키예 병사가 보이면 알려달라고 요청했다. 아이는 손바닥을 향해 머리를 숙였다. 난로 속 석탄에서는 던졌던 재료들이 툭툭 소리를 내며 튀고 있었다. 아흐메드는 귀에 들리지 않을 정도로 낮은 소리로 여러 단어를 발음했다. 이 소리는 조금씩 커졌다. 침묵은 점점 깊어지고, 아이는 손바닥을 계속 바라봤다. 향로에서는 연기가 몽실 올라가며 강한 향내를 풍겼다. 아흐메드는 분위기 고조를 위해 목소리를 조금 강하게 내었다. 그러자 갑자기 아이가 머리를 뒤로 젖히며 울기 시작했다. 겁을 먹은 아이는 무서운 얼굴을 보았다고 말했다. 아이는 숨이 넘어갈 듯 울며 더 이상 손바닥을 보기 싫다고 외쳤다. 하지만 아흐메드는 이를 보고 전혀 놀라지 않았다. 그는 조용히 이야기했다. '아이가 겁먹었군요. 잠시 가만히 두시죠. 여기서 더 강요하면 아이는 망상으로 더 겁에 질릴 것입니다'

뒤이어 집에서 일하는 아랍인 아이를 불러 왔다. 그는 살면서 마법사를 한 번도 만난 적이 없었다. 아이는 앞선 사건에도 동요하지 않고 신이 나서 준비 과정에 참여했다. 그는 즉시 손바닥의 패인 부분을 응시했고, 잉크 속에서 자신의 얼굴이 비치는 것을 보았다. 두꺼운 연기를 타고 향이 퍼져나갔고, 아흐메드는 이번에도 단조로운 주문을 읊었다. 그의 목소리는 마치 주의를 끌듯 커졌다 작아지기를 반복했다. 여전히 아이는 손바닥을 보고 있었다. 아흐메드는 아이에게 물었다. '그가 무엇을 걸치고 있느냐?' 아이가 답했다. '은자수가 있는 붉은 외투를 입고, 터번을 차고 있습니다. 그리고 허리에는 총들이 채워져 있어요.' 아흐메드의 질문은 계속되었다. '그래, 그는 무얼 하고 있느냐?' 아이는 붉은색, 녹색의 줄무늬가 있고 윗부분에 금빛 공들로 장식된 화려한 천막을 묘사했다. 그리고 그 앞 광장을 빗질하는 남성이 있다고 말하였다. 아흐메드는 아이를 부추겼다. '이제 누가 오는지 보아라.' 뒤이어 아이는 황실 사람 모두를 대동한 술탄의 등장을 보며 놀랐다. 그리고 외쳤다. '오, 이렇게 아름답다니!' 아이는 마치 쌍안경으로 더 넓은 공간을 살피듯 좌우를 살폈다. 질문이 이어졌다. '말은 어떠한가?' 아이가 답했다. '머리 위에 깃 장식을 한 백마예요!', '술탄은?' 아이는 간결하게 설명했다. '검은 수염이 있고, 녹색 베니슈Benisch를 입었어요.'

아흐메드는 이번에 우리를 보며 말했다. '자 이제, 나타났으면 하는 사람의 이름을 부르십시오. 이름을 분명하게 발음해야 주술이 제대로 진행됩니다.' 우리는 서로를 쳐다보았다. 하지만 갑작스러운 제안에 누구도 특정인의 이름을 기억해 내지 못했다. 결국 프루도 경을 따라온 펠릭스Felix 장교가 말했다. '셰익스피어Shakespeare.' 이에 아흐메드가 아이를 보며 말했다. '병사에게 셰익스피어를 데려오라고 하거라.' 그러자 아이가 지도자의 목소리로 외쳤다. '셰익스피어를 데려와라!' 이후 마법사의 난해한 주문 몇 개가 이어졌고 아이가 다시 외쳤다. '저기 있다!' 우리는 설명이 불가능할 정도로 놀라며, 아이의 말 하나하나에 집중했다. 아흐메드가 아이에게 물었다. '그는 어떠한가?' '검은 베니슈를 입었어요. 검은 옷을 입고, 수염이 있어요.' 마법사가 자연스러운 태도로 우리에게 물었다. '그가 맞습니까? 고향이나 나이를 물어도 괜찮습니다.' 내가 물었다. '그가 어디서 태어났느냐?' 아이가 답했다. '물로 둘러싸인 나라예요.' 그 대답에 우리는 더 놀랐다. 속임수를 너무 쉽게 믿는 경솔한 사람이었던 프로도 경은 크래독Cradock을 불러달라고 했다. 아흐메드는 일련의 과정을 거치고 다시 아이에게 물었다. '무슨 옷을 입었느냐?', '붉은 옷을 입고, 머리 위에는 크고 검은 타르부쉬Tarboush를 썼어요. 그리고 우스꽝스러운 부츠를 신었네요! 저런 건 본 적이 없어요. 검은색이고, 다리 위를 덮고 있어요.'

어설픈 일부 표현에도 불구하고, 이 대답들은 속임수가 아닌 명백한 진실이라는 것을 알 수 있었다. 아이는 본인이 보는 새로운 것들을 설명해 냈다. 예를 들어, 셰익스피어는 베니슈라고 불리는 검은 외투를 입고 있었다. 상하의 모두 검은 옷은 동방에서는 일반적으로 착용하는 복장이 아니었다. 이는 유럽에서 유행하던 것이었다. 마찬가지로 현재는 프랑스 복장에 수염을 기르는 일이 없기에, 아이의 눈에는 이상하게 보일 수 있었다. 또한 물로 뒤덮인 나라라고 설명한, 그의 고향에 대한 묘사는 실제로 놀라운 것이었다. 파샤Pasha 근처에서 외교 임무를 수행하던 크래독의 묘사는 더욱 놀라운 것이었다. 아이가 말한 타르부쉬는 세 모서리가 있는 군용 모자였다. 또 바지 위에 입는 검은 부츠는 아이가 생전 보지 못했던 것이라고 고백했다. 그런데도 아이는 이런 것들을 본 것이다.

우리는 계속해서 여러 사람이 나타나도록 요청했다. 그리고 아이의 대답은 깊은 인상을 남기는 무언가가 있었다. 끝으로 마법사는 우리에게 아이가 피곤해한다고 말했다. 그는 아이에게 고개를 들도록 한 다음 눈 위에 양손 엄지를 얹고 마법의 주문을 읊었다. 그리고 아이를 가만히 두었다. 아이는 마치 술에 취한 사람 같았다. 눈은 방향을 잃었고, 이마는 땀방울로 뒤덮였다. 마치 누군가에게 맞은 것처럼 보였다. 그러다 조금씩 정신을 차렸다. 아이는 기뻐하며 자신이 본 것에 만족했다. 또 즐겁게 이야기하며, 모든 상황을 되짚어 주었고, 마치 실제로 목격한 일을 이야기하듯 자세히 묘사해 주었다.

놀라움은 내 기대를 넘어섰다. 하지만 나는 더 큰 걱정이 있었다. 혹시라도 내가 본 것이 속임수이고 이것에 넘어간 것이 아닐지 하는 걱정 말이다. 결국 여기에 속임수가 동원되었는지 알아보기로 했다. 이 출현들은 모두 진짜인 것처럼 보이지만, 조작하기 쉬워 보이기도 했다. 내 목적은 이 주술 상황 속에서 가짜들을 골라내는 것이었다. 나는 조용히 방구석으로 이동한 뒤 통역관 벨리Bellier를 불렀다. 그리고 아흐메드에게 돈을 제시하고, 비밀을 캐낼 수 있는지 물어보라 요청했다. 물론 내가 평생 비밀을 지키겠다는 조건과 함께 말이다. 마법 쇼가 끝나고, 아흐메드는 그의 재주에 놀란 몇몇 관객과 이야기하며 담배를 피우고 있었다. 그리고 이후 그는 자리를 이동했다. 나는 벨리에게 답변을 들었는지 물었다. 벨리에는 아흐메드가 돈을 받고 비밀을 밝히겠다는 의지를 보였다 말했다. 또한 아흐메드는 돈의 액수는 나중에 결정하자고 말했다. 이를 밝히는 유일한 조건은 그가 살아있는 동안 비밀을 지키겠다는 약속이었다.

다음 날, 나는 엘아자르El-Azhar의 큰 모스크로 향했다. 아흐메드는 그 인근에 살고 있었다. 마법사는 정중하고 명랑하며 친절하게 우리를 맞이해 주었다. 그의 곁에는 아들이 즐겁게 놀고 있었다. 잠시 후, 아프리카 출신의 한 남성이 우리에게 담뱃대를 가져다주었다. 대화가 시작되었고, 아흐메드는 알제리에서 유명한 두 명의 현자로부터 자신의 지식을 얻게 되었다고 말했다. 아흐메드는 우리가 그의 능력을 일부밖에 알지 못한다고 덧붙였다. 그는 말했다. '제게는 누군가를 즉시 잠들게 하거나, 넘어지게 하거나, 구르게 하거나, 분노에 빠지게 하거나, 억지로 답하게 하거나, 비밀을 말하게 하는 재주가 있습니다. 또 제 의지대로 누군가를 구석진 곳 의자에 앉힐 수 있고, 이상한 행동을 하며 즉각 잠에 들도록 만들 수 있습니다. 하지만 그는 눈을 뜬 채로 말하며, 마치 깨어나 있는 사람처럼 보입니다.'

우리는 비밀의 액수를 정했다. 그는 40피아스터Piaster를 요구했고, 『코란Koran』을 걸고 비밀을 간직하겠다는 맹세를 하자고 했다. 이후 가격은 30피아스터로 흥정되었고 우리는 서약(마치 노래와 같았다)을 했다. 아흐메드는 아들을 불렀다. 우리가 담배를 피우는 동안, 그는 자신의 마법에 필요한 모든 준비물을 챙겼다. 아흐메드는 큰 두루마리를 작은 종이조각으로 자른 뒤, 손에 표식과 문자를 그렸다. 그리고 약간의

고민 후, 내게 종이를 주었다. 나는 그가 읊어주는 대로 다음의 기도문을 받아적었다. 'Anzilou-Aiouha-el-DjenniAiouha-el-Djennoun-Anzilou-Bettakki-Matalahoutouhou-Aleikoum-Taricki-Anzilou-Taricky.' 여기에 필요한 세 가지 향은 타케 마바키Takeh-Mabachi, 암바르 인디Ambar-Indi, 코솜브라 자오Kousombra-Djaou였다.

아흐메드는 내가 보는 앞에서 아들을 데리고 시연을 펼쳤다. 이 어린아이는 너무 익숙한 듯 더 쉽게 마법에 빠져들었다. 아이는 우리에게 독특한 사건들을 들려주었다. 이는 속임수에 대한 의심을 지울 만큼의 것들이었다. 다음 날, 이번엔 내가 아흐메드 앞에서 시연할 차례가 되었다. 나는 그가 내게 전수해 준 기이한 능력으로 해당 마법을 성공할 수 있었다. 이후 나는 알렉산드리아에서 새로운 실험을 해보기로 했다. 이 거리에서는 나는 어떤 아이를 선택해도 나와 지적 연관성이 없을 것이라 믿었다. 또 마법의 정확한 효력을 보기 위해 나는 시골에서 돌아오는 길 위에서 아이들을 무작위로 모집했다. 아이들과 함께 나의 마법은 시작되었다. 마법에 걸린 아이들의 말은 이전의 다른 아이들과 다르게 놀라울 정도로 정확했다. 나는 카이로Cairo에 있는 프루도 경을 불러왔다. 아이는 프루도 경의 복장을 묘사하며 말했다. '이상하네요. 은으로 된 검이 있어요.' 프루도 경은 아마 이집트에서 유일하게 은으로 된 검집을 사용하는 사람이었을 것이다.

카이로로 돌아왔을 때, 내가 마법사라는 소문이 이미 곳곳에서 돌고 있었다. 하루는 프랑스 영사관의 통역관인 므사라Msarra의 시종들이 나를 찾아왔다. 이들은 내게 도둑맞은 외투를 찾아 달라고 부탁했다. 나는 약간의 두려움을 가지고 의식을 행했다. 재산을 되찾길 기다리던 아랍인들은 나만큼 불안해하며 아이의 대답을 기다렸다. 불행히도, 빗자루질하는 튀르키예인은 보이지 않았다. 불속에 많은 향을 던져 넣어도, 가장 호의적인 정령들을 열렬히 소환해도 마찬가지였다. 하지만 결국, 그가 나타났고, 필요한 준비 과정을 거친 뒤 도둑을 알려주었다. 도둑의 모습, 터번, 수염에 대한 묘사는 관객들이 대경실

색하게 했다. 사람들은 모두 소리쳤다. '이브라힘Ibrahim이다. 맞아. 그인 게 분명해!' 나는 아이의 두 눈 위로 두 엄지를 올려 마법을 끝냈다. 모두는 이미 이브라힘을 쫓기 위해 서둘러 떠났다. 나는 그가 범인이 맞기를 바랐다. 그가 이로 인해 맞게 될 매질에 대해 어렴풋이 들었기 때문에…."

(1) 테오도르 파비가 읽은 발췌본은 1839년에 발표되었다. / (2) 이 사람은 이후에도 파비와 만날 일이 없었다. /* 중동의 화폐 단위.

우연 [Hasard] 고대 이교도들이 운명이라고 부르던 우연은 항상 숭배되었다. 그 본질이 아무것도 아님에도 불구하고 말이다. 노름꾼, 전사, 모험가, 복권의 행운을 찾는 이들, 카드놀이와 주사위 굴리기 그리고 룰렛에서 행운을 찾는 이들은 우연으로 인해 탄식한다! 도대체 우연이란 무엇인가? 우연은 우리가 알지 못하는 기회 또는 원인으로 인해 발생하는 뜻밖의 사건이다. 우연은 누군가에겐 행복한, 또 누군가에겐 불행한 일이다. '1597년, 아젱Agen에서 독일 점프로 자갈 위를 뛰던 독일인은 세 번째 뜀에서 온몸이 뻣뻣하게 굳어 사망하는 일이 있었다.' 독일 점프German Jump와 독일인German, 뜀Jump이 만들어 내는 기묘함, 명칭의 우연을 두고 드 랑크르Pierre de Lancre는 엄중히 말했다. '독일 점프에서 독일인이 세 번째 뜀을 하면, 죽음은 그가 사망의 뜀을 하도록 만든다….' 16세기에만 해도 사람들은 이러한 말장난에서 놀라운 우연을 찾곤 했다.

하스파리우스 유베디 [Hasparius-Eubedi] 성 아우구스티누스St. Augustine는 자신의 교구에 속했던 이 남자를 언급했다. 하스파리우스 유베디의 집에 악마가 들어왔을 때 성 아우구스티누스는 신부를 보내 악마를 쫓아냈다.[(1)]

(1)『신국La Cité de Dieu』, 22권, 8장.

핫치 [Hatchy] 참조. 하시시Hrachich.

하톤 2세 [Hatton II] 마인츠Mainz 대주교 자리를 탈취한 자. 1074년에 태어났으며 보노즈Bonosu라는 별칭을 가진다. 하톤 2세는 기근이 들었을 때 가난한 자들을 먹이길 거부했으며, 빵을 요구하던 이들이 한가득 자리한 곳간에 불을 질렀다. 하톤 2세는 비참한 죽음을 맞이했다. 이 탈취자는 라인Rhine 강기슭 작은 섬 어느 탑에서 병에 걸렸다. 이 탑에는 쫓아내기 어려울 만큼 쥐가 들끓었다. 그는 쥐 떼에게서 벗어나고자 다른 곳으로 거처를 옮겼지만, 쥐는 점점 개체수를 늘려갔고 헤엄까지 쳐가며 하톤 2세를 따라갔다. 그리고 결국 그를 찾아내 잡아먹었다. 범죄 행각으로 왕좌를 더럽힌 폴란드의 왕 포피엘 2세Popiel II 또한 쥐들의 먹이가 되었다.

오시(마리 드) [Haussy(Marie de)] 16세기의 마녀. 한 마녀는 집회에서 오시가 악마를 숭배하던 팍스Faks 교구의 마법사와 춤을 추는 것을 목격했다고 증언했다.[(1)]

(1) 드 랑크르Pierre de Lancre, 『악마의 변화론Tableau de l'inconstance des démons』, 44페이지.

헤카테 [Hécate] 거리와 교차로를 지배하는 사악한 여성. 그녀는 지옥에서 거리와 공공 도로의 질서를 담당한다. 헤카테는 말(오른쪽), 개(왼쪽), 여성(가운데)의 얼굴을 하고 있다. 델리오Martin Delrio는 '그녀의 존재가 땅을 흔들고 불을 일게 하며 개를 짖게 한다.'고 기록했다. 헤카테는 고대인들에게 삼중 헤카테 여신으로 불렸다. 그녀는 대지의 여신인 다이아나Diane이자, 지옥의 여신인 페르세포네Persephone 그리고 천상의 루나Luna 여신이었다. 이를 두고 천문학자들은 달의 세 가지 상에 해당한다고 주장했다.

헤카톤케이레스 [Hécatonchires / Heca-

toncheires] 거신족 티탄Titans과 함께 주피터Jupiter에 맞서 반란을 일으켰던 바다 거인들이다. 100개의 팔과 50개의 머리가 달려 있다고 하여 해당* 이름이 붙었다.

* 100을 뜻하는 '헤카톤'과 손을 뜻하는 '케이르'가 합쳐진 것이다.

헤클라 [Hécla / Hekla] 과거 아이슬란드인은 자신들이 사는 섬에 지옥이 있다고 생각했는데, 이는 다름 아닌 헤클라 산의 깊은 구렁이였다. 아이슬란드인들은 얼음이 부서지고 강가로 모일 때 나는 소리를 듣고, 지독한 추위에 고통받는 지옥 존재들이 내지르는 비명이라고 생각했다. 이들은 영원히 몸이 불에 타고 영원히 몸이 얼어붙는 형벌에 처한 영혼들이 지옥에 존재한다고 보았다.

카르다노Cardan는 헤클라 산이 귀신과 영혼의 출현으로 유명하다고 말했다. 카르다노와 르 루아예Pierre Le Loyer[(1)]는 마법사들의 영혼이 헤클라 산에서 벌을 받는다고 주장했다.

(1)『귀신의 역사Histoire des spectres』, 519페이지.

헥데킨 또는 호데켄 [Hecdekin, Hodeken] 색슨족Saxons의 악마. 평상시 착용하고 다니는 모자 때문에 해당 이름이 붙었다. 1130년 헥데킨(또는 호데켄)은 니더작센Lower Saxony주 힐데스하임Hildesheim에 여러 달을 머물렀다. 힐데스하임의 대주교는 군주이기도 했다. 이 두 개의 신분 때문에 대주교는 왕궁에 주로 있었고, 헥데킨은 그의 곁에 있기로 했다. 헥데킨은 왕궁에 자리를 잡고 사람들에게 자신의 존재를 알렸다. 도움이 필요한 자에겐 호의를 베풀었고, 불편해할 땐 조심스럽게 물러났다. 또 놀랍고 힘든 일을 선보이기도 했다. 헥데킨은 외교 문제에 관해 좋은 조언을 했고, 부엌에 물을 날랐으며 요리사들의 시중을 들었다. 이를 보면 12세기 당시 사회 통념이 오늘날보다 훨씬 더 단순했음을 알 수 있다.

헥데킨은 부엌과 거실을 드나들었다. 요리사 조수는 그를 점점 더 친하게 여겼고 결국 그를 환영하게 되었다. 여러 기록물에 따르면 어느 날 저녁, 한 조수가 그에게 욕을 했을 때 사건이 벌어졌다고 한다. 격노한 악마는 주방장에게 이를 불평을 했지만, 만족스러운 대답을 듣지 못했다. 결국 복수를 결심하게 된 헥데킨은 조수의 목을 조르고 다른 여럿을 죽인 뒤 주방장을 마차로 치어버렸다. 그는 왕궁을 떠나 다시는 나타나지 않았다[(1)].

(1)트리테미우스Trithème, 『히르조주 연대기Chronique d'Hirsauge』.

헤후가스트 [Héhugaste] 아우구스투스Augustus 황제와 친밀한 관계였던 실프Sylphs(공기의 요정). 카발리스트들의 주장에 따르면 오비디우스Ovid가 토미스Tomis로 유배된 것은 헤후가스트와 아우구스투스가 단둘이 있을 때 이를 목격했기 때문이라고 한다. 황제는 실프의 모습을 다른 이에게 숨겨야 했지만, 이를 지키지 못했고 결국 헤후가스트는 영원히 황제를 떠났다.

(1)『카발라 문자Lettres cabalistiques』, 1권, 64페이지.

헥사콘탈리토스 [Hékacontâlithos / Hexacontalithos] 육십여 개의 또 다른 돌을 안에 숨기고 있는 광석. 혈거인들은 마법을 행할 때 악마에게 이를 바쳤다[(1)].

(1)드 랑크르Pierre de Lancre, 『악마의 변화론Tabl. de l'inconstance des démons』, 18페이지.

헬 [Héla / Hel] 앙게르보드Angerbode의 딸. 고대 게르만인들에게 망자들의 여왕으로 여겨졌다. 그녀의 목구멍은 항상 열려있으며, 절대 채워지지 않는다고 한다. 헬이란 이름의 발음은 지옥Hell과 일치한다. 스칸디나비아 신화에서는 죽음의 권한이 헬에게 있다고 믿는다. 또 그녀를 니플하임Niflheim의 아홉 세계를 다스리는 주인으로 여긴다. 그녀의 이름은 불가사의, 비밀, 심연을 의미한다. 고대 킴브리족Cimbri은 밤이 되면 헬이 지옥에서 온 세 발 달린 말(헬헤스트Helhest)에 올라 흑사병을 퍼뜨린다고 생각했다. 그녀는 끔찍한 두 손으로 재앙을 일으키는 존재였다. 헬과 전투 늑대들은 오랫동안 노르망디Normandy에서 위세를 떨쳤다. 헤이스팅스Hastings 북방민들이 롤로Rollo의 노르만족Normans이 되었을 때, 모국어는 잊었을지라도 미신은 그리 쉽게 사라지지 않았다. 헬은 마왕 헬레퀸Hellequin을 탄생시켰다. 헬레퀸의 이름은 헬을 로마어로 변형시킨, 헬라 키온Hela-Kion에서 비롯되었다. 노르망디 공작 로베르 르 디아

블Robert le Diable의 아들 리샤르 상 페르Richard Sans Peu는 숲에서 사냥을 하던 중 헬레퀸을 만났다고 한다.

헬레퀸은 칼 마르텔Charles Martel과 이교도 사라센인Saracen 간의 전쟁에서 모든 재산을 탕진한 기사였다. 전쟁 이후, 귀족 신분을 유지할 수 없었던 헬레퀸과 그의 아들들은 악행의 길을 걷게 되었다. 이들은 강도가 되었고 그 무엇도 두렵지 않았다. 이때 헬레퀸의 피해자들이 신에게 복수를 요구했고, 이에 헬레퀸은 병에 걸려 사망하였다. 그리고 그가 저지른 죄는 영원한 저주로 돌아오게 되었다. 다만 이교도를 상대로 세운 신앙 업적이 인정되어, 죽기 전 저지른 몇몇 범죄들은 사면되었다. 헬레퀸과 그의 가족들은 사망한 뒤에도 영원히 멧돼지를 사냥하며 불행 속에서 구슬피 울어야 했다. 그리고 늘 끔찍한 사냥개 무리에게 쫓겼다. 이는 마지막 심판의 날까지 이어질 벌이라고 한다.

헬레나 또는 올레인 [Hélène / Helena, Oléine] 아디아베니트Adiabenites의 여왕으로, 예루살렘Jerusalem에 무덤이 있다. 이 무덤은 매년 특정 날짜에만 여닫을 수 있도록 조작되어 있다. 그렇기에 다른 날 열면 무덤의 모든 것이 무너진다.[1]

(1) 르 루아예Pierre Le Loyer, 『귀신의 역사와 귀신 환영 Histoire des spectres et Apparitions des Esprits』, 61페이지. 『신약성경의 전설Légendes du Nouveau Testament』 속 해당 여왕의 이야기를 참조할 것.

헬렌 또는 셀렌 [Hélène, Sélène] 마법사 시몬Simon의 비밀스러운 동반자.[1]

(1) 『지옥의 전설Légendes Infernales』 속 마법사 시몬의 이야기를 참조할 것.

헬레니움 [Hélénéion / Helenium] 플리니우스Pliny는 식물 헬레니움의 기원을 헬렌Helen의 교수형에 있다고 주장했다. 목이 매달린 떡갈나무 인근에 떨어진 그녀의 눈물 방울에서 헬레니움이 생겨났다는 것이다. 이 식물은 여성들을 아름답게 만들어 주는 효능이 있다. 또 포도주에 넣어 마시면 행복함을 느끼게 만든다.

헬가펠 [Helgafell] 유명한 아이슬란드의 산이자 지역의 명칭. 불분명한 주제를 두고 논쟁이 벌어질 때 협의에 이르지 못한다면 주민들은 헬가펠을 찾아 조언을 구했다. 헬가펠에서 결정한 모든 일들은 성공적으로 마무리된다고 생각했기 때문이다. 일부 가문은 사후에 헬가펠의 주민으로 다시 태어난다고 믿었다. 이 산은 성지가 되었으며, 얼굴과 손을 씻지 않고선 쳐다보는 것조차 금기시되었다.

헬헤스트 [Helhest] 세 발 달린 지옥의 말. **참조.** 헬Héla.

엘리아 [Hélias] 다음은 1623년 첫날, 파리 생 제르망Saint-Germain의 장 엘리아Jean Hélias에게 일어난 놀랍고 경이로운 사건이다. 이 사건은 어느 귀족이 기록하였다.[1] "1623년의 첫날 일요일 오후 4시경, 나는 하인 장 엘리아의 개종과 관련해, 노트르담Notre-Dame에서 고해신부와 이야기를 나누고자 했다. 이 하인은 자신이 속한 이교를 내려놓고 진정한 종교를 얻고자 했고, 우리는 한 시간 동안 그를 교육했다. 이후, 나는 소르본Sorbonne 대학의 박사인 생트 포이Sainte-Foi 씨의 집에서 남은 오후를 보냈고, 여섯 시경 집으로 다시 돌아왔다. 집에 돌아온 나는 엘리아를 불렀으나 아무런 대답이 없었다. 혹시 그가 마구간으로 갔는지 생각되어 이를 물었으나 아무도 그의 행방을 몰랐다. 나는 시종 한 명과 계단을 올라 열쇠로 잠긴 두 문을 찾았다. 첫 번째 방에 들어가 하인을 불러보았지만, 아무런 대답이 없었다. 알고 보니 그는 화롯불 옆에 머리를 기대고 누워있는 상태였다. 하인의 두 눈과 입은 벌어진 채였다. 나는 그가 술을 마셨다고 생각해 발로 차며 소리쳤다. '이 주정뱅이야, 일어나거라!' 그러자 하인이 눈을 들어 나를 쳐다보며 답했다. '저는 길을 잃었습니다. 저는 죽었습니다. 조금 전 악마가 저를 데려가려 했어요.' 이후 하인은 다시 방문을 닫고 불을 켰다. 그리고 난로 옆에 앉아 주머니에서 묵주를 꺼냈다. 그러자 굴뚝에서부터 불붙은 커다란 석탄이 떨어져 장작 받침쇠 사이로 내려앉았다. 갑자기 석탄이 물었다. '나를 떠나겠다는 것이냐?' 하인은 내가 말을 거는 것으로 생각하고 대답했다. '제가 그런 말을 했던가요?' 악마가 말했다. '너가 교회에 간 것을 내 눈으로 보았다. 왜 나를 떠나려 하는가? 나는 좋은 주인이다. 자, 여기 돈이 있다. 필요하면 얼마든 가져가라.' 하인 엘리아는 이를 거절했다. 그 모습을 본 악마는 그가 묵주를 버리게 만들려고 시도했다. '네 손에 들린 구슬들을 내게 주어라. 아니면 불에 던져넣어라.' 엘리아는 대답했다. '신은 내게 그것을 명하지 않을 것이고 나는 그 말을 듣고 싶지 않습니다.' 그러자 악마가 모습을 드러냈다. 시커먼 악마를 본 엘리아는 놀라 그에게 말했다. '당신은 내 주인이 아니었군요. 내 주인은 흰 프레이즈와 금장식이 달린 옷을 입습니다.' 그가 성호를 긋자, 악마는 즉시 사라졌다…"

이는 환각에 불과했을까?

(1) 랭글렛 뒤프레누아Lenglet-Dufresnoy, 『환영에 관한 논문 모음집Recueil de dissertations sur les apparitions』, 2권, 459페이지.

헬리오도로스 [Héliodore / Heliodorus]
악마와 계약을 맺은 마법사. 일부 사람들은 그가 디오도로스Diodorus와 동일인이라고 주장한다. 헬리오도로스는 카타니아Catania에서 마법 행위를 했으며, 이 이야기는 여전히 시칠리아Sicilia에서 전해져 내려오고 있다. 그는 마법사 시몬Simon, 버질Virgil 및 여러 유명한 마법사와 비교된다. 파우스트Faust가 악마 메피스토펠레스Mephistopheles의 섬김을 받았던 것처럼, 헬리오도로스는 가스파드Gaspard라는 사역마를 가지고 있었다. 헬리오도로스는 돌멩이를 금처럼 사용하였고, 악마 말을 타고 이동했다. 또한 체포하려는 자들로부터 도망가기 위해 환영을 사용했고 다른 모습으로 변신하곤 했다. 그리스어로 번역된 『성 레오의 생애Vie de saint Léon』엔 헬리오도로스가 대성당에 들어간 이야기가 기록되어 있다. 그곳에서 성 레오는 신성한 의식을 치르는 중이었다. 헬리오도로스는 자신이 마법을 부려 성인과 모든 신부를 춤추게 하겠노라 선언했다. 제단에서 내려온 성 레오는 마법사를 숄로 묶고 준비된 화형대로 데려갔다. 이렇게 악마와 계약한 인간은 재가 되었다.

헬리오가발루스 [Héliogabale / Heliogabalus] 로마의 황제. 모든 종교를 경멸하면서도 강령술에 몰두했다. 보댕Bodin은 그가 마녀 집회에 드나들며 악마를 숭배했다고 주장했다.

헬리오트로프 [Héliotrope] 녹색에 붉은 얼룩 또는 선이 있는 보석. 고대인들은 이 보석을 지니면 눈에 보이지 않게 된다고 믿었다. 이 외에도 헬리오트로프엔 다양한 능력이 있다고 한다. 태양의 운행과 밀접한 관계가 있는 동명의 식물에도 여러 민담이 존재한다.

헬레퀸 [Hellequin] 헬Hel에서 파생된 존재. 참조. 헬.

헬싱란드 [Helsingeland / Halsingland] 백색 여인이 살던 스웨덴의 고장. 이 여성은 오직 좋은 일만 했으며 '헬싱란드의 여인'이라고 불렸다.(1)

(1) 『정령과 악마의 전설Légendes des esprits et démons』 속 호데알디스Hodéaldis를 참조할 것

엔니서(르) [Hennisseur(Le)] 플랑드르Flanders의 작은 악마. 말이 기분 좋을 때 내는 것 소리와 비슷하게 울기 때문에 이러한 이름이 붙었다.

에녹 [Hénoch] 랍비들은 하늘로 올라간 에녹이 모든 천사의 환대를 받았으며, 천상 최초의 왕인 메트라톤Metraton과 미카엘Michel의 이름으로 불렸다고 주장한다. 또 그곳에서 이스라엘 민족의 생전 공덕과 죄를 기록하며 신과 아담Adam을 주인으로 섬겼다고 믿는다. 성 유다Saint Jude는 그의 서신에서 변심한 기독교인에 대한 에녹의 예언을 인용했다. '아담의 7대손인 에녹은 그들을 향해 다음과 같은 예언을 했다. 거룩한 이들을 거느리고 온 주께서 모든 인간을 심판하고 믿지 않는 자를 정죄할 것이다.'

우리가 가진 『에녹서The Books of Enoch』는 외경으로 여겨지며 성 유다가 이를 인용하진 않았을 것이다.

앙리 3세 [Henri III] 카테린 드 메디시Catherine de Medici의 아들. 그는 미신을 잘 믿었다. 그와 동시대 사람들은 앙리 3세를 마법

사로 묘사했다. 앙리 3세에 대적하며 발간된 소책자들은 그가 루브르Louvre에서 마법 학교를 만들었다고 기록했다. 또 다른 마법사들로부터 테라공Terragon(해당 단어를 참조할 것)이라는 사역마를 선물 받았다고 고발했다. 이 사역마는 솔로몬Solomon 학교에서 길러진 육십 악령 중 하나였다. 이 고발은 자크 클레망Jacques Clément의 습격을 발발한 요인이 되었다. 이에 앞서 앙리 3세의 적들은 밀랍상을 찌르는 저주를 통해 그를 살해하려는 시도를 한 적이 있었다.

디디에 밀로Didier-Millot가 쓴 『앙리 드 발루아(앙리3세)의 마법 행위와 그가 뱅센느 숲에서 악마에게 한 봉헌Les Sorcelleries de Henri de Valois et les oblations qu'il faisait au diable dans le bois de Vincennes』(1589년)이라는 작은 책은 앙리 3세의 암살 몇 개월 전에 출간되었다. '앙리 드 발루아, 데페르농d'Epernon, 왕의 충신들은 거의 공개적으로 마법 행위를 펼쳤다. 그들을 비롯한 타락한 가톨릭교도들은 황실 안에서도 공공연하게 이를 행했다. 데페르농의 집에선 마법과 관련된 종이가 가득 든 상자가 나왔다. 종이에는 히브리어, 칼데아어, 라틴어를 비롯한 미지의 문자들이 적혀 있었다. 또 여러 문양과 그림으로 둘러싸인 원형의 물건이 있었다. 더불어 거울, 향유, 약품, 흰 막대기(이는 개암나무로 추정된다)가 나왔는데, 사람들은 공포를 느끼며 즉시 그 물건들을 불태웠다. 최근 뱅센느 숲에선 4피트 크기의 은빛 사티로스Satyrs 둘이나 목격되는 일이 있었다. 이들은 금빛 십자가 앞에 있었는데, 십자가 가운데는 예수 그리스도Jesus Christ의 진짜 나무 십자가가 붙어있었다. 정치인들은 그것들이 촛대였다고 말했으나, 오히려 더 큰 의심만 낳았다. 이곳에 양초를 놓기 위해 지나는 사람은 아무도 없기 때문이었다. 도시의 남성들 또한 이 악마 같은 괴물들을 목격했다. 두 괴물 외에도, 무두질한 아이의 살가죽이 발견되었고 그 위에는 여러 마법 단어와 다양한 문자가 새겨져 있었다…' 앙리 3세의 왕가가 이 오컬트 문화에 관련되었다는 것은 앙리 3세의 애너그램이 증명한다. Henri de Valois(앙리 드 발루아)를 재조합하면 Vilain Herode(악당 헤롯)이 라는 단어가 나오기 때문이다.

하인리히 3세 [Henri III] 독일의 황제. 어렸을 적, 그는 한 신부로부터 은으로 된 파이프를 선물 받았다. 이는 아이들이 물을 뿌리는 데 쓰던 장난감이었다. 헨리는 이 작은 선물을 받으며 자신이 왕위에 오르면, 그를 주교로 만들어 줄 것이라고 약속하였다. 당시 독일에선 성직매매가 성행했고, 이를 없애기 위해 큰 노력을 기울이던 시기였다. 헨리는 1139년 왕위에 올랐고 신부를 주교 자리에 앉히며 자신의 약속을 지켰다. 그러나 왕은 곧 큰 병에 걸렸다. 그는 3일 내내 회생의 징후 없이 의식을 잃은듯했다. 그러다 맥박이 약하게 뛰며 다시 살아날 희망의 빛이 비쳤다. 건강을 되찾은 왕은 즉시 주교 자리에 앉혔던 성직자를 소환했다. 그리고 주변의 조언에 따라 그의 성직을 박탈했다. 이 기이한 결정을 정당화하기 위해, 그는 혼수상태 3일간 악마들이 과거에 받았던 파이프 장난감을 이용해 불의 정령보다 더 격렬할 불길을 왕에게 퍼부었다고 주장했다. 이 독특한 이야기는 12세기 역사가인 맘즈베리의 윌리엄William of Malmesbury을 통해 기록되었다.

하인리히 4세 [Henri IV] 독일의 황제이자 역사상 끔찍한 괴물 중 하나. 파문당한 뒤 비참한 죽음을 맞이했다[1]. 그의 아들 하인리히 5세Henri V는 그의 발자취를 따랐다.

(1) 『십자군의 전설Légendes des Croisades』 속 해당 주제를 참조할 것.

헨리 4세 [Henri IV] 영국의 왕. 마법사들을 쫓아내고 연금술사들을 지원했다. 에블린Evelyn의 『누미스마타Numismata』 기록에 따르면 헨리 4세가 타락한 것은 무분별한 지출로 인해 자금이 바닥났기 때문이다. 그렇기에 그는 연금술의 도움을 받아 바닥난 곳간을 채우려 했다. 이 독특한 계획의 기록은 현자의 돌 존재와 효능에 관한 엄숙하고 진지한 확언을 담고 있다. 그는 현자의 돌을 찾는 자들을 격려하고 모든 법규와 금지 조항이 방해되지 않도록 배려해 주었다. 헨리 4세는 예루살렘Jerusalem에서 죽을 것이라는 예언이 있었기에, 그는 늘 그 장소를 피했다. 하지만 웨스트민스터Westminster 사원에서 급작스럽게 병에 걸렸고, 예루살렘이라는 이름의 방에서 숨을 거두었다.

헨리 8세 [Henri VIII] 영국의 네로Nero인 그는 루터Luther, 칼뱅Calvin 그리고 그 일당들처럼 악마를 섬겼다.

앙리 4세 [Henri IV] 프랑스의 왕. 앙리 4세와 숫자 14를 연관 짓는 흥미로운 연구가 존재한다. 그는 서기 14세기 이후, 또 140년 이후, 그다음 14년 뒤에 태어났다. 앙리 4세는 12월 14일생이며 5월 14일에 사망했다. 그는 14년을 네 번 곱한 햇수에 14주와 14일을 더한 만큼 살았다. 마지막으로 그의 본명인 앙리 드 부르봉Henri de Bourbon은 14개의 알파벳 글자가 들어가 있다.

하인리히 사자공 [Henri le Lion / Henry the Lion] 브라운슈바이크Brunswick의 하인리히 공작. 12세기 후반 십자군 원정에 참여하다 돌아오는 길에 무인도로 홀로 떨어졌는데 그곳에서 사자와 교감을 나누게 되었다. 그는 무인도에서 7년간 고향을 그리워했다.

그러던 중 갑자기 악마가 앞에 나타나 자신에게 영혼을 팔면 고향으로 데려다 줄 것을 약속했다. 하인리히 공작은 이에 응했고 눈 깜짝할 사이 사자와 함께 고향 땅으로 돌아올 수 있었다. 풍설에 따르면 그는 1195년 무인도에서 구출되었던 것과 같은 방법으로 실종되었다. 하지만 이는 모험이며, 사자 이야기는 허구에 불과하다.[1]

(1)『지옥의 전설Légendes Infernales』 속 생 해당 모험 이야기를 참조할 것.

간점 [Hépatoscopie, Hiéroscopie / Hepatoscopy, Hieroscopy] 제물로 바쳐진 희생양의 간을 살펴보는 로마의 점술. 현대의 일부 마법사들도 짐승의 내장 속에서 미래를 찾아낸다. 주로 고양이, 두더지, 도마뱀, 박쥐, 두꺼비 또는 검은 암탉을 이용한다. **참조.** 하루스펙스AruspiceS.

페르히타 [Héra / Perchta] 베스트팔렌Westphalia의 이로운 요정. 크리스마스와 공현제 사이에 비행하며 지상에 풍요와 행복을 퍼뜨린다.

헤라이드 [Héraïde] 참조. 자웅동체Hermaphrodites.

헤르바디야 [Herbadilla] 과거 브르타뉴Bretagne 그랑 리유 호수Grand-Lieu가 있던 자리에는 베르투Vertou 숲 녹음에 덮인 그윽하고 비옥한 골짜기가 있었다. 낭트Nantes의 가장 부유한 시민들은 카이사르Caesar 군대를 피해 이곳에 보물을 이동시켜 두었다. 이들은 주변에 존재하는 아름다운 평원을 바탕으로 헤르바디야라는 도시를 세웠다. 또한 상업 활동으로 부를 축적하였는데, 이와 동시에 이들의 벽 안으로 악덕과 사치가 맴돌았다. 이는 신의 화를 부추겼다.

하루는 베르투의 생 마르탱Saint Martin이 헤르바디야 인근 참나무 아래에서 쉬고 있자, 어느 목소리가 들려왔다. "독실한 자여, 죄악에 빠진 이 도시로부터 달아나라." 생 마르탱이 달아나자, 갑자기 끔찍한 소음이 들리더니, 많은 양의 물이 깊은 동굴에서부터 흘러나왔다. 브르타뉴인들이 바빌론Babylon처럼 세웠던 골짜기는 순식간에 물에 잠겼다. 이 죽음의 물결 표면에 셀 수 없는 공기 방울이 생겨났는데, 이는 심연으로 사라지는 자들이 내뱉은 마지막 숨이었다. 이 형벌의 기억을 영원히 남기기 위해, 신은 물로 집어삼켜진 도시의 종소리가 들리도록 했으며, 전역에 뇌우가 쏟아지게 만들었다. 이 지역 인근에는 오벨리스크 모양의 돌이 있다. 이 돌은 골짜기의 물을 흘려보낸 구멍의 입구를 막고 있다. 그리고 이 구멍은 끔찍한 울음소리를 내는 무시무시한 거인의 감옥이다. 이 돌에 전해지는 전설은 이와 같다.

이 장소에서 동쪽으로 4리유* 정도 떨어진 곳에 커다란 돌 '생 마르탱의 노파'가 있다. 이 돌은 특별한 연유로 인간의 형상을 하고 있는데, 한때는 실존하던 여성이었다. 헤르바디야를 떠날 당시, 금기를 어기고 뒤를 돌아본 그녀는 동상으로 변했다.(1) **참조.** 이스Is.

(1) 마르샹지Marchangy, 『여행가 트리스탕 또는 14세기의 프랑스Tristan le voyageur, ou la France au quatorzième siècle』, 1권, 115페이지. / * 1리유는 약 4km 정도이다.

닭풀 [Herbe de coq / Cock's Herb] 파나마Panama의 주민들은 닭풀이라는 이름의 식물을 크게 찬양한다. 주민들은 이 풀이 목 잘린 닭의 척추뼈를 회복시켜 다시 살리는 효능이 있다고 믿었다. 이 풀은 흔하다고 알려져 있지만, 이상하게도 여행자들은 구경조차 할 수 없었다. 결국 이는 민담에 불과하다는 말이다.(1)

(1) 라 아르프La Harpe, 『여행기 요약Histoire abrégée des voyages』.

황금초 [Herbe d'or / Gold Herb] 참조. 바아라스Baaras.

저주초 [Herbe Maudite / Cursed Herb] 노르만인Norman 농부들은 저주초라는 꽃의 존재를 믿었다. 이 풀을 밟으면 본인은 앞으로 걷고 나아간다고 느끼지만 계속 원을 그리며 제자리를 돌게 된다. 즉 마법의 풀이 저주를 건 곳으로부터 한 발짝도 밖으로 나갈 수 없다.

혼란초 [Herbe qui égare / Confusion Herb] 페리고르Perigord에는 밟으면 영영 길을 잃는 풀이 존재한다. 잘 알려지지 않은 이 풀은 멜뤼진Melusine(바다의 정령)에 의해 세워진 뤼지냥Lusignan 성 인근에서 많이 발견된다. 혼란초를 밟고 지나간 이는 오래도록 길을 잃고 헤매는데, 그곳에서 멀어지려고 해도 마법의 경계 속을 벗어날 수 없다. 마법에 내성이 있는 길잡이가 나타나 그를 올바른 방향으로 인도하기 전까지 말이다.

허버트 [Herbourt / Herburt] 폴란드의 어느 가문. 사망하면 조류로 환생한다는 믿음을 가지고 있다.

이교 [Hérésies] 여러 이교가 태어난 배경을 조금이라도 주의 깊게 연구한 자는 이교를 설립한 모든 반역자가 (그 정도는 다르겠지만) 하나같이 악마가 된 타락 천사에 의해 빙의된 자들이었다는 걸 알 수 있다. 이 사악한 자들 가운데 그 누구도 호상을 맞이하지 못했다는 사실을 기억해야 한다.

에렌베르크(장 크리스토프) [Hérenberg(Jean-Christophe)] 『철학적 그리고 기독교적 관점에서 바라본 흡혈귀에 대하여Pensées philosophiques et chrétiennes sur les vampires』(1733년)의 작가.

자웅동체 [Hermaphrodites] 17세기 부리뇽 앙투아네트Bourignon Antoinette는 이 독특한 학설을 주장했다. 과거 이노켄티우스 3세Innocent III 교황 재위 당시엔 혁신적인 이교가 있었다. 이들은 아담이 남성과 여성의 성별을 함께 가지고 있었다는 사상을 설파했다. 플리니우스Pliny는 아프리카 자라Zara 사막 위에 양성의 민족이 살았다고 기록했다. 로마법은 자웅동체들을 괴물로 취급하고 사형에 처했다. 티투스 리비우스Titus Livius와 에우트로피오스Eutropius의 기록에 따르면, 클로디우스 네로Claudius Nero 집정관 시기에 로마에서 두 개의 성별을 가진 아이가 태어났다고 한다. 이 기이한 일을 두려워했던 원로원은 아이를 물에 빠뜨리라고 명했다. 아이는 상자에 담겨, 배에 태워진 뒤 바다 한가운데 버려졌다. 르 루아예Pierre Le Loyer는 마케도니아의 한 여성 이야기를 상세히 기록했다. 헤라이드Heraide라는 이름의 여성은 여성의 성별로 혼인하여 남편이 사라졌을 때 남성이 되었다. 오래된 믿음에 따르면 그녀는 자웅동체였다고 한다. 오늘날, 이 자웅동체들은 더 이상 목격되고 있지 않다. 고대 전설 속 자웅동체들은 두 개의 성별, 두 개의 머리, 네 개의 팔, 네 개의 다리를 지녔다. 플라톤Plato은 신이 태초에 인간을 두 몸이 붙은 채 두 성별을 모두 가지도록 만들었다고 말했다. 이 이중 인간은 엄청난 힘을 지녔었다. 이들은 신과 전쟁을 치르기로 결심했다. 분노한 주피터Jupiter는 이들을 반으로 갈라 약하게 만들었고, 아폴로Apollo는 신들의 아버지를 도왔다. **참조.** 폴리크리테Polycrite.

헤르멜린 [Hermeline] 헤르미온Hermione 또는 헤르멜린드Hermelinde라고 불린 사역마. 40년 동안 베네데토 베르나Benedetto Berna를 섬겼다. 피코 델라 미란돌라Giovanni Pico della Mirandola는 직접 그의 이야기를 기록했다. '이 남성은 다른 이의 눈에 보이지 않는 악마를 항상 대동했다. 그리고 그것과 함께 마시고 먹고 떠들곤 했다. 한 평민은 이 신비한 세계를 이해하지 못했고 오히려 그가 미쳤다고 생각했다.' 어쩌면 그 평민의 생각이 옳았을지도 모를 일이다.

헤르메스 [Hermès] 그가 많은 마법서를 남기고 악마와 점술에 관해 기록했다는 풍문을 들어본 적 있을 것이다. 머리에 있는 일곱 개의 구멍을 지배하는 일곱 개의 행성이 있다고 주장한 것도 바로 헤르메스이다. 토성과 목성은 양쪽 귓구멍을, 화성과 금성은 두 콧구멍을, 태양과 달은 두 눈을, 수성은 입을 관장한다.

헤르미알리트 또는 헤르미안 [Hermialites, Hermiens / Hermians] 2세기의 이교도 헤르마스Hermas의 제자들. 이들은 이 세계가 곧 신이자 지옥이라고 주장하며 세계신 Universe-God을 숭배했다.

헤르미온 [Hermione] 참조. 헤르멜린 Hermeline.

에르몰라오 바르바로 [Hermolao Barbaro / Ermolao Barbaro] 15세기 학자. 보댕Bodin의 주장에 따르면 아리스토텔레스Aristoteles 저서 속 어려운 구절에 관한 이해를 얻기 위해 악마를 소환한 죄로 재판을 받았다고 한다.

헤르모티무스 [Hermotime / Hermotimus] 카르다노Cardan를 비롯한 많은 이들은 육신에서 나온 영혼만으로도 여행을 할 수 있다고 자랑했다. 클라조메나이Clazomenae의 헤르모티무스 역시 원하는 때에 영혼만으로 먼 고장을 여행할 수 있었고, 육신으로 돌아와 이 놀라운 모험담을 들려주곤 했다. 하지만 헤르모티무스에겐 그를 노리는 적들이 있었다. 어느 날 헤르모티무스의 영혼이 여행을 떠났을 때의 일이다. 그의 적들은 시체처럼 가만히 눕혀진 헤르모티무스의 육신을 불태웠고 영혼이 돌아올 곳을 없애버렸다. 다른 이야기에서 헤르모티무스는 흡혈귀로 등장하기도 한다. **참조.** 우에Huet.

헤로디아 [Hérodiade / Herodias] 카탈루냐Catalonia에서는 헤롯Herod의 비열한 살인무용수이자 헤로디아의 딸인 살로메Salome가 오래도록 세상을 누비다가 레리다Lleida를 지나 세그레Segre 강에 빠져 죽었다고 믿는다. 이 때문에 세그레 강은 종종 황폐해진다. 촌부들은 헤롯이 그녀와 함께 매장되었다고 생각한다.

다른 전승에선 살로메가 얼어붙은 호수 위에서 춤을 추다 빠져 죽었다고 전해진다. 그녀는 끔찍한 여행 중 계속 얼음 위에서 춤을 추었다. 그러던 중 살로메의 발아래 얼음이 깨졌는데, 그녀의 몸이 빠질 때 얼음이 다시 닫히며 목을 잘라버렸다. 이 호수는 스위스에 있고, 그녀의 머리는 여전히 얼음 위에서 춤을 추고 있다고 한다. 하지만 이 모습을 볼 수 있는 이는 소수에 불과하다.

또 다른 사람들은 이 불쌍한 무용수가 론Rhone 강에 빠져 죽었다고 말한다.

헤론 [Héron] 고대 이집트 테바이드Thebaid의 사막에서 50년이 넘는 시간을 보낸 은둔자. 천사의 모습을 하고 찾아온 악마에게 속아 우물에 몸을 던졌다. 악마는 신의 은총이 있어 아무런 상처를 입지 않을 것이라고 꼬드겼다. 르 루아예Pierre Le Loyer는 헤론이 악마의 말을 믿어, 천사들이 우물 안에서 자신을 받아줄 것이라 기대했다고 기록했다. 결국 그는 우물 안에 빠졌고, 사람들이 그를 건져냈을 땐 뼈가 부러져 있었다. 헤론은 3일 후 사망했다.[1]

(1) 렝글렛 뒤프레누아Lenglet-Dufresnoy, 『환영에 관한 논문 모음집 Recueil de dissertations sur les apparitions』, 1권, 159페이지. 보댕Bodin, 『마법사들의 빙의망상 Démonomanie des Sorciers』, 279페이지.

네르투스 [Hertha / Nerthus] 포메라니아Pomerania에서 숭배받았던 백색 여인. 들판에서 풀을 키우고 주민들의 곳간을 채워주었다.

에르빌리에(잔) [Hervilliers(Jeanne)] 잔 아르빌리에Jeanne Harvilliers와 동일인이다.

에즈(장 드) [Hèse(Jean de)] 15세기의 여행가. 아시아를 여행하며 경이로운 풍경과 개의 머리를 가진 남자, 인간의 얼굴을 한 물고기, 소인족, 외눈 원시인 등을 목격했다. 레이펜베르크Reiffenberg는 『벨기에 백과사전 Recueil encyclopédique belge』에서 그의 독특한 여행에 관한 흥미로운 분석을 내놓았다.

시간 [Heure / Hour] 참조. 자정Minuit. 시간의 천사 또는 악마. **참조.** 피에트로 다바노Pierre d'Apone.

엑사고누스 [Hexagone / Exagonus] 키프로스Cyprus 섬의 주민. 엑사고누스는 뱀들과 매우 잘 어울렸다. 그는 뱀이 가득 찬 통에 뛰어들며 자기 능력을 증명했는데, 뱀들은 공격하기는커녕 몸을 쓰다듬듯 둘러싸고 순한 눈으로 바라보며 핥아주었다.

부엉이 [Hibou / Owl] 나쁜 징조의 새. 통속적으로는 죽음의 사자로 여겨진다. 미신을 믿는 사람들은 친지나 친구를 잃었을 때, 항상 부엉이 울음소리를 들었다고 회상한다. 플리니우스Pliny의 기록에 따르면, 부엉이의 존재는 불임을 예고한다. 또 부엉이의 알로 오믈렛을 만들어 먹으면 취기를 낮출 수 있다.

외톨이 성향이 있는 이 새가 사는 곳은 알 수 없다. 부엉이는 종탑과 탑, 묘지를 드나든다. 대중들은 부엉이 울음소리를 두려워한다. 이는 어둠 속에서만 들을 수 있기 때문이다. 때때로 누군가 숨을 거두기 직전, 이 새가 그 집의 지붕 위에 올라가 있는 것을 볼 수 있다. 부엉이는 죽음의 냄새를 맡거나, 집 안에 감도는 정적을 느낄 수 있는 듯하다. 어느 아랍인 철학자는 제자와 함께 산책을 하던 중 불쾌한 노래를 부르는 불쾌한 목소리를 듣게 되었다. 그는 말했다. "미신을 믿는 자들은 부엉이의 불쾌한 노랫소리가 인간의 죽음을 예고한다고 하더군. 그게 맞는다면, 저 인간의 노랫소리는 곧 부엉이의 죽음을 예고하는 것이 되겠어." 시골 주민들은 집 지붕에 앉은 부엉이를 흉조로 여기지만, 비둘기 둥지 안에 숨어있는 부엉이는 좋은 징조로 해석한다. 과거 프랑크족Franks은 이웃의 비둘기 둥지에 숨어있는 부엉이를 죽이거나 훔치는 사람에게 벌금을 물게 했다.[1] 사실 부엉이는 생쥐와 쥐를 쫓아주기에, 농부들은 이 유용한 새를 죽이는 것이 큰 실수라고 보았다.

좋은 점도 언급해 보자. 부엉이의 오른발을 잠든 사람 위에 올리면, 즉시 자신이 저지른 일을 고한다. 그리고 질문에 대해 답한다. 더불어 이 발을 겨드랑이 아래 둔 사람을 상대로는 개들이 짖지 않는다. 끝으로 부엉이

간을 나무에 매달면 모든 새가 그 주변으로 날아든다.[2]

(1) 살그Salgues, 『오류와 편견Des erreurs et des préjugés』, 1권, 439페이지. / *(2)* 『대 알베르투스의 경이로운 비밀들Les admirables secrets d'Albert le Grand』, 407페이지.

계급 [Hiérarchie / Hierarchy]

아그리파Agrippa는 선한 천사만큼 악한 천사도 많이 존재하며, 9개의 악한 계급과 9개의 선한 계급이 존재한다고 기록했다. 그의 제자 바이어Johann Weyer는 72왕자를 비롯해, 수백만 악마의 이름과 별명을 포함한 사탄Satan의 군주제를 만들어 기록했다. 하지만 이는 사탄이 직접 밝히지 않는 이상 근거 없는 환상의 숫자일 뿐이다. **참조.** 지옥 왕국Cour Infernale.

상형문자 [Hiéroglyphes / Hieroglyphics]

상형문자를 보면 이집트인들이 얼마나 많은 미신을 믿었는지 알 수 있다. 고대인들은 남성*을 독수리로 표현했다. 모든 독수리는 암컷이고, 알을 수정하는데 바람이면 충분하다고 믿었기 때문이다. 심장은 2드라크마Drachmas로 표현하였는데, 한 살 된 어린아이의 심장이 2그로Gros 밖에 나가지 않았기 때문이다. 아이가 한 명밖에 없는 여성은 암사자로 표현하였다. 사자는 하나의 자식만 가지기 때문이었다(혹은 그렇게 믿기 때문이었다). 늑대에게 발길질하는 말은 유산을 의미했는데, 이는 늑대의 발자국을 밟은 암말이 유산을 한다는 소문이 있었기 때문이다.

[1]. 샹폴리옹Champollion**은 이와 다른 해석을 제안했다.

(1) 브라운Thomas Brown, 『오류에 관한 수상록Essai sur les Erreurs Populaires』, 2권, 69페이지. / * 이는 원문의 오기로 보인다. 이집트의 독수리 상형문자는 여성과 모성애를 의미한다. / ** 프랑스의 이집트 학자. 로제타석Rossetta Stone에 새겨진 상형문자를 처음으로 해독했다.

히에롬네논 [Hiéromnénon]

고대인들이 점술에 이용한 돌. 어떤 정보도 남아있지 않다.

희생양점 [Hiéroscopie]

참조. 간점 Hépatoscopie.

히멤버그 [Himmemberg]

오딘Odin의 낙원에 있는 땅. 빛나는 다리(무지개)를 통해서만 출입이 가능하다.

히포킨도 [Hipokindo]

특정 방법으로 발음하면 뱀들에게 주문을 걸 수 있는 단어. 이렇게 주문이 걸린 뱀들은 사람을 해치지 않는다. 파라켈수스Paracelsus가 이를 언급했다.

히파르쿠스 [Hipparchus]

『정령의 책Livre des esprits』의 저자.

히포크라테스 [Hippocrate / Hippocrates]

의학의 아버지. 중세부터 내려오는 이야기 속에선 위대한 마법사로 등장한다. 또 버질Virgil과 비슷한 모험을 했다는 풍문이 있다.[1] 『꿈 개론Traité des Songes』을 저술했으며, 샤스칼리제르Julius Caesar Scaliger의 해석본(1610년, 그니에즈노, 8절판)이 존재한다. 『별의 양상Aspects des étoiles』이라는 책의 저자이기도 하다.

(1) 『지옥의 전설Légendes Infernales』 속 생 해당 이야기를 참조할 것.

히포그리프 [Hippogriffe / Hippogriff]

말과 그리핀Griffin을 한데 섞은 마법의 동물. 아리오스토Ariosto를 비롯한 여러 작가는 기사도 소설 속 영웅의 탈것으로 이 동물을 등장시켰다.

히포만 [Hippomane]

망아지가 태어날 때 머리에 달고 나오는 비대한 혹. 어미 말이 출산 즉시 먹어 치운다. 고대 사람들은 일부 사랑의 묘약이 이 혹으로 만들어졌다고 생각해, 동일한 명칭으로 불렸다.

히포만은 말이 뜯어먹었을 때 발작을 일으키는 풀을 일컫기도 한다[1]. 올림피아 주피터 신전Temple of Olympian Jupiter 근처의 청동 암말이 마치 살아있는 듯 울음소리를 내었는데, 이는 히포만과 녹인 구리를 섞어 제작했기 때문이다. **참조.** 사랑의 묘약Philtres.

(1) 프레보Prevost 신부의 용어집.

말점 [Hippomancie / Hippomancy] 켈트족Celts의 점술. 켈트족은 백마의 울음소리와 푸드덕거림으로 점을 쳤다. 켈트족은 공공 비용으로 이 말들의 먹이를 사, 오직 나무만 있는 숲에서 길렀다. 이 말들이 신성한 수레 뒤를 따라 걸을 때, 사제 또는 왕(또는 지역의 수장)은 말의 모든 움직임을 관찰하고 점을 쳤다. 이들은 점의 결과를 진지하게 믿었는데, 백마가 신의 비밀을 지키는 존재이고 자신들은 대신에 불과하다고 생각했기 때문이다. 색슨족Saxons 역시 신성한 말을 통해 점을 보았다. 색슨족은 말을 신의 사원에서 길렀으며 적에게 전쟁을 선포하기 직전에 말을 사원 밖으로 내보냈다. 이때 말이 오른 발을 먼저 내밀면 긍정적인 결과라고 믿었다. 반면 후자의 경우 그들은 일을 추진하지 않았다.

히포미르메세스 [Hippomyrmèces] 상상의 민족. 루키아노스Lucian는 이 민족이 태양에 산다고 말했다. 이들은 날개 달린 개미를 타고 다니며 뿔을 이용해 싸운다. 이들의 그림자 크기는 2아르팡Arpents이다.

* 고대 토지의 측량단위. 1아르팡은 0.32~0.78헥타르 정도이다.

히포포드 [Hippopodes] 말의 발을 한 마법의 민족. 옛 지리학자들은 이들이 유럽 북부에 산다고 생각했다.

히리고옌 [Hirigoyen] 17세기 초에 살았던 마법사. 숭배하는 악마와 마녀 집회에서 춤을 추는 것이 목격되었다.(1)
(1) 『악마의 변화론De l'Inconstance des démons』, 144페이지.

제비 [Hirondelles / Swallows] 플루타르코스Plutarch는 베수스Bessus라는 남자의 이야기를 언급했다. 그는 자신의 아버지를 죽였지만, 범죄 행각이 세상에 알려지지 않았다. 어느 날, 저녁 식사에 참석하러 가던 중 베수스는 막대기를 주워 제비집을 헐어버렸다. 이 장면을 목격한 자들은 분노하였고 그에게 어째서 불쌍한 새를 괴롭히는지 물었다. 그는 오래전부터 제비들이 그가 자신의 아버지를 죽인 범인이라며 호통을 쳤다고 말했다. 베수스의 갑작스러운 대답에 놀란 이들은 판사를 찾아갔고, 판사는 베수스를 체포해 고문하라고 명했다. 결국 그는 자기 살인죄를 고백하고 교수형을 선고받았다(1). 브라운Thomas Brown은 저서 『오류에 관한 수상록Essai sur les Erreurs Populaires』에서 귀찮다고 제비를 죽였다가는 불행이 찾아온다고 기록했다. 아엘리아누스Aelian는 수호신들에게 바치던 새인 제비를 죽이면 안 된다고 말했다. 제비는 봄을 알리는 전령사로서 숭배받았다. 로도스Rhodes 섬에선 제비의 귀환을 축하하는 노래를 부르기도 했다.

(1) 타이유피에Taillepied, 『영의 출현Apparitions des esprits』, 40페이지.

이야기 [Histoire / Story] 지옥의 서재에는 수많은 놀라운 이야기들이 존재하지만, 저자를 알지 못하는 글들도 있다. 여기서는 일부만 언급하도록 한다. 『영혼 귀환에 관한 진실을 밝히는 일의 어려움에 관한 고찰 그리고 이를 포함한 유령 이야기Histoire d'une apparition, avec des réflexions qui prouvent la difficulté de savoir la vérité sur le retour des esprits』(1722년, 파리, 8절판, 소그랭Saugrin, 24페이지), 『환상 유령으로 인해 흥분한, 갓 파리에 상경한 젊은 여성의 비범한 이야기Histoire prodigieuse nouvellement arrivée à Paris, d'une jeune fille agitée d'un esprit fantastique』(8절판), 『악마 이야기Histoire du diable』(1729년, 암스테르담, 12절판, 2부작. 1730년, 루앙, 2부작), 『사부아 모리엔에 흑사병이 돌던 때, 마당에 묻힌 뒤 15년 후 유골을 찾으러 유령으로 나타난 한 젊은 여성과 여러 확실한 기적의 증표에 관한 이야기. 그리고 로셰트에게 일어난 기적에 관한 이야기Histoire miraculeuse advenue en la Rochelle, ville de Maurienne en Savoie, d'une jeune fille ayant été enterrée dans un jardin en temps de peste, l'espace de quinze ans, par lequel son esprit est venu rechercher ses os par plusieurs évidents signes miraculeux』(리옹, 8절판), 『5년 전 사망한 여성의 놀라운 이야기, 그녀는 생 마르셀 교외로 남편을 찾아가 말을 걸었다Histoire remarquable d'une femme décédée depuis cinq ans, laquelle est revenue trouver son mari, et parler à lui au faubourg Saint-

Marcel』(1618년, 파리). **참조.** 유령 Apparitions.

호크 [Hocque] 1682년 사악한 행위를 금하기 위한 칙령 이후, 프랑스에서는 악한 마법사의 수가 눈에 띄게 줄어들었다. 그러나 파리 인근 브리Brie에서는 가축을 살해하고 인간의 목숨을 위협하며 여러 범죄를 저질러 주민들에게 두려움의 대상이 된 목동 무리가 남아있었다. 이 가운데 일부는 결국 체포되었다. 이 재판은 파시Pacy의 판사가 주도했고, 제출된 증거들은 이들의 악행이 저주 또는 마법에 의해 일어났다는 것을 확인시켜 주었다.

가축을 죽이기 위해 이들이 사용한 해로운 물질과 독은 재판 당시 고백을 통해 밝혀졌다. 조서에는 이에 대한 상세한 내용이 기록되어 있다. 이 물질에는 마법, 신성모독, 혐오, 증오의 흔적이 담겨있으며 독극물을 포함하고 있었다. 이들은 이 혼합물을 토기에 담은 뒤, 짐승 축사 문턱 아래 또는 평상시 다니는 길목 등에 묻었다. 심문 당시 고백한 내용에 따르면, 이것이 옮겨지지 않는 한, 그리고 이것을 묻은 사람이 살아있는 이상 집단사가 이어진다고 한다.

이 사건의 독특함으로 짚어 보았을 때, 목동들은 악마와 계약을 맺어 이 해악을 행했다고 볼 수 있었다. 이들은 브리 콩트 로베르 Brie-Comte-Robert 인근 파시의 한 농장 가축에게 마법을 걸었음을 고백했다. 이는 목동 중 한 명을 쫓아낸 적 있던 농부에게 복수를 하기 위함이었다. 이들은 혼합물의 내용을 자세히 이야기했다. 하지만 어디에 저주물을 숨겼는지는 절대 말하지 않았다. 모든 것을 자백하였음에도, 이를 말하지 않는 점은 이상한 일이었다. 판사는 이유를 찾기 위해 압박을 가했다. 그리고 장소를 말하고 저주물을 제거하면 주술을 건 사람이 즉시 죽게 된다는 자백을 받아냈다.

공범 중에는 에띠엔 호크Étienne Hocque라는 자가 있었다. 그는 다른 이들보다 많은 일에 개입하지 않았기에, 강제 노역형에만 처해졌다. 그는 쇠사슬을 찬 채 투르넬Tournelle 감옥에 수감되었다. 그곳에는 베아트리스Beatrice 라는 또 다른 이가 수감되어 있었다. 그는 뇌물을 받고 부탁대로 호크를 취하게 만들었

다. 그는 취기를 이용해 파시 농장의 저주에 관한 정보를 캐내었다. 호크는 그에게 상Sens 인근에 사는 브라 드 페르Bras-de-Fer라는 한 목동만이 유일하게 주술을 통해 저주를 없앨 수 있다는 비밀을 털어놓았다.

이 사실을 들은 베아트리스는 호크를 설득해 자기 아들에게 편지를 쓰게 만들었다. 이 편지에서 그는 베아트리스 아들에게 브라 드 페르를 찾아가 저주를 풀라고 설득하라는 글을 남겼다. 또 절대로 호크가 유죄를 선고받고 감옥에 수감되어 있다고 말하지 말것을 당부했다. 더불어 호크가 이 저주 주술을 건 자라는 말도 하지 말라고 덧붙였다.

편지를 쓴 뒤, 호크는 잠에 들었다. 이후 취기가 사라지고 자기 행동을 떠올렸을 때, 그는 비명과 함께 끔찍한 소리로 울부짖었다. 그는 베아트리스가 자신을 이용했으며 자신이 죽게 될 것이라고 말했다. 호크는 베아트리스에게 덤벼들었고, 그의 목을 조르려고 시도했다. 이에 다른 수감자들 또한 같이 흥분하여 베아트리스를 공격했다. 투르넬의 지휘관과 그의 수하들은 그들에게 다가가 소란을 잠재웠고, 다른 수감자들 손에서 베아트리스를 구해냈다.

그러나 편지는 주인을 찾아갔고, 베아트리스의 아들은 브라 드 페르를 설득했다. 이에 브라 드 페르는 파시의 마구간을 찾았다. 그는 의식과 주술을 행한 뒤, 말과 소들에게 걸려있는 저주를 확인했다. 그는 농장주와 하

인들이 보는 앞에서 저주를 풀고 사용된 물건들을 불태웠다. 그리고 이 순간, 그는 자신의 행동을 후회했다. 악마가 그에게 그곳에 저주 주술을 건 것이 친구 호크였다는 걸 알려주었던 것이다. 그리고 저주가 풀린 순간, 호크는 파시 농장에서 6리유 떨어진 곳에서 사망했다.

실제로, 투르넬 감옥에서 벌어진 사건은 브라 드 페르가 저주를 푼 것과 한날한시에 발생하였다. 평상시 힘이 세고 건장한 것으로 알려진 호크는 갑작스러운 경련과 함께 돌연히 사망했다. 그는 빙의된 듯 보였으며 신의 말을 듣거나 고해하는 것을 거부했다.

양들에게 내려진 저주 또한 풀어달라는 압박이 있었지만, 그 저주를 건 것이 호크의 자식이었다는 걸 안 브라 드 페르는 이를 거부했다. 그의 태도에 농장주는 지역의 판사를 찾아갔다. 브라 드 페르와 호크의 두 아들과 딸은 체포되었고, 자르댕Garden과 쁘띠 피에르라는 또 다른 두 명의 목동 또한 함께 붙잡혔다. 재판 당시 브라 드 페르, 자르댕과 쁘띠 피에르Petit-Pierre는 교수형과 화형에 처해졌다. 호크의 세 자식은 9년 동안 추방되었다[1]...

(1) 델라마르Delamarre 경찰, 『경찰론Traité de la police』. / * 철환이라는 의미가 있다.

호데켄 [Hodeken] 참조. 헥데키스Hecdekix.

호프만 [Hoffmann] 독일의 저명한 작가.

초자연적이고 비현실적인 이야기들을 주제로 한 소설을 썼다. 그의 저작에 등장하는 초자연적 요소는 매우 독특하다.

홀다 [Holda] 고대 갈리아인Gauls들에게 홀다는 일종의 야간 마녀 집회였다. 집회에서 마법사들은 무용가로 변신한 악마와 난잡하게 잔치를 즐겼다. **참조**. 벤소지아Bensozia. 독일에서는 능숙한 여자 방적공을 여전히 홀다라고 부른다(이는 요정의 일종으로, 민담에 따르면 고대의 신과 동일한 존재다). 홀다는 농부의 집을 눈에 띄지 않게 드나들고, 부지런한 주부의 양모 물레 가락을 돌보며, 그녀들에게 풍요를 내린다[1]. 그러나 다른 고장에서 홀다는 마녀의 여왕으로 취급된다.

(1) 오자남Ozanam, 『독일의 기독교 수립De l'établissement du christianisme en Allemagne』.

플라잉 더치맨호 [Hollandais Errant / Flying Dutchman] 희망봉Cape of Good Hope 해역에 등장하는 마법의 배. 이 배는 돛 하나도 펼 엄두를 내지 못하는 날씨에, 모든 돛을 펼 수 있다. 이 신비한 배를 두고 여러 의견이 존재한다. 가장 널리 알려진 이야기에 따르면, 물건을 한가득 싣고 가던 이 배에서 끔찍한 범죄가 일어난 적이 있었다. 이후 배에선 갑자기 흑사병이 번졌고, 용의자들은 여러 항구로 옮겨 다녔다. 이들은 값비싼 물품을 대가로 피난처를 찾아 헤맸다. 하지만 모든 항구에선 감염이 두려워 선박을 거부했고 바다를 떠돌게 되었다. 이 형벌에 대한 흔적을 영원히 남기기 위해, 신은 재해가 일어난 바다에 비명을 지르는 플라잉 더치맨호가 나타나게 한다. 이 이야기는 주로 선원들이 믿는 미신이다. 플라잉 더치맨호의 출몰은 항해사들에게 나쁜 징조로 여겨진다[1].

플라잉 더치맨호에 관한 전설은 여러 가지가 있으며, 더치 볼터Dutch Vaulter로 불리기도 한다.

(1) 월터 스콧Walter Scott, 마틸다 로크비Matilda Rokeby, 2칸토Canto.

홀레르 [Hollere] 13세기에 기적의 남자라는 명성을 얻은 덴마크인. 실체는 교활한 마법사에 불과했다. 바다를 건너기 위해 그는 여러 부적과 마법 문자를 새긴 거대한 뼈를 이용했다. 이 특이한 쪽배에 올라탄 그는 마치 돛이 있는 듯 기적처럼 대양을 건넜다. 홀레르는 다른 마법사와 질투한 자들의 괴롭힘을 받았으며, 결국 거주하던 나라를 떠나게 되었다[1].

(1) 샤세뇽Chassanion, 『신의 심판Jugements de Dieu』, 114페이지.

홀츠호이저(바르톨로뮤) [Holzhauser (Barthélémy / Bartholomew)]

독일의 독실한 신자로 1613년에 태어났다. 이 책에서 언급할 수 없지만, 제법 존중받을 만한 여러 환영을 본 것으로 유명하다[1]. 1836년, 트레스보Tresvaux 신부가 이탈리아어로 쓰인 그의 전기를 번역해 출간했다.

(1) 『신의 종 바르톨로뮤 홀츠호이저의 전기Biographia venerabilis servi Dei Bartholomœi Holzhauser』, 1784년, 밤베르게Bambergae, 8절판. 『존경할 만한 신의 종 바르톨로뮤 홀츠호이저의 환상Visiones venerabilis servi Dei Bartholomœi Holzhauser』(요한계시록Apocalypse에 대한 주석에 상당히 감탄할 만한 추가 사항들이 있음), 1793년, 밤베르게, 8절판. 하지만 그의 전기 속 부가 정보보다 우리의 기억을 믿는 것을 추천한다.

인간 [Homme / Man]

인간은 두 발로 서는 자세와 하늘을 바라볼 수 있는 능력을 갖춘 유일한 존재이다. 또 동물 가운데 유일하게 척추와 대퇴골이 일직선에 놓여있다. 아리스토텔레스Aristoteles는 밤에 환상을 보는 것은 인간의 고유한 특성이라고 말했다. 오직 인간만이 등을 대고 누워 척추와 대퇴골을 일자로 만들며, 두 팔을 지평선과 나란히 두기 때문이다. 동물들은 이 자세를 취할 수 없다. 이들의 척추가 지평선과 평형을 이룬대도, 어깨가 기울어져 두 개의 각이 생기기 때문이다.

헤로도토스Herodotus, 플루타르코스Plutarch를 비롯한 여러 역사가가 들려주는 전설 속에는 불도그나 비숑 프리제 같은 얼굴을 지니거나, 눈이 하나만 달렸거나, 발이 하나만 달렸거나(이 경우 달리기 위해서는 두 명이 한 조가 되어 서로 팔을 붙들고 달려야 한다), 머리가 아예 없는 인간들이 등장한다[1].

(1) 살그Salgues, 『오류와 편견Des erreurs et des préjugés』, 1권, 10페이지.

검은 인간 [Homme Noir / Black Man]

가난한 자들에게 충성을 대가로 부를 가져다 주겠다고 제안하는 검은 인간이 있다면, 그건 다름 아닌 악마다. 『성인전Légende dorée』에선 사람들에게 인심을 베풀다가 가난과 고통을 얻게 된 어느 기사의 이야기가 등장한다. 외로움 속에서 떠돌던 그는 매우 멋진 말 위에 올라탄 키가 큰 검은 인간을 만나게 되었다. 이 의문스러운 기사는 그에게 슬픔의 이유를 물었다. 그리고 자신에게 충성을 다한다면 부와 행운을 안겨주겠다고 제안했다. 기사는 그가 악마라는 것을 인지하지 못한 채 이를 받아들였다. 악마는 기사에게 집에 돌아가라고 명하였다. 그리고 특정 장소에 상당수의 금과 보석이 놓여있을 것이라고 말했다. 악마는 기사에게 1년 내로 그의 아내를 데려올 것을 요구했다. 약속된 부를 증여받은 기사는 다시 사람들에게 인심을 베풀기 시작했다. 1년이 지났을 때, 그는 아내를 신비로운 여행에 데려갔다. 신실한 여성이자 성모 마리아Maria에게 헌신을 다하던 그의 아내는 아무런 질문도 하지 않고 남편을 따랐다.

한 시간을 걸은 뒤, 이들은 어느 교회에 도착했다. 이곳에 들어가고 싶었던 아내는 말에서 내려 기도를 올렸다. 그러다 그녀는 잠에 들었고, 성모 마리아가 그녀의 모습으로 변했다. 변한 성모 마리아는 기사를 따라 정해진 약속 장소로 향했다. 도착하자 악마는 큰 소음을 내며 등장했다.

하지만 악마는 기사를 따라온 여성의 존재를 보며 몸을 떨었다. 악마는 기사가 자신을 배신했다고 말했다. 아내를 데려오라고 했지, 자신을 지옥으로 돌려보낼 신의 어머니를 데려오라고 한 적 없다는 것이었다. 악마는 물러날 수밖에 없었다. 놀란 기사는 성모 마리아에게 절을 올린 뒤, 아내가 잠들어 있는 교회로 돌아갔다. 부부는 집으로 돌아갔고 악마로부터 얻은 재산을 내다 버렸다. 그리고 진정한 부는 물질적인 것이 아니라는 점을 깨달았다.(1)

아브람Abram 신부는 퐁타무송Pont-a-Mousson 대학에 관한 수사본에서 다음의 이야기를 기록했다. '넉넉하지 못한 집안에서 태어난 어느 청년은 군대에서 시종 일을 했다. 하지만 청년의 부모는 그를 학교에 보냈고 학업의 압박을 견디지 못한 청년은 다시 원래의 삶으로 돌아가기로 했다. 군으로 돌아가는 길에 그는 검은 비단옷을 입은 불길한 느낌의 한 남성을 만났다. 남성은 그에게 어딜 가는 중인지, 왜 슬퍼 보이는지를 물었다. 그리고 자신을 섬긴다면, 청년을 편안하게 해줄 수 있다고 제안했다. 그가 일거리를 준다고 생각했던 청년은 잠시 생각할 시간을 달라고 말했다. 그러나 이내 이 이방인이 건넨 멋진 약속을 의심하기 시작했고, 더 가까이서 남성을 살펴보았다. 그리고 왼발이 소의 발처럼 쪼개져 있다는 것을 발견하게 되었다. 겁에 질린 청년은 성호를 그으며 예수 그리스도Jesus Christ를 찾았다. 이후 악령은 사라졌다. 하지만 3일 뒤, 같은 형상이 다시 나타나 그에게 마음의 결정을 내렸는지 물었다. 이에 청년은 자신에게 주인이 필요 없다고 말했다. 검은 남성은 동전이 가득 든 주머니를 그의 발치에 던졌다. 이 중 일부는 금으로 되어있었고 방금 막 각인이 새겨진 듯했다. 남성은 이 주머니 안에 미세한 가루가 들어있다고 설명했다. 그는 혐오스러운 조언을 하고 청년에게 성수와 성체를 거부하라고 선동했다. 이러한 제안이 두려웠던 청년은 가슴 위에 성호를 그었다. 그러자마자 청년은 지면에 세차게 던져졌다. 그는 이 상태로 30분을 보낸 뒤 자리에서 일어나 부모님의 집으로 돌아갔다. 그리고 고해를 했으며 새 삶을 살기로 결심했다. 이후 갓 만든 금화를 불에 던지니 그것이 구리였다는 사실이 드러났다.

검은 인간을 조심하라.

(1)『지옥의 전설Légendes Infernales』에서 샹 플뢰리 Champ-Fleury 경의 이야기를 살펴볼 것.

붉은 남자 [Homme Rouge / Red Man]
폭풍의 악마. '생 폴 드 레옹Saint-Paul-de-Léon 인근 브르타뉴Bretagne 해안의 끔찍한 사막에 밤이 찾아오면, 울부짖는 유령들이 해안가를 돌아다닌다. 분노하는 붉은 남자는 정령들에게 지시하고 자신의 비밀을 들추며 고독을 방해하는 여행자를 파도가 집어삼키게 만든다.' 한동안 프랑스인들은 신비롭고 작은 붉은 남자가 나폴레옹 1세Napoleon I 앞에 나타났다고 믿었다. 이렇게 등장한 붉은 남자는 나폴레옹 1세의 패배를 예고했다.

(1)자크 캠브리Cambry, 『피니스테르 여행Voyage dans le Finistère』, 1호.

헝가리인 [Hongrois / Hungarian] 참조. 오거Ogres.

호노리우스 [Honorius] 참조. 마법서 Grimoire.

홉킨스 [Hopkins] 찰스 1세Charles I 통치 때 활동했던 영국인 판사. 마녀로 몰린 무수한 여성의 죽음 뒤에는 그가 있었다. 그레이 Grey의 주장에 따르면, 홉킨스는 오래도록 법원을 지켰다고 한다. 그리고 이 법원에서 선고를 받은 사람은 3천 명에 달했다. 여기서 대다수는 이 판사에 의해 판결이 내려졌다. 법원에선 홉킨스가 마녀들의 정체를 밝히는 데 탁월한 재주가 있다고 믿었다. 물론 가톨릭교회에선 그의 혐오스러운 행동들이 절대 용납되지 않았을 것이다. 이 자는 5일에서 6일 정도 지속되는 고문으로 자백을 받아 냈으며, 원하는 것은 무엇이든 말하도록 만들었다. 일간지《법Droit》에 실린 흥미로운 내용을 살펴보자.

'매튜 홉킨스Matthew Hopkins는 4개 주의 마녀 사냥꾼으로 지목되었다. 1년간 에섹스Essex에선 60명의 불쌍한 여성들이 그에 의해 교수형을 당했다. 이 사람은 피부의 특정 얼룩, 특정 표식, 특정 혈관이 어린 악마들에게 젖을 먹이는 유두라고 보았다. 홉킨스는 이를 정확히 식별하는 법을 안다고 주장했다. 그가 가장 선호하는 방식은 물을 통한 시험이었다. 마녀로 추정되는 이들이 물 위에 떠오르면 죄가 있다고 보아 물 밖으로 꺼내 불태웠다. 물에 가라앉을 경우에는 익사를 당해 죽지만, 죄가 없다는 것이 증명되었다. 이 시험은 아마 제임스James 왕의 현명한 명령에서 비롯된 것일 수도 있다. 마녀들이 물세례의 은혜를 거부하는 것과 같이, 물 또한 마녀들을 받아들이길 거부한다는 것이 이 시험의 근거였다.

아이러니하게도 홉킨스는 이후 마법사로 몰리게 되었다. 그는 마찬가지로 물의 시험을 받게 되었는데, 실수로 물 위에 떠오르고 말았다. 그리고 당연히 다른 마법사들처럼 목이 매달리고 산 채로 태워졌다. 물론 홉킨스가 마녀들의 유일한 수사관인 것은 아니었다. 많은 이들은 돈벌이가 되는 이 직업에 몸담았다. 이들은 죄를 선고할 때마다 20실링, 즉 25프랑을 벌었다.'

호포 [Hoppo] 마법사의 지도자이자 진정한 망나니. 베른Bern에서 재판을 받았다. 호포는 이단인 롤라르파Lollardy에 속했으며 제자를 양성했다. 그의 최후는 알려지지 않았다.

호레이 [Horey] 아프리카 서쪽 연안의 주민들은 악마를 호레이라고 부른다. 이는 아마 마법사들이 조작한 상징에 불과할 것이다. 할례 의식은 언제나 호레이의 포효를 동반한다. 이 소리는 인간이 낼 수 있는 가장 낮은 목소리와 닮았다. 가까이에서만 들을 수 있는 이 소리는 젊은이들에게 강한 공포를 준다. 호레이의 포효를 들으면 주민들은 악마에게 바칠 음식을 준비하고 나무 아래에 가져다 놓는다. 호레이는 바친 음식을 즉시 먹어 치우며, 뼛조각 하나도 남기지 않는다. 만약 제물이 마음에 들지 않으면 호레이는 할례를 받지 않은 청년 하나를 데려간다. 민담에 따르면 이 악마는 먹은 아이를 뱃속에 둔다고 한다. 그리고 아이들은 뱃속에서 10살에서 12살까지 나이를 먹는다. 만약 악마에게서 풀려난다면 아이는 배 안에 있었던 날의 수만큼 말하지 않고 지낸다. 이 지역 사람들은 이 악마에 관해 말하길 두려워한다. 이들이 납치될 뿐 아니라, 괴물의 뱃속에 삼켜진다는 걸 굳게 믿는 모습은 놀라울 정도다.

호르녹 [Hornock] 스웨덴의 박사. 호르녹은 62명의 여성과 15명의 아이를 고문하며 이들이 마녀 집회에 참석하고 악마를 치료했다고 비난했다. 이들이 사형에 처해질 때 그는 매우 만족스러워했다…. 사형식은 1672년 8월 25일 '화창한 날'에 진행되었다.

별점 [Horoscopes] 보베Beauvais의 한 제철공은 점성가를 찾아 아들의 점을 보고자 했다. 여러 천체를 낱낱이 검토한 점성가는 아이가 16세에 벼락을 맞아 죽게 될 운명이라고 말했다. 그는 이 비극이 발생하는 달, 날짜, 시간을 정확히 말하며 철제 우리가 아들을 살릴 수 있을 것이라 덧붙였다. 예고된 운명의 날이 다가오자, 아버지는 철제 우리로 어떻게 아들의 죽음을 막을 수 있는지 고민했다. 그리고 결국 아들을 철제 우리에 가두기로 결론지었다. 그는 아무에게 알리지 않고 비밀스럽게 철제 우리를 만드는 일에 착수했다.

예언의 날이 찾아왔고, 하늘의 험악한 구름이 점성가의 말을 확인시켜 주는듯했다. 아버지는 아들을 불러 설명해 주었다. 그는 나쁜 예언을 피할 방법을 찾지 않으면 정오가 되기 전 아들이 벼락을 맞아 죽을 것이라고 말했다. 그리고 이는 아들의 별이 알려준 것이라고 덧붙였다. 그는 아들에게 제발 철제 우리 안에 들어가달라고 부탁했다. 아버지보다 더 통찰력이 있던 아들은 철제 우리가 자신을 보호해 주기는커녕, 벼락을 끌어들일 것으로 판단했다. 아들은 아버지의 말을 듣지 않았다. 오히려 방에서 『요한복음서 The Gospel According to John』를 읊는 것을 택했다.

먹구름은 점점 쌓여갔고, 결국 천둥이 들리고 번개가 하늘을 밝혔다. 벼락은 철제 우리에 떨어져 재로 만들어버렸다. 놀란 제철공은 아들이 불복종하도록 만들어준 하늘에게 감사했다. 이 불복종이 신탁을 실현시켰기 때문이다. 적어도 이야기의 결론은 그렇다. **참조.** 점성가Astrologues.

별자리 운세 [Horoscopes Tout Faits / Horoscope Facts] 출생 별자리를 통해 자신의 운명을 알아내는 법. 선조들에게 매우 중요히 여겨졌고, 교회가 늘 맞서 싸워왔던 이 농담들은 자크 드 아젠Jacques de Hagen을 비롯한 다수 작가가 진지하게 써 내려간 책에서 가져온 것이다. 점술을 다루는 작가들은 여러 유사한 이론을 만들어 냈지만, 점술의 결과는 작가마다 다들 상이하다. 즉 어떤 곳에서 우호적인 환경으로 태어났다고 점괘가 나와도, 다른 곳에선 비참한 운명을 진 것으로 점쳐질 수 있다. 점성가들은 변덕스러운 상상력에 기반해 점술을 보았으며, 각자의 저서를 쓰며 열정을 불태웠다. 별들이 우리보다 지구의 온도와 밀접하다고 한다면, 별자리 운세를 믿는 이들은 연감의 모든 예보 또한 강하게 믿어야 할 것이다. 결국, 이 점술이 근거가 있는 것이라면 세상에는 오직 열두 종류의 남성과 여성이 존재할 뿐이며, 같은 별자리를 가진 사람들은 같은 열정을 지니고 같은 사건을 겪어야 한다. 그러나 모두 알다시피, 이 지구 표면을 뒤덮는 수백만 인구 가운데 같은 운명과 성격을 지닌 사람은 두 명도 찾아보기 어렵다.

1) 천칭자리(이 별자리는 법과 정의의 신인 테미스Themis의 천칭이다, 판단력을 부여한다). 천칭자리는 9월 22일부터 10월 21일 사이의 하늘을 관장한다. 이때 태어난 남성들은 천칭자리의 영향을 받는다. 이들에게는 싸움을 좋아하는 성미가 있다. 또한 오락을 좋아하고, 상업 활동(특히 해상)에 수완이 있으며 큰 여행을 한다. 이들은 수려한 외모를 충만히 누리며 말솜씨가 좋다. 그러나 약속을 지키지 않고 책임감 보다 행복을 좇는다. 이들은 큰 유산을 받는다. 더불어 첫 번째 배우자와는 사별하며 자식은 많이 두지 않는다. 천칭자리에 태어난 이는 화재와 뜨거운 물을 경계해야 한다. 이 별자리를 가지고 태어나는 여성들은 사랑스럽고, 즐겁고, 유쾌하고, 명랑하고, 제법 행복하다. 이들은 꽃을 좋아하고 예의를 중시한다. 또한 입에서 부드러운 신념의 말이 쏟아진다. 그러나 의심이 많고 싸우기 좋아한다. 천칭자리 별자리를 가진 이는 17세 혹은 23세에 결혼한다. 천칭자리의 여성들 또한 불과 물을 조심해야 한다.

2) 전갈자리(이 별자리는 다이아나Diane가 전갈로 바꿔버린 오리온Orion이다. 간교함과 교활함을 부여한다). 전갈자리는 10월 22일에서 11월 21일 사이의 하늘을 관장한다. 이 별자리 아래 태어난 남성들은 대담하고, 뻔뻔하고, 비위를 잘 맞추고, 음흉하며, 친절한 겉모습 속에 악의를 감추고 있다. 이들은 머리로 생각하는 것과 입 밖으로 내뱉는 것이 다르다. 또한 은밀하고 감정을 잘 드러내지 않는다. 이들은 선천적으로 변덕이 심하다. 더불어 다른 이를 안 좋게 판단하고, 앙심을 가지고, 말을 많이 하며 우울감에 빠진다. 전갈자리에 태어난 남성들은 다른 사람의 불행을 비웃는다. 또 몇몇 친구를 두지만, 결국엔 이들을 부려 먹는다. 이들은 늘 복통을 달고 살지만, 큰 유산을 받을 수 있다. 이 별자리를 타고난 여성은 교활한 거짓말쟁이다. 또한 첫 번째 남편보다는 두 번째 남편에게 더

애정을 느낄 것이다. 이들은 속마음보다는 예쁜 말을 한다. 쾌활하고, 즐겁고, 웃음이 많으나 다른 사람을 희생시키기도 한다. 이들은 일관성이 없고 말이 많으며 모든 이들을 좋지 않게 본다. 더불어 나이가 들며 우울 중에 빠진다. 이들은 어깨에 뜸을 뜰 일이 있을 것이다.

3) 궁수자리(이 별자리는 아킬레스Achilles에게 활을 쏘는 법을 가르쳐준 켄타우로스 Centaur 케이론Chiron이다. 사냥과 여행에 대한 사랑을 부여한다). 11월 22일에서 12월 21일 사이의 하늘을 관장한다. 이 별자리 아래 태어난 남성들은 여행을 좋아하고 바다에서 재산을 축적한다. 이들은 건강한 정신력, 민첩함, 주의 깊은 성격을 가진다. 더불어 친구들에게 돈 쓰기를 아끼지 않는다. 또한 승마, 사냥, 달리기, 힘겨루기, 술책, 전투를 좋아한다. 궁수자리에 태어난 남성들은 정의롭고, 은밀하고, 충직하고, 근면하고, 사회적이고, 자기애가 충만하다. 이 별자리를 타고난 여성은 걱정이 많고 수선스러우며 일을 좋아한다. 이들의 영혼은 동정심에 약하다. 또 여행을 좋아하고 한 나라에 오래 머무르지 못한다. 이들은 오만하지만, 내적으로 몇 가지 장점을 가질 것이다. 더불어 19세 또는 24세에 결혼해 좋은 어머니가 된다.

4) 염소자리(이 별자리는 주피터Jupiter에게 젖을 먹이던 염소 아말테아Amalthea이다. 경솔함을 부여한다). 염소자리는 12월 22일에서 1월 21일 사이의 하늘을 관장한다. 이 별자리 아래 태어난 남성들은 성마르고, 가볍고, 의심 많고, 법원을 드나들며, 싸움이 잦다. 노동을 좋아하나 잘못된 집단에 드나들 수도 있다. 이들은 과한 행동으로 병을 얻는다. 또 밤에 태어난 염소자리 남성만큼 변덕이 많은 사람은 없다. 이들은 쾌활하고, 활동적이고, 때때로 선한 행동을 한다. 운명의 별은 그가 바다로 나가면 행복을 내려준다. 염소자리 남성은 적절한 발언을 하고, 작은 머리에 움푹 들어간 눈을 가지고 있다. 이들은 살날을 몇 해 남겨두지 않고 부자가 되며 인색해진다. 가진 질병은 목욕을 하면 회복된다. 이 별자리 아래 태어난 여성은 발랄하고 즐거운 사람이다. 이들은 어릴 적엔 수줍음이 많아 작은 일에도 얼굴이 붉어진다. 하지만 나이가 들면 더 단단하고 대담해진다. 이들은 항상 선하게 굴며 질투가 조금 있다. 염소자리의 여성은 현명하게 말하며 모순을 피하고 좋은 딸이자 좋은 어머니가 된다. 이들은 여행을 좋아하고 평균적인 외모를 가진다.

5) 물병자리(주피터는 신주를 붓도록 시키기 위해 트로스Tros의 아들 가니메데스 Ganymede 납치했다. 이후 그는 별자리가 되었다. 즐거움을 부여한다). 물병자리는 1월 22일에서 2월 21일 사이의 하늘을 관장한다. 이 별자리 아래 태어난 남성들은 사랑스럽고 영적이다. 또 잘 기뻐하며, 호기심이 많고, 열정이 있으며, 계획에 잘 참여한다. 이들은 초년에 가난하나 이후 부를 쌓는다. 단 부자가 될 순 없다. 더불어 말이 많고 가볍지만, 분별력이 있다. 이들은 병에 걸릴 위험도 있다. 물병자리의 남성들은 명예를 좋아하고 장수하며 아이는 많이 가지지 않는다. 이 별자리 아래에서 태어난 여성은 일관성 있고, 관대하며, 솔직하고, 자유롭다. 이들은 늘 슬픔을 지니고 살고 역경에 노출되며 장기 여행을 떠난다. 또 현명하고 명랑하다.

6) 물고기자리(이 별자리는 앙피트리테 Amphitrite를 넵튠Neptune에게 데려간 돌고래이다. 온화함을 부여한다). 물고기자리는 2월 22일부터 3월 22일까지 사이의 하늘을 관장한다. 이 별자리 아래 태어난 남성은 호의적이고, 즐겁고, 놀기 좋아한다. 이들은 천성이 고우며 집 밖에서 행복해한다. 다만 청년기에 부를 누리지 못한다. 또 형편이 나아지면 재산을 돌보지 않고 오만하며 경험에서 교훈을 얻지 못한다. 이들은 조심성 없는 말 때문

에 불쾌한 일이 생기니 조심해야 한다. 이 별자리 아래 태어난 여성은 아름답다. 하지만 유년기에 고생과 고통을 겪을 것이다. 이들은 선의를 베푸는 것을 좋아한다. 또한 분별력이 있고, 신중하고, 검소하며, 끔찍할 정도로 예민하고, 세상으로부터 도망쳐 지낸다. 건강을 살펴보면 28세까진 허약하지만, 이후 건강해진다. 가끔 배앓이가 생기기도 한다.

7) 양자리(이 별자리는 금빛 털이 나는 양이다. 열광을 부여한다). 양자리는 3월 23일에서 4월 21일까지 사이의 하늘을 관장한다. 이 별 아래 태어난 남성은 화를 잘 내고, 성격이 급하고, 활발하고, 구변이 좋고, 학구적이고, 폭력적이고, 거짓말을 잘하고, 변덕을 부린다. 또 말을 잘 지키지 않으며 약속을 잊어버린다. 양자리의 남성은 말을 타고 위험한 일에 달려든다. 또한 낚시와 사냥을 좋아한다. 이 별자리 아래 태어난 여성은 아름답고, 활발하고, 호기심이 많다. 새로운 소식을 좋아하고, 거짓말을 잘하며, 음식을 좋아한다. 이들은 화가 많고, 나이가 들면 남을 비방하며, 사람들을 엄격히 판단한다. 또한 제때 결혼하여 자식을 많이 낳는다.

8) 황소자리(이 별자리는 에우로페Europa를 납치하기 위해 주피터가 변신한 황소이다. 대담함과 힘을 부여한다). 황소자리는 4월 22일에서 5월 21일까지 사이의 하늘을 관장한다. 이 별자리 아래에서 태어나는 남성은 대담하다. 황소자리 남성은 자신을 해치려는 적을 무력화시킬 수 있다. 이들은 먼 고장으로 여행을 떠난다. 또 장수하며 병은 거의 앓지 않는다. 이 별자리 아래 태어난 여성은 힘과 기력이 넘치고 용기가 있다. 다만 폭력적이고 화를 잘 낸다. 그럼에도 도의를 지키고 남편과의 금실이 좋다. 이들은 이성과 지각을 겸비하고 있지만, 지나치게 말을 많이 한다. 여러 번 과부가 되며 아이를 낳아 재산을 물려준다.

9) 쌍둥이자리(이 별자리는 쌍둥이 카스토르Castor와 폴룩스Pollux이다. 우정을 부여한다). 쌍둥이자리는 5월 22일에서 6월 21일까지 사이의 하늘을 관장한다. 이 별자리를 타고나는 남성은 심성이 곱고, 외모가 수려하고, 정신이 똑바르며, 조심성이 있고, 관대하다. 또한 오만하고, 달리기와 여행을 좋아하고, 부를 쌓는 것에 크게 관심이 없다. 하지만 가난을 겪지는 않는다. 더불어 쾌바르고, 즐겁고, 명랑하다. 이들은 예술 분야와 연관된 재능이 있다. 이 별자리 아래 태어난 여성은 사랑스럽고 아름답다. 또한 부드럽고 순박하다. 이들은 본인의 일에는 의외로 무관심하다. 그림과 음악에 큰 매력을 느낀다.

10) 게자리(이 별자리는 레르나Lerna 늪에서 히드라Hydra를 죽이고 있던 헤라클레스Hercules를 문 게 또는 가재이다. 근심거리를 부여한다). 게자리는 6월 22일부터 7월 21일까지 사이의 하늘을 관장한다. 이 별자리 아래에서 태어나는 남성은 관능적이다. 이들은 재판과 싸움에 휘말리지만, 유리한 쪽으로 끝난다. 하지만 바다에서 큰 위험을 맞이한다. 이 운세는 일반적으로 식탐을 동반한다. 이들은 조심성, 지성 그리고 어느 정도의 검소함을 겸비한다. 이 별자리 아래 태어난

여성은 꽤 아름답고, 활동적이며, 성을 잘 내고 쉽게 화를 가라앉힌다. 또한 절대 살이 찌지 않으며, 남의 부탁을 잘 들어주고, 내성적이고, 조금의 바람기가 있다.

11) 사자자리(이 별자리는 헤라클레스가 죽이는 데 성공한 네메아Nemea 숲의 사자이다. 용기를 부여한다) 사자자리는 7월 22일에서 8월 21일까지 사이의 하늘을 관장한다. 이 별자리를 타고 나는 남성은 용감하고, 대담하고, 고결하고, 자존심이 강하고, 웅변을 잘하고, 오만하다. 이들은 빈정거림을 좋아하며 위험에 휘말리는 경우가 잦다. 더불어 자식에게 위안과 행복을 찾는다. 또한 늘 분노하고 후회한다. 이들은 오래도록 명예와 위엄을 찾으며, 결국 얻게 된다. 장딴지가 두껍다. 이 별자리 아래 태어난 여성은 활기차고, 화를 잘 내고, 대담하다. 또 앙심을 품고 있다. 이들은 말이 많고 쓴소리를 잘 한다. 더불어 아름답고 큰 두상을 가졌다. 끓는 물과 불, 위궤양을 조심해야 한다. 자식은 많이 두지 않는다.

12) 처녀자리(이 별자리는 아스트라이아Astrea이다. 부끄러움을 부여한다) 처녀자리는 8월 22일과 9월 21일까지 사이의 하늘을 관장한다. 이 별자리를 타고 나는 남성은 외모가 뛰어나고, 진술하고, 관대하고, 영적이고, 영예를 좋아한다. 하지만 도둑을 맞는 일이 생긴다. 이들은 남들의 비밀은 물론 자신의 비밀도 지키지 못한다. 늘 오만하고, 태도와 말투가 품위 있으며, 친구들에게 친절하다. 그리고 다른 사람의 불행을 동정한다. 더불어 청결하며 몸단장을 좋아한다. 이 별자리 아래 태어난 여성은 순결하고, 정직하고, 내성적이고, 앞날을 내다보고, 영적이다. 또한 선행하고 말하는 것을 좋아한다. 가능한 대부분 주변을 돕지만, 조급한 경향도 있다. 그러나 이 성미는 위험하지도 오래가지도 않는다….

독자가 이 우스꽝스러운 점술법을 잠깐의 재미로만 읽기를 바란다.

호스트(콘라드) [Horst(Conrad)] 헤센 대공국Grand Duchy of Hesse의 교회 고문으로『마법 서재 혹은 마법, 요술, 강신술Bibliothèque magique, ou la magie, la théurgie, la nécromancie』이라는 책을 독일어로 펴냈다. 이 서적에서 우리는 몇몇 정보를 얻을 수 있다.

호르텐시우스(마르티누스) [Hortensius (Martin / Martinus)] 암스테르담Amsterdam의 저명한 수학 교수. 얄팍한 점성술을 뽐냈다. 이탈리아 여행에서 점을 치던 호르텐시우스는 동행자인 네덜란드인 두 명에게 자신이 1639년에 죽을 것이라고 말했다. 그리고 동행자들 또한 그리 오래 살지는 못할 것이라고 덧붙였다. 그는 실제로 그해 여름에 사망했다. 두 네덜란드인 중 한 명은 경악스러워하며 얼마 지나지 않아 곧 사망했다. 이 모험을 언급한 데카르트Descartes 기록에 따르면 나머지 한 명의 네덜란드인은 다네일 헤인시우스Daniel Heinsius의 아들이었다고 한다. 그는 이후 점점 쇠약해졌고 호르텐시우스의 점성술 내용을 계속 맹신했다고 한다[1].

(1) 바이예Baillet,『데카르트의 생애Vie de Descartes』.

호르틸로피츠(잔) [Hortilopits(Jeanne)] 라부르Labourd 고장의 마녀. 1603년 14살의 나이로 체포되었다. 그녀는 마녀 집회에 참석한 죄목으로 벌을 받았다.

석탄 [Houille / Coal] 에노Hainaut와 리에주Liège 지방에서 채굴되며 널리 사용된다. 11세기에 이를 처음 발견한 프루돔 르 우이유Prudhomme-le-Houilleux라는 장성의 이름을 따 해당 명칭이 붙었다. 일부 학자들은 흰옷을 입은(혹은 천사의 복장을 한) 노인 유령이 광산의 위치를 장성에게 처음 알려주고 사라졌다 주장한다.

마트리카스 [Houmani / Matrikas] 동방에서 별들의 고장을 지배한다는 여성 정령. **참조.** 판차 데바타SchadaSchivaoun.

후리 [Houris / Houri] 무함마드Muhammad 천국의 경이로운 동정녀들. 이들은 신실한 이에게 내려지는 오렌지 씨에서 탄생한다. 백색, 황색, 녹색과 적색을 띤다. 후리가 내뱉은 침에선 향기가 난다.

하시시 [Hrachich / Hashish] 사람을 취하게 만드는 물질로, 특이한 환각을 일으킨다. 이 물질의 제조 과정은 이미 잘 알려져 있다. 아랍인들은 대마의 씨앗과 뿌리를 우린 물을 버터에 넣어 끓인 뒤, 설탕, 아몬드(또는 피스타치오)와 섞어 사탕으로 만든다. 이것이 바로 사람을 취하게 만드는 하시시이다. 하시시는 손바닥만 한 크기로 작은 판자처럼 굳혀 판매한다. 이를 반만 먹어도 취기가 오른다. 물론 액체 형태로 섭취하는 것도 가능한데, 이와 관련된 이야기가 『마르세유의 신호기Sémaphore de Marseille』에 등장한다.

"최근 우리 도시에 사는 청년 넷이 위험을 무릅쓰고, 하시시와 관련된 실험을 시도했다. 이들은 생 루Saint-Loup 인근의 작은 농가에서 만났다. 알렉산드리아Alexandria의 상인 B씨는 하시시를 제공했고, 이를 처음으로 시도하는 세 친구에게 조언을 해주었다. 처음에는 평범한 커피가 나왔고, 각 커피잔 속엔 정제된 설탕이 두세 조각 더해졌다. 이후 넷은 하시시에 손을 댔다. 이들은 각자 용기 있게 자신의 몫을 삼켰다. 먹은 하시시는 이상하기는커녕 아주 훌륭한 맛이 느껴졌다. 즉시 식사가 시작되었는데, 식사를 끝마칠 무렵이 되어서야 정신적 혼란이 일어나며 진짜 증상이 드러났다. 그리고 이들은 곧 기이한 환각에 빠져들었다.

먼저 몽둥이로 목덜미를 세차게 내리치는 듯한 느낌이 들었다. 이는 환각으로 향하는 통과의식으로 완벽하게 튀르키예식이었다. 환각으로의 전환은 머리가 몸으로부터 서서히 분리되는 느낌이 들게 만들었다. 즉 더는 통솔할 의무가 없는 거대한 육체 덩어리로부터 기분 좋게 자유로워지는 것이었다. 머리는 마법처럼 공중에, 구름 한가운데로 떠다녔다. 교회에 있는 천사 케루빔Cherubim처럼. 그러다 모든 것이 혼란스러워지며, 무질서가 마음을 사로잡았다. 이는 성미와 평소 행실에 따라 다소 차이를 보였다.

상인 B씨의 작은 농가에선 우스꽝스러우면서 고통스러운 장면이 벌어졌다. 청년들은 하시시의 영향을 받기 시작했다. 평소 쾌활하고 솔직하며 열정적인 것으로 유명했던 B씨는 눈물을 흘리더니, 격렬한 발작 속에서 흐느껴 울기 시작했다. 과민하고 신경질적인 V씨는 자신이 죽었다고 생각했다. 그는 바닥에 누워 두 손을 가슴 위에 올리고 불타는 예배당 내부 검은 영구대에 누워있다고 믿었다. 그는 수도자들의 노래를 들었고 자신이 갇힌 관에 못을 박는 망치 소리를 들었다. 다른 자는 자신에게 날개가 달려있다고 생각했다. 그는 방 밖으로 뛰어올라, 새처럼 활강하다가 일 층 거실 식탁 위에 내려앉았다. 식탁에는 B씨 가족 여성들이 앉아 저녁 식사를 하고 있었기에, 이 광경을 보는 것이 그리 좋을 리 없었다. 이 재난을 상상해 보라! 접시, 유리잔, 병들이 넘어지고 깨졌고, 여성들은 공포에 휩싸였다! 이들은 이웃에 도움을 청했다. 이웃들은 사방에서 돕기 위해 몰려왔고 격양된 자들을 힘들게 진정시켰다.

그날 밤 B씨의 집에서 일어난 모든 비극을 상세히 다루기에는 그 양이 너무 방대하다. 요약하자면, 이 남성들은 계속된 흥분 속에서 기상천외한 생각, 독특한 환상과 놀라운 환영에 사로잡혔다. 이 장면을 목격한 모든 사람은 이들이 모두 영원히 미쳐버렸다고 생각했다. 알렉산드리아의 젊은 상인은 실험의 씁쓸한 결과를 두고 몰래 슬퍼했다. 더불어 자신이 친구들에게 진짜 독을 먹인 것일까 봐 두려워했다. 이 중 두 명은 오륙일 정도를 두통에 시달렸고 무기력증이 지속되었다. V씨의 경우, 다른 사람들보다 훨씬 허약해졌다. 심각한 뇌출혈이 그의 목숨을 위태롭게 했으나, 코비에르Cauviere 박사의 즉각적인 대처로 피를 빼내 살아날 수 있었다."

그라날Granal은 다음과 같이 말했다. "즐겁고 행복한 상태에 있을 때, 적정량의 하시시를 사용하면 비옥한 상상력을 기반으로 무수한 변덕을 경험할 수 있다. 이는 보이지 않는 세계를 보도록 만들어 준다. 그리하면 일상에서 인지할 수 없는 요정, 정령들의 세계를 볼 수 있을 것이라 믿는다. 이러한 나의 믿음에 따르면, 『천일야화Arabian Night』의 신원미상 작가는 하시시 그 자체일 수 있다. 하지만 하시시로 인해서 어두운 분노가 나타나는 경우는 드물고 (때때로 일시적인 화에 다가가기도 하지만) 대체로 굴레가 없는 즐거움이 지배적이다. 딱 한 번, 나는 어느 하사시Hashash (하시시를 복용한 자)가 자신을 새로 착각해, 마당 나무 위로 가려고 창문 아래로 뛰어내린 이야기를 들은 적이 있다. 그는 비단 허리띠를 양손으로 붙잡고 다음과 같이 소리쳤다. '나는 천국의 새로, 날 준비가 되었다.' 다행히 사람들은 새를 새장에 가두었다. 또 다른 이는 자신이 뱀의 언어를 이해한다고 생각했으며, 놀랍게도 뱀의 말을 하기도 했다. 그가 내는 소리에 귀를 기울여 보았지만, 난 아무것도 이해할 수 없었다. 이 상태의 인간들은 서로 오해하지 않지만, 숨김 없이 서로를 바보처럼 대한다. 다만 다른 사람이 이들을 비웃거나 저지한다면 이들은 분노하거나, 성을 내거나, 발작하거나, 깊은 슬픔에 빠질 수도 있다. 머리가 몸에서 떨어져 나가는 감각은 하시시 증상 중 하나지만, 반드시 일어나지는 않는다. 일부 사람들은 머리가 어깨 위에 제대로 붙어있음을 느낀다. 이러한 경험 가운데, 나는 유사한 예를 목격한 적이 있다. 나의 친구 중 한 명이 다음과 같이 소리쳤다. '나를 건들지 마라. 나는 동상이다. 너희는 나를 부술 것이다.' 누군가 그에게 손을 대자, 그는 다시 말했다. '이것 봐라. 내 머리는 여기에서 구르고 있고, 내 두 팔은 저쪽, 내 두 다리는 사방으로 굴러가지 않느냐.' 끝으로, '산의 노인Sheik'들은 이 약물을 이용해 신봉자들을 자극했다. 여기서 하시시를 복용한 자를 의미하는 하사시라는 말이 생겨났다. 그리고 여기서 프랑스어 단어인 '아사신Assassins(암살자)'이라는 단어가 파생되었다. '아사시네Assassiner(암살하다)'와 '아사신'이 하시시와 연관이 있다고 생각이나 해보았겠는가? 하지만 이는 사실이다."

후아트 [Huarts] 올빼미나 부엉이의 울음소리를 내는 노르망디Normandy 숲의 엘프들. 두려움 없는 리차드Richard the Fearless를 향해 음산한 소리를 내며 겁을 주었다. 이들은 악마 브루드모르Brudemort를 섬긴다.

후브너(스테판) [Hubner(Etienne / Step-han)] 보헤미아Bohemia 출신의 망령. 여러 작가는 그가 사망하고 얼마 뒤 거주하던 도시에 모습을 드러냈다고 기록했다. 또 마주친 몇몇 친구와 포옹을 나눴다고 한다[1].

(1) 랭글렛 뒤프레누아Lenglet-Dufresnoy, 『환영에 관한 논문 모음집Recueil de dissertations sur les apparitions』, 1권.

휘데뮐렌 [Hudemuhlen] 개혁 당시, 자신이 기독교인이라고 말하며(하지만 그렇게 보이지 않은) 뤼네부르크Luneburg의 성에 침입한 도깨비. 휘데뮐렌은 모습을 드러내지 않고 노래를 불렀으며, 오늘날의 유령들처럼 무섭게 공격했다.

위에(피에르-다니엘) [Huet(Pierre-Daniel)] 1721년 사망한 아브랑슈Avranches[1]의 주교. 그는 『위에티아나Huetiana』 또는 『위에 씨의 다양한 관념들Pensées diverses de M. Huet』에서, 산토리니Santorini 섬나라 사람들이 믿는 브루콜라크Broucolaques*와 팀파니트Tympanites**에 관해 이야기했다.

'섬나라의 브루콜라크 민담을 듣는 것은 매우 드문 일이다. 대중들의 믿음에 따르면, 악하게 산 이는 죄 속에서 사망하며 생전의 모습으로 여러 장소를 떠다닌다고 한다. 이들은 산 자들 사이에서 무질서를 낳고 다치게 하거나 목숨을 앗아간다. 물론 때로는 도움을 줄 때도 있지만 대부분 공포감을 느끼게 한다. 악마는 이들의 육신을 지배한다. 악마는 이 육신을 조작하고, 인간들을 괴롭히기 위해 사용한다. 예수교 리샤르Richard 신부는, 약 50년 전 이 섬들로 선교 활동에 나섰고, 생 에리니Saint-Erini 또는 생트 이렌Sainte-Irène 섬에 관한 보고서를 출간했다. 이 섬은 고대에 테라Thera라는 이름으로 불렸고 구레네Cyrene는 이곳을 식민지로 만들었다. 그는 브루콜라크의 이야기를 길게 다뤘다. 이 존재들에 의해 고통받을 당시, 사람들은 부패하지 않은 흠 없는 시체들을 발굴했다. 그리고 시체를 태우거나 조각냈는데, 특히 심장을 도려냈다. 이 의식 후에 브루콜라크는 더 이상 출몰하지 않았고, 시체는 그대로 부패하였다[2]. '브루콜라크'는 현대 그리스어로 진흙을 의미하는 '부르코스Bourcos'와 구멍(또는 시궁창)을 의미하는 '라우코스Laucos'에서 파생되었다. 확인된 바로는 이 육신들이 누워있는 묘지는 진흙으로 매워져 있다. 이처럼 기록된 사실들이 대중적 오류인지는 굳이 여기서 언급하지 않겠다. 하지만 부정할 수 없는 것은 이 이야기들이 직접 목격했다고 주장하는 작가들로부터 폭넓게 기록되었다는 것이다. 무수한 옛 기록의 증언을 살펴보면, 진위를 떠나 이 믿음의 기원이 꽤 오래전인 것을 알 수 있다. 과거에는 누군가 부정하거나 은밀한 방법으로 죽임을 당하면 주민들이 그의 두 손, 두 발, 코, 귀를 잘라 복수를 하지 못하도록 만들었다. 이 행위는 '아크로테리아제인Acroteriazein'이라는 명칭으로 알려져 있다. 이렇게 자른 신체 부위는 망자의 목에 걸거나, 겨드랑이 아래 두었다. 따라서 같은 의미를 지닌 '마스칼리제인Mascalizein'이라는 명칭이 생기기도 했다. 어떤 이는 이 행위가 소포클레스Sophocles의 그리스 기록[3]에 등장한다고 주장했다. 이 기록에선 메넬라오스Menelaus가 헬렌Helen의 남편인 데이포보스Deiphobus에게 해당 저주를 내린다. 아에네아스Aeneas가 지옥을 방문했을 때, 토막난 데이포보스를 목격한 것 또한 이 저주 때문이다.

'그리고 그는 거기서 프리아모스의 아들 데이포보스의 신체를 보았다. 그의 온몸은 토막 나 있었고, 그의 얼굴과 두 손 모두 엉망이었으며 귀 또한 머리에서 찢어져 나와 있었다. 그의 코는 불명예스럽게도 잘려있었다Atque hic Priamidem laniatum corpore toto Deïphobum vidit, lacerum crudeliter ora, Ora, manusque ambas, populataque tempora raptis Auribus, et truncas inhonesto vulnere nares.'

수에토니우스Suetonius는 칼리굴라Caligula가 잔인하게 죽은 뒤, 시체가 반만 태워졌고 대충 묻히게 되었다고 말했다. 이후 그가 살해당한 집과 매장당한 정원에선 매일 밤 유령들이 출몰했다. 이 현상은 집이 다 타버리고 칼리굴라의 자매들이 그를 기리는 의식을 주기적으로 치러줄 때까지 계속되었다. 세르비우스Servius[4]는 과거에는 고인의 시신이 완전히 불태워진 뒤에야 영혼이 안식을 찾았다고 기록하였다. 오늘날 그리스인들은 여전히 파문당한 사람들의 육신이 부패하지 않는다고 믿는다. 그렇기에 이를 북처럼 부풀려서 두드리거나 도로에 굴리면 북소리를 낸다고 생각한다. '투피Toupi' 또는 '팀파니트'라는 이름이 붙은 것도 이런 이유에서다.

(1) 1722년, 파리, 12절판. / (2) P. 리샤르, 『산토리니 섬 견문기Relation de l'ile Sanierini』, 18장. / (3) 『Vide Elect』, v.448. 『Meursium in Lycophronem』, 309페이지. 『Stanleium in Æschil. Cœph』, v. 437. / (4) 『Æneid』, 4권, 418절. / * 고대 그리스에서 믿었던 존재. 영웅이나 악인이 생명에 집착하며 사망하면 죽고 나서 이 존재가 되어 사람들의 피를 마시려 한다. / ** 복부팽만 현상.

위공 [Hugon] 악령의 일종. 투르Tours 시민들은 위공의 존재를 진지하게 믿었다. 아이들이 식인귀 크로크미텐Croquemitaine처럼 무서워했기에 어른들은 겁을 주는 데 위공을 이용했다. 이후 개혁가들은 위그노Hugenots라고 불렸는데, 이들이 저지르는 악행과 만들어 낸 공포심 때문이다. 위그노들은 16세기를 피와 유해로 뒤덮었다.

위그 [Hugues / Hugh] 에피날Epinal의 부르주아. **참조.** 정령Esprits.

대 위그 [Hugues le Grand / Hugh the Great] 프랑스의 지도자이자 위그 카페Hugh Capet의 아버지. 구알베르 라뒬프Gualberto Radulphe는 대 위그가 임종 당시 악마들로부터 감시를 받았다고 기록했다. 거대한 무리의 검은 남자들은 대 위그 앞에 나타났고, 가장 눈에 띄는 자가 그에게 물었다. "나를 아는가?" 위그가 답했다. "모른다. 당신은 누구인가?" 검은 남자가 다시 말했다. "나는 강인한 자들 가운데서도 가장 강인하고, 부유한 자들 가운데서도 가장 부유한 사람이다. 나를 믿는다면 네 목숨을 살려주겠다." 하지만 이미 생전에 산전수전을 모두 겪은 대 위그는 성호를 그렸다. 이후 악마 무리는 연기가 되어 사라졌다[1].

(1) 르 루아예Pierre Le Loyer, 『귀신의 역사 혹은 귀신 환영Histoire des spectres ou apparitions des esprits』, 3권, 273페이지.

끓는 기름 [Huile Bouillante / Boiling Oil]
실론Ceylon*과 말라바르Malabar 해안의 주민들은 끓는 기름으로 심판을 했다. 그들은 땅과 관련된 증인 없는 중요한 재판에 이 심판을 동원했다. 한때 유럽에선 음침한 일을 다룰 때 끓는 기름 심판을 사용했다. 피고인은 기름이 끓는 가마솥에 주먹을 넣다가 빼냈는데, 화상을 입지 않는다면 무죄를 선고받았다.

* 스리랑카의 옛 명칭.

박하 기름 [Huile de Baume / Balm Oil]
'천상의 물 찌꺼기에서 추출한 박하 기름은 난청을 치료한다. 치료하는 방법은 박하 기름을 귀에 세 방울 넣고, 기름 적신 솜으로 귀를 막는 것이다. 박하 기름을 사용한 찜질과 고약은 모든 습진, 고질적인 피부병, 종기, 상처, 흉터, 만성(또는 새로 생긴) 궤양, 독사나 전갈에게 물린 상처, 누관, 경련, 전염성 피부병, 심장 떨림, 수족의 떨림을 치료한다. 크롤리우스Crollius는 이를 신봉하여 박하 어머니 기름[1]이라고 불렀다.'

(1) 『작은 알베르투스의 견고한 보물Le solide trésor du Petit Albert』 112페이지.

활석 기름 [Huile de Talc / Talc Oil]
활석은 흰색을 띠는 현자의 돌이다. 고대인들은 활석 기름을 자주 입에 올렸다. 대부분의 연금술사는 온갖 효능이 있는 활석 기름을 만들기 위해 모든 지식을 동원하였다. 연금술사들은 활석을 태우고 정화하고 기화시켜도 보았지만, 이 값진 기름을 만들 수 없었다. 어떤 이들은 연금술을 행하는 신비한 현자의 영약을 이 이름으로 부른다.

후줌신 [Hu-Jum-Sin]
저명한 중국인 연금술사. 풍문에 의하면 현자의 돌을 발견했다고 한다. 후줌신은 나라를 황폐화시킨 끔찍한 용을 죽이고 기둥에 묶은 뒤 하늘로 올라갔다. 이 기둥은 현재까지도 남아있다. 중국인들은 감사의 표시로 그가 용을 죽인 자리에 사원을 세웠다.

월랭 [Hulin]
오를레앙Orleans 출신의 작은 목재상. 저주에 걸려 죽을 위기에 처한 그는 모든 질병을 치료한다고 허풍을 떠는 한 마법사를 찾았다. 마법사는 아직 젖먹이인 아들에게 질병을 옮긴다면 치료를 할 수 있다고 말했다. 아버지는 이 방법을 시도하기로 했다. 하지만 이 이야기를 들은 유모는 마법사가 아버지의 저주를 푸는 동안 아이와 함께 달아났다. 아이가 없어진 것을 안 아버지는 소리를 지르기 시작했다. "나는 죽은 목숨이다. 아이는 어디 있는가?" 이후 슬퍼하던 월랭은 문밖으로 나서자마자 사망했다. 악마가 그의 목숨을 거두어 갔기 때문이다. 질병에서 도망치지 못한 그의 피부는 온통 까맣게 변했다[1].

(1) 보댕Bodin, 『빙의망상Démonomanie』, 330페이지.

윔베르 드 보주 [Humbert de Beaujeu]
이덴의 제프리Geoffrey of Iden는 사망 후 윔베르 드 보주 앞에 나타나 기도를 요구했다[1].

(1) 『다른 세계의 전설Légendes de l'autre monde』 속 해당 이야기를 참조할 것.

훔마 [Humma]
코이코이족Khoikhoi의 절대신. 비를 내리고 바람을 일게 하고 추위와 더위를 부른다. 훔마는 조금의 자비 없이 더위와 가뭄으로 사람을 태우기에 이 신을 의무적으로 숭배하진 않았다.

후네릭 [Hunéric]
반달족Vandals 왕인 가이세리크Genseric의 아들 후네릭이 아프리카 가톨릭교도들을 박해하기 전, 이 파란을 예견하는 여러 징조가 있었다. 지퀜Ziquen 산에선 "탈출하라! 탈출하라!"라고 사방으로 소리치는 장신의 남자가 목격되었다. 카르타고Carthage의 성 파우스투스St. Faustus 교회에선 목동이 암양을 몰듯 에티오피아인 무리가 성인을 쫓는 모습이 보였다. 가톨릭교를 상대로 한 이단의 박해 중 이보다 큰 사건은 없었다[1].

(1) 르 루아예Pierre Le Loyer, 『귀신의 역사Histoire des spectres』, 272페이지.

훈족 [Huns]
옛 역사가들은 이 부족의 기원을 두고 놀라울 정도의 끔찍한 이야기를 들려준다. 요르다네스Jordanes는 고트족Goths의 왕 필리머Philimer[1]가 다키아Dacian의 땅에 입성할 당시 끔찍한 몰골의 마녀들을 마주했다고 기록했다. 필리머는 마녀들을 인적이 없는 곳으로 내몰았다. 이에 마녀들은 황무지를 방황하며 악마들과 눈이 맞게 되었다. 이 지옥의 만남으로 훈족이 생겨났고, 이들은 '악마의 자식'이라는 칭호를 얻게 되었다. 역사가들은 이 칭호가 훈족의 야만적인 눈과 찌푸린 얼굴, 염소수염과 지독한 외모에 어울리는 별명이라고 말한다. 베졸두스Besoldus는 세르빈Servin을 언급하며 훈족의 이름이 튜턴어Teutonic 또는 켈트어Celtic 혹은 미개인의 언어로 '마법으로 강력해진' 또는 '위대한 마법사'라는 의미를 지닌다고 주장했다. 보네르Bonnaire는 『프랑스 역사Histoire de France』에서 훈족이 세레베르Cherebert (또는 카리베르Caribert)와의 전쟁 당시, 엘베Elbe 강 인근에서 메스Metz의 군주 시기베르트Sigebert의 습격을 받았다고 기록했다. 이때 프랑크족Franks은 마법을 이용해 하늘을 가득 채운 훈족의 악령들을 상대해야 했다. 이렇게 얻은 승리는 더욱 굉장한 것이었다. 참조. 오거Ogres.

(1) 『고딕 문제De rébus gothicis』.

후투티 [Huppe / Hoopoe] 칼데아인Chaldeans들에게는 보리Bori, 그리스인들에게는 이산Isan이라고 불린 평범한 새. 이 새를 쳐다보면 몸집이 커진다고 한다. 배 위에 후투티의 눈을 달고 다니면 모든 적과 화해할 수 있다. 몇몇 이들이 후투티 머리를 주머니에 넣고 다니는 이유는 상인과 억울한 거래를 하지 않기 위함이다.[1]

(1) 『대 알베르투스의 경이로운 비밀들Les admirables secrets d'Albert le Grand』, 111페이지.

허스 [Hus] 루터교Luther의 선구자 중 하나. 마법사 오컬트 협회 발전에 기여했다.

헛진 [Hutgin] 색슨족Saxon 전설에 따르면 인간을 섬기며 함께 있는 것을 즐기는 악마이다. 이들은 인간의 질문에 답하며 가능한 도움을 준다. 헛진의 관대한 천성을 잘 설명하는 이야기가 있다. 여행을 떠날 당시 아내의 품행을 걱정한 색슨족 남성은 헛진에게 자신이 돌아올 때까지 아내를 감시해 달라고 요청했다. 이후 방탕한 생활을 시도한 아내는 악마에게 제지당했다. 남편이 돌아왔을 때, 헛진은 그가 돌아와 다행이라고 말했다. 그리고 부인을 감시하느니 작센의 모든 돼지를 감시하는 편이 낫겠다며 감시를 포기할 뻔했다고 덧붙였다.[1] 이 이야기는 헛진이 여느 악마와는 완전히 다르다는 것을 잘 보여주는 사례이다.

(1) 요한 바이어Johann Weyer, 『악마의 유사군주제Pseudomonarchia Dœmonum』 등.

베르겔머 [Hvergelmer] 지옥의 샘. 참조. 니플하임Niflheim.

호박 [Hyacinthe / Jacinth] 역병으로부터 몸을 보호하기 위해 목에 차던 보석. 더불어 마음을 강하게 만들고 병의 기운을 줄이며 부와 명예를 안겨준다.

히드라오트 [Hydraoth] 타소Tasso가 극찬했던 마법사. 다마스쿠스Damascus 술탄Sultan의 아버지이다. 아르미드Armida의 삼촌이며 그녀에게 마법을 가르쳤다.[1]

(1) 드 랑크르Pierre de Lancre, 『악마의 변화론Tableau de l'inconstance des démons』, 1권, 57페이지.

물점 [Hydromancie, Hydroscopie / Hydromancy, Hydroscopy] 물을 이용한 점술. 페르시아에서 기원하였으며 점술가에 따라 다양한 방법으로 진행된다. 1) 소환 등 마법 의식을 치른 뒤, 물의 표면에서 알고 싶은 사람의 이름 또는 답변이 떠오르길 기다린다. 이때 이름은 거꾸로 적힌다. 2) 물이 든 병을 준비하고, 실에 매단 반지를 이용해 물병의 옆면을 여러 번 때린다. 3) 짧은 주기로, 연속해서 작은 돌멩이 세 개를 고요한 물에 던진다. 이렇게 생긴 원의 크기와 교차

점을 통해 앞날을 점친다. 4) 바다 위 파도의 다양한 움직임과 흔들림을 주의 깊게 관찰한다. 이는 시칠리아Sicilia와 에비아Evia에서 가장 많이 사용된다. 5) 물의 색과 그 위에 나타난 형상을 해석한다. 바론Varron은 로마가 미트리다테스Mithridates를 상대로 한 전쟁의 결과를 알기 위해 이 점술을 사용했다고 말했다. 옛사람들은 일부 강 또는 샘 가운데 이 점술에 특화된 곳이 있다고 주장했다. 6) 갈리아인Gauls들은 물점을 변형해 친자 여부를 확인한다. 이들은 갓 태어난 아이를 라인강Rhine에 던지는데, 아이가 수영을 하면 친자이고 바다에 가라앉으면 서자로 여긴다[1]. 7) 물을 잔에 채운 뒤, 특정 주문을 읊는다. 이때 물이 끓어오르거나 넘치는지 확인한다. 8) 유리 대야 또는 수정 그릇에 물을 채운 뒤 기름을 한 방울 떨어뜨린다. 이후 물의 표면은 거울처럼 변하고 궁금한 것을 알려준다. 9) 게르만족 여성들은 소용돌이 속 강물의 움직임과 소리를 듣고 미래를 예견하는 특별한 점술을 행한다. 10) 끝으로 이탈리아에선 도둑질한 용의자들의 이름을 작은 돌멩이에 적어 물속에 던진다. 이름이 지워지지 않으면 도둑이 맞다. **참조.** 달걀점Oomancie, 칼리오스트로Cagliostro 등.

(1)『프랑스 역사Histoire de France』 속에서 카이사르 이전의 갈리아 가문 이야기를 참조할 것.

하이에나 [Hyène / Hyena] 이집트인들은 하이에나가 매해 성별을 바꾼다고 믿었다. 플리니우스Pliny는 하이에나 혀 밑 돌멩이를 '하이에나의 돌'이라 부른다고 기록했다. 이를 지니고 다니는 사람은 미래를 내다보는 능력을 가질 수 있다.

히메라 [Hyméra] 시라쿠사Syracuse 출신의 여성. 어느 날 히메라는 난생처음 보는 청년에게 이끌려 하늘로 올라가는 꿈을 꾸었다. 그녀는 모든 신을 만났고 그곳의 아름다움에 감탄했다. 그러던 중 주피터Jupiter 왕좌 아래 쇠사슬로 묶여있는 건장한 남성을 목격했다. 그는 얼굴에 붉은 칠을 하고 있었다. 그녀는 청년에게 묶여 있는 남성이 누구인지를 물었다. 청년은 그가 이탈리아와 시칠리아의 '악운의 신'이라고 답했다. 그리고 쇠사슬이 풀리면 끔찍한 악을 불러올 것이라고 덧붙였다. 히메라는 꿈에서 깨어났고, 다음날 자신의 꿈을 주변에 말했다.

그로부터 얼마 후, 폭군 디오니시우스Dionysius가 시칠리아의 왕위를 물려받았다. 히메라는 시라쿠사를 방문한 디오니시우스를 보게 되었고, 쇠사슬에 묶여 있던 남성임을 알고 놀라 소리쳤다. 이 진귀한 사건을 듣게 된 폭군은 꿈을 꾼 여성을 죽였다[1].

(1) 발레리우스 막시무스Valerius Maximus.

하이네르팡거(이삭) [Hynerfanger(Isaac)] 13세기의 유대인 카발리스트. 강력한 마법사로 대우받았다.

최면술 [Hypnotisme / Hypnotism] 브레이드Braid 박사(영국인)가 사용하는 방법에 부여된 명칭. 신경 수면 또는 자기 수면Magnetic Sleep을 통해 인공적인 황홀경 상태를 만드는 것이다. 이를 통해 환자는 통증 없이 수술할 수 있다. 일부 마법 행위 역시 이 방법으로 설명이 가능하다.

I

알리시안 [Ialysiens / Ialysians] 오비디우스Ovid가 언급한 민족. 주시하는 모든 것을 망가뜨리는 능력이 있다. 주피터Jupiter는 이들을 돌로 바꾸고 거센 파도 속에 두었다.

야마 [Iamen / Yama] 인도 죽음의 신.

이비스 [Ibis] 이집트의 새. 약간 굽은 부리를 제외하곤 황새와 유사한 생김새를 가지고 있다. 아엘리아누스Aelian는 이비스가 머리를 날개 아래에 넣을 때 인간의 심장과 거의 유사하게 생겼다고 언급했다. 이비스는 세수와 세족의 풍습을 도입시켰다고 한다. 이집트인들은 한때 이비스를 신성시했으며, 이 새를 죽이는 자에게는 사형을 선고했다. 비록 실수였다고 해도 말이다. 오늘날 이집트인들은 흰 이비스를 죽이는 일을 불경하다고 생각한다. 흰 이비스는 순수의 상징이며, 농업 활동을 축복한다.

이블리스 [Iblis] 이블리스Éblis와 동일하다. 참조. 이블리스.

이집트 몽구스 [Ichneumon] 이집트에서 특별히 숭배받은 나일Nile 강 쥐. 이 쥐를 위한 사제와 제단이 따로 있을 정도였다. 뷔퐁Buffon은 이집트인들이 이집트 몽구스를 가정에서 길렀으며, 쥐를 잡는 고양이처럼 부려 먹었다 말했다. 이 쥐는 고양이보다 더 힘이 좋았으며, 어떤 환경에도 적응할 수 있었고 길짐승, 뱀, 도마뱀 등을 사냥했다. 플리니우스Pliny는 이 쥐가 악어와 싸울 때의 모습을 기록했다. 악어가 경솔하게도 입을 벌리고 잠에 들면, 이집트 몽구스가 뱃속으로 들어가 내장을 갉아 먹는다고. 데논Denon은 이 이야기가 우화에 불과하다고 주장했다. 이 두 짐승은 같은 지역에 살지 않기 때문에 마주칠 일이 없다는 것이다. 이집트 남부에는 악어가 없다. 그리고 이집트 북부에는 이집트 몽구스가 없다[1].

(1) 살그Salgues, 『오류와 편견Des erreurs et des préjugés』, 3권, 361페이지.

생선 내장 점 [Ichthyomanci / Ichthyomancy] 생선 내장을 이용하는 오래된 점술. 트로이 전쟁Trojan War 당시 폴리다마스Polydamas 그리고 티레시아스Tiresias가 이를 사용했다. 미레Mire 아폴론 샘 물고기들은 예언자들이었으며, 아풀레이우스Apuleius는 이들을 찾아 점을 봤다며 비난을 받았다[1].

(1) 드 랑크르Pierre de Lancre, 『의심과 불신Incrédulité et mécréance』 등, 267페이지.

이다 [Ida] 루뱅Louvain의 축복받은 이다의 이야기에서는 여러 악마의 출몰을 확인할 수 있다. 이들은 이다를 방해하려 했지만 결국 성공하지 못한다.(볼란드 성인전 편찬회Bollandists, 4월 13일)

이덴(제오프루아) [Iden(Geoffroid)] 참조. 제오프루아Geoffroid.

바보 [Idiot] 스코틀랜드에서는 한 가정의 아이가 바보같이 태어나도 이를 불행으로 여기지 않고, 오히려 축복의 상징으로 생각했다. 동방에도 이러한 사고방식을 따르는 여러 민족이 존재했다. 여기서는 판단 없이 이러한 사실을 언급하는 것에 그치겠다.

우상 [Idoles / Idols] 실재하는 혹은 상상의 존재를 나타내는 하나의 상징. 혹은 형상, 인물상을 말한다. 이런 우상을 숭배하는 것을 우상숭배라고 부른다. 만약 우상이 기이한 행적을 행한다면, 이는 악마의 능력 혹은 사기로 의심해 봐야 한다. 기적을 행하는 성 그레고리Saint Gregory가 네오체사레아Neocaesarea를 향해 나아가던 중의 일이다. 어두워진 날씨에 그는 격렬한 폭우를 피해 어느 우상을 모시는 사원으로 대피했다. 이곳의 우상은 신탁으로 매우 유명했다. 성 그레고리는 예수 그리스도Jesus Christ를 부르고, 사원을 정화하기 위해 성호를 그렸다. 그리고 평상시처럼 신을 칭송하며 밤을 지냈다. 그가 떠난 후, 우상을 섬기는 사제가 사원에 도착했고 우상숭배 의식을 준비하였다. 이에 악마들이 갑자기 나타나 주교가 방문한 이 장소에 더는 머무를 수 없다고 선언했다. 사제들은 많은 제물을 약속하며 악마들을 제단에 묶어두려 했다. 하지만 사탄의 기운은 성 그레고리에 의해 꺾이고 말았다. 분노한 사제는 네오체사레아로 주교를 쫓아갔다. 그리고 이를 원래대로 하지 않는다면 법적으로 책임을 묻겠다고 위협했다. 감흥 없이 이 이야기를 듣던 성 그레고리는 차분히 대답했다. "신의 도움으로 악마들을 쫓았으니, 신께서 허락하신다면 그들을 되돌아오게 할 수 있다." 그는 종이조각을 꺼내 다음과 같이 적었다. '그레고리가 사탄에게: 들어오라.' 놀란 사제는 그 종이를 들고 사원으로 돌아갔고 제물 의식을 치렀다. 그러자 악마들이 돌아왔다. 그레고리의 힘에 감명한 사제는 서둘러 그에게 돌아가 기독교로 개종하였다. 그는 성인의 새로운 기적에 감명하여 그레고리의 제자가 되었다. 포르피리오스Porphyry는 악마들이 우상 속에 숨어 이교도들의 숭배를 받는 것을 인정하였다.

그는 이를 다음과 같이 설명했다. "우상 중에는 불순한, 위선적인, 악의를 지닌 악령들이 존재한다. 이들은 신 행세를 하며 인간에게 숭배받으려 한다. 이들은 우리에게 해를 입힐 수 있다. 그러니 이들을 달랠 필요가 있다. 이들 중에 천진하고 명랑한 존재들은 공연이나 게임에 혹혹된다. 더욱 어두운 기질을 지닌 존재들은 기름 냄새를 쫓고 피를 흘리는 재물을 먹어 치운다."

놀랍게도 오늘날 버밍엄Birmingham에선 인도와 중국의 이교도를 상대로 우상을 만드는 공장이 존재한다. 다음은 흥미로운 상품 목록이다. '죽음의 신 야멘Yamen, 고품질 구리를 사용, 많은 정성을 들여 제작. — 악마들의 왕 니론디Nirondi, 여러 모델이 있음. 니론디가 올라탄 거인은 기발한 공법으로 제작되었고 칼은 현대식으로 디자인됨. — 생명을 집어삼키는 태양의 신 바로닌Varonnin, 그의 악어는 청동으로 제작되었고 채찍은 은으로 제작됨. — 부의 신 쿠베렌Couberen, 장인의 모든 기술과 재능이 사용된 뛰어난 작품임, 그리고 반신과 다양한 종류의 악마도 함께 있음. — 외상 불가. 할인된 가격임.'

우상을 비교적 무례하게 다루는 고대의 이교도와 다르게 인도인은 우상을 크게 공경했다. 벤자민 비네Benjamin Binet는 이교도 신과 악마에 관한 개론서에서 이를 보여주는 여러 예시를 언급했다. 그는 다음과 같이 기록했다.

"이들이 우상을 다루는 법보다 더 저급한 것은 상상할 수 없다. 나는 황소 아피스Apis를 죽여 친구들(플루타르코스Plutarch, 『De Isid, Osid』)과 나누어 먹은 페르시아의 왕 오쿠스Ochus를 굳이 언급하지 않겠다. 왜냐하면 이 황소가 단순한 상징일 수도, 아니면 페르시아의 신일 수도 있기 때문이다. 다만 신성하게 여기는 동물을 친구와의 식사 자리에 올린다는 것은 대단히 저급한 행동이라고 할 수 있다. 시칠리아Sicilia의 왕 데니스Denis는 그리스 신과 그 상징들에 그다지 우호적이지 않았다. 재치가 있었던 그는 올림포스Olympus 주피터Jupiter 신상에 다가가 그가 입은 것을 떼려 했다. 왕은 신상을 보고 비꼬며 말했다. '여름엔 무겁고 겨울엔 가벼운, 항상 금으로 된 옷을 입다니 불쌍하군요. 이 양모 옷을 입으시죠. 모든 계절을 편안히 보낼 것입니다.' (『아르노브Arnobe』 6권. 『락탄스Lactance』, 2권, 4장) 이 왕은 아스클레피오스Asclepius 신상의 두꺼운 금수염을 뜯어버리기도 했다. 수염을 뜯을 당시, 그는 다음과 같이 말했다. '아폴로Apollo의 자식 아스클레피오스가 철학자의 수염을 달고 있는 것보다 부적절한 게 또 뭐가 있단 말인가? 아폴로는 수염이 없는 젊은 청년인데!' (『아르노브』, 『락탄스』) 그는 신이란 그 무엇도 거절해서는 안 된다고 주장했다. 그리고 우상들의 손에서 술잔, 금은 장식을 뜯어가는 극도의 신성 모독을 보였다. 칼리굴라Caligula가 그리스 신들을 잔인하게 훼손하였다는 이야기도 있다. 다음은 수에토니우스Suetonius의 주장이다. '칼리굴라는 유명한 그리스 신상들을 가져올 것을 명령했다. 이 중에는 올림포스의 주피터 우상도 포함되어 있었다. 그는 이 우상들의 목을 자른 뒤 자신의 머리 조각을 올렸다.' (수에토니우스, 4권, 22장) 이러한 폭군들이 신에게 존경을 보이지 않은 것은 당연한 일인지도 모른다. 이들은 자유와 종교의 탄압자이기 때문이다. 물론 이는 폭군들이 신성모독을 한 완벽한 이유는 아닐 것이다. 다만 원로원, 사제 그리고 백성들이 이 신성모독에 반대하지 않은 것은 의아하다. 이들은 왕의 폭정을 상대로 다 함께 반란을 도모할 수 있었다. 백성들은 권리가 침해받을 때 언제나 전복시킬 준비가 되어있기 때문이다. 하지만 이와 반대로 가장 밀접한 종교가 파괴되는 상황에서 이들은 침착함을 유지했다. 결정적인 예시인 카이사르Caesar를 살펴보자. 섹스투스 폼페이우스Sextus Pompey의 함대가 폭풍우를 만나 해산되었을 때, 카이사르는 다음과 같이 외쳤다. "나는 바다의 신 넵튠Neptune의 횡포에도 불구하고 승리할 것이다!" 그리고 신들에 대한 경멸을 보이기 위해, 그는 축제 당시 예배행렬에 등장한 신의 형상을 뒤엎어버렸다.(수에토니우스, 2권, 16장)

이프린 [Ifurinn / Ifrinn] 갈리아인Gauls들의 지옥. 어둡고 끔찍한 곳으로, 햇빛조차 들지 않는다. 이프린은 독충, 파충류, 포효하는 사자, 송곳니를 드러내는 늑대 등으로 채워져 있다. 악독한 범죄자들은 이프린의 끔찍한 동굴에 쇠사슬에 묶여 갇히게 된다. 여기서 그들은 뱀이 가득한 연못에 빠지고, 천장에서 끝없이 떨어지는 독기로 인해 살이 타버린다. 선행도 악행도 하지 않은 쓸모없는 이들은 앞서 말한 끔찍한 감옥 위에 자리한 살을 에는 자욱한 수증기 한가운데서 살게 된다. 가장 끔찍한 형벌은 혹독한 추위다.

무지 [Ignorance] 바다는 오염되지 않기 위해 짠맛이 나게 되었고, 파도는 배를 항구로 데려오기 위해 생긴 것이라 가르치는 이들은 분명 지중해에 항구가 있고 썰물이 생긴다는 것을 몰랐음이 확실하다. **참조.** 오류 ErreursErreurs, 경이Merveilles, 기적Prodiges 등.

유령 섬 [Île fantôme / Haunted Island] 성 브랜든St. Brandan의 섬. 이 섬에는 일곱 개의 아름다운 도시가 있다. 많은 여행객은 먼 발치에서 이 섬을 보았다고 생각했지만, 이곳에 닿은 이는 아무도 없다. 누군가 다가가려고 하면 섬이 사라지기 때문이다. 이는 신기루에 불과하다.

섬 [Îles / Islands] 발트해Baltic Sea에는 다양한 이웃 섬들이 있다. 이 이웃 섬들은 어부들이 섬과 섬 사이를 쉽게 오갈 수 있도록 마법사들이 만든 것이다. 이는 마르미에Marmier가 언급한 발트해의 전설이다.

조명파 [Illuminés / Illuminati] 독일에 있는 일종의 프리메이슨Freemasons. 투시력을 지녔다고 믿으며 예언을 했다. 그들의 막연하고 자유로운 교리에 관해서는 알려진 것이 별로 없지만, 이들에게도 나름 선구자들이 있었다. 1575년, 장 드 빌랄판도Jean de Villalpando와 가르멜 수도회Carmelites 수녀 카테린 드 예수Catherine de Jesus는 조명파 이단을 설립했다. 그리고 이 이단은 코르도바Cordoba 종교재판으로 해산되었다.

1634년, 피에르 게랑Pierre Guerin은 이들을 프랑스로 데려왔다. 이들은 신이 그들 중 한 명인 앙투안 복케Antoine Bocquet 신부에게 계시를 내렸다고 주장했다. 또 탁월한 삶과 신앙을 행하면 성스러워져 신과 한 몸을 이루고 어떤 죄도 저지르지 않으며 신의 모든 애정을 얻을 수 있다고 덧붙였다. 이들은 자신들이 모든 사도, 성인, 교회의 기원이라는 환상을 가지고 있었다. 루이 13세Louis XIII는 이 광기 어린 이단을 해산시켰다. **참조.** 성 마르탱 Saint Martin.

밀랍상 [Images de Cire / Wax Images]

저주를 위해 밀랍상을 만드는 자들은 벨제부스Belzébuth의 이름으로 세례를 내렸다. 그리고 밀랍상을 단검으로 찌르거나 불태워, 그 주인이 똑같은 일을 겪도록 하였다. 이 마법은 고대부터 전승되어 왔다. **참조.** 감응술 Envoûtement, 뒤푸스Duffus, 에베라드Eberard, 앙리 3세Henri III 등.

상상 [Imagination]

꿈, 몽상, 공상, 갑작스러운 공포, 미신, 편견, 예언, 스페인의 성, 행복, 영광, 유령과 망자, 마법사와 악마에 관한 여러 이야기는 대체로 상상력의 작품이다.

상상력이 적용되는 범위는 방대하고, 그 통치는 독재적이다. 오직 강인한 정신력만이 이를 억제할 수 있다. 자신이 미치는 꿈을 꾼 아테나인Athenian은 너무도 충격을 받은 나머지, 꿈에서 깨어났을 때 실제로 광기를 보이더니 이성을 잃게 되었다. 생 발리에 Saint-Vallier 열병과 얽힌 민담은 익히 알려져 있다. 파스키에Pasquier는 이 열병과 관련해 페라라Ferrara 공작의 광대 고넬Gonelle의 죽음을 언급했다. 광대 고넬은 극한 공포가 열병을 낫게 해준다는 이야기를 듣게 되었다. 이에 공작이 사일열로 고생할 당시, 이를 공포로 치료하려 들었다. 고넬은 치료를 위해, 공작과 좁은 다리 위를 함께 건널 때 그를 밀어 물 속에 빠뜨렸다. 공작은 목숨을 잃을 뻔했으나, 물에서 나오니 병이 나았다. 그러나 고넬의 경솔한 행동에 벌이 따라야 한다고 생각한 공작은 그를 참수형에 처하기로 공언했다. 하지만 실은 그를 죽이려 한 것은 아니었다. 형 집행 날, 공작은 고넬의 눈을 가린 뒤 검이 아닌 젖은 수건으로 내리칠 것을 명했다. 형이 집행되었고 이후 고넬은 바로 풀려났다. 하지만 이 불쌍한 광대는 두려움 탓에 죽어 버렸다. 이게 사실일까? 파스키에는 이처럼 많은 이야기를 들려준다! 헤케Hequet는 검은 머리로 잠에 들었으나 아침에는 백발로 깨어난 어느 남성의 이야기를 언급했다. 남성은 자는 동안 잔혹하고 불명예스러운 형벌을 받는 꿈을 꾸었다고 한다. 에사르Essarts의 『경찰 사전Dictionnaire de police』에선 한 마녀가 어떤 여자아이에게 교수형에 처할 것이라고 예언을 한 이야기가 등장한다. 이 여자아이는 다음 날 밤 큰 충격을 받아 질식사했다. 아테나이오스Athenaeus는 아그리젠토Agrigento의 젊은 청년들에 대한 일화를 기록했다. 여인숙에서 묵던 이 청년들은 방에서 술에 만취하였다. 이들은 분노한 바다 한복판에 떠 있는 갤리선 안에 있다고 생각했다. 술에 취한 청년들은 배를 가볍게 만들기 위해 창문 밖으로 여인숙의 모든 가구를 던져 버렸다. 아테네에선 자신이 피레아스Piraeus에 입성한 모든 선박의 주인이라고 생각한 미친 사람이 있었다. 그는 이 선박들을 향해 지시를 내렸다. 호라티우스Horace는 자신이 연극을 보고 있다고 믿는 한 사람을 언급했다. 그는 상상 속의 일행과 함께 머릿속의 극장으로 이동했다. 그는 이 극장의 배우이자 관객이었다. 편집증 환자에게도 이런 독특한 점이 관찰된다. 이들은 자신이 참새, 토끼, 뱀이라고 생각한다. 심지어 신, 연설자, 헤라클레스Hercules라고 믿는 경우도 존재한다. 우리가 분별 있다고 생각하는 이들 가운데, 과연 상상력을 제어하고 약점과 실수를 드러내지 않는 사람이 몇이나 될까? 많은 사람은 개에게 물린 뒤 크게 앓게 된다. 이는 자신이 광견병에 걸렸다고 가정하기 때문이다. 몽펠리에Montpellier 왕립 과학원에서 1730년에 발표한 회고록을 살펴보면, 광견병에 걸린 개에게 물린 두 형제가 서로 다른 증상을 보였다고 한다.

한 명은 네덜란드로 떠나 10년 뒤에야 돌아왔는데, 돌아와서야 형제가 오래전 광견병에 걸려 죽었다는 사실을 알게 되었다. 그리고 그는 갑자기 자신도 병에 걸렸다고 생각해 형제를 따라 세상을 떠났다.

여기 또 다른 놀라운 사건이 있다. 한 정원사가 커다란 검은 개에게 물리는 꿈을 꿨다. 놀란 그는 일어나 물린 흔적이 없다는 것을 확인했다. 그가 내지른 비명은 함께 자는 아내를 깨웠다. 아내는 모든 문이 닫혀있다고 그를 안심시키고, 어떤 개도 들어올 수 없다고 말해주었다. 하지만 그럼에도 정원사의 커다란 검은 개 환영은 지속되었다. 정원사는 계속 개가 보인다고 믿으며, 식사하지 않고 잠도 자지 않는 지경에 이르렀다. 더불어 우울과 망상에 젖어 점점 쇠약해졌다. 이성적인 그의 아내는 남편을 진정시키고 환영을 치료하려 해보았다. 하지만 결국 남편의 상상이 사실이며, 자신도 옆에서 물렸을 수 있다고 생각하게 되었다. 그녀는 쇠약, 피로, 공포, 불면 등 남편과 똑같은 증상을 겪었다. 의사는 이 환영에 일반적인 치료법이 먹히지 않는다는 것을 깨달았다. 그리고 이들에게 생 위베르Saint-Hubert 순례를 권했다. 순례 이후, 두 병자는 안정을 되찾았고 회복되어 돌아왔다.[1]

어느 가난하고 불행한 한 남자가 있었다. 그는 부에 대한 집착으로 인해 자신이 엄청난 부자라고 믿게 되었다. 이에 한 의사가 그를 치료했고, 그는 자신의 광기를 후회하게 되었다. 영국에선 괴로워하는 행위 자체를 단호히 거부하는 한 사람이 있었다. 그는 자신에게 전해진 모든 불쾌한 소식을 부정했다. 아내가 죽었을 때도 그는 이를 믿지 않았다. 그는 식탁을 차릴 때 아내의 식기를 함께 놓았으며, 마치 그녀가 곁에 있는 듯 말을 걸었다. 그의 아들이 떠났을 때도 마찬가지였다. 세상을 떠나기 전, 그는 자신이 아프지 않다고 믿었다. 그리고 질병이 이를 비웃기라도 하듯 곧 사망했다.

또 다른 흥미로운 이야기가 있다. 어느 벽돌공은 망상에 사로잡혀 완전한 광기를 경험하게 되었다. 그는 자신이 독이 없는 작은 뱀을 삼켰다고 생각했다. 그리고 뱀이 자신의 배 속에서 움직인다고 주장했다. 생 루이St. Louis 병원의 외과 의사 쥘 클로케Jules Cloquet는 그의 광기를 따라주는 것이 유일한 치료법이라고 생각했다. 의사는 남자에게 수술을 통해 뱀을 꺼내자고 제안했다. 벽돌공은 이를 받아들였다. 의사는 위장 주변으로 길고 얇게 피부를 절개하였다. 그리고 피에 붉게 물든 붕대와 습포를 절개부 근처에 두었다. 뒤이어 사전에 준비한 뱀의 머리를 붕대와 상처 사이로 지나가도록 했다. 이후 의사가 소리쳤다. "드디어 잡았다. 여기 있다." 이와 동시에 환자는 얼굴을 가리고 있던 천을 벗어 던지고, 배에서 나온 뱀을 보려 했다. 잠시 후, 그는 새로운 걱정에 사로잡혔다. 그는 눈물을 흘리며 한숨을 내쉬고 물었다. "선생님, 뱀이 새끼를 낳았으면 어떻게 하죠?" 의사가 답했다. "말도 안 되는 소리! 이건 수컷 뱀입니다."

일반적으로, 대중들은 괴물 같은 아이가 태어나는 것이 여성의 상상력 때문이라고 믿었다. 살그Salgues는 상상력이 이와 아무런 관련이 없다는 것을 증명하기 위해 괴물을 낳은 여러 짐승을 예로 들었다. 플레스Plessman만은 『산욕 의학Médecine puerpérale』에서, 하팅Harting은 한 논문에서, 데망종Demangeon은 『임신 중 산모 상상력의 생리학적 고찰 Considérations physiologiques sur le pouvoir de l'imagination maternelle dans la grossesse』에서 이 미신적인 의견을 뒷받침했다. 말브랑슈Malebranche는 한 여성이 수레바퀴형 집행을 목격한 이후 아이를 낳은 일을 기록했다. 이 여성은 충격을 크게 받았으며, 허벅지, 다리, 팔 등 바퀴가 지나간 곳과 동일한 부위가 부러진 아이를 낳았다. 화가 장 바티스트 로시Jean-Baptiste Rossi는 등이 굽어 고비노Gobbino*라는 별명이 붙었다. 그의 어머니가 그를 임신했을 당시, 아버지는 성수반에 쓰일 꼽추 조각을 만들고 있었다. 이 조각은 훗날 유명해졌는데, 가브리엘 카글리아리Gabriel Cagliari가 만든 어릿광대 성수반과 짝을 이루는 것이었다.

카드 게임을 하던 한 임신한 여성이 패를 확인하던 중, 승리를 거두려면 스페이드 에이스가 필요하다는 것을 알게 되었다. 그리고 그녀가 마지막으로 받은 카드는 정확히 원하던 카드였다. 그녀의 기쁨은 마음을 관통하며, 태어날 아이에게 표식을 남겼다. 이 아이는 스페이드 에이스와 똑같은 모양의 눈동자를 가지고 태어났다. 독특한 모양의 눈동자를 가졌음에도 그는 보는 것에 아무런 이상이 없었다. 라바터Lavater는 더 놀라운 사건을 기록하였다. '내 친구 중 한 명이 이 이야기의 사실 여부를 증명해 줄 것이다. 랭탈Rhinthal의 어느 귀족 부인이 임신 중 한 범죄자의 사형집행을 목격하게 되었다. 죄인은 머리와 오른손이 절단되었다. 손이 절단되는 순간 임산부는 너무도 겁을 먹고 고개를 돌렸다. 그리고 사형 집행이 끝나기 전에 그 곳을 떠났다. 이후 그녀는 손이 한 개만 달린 여자아이를 낳았다. 나머지 한쪽 손은 이후 따로 출산했다.'

기적 같은 출산 이야기는 많이 존재한다. 살그는 『사회에 만연한 오류와 편견들Des erreurs et des préjugés répandus dans la société』에서 다음의 예시를 들었다. 1778년 노르망디 스탑Stap에서 고양이 한 마리가 태어났다. 이 고양이는 옆집 암탉에게 애정을 품고 끈질기게 구애했다. 농장 주인은 오리알을 부화시키기 위해, 몇 알을 암탉의 날개 속에 품도록 했다. 이때 고양이가 알 몇 개를 빼내 와 정성스럽게 품었다. 25일째 되던 날, 작은 양서류들이 세상에 태어났다. 이 양서류들은 오리와 고양이가 섞인 모양새를 하고 있었다. 하지만 암탉이 품던 알들에서는 새끼 오리들이 나왔다. 비몽Vimond 박사는 이 독특한 존재와 암탉, 고양이를 직접 목격했다고 주장했다. 비몽 박사에게 묻고 싶다. 이 양서류들을 관찰할 당시 시력이 멀쩡했는지, 이 양서류들이 태어났을 당시 고양이처럼 복슬복슬한 털이 있었다고 말했는데, 오리도 이런 털을 가지고 있는 것을 모르는지, 알 속에 고양이의 생식세포가 들어가 부화하는 것이 가능한지, 암탉의 알은 왜 오리가 나왔는지, 반은 닭 반은 오리인 존재가 태어나야 하는 것은 아닌지 말이다.

오늘날에 와서 이런 이야기는 비웃음거리지만, 불과 60년 전만 해도 파리 일간지에서는 개가 고양이 네 마리와 강아지 세 마리를 낳았다는 기사가 실렸다. 엘리엔Aelien은 과거 돼지 한 마리가 코끼리 머리를 한 돼지를 낳은 일, 양이 사자를 낳은 일 등을 저서에 기록했다. 토르케마다Torquemada는 자신의 저서 『6일 창조Hexameron』의 여섯 번째 날에서 다음과 같은 이야기를 언급했다. 스페인에서 출산을 하다가 죽은 말이 있었다. 말의 배 속에는 똑같이 배가 빵빵하게 부른 암노새가 있었다. 그리고 그 암노새 또한 숨이 붙어 있지 않았다. 이후 그 암노새의 배를 갈랐더니 또 다른 배부른 암노새가 나왔다….

또 다른 이야기가 있다. 만토바Mantua의 한 공작은 마구간에 출산이 임박한 암말을 한 마리 기르고 있었다. 이후 암말은 노새 한 마리를 낳았다. 그는 이탈리아에서 가장 유명한 점성가들에게 이 노새의 탄생일과 시간을 알려주고, 자기 집에서 태어난 서자의 운명을 알려달라고 부탁했다. 공작은 점성가들에게 그것이 노새의 출생일시라는 것을 말하지 않았다. 점성가들은 귀족에게 잘 보이기 위해 아부를 하며 점을 보았다. 점성가 중 일부는 서자가 장군이 될 것이라고 말했고, 다른 이들은 더 높은 고위직들을 언급하였다.

다시 기이한 출산 이야기로 돌아가 보자. 16세기, 저주에 걸린 한 여성이 여러 마리의 개구리를 낳았다는 소문이 돌았다. 당시 사람들은 거부감 없이 이 이야기를 받아들였다. 18세기 초, 영국 신문은 왕실 해부학자의 인정을 받은 산부인과 의사의 증서를 인용하며, 한 시골 여성이 토끼 여러 마리를 낳았다고 발표했다. 해부학자가 속임수에 가담했다는 사실을 고백할 때까지 대중은 이를 믿었다. 1471년, 파비아Pavia의 한 여성이 개를 낳았다는 소문이 돌았다. 1278년, 스위스의 한 여성이 사자를 낳았다는 이야기가 거리에 돌았다. 플리니우스Pliny는 코끼리를 낳은 여성을 언급한 적이 있다.

다른 오래된 이야기에서는 스위스인 여성이 산토끼를 낳았고, 튀링겐Thüringen의 한 여성은 두꺼비를 낳았고, 다른 여성들은 닭을 낳았다(2). 앙브루아즈 파레Ambroise Paré는, 나폴리Napoli의 어린 돼지 한 마리가 인간의 머리를 달고 다닌다는 소문을 언급했다. 보게Boguet는 『지독한 마법사 논설Discours des exécrables sorciers』에서 1531년 한 저주받은 여성이 인간의 머리, 발이 두 개 달린 뱀, 작은 돼지를 낳았다고 기록하였다. 베일Bayle은 검은 고양이를 낳은 여성을 언급했는데, 이 고양이는 악마의 생산물로 여겨 불태워졌다(3). 볼라테라누스Volaterranus는 상체는 인간, 하체는 개의 모습을 하고 태어난 아이를 기록했다. 또 다른 괴물 같은 아이는 콘스탄티우스Constantius 시대에 태어났는데, 두 개의 입, 네 개의 눈, 두 개의 작은 귀, 수염을 가지고 있었다. 루뱅Louvain의 학식있는 교수 코르넬리우스 제마Cornélius Gemma는 많은 것들이 수용되던 시기에 펜을 잡았다. 그는 1545년 벨기에 귀족 가문의 여성이 악마의 머리, 코끼리의 커다란 코를 단 아이를 출산했다고 기록했다. 이 아이의 손에는 거위의 발이 달려 있었고 하복부에는 고양이의 눈이 달려 있었다. 또 무릎에는 개 머리가, 상복부에는 원숭이 얼굴 두 개가, 뒤쪽에는 35cm 길이의 전갈 꼬리가 달려 있었다. 이 작은 괴물은 4시간밖에 살지 못했고, 죽을 때 무릎에 달려있던 개의 주둥이로 비명을 질렀다(4).

임신한 여성들의 상상과 관련된 이야기는 수없이 많다. 머리가 없이 태어난 아이들, 머리가 어깨와 구분이 되지 않는 아이들의 이야기를 해보겠다. 1565년 5월 16일, 파데르본Paderborn 인근 슈메츠텐Schmechten에서 머리 없는 아이 하나가 태어났다. 아이는 왼쪽 어깨에 입이, 오른쪽 어깨에 귀가 달려있었다. 그리고 머리 없는 아이들의 기운을 빨아들이기라도 한 듯, 1684년 7월 20일 노르망디 여성은 머리 두 개가 붙은 남자아이를 낳았다. 아이에게는 네 개의 눈, 두 개의 갈고리 모양 코, 두 개의 입, 두 개의 혀가 있었다. 하지만 귀는 두 개뿐이었다. 또 몸속에는 두 개의 뇌, 두 개의 소뇌, 세 개의 심장이 있었다. 그리고 다른 기관은 모두 하나씩 존재했다. 이 남자아이는 1시간을 생존했다. 만약 겁에 질린 산파가 아이를 바닥에 떨어뜨리지 않았더라면 더 오래 살아남았을지도 모른다. 이렇게 머리가 붙어있는 아이는 머리가 없는 아이보다 더 잦은 빈도로 나타난다. 1779년 파리 과학 아카데미에서 머리가 두 개 달린 도마뱀이 소개되었다. 이 도마뱀은 머리 두 개를 똑같이 사용할 수 있었다. 1808년 2월 의학지에서는 벵골에서 머리 두 개를 가지고 태어난 아이를 흥미롭게 다루었다. 아이의 머리 두 개는 수직으로 달려 있었다고 한다. 산파는 너무 놀라 악마의 짓이라 생각하여 아이를 불 속에 던져버렸다. 이에 급히 아이를 꺼냈으나 두 귀는 화상을 입었다. 주목할 만한 점은 두 번째 머리가 이마는 아래로, 턱은 위로 가도록 거꾸로 달려있었다는 것이다. 출생 후 6개월이 지나자, 두 머리는 비슷한 양의 검은 머리로 뒤덮였다. 또한 윗머리와 아랫머리는 서로 연관이 깊지 않았다. 한쪽 머리가 눈을 뜨면 다른쪽 머리는 눈을 감았다. 또 한쪽 머리가 잠이 들면 다른 쪽 머리가 깨어났다. 이렇게 교대로 활동하고 서로 교감하는 모습도 보였다. 아래쪽 머리의 웃음은 위쪽 머리도 느꼈으나, 위쪽 머리의 고통은 다른 쪽 머리로 넘어가지 않았다. 위쪽 머리를 꼬집어도 아래쪽 머리는 아무런 고통을 느끼지 않았다. 불행히도 이 아이는 4살의 나이에 사고로 사망했다.

우리가 언급한 내용은 가능한 일들인지도 모른다. 하지만 이 경이로운 일들은 항상 과거에 일어났다는 점을 주목할 필요가 있다. 오늘날에는 유사한 사례로 리타와 크리스티나Ritta-Christina가 있다. 두 여성의 몸은 서로 붙어있다. 또한 샴쌍둥이도 존재한다. 이는 두 명의 사람이 단 하나의 배에 떨어질 수 없는 상태로 붙어있는 것이다. 마치 한 명의 인간처럼 말이다. 우리는 충분한 증인을 통해 검증되지 않은 이야기들을 듣지 않아야 한다. 이런 부류의 사건들은 보통 자연의 원칙을 위배한다는 점에서 악마의 짓으로 평가되었다. 그리고 이러한 현상들은 대부분 과장되었다. 다른 얼굴을 가지고 태어난 태아는 아무 이유 없이 양, 개, 돼지, 염소로 오인되었다. 더 붉고 큰 물건을 보고 체리, 딸기, 분홍색 단추라고 오인하는 경우가 있는 것처럼 말이다. **참조.** 공포Frayeur, 환각Hallucination 등.

(1)이 사건은 생 위베르 순례의 정당한 명성을 해하지 않는다. 병자들은 이곳에서 치료되었다. 이러한 사례가 궁금하다면 쉽게 찾을 수 있을 것이다. / (2)베일, 『서신 공화국République des lettres』, 1684년, 3권, 472페이지, 살그가 인용함. / (3)베일, 『서신 공화국』 1686년, 3권, 1,018페이지. / (4)『코르넬리우스 제마의 천문 비평Cornelii Gemmæ cosmocriticæ』, 1권, 8장. / * 고보Gobbo는 꼽추를 의미한다.

임베르타 [Imberta] 참조. 플랑드르의 빙의자들Possédées de Flandre.

이메르 또는 이미르 [Imer, Imir] 참조. 이메르Ymer.

불멸 [Immortalité / Immortality] 마법사 시몬Simon의 제자인 메난데르Menander는 인간을 불멸로 만드는 세례를 내릴 수 있다고 주장했다. 하지만 대중들은 이 말이 곧 거짓임을 알아챘다.

중국인들은 세상 어딘가 영생을 주는 물이 있다고 확신했으며, 여전히 이 불멸의 물을 찾고 있다. 물론 아직도 이 영생의 물을 발견하지는 못했다. 스트럴드브러그Strudbrugs (혹은 걸리버Gulliver의 영생자)*들은 불사의 능력으로 인해 몹시 불행했다. 발트해Baltic Sea 해안 전설에도 유사한 이야기가 존재한다. 예전 팔스테르Falster 섬에는 자녀가 없는 부유한 여성이 거주하고 있었다. 그녀는 자기 재산을 경건하게 사용하고 싶었고 이에 교회를 짓게 되었다. 완성된 교회는 훌륭한 자태를 뽐냈다. 그 위용은 그녀가 신에게 상을 달라 요구할 자격이 있다고 생각될 정도였다. 그녀는 교회가 존속하는 동안 살아있게 해달라고 기도했다. 그리고 그녀의 소원은 이루어졌다. 죽음은 그녀의 방문 앞을 스쳐 지나가기만 했다. 대신 그녀의 이웃, 부모, 친구의 방문을 두드렸다. 그녀는 전쟁, 흑사병, 나라를 집어삼킨 모든 악재 사이에서 살아남았다. 너무 오래 산 그녀의 곁에는 친구가 하나도 남지 않았다. 또 언제나 과거의 이야기를 하는 탓에 누구도 그녀의 이야기를 이해하지 못 했다. 그녀는 소원으로 영생을 빌었지만, 젊음을 함께 비는 것을 잊었다. 하늘은 그녀의 기도를 그대로 들어주었고 가여운 여성은 영생인채 늙어가게 되었다. 후에 그녀의 체력, 시력, 청력, 목소리는 모두 소진되었다. 그리고 떡갈나무 관에 들어가 교회 안에 안치되었다. 매해 성탄절에 그녀는 한 시간 동안만 신체의 감각을 되찾는다. 그리고 그때가 되면 신부가 그녀의 말을 듣기 위해 다가간다. 불행한 여성은 관에서 몸을 반쯤 일으켜 소리친다. "내 교회가 아직 건사한가?" 신부는 답한다. "그렇습니다." 그러면 그녀는 깊은 한숨을 내쉬며 말한다. "세상에!" 그녀가 몸을 다시 뉘면 떡갈나무 관의 문이 다시 닫힌다.[1]

(1) 마미에Marmier, 『발트해 이야기Traditions de la Baltique』. / * 『걸리버 여행기Gulliver's Travels』에 등장하는 불사의 인간들.

홀수 [Impair / Odd] 미신에 대한 경신은 언제나 홀수를 특별히 대해왔다[1]. 로마인들에게 짝수는 불길한 수였다. 나눌 수 있는 수였기에, 죽음과 파괴의 상징으로 받아들여진 것이다. 이는 누마Numa가 로물루스Romulus 연도를 수정할 때, 하루를 더해 1년을 홀수일로 만든 이유이기도 하다. 마법서에선 가장 진귀한 마법을 다룰 때 홀수를 사용한다. 에스파녜Espagnet의 연금술사는 『현자의 정원 소개서Description du jardin des sages』에서 정원 입구에 물이 솟아나는 샘이 일곱 군데가 있다고 말했다. '우리는 이곳에서 용에게 마법 수인 3에 7을 곱한 만큼 물을 마시도록 해야 하며, 반드시 세 종류 꽃을 찾아야만 연금술에 사용할 수 있다.' 홀수에 대한 신용은 의학에서도 성립되었다. 인간의 삶에서 액년은 홀수 해이다.

(1) 신은 완전하지 않은 숫자를 좋아한다Numero Deus impure gaudet.

속임수 [Impostures / Impostors] 르 루아예Pierre Le Loyer는 다음과 같은 일화를 언급하였다. 한 하인이 통화관을 사용해, 마치 죽은 남편의 뜻인 양 앙제Angers의 과부를 속여 자신과 혼인하도록 만들었다. 이런 술수를 사용한 사기꾼은 한둘이 아니었다. 어느 스코틀랜드 왕은 군대가 신을 섬기는 이들과 전투하는 것을 거부하자, 빛나는 옷을 입힌 사람에게 나무 막대를 들게 한 후 천사로 소개했다. 이는 전투 의욕을 불러일으켜 원하던 승리를 거머쥐게 했다.[1] 지금 이 자리에서 지난 인류사에 일어난 모든 사기 행각을 언급하자면 종이가 모자랄 것이다. 여기에는 무수한 계략과 전쟁의 권모술수도 포함할 수 있다. **참조.** 유령Apparitions, 귀신Fantômes, 보헤미안Bohémiens, 제처Jetzer 등.

(1) 헥토르 보에스Hector Boece.

욕설 [Imprécations] 다음은 위그노Huguenot 교도 샤세뇽Chassanion의 『신의 위대한 심판Grands Jugements de Dieu』에서 발췌한 내용이다. "끔찍한 증오로 신을 분노케 하는 말을 하는 자, 지옥의 입처럼 욕설에 열중하는 자들은 너무도 미쳐버린 나머지 신을 부정하고 악마에게 자신을 바친다. 이들은 신에게 버림받고 사탄의 손에 넘겨지는데, 그와 함께 타락의 길을 걸어도 싸다. 이는 우리 시대의 몇몇 불쌍한 자에게 실제로 일어난 일로 계약을 맺은 악마가 그들을 데려가 버렸다. 독일에서는 잘못된 삶을 살며 상스러운 말을 내뱉는 남성이 있었다. 그는 악마의 이름을 입에 올리지 않고는 입을 뗄 수 없었다. 길을 걷다 발을 헛디디거나 부딪히게 되면, 그의 입에선 악마의 언어가 쏟아져 나왔다. 이웃들은 여러 차례 그를 비난하고 악행의 대가로 벌을 주겠다 경고했으나, 이는 소용없는 일이었다. 하루는 이 흉악하고 저주받을 습관을 이어가던 그가 다리를 건너다 발을 헛디뎌 추락하게 되었다. 이 와중에 그는 다음과 같이 외쳤다. '모든 악마의 힘으로 일어나라.' 그러자 그토록 입에 올렸던 악마가 나타나 목을 조르고 그를 데려갔다.

1551년 오순절 축제 기간에 일어났던 일이다. 메갈로폴리스Megalopolis 인근 보일스타드Voilstadt와 이어지는 한 지역에선 주민들이 흥겹게 술을 마시고 있었다. 이때 시골에서 온 여성이 욕설을 퍼붓는 가운데 한 악마를 언급했다. 곧 모두가 보는 앞에서 악마가 나타나 그녀를 문밖으로 끌어 데려가 버렸다. 같은 장소에 있던 사람들은 모두 놀라 악마가 어떻게 여성을 끌고 가는지 보기 위해 곧장 뛰어나왔다. 그녀는 하늘 높이 매달린 채 도시를 벗어나고 있었고, 들판 한 가운데 떨어져 거의 죽은 채로 발견되었다. 같은 시기, 사부아Savoy에도 욕설을 입에 달고 사는 사람이 있었다. 그는 부도덕한 자로, 선량한 사람들을 심하게 괴롭혔다. 사람들은 순전히 의무감 때문에 나무라고 질책해 버릇을 고치려 했으나, 그는 절대 귀담아 듣지 않았다. 하루는 도시에 흑사병이 퍼졌고 겁먹은 그는 아내와 일부 친척을 데리고 자신의 정원으로 몸을 피했다. 교회의 신부들은 쉼 없이 그에게 회개를 권하며, 지난날 그가 저지른 과오와 죄를 보여주고 올바른 길로 인도하려 했다. 하지만 이 어질고 성스러운 질책에도 불구하고, 그는 변하지 않았다. 이렇게 불행을 자처하며 지내던 어느 날, 이 악인이 신을 부정하고 악마를 섬기며 악마를 입에 담자, 악마가 기쁘게 달려와 그를 데리고 날아가 버렸다. 그의 아내와 친척은 그가 머리 위로 날아가는 모습을 목격했다. 그리고 론Rhone 강 인근에서 그의 모자가 떨어져 있는 것이 발견되었다. 이 사실을 알게 된 행정관은 장소를 찾아 확인하고는, 두 여성이 목격한 것을 증언으로 채택하였다. 이 끔찍하고 두려운 사건들은 신을 모욕하고 부정하는 자들에게 두려움과 공포심을 심어줄 것이다. 이 세상은 그런 자들로 가득 차 있다. 미천한 존재, 악마의 혀들이여, 모든 못된 말과 욕설을 멈추고 행동으로 신을 치하하고 찬양해야 한다(1)."

그리스의 여성들은 저주, 욕설을 들으면 서둘러 가슴을 침으로 적신다(2). 참조. 모독 Jurements.

(1) 샤세뇽Chassanion, 『신의 심판Jugements de Dieu』, 169페이지. / (2) 막 페를란Mac-Ferlane, 『지중해의 기억들 Souvenirs du Levant』.

인쇄 [Imprimerie(L') / Printing]

알려진 대로 15세기에 발명되었다. 좋은 곳에 사용하면 너무도 놀랍고 나쁜 곳에 사용하면 너무도 끔찍한 이 도구를 언급하는 것은, 발견 당시 대중의 놀라움과 파리 재판소의 미천함을 기록할 필요가 있어서이다. 자부심이 매우 컸던 파리 재판소는 인간의 재능으로는 인쇄술을 발명할 수 있을 것이라 믿지 않았다. 이 기술을 악마의 것으로 생각한 이들은 최초의 인쇄업자들을 마법사로 간주해 화형을 선고했을지도 모른다. 더욱 맑은 정신을 가졌던 루이 11세Louis XI와 소르본Sorbonne 대학이 인쇄업자들을 보호하지 않았다면 말이다.

화재 [Incendie / Fire]

1807년, 브라운슈바이크Brunswick의 어느 교수가 마치 지렁이 가루를 파는 약제사처럼 '화재 방지 가루'를 판다고 발표했다. 이 가루를 손가락으로 몇 번만 집어 뿌리면 건물을 화재에서 구할 수 있다는 것이 그의 주장이었다. 가루의 효과를 보기 위해선 제곱피트당 2온스이면 충분했다. 이 비법의 책 가격은 7~8수Sous*밖에 되지 않았다. 기록된 바에 의하면 한 인간의 면적이 14피트라고 보았을 때 (옛날 방식으로) 17수 6드니에Deniers**면 불연소성이 될 수 있는 것이다. 경솔한 몇몇 사람은 교수의 가루를 구매했다. 합리적인 사람들은 그가 대중을 현혹하려 함을 알고 비웃었다(1).

(1) 살그Salgues, 『오류와 편견Des erreurs et des préjugés』, 3권, 213페이지. / * 과거 프랑스의 화폐 단위. / ** 과거 프랑스의 화폐 단위 가치를 보면 1/12 수이다.

불연성 [Incombustibles]

한때 스페인에는 살루다도레스Saludadores, 산티과도레스Santiguadores, 엔살마도레스Ensalmadores라고 불리는 우수한 기질의 사람들이 있었다. 이들은 모든 질병을 침으로 낫게 할 수 있을 뿐 아니라 탈 없이 불도 만질 수 있었다. 또한 끓는 기름을 삼키고, 불타는 석탄 위를 걸으며, 불붙은 장작 사이를 편안하게 걸을 수 있었다. 이들은 성 카테린St. Catherine의 친척이라고 말하며, 몸에 있는 바퀴 자국을 자랑하듯 보여주었다. 이들은 이것이 태초의 영광을 상징하는 표식이라고 말했다. 오늘날 프랑스, 독일 그리고 대다수 유럽 국가에서는 이와 비슷한 능력을 지닌 인간들을 찾아볼 수 있다. 하지만 이들은 학자와 의사들의 검증을 피한다. 레오나르 바이르Leonard Vair는 이 불에 타지 않는 사람 중 하나가 몹시 뜨거운 화덕에 갇혔었는데, 화덕을 다시 열자 완전히 불에 탄 채였다고 기록했다. 지금으로부터 몇 년 전 파리에는 붉게 달궈진 쇠 막대 위를 맨발로 걷는 스페인 사람이 있었다. 그는 불타는 판 위에 팔이나 혀를 가져다 대거나, 녹은 납에 손을 씻는 행위 등을 할 수 있었다. 이 이야기는 책으로도 기록되었다. 또 다른 시대에 한 스페인 사람은 악마와 관계를 맺었다는 의심을 받았다. 버질Virgil은 아폴로Apollo의 사제들이 소락테Soracte 산에서 불타는 석탄 위를 걸었다고 기록했다. 바론Varron은 이 사제들에게 불의 영향을 일정 시간 받지 않도록 해주는 비밀 재료가 있었다고 단언했다. 이 행동들의 비밀을 알아내기 위해 몇 가지 연구를 한 P. 레노P. Regnault는 이 내용 중 하나를 『실험물리학 대담집Entretiens sur la physique expérimentale』에 담았다. 그는 불을 만지거나 입에 무는 것을 직업으로 삼는 사람들이 유황, 염화암모늄, 로즈마리 농축물, 양파즙을 섞어 사용한다고 기록했다. 시골 사람들은 양파를 화상 치료제로 여기기도 했다.

P. 레노가 이 연구에 착수하고 있는 동안, 영국인 화학자 리차드슨Richardson은 놀라운 실험을 펼쳐 유럽 전역을 떠들썩하게 만들었다. 그는 화상을 입지 않고 불타는 석탄을 씹으며, 녹인 유황을 손으로 잡은 뒤 입 안에서 태워버렸다. 그는 불붙은 석탄을 혀에 올리고 그 위에서 고깃덩어리나 굴을 익혔으며, 의연하게 송풍기를 사용해 화력을 키우기도 했다. 심지어 달군 쇠를 손에 쥐고도 어떤 화상의 흔적도 남지 않았으며, 쇠를 이 사이에 물고 놀라운 힘으로 멀리 던지기도 했다. 더불어 그는 송진과 녹은 유리를 삼켰으며, 완전히 불이 붙은 유황과 밀랍의 혼합물을 삼키기도 했다. 리차드슨의 입에선 큰 화덕에서나 볼 법한 불이 뿜어져 나왔다. 이러한 실험에서 그는 고통스러운 티를 내지 않았다. 리차드슨 이후, 여러 사람이 그와 같이 다치지 않고 불을 다루는 시도를 하였다. 1774년 라운Laune의 대장간에서는 한 남성이 불타는 쇠 막대를 다치지 않고 씹었다. 그의 손에는 석탄이 들려 있었고 입으로는 바람을 불었다. 남성의 피부는 두꺼웠고, 기름지고 미끈거리는 땀으로 덮여 있었다. 하지만 특별한 약품을 사용하지는 않았다. 성 카테린의 친족이 아니더라도 불에 맞설 수 있다는 것을 보여주는 예시는 수두룩하다. 하지만 누군가는 불타지 않는 스페인인이 행한 기적들이 다른 이들에게도 어렵지 않다는 것을 실험으로 증명해야 했다. 이를 증명한 과학자는 나폴리Napoli에 살았다.

해당 도시 대학의 최초 화학 교수였던 세멘티니Sementini는 이와 관련해 완전한 연구를 발표했다. 그의 최초 시도는 만족스럽지 못했으나, 그는 용기를 잃지 않았다. 세멘티니는 자기 살갗이 리오네티Lionetti와 같은 불연소 능력을 지닐 수 없음을 이해했다. 그는 오랜 시간 같은 시도를 반복해서 진행했고, 원하는 결과를 얻기 위해 큰 노력을 기울였다. 그리고 마침내 성공했다. 그는 몸 위에 유황을 덧발랐고 이를 자주 반복한 결과, 상처를 입지 않고 붉게 달군 철판 위를 걸을 수 있게 되었다. 그는 불을 밀어내는데 가장 훌륭한 물질인 명반 용액을 통해 같은 결과를 내려고 시도했고, 더 큰 성공을 거두었다. 하지만 세멘티니가 불연소화시킨 부위를 씻어내었을 때, 모든 효력이 사라졌고 평범한 인간처럼 다시 상처를 입게 되었다. 그는 새로운 실험이 필요했다.

그리고 우연이 세멘티니를 도왔다. 그가 사용한 물질의 내구성이 어디까지 보존될 수 있는지 찾던 중, 비누 조각을 문지른 자리를 천으로 닦아 내게 되었다. 그는 이 부위에 달궈진 철판을 댔다. 하지만 피부는 아무것도 느끼지 못했을뿐더러, 점점 더 둔감해지는 것을 알게 되었다. 그는 매우 놀랐다! 우리는 행복감을 느낄 때, 대담해진다. 세멘티니는 팔로 했던 실험을 혀로 다시 시도했다. 그리고 혀 또한 그의 기대에 부응했다. 혀는 군말 없이 시련을 견뎠다. 붉게 달궈진 쇠는 어떤 화상 자국도 남기지 못했다. 이것이 자연스럽고 평범한 행위로 축소된 불연성의 기적이다[1]. 그러나 이런 발견은, 연구 이전에 존재했던 성인들이 신성한 보호를 통해 불을 견디던 것에 비할 수 없다.

(1) 살그Salgues, 『오류와 편견Des erreurs et des préjugés』, 2권, 186페이지 이후.

불신자 [Incrédules / Non-believers] 우리는 안타까운 경험을 통해 불신자들이 종교적 사실을 부정하고 미신, 꿈, 카드, 예언, 부질없는 전조 등을 신봉한다는 것을 알고 있다. 또 양극단은 조우한다는 자명한 이치를 통해, 강해 보이는 정신은 곧 약한 정신이며, 불신자들은 영원한 진실 앞에서 불신을 보이고 거짓은 신봉한다는 점을 알게 되었다.

인큐버스 [Incubes / Incubus] 여성들을 유혹하는 악마. 고대 작가들의 기록에 의하면 로마인의 왕이었던 세르비우스 툴리우스Servius Tullius는 여자 노예와 불카누스Vulcan 사이에서 태어난 아들이었다고 한다. 카발리스트들은 그가 샐러맨더Salamander (불도마뱀)였다고 주장한다. 반면 악마학자들은 세르비우스 툴리우스가 인큐버스였다고 말한다.

인큐보네스 [Incubo / Incubones] 이 땅의 보물을 지키는 수호령. 고대 로마인들은 땅속 깊숙한 곳에 숨겨진 보물들이 인큐보네스라는 정령에 의해 지켜진다고 믿었다. 이들은 작은 모자를 쓰고 있는데 이 모자를 빼앗으면 행운을 얻을 수 있다. 또한 정령의 주인이 되어 보물이 있는 곳을 알아내며 이를 손에 넣을 수도 있다. 이 정령들은 작은 악마 혹은 노움Gnomes(땅의 요정)과 유사한 존재이다.

인페르노 [Infernaux] 16세기 니콜라스 갈루스Nicolas Gallus와 자크 스미델린Jacques Smidelin의 신봉자들은 해당 명칭으로 불렸다. 이들은 예수 그리스도Jesus Christ가 매장된 사흘 동안, 그의 영혼이 저주받은 이들이 있는 곳으로 내려가 불행한 자들 사이에서 고통받았다고 믿었다.[1]

(1) 베지에Nicolas Sylvestre Bergier, 『신학 사전 Dictionnaire théologique』.

부정 [Infidélité / Infidelity] 이집트 일부 민족은 아내의 부정을 의심할 때, 먼지와 램프 기름을 담은 유황 물을 마시게 했다. 이 음료를 마시고 참을 수 없는 고통을 느낀다면 죄가 있는 것으로 간주했다고. 이는 '의심의 성배'라는 이름으로도 알려진 시험이다.

별의 영향 [Influence des Astres / Influence of the Stars] 황소자리는 목을, 쌍둥이자리는 어깨를, 게자리는 팔과 손을, 사자자리는 가슴과 심장과 횡격막을, 처녀자리는 위와 내장과 갈비뼈 및 근육을, 천칭자리는 신장을, 전갈자리는 은밀한 부위를, 궁수자리는 코와 배설물을, 염소자리는 무릎을, 물병자리는 허벅지를, 물고기자리는 발을 지배한다*.

이는 황도 12궁과 신체 부위의 관계를 나타내는 말이다. 그렇기에 달이 해당 별자리 안에 들어갔을 때, 연관되는 신체에 상처를 입히는 것은 매우 위험한 일이다. 달이 습도를 높이기 때문인데, 이는 신선한 살덩이를 달빛에 내놓으면 확인할 수 있다. 보름달이 뜨면 많은 벌레가 생기기도 한다[1]. **참조**. 점성술Astrologie.

(1) 『대 알베르투스의 경이로운 비밀들Les admirables secrets d'Albert le Grand』, 18페이지. / * 해당 기록은 『지옥사전』 Part1의 '점성술Astrologie'에 기재된 것과 조금 상이하다. 이는 저자의 오기로 추정된다.

스콘석 [Inis-Fail / Stone of Scone] 웨스트민스터Westminster 사원의 영국 왕이 앉는 왕좌에 붙어있는 유명한 돌. 영국인들의 영웅 설화에 따르면 이 운명의 돌은 4세기에 스코틀랜드인들이 아일랜드에서 가져왔다고 한다. 이 돌은 어디서든 대중들을 통치하는 능력이 있다.

입문 [Initiations] 참조. 마녀의 집회Sabbat.

종교재판 [Inquisition] 1200년경, 교황 이노켄티우스 3세Innocent III는 해로운 이교도들인 알비파Albigensians 교도들을 재판하기 위한 종교재판소를 열었다. 이들은 사회를 혼란에 빠뜨리고 인간을 야만스럽게 만들었다. 1184년, 이미 베로나Verona의 종교회의에선 롬바르디아Lombardy의 주교들에게 이 반동분자들을 찾아내 완강한 사법관들에게 데려갈 것을 명하였다. 툴루즈Toulouse의 백작은 1229년 종교재판소를 열었다. 교황 그레고리오 9세Gregory IX는 이 일을 성 도미니크회Dominican 수도사들에게 맡겼다. 성 도미니크가 최초의 종교재판관이었다고 한 작가들은 사실이 아님을 이야기해야 한다. 성 도미니크는 종교재판관이 된 적이 없다. 그는 1221년에 사망했다. 최초의 종교재판관은 신실한 교황 특사인 피에르 드 카스텔노Pierre de Castelnau로 알비파 교도들에게 암살당했다. 교황 이노켄티우스 4세Innocent IV는 나폴리를 제외한 이탈리아 전역에서 종교재판을 실시하도록 하였다. 1480년에서 1484년 사이, 페르난도Ferdinand와 이자벨라Isabella의 통치 당시 스페인이 그 뒤를 따랐다. 포르투갈의 종교재판소는 1557년에 설립되었다. 이후 종교재판은 권력자들이 지배하는 나라들에 등장했지만, 군주들의 동의나 요청 없이는 시행되지 않았다[1].

교회의 적, 얀센주의자Jansenists와 철학자들이 앞다투어 쌓아 올린 악의적 거짓을 뒤집기 위해선 더 많은 종이가 필요할 것이다. 이 책 『지옥사전』의 첫 두 발행본에서, 어리석게 길을 잃었던 작가는 볼테르Voltaire의 적대적이고 가증스러운 조롱, 질 드 위트Gilles de Witte의 한심한 가정들, 리스본Lisbon에서 유대인이라는 이유로 화형에 처해진 젊은 유대인 여성 이야기(몽테스키외Montesquieu가 지어내서 저술) 등을 인용하였다. 이후에도 『요렌테의 종교재판 이야기Histoire de l'inquisition de Llorente』, 최근에 출간된 『종교재판의 수수께끼Mystères de l'inquisition』라는 거짓 비난의 무기고와 같은 이 두꺼운 소설 등을 통해 고의로 과장된 이야기들이 등장했다. 이러한 다양한 서적에는 판화가 포함되어 있었고, 글을 읽을 줄 모르는 자들을 위해 종교재판에 관련된 불순한 거짓을 그려 넣기도 했다. 이 책에 실린 사기 행각 가운데 한 가지만을 예시로 들겠다. 여기에는 스페인과 포르투갈에서 목격된 적이 없는 상상의 사건을 그려 담아내고 있다. 그림을 살펴보면 궁수들의 자리를 수도사들이 대신하고, 횃불을 든 한 자가 화형대에 불을 붙이고 있다. 이건 실제로 일어난 일이 절대 아니다. 수도사들이 화형장에 있었던 것은 사형 선고를 받은 자들에게 최후의 위안을 건네기 위함일 뿐이었다.

조셉 드 메트르Joseph de Maistre 이후, 쥘 모렐Jules Morel 신부와 레옹 고다르Leon Godard 신부는 이러한 언론의 슬픈 오류에 공정한 심판을 내렸다. 조셉 드 메트르는 다음과 같이 말했다.

"교육을 받은 극소수의 사람을 제외하면, 종교재판에 관해 이야기할 때 세 개의 중대한 오류를 범하지 않는 사람이 없다. 이 오류들은 마음속에 깊이 뿌리내려져 있어, 가장 명백한 증거도 무시하게 된다. 사람들은 종교재판이 완전한 교회의 법정이라고 생각하나 이것은 틀렸다. 사람들은 법정에 있는 성직자들이 일부 범죄자에게 사형을 내린다고 생각하지만, 이것 또한 틀렸다. 사람들은 이들이 몇 가지 의견만으로도 유죄 판결을 내린다고 생각하지만 이것 역시 틀렸다. 스페인의 종교재판소는 완전히 황실에 종속된다. 재판소장을 임명하는 것 또한 왕의 일이며, 재판소장이 왕의 동의를 얻어 재판관들을 임명하였다. 재판소 설립을 위한 법령은 토르케마다Torquemada 추기경이 국왕과 협력하여 1484년 공포하였다[2]. 온 세상에 온화하고, 자비롭고, 인정 많고, 위로를 건네는 교회가 굳이 스페인에서만, (그것도 현저히 귀족적이고 관대한 국가에서)엄하게 굴 이유가 무엇이 있겠는가? 모든 문제를 검토할 때, 오해를 푸는 것만큼 중요한 것은 없어 보인다. 그러니 종교재판을 다룰 때는, 국가의 것과 교회의 것을 완전히 구분하고 별도로 다루는 것이 필요하다. 재판소가 보여주는 엄격함, 두려움, 그중에서도 사형 제도는 정부로부터 나온 것이고, 이는 정부의 관할이다. 그러니 오직 정부에게만 그 책임을 물을 수 있다. 반대로 종교재판소에서 매우 큰 역할을 하는 모든 관용 행위는 교회의 행동이다. 교회가 형벌에 개입하는 것은 오직 죄를 없애거나 완화하기 위함이다. 이 영원한 특성은 변하지 않는다. 오늘날, 신부들이 사형 선고를 내릴 수 있다고 믿거나 상상하는 것은 더 이상 오해가 아닌 범죄에 속한다. 프랑스 역사에 등장하는 '성전 기사단 사건'은 충분히 연구되지 않은 사건이었다. 이 불행한 자들은, 죄의 유무와 상관없이 (여기서는 이 내용을 다루지 않겠다), 교회의 법정에서 심판받고자 하는 의지를 확실히 표명했다. 역사학자들의 기록에 따르면, 이들은 교회 재판소에서 재판받을 경우, 사형 선고를 받지 않을 것이라는 걸 알고 있었다고 한다…. 교회의 종교재판은 대주교나 주교인 최고 재판관 한 명과, 여덟 명의 교회 고문으로 구성된다. 이 중 여섯은 반드시 재속 성직자이며, 둘은 수도회 소속 수도사이다. 그리고 반드시 한 명은 성 도미니크회에 속해야만 한다. 이는 펠리페 3세Philip III가 부여한 특혜였다(3). 따라서 성 도미니크회 수도사들은 종교재판을 열지 않았다. 오직 한 명만이 특혜를 누릴 수 있었기 때문이다."

조셉 드 메트르는 또 다음과 같이 덧붙였다. "언제부터 종교재판에서 사형 판결이 내려지기 시작했는지는 정확히 알 수 없다. 하지만 그건 중요하지 않다. 확실한 것은 사형을 내리는 것은 왕실의 권한으로, 모든 사형 판결은 성직자와 본질적으로 무관하다는 것이다. 재판관은 재산을 압수해 왕실과 왕의 직할 국고로 보냈다. 따라서 이 법정은 교회에 관한 허구에도 불구하고 완전히 왕실의 것이었다. 교회의 탐욕에 관한 장황한 글들은 가짜인 셈이다. 따라서 가르니에Garnier가 말했듯 종교재판은 사실 정치재판이었던 것이다(4).

1812년의 스페인 궁정 보고서는 이러한 판단을 뒷받침한다. 이 보고서에 따르면, 가장 강력한 지도자인 펠리페 2세Philip II가 종교재판의 진짜 창시자라고 한다. 종교재판이 이런 영향력을 행사하게 된 것은 펠리페 2세의 생각 덕분이었다. 왕들은 언제나 이 법정을 반대하는 조언을 무시해 왔다. 대다수 경우, 왕들이 종교재판관을 직접 임명하고, 정직시키고, 해고하는 절대적 권력을 지니고 있었기 때문이다. 게다가, 왕들로서는 종교재판에 설 일도 없었다. 이를 두려워하는 것은 오로지 신하들뿐이었다…. 따라서, 유죄 선고를 받은 자들에게 관용을 베풀 수 없어 슬퍼했다고 전해지는 스페인 왕들의 이야기는 모두 허구라고 할 수 있다. 이들이 직접 종교재판의 재판관으로도 참여했기 때문이다.

지난 3세기 동안 역사는 가톨릭교를 상대로 한 거대한 음모에 물들었다. 역사학자들이 가톨릭교에 관해 늘어놓은 거짓말들이 두꺼운 책을 쓸 수 있을 정도이다. 대부분 거짓말은 종교개혁에서 발생하였고, 가톨릭 작가들은 매일 아무런 반추 없이 이를 베껴왔다. 종교재판의 역사를 가장 먼저 기록하게 만든것은 종교개혁이며, 사람들은 그 끔찍한 소설을 베끼는 것이 종교재판을 쉽게 피하는 방법이라고 생각했다. 이 때문에 어디서든 기발하게 지어낸 이야기들을 발견할 수 있게 된 것이다. 두세 가지 이에 관한 예시가 있다. 일부 역사학자들의 주장에 따르면, 스페인의 왕 펠리페 3세는 어쩔 수 없이 한 화형식에 참석하게 되었다고 한다. 그곳에서 왕은 고작 열다섯 (또는 열여섯) 살밖에 되지 않은 어린 유대인 여성과 무어인Moor 여성이 화형에 처하는 것을 보았다. 왕은 몸을 떨며 눈물을 참을 수 없었다고 한다. 이 여성들은 부모님의 종교를 보고 자라며 이를 믿은 죄밖에 없었다. 종교재판은 이 왕의 동정을 범죄로 여겼다. 그리고 이를 본 재판관은 피를 봄으로써 이에 대해 속죄해야 한다고 말했다. 이에 펠리페 3세는 피를 흘렸고, 사형집행관이 이 피를 불에 태웠다…. 생푸아Saint-Foix는 『파리 수상록Essai sur Paris』에 이를 기록했다. 그리고 펠리페 3세에게 죄를 사면하거나 유죄를 선고할 권리가 있었다고 말했다. 또 유대인과 무어인들은 부모의 종교를 믿었기 때문에 죄를 선고받은 것이 아니라, 정치적 이유로 내쫓긴 것이라고 주장했다. 하지만 어떤 역사학자도 이 사실을 뒷받침해 주지 않았다. 역사학자들이 주장한 거짓말들은 펠리페 3세가 사망하고 80년 후에 지어진 것이다.

당신은 아마 18년간 권위 있는 종교 재판관으로 있었던 토르케마다 추기경이 매년 1만 명에게 유죄 선고를 내렸다는 기록을 보았을 수도 있겠다. 또 피해자 수가 18만 명에 이른다는 사실도 함께 보았을 것이다. 후에 밝혀진 사실에 의하면, 그는 단 5천 개의 재판을 열었을 뿐이라고 한다. 이는 앞서 우리가 읽었던 기록과는 다소 차이가 있다. 추기경은 왕의 가혹한 행위를 말리기 위해 세 번이나 개선 요청을 보냈고, 이에 사형 선고는 눈에 띄게 줄어들었다. 종교재판은 2년에 한 번 열렸으며, 사형을 선고받은 사람에게는 개종할 수 있는 충분한 시간이 부여되었다. 최근 발표한 부이예의 『지리와 역사의 만국사전Le Dictionnaire universel de la géographie et de l'istoire』에선 종교재판이 5백만 명의 스페인 사람들을 죽음으로 몰고 갔다고 기록되어 있다⋯. 이 숫자는 4백9십9만 이라는 오차가 있다.

이제는 종교재판 소송을 다룰 차례다. 이 이야기는 스페인의 종교재판에서 나온 것으로, D. 요렌테D. Llorente의 기록에 기반한다. 이 기록은 요렌테가 원하는 곳에 사용되지 않았다. 그의 책이 소책자로 배포되었기 때문이다. 당시의 종교재판은 자연스럽게 프리메이슨Freemasons과 마법사들을 적대시했다. 18세기 말에 한 인부가 성좌의 이름으로 체포되었다. 어떤 악마 혹은 지옥의 존재도 인간의 영혼을 지배할 수 없다고 말했기 때문이었다. 첫 공판에서 그는 자신에게 제시된 모든 사실을 인정했으며, 재판에 선 것이 마땅하다고 덧붙였다. 그는 자신의 죄를 진심으로 뉘우칠 준비가 되었고, 사면을 받고 고해를 행하겠다고 했다. 그는 다음과 같이 항변했다. '저는 인생, 가족, 재산 사업에서 너무도 많은 불행을 겪었고 희망을 잃게 되었습니다. 결국 절망 속에서 악마에게 도움을 청하기로 마음먹고, 그 대가로 제 영혼을 교환하기로 결심했습니다. 저는 여러 날 동안 여러 번 악마를 소환했으나 헛수고였습니다. 악마는 나타나지 않았습니다. 저는 마법사라고 하는 가난한 남자를 찾아가 이 상황을 설명했습니다. 그는 마법에 관해서는 자신보다 뛰어난 사람이 있다며 다시 한 여성에게 저를 데려갔습니다. 이 여성은 3일 밤을 연달아 성 프란치스코St. Francis의 비스티야스Vistillas 언덕에서, 큰 소리로 루시퍼Lucifer를 빛의 천사라고하며 목청껏 불렀습니다. 또 신과 기독교를 부정하며 영혼을 바치라고 말했습니다. 저는 그녀의 조언을 따랐으나, 아무것도 목격하지 못했습니다. 그녀는 제가 평소에 사용하는 묵주, 성의, 다른 기독교 상징을 모두 벗으라고 말했습니다. 그리고 신앙심을 완전히, 진심으로 버리고 시원하게 루시퍼를 선택하라 말했습니다. 저는 루시퍼의 신성함과 힘이 신보다 위에 자리한다는 것을 인정한다고 말해야 했습니다. 이러한 생각을 받아들일 준비가 된 것을 확실히 한 뒤, 저는 첫 3일 밤 동안 했던 것을 그대로 반복했습니다. 하지만 모든 지시를 엄격히 따랐음에도 빛의 천사는 나타나지 않았습니다. 그녀는 제 피를 뽑아 루시퍼에게 영혼을 바치고 주인으로 섬기겠다고 종이 위에 기록하라 명했습니다. 그녀는 제게 이 종이를 언덕 위에 가지고 올라 손에 든 채로 앞서 한 주문을 똑같이 반복해 외우라고 말했습니다. 이번에도 모든 지시를 따랐지만, 여전히 루시퍼는 나타나지 않았습니다. 지난 모든 일을 떠올리며, 저는 이렇게 생각했습니다. 악마가 정말 존재했고 사람들의 영혼을 지배하려 했다면, 이보다 더 나은 기회는 없을 것이라고. 저는 정말 제 영혼을 바치려 했으니까요. 역시 악마가 있다는 건 사실이 아니라고 생각했습니다. 마법사나 마녀는 악마와 계약한 적 없는 거짓말쟁이나 협잡꾼에 불과하다고 말이죠.'

장인 후안 페레스John Perez가 신앙을 포기하게 된 것은 이와 같은 이유에서였다. 그는 자신의 죄를 솔직하게 고백하며 이 과정들을 설명했다. 우리는 그가 겪은 모든 일들이 악마가 그의 소환에 답하지 않은 것일 뿐이며, 여기에는 어쩌면 신이 개입해 있을 수도 있다고 말해주었다. 이것은 그의 선행에 대한 보상일 수도 있었다. 이 덕에 그는 배교자가 되지 않았다. 후안 페레스는 면죄를 얻었고, 1년의 금고형을 선고받았다. 대신 그는 고해성사를 해야 했고 성탄절, 부활절, 성령강림절에 영적 지도자로 지정된 신부의 지도하에 성체 배령을 받아야 했다. 또한 묵주 기도를 읊고 일상에서 신앙, 희망, 자선, 회개의 행위를 해야 했다.

이것이 그의 벌이었다. 이제는 퓨시Pewsy 수도원장 조셉 파운센드Joseph Fownsend의 스페인 여행기(1786~1787년)에서 발췌한 끔찍한 이야기를 들려주도록 하겠다.

'이그나지오 로드리게즈Ignazio Rodriguez라는 거지가 종교재판 법정에 세워졌다. 그는 사랑의 묘약을 배포한 혐의로 기소되었는데, 묘약 성분은 언급하기 힘들 정도로 저급했다. 그는 약을 어리석은 곳에 사용하며, 강령술에서 쓰일 법한 표현 몇 가지를 입에 올렸다. 이 가루가 모든 계급의 사람들에게 제공되었다는 것은 명백하다. 로드리게즈는 당나귀 위에 태워져 마드리드Madrid 거리에서 매질을 당하는 벌이 내려졌다.

더불어 특정 종교적 행위를 수행하게 되었으며, 수도에서 5년간 추방되었다. 그의 판결문 낭독은 사람들의 큰 웃음소리로 인해 자주 중단되었는데, 거지 자신 또한 함께 실실거리며 웃음을 터뜨렸다. 실제로 그는 거리로 나갔으나 매질에 처해진 않았다. 이동 중에는 그가 머리를 식힐 수 있도록 포도주와 비스킷이 제공되었다….'

거짓으로 쓰인 여러 책과 실제 종교재판이 달랐던 예는 수없이 존재한다. 우리는 가톨릭교회 적들이 수상하게 여기지 않는 한 사람의 증언을 언급하며 글을 마치겠다.

16세기 이후, 개신교도 랑케Ranke의 말에 따르면, 종교재판소는 영적인 권력을 가진 왕실의 법정에 불과했다고 한다. 법관들은 실제로 왕실의 관리들이었으며, 일부는 국왕의 감시하에 놓인 성직자들이었다. 왕실 의회를 통해 왕은 이들을 임명하거나 해임할

수 있었다. 그리고 이들이 몰수한 재산은 고스란히 왕에게 전해졌다. 그 어떤 귀족이나 성직자도 이 법정을 피해 갈 수 없었고 언제나 복종해야 했다. 이 법정을 통해 샤를 5세Charles V는 지방 도시의 우호적인 주교를 심판하였다. 펠리페 2세는 한때 가장 총애하던 페레즈Perez에게 재판을 받도록 했다. 펠리페 2세는 예술, 상업, 세금 그리고 해군으로까지 종교재판소의 관할을 넓혔다. 랑케는 다음과 같이 덧붙였다. '이 재판소는 국가가 교회의 권력을 점령한 것이다.' 1563년, 비스콘티Visconti 대사는 스페인의 종교재판이 성좌의 권력을 많이 축소시켰다고 적었다. 성 카를로 보로메오Saint Charles Borromeo는 살아생전 밀라노Milan에 종교재판소가 생기는 것을 막았다. 시칠리아의 성직자들 또한 종교재판에 맞서 싸웠고, 종교재판은 이탈리아는 물론 바스크Basque 왕국 여러 고장에서도 절대적일 수 없게 되었다." 참조. 비밀 법정Tribunal Secret.

(1) 베지에Nicolas Sylvestre Bergier, 『신학 사전Dictionnaire théologique』. / *(2)* 1812년 국회에 의해 종교재판이 폐지된 공식 보고서를 참조할 것. / *(3)* 조셉 드 메트르, 스페인 종교재판에 관하여 러시아 귀족에게 보내는 편지. / *(4)* 『프랑수아 1세 이야기Histoire de Francois Ier』, 2권, 3장.

무감각 [Insensibilité / Insensibility] 악마가 심문 및 고문을 받는 마법사를 무감각하게 만든다는 이야기는 자주 등장한다. 특히 빙의자에게서 이러한 현상을 제대로 확인할 수 있다.

잉스티토르(앙리) [Institor(Henri)] 스프렌저Sprenger와 함께 『마녀의 망치Malleus maleficarum』(1484년, 리옹)를 쓴 작가.

금지령 [Interdit / Interdict] 교회를 처벌하는 방식. 교회의 기능을 중단시키고 사람들의 성사, 예배, 성지 매장 등을 금지했다. 공적 추문을 일으킨 자들을 처벌하면 교회는 금지령 해제를 요청하였고 이후 다시 원래 교회 기능을 되찾았다. 일반적으로 금지령은 수도원들의 방탕한 행위를 제지하고, 이교 전파를 막고, 포학한 군주와 강력한 범죄자 및 공공의 평화를 방해하는 이들의 과도한 행위를 멈추는 데 쓰였다. 시칠리아 저녁 학살Sicilian Vespers* 이후, 교황 마르티누스 4세

Martin IV는 시칠리아와 아라곤의 베드로Peter of Aragon 국가 교회들에 금지령을 내렸다. 교황 그레고리 7세Gregory VII는 금지령을 많이 활용한 결과, 여기저기 사라져가던 인류의 대의를 한 번 이상 구해냈다. 금지령은 파문처럼 서면으로 공고된다. 또 확실하게 원인을 명시하며 세 번의 경고를 거친 뒤에 내려진다. 금지령을 어긴 자는 파문에 처한다.

 * 시칠리아에서 1282년 3월 31일 성당 저녁기도 종소리와 함께 일어난 학살. 당시 집권자, 프랑스인들의 만행에 반발하여 시칠리아 주민들이 들고일어났다. 이때 학살당한 프랑스인은 약 3,000~4,000명가량이다.

전조 [Intersignes / Intersigns] 설명할 수 없는 방식으로 나타나는 신비롭고 익숙한 판단. 이폴리트 비올로Hippolyte Violeau의 아름다운 이야기인 『불길한 열정Passion funeste』에선 아들을 걱정하는 어느 어머니가 도움을 청하는 소리를 듣게 된 일화가 등장한다. 아들은 1리유*나 떨어진 곳에 있었는데, 어머니는 단걸음에 달려가 아들을 끔찍한 죽음에서 구해냈다. 브르타뉴Bretagne에선 전조를 믿는데, 이는 어떤 면에서 예감과 유사하다.

 * 과거의 거리 단위. 1리유는 약 4km 정도이다.

불가시성 [Invisibilité / Invisibility] 남들의 눈에 보이지 않기 위해서는, 자신 앞에 빛을 막는 무언가를 두면 된다. 벽 같은 것 말이다[1]. 하지만 불가시성에 관한 가장 진귀하고 중요한 비밀을 알려주는 책은 『작은 알베르투스의 경이로운 보물Le solide trésor du Petit Albert』과 『솔로몬의 열쇠Key of Solomon』이다. 예를 들면, 오른팔 아래 박쥐, 검은 암탉 또는 개구리의 심장을 들고 있으면 남들의 눈에는 보이지 않게 된다. 이 조잡하고 멍청한 비밀을 다루는 책들을 살펴보면 다음과 같은 내용이 있다. 먼저 검은 고양이를 훔친다. 그리고 새 냄비, 거울, 부싯돌, 마노, 석탄, 부싯깃을 산 다음, 자정에 샘으로 물을 뜨러 간다. 이후 불을 지피고 고양이를 냄비에 넣은 다음, 어떤 소리가 들려와도 절대 움직이거나 뒤를 돌아보지 않는다. 냄비 뚜껑은 왼손으로 덮는다. 이렇게 24시간 동안 움직임 없이, 뒤를 돌아보거나 무언갈 마시거나 먹지 않고 계속 끓인다. 그다음에 고양이를 꺼내 새 접시에 담는다. 그리고 살코기를 왼쪽 어깨 너머로 던지며 외친다. "내가 주는 것만 받거라Accipe quod tibi do et nihil amplius." 뼈는 차례로 왼쪽 이빨로 씹은 채 거울을 쳐다본다. 거울 속에 자기 모습이 사라지면, 이제 뒷걸음질 쳐 물러난다. 이 뼈를 필요할 때마다 이로 물고 있으면 남들의 눈에 보이지 않게 된다. 만드는 과정에서 뼈를 물고 있어도 모습이 사라지지 않는다면, 계속해서 적당한 뼈를 찾을 때까지 같은 주문을 외며 반복한다.

보이지 않기 위해선 수요일 해뜨기 전에 다음의 의식도 치른다. 일단 일곱 개의 검은 콩과 죽은 자의 머리를 준비한다. 그리고 콩 한 알을 죽은 자의 입 안에, 두 알은 각 콧구멍에, 두 알은 각 눈에, 두 알은 양 귀에 넣는다. 이제 얼굴에 삼각형을 그린 다음, 얼굴을 하늘로 향하게 한 채 묻는다. 이후부터는 9일간 매일 아침 해가 뜨기 전, 최고급 브랜디로 물을 준다. 그리하면 8일째 되는 날 악령 또는 악마가 당신에게 다음과 같은 질문을 할 것이다. "여기서 뭘 하는가?" 그럼, 당신은 다음처럼 답해야 한다. "내 화분에 물을 주고 있소." 악마는 다시 말을 꺼낼 것이다. "그 병을 내게 주시오. 내가 물을 줄 테니." 이때, 당신은 원하지 않는다고 답해야 한다. 그가 계속해서 떼를 쓰겠지만, 당신은 악마가 손을 뻗어 보일 때까지 거절해야 한다. 악마의 손안에서 당신은 죽은 자의 얼굴에 그린 것과 비슷한 형상을 보게 될 것이다. 그렇다면 이 악마는 정말 '머리의 악령'이라는 것이다. 더는 겁먹을 필요 없이, 유리병을 건네면 그는 알아서 물을 줄 것이고 이제 자리를 떠나면 된다. 9일째가 되는 다음 날, 당신은 머리를 묻은 곳으로 돌아가야 한다. 그곳에는 익은 검은콩들이 있을 것이다. 콩을 한 알씩 입에 물고 거울을 보면 어느 순간 몸이 사라진다. 아무 변화가 없는 콩들은 머리가 묻힌 곳에 다시 묻는다. 이 모든 과정은 신속하고 진지하게 치러야 한다….

아직도 이러한 방법을 믿는 불행하고 어리석은 자들이 있다. **참조.** 반지Anneau.

(1) 『가발리스 공작Comte de Gabalis』.

지옥의 왕자이자 백작. 천사 혹은 사자의 모습을 하고 나타난다. 이페스는 거위의 머리와 발, 산토끼의 짧은 꼬리를 가지고 있다. 또 과거와 미래를 알고 인간에게 재능과 용기를 부여한다. 그는 36개 군단을 거느린다.

아일랜드 [Irlande / Ireland] 아일랜드와 얽힌 시적이며 기이한 이야기는 여럿 존재한다. 아일랜드인들은 자연사나 사고사를 앞둔 사람(또는 형상)이 자정에 수의를 입은 모습으로 나타난다고 믿는다. 이 환영은 예견된 죽음으로부터 3일 전에 나타난다.

이를 칸 [Irle-Khane] 참조. 칸Khane.

이르멘트뤼드 [Irmentrude] 프로방스Provence의 여성, 알토르프Altdorf의 백작 이삼바르Isambard와 혼인을 하였다. 그녀는 남편이 부재중일 때 12명의 아들을 출산했다. 이르멘트뤼드는 오직 아들 한 명에게만 젖을 물리고자 했으며 시녀를 시켜 나머지 아이들을 강에 던져 버리라 지시했다. 하지만 앞치마에 아이들을 담고 가던 시녀는 남편 이삼바르와 마주치게 되었다. 이삼바르는 앞치마 안에 무엇이 들었는지 물었다. 시녀는 다음과 같이 답했다. "강아지들을 강물에 버리려고 합니다." 하지만 이삼바르는 내용물을 확인하고 싶어 했고 결국 비밀을 알아냈다. 그는 11명의 자식을 데려가 비밀리에 양육하며 다 자란 후에 아내에게 보여주었다. 이후 아이들은 이 사연을 기억하기 위해 독일어로 '개'를 의미하는 웰프Welf라는 성을 가지게

소환 주문 [Invocations] 아그리파Agrippa는 악마를 소환하고 강제로 모습을 드러내게 하기 위해서는 다음의 마법 주문이 필요하다고 말했다. "수확의 날은 복되고 복되도다Dies mies jesquet benedo efet donvema enitemaüs!" 한편 피에르 르 루아예Pierre Le Loyer는 얼굴이 벌건 사람은 악마를 소환해도 부릴 수 없다고 주장했다. **참조.** 소환Évocations, 액막이Conjurations.

이오 [Io] 여신 주노Juno가 암송아지로 변신시킨 여성. 악마학자들은 이오를 마녀로 취급한다. 드 랑크르Pierre de Lancre는 이 마녀가 여성의 모습과 뿔 달린 암소의 모습을 오갔다고 주장했다.

이페스 또는 아이페로스 [Ipès, Ayperos]

되었다. 후손들은 여전히 이 성을 물려받고 있다. 참조. 트라제니Trazégnies.

이스 [Is / Ys] 브르타뉴Bretagne의 도시. 그 랄론Gralon 왕의 통치를 받았다. 이 풍요로운 도시에서는 호화롭고 방탕한 일들이 유행했다. 훌륭한 성인들은 이곳에서 미풍양속을 이야기하며 개혁을 시도했으나 헛된 수고였다. 왕의 여식인 다훗Dahut 공주는 수치심과 절제를 잊고 모든 종류의 일탈을 일삼았다. 그러나 결국 복수의 시간은 당도했다. 노랫소리, 음악, 포도주, 온갖 볼거리와 방탕함이 사람들을 도취시키고, 거대 도시의 시민들은 늘 취해 깊은 잠에 빠졌다. 이는 끔찍한 폭풍을 앞둔 고요함이었다. 왕 그랄론은 유일하게 하늘의 목소리에 귀를 기울이는 자였다. 하루는 예언자 궤놀레Guenole가 어두운 목소리로 왕에게 말했다. "왕이여, 무질서가 극에 달하였고, 신이 손을 들어 올렸습니다. 바다가 불어나니 이제 이스는 사라질 것입니다. 떠나셔야 합니다." 그랄론은 즉시 말에 올라타 전속력으로 도시를 떠났다. 그의 딸 다훗도 함께 말에 올라타 아버지를 따랐다. 신의 손이 아래를 향하자, 도시의 가장 높은 탑이 무너지고 파도가 왕의 말을 바짝 추격했다. 왕은 꼼짝할 수 없었다. 뒤이어 끔찍한 목소리가 들려왔다. "왕이여, 도망치고 싶거든 너를 따르는 악마를 돌려보내라." 아름다운 다훗은 그렇게 목숨을 잃었다.

그녀는 풀 다훗Poul-Dahut이란 장소 근처에서 익사했다. 이후 태풍은 그쳤고 공기는 평온해졌으며, 하늘은 맑아졌다. 하지만 이스 마을에 뻗어있던 거대한 분지는 물로 채워지게 되었다. 이는 오늘날 두아르네네즈 만Bay of Douarnenez이라고 불린다[1].

(1) 『피니스테르 여행Voyage dans le Finistère』, 2호.

이사카룸 [Isaacarum] 루덩Loudun 빙의 사건 당시 레비아탄Leviathan의 대리인 중 하나.

이자벨 또는 이자보 [Isabelle, Isabeau] 무녀. 참조. 도피네Dauphiné.

이시스 [Isis] 취리히Zurich 이셈베르크 Isemberg(이시스 산)에 사원을 가지고 있었다. 그녀는 파리Paris에서도 숭배받았다는 이야기가 있다.

아이슬란드인 [Islandais / Icelanders] "18세기 한 여행자의 말에 따르면 아이슬란드인들은 마법에 매우 능하다고 한다. 아이슬란드인들은 낯선 사람과 그들의 아버지, 어머니, 친구들의 모습까지 볼 수 있다[1]. 이들이 세상을 떠난 사람들이라고 해도 말이다." 아이슬란드인들은 망자를 보는 두 번째 눈이 존재한다는 풍설도 있다.

(1) 『북쪽으로의 새로운 여행Nouveau voyage au septentrion』, 1708년, 66페이지.

요르단의 일(맹프로이 드 릴) [Isle en Jourdain(Mainfroy de l'] 점성술을 통해 두 기사의 끔찍한 행위를 알아낸 뛰어난 예언자. 두 기사는 필리프Philippe와 고티에 도노이 Gauthier d'Aunoy로, 한 사람은 루이 르 위탱Louis le Hutin의 아내인 나바르Navarre에 거주하는 마르게리트Marguerite의 애인이었고 다른 한 사람은 샤를 르 벨Charles le Bel의 아내인 블랑슈 Blanche의 애인이었다. 이 기사들은 두 여인의 남편에게 저주를 내렸다는 사실이 증명되었다. 이들은 필리프 드 발루아Philip de Valois의 두 형제로, 왕 필리프King Philip는 합당한 벌을 내렸다. 두 기사는 가죽이 벗겨져 교수형을 당했으며, 두 여인은 감옥에서 생을 마감했다.

이스파레타 [Isparetta] 말라바르Malabar 해안 주민들이 섬기는 우상. 모든 창조에 앞서, 이스파레타는 알로 변해 있었다. 그 속에서 그녀는 하늘과 땅 그리고 모든 내용물이 나오도록 했다. 이 신에게는 3개의 눈과 8개의 손이 있으며 목에는 종을 달고 있다. 또 이마에는 반달과 뱀이 있다고 한다.

이스라필 또는 아스라필 [Israfil, Asrafil] 참조. 아스라필Asrafil.

파시누스 [Ithyphalle / Fascinus] 아이들 또는 처녀의 목에 거는 일종의 부적. 뛰어난 효능이 있다. 플리니우스Pliny는 파시누스가 황제들을 욕망으로부터 지켜주는 부적으로 사용되었다고 기록했다.

검은 이반 [Ivo le noir / Ivan the Black] 몬테네그로Montenegro의 가장 오래된 건물 중 하나인 오보드Obod 탑 발치에는 깊고 어두운 동굴이 있다. 이곳에서는 영웅(혹은 창시자 또는 몬테네그로 민족과 중소부족의 지도자)인 검은 이반이 잠들어 있었다. 청해Blue Sea와 카타로Kataro가 몬테네그로인들을 찾았을 때, 이반은 마법의 잠에서 깨어나 후손을 지휘했다. 그리고 오스트리아인들을 그들의 축축하고 흐린 땅으로 돌려보냈다[1].

(1) 에드몬드 테지에Edmond Texier, 『몬테네그로의 왕자Le prince de Monténégro』, 1834년.

이완 바질로위츠 [Iwan Basilowitz] 참조. 장Jean.

수안기 [Iwangis / Suanggi] 말루쿠Maluku 제도에 사는 마법사들. 독살자이기도 하다. 이들은 시체를 땅에 묻고 그로부터 영양을 섭취한다고 알려져 있다. 이 때문에 말루쿠 제도 주민들은 묘지 인근에서 시체가 썩을 때까지 보초를 서야만 했다.

J

자바미아 [Jabamiah] 카발라의 원소 정령과 연관된 강력한 단어. 카발리스트가 이 단어를 발음하면 잘려 나간 팔다리가 다시 붙는다.

야곱 [Jacob] 참조. 재채기Eternument.

자코뱅 드 베른 [Jacobins de Berne] 참조. 제처Jetzer.

잭 오 랜턴 [Jack / Jack o'Lantern] 불의 영역에 속한 하급 악마 중에는 '잭 오 랜턴'이라고 불리는 도깨비불이 있다. 밀턴Milton은 이 악마를 '늪의 수도자'라 불렀다. 코르웨이Corwey 수도원의 연대기를 살펴보면, 이 수도자는 다른 신부인 세바스천Sebastian을 유혹했다고 한다. 그는 성 요한 축일 설교를 마치고 돌아가는 길에 잭 오 랜턴을 따라 들판을 건너다 낭떠러지에서 떨어져 사망했다. 이 사고는 1034년에 일어났는데, 사실 여부를 확인하기는 어렵다.

독일 농부들은 이 불의 악마가 극도로 예민하다며, 그의 화를 돋우는 짓궂은 노래를 부르곤 한다. 30년 전, 로르쉬Lorsch 마을 처녀가 경솔하게 이 노래의 후렴구를 흥얼거렸다. 잭 오 랜턴은 늪지가 있는 평원에서 춤을 추고 있었는데 노래를 듣자 즉시 여성을 따라갔다. 그녀는 집에 들어가면 안전할 것으로 생각해 전력 질주했다. 하지만 잭 오 랜턴은 그녀가 문턱을 넘는 찰나 따라잡았고, 날개를 격렬하게 흔들며 그곳에 있는 모든 것의 눈을 멀게 만들었다. 안타깝게도 여성은 이 사고 이후 시력을 상실하게 되었다. 그 뒤로 여성은 집 문턱 위에서, 하늘이 맑을 때만 노래를 불렀다. 적어도 전해지는 이야기로는 그렇다.

이 악마의 본질을 알기 위해서 화학 전문가가 될 필요는 없다. 이 불의 악마는 땅에서 솟아나는 푸르스름한 불을 만들어 낸다. 또한 숨은 보물을 찾는 악마, 폭풍우가 치는 날 묘지를 떠도는 악마와 한패로 분류할 수 있다. 피레네Pyrenees 산맥 인근 주민들은 동류의 악령들을 자주 목격한다. 이들은 주로 몸을 가꾸기 위해 찾는 유황 온천 인근에서 목격된다. 악령들은 밤새 푸른 깃털을 흔들며 작은 폭발을 일으킨다.

가장 두려운 것은 발효 음료에 자신의 생기를 넣는 악마이다. 이 음료는 마시는 자의 혈관으로 흘러 들어가 서서히 뱃속을 집어삼키는 불을 지핀다. 이는 의사들이 과학적으로 설명하는 '자연 발화Spontaneous Combustion'의 또 다른 예시가 된다[1].

(1) 『분기별 논평Quarterly Review』에서 발췌.

제임스 1세 [Jacques Ier / James I] 영국의 왕. 헨리 4세Henry IV는 그에게 '마스터 제임스'라는 익살스러운 별명을 붙여 주었다. 그는 마법사들을 화형대에 올리는 것에 그치지 않았다. 제임스 1세는 『악마학Démonologie』이라는 표제의 두꺼운 책을 저술하고, 마법사와 악마의 혐오스러운 관계를 밝혀내려 했다. 오늘날 일상에서 발생하는 문제 중에는 악령이 개입되는 경우가 있다. 제임스 왕은 이 흉악한 현상의 진압을 위해 다소 잔인한 방법을 사용했다. 이는 당시 그가 속한 시대와 종교적 경향에 따른 것이었다. 1591년, 제임스 왕과 왕비의 목숨을 노린 습격이 발생했고, 이는 마법에 의한 것으로 드러났다. 이 사건의 진상은 다음과 같은 과정을 통해 밝혀졌다. 젤리스 던캔Gellis Duncan이라는 한 시종은 몇 가지 비정상적인 치료법 때문에 주인에게 의심을 샀다. 진상을 밝히기 위해, 트래넌트Tranent의 대법관은 시종을 심문했다. 대법관은 그녀의 엄지손가락을 조이고 머리를 밧줄로 압박하는 고문을 행했지만, 시종은 결코 자백하지 않았다. 하지만 시종의 침묵은 악마의 일로 해석되었다. 게다가 그녀의 목에서 표식이 발견되며 이 해석은 더욱 견고해졌다.

이 과정에서 마법이 풀린 듯했다. 갑자기 그녀는 사탄의 영향 아래 놀라운 치료법을 사용했음을 인정했다. 그녀는 아직 알려지지 않은 마법 행위를 고백했고, 무수한 공범자들을 고발했다. 이는 삼사십 명의 체포로 이어졌다. 이 중에는 귀족 여성도 있었는데, 에

든버러Edinburgh 사법위원회 위원인 클리스토널Clistonhall 경의 딸 유페미 맥 알지언Euphemia MacAlzean이다. 제임스는 이 잔혹한 미로를 해결해 나가는 것이 하나의 영광이라 생각했다. 그는 매일 피의자 심문에 참여했고, 그들이 고백하는 끔찍하고 기괴한 내용에 놀라워했다.

그는 젤리스 던캔이 선보이는 마녀 집회의 춤을 보았다. 이에 앞서 그녀의 춤은 (케이스Keith의 현명한 아내라는 별명이 있는) 마녀 아그네스 샘슨Agnes Sampson에게 인정받았다. 사실 이 이야기의 주인공은 커닝햄Cunningham이라는 자로 재판 당시 피안 박사Dr. Fian라고 불렸다. 그는 트래넌트 인근 학교의 교장이었다. 뛰어난 신체 능력과 용기를 가진 그는 고문을 견뎌 냈다. 심문자는 그의 머리에 밧줄을 묶고 조였지만, 그의 입을 열지는 못했다. 광증을 고백하도록 설득도 했다. 결국 그는 '부츠The Boots'라고 불리는 고문 기구형에 처했다. 기계가 세 번째 작동하여 피안 박사의 다리를 으스러뜨리자, 그는 심각한 패륜을 고백하고 저주를 통해 저지른 배반 행위 및 모든 실체를 폭로했다. 그는 감옥으로 돌아와 독방에서 이틀 또는 사흘을 보낸 뒤 도주에 성공했다. 이후 다시 체포되었을 때, 피안 박사는 자신이 폭로한 모든 내용을 철회했고, 제임스 왕을 크게 실망시켰다. 그의 기억을 되찾아 주기 위해 왕은 다시 그를 고문시키기로 했다. 집게로 그의 손톱을 짓뭉개고 손톱과 살 사이에 이중 못을 끝까지 박았지만, 계속해서 입을 열지 않았다.

이후 피안 박사는 또다시 부츠형에 처했다. 그는 너무 오랫동안 고문을 받았다. 마지막이 돼선 그의 두 다리는 상처로 가득 찼고 부서진 뼈들이 살 사이로 고스란히 드러났으며 피가 철철 흘렀다. 결국 고통에 굴복한 박사는 침묵을 깼고, 그의 고백은 아그네스 샘슨의 고백과 일치했다. 왕을 이에 경악했다. 그러나 가장 놀라웠던 점은 이 두 사람이 기괴하고 끔찍한 사건을 침착한 표정으로 자백했다는 사실이었다. 두 사람의 이야기를 들은 제임스는 소리쳤다. "이런 대단한 사기꾼들을 보았나."

알다시피 제임스 왕에겐 사탄과 지상에 있는 사탄의 수하들을 상대로 싸워야 한다는 편집증이 있었다. 당대 연대기엔 악마가 제임스 1세를 향한 습격에 실패하자, 낙담하며 프랑스어로 다음과 같이 소리쳤다고 기록되어 있다. "나는 그를 건드릴 수 없다. 그는 신의 자식이다…." 이후 제임스 왕은 노르웨이 여행 동안 왕비를 만났고 에든버러로 데려오기로 했다. 이는 사탄에게 매우 좋은 기회였다. 악마 위원회는 태풍을 일으켜 가장 위험한 적을 집어삼키기로 했다. 그들은 매우 단단히 준비했다. 지옥의 왕은 안개를 만들어 영국 연안에서 왕을 좌초시키자는 제안을 했고, 지옥 왕의 보좌관인 피안 박사는 마리온 린컵Marion Linkup을 비롯한 여러 동료에게 서신을 보내 5일 내로 바다에 모일 것을 요청했다. 이는 자신의 주인을 만난 제임스 왕을 확실하게 죽음으로 몰아가기 위함이었다.

피안 박사의 요청으로 이백 명이 모였고 이들은 배에 올랐다. 각 마녀는 체(또는 여과기)에 올라탔다. 그러나 마녀들이 바다 어디에서 악마를 만났는지는 아직도 알려지지 않았다.

악마는 제임스의 배가 시야에 들어오자, 로버트 위어슨Robert Wierson에게 고양이를 보냈다. 이 고양이는 냄비 걸이에 아홉 번이나 목이 매달렸던 짐승이었다. 악마는 소리쳤다. "그를 바다에 던져버려라!" 그러자 마법이 이루어진 듯했다. 제임스의 배가 덴마크 인근에 이르면 계속 역풍을 맞았기 때문이었다.

이 첫 번째 공격이 끝나자, 마녀들은 착륙하여 체를 신주 담는 잔으로 사용했다. 그녀들은 노스버윅Northberwick 교회를 향해 행진했다. 이 교회는 그녀들의 주인이 정한 두 번째 장소였다. 마녀 부대는 백 명도 넘는 이들로 구성되었고, 겔리스 던캔이 하프 반주에 맞춰 노래를 부르고 이들을 안내했다.

이곳에서 그녀들의 주인은 설교자의 모습으로 나타났다. 피안 박사는 의전관의 역할을 맡았다. 숨 한 번에 악마는 교회의 문에 달린 녹슨 경첩을 덜컹거리게 했고, 설교단을 장식하는 밀랍을 불타는 석탄으로 바꾸었다. 그레일메일Greillmeil은 문지기의 역할을 수행했다. 갑자기 사탄이 직접 설교단에 나타났다. 그는 로브를 입고 검은 모자를 쓴 모습이었다. 제임스 멜빌James Melville의 회고록 속에는 이 악마의 모습이 다음과 같이 묘사되었다(이는 단테Dante의 표현을 따른 것이다). 사탄의 몸은 쇠만큼 단단했고 얼굴은 소름 끼쳤으며 코는 독수리의 부리 같다. 그의 눈은 불타는 화염 덩어리고 손과 발에는 발톱이 솟아 있으며 목소리는 군데군데 끊어졌다. 그는 자신의 신도들을 부르며 충성심을 확인했고, 왕을 상대로 한 중대한 음모의 성공을 위해 지난 마녀 집회 이후 어떠한 노력을 했는지 심문했다. 이에 문지기 그레일메일은 어설픈 대답을 내놓았다. "아직 아무것도 한 게 없습니다, 주인님!" 루시퍼는 그의 어리석음을 엄하게 꾸짖었다. 그리고 이들에게 왕을 대상으로 모든 해악을 끼칠 것을 확실히 명했다. 이후 그는 숭배받으며 설교대에서 내려왔다. 이 과정에는 여러 의식이 뒤따랐지만, 이곳에서 묘사하기에는 지나치게 내용이 많다.

미신의 시대에 이런 자백을 한 경솔한 자들의 운명은 안 봐도 뻔했다. 지독한 고문을 받은 뒤 더이상 삶의 의미를 찾지 못한 피안은, 교수형에 처한 뒤 불태워졌다. 아그네스 샘슨 또한 같은 벌을 받았다.

노스버윅 사건에 가담한 바바라 나피에르Barbara Napier는 이 사건에서 면죄를 받았으나 다른 마법 행위로 인해 벌을 받았다. 이 끔찍한 비극에서 가장 눈에 띈 인물은 클리스토널 경의 딸인 유페미 맥 알지언이다. 그는 굳은 심지와 불타는 열정을 지닌 열렬한 가톨릭교도였다. 하지만 제임스와 종교개혁을 대상으로 반감을 내비쳤다.

유페미 맥 알지언은 마법사들과 친밀한 관계를 유지하며, 그들의 도움을 받아 자신의 못된 계획에 반대하는 자들을 청산하려 했다. 그녀의 고발장은 일련의 마법 행위와 범죄 시도로 가득 채워졌다. 유페미 맥 알지언은 배심원단으로부터 일부 죄를 사면받았다. 하지만 과거 살인 이력, 왕의 목숨을 노리고 모인 노스버윅 마녀 집회 참여, 다른 마법사 집회 참여 등에 대한 혐의는 유죄 판결을 받았다. 이러한 범죄를 저지른 자는 교수형 후 화형을 당하게 되어 있다. 1591년 6월 25일, 그녀는 산 채로 태워지는 형을 용기 있게 받았다. 이 사건은 제임스 1세를 큰 충격에 빠뜨렸다. 그는 마법사들을 상대로 한 재판을 개선하는 법률을 통과시켰고, 기이한 악마론을 저술했다.[1]

(1) 『외국 분기별 논평Foreign Quarterly Review』 발췌, 1830년 7월.

자드 [Jade] 인도인들은 이 돌에 여러 마법 같은 특성이 있다고 믿었는데, 신장에 사용하면 통증을 완화하고 방광 속 결석을 꺼내준다고 여겼다. 또 이 돌은 간질을 치료하는 최고의 약이자 부적이며, 지니기만 해도 독성이 있는 짐승에게 물리지 않는다고 생각했다. 이렇게 신묘한 특성 덕분에 자드는 몇 해 전 파리에서 열풍을 불러일으켰다. 하지만 결국 이 마법의 돌은 유명세를 잃었고, 그 대단하다는 효능들은 허구인 것으로 판명되었다.

저거너트 [Jagghernat / Juggernaut] 인도의 끔찍한 우상. 우리는 경솔하게도 그에게 신이라는 표현을 잘못 사용할 뻔했다. 그는 악마에 불과하고, 악마 중에서도 가장 끔찍한 악마에 속한다. 피와 죽음은 저거너트의 기쁨이다. 영국인이 뻔뻔하게 스스로를 세상 문명 전파자라 칭할 때도, 저거너트는 여전히 인도에서 영향력을 끼치고 있었다. 얼마 전 모든 일간지에서는 이런 내용이 실렸다(1847년).

'영국인들이 종식했다는 주장에도 불구하고, 지난 8월 5일 인도에서 매해 열리는 저거너트 예배 행렬이 다시 시작되었다. 이 의식에는 광신으로 포장된 자발적 희생들이 동원되었다. 다섯 명의 열광적인 신자가 당국 집행자들의 눈을 피해 발리Bali의 탑 인근에 자리를 잡았다. 이후 우상의 거대한 수레가 밖으로 나오자, 이들은 모두 비슈누Vishnu를 부르며 바퀴 아래로 몸을 던졌고 온몸이 뭉개지게 되었다. 이 불타는 열정에 군중의 흥분은 크게 치솟았고, 군대가 도착하기 전 수레가 지나가는 길에는 백여 명이 몸을 던져 다시 깔려 죽게 되었다. 계속해서 새로운 자살자들이 축제를 피로 물들였기에, 이를 막을 수 있는 최선의 방법은 영원히 행렬을 금지하겠다고 위협하는 것이었다.'

요괴 [Jakises / Yokai] 일본에는 허공에 존재하는 악령들이 있다. 주민들은 이들의 은총을 입기 위해 축제를 열기도 한다.

얄다바오트 [Jaldabaoth / Yaldabaoth] 오피트파Ophites의 신 중 하나. 얄다바오트는 지혜Sophia(Wisdom)를 어머니로, 혼돈Chaos을 아버지로 두었다.

야마부시 또는 슈겐자 [Jamambuxes, Jammabos / Yamabushi or Shugenja] 일본에 있는 광신도의 일종으로 파키어Fakirs와 유사하다. 야마부시는 시골을 유랑하며 악마들과의 친분을 과시한다. 또 그들이 장례식에 참석하면 아무도 모르게 시체를 가져가 되살려 놓는다는 풍문도 있다. 그들은 3개월간 매질을 당한 뒤, 많은 이들과 함께 배에 올라 바다 한가운데로 간다. 그리고 배에 구멍을 내 신을 기리며 익사한다.

야마부시는 무시무시한 모습의 악마에게 삶을 넘긴다. 이들은 잃어버리거나 도둑맞은 물건을 찾아준다. 이를 위해선 어린 소년을 바닥에 앉힌 뒤 두 발을 교차시켜야 한다. 그리고 악마를 소환해 몸에 들어가도록 하는데, 소년은 침을 흘리고 눈을 굴리며 끔찍하게 몸을 비튼다. 이때 야마부시는 소년이 몸부림치도록 내버려 두며, 이를 멈추고 찾는 물건이 어디에 있는지 답하기를 권한다. 소년은 명령에 따라 쉰 목소리로 도둑의 이름, 훔친 물건을 숨긴 장소, 훔친 시간과 되돌려 받을 방법 등을 털어놓는다. **참조.** 구Goo.

이암블리코스 [Jamblique / Iamblichus] 4세기 플라톤 학파Platonic의 철학자. 콘스탄티누스 대황제Constantine the Great 통치 시기에 시리아Syria에서 태어났다. 그는 아나톨리우스Anatolius와 포르피리오스Porphyry의 제자였다. 그는 하층민이며 신과 인간 사이를 중재하는 악마(또는 악령)의 존재를 인정했다. 이암블리코스는 점술을 행했다. 이 책 『지옥사전』에서는 '수탉점'을 다룰 때 테오도시우스 대제Theodosius the Great의 왕위 계승을 예언한 이로 기록한 바 있다. 그가 언제, 어디서, 어떻게 죽었는지는 알려진 바가 없다. 하지만 보댕Jean Bodin은 발렌스Valens 황제가 마법사들을 척결할 당시 이를 피하고자 독극물을 음용하고 스스로 목숨을 끊었다고 기록했다.

어느 날 이암블리코스는 시리아 가다르Gadare의 군중 앞에서 마법을 보여주며 두 악령(또는 악마)이 샘에서 솟아나게 했다. 그는 이들을 각각 '사랑'과 '반사랑'이라 이름 붙였다.[1] '사랑'은 어깨 위로 찰랑이는 많은 금빛 머리카락을 가지고 있었다. 이 머리칼은 햇빛처럼 반짝였다. '반사랑'의 머리카락은 그만큼 빛나지 않았기에, 군중들은 '사랑'을 더 경이로워했다. 르 루아예Pierre Le Loyer는[2] 이암블리코스와 막시무스Maximus가 배교자 율리아누스Julian the Apostate를 죽였다고 기록했다. 이암블리코스가 남긴 저서 중에는 『이집트인, 칼데아인, 아시리아인의 불가사의De mysteriis Ægyptiorum, Chaldæorum, Assyriorum』(1607년, 16절판, 소논문 포함)가 있다. 그는 점성가들의 모든 망상을 쉽게 믿었다.

<small>(1) 에로스Eros와 안테로스Anteros. / (2)『귀신의 역사 혹은 귀신 환영Histoire des spectres ou apparitions des esprits』, 4권, 312페이지.</small>

야마로카 [Jamma-Loka / Yamaloka] 인도의 지옥 야마로카에서 형벌을 받고 고난의 시간을 보낸 영혼은 다시 이승으로 돌아와 가장 처음 만난 신체로 들어간다고 한다.

얀네와 얌브레 [Jannès et Mambrès / Jannes and Jambres] 이집트의 마법사들. 함Cham 이후 성서가 기록하는 가장 오래된 마법사들이다. 이들은 개구리와 뱀을 나타나게 했고 나일Nile 강을 피로 물들였다. 또 신이 모세Mose를 통해 행했던 기적을 모방하며 허구로 만들려 했다[1].

<small>(1) 르 루아예Pierre Le Loyer, 『귀신의 역사 혹은 귀신 환영Histoire des spectres ou apparitions des esprits』, 2권, 129페이지.</small>

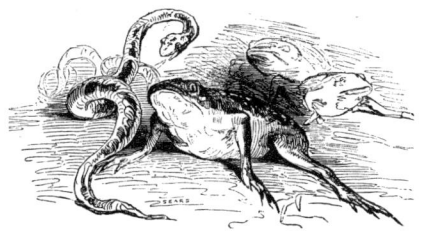

가터 [Jarretière / Garter] 여행자들을 위해 가터의 비밀을 소개한다. 먼저 염소자리에 해가 처음으로 들어갈 때 쑥을 캔다. 그리고 그늘에서 이를 살짝 말린 다음, 어린 토끼의 가죽으로 가터를 만든다. 이때 토끼 가죽을 띠 모양으로 자르는데, 그 넓이가 엄지손가락 두 개 정도여야 한다. 이것을 이중으로 만들어 쑥을 넣은 뒤 봉합하고, 두 다리에 찬다. 이 가터를 차면 따라올 말이 없을 것이다.

또는 어린 늑대 가죽을 구해 가터 두 개를 만들 수도 있다. 이때 본인의 피로 'Abumalith Cados'라는 주문을 새겨야 한다. 당신이 이 가터를 차고 걷는다면 빠른 속도에 놀라게 될 것이다. 피로 쓴 글자가 지워질 수 있으니, 글자가 적힌 부분에 흰색 실을 사용해 이중으로 덧대는 것도 좋다.

'나는 가터를 만드는 또 다른 방법을 고딕 문자로 쓰인, 오래된 수사본에서 찾아냈다. 이 방법은 다음과 같다. 교수형에 처한 도둑의 머리카락을 준비한 다음 이를 땋는다. 그리고 마음에 드는 색깔의 천 두 장 사이에 끼워 봉합해 가터를 만든다. 이후 가터를 어린 망아지 뒷다리에 채운 뒤, 달아나도록 풀어 준다. 망아지가 숨이 찰 때까지 뛰게 한 다음 가터만 회수해 사용한다[1].'

과거에는 마법사들이 주는 마법 가터를 차면 긴 여행길도 단시간에 다녀올 수 있다는 믿음이 있었다. 아마 이는 『7리그 부츠Seven-League Boots』 이야기의 기원이 되었을 수도 있다.

<small>(1)『작은 알베르투스의 경이로운 보물Admirables secrets du Petit Albert』, 90페이지. / ∗ 한걸음에 7리그를 걸을 수 있다는 신의 이야기.</small>

황달 [Jaunisse / Jaundice] 헝가리의 왕들은 황달 환자를 만져서 치료하는 특권이 있다고 믿었다[1].

<small>(1) 살그Salgues,『오류와 편견Des erreurs et des préjugés』, 1권, 272페이지.</small>

자바섬 사람들 [Javanais / Javanese] 한 네덜란드인이 쓴 『인도 연구Études sur les Indes』에는 자바섬 사람들의 우상숭배 미신에 관한 상세한 이야기가 기록되어 있다. 이들은 꿈과 점술을 신봉한다. 또 운이 좋은 날과 운이 없는 날을 나누고 출생에 운명을 이용한다. 자바섬 사람들은 초자연적 재능, 불사신, 마법, 저주, 주술, 묘약 등을 믿는다. 이들의 미신에 따르면 바위, 숲, 산, 구멍, 심연 속에는 보이지 않는 존재들이 살고 있다. 자바섬 사람들은 자신들의 미신 외에 인도, 아라비아, 페르시아에서 경이로운 것으로 여긴 모든 것들을 받아들였다. 이들은 키가 크건 작건, 귀족이건 농부이건 모두가 같은 믿음을 가진다. 다행히도 대부분 이런 믿음에는 악의나 술책이 끼어있지 않다. 하지만 때로는 강력한 동기에 눈이 멀어 온당치 못하거나 위험한 선을 넘기도 한다.

위험하지 않은 미신 중에는 이런 것이 있다. 자바섬의 도둑들은 약탈할 집을 '정화'하는 관습이 있다. 정화를 위해 이들은 벽 또는 침대 위에, 새로 파낸 구덩이에서 덜어낸 흙을 뿌린다. 정화의 목적은 거주하는 사람들을 혼수상태에 빠지게 하여 안전하게 절도하는 것이다. 이 믿음은 도둑에게만 국한되지 않는다. 피해자들 또한 이 의식을 치르기 때문이다. 피해자들은 의식을 목적으로 준비한 흙을 귀중히 보관한다. 그러면 도둑을 찾는 조사가 시작되었을 때, 심문 당한 일부 도둑들이 어떻게 이 의식을 진행했는지 상세하게 자백한다.

발리에 남아있는 자바섬의 고대 법전에는 마법을 대상으로 한 무수한 법률이 포함되어 있다. 이는 무지하고 고집 센 주민에게 미신이 어떻게 악영향을 끼치는지 명백히 보여준다. 다음은 법전에서 발췌한 몇몇 중요한 내용이다. '만일 누군가의 이름을 관을 덮는 천, 관, 밀가루로 만든 작은 인형, 잎사귀 등에 적은 뒤 묻거나, 나무에 매달거나, 공공장소에 노출하거나, 두 길 교차로에 놓는다면 이는 저주로 해석한다. 마찬가지로 누군가의 이름이 머리뼈나 다른 부위의 뼈에 적힌다면, 그리고 이 의식에 피와 석탄을 섞은 것을 사용하고 방 문턱에 놓는다면 저주로 해석한다. 저주를 행하는 모든 자들은 재판에서 사형을 선고받는다. 증거만 명확하다면 사형 선고는 범죄자의 부모, 자식, 손자에게도 동일하게 내려질 수 있으며 예외는 없다. 혐오스러운 죄가 인정된 범죄자들은 그들의 존재로 이 땅을 더럽혀선 안되기에, 모든 재산을 몰수한다. 마법사의 부모와 자식들은 가장 먼 곳으로 유배되며, 탈출을 감행할 경우 사형에 처할 수 있다. 모든 경우 이들의 재산은 조사 후 몰수된다.'

아이슬란드의 제트 [Jayet d'Islande / Jet of Iceland] 고대 아이슬란드인들은 보석 제트를 '검은 호박'이라 부르며 초자연적인 효능이 있다고 여겼다. 또 모든 저주로부터 보호해 주는 주된 효능을 가지고 있다고 생각했다. 아이슬란드인들이 믿었던 보석의 두 번째 효능은 해독이며, 세 번째 효능은 정령과 유령을 쫓아내는 것이었다. 단 정령과 유령을 쫓기 위해서는 이 돌을 집 안에서 태워야 했다. 마지막으로 네 번째 효능은 이 보석의 향으로 전염병을 예방하는 것이었다. 이 미신들은 여전히 남아있다.

요한복음서 [Jean(Évangile de Saint) / The Gospel According to John] 참조. 성서점Bibliomancie.

마법사 요한 [Jean] 티아나의 아폴로니오스Apollonius of Tyana의 신봉자이자 마법사. 그는 협잡꾼 짓을 하고 도시를 오갔으며 쇠 목걸이를 차고 다녔다. 리옹Lyon에서 한동안 머문 요한은 기적의 치료법으로 대단한 명성을 얻었다. 심지어 왕이 직접 그의 능력을 인정할 정도였다. 요한은 왕에게 신비한 마법 검을 진상했다. 이 검은 전투 중 180여 개의 칼날이 생겨나 소유자를 보호해 주는 능력이 있었다. 요한은 왕에게 거울이 달린 방패도 선물했는데, 이 방패는 비추면 비밀을 알아내는 능력이 있었다. 하지만 이 무기들은 갑자기 소실되었다(혹은 도난당했다). 이 사건을 두고 드 랑크르Pierre de Lancre는 프랑스의 왕들이 이탈리아 공작들처럼 수집품 저장고를 만들었다면[1] 마법사가 만든 마법 무기들이 소실되지 않았을 것이라 말했다.

(1) 『악마의 변화론Tableau de l'inconstance des démons』, 5권, 343페이지.

원로 요한 [Jean] 이교 성향을 띤 콘스탄티노플Constantinople의 원로. 역사가 조나라스Joannes Zonaras의 기록에는 다음과 같은 내용이 있다. 그리스 황제 테오필루스Theophilus는 세 명의 사령관이 이끄는 반란군을 진압하고자 유능한 마법사이자 원로인 요한을 찾아갔다. 이야기를 들은 요한은 커다란 청동 망치 세 개를 만들어 덩치 큰 남성 세 명의 손에 쥐어주었다. 그리고선 원형경기장 한가운데 있는 머리가 셋 달린 청동 조각상 앞으로 데려갔다. 남성들은 조각상에 달린 두 개의 머리를 망치로 내리쳤고, 마지막 머리는 부수지 않고 목만 꺾었다. 이후 테오필루스와 반역자들 사이에 전투가 발생했다. 이 전투에서 반란군의 두 사령관은 사망했고, 나머지 한 명은 상처를 입고 전투 불능 상태가 되었다. 모든 것이 제자리로 돌아왔다.

요하네스 22세 [Jean XXII / John XXII]

1334년, 18년간 교황직을 수행한 후 사망했다. 그는 『아포스톨릭 챔버의 세금Taxes des parties casuelles de la boutique du pape』(프랑스어 제목으로는 Taxes de la chambre apostolique)의 저자이기도 하다. 이 서적은 불순한 개신교도의 가정들이 기록되어 있다. 요하네스 22세가 『철학자의 영약 또는 금속 변형 기술 Élixir des philosophes ou l'Art transmutatoire des métaux』을 썼다는 설이 있지만 이는 사실이 아니다. 해당 서적은 라틴어에서 프랑스어로 번역되었다(1557년, 리옹, 12절판).

끝으로 요하네스 22세 또는 요하네스 21세는 점성술을 행했으며 기후 변화의 예측을 즐겼다고 한다. 이에 관해선 여러 심심한 이야기들이 전해진다.

이반 또는 장 바실로위츠 [Jean, Iwan Basilowitz / Ivan, Jean Basilowitz] 모스크바Muscovy의 대공이자 14세기의 잔인한 폭군. 그는 죽음을 맞이할 당시 끔찍한 혼수상태를 겪었는데, 이때 그의 영혼이 고통스러운 여행을 했다고 전해진다. 첫 번째 여행에서 그는 죄 없는 이들을 감금한 벌로 음침한 장소에서 고통을 받았다. 두 번째 여행에서는 과한 세금으로 서민들을 괴롭힌 벌로 더 심한 고통을 받았다. 그의 후계자 테오도르Theodore는 이 과한 세금을 다시 완화했다. 이반은 세 번째 여행 중 사망했다. 그의 시체는 너무도 고약한 악취를 내뿜었기에 누구도 다가설 엄두를 내지 못했다. 사람들은 이를 보며 악마가 그의 영혼을 데려갔다고 생각했다. 심지어 이반의 시체는 매장이 예정되었던 날 사라지고 말았다.[1]

(1) 르 루아예Pierre Le Loyer, 『귀신의 역사 혹은 귀신 환영Histoire des spectres ou apparitions des esprits』, 4권, 301페이지.

세례 요한 [Jean-Baptiste / John the Baptist] 근거는 모르겠으나 세례 요한이 낙타의 배 속에서 태어났다고 믿는 촌부들이 존재한다….

장 다라스 [Jean d'Arras] 14세기의 프랑스의 작가. 멜리진Melusine의 로맨스를 각색했다. **참조**. 멜리진.

장 데탕프 [Jean d'Estampes] 고대 연대기에는 샤를마뉴Charlemagne 근위병 중 하나인 장 데탕프가 1139년 336세의 나이로 사망했다고 기록되어 있다. 반면 그가 250년밖에 살지 못했다는 기록도 존재한다. 불행하게도 그의 장수 비결을 아는 사람은 없다.[1]

(1) 레갈Legall, 『진정한 달력Calend. véritab.』, 140페이지.

레이던의 얀 또는 얀 복켈슨 [Jean de Leyde, Jean Bockelson / John of Leiden, John Bockelson] 뮌스터 재세례파Anabaptists of Munster의 수장. 공산주의 및 사회주의 공화국을 세웠다.

JOHAN BOCKELSOHN KONIG DER WIEDERTAUFFER ZU MUNSTER IN WESTPHALEN

그곳에서 영감을 얻은 얀 복켈슨은 황당한 헌법과 독특한 종교를 만들었다. 그는 레이던의 재단사였으나 스스로 뮌스터의 왕이라 주장하며 왕위에 오르고 화폐를 만들었다.

그는 자신이 솔로몬Solomon의 왕위를 물려받았다고 주장했다. 그의 간단한 예배식에서 사람들은 춤을 추었고 야외에서 케이크와 포도주로 성찬을 올렸다. 이때 남성에게는 여성이, 여성에게는 남성이 케이크와 술잔을 가져다주었다. 왕이 된 얀 복켈슨의 곁에는 당연히 열망을 충족시켜 주는 여러 악마가 있었다. 그는 열여섯 명의 아내를 두고 그들을 모두 왕비라고 불렀다. 이와 동시에 그를 숭배하지 않는 것처럼 보이는 모든 자를 처형했다. 얀 복켈슨은 주민들로부터 숭배를 받았지만, 쫓아낸 왕자들이 뮌스터를 찾아 그를 포위했다. 그리고 공개 처형대에서 그를 사형시켰다.(1)

(1) 유랑하는 유대인과 뮌스터의 열여섯 여왕의 전설 그리고 얀 복켈슨의 모든 이야기를 참조할 것.

장 드 묑 [Jean de Meung / Jean de Meun]
19세의 나이에 『장미 설화Roman de la Rose』를 저술가 총명한 점성가. 『태어난 방향과 연도의 변화에 대한 논문Traité sur la direction des nativités et révolutions des ans』의 작가이기도 하다. 그는 『아일랜드의 불가사의Merveilles d'Irlande』를 번역했다. 장 드 묑은 프랑스 무장관 베르트랑 뒤 게스클랭Bertrand du Guesclin의 공훈을 예견했다.(1)

(1) 황실 서재의 수사본에서 발췌. 베일Bayle에 관한 졸리Joly의 주석에서 언급된다.

밀라노의 요한 [Jean de Milan]
15세기의 점성가. 히스파니올라Hispaniola*(또는 산토 도밍고Santo Domingo**)를 통치하던 벨라스케즈 Velasquez에게 페르난도 코르테즈Fernando Cortez가 주도한 페루 전쟁에서 희소식이 들려올 것을 예언했다.

* 쿠바의 동쪽과 푸에르토리코의 서쪽에 위치한 섬. /
** 히스파니올라섬 동부에 있는 항만도시.

시칠리아의 요한 [Jean de Sicile / John of Sicily]
지기스문트Sigismund 황제의 즉위를 예언한 점성가이자 신학가. 부시코Boucicault에게 운명을 예견해 알려주었다. 또 몽페라Montferrat와 프랑시스크Francisque 백작이 국가를 배신할 것을 경고했다. 부시코는 이를 듣고 도망쳐 배신을 피했다.(1)

(1) 황실 서재의 수사본에서, 졸리Joly의 주석에서 발췌.

사냥꾼 장 [Jean le Chasseur] 참조. 코조시드Kojosed.

장 뮐랭 [Jean Mullin] 참조. 뮐랭Mullin.

잔 다르크 [Jeanne d'Arc / Joan of Arc]
잔 다르크는 1410년 로렌Lorraine 지방 샹파뉴Champagne 보쿨뢰르Vaucouleurs 인근 돔레미Domremi 변두리에서 태어났다. 그녀는 오를레앙의 소녀Pucelle d'Orléans라는 별칭으로 잘 알려져 있다. 프랑스는 큰 재앙을 맞이하고 있었다. 기념비적인 해를 반세기 앞두고, 전사들의 사기는 위태했고, 다른 나라에 굴복하기 직전이었다. 그때, 18살의 어린 여성의 목소리로 나라는 되살아났다. 샤를 7세Charles VII는 마지막 진지인 시농Chinon을 잃을 위기에 처해있었다. 그리고 1429년 2월 말, 잔 다르크가 나타났다. 그녀는 자크 다르크Jacques d'Arc와 이자벨 라메Isabelle Ramée 사이에 태어난 시골 출신의 여자아이였다. 어린 시절부터 유난히 내성적이었던 그녀는 모든 쾌락을 멀리하고 오직 신만을 신실하게 섬겼다. 그녀의 나이가 16세가 되었을 무렵 어느 날 정오경, 아버지의 정원에 있는 그녀 앞에 대천사 미카엘Michael, 천사 가브리엘Gabriel, 성 카테린St. Catherine, 성 마르게리트St. Marguerite가 빛과 함께 나타났다. 이 성인들은 그녀의 행동을 지도하는 지도자가 되었다. 이 성스러운 목소리들은 프랑스 왕을 돕고 오를레앙Orleans을 구하라 명하였다. 그녀는 이 목소리들에 복종했고 보쿨뢰르로 이동했다. 잔 다르크의 말을 듣고 놀란 장 드 메스Jean de Metz는 그녀를 왕에게 소개했다. 이 모든 것은 1429년 2월 24일 시농에서, 샤를이 왕궁을 지킬 당시 일어난 일이었다. 샤를은 이토록 어려운 임무를 그녀에게 맡길 수 있을지 갈등했으나, 세심한 조사와 심사숙고 끝에 어린 여성에게 말과 군사를 주었다. 또한 피에르부아Fierbois의 성 카테린 교회에 묻혀있던 검이 그녀에게 하사되었다. 그녀는 곧장 오를레앙 성벽으로 달려가 첫날부터 모든 장수를 뛰어넘는 용기로 싸웠다. 그녀는 자신에게 내려진 명에 따라 오를레앙의 영국인들을 몰아냈고 렝스Reims, 트루아Troyes, 샬롱Chalons, 오세르Auxerre를 비롯한 왕국 대부분을 왕에게 다시 돌려주었다. 그리고 임무를 완성했을 때, 자신이 선언한 대로 돌아가길 원했다. 하지만 그녀의 용맹함, 군이 보내는 신뢰 때문에 잔 다르크는 바로 군대를 떠날 수 없었다. 여기서 불행이 시작되었다. 그녀는 이미 이 불행을 알고 있었다. 콩피에뉴Compiegne에서 부르고뉴Bourgogne 공작을 상대로 방어하던 중 잔다르크는 피카르Picard의 한 귀족에게 붙잡혔다. 이 귀족은 그녀를 장 드 룩셈부르크Jean de Luxembourg에게 팔아넘겼고, 장 드 룩셈부르크는 그녀를 영국인들에게 팔아넘겼다.

수많은 승리를 보복하고 싶었던 적들은, 그녀가 저주와 마법을 이용해 승리했다고 죄를 물었다. 그녀는 부패한 법정에서 재판을 받았다. 그리고 결국 광신도이자 마녀라는 판결을 받았다. 무엇보다 끔찍한 것은 배은망덕한 군주가 더 이상 그녀가 필요 없다고 생각하며 잔 다르크를 버렸다는 것이다. 그녀가 그를 왕좌에 오르게 해주었음에도 말이다. 재판은 빠르게 진행되었다. 재판동안 리니 룩셈부르크Ligny-Luxembourg는 워릭Warwick과 스트라폴트Straffort를 대동하여 그녀를 방문했다. 그녀는 다음과 같이 말했다. "영국인들이 나를 죽이면 프랑스를 정복할 수 있다고 생각한다는 것을 안다. 하지만 적의 수가 십만이라고 한들, 지금의 수준으로는 결코 가질 수 없을 것이다." 고문을 이기지 못한 그녀는 병에 걸려 위독해졌다. 베드포드Bedford, 원체스터Winchester, 워릭은 두 명의 의사를 고용해 그녀를 돌볼 것을 명하며 자연사를 막았다. 왜냐하면, 영국의 왕이 그녀를 불태우는 즐거움을 느끼기 위해 너무도 많은 돈을 지불했기 때문이었다.

결국 잔 다르크는 루앙Rouen 수도원 묘지로 옮겨졌다. 사형집행인은 짐수레와 함께 그녀를 화형대에 데려가기 위해 기다렸다. 그녀의 뒤에는 120명의 경호원이 따르고 있었다. 잔 다르크에게는 여성 의복이 입혀졌고, 그녀의 머리에는 종이 주교관이 씌워졌다. 그리고 이 주교관에는 '이단, 범죄자, 배교자, 우상숭배자' 라는 단어들이 적혀있었다. 뒤이어 성 도미니크회Dominican Order 신부 두 명이 잔 다르크를 붙들었다. 그녀는 길목에서 다음과 같이 외쳤다. "루앙이여, 루앙이여, 네가 내 마지막 집이 되겠구나!"

비유 막쉐Vieux-Marche 광장에는 두 개의 교

수대가 세워졌다. 판사들은 쇠사슬에 묶인 희생자를 기다렸다. 잔 다르크의 몸은 아주 높은 곳에 매달려 모든 백성이 볼 수 있도록 하였다. 화형대에 선 그녀의 얼굴은 눈물로 뒤범벅이 되었다. 불길을 느낀 잔다르크는 두 신부에게 물러나라고 경고했다. 쇠사슬에 묶인 그녀의 손에는 나무 십자가가 들려있었다. 고통으로 인한 울부짖음 속에서 마지막 숨을 내뱉던 그녀는 십자가에 입을 맞추며 예수 그리스도Jesus Christ의 이름을 거듭 불렀다. 윈체스터의 추기경은 잔 다르크의 재를 모아 센Seine 강에 버리도록 지시했다(잔 다르크의 심장 만은 불에 타지 않고 멀쩡하게 남아있었다는 풍설도 있다). 화형대 장작 맞은편 그림에는 살인자, 악마 기원자, 배교자, 예수를 믿지 않는 자라는 글이 적혀있었다.

루이 11세Louis XI는 잔 다르크의 명예를 회복시켰다. 잘못된 선고를 내린 두 판사는 화형에 처했고, 또 다른 두 판사는 묘지에서 파내 화형에 처했다. 잔 다르크의 재판은 영국인들에게나 샤를 7세에게나 영원히 창피한 기억으로 남게 되었다[1].

  (1)『실생활 속 여성들의 이야기Légendes des femmes dans la vie réelle』속 잔 다르크의 생애를 참조할 것.

잔 디비손 [Jeanne Dibisson] 29세의 나이로 체포된 마녀. 마녀 집회에서 춤추는 것이 여러 번 목격되었다. 그녀는 그곳에서 시간이 너무 빠르게 흐르기에 집회가 끝나면 아쉬움이 남는다고 말했다. 화형을 당했는지 알 수 없다[1].

  (1)드 랑크르Pierre de Lancre, 『악마의 변화론Tabl. de l'inconstance des démons』, 3권, 127페이지.

잔 뒤 아드 [Jeanne du Hard] 56세에 체포된 마녀. 그녀는 마리 초로피크Marie Chorropique의 팔을 만졌다는 이유로 해당 사건에 연루된 것으로 취급된다. 이후 그녀는 사망했다. 하지만 화형을 당해서인지는 알 수 없다[1].

  (1)드 랑크르Pierre de Lancre, 『악마의 변화론Tabl. de l'inconstance des démons』등, 2권, 107페이지.

어머니 잔 [Jeanne(Mère / Mother)] 베네치아Venice의 나이 든 여성. 어머니 잔이라는 이름으로 잘 알려져 있다. 포스텔Guillaume Postel은 그녀의 망상에 매료되었고 관련 주제로 책을 저술했다. 그의 저서에서는 여성의 구원이 아직 끝나지 않았으며, 이 베네치아 여성이 큰 업적을 이룰 것이라고 기록했다. 그녀는 오늘날 생시몽주의자Saint-Simonians들이 찾지만 발견하지 못한 어머니다.

조안 사우스코트 [Jeanne Southcote / Joan Southcote] 참조. 사우스코트Southcote.

예시엘(여이엘) [Jéchiel, Jehiel] 랍비이자 카발리스트. **참조.** 마법 램프Lampe Merveilleuse.

제다이 [Jédaï] 알타이Altai 지역 타타르족Tartars의 신. 다만 존재가 명확하지 않다. 타타르족은 제다이를 왕이라 불렀다. 그에게는 수백 명의 전사를 부르는 부싯돌이 있었다고 전해진다. 제다이는 강을 건너기 위한 다리를 만들 수 있었고 사막에 길을 놓을 수 있는 바람을 부를 수 있었다[1].

  (1)『게르만 논평Revue germanique』, 1860년 8월, 449페이지.

여호와 [Jéhovah] 이 위엄있는 이름은 유대인 카발리스들이 자주 사용했다. 흑마법의 추악하고 터무니없는 주술에서 찾아볼 수 있다.

진 [Jénounes / Djinn] 몇몇 아랍인들은 천사와 악마 그 중간 어딘가에 있는 정령을 이 명칭으로 부른다.

이들은 작은 숲과 샘에 파충류의 모습으로 숨어 있기에 행인의 발에 밟히기도 한다. 대부분의 질병은 진의 복수로 인해 생긴 것이다. 그렇기에 아랍인들은 몸이 불편해지면 눈에 보이지 않는 진의 심기를 건드린 것으로 생각한다. 이때 주민들은 마법사를 찾아 도움을 청하며 마법사는 인근 샘을 찾아가

향을 피운다. 그리고 성별, 환자의 상태, 질병의 종류에 따라 수탉이나 암탉, 숫양이나 암양을 제물로 바친다.

성 예로니모 [Jérôme(Saint)] 대중들은 뻔뻔하게도 성 예로니모가 강령술 서적을, 그중에서도 『아스 노토리아Ars Notoria』를 썼다고 믿는다. 참조. 아스 노토리아.

예로니모 [Jérôme] 15세기 피아첸차Plaisance에 거주했다. 예로니모는 마녀에게 현혹되어 마녀가 준 향유를 몸에 바르고 시키는 대로 여러 몸짓을 취했다. 그러자 그는 마치 말 위에 올라탄 것처럼 몸이 올라가는 느낌이 들었고, 베네벤토Benevento의 호두나무 인근에서 열리는 마녀 집회로 이동되었다. 견식을 갖춘 그는 사탄을 거부하고 성 베네딕토회St. Benedict에 들어가 기독교인으로 생을 마감했다.

예루살렘 [Jérusalem] 베스파시아누스Vespasian의 아들 티투스Titus가 예루살렘을 파괴하기 전, 열두 밤이나 월식이 이어졌다. 하루는 해가 지는 하늘에서 전차, 기사, 무장 보병대가 구름 속에 뒤엉킨 채 온 도시를 뒤덮고 전투를 벌였다. 예루살렘의 포위가 이어지고 도시가 함락되기 며칠 전, 갑자기 아무도 모르는 남자 한 명이 나타나 도로와 광장을 뛰어다니며 다음과 같이 외쳤다. "예루살렘에 불행이 닥칠지어다!" 사람들은 매질을 하며 정체를 알아내려 했지만, 그는 한 마디 불평 없이 질문에 답하지도 고통스러워하지도 않았다. 계속해서 같은 말만 외칠 뿐이었다. 이후 어느 날, 그는 성벽 위에서 "예루살렘에 불행이 닥칠지어다!"라고 소리친 직후, 공성군이 던진 돌에 깔려 죽음을 맞이했다.[1]

(1) 조세프Josèphe, 『유대 전쟁사; 보수에, 세계사 논설Histoire de la guerre de Judée ; Bossuet, Discours sur l'histoire universelle』, 제2부, 8장.

이세벨 [Jésabel / Jezebel] 이스라엘의 여왕. 예후Jehu는 그녀를 높은 탑에서 떨어뜨린 뒤 개들의 먹잇감으로 주었다. 보댕Bodin은 이세벨을 마녀 취급하였다. 악마를 숭배했던 그녀에게 이는 받아 마땅한 치욕이었다.

제처 [Jetzer] 베른Bern의 성 도미니크회Dominican 수도사들과 관련된 추문은 세상에 큰 동요를 안겼다. 또한 종교의 대적자들은 부정직한 방식으로 이 사실을 왜곡했다. 이 야기의 전문은 다음과 같다.

과거 자코뱅Jacobins이라는 이름으로 불렸던 성 도미니크회 수도사들은, 성모 마리아Maria의 원죄 없는 잉태에 관한 프란치스코회Cordeliers 교리에 동의하지 않았다. 16세기 초반, 제법 유연한 베른 도미니크회 수도원에 악의를 지닌 네 명의 수도사가 있었다. 이들은 성모 마리아가 프란체스코회와 반대되는 말씀을 했다고 믿게 만드는 음모를 꾸몄다

수도원에는 단순하고 믿음이 강한 젊은 수도사 제처가 있었다. 네 명의 수도사들은 밤새 그에게 연옥의 영혼들이 나타나는 것처럼 속였다. 그리고 미사를 올리는 동안 예배당에서 십자가 모양으로 누우면 이들로부터 해방될 수 있다고 그에게 말했다. 더불어 그가 평소 모시던 성녀 바르브Sainte Barbe를 보여주며 그가 위대한 일을 할 운명이라고 선언했다.

새로운 사기 행위를 위해 네 범죄자 중 하나인 수도원 부원장은 성모 마리아의 역할을 맡았다. 그는 밤에 제처에게 다가가 세 방울의 피를 주며 예수 그리스도Jesus Christ가 예루살렘Jerusalem에서 흘린 세 방울의 눈물이라고 말했다. 또 이 세 방울의 눈물은 성모 마리아가 3시간 동안 원죄 속에 있었다는 것을 의미한다고 덧붙였다…. 이 말은 즉 프란치스코회의 교리에 반하는 말이나 다름없었다. 신실하고 올곧은 영혼을 지닌 제처는 이러한 현상으로 인해 혼란스러워했다. 무엇보다 성모 마리아에게서 부원장의 목소리를 알아채곤 크게 당황했다. 그를 안심시키기 위해 범죄자들은 물약을 먹여 그를 재운 뒤 오명을 씌우기로 했다. 또 그가 시킨 일을 수행하지 않자, 독살을 하기 위해 가두었다. 그러나 제처는 탈출하여 로마로 갔고 모든 음모를 폭로했다. 교황은 범죄자 수도사들을 체포했고, 교회는 세속적 권력을 빌려 이들을 재판에 세웠다. 네 명의 도미니크회 수도사들은 유죄를 선고받았다. 그리고 1509년 3월 31일, 베른의 입구에서 화형에 처했다. 이 심각한 신성모독의 가장 슬픈 면은 교회를

중상모략 하는 자들이 사죄의 길을 무시하고 은폐하며, 오직 교회의 추문만을 기억한다는 것이다.

승부 [Jeu / Game] 물 밖에서 죽은 뱀장어를 준비한다. 뱀장어의 가죽 속에 성난 개에게 물려 죽은 황소의 담즙을 구해 넣는다. 여기에 독수리의 피를 1드라크마 추가한다. 이후 교수형에 사용하는 밧줄로 뱀장어 가죽 양 끝을 연결하고, 보름 동안 따뜻한 퇴비 속에 숨겨둔다. 그리고 성 요한 축일 전날 채집한 고사리와 함께 뜨거운 화덕에서 말린다. 이것으로 팔찌를 만들어 까마귀 깃털과 자기 피로 HVTV라는 글자를 새긴 뒤 팔에 차고 다니면 모든 승부에서 운이 따를 것이다.[1]
참조. 상모솔새Roitelet.

(1) 『작은 알베르투스의 경이로운 보물Admirables secrets du Petit Albert』, 25페이지.

목요일 [Jeudi / Thursday] 악마학자들의 말에 따르면 마법사들은 이날에 가장 불경한 집회를 연다고 한다.

예제르 욥과 예제르 하라 [Jézer-Tob / Jezer-Job, Jézer-Hara] 고대 유대인 카발라에 따르면 정령계는 인간계처럼 둘로 나뉘어져 있다고 한다. 이는 빛의 정령과 어둠의 정령이 사는 세계이다. 예제르 욥은 빛의 정령들의 수장(또는 대표)이고, 예제르 하라는 어둠의 정령 혹은 악마들을 통치한다.

요아킴 [Joachim] 칼라브리아Calabria 플로라Flora의 수도사. 예언자의 삶을 살았으며 관련 서적들을 집필했으나, 이는 1215년 라테라노Lateran 공의회에 의해 비난받았다. 『영원한 복음Evangile éternel』이라는 책을 펴내기도 했다.

욥 [Job] 연금술사들은 욥이 고뇌 끝에 현자의 돌에 관한 비밀을 깨달아 굉장한 힘을 얻었다고 주장한다. 또 그의 집안에는 아랍인들의 미신처럼 비가 내렸는데 황금 소금이 있다고 한다(아랍인들은 집 안에 들이치는 눈과 비를 매우 귀하게 생각했다).
이시도로스Isidore는 욥의 샘이 에돔Edom에 있었다고 말한다. 또 이 샘은 일 년 중 석 달은 맑고, 석 달은 탁하고, 석 달은 녹색빛을 띠고, 석 달은 붉은빛이 돈다고 덧붙였다. 이슬람교도들은 천사 가브리엘Gabriel이 발을 두드려 솟아나게 한 샘이 바로 여기라고 추정한다. 가브리엘은 이 샘의 물로 욥을 씻기고 치료했다.

조바르 [Jobard] 몹시 영적이었던 학자로 1861년 브뤼셀Brussels에서 생을 마감했다. 파리Paris의 강신술사들은 사망한 조바르를 불러내 여러 가지를 질문했고 그의 답변을 들었다(적어도 강신술사들은 그렇다고 확신했다). 일간지에선 1862년 초에 소환한 이 조바르의 대답들이 매우 위험하며, 많은 학자 사이에서 유행이 되었다고 보도했다.

조카바 [Jocaba] 참조. 친친나툴루스Cincinnatulus.

요정의 마부 [Jockey des Fées / Jockey of the Fairies] 스코틀랜드에 가면 대담한 마부의 이야기를 어렵지 않게 들을 수 있다. 이 마부는 존엄해 보이는 한 노인에게 말 한 마리를 팔았다. 노인은 자정에 뤼켄 하르Lucken-Hare 엘리던Eildon 산에서 말값을 지불하겠다고 말했다. 이후 마부는 산을 찾았고, 그곳에서 고대 동전으로 말값을 받았다. 이어 노인은 그를 집으로 초대했다. 놀랍게도 마부는 매우 긴 축사를 따라 걸었는데, 각 축사에는 말들이 묶여있었다. 이 말들은 움직이지 않았으며 무장한 병사가 한 명씩 말 발치에 누워있었다. 병사 역시 아무런 움직임이 없었다. 노인은 낮은 목소리로 다음과 같이 말했다. "이 자들은 셰리피누르Sheriffinoor 전투에서 모두 깨어날 것이라네."
축사 가장자리엔 검과 마법 주문을 깨뜨리는 뿔피리가 걸려있었다. 마부는 뿔피리를 잡고 불었다. 그러자 말들이 곧장 축사에서 몸을 떨었으며, 병사들이 일어나 무기를 챙겼다. 누군가 큰 소리로 다음과 같이 외쳤다. "피리를 불기 전에 검을 잡지 않는 비열한 자에게는 불행이 닥칠 것이다." 이때 돌풍이 마부를 동굴에서 쫓아내 버렸고, 그는 두 번 다시 입구를 찾지 못했다.[1]...

(1) 월터 스콧Walter Scott, 『악마학Démonologie』.

조곤나타 [Jogonnata] 참조. 저거너트Jagghernat.

요한 드 쿠리스 [Johannes de Curüs] 참조. 플락스빈더Flaxbinder.

존슨(사무엘) [Johnson(Samuel)] 비범한 것들을 불신했던 존슨은 기적 같은 일에는 큰 믿음을 보였다. 그는 자연 현상은 지어낸 것으로 취급하면서도 꿈 이야기는 나서서 듣곤 했다. 또 리스본 지진은 반년이나 의심했음에도, 콕 레인Cock-Lane의 유령을 쫓는 일에 스스럼없이 나섰다. 연대기와 켈트족의 시Celtic Poems는 의심하면서도 스코틀랜드 산악인에게 두 번째 눈이 있다고 믿었다.

종교적으로 그의 몇몇 의견은 매우 자유로 웠지만, 이와 동시에 일부 미신적 관습으로부터 피해를 보기도 했다.[1]

(1) J. 마콜레J. Macaulay, 『사무엘 존슨과 동시대인들Samuel Johnson et ses contemporains』.

졸리 보이스 [Joli-Bois] 참조. 베르데레Verdelet.

저글링 광대 [Jongleurs / Jugglers] 참조. 요술꾼Escamoteurs, 하비Harvis, 협잡꾼Charlatans 등.

요르문간드 [Jormungandur / Jormungandr] 스칸디나비아 지옥의 괴물 뱀. 악마와 거인 앙게르보드Angerbode 사이에서 태어났다.

요세프달(요셉의 골짜기) [Josefsdal(Vallée de Josef / Valley of Joseph)] 스웨덴에서는 오늘날까지도 마녀 집회가 이루어지는 장소를 이 명칭으로 부른다.

요셉 [Joseph] 여러 지역에선 요셉의 이름으로 세례를 받은 사람에게 마법사와 마녀들이 어떠한 영향도 미칠 수 없다는 믿음이 있

다.

(1) 『성 요셉의 약속L'alliance de saint Joseph』, 1695년, 브뤼셀, 16페이지.

조수아 벤 레비 [Josué Ben-Levi / Joshua Ben Levi] 천상과 지옥을 모두 속인 영악하고 지혜로웠던 랍비. 임종 직전 조수아 벤 레비는 악마를 유혹해 천국의 입구까지 데려다 달라고 부탁했다. 그는 단지 성역을 보고 싶은 것뿐이며, 그리하면 미련 없이 더 기쁘게 세상을 떠날 수 있을 것이라 말했다. 그를 믿은 악마는 조수아 벤 레비를 천국 입구까지 데려다주었다. 하지만 천국이 코앞에 오자 그는 악마를 뒤로하고 전속력으로 그곳에 몸을 던졌다. 그리고 신에게 결코 그곳을 떠나지 않겠다고 맹세했다. 랍비들의 말에 의하면 신은 그가 거짓말 하는 것을 알아챘고, 의인들과 함께 머물 수 있도록 허락했다고 한다.[1]

(1) 『지옥의 전설Légendes Infernales』 속 타민Tamine의 장성을 참조할 것.

요일 [Jours / Days] 마법사들은 금요일과 일요일에 그 무엇도 예측할 수 없다. 어떤 이들은 악마조차도 이날에 연회나 집회를 열지 않는다고 주장한다. 물론 이 주장이 일반적인 의견은 아니다. 철자에 R이 들어가는 화요일Mardi, 수요일Mercredi, 금요일Vendredi에 손톱을 깎으면 손가락에 자국이 남는다는 말이 있다. 하지만 이 또한 명확한 근거는 없다. 네덜란드 미신에 따르면, 금요일에 손톱을 자르면 치통을 예방할 수 있다. 길일과 흉일을 기록한 달력도 존재한다. 그러나 여러 개의 달력이 모두 다르기에, 누군가에겐 좋은 날이 어떤 이에겐 운 없는 날이 되기도 한다. 수집가들은 이 제멋대로인 달력들을 잘 다듬어 사용해야 할 것이다.[1]

(1) 『달력 이야기Légendes du calendrier』 속 요일 부분을 참조할 것.

가룟 유다 [Judas Iscariote / Judas Iscariot] 야비한 배신을 저지른 뒤, 악마에게 빙의가 되어 딱총나무에 목을 매달았다. 플랑드르인Flemish들은 아직도 딱총나무 껍질에 기생하는 덩이줄기를 '유다의 땀'이라고 부른다.[1]

(1) 『신약성경의 전설Légendes du Nouveau Testament』 중 유다 부분을 참조할 것.

신의 심판 [Jugement de Dieu / Jugment of God] 참조. 시험Épreuves, 신명재판Ordalie 등.

최후의 심판 [Jugement Dernier / Last Judgment] 이슬람교도들은 최후의 심판이 오만 년간 지속될 것이라고 믿는다. 하지만 사람들은 모두 바쁘기에 이 기간을 눈치채지 못할 것이라고 한다.

방랑하는 유대인 [Juif Errant / Wandering Jew] 전설 속 '방랑하는 유대인'이라는 이름으로 알려진 아하수에루스Ahasuerus는 구두 장인이다. '애가lament' 안에선 이삭 라크뎀Isaac Laquedem이라고 불린다. 아하수에루스가 10살이 되던 해, 그는 세 명의 왕이 이스라엘의 새로운 왕을 찾고 있다는 사실을 알았다. 아하수에루스는 왕들을 쫓다가 베들레헴Bethlehem의 신성한 외양간을 찾기도 했다. 아하수에루스는 자주 예수 그리스도Jesus Christ의 말씀을 들었다. 하지만 유다가 예수를 배신했을 때, 아하수에루스 또한 그를 외면했다. 예수가 십자가와 함께 골고다 언덕을 오를 때, 그는 이 구두 장인의 가게 앞에서 잠시 쉬어가고자 했다. 하지만 그와 연루될까 두려웠던 장인은 다음과 같이 말했다. "더 멀리 가시오. 범죄자가 내 문 앞에서 쉬는 걸 원치 않소." 예수는 아하수에루스를 쳐다보고 말했다. "나는 갈 것이고 쉴 것이다. 그러나 당신은 걸으면서도 쉬지 않을 것이다. 당신은 세상이 존재하는 동안 걸을 것이다. 그리고 심판의 날 하느님 아버지의 오른쪽에 내가 앉아 있는 것을 볼 것이다." 이에 장인은 손에 몽둥이를 쥐고 방랑하기 시작했고, 그 어느 곳에서도 멈출 수 없었다. 그로부터 18세기 후, 그는 '방랑하는 유대인'이라는 이름으로 세상 모든 고장을 돌아다녔다. 또 전투, 난파, 화재를 겪으면서도 죽지 못하였다. 사람들은 그가 여전히 주머니에 동전 다섯 닢만 들고 다닌다고 믿는다. 우리의 조부모 세대는 그를 보지 못했지만, 조부모의 선조들은 그를 목격했다고 한다. 그리고 그는 백 년 훨씬 이전에도 몇몇 도시에 모습을 드러냈다. 우리 조부모의 선조들 역시 이를 목격했다. 많은 사람이 이 방랑하는 유대인이 실재한다고 믿는다.

그러나 이는 저주 이후 방랑하고 흩어진 유대인 민족 전체를 상징하는 교묘한 우화일 뿐이다. 유대인의 혈통은 다른 민족과 섞인다고 해서 사라지지 않는다. 그들의 부와 권력은 시대를 넘어 거의 비슷하게 유지된다. 에드가 키네Edgar Quinet는 아하수에루스에 관한 인도주의적 시를 지었다. 레이펜베르크Reiffenberg의 남작은 이와 관련한 연대기를 썼다.(1)

(1) 뮌스터Munster의 열여섯 왕비 이야기 속 방랑하는 유대인을 참조할 것.

유대인 [Juifs / Jew] 유대인들은 어디서든 식별이 가능하다. 이들은 고립의 표식을 가지고 있기 때문이다. 충직한 민족일 당시, 이들은 성서의 말씀을 있는 그대로 보존하였다. 하지만 모세Mose와 선지자들의 가르침은 『탈무드Talmud』의 기이한 부조리 속에 변질되었다. 그리고 진정한 의미는 퇴색되었다. 한때 가장 비옥하고 찬란했던 성지는 18세기 동안 가난이 맴돌았고, 주민들 또한 얼마 남지 않았다. 유대인들은 어디에서도 용인되지 못했다. 이들은 상상의 범죄를 빌미로 박해를 받았다. 물론 이들이 얽힌 역사에 진짜 범죄도 속해 있다. 이들은 정복을 시도했던 스페인에서 오히려 추방되었다. 만약 그들을 내보내지 않았다면, 반도는 어쩌면 유대인과 무어인Moor에게 정복되었을지도 모른다. 물론 이들을 대상으로 한 박해 행위에는 자비가 결여되어 있었다. 하지만 추방까지 약 3

개월의 유예기간을 준 것도 사실이다. 유대인들은 목숨이 걸려있음에도 계속해서 떠나지 않으려 했다.

숨어있는 이들을 찾기 위해 여러 방법이 동원되었다. 토스타트Tostat는 악마에 관해 쓴 자신의 저서에서 이에 관한 독특한 방법을 언급했다. 이는 안드로이드(자동인형) 청동 머리를 이용하는 것이었다. 그는 이것이 스페인에 숨어있는 유대인들을 찾아낸다고 주장했다.

이들에게는 고리대금업을 행하는 것과, 허용된 지역 내에서 기독교인들을 탈취하는 것이 허락되었다. 이들의 약탈이 끝나면 돈이 필요해진 귀족들이 다시 유대인들에게서 이를 빼앗아 갔다. 기부라는 명목으로 말이다. 특히 영국인들은 이들을 심하게 학대했다. 존John 왕은 부자 유대인들을 감금시키고 돈을 기부하도록 강제했다. 이를 위해 한 유대인은 이빨 일곱 개가 뽑혔다. 그는 여덟 번째 이빨이 뽑히기 전에 천 마크Marcs를 내놓았다. 헨리 3세Henry III는 요크York 출신의 유대인 아론Aaron에게서 4만 마크를 갈취했다. 더불어 왕비를 위해 1만 마크를 더 가져갔다. 그는 모국의 다른 유대인들을 일 년간 형제 리차드Richard에게 넘겼다. 마튜 파리Matthieu Paris의 기록에 따르면, 이 백작은 탈취가 끝난 유대인의 배를 갈랐다고 한다…. 일반적으로 유대인들은 불명예스러운 낙인을 찍힌 뒤에야 활동할 수 있었다.

다음은 저명한 여행가의 기록이다. "욥바Jaffa를 떠나기 전에 이 도시의 그리스인들이 만든 풍습을 하나 언급하고자 한다. 아마 당신은 처음 듣는 이야기일 수 있다. 사순절 기간, 그리스 가정의 어린아이들은 기독교인들의 집에 찾아간다. 이들은 나무를 사기 위해 단조로운 목소리로 '나무' 또는 '파라Paras(옛날 동전)'를 외친다. 그리고 반복해서 다음을 말한다. '주세요, 주세요! 내년에 당신의 자식들은 결혼하고, 행복한 날을 맞을 것이고, 당신들은 오랫동안 그 덕에 행복할 것입니다.'

이 아이들이 달라고 외치는 나무는 유대인을 불태우기 위한 것이다. 그리스인들의 성목요일 저녁이 되면 아이들은 받은 나무에 불을 붙인다. 아이 무리는 각각 자신들만의 불이 존재한다. 이때 유대인 의복을 입은 짚 인형이 준비되고, 고함과 야유소리와 함께 불 앞에 놓인다. 아이들은 진지하게 이 '이스라엘인'에게 가할 형벌의 종류를 선택한다. 어떤 아이들은 십자가형을 권한다. 그가 예수 그리스도Jesus Christ를 십자가에 못 박았기 때문이다. 다른 의견들도 등장한다. 수염을 자르라는 의견, 팔을 뜯어내라는 의견, 머리를 도려내라는 의견 등이 바로 그것이다. 이후 인형을 찢고 내장을 꺼내라는 의견까지 가게 되면, 아이들의 리더는 다른 제안을 한다. 이 인형을 불길 속에 던져 태우자는 것이다. 동의한 아이들은 행여나 인형이 덜 고통받게 될까 봐 활활 타는 불을 더 크게 키운다. 그리고 유대인들이 예수 그리스도에게 가한 고통, 채찍질, 십자가형 등을 하나씩 열거하며 곱씹는다. '제물'이 불에 타고 나면, 그 재는 저주와 함께 바람에 흩날려 사라진다. 그리고 아이들은 그리스도의 형집행자를 벌한 것에 만족하며 한 명씩 퇴장한다. 이 풍습에 관해서는 딱히 어떠한 첨언도 하지 않겠다[(1)]."

튀르키예와 페르시아에서는 여러 종교가 용인된다. 콘스탄티노플Constantinople에서 진행된 한 대화에서 유대인은 자신들만이 천국에 들어갈 수 있다고 주장했다. 이에 그 자리에 있던 튀르키예인이 물었다. "그럼, 우리들은 어디로 가는가?" 이에 유대인은 대답을 얼버무리며, 이 튀르키예인이 천국에 갈 수 없다고 공개적으로 말하길 주저했다. 그리고 천국의 안뜰에 있을 것이라고 얼버무렸다. 이 말을 전해 들은 튀르키예인은 유대인 지도자들을 소환했다. 그리고 유대인들이 이슬람교도들을 천국의 안뜰에 둔다고 하니, 영원한 악천후로부터 보호할 천막을 제공하는 것이 마땅하다고 주장했다. 이 사건 이후, 이 유대인은 상당한 금액의 천막비를 튀르키예인에게 지불했다(2).

1840년 2월 5일 다마스쿠스Damascus에서 유대인이 토마스Thomas 신부와 그의 시종을 살해한 일이 있다. 이는 많은 사람들의 분노를 불러일으켰다. 하지만 우리는 여기서 이러한 분노 섞인 비난을 다루지 않을 것이다. 다만 당신이 이 슬픈 사건의 공식 문서를 읽어본다면, 많은 생각이 들게 될 것이다. 다음은《리에주의 역사 및 문학 일간지Journal historique et littéraire de Liège》(1841년 1월)의 내용을 발췌한 것이다. 여기에선 살인에 대한 유대인의 교리를 다룬다.

"1205년 사망한 랍비 마이모니데스Maimonides의 저서는, 유대인들이 기독교인 살인죄로 빈번하게 고발당하던 시대에 쓰였다. 그의 주요 저작 중엔『강력한 손Jad Chazakah』이 있다. 이 책은『탈무드Talmud』를 요약하고 있다. 여기 그 발췌본이 있다.

'우리는 이단Minim을 없애라는 명을 받았다. 이단은 다음과 같은 이들을 말한다. 이스라엘인 가운데 우상숭배를 하는 자, 주님을 화나게 하기 위해 죄짓는 자, 이스라엘인 중에서도 법과 예언 앞에서 신앙을 거부하는 자(에피쿠로스학파Epicurean) 등이다. 만일 누구라도 이러한 이단자들을 공개 결투에서 죽일 수 있다면, 그렇게 하라. 그러지 못한다면, 계략을 세워서라도 어떻게든 죽여라. 어떻게 하냐고 묻는다면, 내 답은 다음과 같다. 만일 이단자가 우물에 빠졌고 그곳에 사다리가 있다면 이를 치워라. 그리고 아들이 지붕에 올라가 있어 이를 돕기 위해 사다리를 가져간다고 말하는 것이다. 다른 유사한 상황에서도 이런 식으로 대처하도록 한다.'

이 구절은『아보다 자라Avodah Zarah』속『탈무드』(2장) 원문을 바꿔 말한 것이다. 이 구절 뒷부분에서는 이단자의 죽음을 위해 다른 술수도 권한다. 바로 우물 입구를 돌로 막는 것이다. 그리고선 가축이 그 안에 떨어질까 봐 걱정되어서 덮었다고 말한다. 살인 행위에 관한 내용은 원문인『탈무드』보다 마이모니데스의 책에 더 상세히 기록되어 있다. 마이모니데스는 살인을 위한 많은 방법을 제시한다. 그는 모든 이단(주로 기독교인을 지칭할 때 사용한다)들을 절단 도구로 살해해야 한다고 주장한다.『탈무드』기록에 보면, 복음서들은 '이단의 책'이라고 불린다. 마이모니데스는 신에게 육신이 있다고 주장하고, 주님과 인간 사이의 중재자를 숭배하는 자들, 즉 기독교인을 이단으로 지칭한다.

유대인들이 기독교인들에게 가진 증오는 꽤 오래되었다. 1세기까지 가지 않더라도, 우리는 무수한 피의 역사를 볼 수 있다. 615년 페르시아 왕 코스로에스Khosroes는 팔레스타인을 공격하였다. 이때 그는 기독교인들을 물리치기 위해 유대인들의 지원을 받았다. 이후 예루살렘Jerusalem을 정복한 그는 많은 기독교인들을 포로로 잡아 유대인들에게 팔아넘겼다. 유대인들은 각각 자신의 재산 일부를 기독교인 포로들을 사는 데 사용했다. 그리고 사는 즉시 이들을 살해했다. 이 모든 내용은 사실일까? 바스나주Basnage는『유대인 역사Histoire des juifs』에서 일말의 주저함 없이 이 학살이 진실이라고 기록했다. 과거 유대인들은 아이들을 훔치거나 매매하여 죽였음을 여러 차례 고백하였다. 이는 아이들을 죽이면 이단의 혈통을 끊을 수 있다고 생각해서였다. 이들의 원칙대로라면 더한 일도 할 수 있었을 것이다.

랍비들의 주장에 따르면, 십계명의 '살인하지 말라'는 오직 이스라엘인에게만 해당된다고 한다. 레비 벤 게르솜Levi Ben Gersom은 율법에 관한 주해서에서 이를 다음과 같이 해석한다. '살인하지 말라는 계명은 이스라엘인을 죽이면 안 된다는 것을 의미한다. 왜냐하면 우리는 동물을 죽일 수 있으며, 일부 민족을 죽이라는 명을 받았기 때문이다. 예를 들면 우리는 아말렉Amalek과 다른 민족들을 살려두지 말라는 명을 받았다. 따라서, 이 계명은 오직 이스라엘인만 죽이지 말라는 것으로 해석된다.'

마이모니데스는 같은 이유로, 기독교인이나 비유대인을 죽이는 것은 이 계명을 어기는 것이 아니라고 말한다. 더불어 그는 다음과 같이 말한다. '이스라엘인이 우리와 함께 사는 이방인을 죽여도 절대 사형에 처할 수 없다.' 『바바 멧지아Bava Metzia』에는 유대인들은 인간이지만, 다른 민족들은 짐승이나 다름없다고 적혀 있다. 랍비들은 세상의 다른 민족에게 인간의 영혼이 없다고 가르친다. 특히 기독교인들은 돼지, 소, 개, 당나귀, 멧돼지와 동급으로 취급한다. 만약 이 관점에서 본다면 '살인하지 말라'는 동물에게 적용되지 않는 계명이니, 짐승 같은 기독교인에게도 적용할 필요가 없을 것이다.

이 교리들은 모세Mose의 것도, 그 어떤 성서의 것도 아니다. 오직 탈무드 신봉자, 랍비, 율법 학자들의 것이다. 북스토르프Buxtorf는 (『유대교회당Synagoga Judaica』에서) 다음의 속담이 이들에겐 매우 일반적인 것이라고 설명한다. '아들아, 율법학자(또는 랍비)의 말을 법보다 더 중요시해라.' 가장 저명한 유대인 학자 중 한 명인 라시Rashi는 직접 저술한 『신명기Deuteronomy』 주해서에서 다음과 같이 말하였다. '랍비의 말을 부정하지 마라. 너의 오른손을 왼손이라고 하거나, 너의 왼손을 오른손이라고 한대도 말이다. 오른손을 오른손이라고 하고, 왼손을 왼손이라 한다면, 더 부정할 이유가 없을 것이다.'

하지만 오늘날 유대인들은 우리와 같은 시민이 되었다. 그리고 예전과 같이 마법을 부리지 않고, 오래된 탈무드 학자들의 끔찍한 교리를 완전히 버렸다. 또한 유명한 가톨릭 교도들도 다른 두 종교의 성서 연관성을 이해하고 언급한다. 신의 가호로 우리가 모두 함께 형제가 되어 예수 그리스도를 섬기게 되길!

(1) 미쇼Michaud와 푸줄라Poujoulat, 『동방의 편지 Correspondance de l'Orient』. / (2) 생 푸아Saint-Foix, 『수상록 Essai』, 2권.

배교자 율리아누스 [Julien l'Apostat / Julian the Apostate]
331년에 태어나 363년까지 로마 황제로 재위했다. 그는 마음이 자주 바뀌고 불안정한 사고를 지녔으며, 기독교를 받아들인 뒤 다시 이교도에 빠졌다. 교회의 적만이 율리아누스를 칭찬할 구실을 찾아냈다. 그것도 그의 일부 외적 특징 중에서 말이다. 진리를 알고 있음에도 이 현자는 아폴로Apollo에게 답을 구하고 돌 신들에게 제물을 바쳤다. 악마학자들은 그를 마법사로 분류했는데, 그가 마법을 진지하게 믿었으며 우리 주가 행한 기적들 역시 마법에 의한 것으로 생각했기 때문이다. 막시무스Maximus와 이암블리코스Iamblichus처럼 그는 악령을 소환했고 제물의 내장을 검사하고 강령술로 미래를 내다보려 했다. 율리아누스는 환영을 보았다. 암미아누스 마르켈리누스Ammianus Marcellinus는 그가 죽기 전 율리우스 카이사르Julius Caesar를 모방하며 텐트에서 글을 썼으며, 이때 로마 정령이 창백한 얼굴을 하고 나타났다고 기록했다.

그는 32세 나이에 갑작스럽게 사망했다. 전해지는 이야기에 따르면 예수 그리스도Jesus Christ에게 강력히 대적한 그가 쓰러지는 순간 자신의 피를 손에 적신 뒤 하늘을 향해 펼쳐 보였다고 한다. 그리고 다음과 같이 외쳤다고. "갈릴리인Galilean이여, 네가 이겼다!"

그의 죽음 이후, 궁 안에서는 죽은 이들의 머리와 시체로 가득 찬 시체안치소와 무덤이 발견되었다. 메소포타미아 하란Harran의 우상 사원에서는 한 여성이 목을 맨 채 발견되었다. 이 여성의 두 팔은 벌려져 있었고 배는 갈라져 텅 빈 채 상태였다. 이에 율리아누스가 지옥의 신들을 진정시키기 위해 그녀를 제물로 바쳤다는 풍문이 떠돌았다. 율리아누스는 여성의 내장을 검사하며 페르시아를 대상으로 한 전쟁의 해결책을 찾고 있었다.

변절자의 죽음은 동시에 여러 곳에 전해졌다. 율리아누스의 하인 중 한 명은 그를 만나기 위해 페르시아로 가던 중이었다. 하인은 숙소를 찾지 못해 어느 교회에 들어가 묵기로 했다. 하인은 꿈속에서 사도들과 선지자들이 모여 있는 것을 보았다. 이들은 율리아누스 아래에 놓인 교회를 보며 닥친 재앙에 눈물을 쏟고 있었다. 이 중 한 명이 자리에서 일어나 자신이 상황을 개선할 것이라고 말했다. 다음 날 밤, 하인은 꿈에서 다시 같은 회담을 보게 되었고 전날 그 남자가 율리아누스의 죽음을 알리는 것을 보았다. 알렉산드리아Alexandria의 철학자 디디모Didymus 또한 꿈속에서 백마를 탄 남자들이 하늘을 가로지르며 외치는 것을 들었다. "디디모에게 지금 변절자 율리아누스가 죽었다는 것을 알려라!"

융 [Jung] 독일의 작가. 아직 살아있을지도 모른다. 저서 『게이저 쿤더의 이론Theory of Geiser-Kunder』(1808년, 뉘른베르크, 8절판)에서 정령에 관해 기록했다.

주니에 [Junier] 마녀 집회의 호칭 기도*에서 천사들의 왕자로 불리는 악마.

    * 마녀 집회에서 진행하는 기도로 다양한 악마 이름이 포함되어 있다.

주피터 암몬 [Jupiter-Ammon] 이집트인들은 강력한 보호를 받기 위해 가슴에 지니는 부적(또는 성구함)에 주피터 암몬을 새겼다. 이 이름은 이집트인들에게 큰 의미를 가졌으며 로마인들까지도 모든 복을 불러온다고 믿었다. 주피터 암몬에게는 양양의 뿔이 달려있다. 이집트 북부 테베Thebes에서 숭배받았던 그의 동상은 머리를 움직이는 자동인형이었다.

모독 [Jurement / Swearing] "재담꾼은 말한다. 필요 없는 상황에서도 악마의 이름을 듣는 것은 참 불쾌한 일이라고 말이다. 화가 난 아버지는 자식들에게 말한다. '이리로 와라! 이 악마 같은 놈들아!' 또는 다음과 같이 외친다. '여기 있었구나! 이런 악령 같으니라고!' 추위를 느끼는 사람은 다음과 같이 말한다. '악마여! 혹독한 날씨로구나.' 식사 후 배고프다고 하는 사람은 '악마의 배고픔'을 느낀다고 말한다. 더 참을성이 없는 사람은 차라리 악마가 자신을 데려갔으면 하고 바란다. 교활한 인간은 수수께끼를 제시하면서 대담하게 외친다. '이걸 맞춘다면, 악마에게 잡혀가도록 하지.' 사람들은 어려운 일이 생기면 악마가 개입했다고 말한다. 작은 물건을 잃어버리면 모두 악마가 가져간 것이라고 믿는다. 노동자 휴게소에서 누군가 잠에 취해있다면 악마가 그를 품에 안고 재우는 중이라는 농담이 들릴 것이다. 가장 끔찍한 것은 일부 사람들이 악마의 이름을 긍정적인 곳에 사용한다는 것이다. 좋은 일이 있으면, '악마의 짓은 아니다.'라고 한다. 누군가 필요 이상의 일을 해내면 그가 악마의 시종처럼 일한다고 말한다. 키 큰 병사가 지나가면 '그놈 악마처럼 키도 크네!' 라고 외친다. 자신의 재능, 솜씨 또는 자질에 놀라면 '악마처럼 놀라운 인간이네!' 라고 한다. 외에도 '악마 같은 힘', '악마와 같은 재능', '악마를 이길 용기' 등의 표현을 쓰기도 한다. 진실한 사람은 '착한 악마', 불평하는 사람은 '불쌍한 악마', 재밌는 사람은 '악마의 재담을 가진 자' 라고 표현하기도 한다. 이러한 표현들은 현실에서 많이 파생되었다."

    화가 난 아버지가 하루는 아들에게 말했다. "악마에게 꺼져버려라!" 곧 밖으로 나간 아들은 악마를 만났고, 악마에게 잡혀가 다시는 돌아오지 않았다[1]. 다른 남자는, 우유 사발을 게걸스럽게 먹는 딸의 모습에 화가 나 경솔한 발언을 했다. "악마도 집어삼킬 수 있겠다!" 여자아이는 곧 악마의 존재를 느꼈고 여러 달 동안 빙의되었다[2]. 성미가 나쁜 한 남편은 아내에게 악마한테 잡혀가 버리라고 말했다. 그와 동시에 남편의 입에서 악마가 나오더니, 불쌍한 여성의 귀를 통해 그녀의 몸으로 들어가 버렸다[3]. 이 재밌는 이야기가 당신에게 교훈이 되었길 바란다!

    어느 가스코뉴인Gascon 변호사는 판사들의 마음을 움직이기 위해 충격적인 변론을 이용했다. 그가 참여한 재판의 시기는 15세기였으며, 이는 신의 심판이 아직 사용되던 때였다. 하루는 변호사가 르망Le Mans의 한 사람을 변호하던 중 진상을 밝힐 증인을 찾지 못했다. 변호를 맡긴 남자는 자신이 빚을 진 적이 없다고 부정하고 있었다. 판사들은 시험을 사용하길 원했다. 상대방의 변호사는 참관인이 보는 데서 시험을 진행하자고 제안하였다. 가스코뉴인 변호사는 자신이 시험을 선택한다는 조건으로 이를 받아들였다. 시험은 르망에서 진행되었다. 시험의 날은 찾아왔고, 변호사는 위험을 피하고자 장시간 고민했다. 그리고 판사들 앞에 서서 우선 폭력적이지 않은 시험을 시도해 보자고 요청했다. 그는 큰 소리로 자신의 고객이 진짜 빚을 졌다면, 고객과 자신이 악마에게 붙들려 갈 것이라고 소리쳤다. 가스코뉴인 변호사의 대담함에 놀란 판사들은 그의 결백이 확실하다고 생각해 무죄를 선고하려했다. 하지만 그전에 상대방 변호사도 이에 맞서 같은 맹세를 하라고 지시했다. 그러자 방 끝에서 쉰 목소리가 흘러나왔다. "그럴 필요 없다." 이와 동시에 거멓고, 흉측하고, 이마에 뿔이 달리고, 박쥐 날개가 달린 악마가 가스코뉴 변호사에게 발톱을 세웠다…. 변호사는 몸을 떨며 자신의 말을 취소하려 했다. 그리고 판사와 보좌관들에게 어둠의 천사가 박아 넣은 발톱을 치워달라고 애원했다. 악마는 말했다. "범죄의 진실이 밝혀진 뒤에야 그만둘 것이다…."

이렇게 말하며, 악마는 소송인과 변호사에게 점점 다가갔다…. 두 거짓말쟁이는 서둘러 죄를 고백했다. 한 명은 사실 자신에게 갚을 돈이 있다고 말했고, 변호사는 불리한 소송에서 그를 대변했다고 고백했다. 그제야 악마는 물러났다. 대중들은 나중에야 상대편 변호사가 이 일을 계획했다는 것을 알게 되었다. 그는 가스코뉴인 변호사가 겁이 많은 사람이란 것을 알고 있었다. 그리고 시종에게 이상한 검은 옷을 입히고 날개와 뿔을 달아 진실을 밝히려 한 것이다. **참조**. 욕설 Imprécations.

(1) 하이스터바흐의 케사리우스 Caesarius von Heisterbach, 『기적의 대화 Dialogus Miraculorum』, 5권, 12장. / *(2)* 같은 서적 2장에서. / *(3)* 같은 서적 2장에서.

쥐리유 [Jurieu] 1637년에 태어나 1713년에 사망한 개신교 목사. 그는 계시에 대한 열망을 가지고 예언자가 되었다. 1685년 쥐리유는 저서 『예언자의 이행에 관하여 De l'accomplissement des prophéties』를 통해, 5년 이내에 프랑스 전역에서 칼뱅주의 Calvinism가 승리를 거둘 것이라고 장담했다. 하지만 1690년이 되었고, 쥐리유가 원하는 일은 벌어지지 않았다. 이후 그의 위세가 다소 꺾였다.

K

카바 [Kaaba / Ka'aba] 메카Mecca의 명소인 이곳은 사원 또는 모스크의 내부에 자리 잡고 있다. 이슬람교의 믿음에 따르면, 이는 아브라함Abraham이 자신을 위해 지은 집이라고 한다. 아랍인들은 이곳의 문턱에 사투르누스Saturn의 동상이 있었다고 믿는다. 하지만 동상은 이 지역의 모든 다른 우상들과 함께 무함마드Muhammad 출생 당시 파괴되었다.

카바는 약 15피트의 작은 구조물이다. 이슬람교도들은 이를 사각의 집 또는 신의 집이라고 부른다. 『코란Koran』에서 이 집은 지상에서 가장 신성한 장소로 여겨진다. 이것이 충직한 이슬람교도들이 기도를 올릴 때마다 카바를 향해 몸을 돌리는 이유이다. 이슬람교도는 적어도 일생에 한 번은 이 장소를 순례하려 한다. 이곳에서 숭배받는 검은 돌은 아브라함이 사각의 집을 지을 당시 발판으로 쓰던 것이다. 전설에 따르면, 이 돌은 아브라함의 마음에 따라 높아지거나 낮아질 수 있었다고 한다. 또 천사 가브리엘Gabriel이 이를 가져다주었다는 이야기도 있다. 집이 완공되었을 때 버려진 돌은 눈물을 흘렸다. 아브라함은 이 돌을 위로하며 이슬람교도들에게 큰 숭배를 받게 될 것이라고 말했다. 그는 이 돌을 입구 옆에 두었고, 지금까지도 모든 순례자는 이 돌에 입을 맞춘다.

카비르 [Kabires / Kabirs] 죽음의 신. 아주 오래전 이집트인들의 숭배를 받았다. 보샤르Bochard는 이 이름으로 불린 지옥의 신이 세 명 있으며, 이는 다름 아닌 플루토Pluto, 프로세르피나Proserpina, 머큐리Mercury라고 언급했다.

혹자들은 카비르(또는 카베이리Cabeiri)를 인간이 저지른 범죄에 대해 속죄하고 죽음 뒤 영예를 얻은 마법사로 보았다. 사람들은 위기와 불행의 순간에 이들을 소환했다. 이 명칭에 관해서는 큰 논쟁이 있는데, 오직 마녀 집회의 계시자만이 진실을 알 것이다.[(1)] 확실한 것은, 이들이 한때 마녀 집회를 주도했던 악마들이라는 사실이다. 이들의 요란한 연회는 카비르(또는 카베이리)의 축제라고 불렸으며 오직 밤에만 열렸다. 끔찍한 시험을 통과한 계시자가 자색 허리띠, 올리브 가지 관을 착용하고 발광하는 왕좌에 앉아 집회를 소개하면, 다른 사람들은 주변을 돌며 다소 난해한 춤을 선보였다.

(1) 드란딘Delandine, 『고대인의 지옥Enfer des peuples anciens』, 19장.

카부테르만네켄 [Kaboutermannekens] 플랑드르Flandre의 작은 악마. 유제품과 버터를 만드는 시골 여성들을 괴롭힌다.

카샤파 [Kacher / Kashyapa] 늙은 마법사. 카슈미르Kashmir 고대 왕들의 경이로운 전설에 따르면 그는 이 아름다운 지역에 있던 한 호수를 매력적인 골짜기로 바꾸었다고 한다. 그는 바라물라Baramulla 산을 잘라 기적 같은 모습으로 물살이 흐르도록 만들었다.

카프 [Kaf / Qaf] 이슬람교도들이 믿는 모든 지평선을 둘러싸는 마법의 산. 이슬람교도들은 세상이 이 산 한 가운데 존재하며, 꼭 반지를 낀 손가락과 같은 모양이라고 생각한다. 이 산 깊은 바닥엔 사크라트Sakhrat라는 보석이 존재한다. 이 에메랄드 원석은 아주 작은 조각으로도 대단한 기적을 이룰 수 있다. 이 보석은 신의 명을 받아 움직이며 지진을 일으킨다.

카프 산을 오르기 위해선 거대한 어둠의 고장들을 지나가야 한다. 다만 이는 절대적 존재의 안내가 있어야만 가능하다. 또한 이 산에는 정령들이 살고 있다. 동방에선 이들의 이야기가 자주 언급된다. **참조.** 사크라트Sakhrat.

카하 [Kaha] 마르키즈제도Marquesas Islands에서 흔히 사용하는 저주. 섬 주민들은 대다수 질병을 카하 탓으로 돌린다. 저주를 거는 방법은 다음과 같다. '마법사가 당신의 침을 채취하여 나뭇잎으로 감싸 보관하면 무시무시한 카하에 걸리게 된다. 만약 당신의 영혼이 카하에 걸린다면 여러 제약과 함께 삶은 속박된다. 이 해악을 치료하는 방법은 다음과 같다. 먼저 카하를 건 자에게 선물을 주면 그가 이 저주를 풀어줄 것이다. 저주를 건 자는 당신 근처에 눕는다. 그리고 악령이 당신의 몸속으로 들락날락하는 것을 보고 듣는다. 이 악령들은 활발하게 움직일 것이다. 저주를 건 자는 이 악령을 낚아채듯 잡는다. 혹은 당신의 팔을 문질러서 잡기도 한다. 이렇게 잡은 악령은 나뭇잎에 가둔 뒤 죽인다[1].'

[1] 마티아스 그라시아Mathias Gracia 신부의 마르키즈 제도에 관한 6번째 편지.

칼하메(마리) [Kahlhammer(Marie)] 교령 원탁*을 통해 정령들과 소통한다며, 최근** 뮌헨Munich을 떠들썩하게 만든 바이에른인Bavarian. 그녀의 손과 크레셍스 울프Cressence Wolff의 입을 통해 전달된 내용이 담긴 저서 『축복받은 영과 대천사 라파엘과의 소통 Communications des bienheureux esprits et de l'archange Raphaël』은 미신적이며 위험하다는 이유로 금서가 되었다. 이 두 여성은 파문되었다.

* 영을 부르는 교령회에 사용하는 원탁. 영매자와 참여자가 다 함께 이 원탁에 빙 둘러앉은 후 진행된다. 영이 소환되면 탁자가 움직이거나 공중에 뜨며 뱅뱅 돌기도 했다. / ** 『지옥사전』이 집필 당시인 1863년.

카이드 모르 [Kaïdmords] 페르시아에서 최초의 인간을 이 이름으로 부른다. 고대 페르시아 승려들의 교리에 따르면 카이드 모르는 황소의 앞발 한쪽에서 나왔다고 한다. 카이드 모르는 디베Dive들에게 죽임을 당했지만 심판의 날에 부활하였다. 조로아스터교에

선 그의 영혼을 소환한다. **참조.** 바운드스체스크Boundschesch.

카이오메르 [Kaiomers] 고대 피샤디아Pichadians 왕국 최초의 왕. 페르시아 역사학자들은 카이오메르가 노아Noah의 손자라고 주장한다. 그는 당시 왕국을 지배하던 디베Dive(또는 악령)들을 물리쳤다.

카코스 [Kakos] 마녀 집회의 호칭 기도*에 등장하는 악마.

* 마녀 집회에서 진행하는 기도로 다양한 악마 이름이 포함되어 있다.

칼미크족 [Kalmouks / Kalmyks] 칼미크족은 두 강력한 존재를 숭배한다. 선한 정령과 악한 정령이 그것인데 산꼭대기, 강을 따라(또는 오두막 안에서) 제물을 바친다. 이들은 주로 악신에게 더 많은 주의를 기울인다.

이는 악신의 의지를 꺾고 분노를 가라앉히기 위함이다. '신의 눈'이라고 불리는 태양은 이 의식에서 각별한 위치를 가진다. 이 엇나간 종교가 진실로부터 멀어 보일 수 있다. 하지만 이들은 오래된 종교 중 하나인 조로아스터교와 유사한 부분이 존재한다. 이 믿음은 인도뿐 아니라 페르시아, 몽골 대초원의 유목민에게까지 영향을 끼쳤다. 따라서 칼미크족에게 영향을 받은 현대 부족들은 아직도 수 세기를 거쳐온 이 오래된 풍습을 유지한다.

러시아 스타브로폴Stavropol 지역의 칼미크족들은 새해를 사제이자 점쟁이인 젤준Geljune들의 제물과 예언으로 시작한다. 새해 전날, 칼미크인들은 자신의 우상 앞에 불을 켠다. 그리고 젤준을 찾아가 다가올 연도의 운을 점친다. 의자에 근엄히 앉은 젤준은 양의 내장을 검사하며 점성표를 들여다보고 질문에 답을 준다. 이때 답변은 중의적이다. 젤준의 역할은 여기에서 끝이 아니다. 그는 이듬해 기온과 농작물의 수확에 관해서도 말해야 한다.

칼미크족은 날씨와 관련해선 훌륭한 예언자이다. 몇 년 전 한 칼미크인은 부활절이 오기 2~3주 전에 스타브로폴을 지나며 부활절에 눈이 내릴 것이라고 예언을 하였다.

하지만 이때는 3월 말경(율리우스력)이었고 날씨는 환상적이었다. 평원은 초록색을 띠고 나무에는 새싹이 돋아나고 있었다. 사람들은 그를 미치광이로 여겼으나 그는 군중 사이를 거닐며 소리쳤다. "부활절에 눈이 내릴 것이다! 부활절에 눈이 온다!" 사람들은 그를 체포했다. 그리고 그의 예언이 일어난다면 25루블을 줄 것이나, 그렇지 않다면 벌을 내리겠다고 말했다. 이후 시간이 지나도 날씨는 변하지 않았다. 하지만 부활절 일요일 오전 열 시경, 북서쪽에서 작은 바람이 일더니 점점 크기를 키우기 시작했다. 그리고 11시가 되었을 땐 눈보라가 치기 시작했다. 추워진 날씨에 스타브로폴 주민들은 따뜻한 털외투로 몸을 감싸야 했다. 칼미크인은 애초에 약속된 25루블이 아닌 75루블을 받았다.

오늘날 칼미크족은 중세 시대 때와 마찬가지로 샤먼의 역할을 맡는다. 이들은 보이지 않는 수많은 정령에게 마법의 힘을 행사한다고 주장한다. 이 정령들은 이들 근처에 머무르며 미래와 숨겨진 비밀을 알려준다. 칼미크인들은 중세 시대와 마찬가지로 고인, 또는 병자들에게 숨길 수 없는 공포를 느낀다. 이들은 병자가 필요하다고 생각하는 것을 곁에 두고 이들을 떠나간다. 이때는 친부모조차도 가까이 다가가지 않는다. 만약 죽어가는 사람이 부자라면 그의 곁은 샤먼이 지킨다. 그리고 가족들은 가끔 그의 상태를 전달받는 것으로 만족한다. 칼미크인들은 이토록 비인간적으로 냉담함을 보이지만, 임종 뒤엔 고인에게 할 수 있는 모든 예우를 차린다. 때로는 가진 것 중 가장 좋은 옷을 망자에게 입히고 생전에 쓰던 악기, 담뱃대, 안장, 채찍과 함께 숲속에 묻는다. 어떤 이들은 고인의 육신을 가장 높은 산꼭대기에 펠트로 덮어 묻는다. 혹은 장작 위에서 화장하기도 한다. 이때 고인이 가장 좋아했던 말도 함께 태운다. 이러한 풍습은 기이하게도 중세 시대 연대기와 여행자들이 언급한 이야기들을 떠올리게 만든다. 이 공동체는 오늘날까지도 몽골이 누렸던 끔찍할 정도로 지나쳤던 영광의 시대를 보여준다. 당시 징키스칸Genghis Khan이 통치하던 몽골은 유럽을 넘어 실레지아Silesia 평야까지 황폐화하며 공포를 일으켰다. **참조.** 코사크인Kosaks.

칼파브리스카 [Kalpa-Tarou / Kalpavrishka] 과거 인도인들이 원하는 모든 것을 얻을 수 있었던 마법의 나무.

칼스트라라 [Kalstrara] 고대 바이에른인 Bavarian들이 주문을 거는 마법사들을 지칭하던 말.

카틀라 [Kalta / Katla] 『에이르비기아 사가Eyrbiggia Saga』엔 북쪽 고장의 두 마녀 사이에 벌어진 놀라운 대결 이야기가 기록되어 있다. 게이리다Geirrida는 다른 마녀 카틀라의 아들인 오도Oddo를 죽이고자 했다. 이는 카틀라가 싸움 중 게이리다 며느리의 손을 잘랐기 때문이었다. 하지만 게이리다가 오도를 죽이기 위해 보낸 이들은 모두 당황한 채 돌아왔다. 그들은 게이리다에게 커다란 물레로 리넨 천을 짜는 카틀라밖에 보지 못했다고 고했다. 게이리다는 그들에게 말했다. "바보같기는, 그 물레가 오도였단 말이다." 이들은 다시 길을 떠나 물레를 잡아 불태웠다. 하지만 카틀라는 아들을 새끼 염소로 변신시켜 두었다. 그리고 그다음엔 돼지로 변신시켰다. 아들을 잡지 못해 격노한 추격꾼들은 수고에 대한 보상이라도 받기 위해 보이는 돼지를 잡아 죽였다. 하지만 주문이 풀린 순간, 통통하게 살 오른 돼지 대신 숨이 멎은 카틀라의 아들이 이들을 반겼다. 이에 추격꾼들의 분노가 조금은 누그러졌다.

카미 [Kamis / Kami] 일본의 사역마.

캄라 [Kamlat] 시베리아 타타르족Tatars들이 행하는 마법. 마법의 북을 이용해 악마를 소환한다. 이 북은 체(더욱 정확히는 탬버린) 모양을 하고 있다. 캄라를 행하는 마법사는 타타르어 몇 마디를 읊으며 발작적으로 움직인다. 그는 자리에 앉았다 일어나거나, 끔찍한 표정을 짓고 추하게 몸을 뒤틀거나, 눈알을 굴렸다 감는 등 미친 사람처럼 행동한다. 그리고 약 15분이 지나면, 주문을 통해 악마를 소환했다고 주장한다. 이 악마는 항상 서쪽에서 곰의 모습을 하고 나타나 정답을 가져다준다. 마법사는 주민들에게 자신이 악마로부터 잔인하게 학대를 당하며, 꿈속에서도 괴롭힘을 당한다고 주장한다. 주민들을 설득하기 위해, 그는 때때로 빙의된 척 소리를 지르고 갑작스럽게 정신이 깬 듯한 장면을 연출하기도 한다.

카모슈 또는 케모슈 [Kamosch, Kemosch] 참조. 샤모스Chamos.

실레지아의 쿤티우스 [Kantius le Silésien / Cuntius the Silesian] 실레지아의 의사 모어More 박사와 관련된 요하네스 쿤티우스 Johanes Cuntius 이야기는 지난 세기 대중의 마음을 사로잡은 흡혈귀란 존재에 대한 믿음을 보여주는 가장 충격적인 예시이다. 페스Pesth 시의회 의원이었던 쿤티우스는 무덤에서 나와 고향 도시에 출몰했다. 확실한 것은, 이 사건과 관련된 소문이 실레지아 전역에서 격렬한 흥분과 공포를 자아냈다는 것이다. 사람들은 쿤티우스의 시체를 흡혈귀처럼 불태우기로 했다…. 하지만 형을 집행할 당시 당황스러운 문제에 직면했다. 쿤티우스의 시체가 무거워 구덩이에서 꺼낼 수 없었던 것이다.

계시를 받은 페스 시민들은 추적 끝에 뒷발질로 쿤티우스를 죽인 말을 찾아냈다. 말은 그의 유해를 간신히 구덩이 밖으로 끌고 나왔다. 하지만 유해를 처리하려 할 때, 또 다른 문제가 발생했다. 불붙은 장작더미에 유해를 올렸으나, 불에 타지 않는 것이었다…. 사람들은 그의 몸을 조각내서 일일이 재로 만들었다. 이후 요하네스 쿤티우스 유령이 그의 고향에 나타나는 일은 없었다.

카르시스트 [Karcist] 『붉은 용The Red Dragon』에서 영들과 소통이 가능한 연금술사 혹은 마법사를 부르는 명칭.

카라자메아 [Karajaméa] 페르시아인들에겐 『카라자메아』(미래 혁명 집록)라는 신비한 책이 존재한다. 이 책은 로마인들의 무녀 신탁과 유사한 것이다. 페르시아인들은 중요한 일, 특히 전쟁을 하기 전에 『카라자메아』 속에서 답을 찾았다. 책의 저자는 유명한 수장인 세피Sephy로, 여행가 샤르댕Chardin이 살았던 시절을 통치한 왕의 조부였다. 책의 내용은 9천 행으로 되어있으며, 각 행은 50글자로 이루어져 있다. 페르시아인들은 이 책에 종말까지 벌어지는 동방의 주 혁명을 담고 있다 굳게 믿었으며, 국고에 소중하게 보관하였다. 민간인은 이 내용들을 알아선 안 되기에 사본 없이 오직 원본 한 부만이 존재했다고 한다.

카르덱(알란) [Kardec(Allan)] 현대 작가로 강령술을 행하며 유령들과 관계를 맺었다. 여러 저서를 출간했는데, 그중 가장 주목할 만한 책의 제목은 다음과 같다. 『영의 본질, 발현, 인간과의 관계, 도덕, 현재의 삶, 미래의 삶, 인간의 미래에 관한 강령술 학설의 원칙을 포함하는 영의 서, 알란 카르덱이 우월한 영의 이야기를 받아 기록해 출간함Le Livre des esprits, contenant les principes de la doctrine spirite sur la nature des esprits, leur manifestation et leurs rapports avec les hommes, les lois morales, la vie présente, la vie future et l'avenir de l'humanité ; écrit sous la dictée et publié par l'ordre d'esprits supérieurs, par Allan Kardec』(1857년, 파리, 덴투Dentu's). 보편적인 믿음과 일치하지 않는 이 책의 이론에 따르면, 우리의 영혼은 육신을 찾기 전에 혼의 모습으로 떠돌고 육신을 떠날 때 혼의 상태로 돌아간다고 한다. **참조.** 교령술Spiritisme.

카라 칼프 [Karra-Kalf] 아이슬란드의 최고급 마법. 현대에 카라 칼프 마법을 행하면, 악마가 갓 태어나 양수를 뒤집어쓴 송아지 형상을 하고 나타난다. 마법사가 되고자 하는 자는 이 송아지를 자신의 혀로 직접 씻겨주어야 한다. 그리하면 가장 은밀한 비밀을 얻게 될 것이다.

카타카네스 [Katakhanès] 칸디아Candia 섬의 주민들이 흡혈귀를 부르는 명칭. 지중해 동부 연안 그 어떤 곳에서도 칸디아 섬만큼 흡혈귀(또는 카타카네스)에 대한 믿음이 일반적인 곳은 찾아보기 어렵다. 이곳에선 산과 하늘 그리고 물의 악마를 믿기도 한다. 다음은 얼마 전 한 영국인 여행자가 들려준 사건이다.[1]

"어느 날, 스파키아Sfakia 지방에 위치한 칼리크라티Kalikrati 마을에 카타카네스가 찾아왔다. 마을 주민들은 그가 누구인지, 어디서 왔는지를 알고자 했다. 이 카타카네스는 아이들뿐 아니라 어른들도 죽였으며 인근 마을에서도 야만 행위를 이어갔다. 사실 이 존재는 칼리크라티의 성 조지Saint-Georges 교회 묘지에 매장되어 있었고, 묘비 위로는 둥근 아치 지붕이 만들어져 있었다. 교회 인근에서 양과 염소를 기르던 한 소년은 소나기를 피해 아치 아래로 몸을 숨겼다. 이곳에서 쉬기로 한 그는 베개로 사용할 돌 옆에 호신구를 십자 모양으로 던져두었다. 그리고 밤이 찾아왔다. 무덤 밖으로 나가야겠다 생각한 카타카네스는 목동에게 다음과 같이 말했다. '친구여, 여기서 일어나라. 내게는 할 일이 있다.' 목동은 처음에도, 두 번째에도, 세 번째에도 응답하지 않았다. 목동은 묘지 안에 누워있는 자가 동네에 출몰하는 살인범인 카타카네스일 것이라고 의심하였다. 그 존재가 네 번째로 말을 걸었을 때, 목동은 대답했다. '나는 일어나지 않을 것이다. 네가 보잘것없는 존재라는 것을 알고 나를 해칠 것을 알기 때문이다. 그래도 내가 일어나야 한다면 네가 입은 수의를 걸고 나를 건드리지 않을 것이라고 맹세하라. 그러면 일어날 것이다.'

카타카네스는 목동이 요구한 말을 하지 않았다. 이에 목동은 계속 자리를 고수했다. 결국 카타카네스는 맹세를 했고 목동은 그제야 자리에서 일어났다. 그리고 묘지 안의 호신구를 치웠다. 카타카네스는 밖으로 나와 목동에게 인사를 하였다. '친구여, 자리를 떠나선 안 된다. 여기 있으라. 나는 해야 할 일이 있다. 한 시간 내로 돌아와 자네에게 해줄 말이 있다.'

이 말을 들은 목동은 그를 기다렸다. 카타카네스는 10마일 정도 떨어진 갓 혼인한 부부가 사는 곳을 찾았다. 그리고 두 사람의 목숨을 앗아갔다. 그가 돌아왔을 때, 목동은 흡혈귀의 손에 피가 묻어있는 것을 보았다. 그는 간을 가져왔는데 도살업자처럼 입김을 불자 간의 크기가 확 커졌다. 카타카네스는 말했다. '앉게, 친구여. 이 간을 함께 먹자고.' 하지만 목동은 먹는 척만 하며 빵을 씹었다. 그리고 무릎 위로 몰래 간덩어리를 떨어뜨렸다.

두 사람이 헤어질 때가 되었을 때, 카타카네스는 목동에게 말했다. '친구여, 절대 네가 본 것을 말해선 안 된다. 이 일을 누설한다면 내 스무 개 손톱이 네 얼굴은 물론 네 자식들의 얼굴에도 박힐 것이다.' 이 위협에도 목동은 고민 없이 즉시 신부와 다른 이의 집을 찾아 모든 것을 털어놓았다. 사람들은 묘지로 향했다. 묘지 안엔 카타카네스가 매장될 당시 모습으로 누워있었다. 이를 본 주민들은 그것이 해당 지역에 일어난 불운의 원인이었다는 걸 알게 되었다. 주민들은 많은 양의 장작을 가져와 무덤 안에 던져넣고 시체를 불태웠다. 목동은 화장 당시 그곳에 있지 않았다. 하지만 의식 끝 무렵 그가 도착했고 흡혈귀는 침을 뱉으며 목동 발 위에 피 한 방울을 남겼다. 이후 그의 발은 마치 불에 탄 것처럼 말라버렸다. 이 광경을 본 주민들은 조심스럽게 흡혈귀를 태운 재를 뒤졌고 카타카네스의 새끼손가락에서 떨어져나온 손톱을 발견했다. 그리고 주민들은 손톱을 가루냈다. 이것이 칼리크라티 마을의 끔찍한 흡혈귀 이야기다." 인간의 간에 대한 이들의 집착은 타베르니에Tavernier가 기록한 칸디아 여성의 울부짖음을 설명해 줄 것이다. "내 아이의 간을 먹는 것이 낫겠다!" 참조. 흡혈귀Vampires.

(1) 파슬리Pashley, 『영국 저널Revue britannique』, 1837년 3월.

카트미르 [Katmir] 일곱 명의 잠자는 사람들의 개. 참조. 잠자는 사람들Dormants.

카이보라 [Kaybora / Caipora] 숲의 정령. 아메리카인들은 아직도 이 존재를 믿는다. 카이포라는 아이들을 납치한 후 나무 구멍에 숨기고 양육을 한다(1).

(1) 『브라질 여행Voyage au Brésil』, 노이비트Neuwied 교수, 2권, 12장.

카이링거 [Kayllinger] 독일의 유명한 수정 점술가. 파우스트Faust는 그에게 2년간 교육을 받았다.

켈비 [Kelby] 스코틀랜드 미신에 등장하는 정령 켈비는 여러 모습으로 개울가에 거주한다(하지만 주로 말의 모습을 한다). 켈비는 대중에게 해로운 존재로 여겨지며 횃불을 드는 경우도 있다. 이 정령의 시선엔 현혹의 힘이 있다.

켈렌과 니스로크 [Kelen et Nysrock] 악마학자들은 이 악마들이 방탕한 행위, 춤, 주지육림을 주재한다고 주장한다.

켈피 [Kelpie] 악마 말 참조. 닉카르Nickar.

케모슈 [Kemosch] 참조. 샤모스Chamos.

켄 [Kenne] 사슴 눈에서 생기는 경이로운 돌. 해독 능력이 있다.

켄토르프 [Kentorp] 함Hamm에서 멀지 않은 수도원. 16세기 당시 한 켄토르프 요리사가 수녀들이 먹는 음식에 저주를 걸어 빙의시킨 일이 있었다. 결국 요리사는 범죄를 자백했고 빙의에 걸린 사람들은 정신착란과 발작을 보였다. 바이어Johann Weyer는 이 사건을 기록하였다.

당나귀 머리점 [Kephalonomancie / Cephalonomancy] 익힌 당나귀 머리를 두고 여러 의식을 행하는 점술. 게르만족에게 이 점술은 매우 익숙한 풍습이었다. 랑고바르드인Lombards들은 암염소의 머리로 이 점술을 행했다. 델리오Martin Delrio는 이 점술이 개종하지 않은 유대인들 사이에서도 사용되었고, 당나귀를 숭배하고 참회하는 풍습의 기원이 되었을 수도 있다고 의심했다. 고대인들은 불타는 석탄 위에 당나귀 머리를 올리고 주문을 외며 용의자들의 이름을 읊었다. 그리고 턱뼈가 딱소리를 내며 닫히는 지를 관찰했다. 딱소리를 낼 때 읊은 자가 죄인이기 때문이다. 때때로 악마가 이에 개입하여 모습을 드러내지 않은 채 질문에 답하기도 했다.

케리코프 [Kericoff] 러시아에서 매우 두려워하는 호수의 악마. 그는 말의 발을 하고 폭풍우와 파도를 일으키며, 커다랗고 검은 두 손으로 배를 가라앉힌다. 이후엔 널빤지나 나무통에 매달려 구조를 요청하는 선원을 쫓아가는데, 이때 가엾은 선원이 뒤를 돌아보면 성미 고약한 악마 케리코프의 거대한 머리를 보게 된다.

키제르 [Khizzer] 동방의 사람들은 예언자 엘리야Elijah를 키제르라 불렀다. 그리고 알렉산더 대왕Alexander the Great과 연관이 있는 위대한 마법사 취급을 하였다.

쿠마노 규호 [Khumano-Goo / Kumano Gyooho] 일본에서 행해지는 시험. 여러 마법 문자, 까마귀를 비롯한 검은 새 그림으로 장식된 작은 종이를 '구'라고 부른다. 이 종이는 악령으로부터 보호해 주기에, 일본인들은 이를 구매해 집 현관에 걸어둔다. 이 가운데 가장 효능이 뛰어나다고 하는 것은 쿠마노라는 특별한 지역의 것이다. 여기서 쿠마노 규호라는 명칭이 유래하였다. 범죄 사실을 확인 중 증거가 불충분할 때, 용의자는 이 특별한 시험을 통과해야 한다. 그는 쿠마노 규호 종이가 든 물을 마시는데, 죄가 없다면 이 음료를 마신 뒤 아무 반응이 없지만, 죄가 있다면 복통에 시달리게 된다. 가끔은 '구' 자체를 삼키게 시키기도 한다. **참조.** 구Goo.

키악키악 [Kiakiak] 페구Pegu의 악마. 산꼭대기에 사원이 있으며 오직 승려들만 출입이 가능하다. 키악키악은 언젠가 세상을 파괴할 운명을 가지고 있다. 다만 최고신 다곤Dagon이 이를 막으며, 더 완벽한 세상을 만들 것이다.

기윤 [Kijoun / Kiyyun] 이스라엘인들이 사막에서 숭배하는 우상으로 태양을 상징하는 듯하다. 예언자 아모스Amos는 구약성경 『아모스』 5장에서 이를 언급했다.

키온 [Kiones] 그리스 서민들의 우상. 기둥 모양의 길쭉한 돌로, 이 형상에서 이름이 유래되었다.

키르기즈족 [Kirghis / Kirghiz] 칼미크족 Kalmyks과 이웃인 키르기즈족은 회교도들이다. 이들은 칸khan 인근에 물라 바시Mulla Bashi라고 불리는 대사제를 둔다. 무지하고 미신을 믿는 이 마법사들은 저주를 신봉하는데, 다섯 계급으로 나뉜다. 이 중에는 책을 이용해 예언하는 계급이 있는가 하면, 칼로 벗겨낸 암양의 견갑골을 이용해 점치는 계급도 있다. 이때 칼을 이용하는 것은 누군가의 치아가 양에 닿으면 효력을 상실하기 때문이다. 세 번째 계급의 마법사들은 미래를 읽기 위해 흠이 없는 말, 숫양 또는 숫염소를 희생한다. 네 번째 계급의 마법사들은 불 속에 버터나 기름을 던져 발생하는 불꽃을 살펴본다. 마지막으로 노예들에게 마법을 거는 다섯 번째 계급의 마녀들이 있다. 이들은 노예의 주인에게 노예가 달아나더라도 길을 잃고 반드시 주인에게 돌아온다고 주장한다. 이들이 만약 도망에 성공하더라도, 다시 같은 민족의 노예가 될 것이라고.

팔라스Pallas는 키르기즈족으로부터 모은 정보에 기반해, 제법 천재적인 이야기를 지어냈다. 하루는 키르기즈족 한 무리가 칼미크족을 공격하기 위해 두 번째 계급 마법사 한 명과 길을 떠났다. 한편 칼미크족에게도 예언자가 있었는데, 예언자는 자신이 지닌 모든 기술을 동원해 동향인들에게 키르기즈족의 침입을 경고했다. 그리고 그들이 다가오는 동안 빨리 대피할 것을 권했다. 키르기즈족 마법사는 칼미크족 예언자가 일을 망치는 것이 걱정되어 한가지 술책을 생각해 냈다. 그는 키르기즈족 무리에게 말에 반대로 안장을 얹고 그 위에 올라타라고 조언했다. 이에 속아 넘어간 칼미크족 예언가는 키르기즈족이 퇴각한다고 점쳐 자신의 무리에게도 돌아갈 것을 권했다. 이 덕에 키르기즈족은 이들을 따라잡았고 공격에 성공했다[1].

(1) 『러시아의 정취La Russie pittoresque』.

키실로바의 흡혈귀 [Kisilova(le Vampire de / Vampire of)] 경신과는 거리가 멀었던 다르젠d'Argens 공작은 저서 『유대인 편지Lettre juive』 137편에서 흡혈귀의 이야기를 다뤘다. 이 흡혈귀는 그라디쉬Gradisch에서 3리유* 떨어진 키실로바 마을을 활보했다. 이 이야기에서 가장 놀라운 점은 불신의 다르젠이 이 모험에 관해서는 완벽하게 신뢰했다는 것이다. 그는 다음과 같이 기록하였다.

최근 헝가리에선 베오그라드Belgrade 법원의 두 관리를 통해 흡혈귀와 얽힌 사건이 정식으로 발표되었다. 두 사람은 현장에서 조사를 펼쳤으며, 그라디쉬 관군 소속 관리는 이 사건을 직접 목격하였다. 9월 초, 62세 남성이 키실로바 마을에서 숨을 거두었다. 이후 시체를 매장하고 3일이 지나자, 그는 밤새 아들 앞에 모습을 드러내 음식을 요구했다. 아들은 유령이 식사를 하고 사라지는 것을 보며 만족스러워했다. 다음 날 아들은 자신의 경험을 이웃에게 들려주었다. 이날은 유령이 나타나지 않았지만, 3일 뒤 유령은 또다시 나타나 식사를 요구했다. 아들이 이 요구를 들어줬는지는 알 수 없다. 그리고 이 아들은 다음 날 아침 침대 위에서 죽은 채 발견되었다. 같은 날, 마을 주민 대여섯 명이 갑작스럽게 병에 걸렸고 단시간에 한 명씩 세상을 떠났다. 이 사건을 보고받은 지역 법관은 베오그라드 법원에 보고를 올렸다. 법원은 관리 두 명과 사형집행자 한 명을 보내 사건을 조사하도록 지시했다. 그라디쉬 황실 소속 관리도 소문으로 듣던 사건을 확인하기 위해 마을을 찾았다. 이들은 지난 6주간 사망한 모든 사람들의 묘지를 파헤쳤다. 한 노인의 묘지를 팠을 때, 노인의 두 눈은 떠져 있었고 새빨갛게 충혈돼 있었다. 그리고 아직도 정상적인 호흡을 하는 것이 발견되었다. 하지만 그는 움직임이 없었고 생명이 결여된 상태였다. 사람들은 이 노인이 당연히 흡혈귀라고 결론지었다. 사형집행인은 그의 심장에 말뚝을 박았다. 화장대가 준비되었고 시체는 한 줌의 재로 변했다. 다행히도 노인의 아들과 다른 망자들의 몸에선 어떤 흡혈귀의 흔적도 발견되지 않았다.

다르젠 공작은 말했다. "우리는 쉽게 믿지 않았다. 이 현상을 설명하기 위해 모든 과학적 지식을 동원했지만, 원인을 찾을 수 없음을 인정한다. 이 정직한 사람들이 증명하였으니, 법적으로 고증된 이 사건을 진실이라고 받아들일 수 밖에 없다."

* 파거의 거리 단위. 1리유는 약 4km 정도이다.

카부테르 [Klabber, Kab-Outer / Kabouter] 작은 크기의 악마. 이들은 스코틀랜드 겨울밤, 달이 뜨지 않은 날 시골집 굴뚝을 타고 내려온다. 굴뚝에 잠입한 이들은 평화롭게 화롯불 앞에 앉아 마법으로 불을 지피고 몸을 녹인다. 아침이 찾아오면 집주인은 아궁이에 두었던 장작들이 잔가지 몇 개를 두고 몽땅 타버린 것을 확인할 수 있다. 이때 남은 장작 조각에 불을 지피면 두꺼운 장작만큼이나 큰 열기를 뿜어낸다. 하지만 집주인이 성호를 긋거나 카부테르를 저주하면 마법이 깨지고 악마는 심술궂은 장난으로 복수한다.

이들은 붉은색 옷을 입고 녹색 피부를 가지고 있다.

클루데 [Kleudde / Kludde] 이 이름이 야만적이고 조화롭지 않게 들리겠지만, 클루데는 고블린Goblin의 일종이다. 또한 플랑드르Flanders 안개 속에 사는 도깨비이기도 하다. 클루데는 바실리스크Basilisk를 닮은 눈과, 흡혈귀를 닮은 입으로 악의를 과시한다. 또 윌 오브 더 위스프Will-O'-the-Wisps처럼 민첩하고 그리핀Griffin처럼 추하게 생겼다. 클루데는 춥고 안개 낀 밤, 인적이 드문 초원과 버려진 밭을 헤매는 데서 즐거움을 얻는다. 더불어 해를 끼치고 두려움을 퍼뜨리는 것을 좋아한다. 그는 기독교인들이 안식을 취하는 신성한 장소들을 주의 깊게 피하며, 이끼가 긴 잔해 한가운데서 만족감을 느낀다. 십자가는 이 존재의 눈을 멀게 하고 고문한다. 클루데가 유일하게 마시는 것은 마른 연못 바닥에 고인 녹조 낀 물이다.

빵의 맛 같은 것은 느낄 수 없다. 그는 낮의 빛을 견딜 수 없기에 버려진 탑에서 부엉이가 우는 시간에만 모습을 드러낸다. 클루데는 신비한 지하 동굴에 산다. 그의 발은 인간이 거주하는 집의 문턱을 넘어선 적이 없다. 이 저주받은 존재는 불가사의와 공포로 뒤덮여 있다. 공기 속 원자만큼이나 포착하기 어려운 그는, 경솔하게 잡으려고 하는 호기심 많은 사람의 손에 화상처럼 고통스러운 검은 선을 남긴다. 클루데의 웃음은 저주받은 자의 것처럼 울리고, 거칠고 야릇한 비명은 위장 깊숙한 곳까지 전율하게 만든다. 클루데에겐 악마의 피가 흐른다는 말도 있다. 검은 악마 클루데를 밤길에 마주치는 자는 불행을 피하

지 못하리라!⁽¹⁾

(1) 생 제누아Saint-Génois의 쥘Jules 남작. 『정령과 악마의 전설Légendes des esprits et démons』 속 클루데 이야기를 참조할 것.

클린저(프레데릭-막시밀리안 본) [Klinger (Frédéric-Maximilien de / Frederich Maximillian von)] 독일의 군인. 1753년 프랑크푸르트Frankfurt에서 태어나 1831년 상트페테르부르크Saint Petersburg에서 사망하였다. 그는 독특한 서적 여러 권을 남겼는데 『파우스트의 생애, 사건과 업적 그리고 지옥으로의 추락La Vie, les faits et gestes de Faust et sa Descente aux enfers』(1819년, 쾨니히스베르크Koenigsberg) 등이 있다.

니프어돌링 [Knipperdolinck / Knipperdolling] 레이던의 얀John of Leiden의 동료 중 하나. 참조. 레이던의 얀.

녹스(존) [Knox(Jean / John)] 스코틀랜드 출신의 변절자이자 종교 개혁 당시 가장 흉악했던 불한당. 1513년에 태어나 1572년에 사망했다. 녹스는 에드워드 6세Edward VI의 전속 사제였지만, 추악한 행실로 인해 추방되었다. 이후 그는 제네바Geneva에서 다시 권력을 되찾으려 했으며 모국으로 돌아가 교회를 무너뜨리고 신부들을 죽이며 개혁에 동참했다. 이는 그에게 뒷배가 있었기에 가능한 일이었다. 녹스는 독설을 내뱉으며 마리 스튜어트Mary Stuart의 몰락에 동참했다. 그는 마법에 종사하기도 했다. 그는 생 안드레Saint-Andre 묘지에서 끔찍한 악마를 소환했다. 이 무시무시한 악마의 등장으로 당시 함께 하던 보좌관은 놀라 사망하였다…. 해당 혐의는 그의 재판에서 입증되었다.

코발 [Kobal] 웃으며 물어뜯는 간사한 악마이자, 지옥의 짓궂은 농담 총관리자. 하지만 틀림없이 유쾌하지 않은 성미를 지녔을 것이다. 코미디언들의 후원자이기도 하다.

코볼트 [Kobold] 고블린Goblin부류의 악마. '허리가 굽은 작은 난쟁이로, 여러 색이 섞인 옷을 입고 붉은색 모자를 쓴다. 쏠쏠한 도움을 주기에 독일에선 하인, 시종, 요리사들의 숭배를 받는다. 이들은 말을 빗겨주고, 집을 치우고, 부엌을 정리하고, 모든 집안일에 관여한다. 귀찮은 일에 휩싸일 수 있기에 절대 코볼트를 무시해서는 안 된다. 요리사가 코볼트를 무시했다간 끓는 물에 손을 데고, 식기를 깨뜨리고, 소스를 엎거나 요리를 망치게 된다. 이에 집주인이 요리사를 혼내면, 코볼트는 뒤에서 웃음을 터뜨린다. 이들을 위협했다간 비극을 초래하게 된다. 화가 난 코볼트는 음식에 독이나 독사의 피를 섞는다. 때때로 경솔한 시종의 목을 비트는 벌을 내리기도 한다⁽¹⁾.' 코발로스와Cobales 코볼리Coboli는 코볼트와 같은 계보를 가졌을 수 있다. 해당 단어를 참조할 것.

(1) 서명된 글 XX, 『종교의 친구Ami de la religion』, 1844년 10월.

코조제드 [Kojozed] 코조제드 영주는 자신의 사냥개를 가장 총애하는 동료처럼 여겼다. 사냥개는 가벼운 산들바람처럼 민첩하고, 우아한 모습으로 숲과 들판을 거닐었다.

고상한 영주는 사람들은 경멸하면서도 사냥개에게만큼은 모든 애정을 쏟아부었다. 충직한 동료인 사냥개는 영주와 함께 숲과 평야를 걸었다. 그러던 어느 날, 항상 영주의 곁을 지켰던 아름다운 사냥개가 불가사의하게 실종되었다. 코조제드는 침울한 얼굴과 살기 어린 눈을 하고, 겁에 질린 하인들을 거느린 채 사냥에서 돌아왔다. 그리고 아끼는 개를 찾아내라고 지시했다. 이 말을 들은 하인들은 어깨가 무거워졌다. 이 수색에 스무 명의 사냥꾼이 투입되었고, 이들은 주변의 숲을 헤집고 다녔다. 그럼에도 총애하는 사냥개는 찾을 수 없었다.

이때 시체처럼 흉측한 몰골을 한 노파가 무거운 몸을 끌고 코조제드의 말굴레를 잡았다. 이에 코조제드는 멈추었고 당황하며 물었다. "원하는 게 무엇이냐?" 노파는 답했다. "네가 잃어버린 친구를 돌려주려 한다." 코조제드는 다시 물었다. "그럼, 어디 있느냐?" 노파가 답했다. "그걸 아는 것은 나뿐이다. 개는 보헤미아Bohemia 국경 너머로 가고 있다." 이 말을 믿지 않은 코조제드는 다음과 같이 말했다." 노인네가 그걸 어떻게 알 수 있겠는가?" 노파는 확신에 차 있었다. "나는 늙었지만, 능력이 있지. 나를 보라." 노파는 몸을 바로 세웠다. 두 눈은 어두운 빛으로 반짝였고, 기묘한 빛이 그녀의 머리에서 새어나왔다. 불길함을 감지한 말은 울음소리를 내며 달아나려 했다. 코조제드는 그제야 이 노파가 마녀라는 것을 알아챘다. 노파는 다시 말했다 "하인 사냥꾼 장Jean을 내게 주면, 개를 돌려주겠다. 마녀가 젊음을 되찾는 유일한 방법은 젊은 남자의 피에 시든 팔다리를 씻는 것이니." 코조제드는 그렇게 하겠다고 답했다.

이에 장은 몸을 떨며 주인 앞에 무릎을 꿇었다. "제 조상들은 이 가문을 이백 년간 섬겼습니다. 제 어머니는 영주님께 직접 젖을 물리셨죠. 그런데도 저를 죽이려 하십니까? 사냥개 하나 때문에 저의 피를 바치지 마십시오!"

하지만 이는 소용없는 일이었다. 계약은 곧 성사되었다. 마녀는 주인에게 사냥개를 돌려줄 때 청년을 데려가기로 했다. 그녀는 끔찍한 웃음을 지으며 행복감을 드러냈다. 그리고 곧 코조제드가 사랑하는 개를 데려왔다. 사냥꾼 장은 주인의 계약에 대한 대가로 마녀에게 보내졌다. 뒤이어 마법 의식이 펼쳐졌고 하인의 피가 청동 항아리 속에 가득 찼다. 그리고 마녀는 피로 가득찬 끔찍한 욕조에 들어갔다. 어두운 동굴에서 장의 마지막 숨소리가 흘러나왔다. 힘과 젊음을 되찾은 마녀의 행복한 노랫소리와 함께.

이 이야기는 여기서 끝이 나지 않는다. 사냥꾼 장이 숨을 거두자, 그가 목숨을 바쳐 구해 온 사냥개는 주인이 보는 앞에서 함께 숨을 거두었다[1].

(1) 보헤미아 시인 스나이더Snaider의 이야기. 『가족들의 일요일Dimanche des familles』의 확장판.

콜피 [Kolfi] 코볼트Kobold를 이 이름으로 부르기도 하였다.

코란 [Koran / Quran] 무함마드Muhammad가 쓴 이슬람교도들의 법전. 우화, 기이한 이야기, 기적들이 가득 기록되어 있다. **참조.** 마오리다스Maoridath.

콘만(헨리) [Kornmann(Henri)] 독일의 법학자로 1620년 사망했다. 콘만은 『죽은 자의 기적에 대하여De miraculis mortuorum』(8절판)라는 흥미로운 책을 남겼다. 이 책은 그가 사망하던 해에 출간되었으며 지금은 매우 희귀한 서적이 되었다.

코사크인 [Kosaks / Cossacks] 코사크인 그리고 유사한 특성을 보인 칼미크인Kalmyks은 기독교도나 이슬람교도가 아니다. 이들은 아시아에 기반을 둔 세계관을 가지고 있고, 이들의 우주 발생론에선 구약성경의 잔해를 볼 수 있다. 이 우주발생론은 기상천외한 믿음 속에 파묻혀 있다. 이들의 신 가운데 이 땅의 수호를 맡고 있는 존재는 크기가 2리유*에 달하는 흰 코끼리이다. 그에겐 34개의 붉은 머리가 있고, 각 머리엔 여섯 개의 샘에서 나온 여섯 개의 나팔이 물려있다. 이 주신은 여러 신화 속에서 유일무이한 존재일 수 있다.

칼미크인과 일부 코사크인들은 태초 인간들이 수 세기 동안 행복한 삶을 영위했다고 주장한다. 그러다 이들 중 하나가 금지된 열매를 먹었고, 다른 자들은 이를 따라 했다. 이 때문에 인류는 신성함, 하늘로 오를 수 있는 특권 등을 잃게 되었다. 그리고 오랫동안 어둠과 불행을 겪었으며 이 땅은 죄로 인해 저주받아 불모의 땅이 되어버렸다. 코사크인들은 구세주 출현을 기다리며 악인들이 2억 년 동안 고통을 받게 될 지옥의 존재를 믿는다.

* 과거의 거리 단위. 1리유는 약 4km 정도이다.

코터 [Kotter] 예언가. 참조. 코메니우스Comenius.

쿠가스 [Koughas] 캄차카 반도Kamchatka 인근 섬에 사는 알레우트인Aleut이 두려워하는 악마 또는 악령. 알레우트인은 우월한 존재인 러시아 쿠가스에게 복종하며 괴로움을 떠넘긴다. 알레우트인들은 이들의 의식을 흥미롭게 생각하는 외국인들이 쿠가스를 모욕한다고 생각한다. 또 주민들이 쿠가스의 수호를 받지 못하게 만들려는 것이라 오해하기도 한다.

쿠파이스 [Koupaïs] 알타이Altai 산맥에 거주하는 타타르족Tartars의 신. 총 일곱으로 그리 강력하지 않았으며 사람들이 하고 싶은 대로 행동하도록 그대로 두었다.

코리건 [Kourrigans] 브르타뉴Bretagne 숲에서 흰 암말을 타고 다니는 무서운 작은 악마.

크라켄 [Kraken] "북해, 노르웨이 연안에 널리 퍼진 전설에는 다음과 같은 내용이 등장한다. 바다 한 가운데엔 파도에 떠다니는 섬들이 존재하며 하얀 나무들이 자라나 있다. 이 나무는 나뭇잎이 아닌 조개껍질로 장식되어 있다. 이 하루살이 섬들은 몇 시간이 지나면 사라진다. 데버Deber는 저서 『잠금해제Feroa reserata』에서 악령들이 해저에 머무는 장소가 이 섬이라고 기록했다. 이 섬은 뱃사람들의 계산을 틀리게 만들거나, 여행길을 복잡하게 만들고 골리려는 목적으로 물 위에 떠 오른다고 한다. 이 내용은 하르펠리우스Harpelius의 『멋진 세상Mundus mirabilis』, 토르페우스Torfœus의 『노르웨이사Histoire de la Norvège』에도 동일하게 등장한다. 지리학자 뷔뢰스Burceus는 자신이 만든 지도 위에 이 마법 섬 중 하나를 그려 넣고 '고머스 오어Gommer's-Ore'라고 이름 지었다.

이 섬은 스톡홀름 암초들 사이에 자리했다. 샤를 드 그리페네임Charles de Grippenheim 남작은 해안에서 관측된 이 섬을 찾으려 했으나 실패했다. 그리고 어느 날 우연히 고개를 돌리다가 갑자기 바다 위로 세 개의 땅이 치솟은 것을 목격했다. 그는 작은 배를 몰던 선장에게 물었다. '저것이 뷔뢰스의 고머스 오어 인가?' 선장은 답했다. '모르겠습니다. 하지만 지금 보이는 것은 태풍 혹은 만선의 징조입니다.' 실제로, 고머스 오어는 수면에 떠 오른 암초로 세 트롤덴Sæ-trolden*은 그 위에 머무르길 좋아한다. 어쩌면, 그것은 세 트롤덴 자체일 수도 있다."

이 대담에서 남작은 지리학자보다 선장의 의견을 더 신뢰한 것을 알 수 있다. 폰토피단Pontoppidan은 다음과 같이 말했다.

"노르웨이 어부들은 한 명도 빠짐없이 (그리고 반론없이) 바다가 갑자기 낮아지는 일을 보았다고 말한다. 이는 일 년 중 가장 더운 여름 한낮에 바다를 수십 마일씩 항해 할 때 목격된다. 평상시 바다 수심이 80에서 100패덤**이라고 한다면, 이때는 고작 30패덤 정도이다. 이는 곧 크라켄이 바다 밑바닥과 수면 사이에 있음을 의미한다. 이 현상에 익숙한 어부들은 그곳에 물고기, 특히 대구와 유사한 종이 넘쳐 난다는 것을 안다. 이때 낚시 도구를 꺼내든 어부는 만선으로 돌아간다. 만일 수심이 계속 낮아지고, 움직이는 땅이 올라오면, 어부들은 바삐 움직인다. 크라켄이 곧 깨어나 숨을 쉬고, 거대한 팔을 햇볕 아래 펼치며 움직이기 때문이다. 이후 어부들은 힘차게 노를 저어 달아나며, 안전한 거리에서 숨을 돌리면 어김없이 괴물이 나타난다. 이 괴물은 해수면을 거대한 몸집으로 가득 채운다.

크라켄의 피부 돌기에 숨어있던 물고기들은 이러한 움직임에 놀라 튀어 올라 빠져나온다. 이 덩어리에서 나오는 빛나는 돌출부(혹은 뿔)는 쉼 없이 들락날락하는데, 이는 크라켄의 팔이다. 만일 배의 밧줄이 여기에 걸린다면 어김없이 바닷속으로 끌려가게 된다. 수면 위에서 일정 시간을 보낸 크라켄은 다시 느린 속도로 물 아래를 향해 내려간다. 이 괴물은 상당량의 물을 이동시키기 때문에, 어부들은 아직 안심해선 안 된다. 메일Male 강만큼이나 두려운 소용돌이와 파도가 몰아치기 때문이다.

올라우스 보르미우스Olaus Wormius는 크라켄을 하프구파Hafgufa라고 부르며, 그의 모습이 어류가 아닌 섬과 닮았다고 주장한다(짐승이라기엔 섬에 가깝다Similiorem insulæ quam bestiæ). 더불어 그는 크라켄의 사체가 발견된 적이 한 번도 없기에, 이 세상만큼 나이를 먹었다고 주장한다. 또 어떤 힘이나 무기로도 이 괴물 같은 목숨을 위협하긴 힘들 것이라고 덧붙인다. 1680년 어린 크라켄 한 마리가 알스타홍Altstahong 암초에 걸려 죽는 일이 발생했다. 주민들은 운하를 거의 가득 채운 크라켄이 부패하자 전염병이 창궐하지는 않을까 두려워했다. 보된Bodoen의 교회 사무관 프리스Friis는, 이 사건의 보고서를 작성하였다.

올라우스 마그누스Olaus Magnus, 파울리누스Paulinus와 바르톨린Bartholin은 각 저서(『괴물같은 물고기De piscibus monstruosis』, 『자연의 진기함 일지Ephémérides des curiosités de la nature』, 『해부학 이야기Histoire anatomique』)에서 크라켄의 존재를 받아들이고 있으며, 보르미우스와 거의 일치하는 모습으로 묘사한다. 바르톨린의 기록에 따르면, 니드로스Nidros의 주교는 이 떠다니는 섬을 목격한 뒤 그곳에서 예배를 올리고 싶다는 신실한 생각을 했다고 한다. 이에 제단이 마련되었고 주교는 직접 제식을 집행했다. 우연이었는지 기적이었는지는 알 수 없지만, 크라켄은 행사가 진행되는 동안 햇볕 아래에서 움직이지 않고 머물렀다. 그리고 주교가 해안가로 돌아가자, 이 섬은 가라앉아 사라졌다. 바르톨린은 이 세상에 태초부터 존재하던 오직 두 마리의 크라켄이 있을 뿐이라고 주장한다. 그리고 이들은 번식하지 않는다고 말한다. 신성한 예지를 통해, 신은 크라켄의 느린 움직임을 계산했고 물, 음식, 공간이 부족하지 않게 일 년에 단 한 번만 배고픔을 느끼게 만들었다. 그리고 소화가 끝나면 괴물은 배설물로 다른 물고기들을 유혹한다. 이때 해협만 한 크기의 무시무시한 입을 벌려 덫에 걸린 불쌍한 물고기들을 빨아들인다[(1)]."

(1) 페르디낭 드니Ferdinand Denis, 『마법의 세계Le monde enchanté』. / * 덴마크 민담에 등장하는 바다 요정. / ** 수심을 재는 단위. 1패덤은 약 1.83미터이다.

크라팀 또는 카트미르 [Kratim, Katmir]
일곱 명의 잠자는 사람들의 개. **참조.** 잠자는 사람들Dormants.

크레칭 [Krechting] 레이던의 얀John of Leiden의 심복 중 하나. **참조.** 레이던의 얀.

크로도 [Krodo] 스칸디나비아의 고대 신. 거대한 물고기를 타고 다니며 꽃향기와 피 냄새가 섞인 향을 풍긴다.

크래칭

쿠파(카테린) [Kuffa(Catherine)] 앙리 3세Henry III 시대에 살았던 로렌Lorraine의 마녀. 그녀는 마녀 집회를 드나들었다고 고백했다. 또 그곳에서 오백 명 이상의 사람을 마주했는데 대다수가 여성이었다고 덧붙였다

쿨만(퀴리누스) [Kuhlmann(Quirinus)] 17세기 예언자 중 하나. 1651년 브레슬라우Breslau에서 태어났다. 활발한 성정을 가진 쿨만은 8세의 나이에, 병에 걸린 뒤 통찰력을 얻게 되었다. 그는 이것이 신체 장기의 이상으로 생긴 결과라고 보았다. 쿨만은 하급 악마를 무수히 거느린 악마와 신을 만났다고 주장했다. 그리고 이후 자신의 주변에 영원히 빛나는 후광이 비친다고 믿었다.

변변치 못한 명성을 가지고 북쪽 고장을 떠돌던 그는, 자신을 믿는 사람들에게 돈을 강탈하는 사기 행각에 가담하게 되었다. 쿨만은 이 돈을 신의 나라 부흥에 사용하겠다며 꼬드겼다. 1675년 초 네덜란드에서 추방된 그는 앙투아네트 부리뇽Antoinette Bourignon과 손을 잡고자 했으나 거절당했다. 쿨만의 떠들썩한 대항해는 러시아까지 이어졌다. 그곳에서 그는 선동적인 예언을 해 체포되었고 결국 1689년 10월 3일 모스크바에서 화형을 당했다.

그는 『아담과 솔로몬의 타고난 지혜-소우주의 비밀De sapientia infusa Adamea Salomoneaque. Arcanum microcosmicum』(1681년, 파리)⁽¹⁾을 저술했다. 이외에도 사십여 권의 소논문을 발표했지만, 구하기 어렵다는 것 외에 다른 이점은 없는 작품들이다.

(1) 『놀라운 5개년의 예고Prodromus quinquennii mirabilis』, 1674년, 8절판, 레이드. 이 책은 1부만이 남아있는데, 3부로 구성된 기존의 책에서는 천 개의 흥미로운 발명을 다룬다.

쿠파이 [Kupay] 페루인들이 악마를 부르는 명칭. 이 이름을 부를 때는 저주의 의미로 바닥에 침을 뱉었다. 쿠파이Cupai라고 쓰기도 하는데, 플로리다Florida에서는 지옥의 군주를 이 명칭으로 불렀다.

쿠르드족 [Kurdes / Kurds] 악마를 숭배하던 동방의 사람들.

쿠르곤 [Kurgon] 가스코뉴Gascogne와 도피네Dauphine에서는 마녀 집회에서 악마를 숭배하는 마녀들을 쿠르곤이라 불렀다. 이때 악마는 주로 염소 모습을 했다.

쿠툭투스 [Kutuktus] 칼카스 타타르인Kalkas Tartars들은 그들의 최고 지도자 쿠툭투스가 불멸의 삶을 산다고 믿었다. 그리고 18세기에 요술쟁이들은 이를 의심하는 학자의 유골을 파내 길에 버렸다.

L

라바디(장) [Labadie(Jean)] 17세기의 광신도. 1610년 부르 쉬르 라 도르도뉴Bourg sur la Dordogne에서 태어났다. 라바디는 자신이 새로운 세례 요한John the Baptist이라고 주장했다. 또 계시를 받았으며 메시아의 두 번째 방문을 예고하기 위해 보내졌다고 믿었다. 그는 예수 그리스도Jesus Christ가 자신을 선지자로서 지상에 내려보냈다고 말했다. 결국 라바디는 본인이 신성한 존재가 되어, 주의 이름이고 본질을 영위한다고 믿는 지경까지 이르렀다. 그는 자신의 광신적 열망에 쾌락을 입혔다. 추악한 계획에 종교의 가면을 씌웠으며, 증오스러운 위선자가 되었다. 그는 1674년도에 사망했다. 라바디가 남긴 저서 중에 다음의 것들이 있다. 『위대한 왕 예수의 전조Le Héraud du grand roi Jésus』(1667년, 암스테르담, 12절판), 『진정한 구마 의식 또는 기독교 세계에서 악마를 쫓는 유일한 방법Véritable exorcisme, ou l'unique moyen de chasser le diable du monde chrétien』, 『예수 그리스도 왕의 노래Le Chant royal du roi Jésus-Christ』. 이 책들은 모두 금서로 지정되었다.

라비트 [Labitte] 15세기 중반 판단력이 부족했던 수도원장. 화가, 시인, 아라스Arras의 신부이기도 했다. 매우 엉뚱한 이였기에 앞서 나열한 온갖 별명을 얻게 되었다. 라비트는 오늘날 화류계라고 불리는 사회를 좇다가 발도파Waldensians에 발을 들였다. 이는 악마를 믿는 미천한 이단으로 마녀 집회를 축제처럼 열었고, 타락 천사의 왕(혹은 왕 중 하나)인 루시퍼Lucifer를 주인이자 군주로 모셨다. 발도파 신도들은 독실한 기독교 신자들과 함께 지내곤 했다. 이들은 성모 마리아Maria의 훌륭함, 신의 축복을 받은 자들, 성스러운 것들에 관해 이야기를 나누면 칭찬을 하면서도 마지막에 다음과 같은 말을 덧붙였다. "나의 주인, 나의 군주를 불쾌하게 하지 말지어다." 이 조건하에 앞서 말한 신도들의 주인은 모든 기독교적 발언을 허용했다. 라비트는 집회에 습관적으로 참여했다는 혐의로 체포되었다. 감옥에서 그는 아무런 자백도 하지 않으려 칼로 혀를 잘라냈다. 그리고 화형 선고를 받은 후 1459년에 사망했다. 자크 뒤 클렉Jacques du Clercq은 회고록에 이 슬픈 이야기를 다루었다. 루이 티엑Louis Tieck은 『마녀의 집회Sabbat des sorcières』라는 반가톨릭 소설에 이 일화를 기록했다. 이 책은 프랑스어로 번역되었다.

라부르 [Labourd] 가스코뉴Gascogne에 있는 지역. 이곳 주민들은 상업에 종사하였는데, 악마가 자신들을 보호해 준다고 믿으며 먼 길을 오갔다. 드 랑크르Pierre de Lancre의 주장에 따르면 라부르에선 남성들이 부재중일때 여성들은 숙련된 마녀가 되었다고 한다. 앙리 4세Henry IV는 1609년 보르도Bordeaux 의회에 (이 책 『지옥사전』에서 자주 언급한바 있는) 드 랑크르를 고문으로 파견해 라부르에서 마녀들을 쫓아내려 했다. 그리고 드 랑크르가 라부르에 방문할 것을 알아챈 마녀들은 스페인으로 달아났다. 그러나 이 중 흉악한 일부 마녀들은 드 랑크르에게 붙들려 결국 화형을 당했다.

라부랑 [Labourant] 참조. 피에르 라부랑Pierre Labourant.

라브로스 [Labrosse] 라브로스 박사는 천체의 움직임을 읽었다. 이 천문학자를 꽤 신뢰한 젊은 방돔Vendome 공작은 앙리 4세Henry IV를 찾아가, 라브로스가 상시 경계 태세를 갖추라고 했다는 말을 전했다. 앙리 4세는 이에 다음과 같이 답했다. "천문학을 연구하는 라브로스는 늙은 미치광이고, 그걸 믿는 방돔 너는 젊은 미치광이구나."

호수 [Lac / Lake] 투르의 그레고리Gregory of Tours는 제보당Gevaudan에 헬라니Helanie 산이 있었고 발치에 커다란 호수가 자리했다고 기록했다. 또 매년 특정일이 되면 주민들은 이곳을 찾아 향연을 벌이고, 제물을 바치며, 3일간 호수에 온갖 봉헌물을 셀 수 없을 정도로 던졌다고 덧붙였다. 이 기간이 끝나면 호수에는 벼락을 동반한 폭우가 내렸고 홍수가 나며 돌이 몰려들었다. 이러한 일은 4세기 말까지 이어졌다고 한다.

기원전 100년 전, 툴루즈Toulouse에는 유명한 호수가 있었다. 텍토사기족Tectosagii은 이 호수에 수많은 금과 은을 제물로 바쳤는데, 잉곳과 주조한 화폐도 포함되어 있었다.

『부르주의 주교, 생 술피스의 생애Vie de saint Sulpice, évêque de Bourges』의 기록에 따르면 베리Berry에는 악명 높은 악마의 호수가 있었다고 한다. **참조.** 빌라도Pilate, 에르바디야Herbadilla, 이스Is 등.

라카유(드니즈 드) [Lacaille(Denyse de)]

1612년 보베Beauvais에서 구마 의식이 펼쳐졌다. 그러나 이 사건에 관한 글들은 진지하지 못하거나 권위가 부족하다. 빙의된 사람은 드니즈 드 라카유라는 나이 든 여성이었다. 이 사건의 요약본은 다음과 같으나, 어느 광대가 지어낸 글인 것이 분명하다.

'드니즈 드 라카유 몸에서 나온 악마들에게 한 선고'에서 발췌.

'드니즈 드 라카유라는 여성이 여러 악마와 악령들에게 괴롭힘을 당했다는 걸 알게 된 후, 우리는 로렝 르포Laurent Lepot에게 이들을 쫓기 위해 모든 방법을 동원할 것을 허가하였다. 조서에 따르면, 임무를 맡은 르포는 여러 구마 의식과 액막이가 주술을 행하여 다수의 악마를 내쫓았다. 여러 악마의 등장, 그중에서도 리시Lissi라는 이름의 악마가 등장했을 때 우리는 드니즈의 몸을 영원히 떠나 다시는 돌아오지 말고 지옥으로 내려갈 것을 명했다. 벨제부스Belzébuth, 사탄, 모텔루Motelu, 브리포Briffault(네 명의 수장들), 이들이 다스리는 네 개의 군단, 공기와 물과 불과 땅과 다른 장소의 악마 중 드니즈 드 라카유를 지배하고 있는 존재들이 있다면 당장 지체 없이 나타나 글로 기록할 수 있게 이름을 밝힐 것을 명했다.

아무도 나타나지 않는다면, 이들을 지옥 권력 아래에 놓고 평소보다 더 혼란스럽게 괴롭히겠다고 말했다. 그리고 이들이 우리의 명령을 따르지 않고 세 번 호명해도 나타나지 않는다면 강한 벌을 내리겠다고 선언했다. 또한 리시와 드니즈 드 라카유의 몸을 점령한 모든 악마는 다른 어떤 것의 몸에도 들어가선 안 된다고 명했다.

그렇게 몸을 떠날 준비가 된 리시라는 악령은 이 자료에 서명하였다. 다음은 벨제부스가 나타나 서명을 했고, 리시는 오른팔로 물러났다. 벨제부스는 자신에게 속한 군단을 대표하여 서명한 뒤 왼팔로 물러났다. 모텔루가 나타나 자신의 군대를 대신해 서명하곤 오른쪽 귀로 물러났다. 끝으로 브리포가 나타나 서명을 했다.

서명 : 리시, 벨제부스, 사탄, 모텔루, 브리포. 다섯 악마의 표식은 조서 원본에 찍혔음. 1612년 12월 12일 보베에서.'

이는 진지한 주제를 상대로 한 어느 위그노Hugenot의 장난이었다. 이는 큰 반응을 얻지 못했다.

라샤놉테리 [Lachanopteres / Lachanopteri]

루키아노스Lucian가 달에 산다고 언급했던 상상의 동물. 깃털이 아닌 풀로 몸을 덮고 다니는 거대한 새다.

라슈스 [Lachus]

천상의 정령. 바실리데스주의자Basilidians들은 이 이름을 마법 자석에 새겼다. 이 부적은 저주로부터 보호하는 능력을 갖추었다.

라시(장) [Laci(Jean)]

『경고된 앞날Avertissements prophétiques』(1708년, 8절판)의 저자. 그는 이 책 외에도 세벤느Cevennes의 예언자들을 다룬 비슷한 책 여러 권을 펴냈다. 이 서적들 안에서 그는 대단한 광기를 보여준다.

라드와이투르 [Ladwaiturs]

스칸디나비아의 자비로운 정령들. **참조.** 해롤드Harold.

렌스베르흐(마태오) [Lænsbergh / Laensbergh(Matthieu)]

참조. 마태오 라엔스버그Matthieu Laensberg.

라팡(자크) [Lafin(Jacques)]

앙리 4세Henri IV 통치 당시, 저주를 걸어 체포된 마법사. 라팡을 수색하자 말하는 밀랍 인형이 나왔다.[(1)]

(1) 쥘 가리네Jules Garinet, 『프랑스 마법사Hist. de la magie en France』, 173페이지.

라겐하드(니콜) [Laghernhard(Nicole)]

라부르Labourd 지역 출신의 여성. 1590년 8월 점심 경, 라겐하드는 숲 변두리에서 서로 등진 채 춤추는 남녀 여럿을 목격했다. 그녀는 무리 중 일부가 염소의 발을 가지고 있었기에 마녀 집회가 열렸다고 생각했다. 이에 예수 그리스도Jesus Christ의 이름을 부르며 성호를 그으니 모든 것이 순식간에 사라졌다. 이 중 그로스페터Grospetter라는 남성은 화덕 청소 솔을 떨어뜨린 채 공중으로 사라졌다. 참나무 목재 위에 앉아 지팡이로 피리를 불던 목동 또한 하늘로 떠올라 사라졌다. 니콜 라겐하드는 이후 회오리바람을 타고 집으로 옮겨졌고, 8일간 침상에 누워있어야 했다…

라노 또는 레노(다비드) [Lagneau, Laigneau(David)] 17세기에 사망한 연금술 대가. 바실 발렌타인Basil Valentine의 『연금술 철학의 12열쇠Douze clefs de la philosophie』를 번역했다. 그의 저서 『신비주의 조화Harmonie mystique』 (1636년, 파리)를 통해 그가 연금술에 몸담 았음을 알 수 있다.

후아카 [Laica / Huaca] 페루의 요정. 대다수 마법사가 해악을 끼친 반면 후아카는 대개 자비로웠다.

라미아 [Lamia] 리비아Libya의 여왕. 임신한 여성들의 배를 갈라 아이를 잡아먹었다. 그녀의 이름은 훗날 여귀의 유래가 되었다.

라미 [Lamies] 사막에 사는 악령들은 라미 (라미아스)라고 불린다. 이들은 여성의 모습을 하고 발 대신 용의 머리가 달려있다.

또 묘지를 드나들며 시체를 파 먹고 뼈만 남겨둔다. 시리아 장기전 때, 라미 무리는 여러 밤 동안 갓 묻힌 병사들을 꺼내먹었다. 결국 라미 무리를 쫓기 위해 원정대가 파견되었고, 젊은 병사들은 소총을 들고 맞섰다. 다음 날 라미들은 늑대와 하이에나로 변신하였다.

고대 리비아에는 빠르게 달리는 라미들이 있었는데 이들은 뱀의 휘파람 소리를 내었다. 르 루아예Pierre Le Loyer의 기록에 따르면, 라미의 거주지와 별개로 고대인들은 이들의 존재를 꾸준히 믿어왔다. 철학자 메니푸스Menippus 또한 라미의 유혹에 넘어간 적이 있다. 다행히, 그는 조심하라는 경고를 받았고 잡아먹히는 일을 막을 수 있었다. 르 루아예는 다음과 같이 말했다[1]. "마녀와 닮은 이 악마들은 특히 어린 아이들의 피를 즐겨 찾는다."

악마학자들은 라미의 모습을 두고 의견을 달리한다. 토르케마다Torquemada는 『6일 창조Hexameron』에서 라미들이 말의 발을 한 여성이라고 기록했다. 또 비명과 차가운 살에 대한 본능적 욕망 때문에 '작은 올빼미'라 불린다고 덧붙였다. 몇몇 이들은 라미를 일종의 인어로 보지만, 또 다른 이들은 아라비아의 구울Ghoul을 떠올린다. 이 놀라운 여성들에 관해서는 여러 흥미로운 공론이 존재한다. 일부 사람들은 이 여성들을 망원경으로만 볼 수 있다고 주장한다[2]. 바이어Johann Weyer는 『악마의 환상Prestiges des Démons』 세 번째 책에서 이 존재들을 깊이 있게 다뤘다. 이 주제에 한정된 별도의 책도 있다[3].

'이니셜에 따라 알프레드 미키엘스Alfred Michiels라고 추정되는 한 작가의 기록에 따르면, 스코틀랜드의 라미들은 아이를 납치한다고 한다. 이는 곧 우리가 요정들을 두려워하게 만드는 것에 일조했다. 플랑드르Flandre의 라미는 하급 악령을 저승으로 보낸다. 그리고 붉은 천으로 덮인 붉은 마차를 사용한다. 이 마차는 흑마가 끈다. 이 악령들은 소외된 아이들을 찾아 약속, 단것, 장난감 등으로 유혹한다. 라미는 아이들을 납치한 뒤 입마개를 채워 차에 태운다. 다른 이야기에 따르면 라미들은 아이들을 즉시 죽인다고 한다. 마차의 붉은 색은 피를 숨기기 위한 것이라고.

이 마차는 블로드 키Bloed-Chies라고 불리며, 운전수는 블로드 엘벤Bloed-Elven이라고 불린다. 이들은 누가 조금만 쫓아가도 사라지고 도로 한가운데 거대한 흙더미만을 남겨놓는다. 이 믿음은 아이들이 붉은 마차를 두려워하게 만들었다. 아이들은 붉은 마차를 볼 때마다 공포심에 몸을 쓸었다. 물론 나 또한 이 두려움에 휩싸인 경험이 있다.'

(1) 『귀신의 역사 혹은 귀신 환영Histoire des spectres ou apparitions des esprits』, 3권, 199페이지. / *(2)* 노데Naude, 『위인의 변증론Apol. Pour les Grands Personnages』 등, 8장. / *(3)* 『J.위어리의 라미에 관한 책J. Wieri de Lamiis liber』, 1577년, 발Bâle, 4절판.

라모트 르 바예(프랑수아) [Lamotte le Vayer(François)] 1588년 파리에서 태어나 1672년 사망한 문학가. 노데Naude는 라모트 르 바예가 프랑스의 플루타르코스Plutarch이며, 그의 견해와 품행이 고대인을 닮았다고 말했다. 그는 『수면과 꿈에 관한 소논문Opuscules sur le sommeil et les songes』(1640년, 파리, 8절판)을 남겼다.

램프점 [Lampadomancie / Lampa-domancy] 램프불의 모양, 색, 움직임을 관찰하여 미래를 읽는 점술.

마법 램프 [Lampe Merveilleuse / Wonderful Lamp] 성 루이St. Louis 시절 파리에는 여이엘Jehiel이라는 유명한 랍비가 살았다. 그는 특히 비범한 광경을 만드는데 능했다. 마법 또는 물리학을 통해 환영을 만들었고 사람들의 눈을 현혹했기에, 유대인들은 그를 성인 중 하나로 믿었다. 그리고 파리인들은 여이엘을 마법사로 여겼다. 모두가 잠든 밤이 되면, 여이엘은 마법 램프 불빛 아래에서 일을 이어 나갔다. 램프에선 햇살과 같은 밝은 빛이 새어 나왔다. 이 램프는 기름을 넣을 필요가 없었다. 램프의 불 또한 영구했다. 사람들은 악마가 이 램프를 지키다가, 여이엘과 함께 밤을 보내러 온다고 생각했다. 이 때문에 행인들은 여이엘 집 문을 두드리며 그를 방해했다. 귀족이나 선량한 사람이 문을 두드리면 램프의 불빛은 밝게 빛났고, 여이엘은 문을 열어주었다. 하지만 작업을 방해하기 위해 귀찮은 사람이 찾아와 문을 두드릴 경우, 램프의 불은 희미해졌다. 램프의 경고를 받은 여이엘은 방 한가운데 박혀있는 대못을 망치로 내리쳤다. 그러면 땅이 열리며 심술궂은 자들이 그 속으로 사라졌다[1].

불이 꺼지지 않는 램프의 경이는 파리 전역을 놀라게 했다. 이에 소문을 들은 성 루이는 여이엘을 불렀다. 유대인들은 성 루이가 이 랍비의 (어쩌면 가스의 발명이었을 수도 있는) 놀라운 기술에 감명을 받았다고 말한다.

(1) 소베Sauvai, 『파리의 골동품들Antiquités de Paris』 등.

영원한 램프 [Lampes Perpétuelles / Perpetual Lamps] 고대 키케로Cicero 딸의 무덤처럼, 옛사람의 무덤을 열면 얼마 동안 약간의 빛을 발산하는 램프를 볼 수 있다. 이 빛은 때때로 몇 시간 동안 지속되기도 한다. 이 때문에 이 램프들은 무덤 속에서 영원히 빛을 낸다는 말이 생겼다. 르브룅Lebrun 사제는 다음과 같이 말했다. "하지만 이를 어떻게 증명한단 말인가? 무덤을 열어야만 그 빛이 나오는 것을 보는데." 램프로 사용된 항아리에 공기와 맞닿으면 빛이 나는 발광물질이 묻어 있다는 것은 그리 놀랄만한 일이 아니다. 이 물질은 창고나 묘지처럼 소금과 질산칼륨이 많은 공간에서 불꽃을 만들어 낸다. 바닷물, 소금, 일부 나무는 빛이나 불꽃을 만드는데, 풍부한 소금을 가진 육체에선 더 가능성이 높을 것이다.

페라리Ferrari는 지식으로 가득 찬 논문에서, 이 영원한 램프가 우화에 기반한 이야기일 뿐이라는 것을 증명하려 했다[1].

(1) 1750년경, 나폴리Napoli에선 우연히 한 형광물질이 발견되었다. 산 세베로San-Severo 왕자는 화학 실험에 착수하는 중이었다. 새벽 1시, 그는 유리로 된 증류 솥 네 개를 열었다. 그리고 양초를 들고 가까이서 확인하고자 했다. 이에 그가 다가가자, 유리병 중 하나에 즉시 불이 붙었고 아주 선명한 노란 불꽃이 생겨났다. 그는 6시간 동안, 이 물질을 병 속에서 태웠다. 불꽃은 처음만큼 아름답고 힘차게 불타올랐으며, 산 세베로 왕자는 이를 덮어서 소강시켰다. 그러나 다음 날 불을 다시 살리고 싶었던 왕자는 같은 병에 같은 물질 4온스를 넣은 뒤에야 성공할 수 있었다. 불꽃은 6개월간 움직임 없이 선명하게 타올랐다. 이 발견은 옛사람들이 말하던 무덤 램프의 진실을 어느 정도 알려주었다. 또한 현대 학자들이 우화로 취급했던 이야기를 일부 밝혀내 정당화했다.

람폰 [Lampon] 아테네Athens의 점술가. 하

루는 사람들이 페리클레스Pericles의 집으로 단단한 뿔 하나 달린 암양을 데려왔다. 람폰은 이 양을 보고 나뉘져있던 투키디데스Thucydides와 페리클레스의 세력이 하나가 될 것임을 예언했다. 사실 이는 누가 봐도 뻔히 일어날 일이었다.

칠성장어 [Lamproies / Lampreys] 아홉 개의 눈이 달렸다는 물고기. 하지만 이는 한 쪽 머리에 여러 구멍이 뚫려 있는 데서 생긴 잘못된 상식이다. 이 구멍들은 뇌와 연결되어 있지 않다[1].

(1)브라운Thomas Brown, 『대중적 오류Des erreurs populaires』, 3권, 1호, 349페이지.

랑시네 [Lancinet] 프랑스의 왕들은 예로부터 연주창을 치료하는 영광을 주장해 왔다. 이 치료를 최초로 받은 자는 랑시네라는 한 기사였다. 그의 일화는 다음과 같다.

'랑시네라는 한 기사는 전쟁을 펼칠 때마다 클로비스Clovis 왕의 고문 역할을 맡았다. 그러다 연주창에 걸린 랑시네는 코르넬리우스 켈수스Cornelius Celsus가 언급한 뱀을 먹는 치료법을 시도했다. 하지만 두 번이나 시도해도 별다른 차도는 보이지 않았다. 하루는 랑시네가 잠이 든 클로비스왕의 목을 부드럽게 쓰다듬자, 기적적으로 병이 흉터 하나 없이 사라졌다.

평상시보다 행복한 기분으로 깨어난 왕은, 날이 밝자 랑시네를 만져 그의 병을 낫게 한 능력을 다시 경험하였다. 이 능력은 후세대 프랑스 왕들에게 전승되었고, 일종의 능력 세습이 되었다[1].'

이는 명백한 기적이다. 하지만 클로비스 시대에는 랑시네라는 이름을 사용하는 자가 아무도 없었다. 클로비스, 클로테르Clotaire, 도고베르Dagobert, 메로빙거Merovingia 왕조의 군주들은 아무도 차가운 염증을 치료할 수 있다고 뽐내지 않았다. 이 능력에 대한 이야기는 카롤링거Carlovingians 왕조도 모르는 내용이었다. 이 이야기의 기원을 찾기 위해선 카페Capetians 왕조까지 내려와야 한다[2].

(1) 드 랑크르Pierre de Lancre, 『안수론Traité de l'attouchement』, 159페이지. 포르카델Forcadel, 『프랑스 제국과 철학De imper. ct philosop. gall』 / (2) 살그Salgues, 『오류와 편견Des erreurs et des préjugés』, 1권, 273페이지.

랑다 또는 랑달(카테린) [Landat, Landalde(Catherine)] 스페인 국경의 시골 여성. 드 랑크르Pierre de Lancre는 랑다의 고백을 저서에 기록했다. 그녀는 잠을 자지 않고도 마녀집회에 갈 수 있었다고 말했다. 또 벽난로 가까이에 앉기만 해도 집회에 가고 싶은 열망이 가득 들어차며, 순간이동을 하게 된다고 덧붙였다. 이 여성이 자백할 당시 나이는 서른 살이었다.

란델라 [Landela] 마녀. **참조.** 아르프Harppe.

랑제악 [Langeac] 프랑스의 집행관으로 많은 스파이를 고용했다. 그는 악마와 내통한다는 풍문이 있었다[1].

(1) 베르탱Bertin, 『문학의 진기함Curiosités de la Littérature』, 1권, 51페이지.

혀 [Langue / Tongue] 디오도로스Diodorus의 저서를 살펴보면 고대 타프로바네Taprobane* 민족은 두 개의 혀를 가졌다고 기록되어 있다. 이 혀는 뿌리까지 두 갈래로 갈라졌기에 독특한 대화를 할 수 있었는데, 그것은 두 사람과 동시에 이야기하는 것이었다[1]. 무함마드Muhammad는 그의 천국에 경이로운 천사들을 두고 있다. 이 천사들은 7만 개의 머리가 달려있고, 각 머리엔 7만 개의 입이 달려있으며, 각 입엔 7만 개의 혀가 달려있다. 그렇기에 7만 개의 서로 다른 방언을 사용한다.

마녀들은 모든 언어를 사용할 수 있는 능력이 있다고 주장한다. 이는 검증되지 않은 사실이나 몇몇 빙의된 여성에게서 목격되었다.

(1) 살그Salgues, 『오류와 편견Des erreurs et des préjugés』, 3권, 119페이지. / * 스리랑카의 옛 명칭.

원시언어 [Langue Primitive / Primitive Language] 한때는 아이들을 자연에 버리면 스스로 아담이 썼던 원시언어(히브리어)를 배우게 될 것이라고 믿었다. 그러나 불행하게도 실험을 통해 이 주장이 허구에 불과하다는 것이 밝혀졌다[1]. 염소가 기른 아이들은 염소의 언어를 썼다. 즉 언어가 누군가의 도움 없이 갑자기 생긴 것이라는 주장을 증명하기란 불가능하다.

(1) 브라운Thomas Brown, 『대중적 오류Des erreurs populaires』, 2권, 23장, 95페이지.

랑게 [Languet] 생 술피스Saint-Sulpice의 신부. 일부 악령들을 쫓아내는 특별한 능력이 있었다. 랑게 앞에 추문을 일으키고 빙의된 것처럼 보이는 얀센파Jansenism 광신도를 데려가면, 평범한 물이 들어있는 거대한 성수반을 들고 와 빙의자 머리 위로 쏟았다. 그리고 뒤이어 다음과 같이 말했다. "지금 당장 살페트리에르Salpêtrière 병원으로 가거라. 그렇지 않으면 빙의된 이를 당장 그곳으로 보내겠다." 이렇게 말하면 빙의된 자는 빙의가 풀린 것처럼 변했다.

랑틸라 [Lanthila] 말루쿠Maluku 제도의 니토Nitos 또는 악령을 지배하는 상급 존재.

라팔루드 [Lapalud] 참조. 팔루드Palud.

사미인 [Lapons / Lapps] 사미인들에게는 다른 민족과 구분되는 점이 있었다. 사미인들은 가장 키가 큰 사람도 1.5미터를 넘지 않았다. 이들에게는 커다란 머리, 납작한 얼굴, 짓이겨진 코, 작은 눈과 큰 입, 배까지 내려오는 빽빽한 수염이 있었다. 이들의 겨울옷은 자루처럼 재단된 순록의 가죽으로 만들어졌다. 옷의 길이는 무릎까지 오며, 은판으로 장식된 허리띠를 골반 쪽에 착용했다. 이 때문에 여러 역사학자는 북부 민족이 짐승처럼 털이 덮여 있고, 어떤 옷도 입지 않는다고 주장했다.

사미인에게는 마법 학교가 존재했다. 그리고 아버지들은 자식들을 이곳으로 보냈다. 이는 마법이 적의 덫으로부터 아이들을 지켜줄 것이라고 믿었기 때문이다. 이 적들은 곧 위대한 마법사들을 의미했다. 부모들은 사역마를 아이들에게 물려주어, 사이가 좋지 않은 가문의 악마와 싸우는 데 사용할 수 있도록 했다. 이들의 마법 행위에 자주 동원되는 도구는 북이었다. 외국에서 일어나는 일을 보다 잘 알고 싶을 때, 이들은 북을 울렸다. 이때 북은 태양 그림이 그려진 곳에 놓았다. 그리고 놋쇠로 된 고리, 금속 줄과 연결해 두었다. 이후 끝이 갈라진 뼈망치로 북을 쳐 이 고리들을 움직이게 했다. 더불어 북을 치는 이는 '종크Jonk'라는 노래를 불렀다. 그러면 남녀는 한데 모여 노래를 따라 부르며, 정보를 얻고자 하는 장소를 언급했다. 이후 북을 치는 이는 머리 위에 북을 올리고 바닥에 쓰러지는데, 숨을 거둔 것처럼 보였다. 참가자들은 그가 정신을 되찾을 때까지 계속해서 노래를 불렀다. 노래를 멈추면 이 남성이 죽는다고 생각했기 때문이다. 게다가 손이나 발을 대서 깨우려 하는 이도 함께 사망한다고 믿었다. 남성이 쓰러져 있는 동안 벌레나 다른 짐승들도 쫓아냈다. 스스로 의식을 회복한 사미인은 자신이 다녀온 장소에 대해 말해주었다. 때로는 24시간 후에 일어나는 경우도 있었다. 이는 다녀와야 할 장소의 거리나 필요한 시간에 따라 달라졌다. 남성은 이 이야기가 거짓이 아니라는 것을 증명하기 위해, 칼, 반지, 신발 등 외국의 물건을 가져왔다고 주장했다. 이외에도 사미인들은 북을 이용해 질병의 원인을 찾거나, 적의 목숨을 빼앗거나, 건강에 해를 입히기도 했다.

이 공동체 가운데 일부 마법사들은 가죽 가방에 마법 파리(또는 악마)를 넣어 다녔다. 그리고 이 존재들을 산발적으로 적이나 가축에게 날려 보냈다. 혹은 이를 통해 폭풍이나 사나운 바람을 일으키기도 했다. 이들은 하늘에 던지는 일종의 포탄을 지니기도 했는데, 이에 맞는 사람은 어김없이 사망했다. 같은 목적을 위해 이들은 '티르Tyre'라는 호두 알만한 실뭉치를 사용하기도 했다. 가볍고 둥근 이 물체는 적에게 곧장 날아가 소멸시켰다. 불행히도 이 실뭉치가 도중 다른 사람 또는 짐승을 만난다면, 엉뚱한 목표물이 죽게 되었다[1]. **참조.** 핀란드인Finnes, 티르 등.

(1) 돔 칼메Dom Calmet, 『흡혈귀에 관하여Sur les vampires』.

라레스 [Lares] 고대인들에게 라레스는 집을 지키는 악마 또는 악령이었다. 플라톤Plato의 『티마이오스Timaeus』를 번역한 키케로Cicero는 플라톤이 악마라고 말한 것이 라레스라고 생각했다. 페스투스Festus는 라레스를 하급 신(또는 악마)으로 묘사하며, 지붕과 집을 돌보는 역할을 지녔다고 말했다. 아풀레이우스Apuleius는 라레스가 생전 덕을 쌓고 운명을 수행한 사람들의 영혼이라고 주장했다. 반면 나쁘게 살아온 사람들의 영혼은 목적 없이 떠돌며 인간에게 두려움을 준다고 덧붙였다. 세르비우스Servius는 집 안에 시체를 매장하는 오래된 관습에서 라레스의 숭배가 시작되었다고 주장했다. 경솔한 백성들은 죽은 이가 자비롭고 우호적인 유령이 되어 집에 남는다고 생각했기 때문이다.

대로를 따라 죽은 자들을 매장하는 행위는 훗날 라레스를 '길의 신'으로 여기게 만들었다. 플라톤주의자들은 이 관점을 설파하며 선한 이의 영혼은 라레스가 되고, 악인의 영혼은 레뮈르(원귀)Lemures가 된다고 주장했다. 라레스의 작은 조각상들은 청결한 예배실에 위치했다. 간혹 라레스에 대한 존경이 흔들리는 일이 생기기도 했다. 이는 라레스가 악령들에게 겁을 먹어, 죽은 뒤 수호에 소홀하다고 생각될 때였다. 라레스에게 불만족한 칼리굴라Caligula는 이들의 조각상을 창문 밖으로 던져버렸다.

아이용 부적을 차고 다닐 필요가 없는 나이가 된 청년들은 라레스 조각상의 목에 이 부적을 걸었다. 마찬가지로 해방된 노예들 또한 라레스의 조각상 목에 쇠사슬을 걸었다.

눈물 [Larmes / Tears] 마녀로 지목된 여성들은 눈물을 흘리고 싶지만 그러지 못할 때 진짜 마녀임이 확인된다. 보게Boguet가 『제1 조언Premier avis』에서 언급한 마녀는 판사 앞에서 여러 번이나 억지로 눈물을 쏟아내려 했지만, 한 방울도 흘릴 수 없었다. '마녀들이 눈물을 흘리지 않는다는 것은 이미 널리 알려진 상식이다. 그리하여 스프렌저Sprenger, 그리양Grilland, 보댕Bodin은 마녀로 추측할 수 있는 확실한 특징이 바로 눈물을 흘리지 않는 것이라고 주장했다(1).'

(1) 보게Boguet, 『제1 조언』, 60번, 26페이지.

라리베이(피에르) [Larrivey(Pierre)] 16세기의 극시인으로 1596년 트루아Troyes에서 태어났다. 라리베이는 1618년에서 1647년까지 출간한 철저히 계산된 『위대한 예언을 담은 연감Almanach avec grandes prédictions』으로 이름을 알렸다. 그는 마태오 라엔스버그Matthieu Laensberg보다 앞서서 활동했다. 라리베이가 직접 본 자신의 점술에 따르면 가시에 목이 막혀 죽는다고 하였고, 이 때문에 그는 절대 생선을 먹지 않았다. 그리고 이 예언은 실제로 일어나지 않았다. 프랑스 북부의 마태오 라엔스버그 연감처럼, 아직도 그의 이름을 단 연감은 프랑스 남부에서 크게 인정받고 있다.

라르브 [Larves / Larvae] 산 사람들을 겁주기 위해 이곳저곳을 떠돈다는 악당들의 영혼. 원귀Lemures와 자주 혼동되기도 하지만 라르브는 훨씬 두려운 존재이다.

칼리굴라Caligula가 암살당한 후, 그의 궁전은 라르브들이 차지해 더 이상 사람이 살 수 없는 곳이 되었다고 한다. 하지만 장례를 치러주자 다시 원래의 모습으로 돌아왔다고.

로노이(장) [Launoy(Jean)] 소르본Sorbonne의 저명한 박사. 1603년 12월 21일 쿠탕스Coutances 교구에 속하는 발데릭Valderic에서 태어났다. 로노이는 『성 시몬 스톡의 통찰력La vision de saint Simon Stock』(1653년, 1663년, 8절판)에 관한 현학적인 소논문을 남겼다. 하지만 심각한 얀센파Jansenism 교도였던 그는 시몬 스톡의 통찰력을 제대로 이해하지 못했다.

월계수 [Laurier / Bay Tree] 아풀레이우스Apuleius가 악령들로부터 인간을 지켜준다고 한 나무 중 하나. 과거에는 이 나무가 벼락으로부터 보호해 준다고 믿기도 했다.

로투 [Lauthu] 70년간 어머니의 배 속에 있었다고 주장한 통킹Tonkin의 마법사. 로투의 제자들은 그를 만물의 창조자로 보았다. 그의 요리는 매우 허술했다. 주민들은 로투의 윤리를 따랐으나, 왕궁에서는 공자의 것을 따랐다.

라바테(루이) [Lavater(Louis)] 개신교 신학자로 1527년 키부르Kibourg에서 태어났다. 『유령, 원귀, 크고 특이한 소리, 인간의 죽음, 제국 변화에 앞서 오는 전조De spectris, lemuribus et magnis atque insolilis fragoribus et præsagitionibus quæ obitum hominum, clades mutalionesque imperiorum præcedunt』(1570년, 취리히, 12절판)를 펴냈다. 이 책은 여러 번 재판되었다.

라바터(요한 카스파르) [Lavater(Jean-Gaspard / Johann Kaspar)] 1741년 취리히Zurich에서 태어나 1801년 사망했다. 『관상으로 사람을 판단하는 기술Art de juger les hommes par la physionomie』을 펴냈다. **참조.** 관상학Physiognomonie.

라비사리 [Lavisari] 다음은 카르다노Cardan가 언급한 어느 일화이다. 왕의 고문이며 보좌관인 이탈리아인 라비사리는 한밤중에 강이 가로막는 오솔길에 혼자 서있었다. 그는 강을 건널 만한 곳을 찾지 못하자, 주변에 누군가 듣기를 바라며 외마디 비명을 내질렀다. 그러자 강 건너편에서 어느 목소리가 들려왔다. 라비사리는 목소리를 향해 물었다. "이 강을 건너야 하나요?" 목소리가 대답했다. "이쪽으로 건너시게."

목소리가 지시한 곳은 물살이 깊고 소용돌이 치고 있었다. 그는 위험해 보이는 강을 쳐다보고 겁을 집어먹은 후 다시 물었다. "여기로 꼭 건너야만 하나요?" 목소리가 다시 대답했다. "지나오시게." 라비사리는 이 목소리가 악마의 것이며 자신을 해치려 한다고 생각했다. 그는 결국 왔던 길을 되돌아갔다.[1]

(1) 렝글렛 뒤프레누아Lenglet-Dufresnoy, 『환영에 관한 논문 모음집Recueil de dissertations sur les apparitions』, 1권, 169페이지.

레이라 [Layra] 마법사들이 사과(또는 다른 식품)를 사용해 질병에 걸리도록 한 저주의 명칭. 이 저주에 걸린 자는 짖고자 하는 충동을 참을 수 없게 된다. 드 랑크르Pierre de Lancre는 이 저주의 존재를 입증했다. 이 가증스러운 자들은 같은 방법으로 피해자가 심각한 간질에 걸리도록 만들기도 했다.

라자르 [Lazare] 고대 세르비아인들의 왕은 민요에서 신화적이고 독특하게 그려진다. 이들의 시적인 서사는 치열한 정복 당시의 모습을 담고 있다. 그리고 그중에서도 라자르 왕이 서거한 코소보Kosovo 전투는 매우 인상적이다. 이 전투 중에 한 시인은 왕에게 선지자 엘리야Elijah를 소개했다. 그는 라자르 왕에게 신의 의지를 전하며 천상의 왕국과 지상의 왕국 중 선택을 할 때라고 경고했다. 이후 라자르는 세르비아 족장과 열두 명의 대주교를 소환했고 이 용기 있는 자들에게 영성체를 내려 죽음의 예언을 씻어냈다. 군대가 질서 있게 행진할 때, 왕후 미릿자Militza는 남편에게 자기 남매 중 한 명이라도 그녀와 함께 크루스와츠Kruschwatz의 요새에 남길 간청했다. 하지만 이는 거절당했고 오직 시종 골라번Golabun만 요새에 남게 되었다. 전쟁이 시작되었고, 이후 서신을 전하는 까마귀가 왕후에게 나타나 남편의 죽음을 알렸다. 또 참전했던 전사 밀루틴Miliutin은 열일곱 번의 상처를 입고 왼손을 오른손에 든 채 그녀를 찾아왔다. 그리고 용감한 황제 라자르, 그녀의 아버지인 늙은 유그Iug, 아홉 유고위츠Iugowitz[1], 몰로슈Molosch의 죽음을 알렸다. 이 전투의 패배 요인은 왕의 사위 욱Wuk과 1만 2천 전사의 배신이었다.

'우리는 피로 뒤덮인 평원에서 라자르의 머리를 찾을 수 없었다. 그의 머리는 세르비아 어머니로부터 태어난 한 젊은 튀르키예 청년에 의해 흐르는 물에 버려졌다. 머리는 그곳에 40년간 머물렀고, 물 위의 달처럼 빛났다. 결국 그곳에서 머리를 건져 잔디밭 위에 올리자, 라자르는 몸을 되찾았다. 열두 명의 대주교는 마케도니아의 아름다운 수도원인 라와니차Rawanitza에 매장되었다. 이 수도원은 라자르와 몇몇 대주교가 직접 지은 것으로, 가난한 백성의 돈이나 눈물이 조금도 들어가지 않았다(2).'

(1)유그의 자식들. / (2)세르비아 전설에 관한 정기간행물에서 발췌.

라자르(드니) [Lazare(Denys)] 세르비아의 왕자로 회교 기원 788년을 살았다. 라자르는 『꿈Les Songes』(1686년, 8절판, 1부작)의 저자이다. 그는 스테판Stephan, 밀리슈Melisch, 프라하Prague 왕국에서 밤의 환영을 보았다고 주장했다.

로파르티 [Leaupartie] 노르망디Normandy의 머리가 둔한 영주. 그는 1735년 출간한 회고록에 자식들의 빙의 사건을 다뤘다. 이때 몇몇 어린 여성들은 악마가 쓴 그의 자녀를 따라 하며 자신도 빙의가 되었다고 주장했다. 그는 소르본Sorbonne과 파리 의과 대학에 관찰한 내용을 보내 빙의된 자녀들의 상태가 자연스럽게 설명이 가능한지 알고자 했다. 로파르티는 빙의된 아이들이 라틴어를 이해했고, 악의에 차 있었으며, 이단의 말을 사용했고, 종소리를 듣기 싫어했고, 개처럼 짖었다고 말했다(그중 한 명은 불도그의 울음소리를 냈다). 마찬가지로 로파르티의 시종 안 네엘Anne Neel도 빙의가 되었고 과감히 우물에 몸을 던졌다. 다행스럽게도 뒤따르던 사람이 있어서 그녀는 목숨을 구할 수 있었다. 하지만 쫓기지 않기 위해 닫힌 문으로 몸을 던져 건너편으로 이동하려 했다. 로파르티 가문의 아가씨들이 빙의되었다는 이야기가 퍼지자, 외르탱Heurtin이라는 모자란 신부가 이 사건을 맡아 파문을 일으켰고 괴상한 일들이 벌어졌다. 바이외Bayeux의 주교 몽시르뉘 뤼인Monsignor Luynes은 그를 신학교에 가두었다. 그리고 수녀 공동체로 옮겨진 빙의된 여성들은 즉시 원래대로 돌아왔다.

르브룅(샤를) [Lebrun(Charles)] 1619년 파리에서 태어나 1690년 사망한 저명한 화가. 『인간과 동물의 관상 비교론Traité sur la physionomie humaine comparée avec celle des animaux』(2절판, 1부작)을 펴냈다.

르브룅(피에르) [Lebrun(Pierre)] 1661년 브리뇰Brignolles에서 태어나 1729년 사망한 오라토리오 수도회Oratorian의 수도사. 그의 저서로는 다음과 같은 것이 있다. 『마법 지팡이에 관한 철학자들의 환상을 밝히고 편견을 깨는 글Lettres qui découvrent l'illusion des philosophes sur la baguette, et qui détruisent leurs systèmes』(1693년, 12절판), 『민심을 유혹하고 학자들에게 걸림돌이 된 미신 관행에 대한 비평사Histoire critique des pratiques superstitieuses qui ont séduit les peuples et embarrassé les savants』(1702년, 12절판, 3부작), 부록 포함(1737년, 12절판).

그는 이 책 『지옥사전』에서 자주 언급된다.

수점 [Lécanomancie / Lecanomancy] 물을 이용한 점술. 구리판에 마법 주문을 적은 뒤 물이 가득 찬 그릇에 넣고 처녀에게 안을 들여다보게 시킨다. 그리하면 알고 싶은 것이나 보고 싶은 것을 볼 수 있다. 혹은 아름다운 달빛이 비치는 날, 은항아리에 물을 넣고 칼날을 이용해 촛불이 항아리에 닿도록 하면, 찾던 답을 알 수 있다. 고대인들은 물이 가득 찬 대야에 보석, 글자를 새긴 금판(또는 은판) 등을 넣고 악마에게 바쳤다. 이 또한 수점에 해당한다. 이들은 먼저 주문을 통해 악마를 부른 뒤, 답을 얻고자 하는 질문을 던졌다. 그러면 악마가 물 아래에서 나와 뱀의 소리처럼 낮은 목소리로 원하는 해답을 들려주었다. 글리카스Glycas는 이집트의 왕 넥타네부스Nectanebus가 이 점술을 이용해 자신의 폐위를 예상했다고 기록했다. 델리오Delrio는 당시 이 점술이 튀르키예인들 사이에서 크게 유행을 끌었다고 주장했다. 칼데아인Chaldeans, 아시리아인Assyrians, 이집트인들은 불에 달군 납을 물이 가득 찬 대야에 던지는 점술을 오래전부터 사용해 왔다. 이 경우 물 위에 떠오른 모양을 통해 답변을 구했다(1).

(1)드 랑크르Pierre de Lancre, 『완전히 입증된 마법에 대한 의심과 불신Incrédulité et mécréance du sortilège pleinement convaincue』, 268페이지.

르카누 신부 [Lecanu(M. l'abbé)] 파리의 성직자. 『사탄의 역사, 타락, 숭배, 출현, 업적, 신과 인간을 상대로 한 전쟁 이야기, 마법, 빙의, 천계론, 자기, 폴터가이스트, 강신술 등Histoire de Satan, sa chute, son culte, ses manifestations, ses œuvres, la guerre qu'il fait à Dieu et aux hommes ; magie, possessions, illuminisme, magnétisme, esprits frappeurs, spirites, etc』(1862년, 파리, 8절판)이라는 책을 펴냈다.

레쉬 [Léchies / Leshy] 숲의 악마로 러시아인에게는 사티로스Satyr와 유사한 존재이다. 허리 위로는 인간의 모습을 하고 있으며 염소의 뿔, 귀와 수염을 달고 있다. 허리 아래로는 숫염소의 형태를 하고 있다. 레쉬가 들판을 걸을 땐 풀의 크기만큼 몸이 작아지지만, 숲 속을 달릴 땐 가장 높은 나무만큼 키가 커진다. 이들은 끔찍한 울음소리를 낸다. 또 레쉬는 산책하는 이들 주변을 맴돌며 그들이 잘 아는 목소리를 따라 한다. 이후 동굴로 유혹한 뒤 죽을 때까지 간지럽힌다.

르콕 [Lecoq] 마법을 사용해 아이들을 독살하고 독극물을 이용한 마법사. 16세기 소뮈르Saumur에서 사형을 당했다. 당시에는 르콕과 다른 여러 마법사가 저주를 깃털 이불에 내리면, 뱀이 나타나 잠든 사람을 물어 죽인다는 소문이 있었다. 이 때문에 주민들은 잠을 자기 어려웠다. 르콕을 체포해 화형에 처할 때까지 말이다[1]. 이렇게 주민들의 불면증은 손쉽게 해결되었다.

(1) 드 랑크르Pierre de Lancre, 『완전히 입증된 마법에 대한 의심과 불신Incrédulité et mécréance du sortilège pleinement convaincue』, 268페이지.

르두 아가씨 [Ledoux(Mademoiselle)] 카드 점술사로 1818년 7월 14일 파리에서 종교재판을 받았다. 그녀는 2년의 실형을 받았고 12프랑의 벌금을 내게 되었다. 르두는 젊은 여성에게 발레리앙Valerian 산 인근 칼바리Calvary로 밤 순례를 떠나라고 명하였고, 이때 네 조각 낸 천에 대구(생선)의 꼬리 네 개를 감싸 들고 가라고도 덧붙였다. 그녀는 결혼을 원하는 9명의 과부(또는 다른 여성)에게 이 비방을 알려주며 부유한 젊은 남성의 마음을 끌어낼 수 있다고 말했다[1].

(1) 줄 가리네Jules Garinet, 『프랑스 마법사Histoire de la Magie en France』, 291페이지.

르장드르(길베르 샤를) [Legendre Gilbert-Charles] 1688년 파리에서 태어나 1746년 사망한 생 오뱅 쉬르 느와르St. Aubin-sur-Loire의 후작. 그는 『사견론 또는 인간 정신력 역사에 유용한 회고록Traité de l'opinion, ou Mémoires pour servir à l'histoire de l'esprit humain』(1733년, 12절판, 6부작)을 펴냈다.

살그Salgues는 『오류와 편견Des erreurs et des préjugés』을 펴낼 때 이 책의 많은 부분에서 영감을 받았다.

군단 [Légions] 지옥에는 6,666개의 악마 군단이 존재한다. 요한 바이어Johann Weyer의 계산에 따르면 지옥의 각 군단은 6,666명의 악마로 구성되며, 악마의 총수는 44,435,556명이고, 이들을 통솔하는 72명의 수장이 있다. 하지만 더 많은 정보를 지닌 학자들은 훨씬 많은 악마가 존재한다고 주장한다.

를루(오귀스탱) [Leleu(Augustin)] 피키니Piquigny 숄느Chaulnes 공작의 법률 조사관. 아미앵Amiens의 아뱅튀르가Rue d'Aventure에 살았다. 그의 집은 14년 동안 악마가 붙어있었다. 그는 탄원을 올려 악마가 점령한 방을 축성 받게 하였다. 악마는 도망칠 수밖에 없었다[1].

(1) 렝글렛 뒤프레누아Lenglet-Dufresnoy, 『환영에 관한 논문 모음집Recueil de dissertations sur les apparitions』, 3권, 213페이지.

르 루아예 [Leloyer] 참조. 루아예(르)Loyer(Le).

레미아 [Lemia] 아테네Athens의 마녀. 데모스테네스Demosthenes의 기록에 따르면 레미아는 가축에 마법과 주문을 걸어 죽게 했으며, 사형에 처해졌다. 이 공화국에서는 마녀를 기소하는 법정이 따로 마련되어 있었다[1].

(1) 쥘 가리네Jules Garinet, 『프랑스 마법사Histoire de la Magie en France』, 14페이지.

렘니우스 또는 레멘스(레비누스) [Lemnus, Lemmens / Lemnius, Lemmens(Liévin / Levinus)] 네덜란드 지어릭제Zierikze에서 1505년 태어난 의사이자 신학자. 점성술의 진실과 거짓을 논하는 서적 한 권과, 자연의 숨겨진 경이로움에 관한 서적 한 권을 저술했다[1].

(1) 『점성술에 관해 무엇이 참이고 무엇이 거짓인지, 이 기술에 얼마나 믿음이 있어야 하는지를 알려주는 책De Astrologia liber unus, in quoobiter indicatur quid Ma veri, quid ficli falsique habeat, et quatenus arti sit habenda fides』, 1554년, 앤트워프, 8절판. 『자연의 비밀스러운 기적에 관한 두 권의 책De occultis naturœ miraculis libri II』, 1559년, 앤트워프, 12절판. 플랑탱Plantin 인쇄사에서 4부작(1564년, 앤트워프)으로 재판을 진행하였다.

레뮈르(원귀) [Lémures] (미신적 믿음에 따르면) 악령 또는 저주받은 망자의 영혼이다. 이들은 산 자를 괴롭히러 지상으로 돌아온다. 레뮈르는 흡혈귀로 분류할 수 있다. 이 이름은 로마 건국자 로물루스Romulus에게 죽임을 당한 레무스Remus에서 비롯되었다는 설이 있다. 그의 죽음 이후 악령이 로마 전역에 퍼졌기 때문이다[1]. 참조. 라레스Lares, 라르브Larves, 요괴Spectres, 흡혈귀Vampires 등.

(1) 르 루아예Pierre Le Loyer, 『귀신의 역사 혹은 귀신 환영Histoire des spectres ou apparitions des esprits』, 5장.

렝글렛 뒤프레누아(니콜라) [Lenglet-Dufresnoy(Nicolas)] 1674년 보베Beauvais에서 태어나 1755년 사망했다. 그는 다음과 같은 저서를 남겼다. 1) 『연금술 철학의 역사Histoire de la philosophie hermétique』(1742년, 12절판, 3부작), 연금술을 다루는 작가 목록 포함, 진정한 필라레트Philalete 원본 검증을 거침. 2) 『특징 유령, 환영, 계시에 관한 역사적, 교리적 개론Traité historique et dogmatique sur les apparitions, visions et révélations particulières』(1751년, 12절판, 2부작), R. P. 돔 칼메Dom Calmet의 유령과 망자에 관한 소논문 비평 포함. 3) 『유령, 환영과 꿈에 관한 과거와 현대의 소논문 모음집. 역사적 서론과 귀신, 환영, 유령, 꿈과 마법에 관해 쓴 작가들의 목록 포함Recueil de dissertations anciennes et nouvelles sur les apparitions, les visions et les songes, avec une préface historique et un catalogue des auteurs qui ont écrit sur les esprits, les visions, les apparitions, les songes et les sortilèges』(1752년, 12절판, 4부작).

이 책 『지옥사전』에선 그의 작품을 자주 인용하였다.

르노르망 아가씨 [Lenormand(Mademoiselle)] 제1제국과 부르봉 왕정복고Restoration 당시 파리에서 점술가로 활동한 여성. 그녀는 생제르망Saint-Germain 근교에서 카드와 커피 찌꺼기로 점을 쳤다. 르노르망이 경찰 소속이었다는 설도 있다. 그녀는 무속과 관련하여 회고록을 남겼으며, 1843년에 사망했다. 재미있는 것은 현대 귀족 여성들이 그녀를 찾아 상담했다는 것이다.

르 노르망(마르탱) [Le Normant(Martin)] 장 2세John II의 총애를 받은 점성가. 플랑드르Flanders를 상대로 한 전쟁에서 장 2세가 승리를 거둘 것이라 예언한 바 있다[1].

(1) 황실 서재의 수사본에서 발췌, 이 수사본은 베일Bayle에 관한 졸리Joly의 주석이며 끝부분에 해당 내용이 기록되어 있다.

레오 3세 [Léon III / Leo III] 795년 교황의 자리에 올랐다. 몇몇 뻔뻔스러운 이들은 그가 세상을 떠나고 삼백 년 뒤 어느 예언가가 만든 천박한 잡서 『교황 레오의 개요서Enchiridion Leonis papœ』를 레오 3세가 썼다고 주장한다.

이 책은 난해한 모형과 단어가 한데 섞여 있다. 심지어 이들은 레오 3세가 이 책을 샤를마뉴Charlemagne에게 보냈다고 말한다. 이 우스꽝스러운 잡탕서의 정확한 제목은 다음과 같다. 『교황 레오의 개요서, 샤를마뉴 황제에게 귀중한 선물로 전달되었으며,

최근 모든 오류를 교정함Enchiridion Leonis papœ serenissimo imperalori Carolo Magno in munus pretiosum datum, nuperrime mendis omnibus purgalum』(1670년, 로마, 12절판). 표지에는 삼각형 문양에서 잘라낸 원 주변으로 '형성Formation, 개선Reformation, 변성Transformation'이라는 글자가 새겨져 있다.

책은 현명한 카발리스트들을 언급한 뒤, 『요한복음서The Gospel According to John』로 시작해 악마를 쫓는 비밀과 기도를 다룬다. **참조.** 액막이Conjurations 등.

고 우울한 성격을 지녔지만, 마법사와 악마들의 집회에 참여할 땐 누구보다 더 돋보이며 위풍당당한 모습을 한다[1].

(1) 델리오Martin Delrio, 드 랑크르Pierre de Lancre, 보댕Bodin 등.

레오나드 [Léonard] 1계급 악마, 마녀 집회의 그랜드 마스터, 하위 악마의 우두머리이다. 또 마법, 흑마법, 마법사의 총감이기도 하다. 주로 대흑인Great Black Man이라는 명칭으로 불린다. 레오나드는 큰 키의 숫염소로 변신한 채 집회에 등장한다. 그의 머리 위엔 세 개의 뿔이 있고 두 개의 여우 귀, 곤두선 머리카락, 불붙은 듯한 동그란 큰 눈, 염소의 수염을 가지고 있다. 또 엉덩이에 얼굴이 달려있다. 마법사들은 한 손에 초록색 초를 들고 엉덩이 얼굴에 입을 맞추며 그를 숭배한다. 레오나드는 때때로 그레이하운드, 소, 커다란 검은 새, 괴상한 얼굴이 달린 나무둥치의 모습으로 나타난다. 그는 집회에 반드시 거위 발을 달고 나타난다. 집회에서 이 악마를 본 전문가들은 그가 나무둥치로 변신하고 있을 때나 특별한 상황에선 발을 달고 있지 않다는 것을 확인했다. 레오나드는 과묵하

레오폴드 [Léopold] 루돌프 2세Rudolf II의 서자. 레오폴드는 마법을 인정하고, 그의 앞에 여러 번 선보여진 악마의 기술을 연구했다. 한 번은 그의 형제 프레드리히Frederick가 루이 드 바비에르Louis de Bavière를 상대로 한 전투에서 생포 당하는 일이 발생했다. 몸값을 지불하지 않고 형제를 빼내고 싶었던 레오폴드는 마법사의 도움을 받기로 했다. 레오폴드는 마법사와 갇힌 방에서 주술을 행하며 악마를 소환했다. 악마는 심부름꾼의 모습을 하고 나타났다. 그는 낡고 떨어진 신발을 신고, 머리 위에는 두건을 쓰고 있었다. 또 눈에는 눈곱이 껴 있었다. 마법사가 알아들을 수 없는 주문을 외울 필요도 없이, 악마는 프레드리히가 동의만 한다면 그를 빼내 주겠다고 약속했다. 악마는 학생으로 변장해 감옥으로 이동했다. 그리고 프레드리히에게 목에 두르고 있던 식탁보에 들어오라고 말했다. 하지만 프레드리히는 성호를 그으며 이를 거부했다. 악마는 혼란에 빠진 채 레오폴드에게 돌아왔고, 그는 악마를 곁에 두었다. 그가 병에 걸려 죽기 직전, 레오폴드는 돈을 지불한 마법사에게 악마를 데려와 달라고 명령했다. 악마는 시커멓고 흉측한 인간의 모습을

하고 그에게 다가갔다. 레오폴드는 그를 보며 말했다. "이제 되었구나." 그리고 다시 침대에 누워 마지막 숨을 내뱉었다.[1]

(1) 르 루아에Pierre Le Loyer, 『귀신의 역사 혹은 귀신 환영Histoire des spectres ou apparitions des esprits』, 304페이지.

레파파 [Lépapa] 신비의 돌. **참조.** 이투아스Eatuas.

레프러콘 [Lépréchan / Leprechaun] 아일랜드의 일부 지역에서 클루리콘을 부르는 명칭. **참조.** 클루리콘Cluricaune.

레리슈 신부 [Leriche(M. l'abbé)] 푸아티에Poitiers 교구의 신부. 학술 서적인 『빙의에 관한, 특히 루덩 빙의에 관한 연구Études sur les possessions en général et sur la possession de Loudun en particulier』(1859년, 12절판, 1부작, P. 벤투라Ventura의 서신 포함)의 저자이다. 이 책은 훌륭하게 저술되었고, 확실한 자료들로 뒷받침되어 있다. 이 책에서 저자는 칼뱅주의자Calvinist 생 오뱅Saint-Aubin의 거짓말을 무용하게 만들었다.

르루 드 랭시 [Leroux de Lincy] 『전설을 담은 책Le Livre des légendes』(1836년)이라는 흥미로운 서적의 저자.

르사주 [Lesage] 참조. 룩셈부르크Luxembourg.

레코리에르(마리) [Lescorière(Marie)] 16세기 90세의 나이에 체포된 늙은 마녀. 심문 당시 그녀는 자신에게 죄가 없음에도 마녀로 몰렸다고 주장했다. 레코리에르는 자신이 신을 믿으며 매일 기도를 했고 오래전에 악마를 멀리했다고 고백했다. 또 마녀 집회에 발길을 끊은 지 40년이 되었다고 덧붙였다. 당시 사건에 대해 심문받을 때, 레코리에르는 인간과 숫염소의 모습을 한 악마를 본 적이 있다고 고백했다. 그녀는 머리를 장식하던 장식줄을 악마에게 바쳤으며 악마는 그 대가로 에큐* 한 닢을 주었다. 그녀는 은화를 주머니에 챙겼다. 악마는 그녀에게 신께 기도를 올리지 말고, 신실한 자들에게 해를 끼치라고 명하며 이를 위해 사용할 가루가 든 상자를 맡겼다. 그녀가 더 이상 마녀 집회에 나가지 않자, 악마는 고양이의 모습을 하고 나타났다. 혹은 돌멩이를 던지며 그녀를 위협하기도 했다. 악마는 소환시 낮에는 개의 모습을, 밤에는 고양이의 모습을 하고 나타났다. 하루는 레코리에르가 이웃 여성을 죽여달라고 악마에게 기도한 적이 있었다. 이 기도는 악마에게 응답을 받았다. 또 한 번은 어느 마을을 지나가는 동안 개들이 그녀를 쫓아와 문 일이 있었다. 이에 그녀가 악마를 소환하자 즉시 나타나 개들을 죽였다. 끝으로 레코리에르는 마녀 집회의 목적이 악마 숭배이며, 악마는 참석자들의 소원 성취를 약속한다고 말했다. 이 의식 도중 참석자들은 양초를 든 채 악마의 엉덩이에 입을 맞춘다고[1].

(1) 『마법과 독살에 관한 논설Discours des sortilèges et vénéfices』. 범죄 재판 발췌. / * 17~18세기에 사용되던 프랑스 은화.

레스코 [Lescot] 파르마Parma 출신의 예언가. 그는 시험하고자 했던 모든 이들에게 다음과 같이 말한 바 있다. "무엇이든 떠올려 보시오. 내가 무슨 생각을 하는지 맞혀 보겠소." 이는 레스코를 섬기는 악마가 있었기에 가능한 일이었다[1].

(1) 드 랑크르Pierre de Lancre, 『마법에 대한 의심과 불신Incrédulité et mécréance du sortilège』, 304페이지.

레스페스 [Lespèce] 루이 12세Louis XII 통치 당시, 프랑스 선박이 자킨토스Zakynthos항에서 머물던 중 잡아먹힌 이탈리아인. 그는 프랑수아 드 그라몽François de Grammont의 범선에 있었다. 레스페스는 제대로 술에 취해 주사위 게임을 하다 가진 돈을 모두 잃었다. 그는 신, 성인, 성모 마리아Maria에게 불평을 하며 악마를 부르고 도움을 청했다. 밤이 찾아오고 이 불경한 자가 코를 골기 시작하자, 눈이 번쩍이는 거대하고 끔찍한 악마가 범선을 향해 다가왔다. 몇몇 선원은 이 짐승이 바다 괴물이라고 생각해 쫓아내려고 시도했다. 그러나 괴물은 배에 도착하자마자 자신을 부르던 이를 찾아 곧장 이동했다. 도망을 치던 레스페스는 비틀거리다 곧장 그 끔찍한 뱀의 아가리로 추락했다[1].

(1) 도통D'Auton, 『루이 12세 이야기Histoire de Louis XII』, 줄 가리네Jules Garinet가 『프랑스 마법사Histoire de la

Magie en France』에서 언급하였다.

레테 [Léthé] 타르타로스Tartarus의 일부를 지나 엘리시움Elysium까지 흐르던 강. 이 강물을 마신 망자들은 생의 기쁨과 고통을 잊게 된다. 레테는 '기름 강'이라는 별칭을 가지고 있는데, 물의 흐름이 잔잔하기 때문이다. 같은 이유로 루카누스Lucan는 이 강을 침묵의 신Deus Tacitus이라고 불렀다. 레테는 졸졸 흐르는 소리조차 들리지 않았기 때문이다. 오랜 고통으로 속죄한 악인의 영혼은 이후 레테 강 기슭에서 기억을 잃고 새로운 삶을 만나게 된다. 레테 강 연안에선 코키토스Cocytus 강과 마찬가지로 타르타로스 입구를 찾을 수 있다.[1]

(1) 드란딘Delandine, 『고대인의 지옥Enfer des peuples anciens』, 281페이지.

알파벳 문자 [Lettres de l'alphabet / Letters of the Alphabet] 이 문자의 비밀을 알고자 한다면 이단 마크Marc l'hérétique를 참조할 것.

지옥 문자 [Lettres Infernales / Infernal Letters] 또는 『시골 문자Lettres des campagnes』. 1734년에 출간된 이 책은 평범한 농부들을 대상으로 한 풍자문학에 불과하다.

툴루즈 베네딕트파 수도사 유령 출몰 이야기 [Lettres sur les diverses apparitions d'un bénédictin de Toulouse] 1679년 출간된 4절판 서적. 이 유령의 출현은 상관에게 장난을 치려고 했던 생 모르Saint-Maur 수도회 일부 수도사의 속임수에 불과했다. 이들은 퇴출당하였다.

뢰스 카랭 [Leuce-Carin] 2세기를 산 이단자. 『사도들의 여행Voyages des apôtres』 위조서의 작가이다. 그는 이 책에서 말도 안 되는 이야기들을 늘어놓는다.

루코필라 [Leucophylle / Leucophylla] 고대인들의 말에 따르면 이 마법 식물은 콜키스Colchis의 파즈Phase 강에서 자란다고 한다. 루코필라는 불충한 자들을 막아주는 효능이 있다. 하지만 채집할 때 각별한 주의가 필요하다. 루코필라는 봄이 시작될 무렵, 헤카테Hecate 여신의 신비를 찬양하는 시기인 해가 뜰 무렵에만 찾을 수 있다.

모라비아의 레비 [Lévi de Moravie] 16세기 위대한 마법사라는 명성을 얻게 된 유대인 랍비.

레비아탄 [Léviathan] 악마학자들의 주장에 따르면 지옥의 대제독 직책을 맡고 있다. 바이어Johann Weyer는 그를 위대한 거짓말쟁이라고 불렀다. 레비아탄은 항상 빙의 사건에 휘말리곤 했다. 빙의된 그는 집요하고 완강하기 때문에 구마 의식을 치르기 어렵다. 그는 인간에게 거짓말하는 법, 두려움을 사는 법 등을 교수한다. 랍비들은 메시아의 식사로 내놓는 거대 생선을 레비아탄이라고 부른다. 이 생선은 괴물 같은 크기를 가졌으며 (자기보다 작지만) 3리유*는 족히 되는 다른 생선을 한입에 삼킨다. 레비아탄은 세상의 모든 물을 관장한다. 랍비 전승에 따르면 신은 태초에 레비아탄을 암수 한 마리씩 만들었다고 한다. 그러나 천지를 뒤엎고 동족들로 세상을 가득 채울까 두려워, 암컷을 죽인 뒤 찾아올 메시아를 위해 소금에 절여두었다. 레비아탄은 히브리어로 '물의 괴물' 이라는 의미를 지닌다. 『욥기Book of Job』 41장**에 나오는 고래의 이름이라는 이야기도 있다. 사무엘 보샤르Samuel Bochard는 악어의 이름이라고 기록했다. **참조.** 크라켄Kraken.

* 과거의 거리 단위. 1리유는 약 4km 정도이다. / ** 『욥기』 41장 1절엔 다음과 같은 구절이 등장한다. '네가 낚시로 리워야단(레비아탄)을 끌어낼 수 있겠느냐 노끈으로 그 혀를 맬 수 있겠느냐.'

루이스(매튜 그레고리) [Lewis(Matthieu-Grégoire)] 소설과 희극을 쓴 작가. 1773년에 태어나 1818년에 사망하였다. 루이스는 『수도사Le Moine』(1795년, 12절판, 3부작)를 저술했다. 이 끔찍하고 위험한 책은 필요 이상의 관심을 끌었다. 이외에도 오페라(또는 음악이 연주되는 희극)인 『성의 유령Le Spectre du château』 등을 썼다.

도마뱀 [Lézards / Lizards] 캄차달족Kamchadals에게는 도마뱀을 두려워하는 미신이 있었다. 그들의 풍속에 따르면 도마뱀은 게스Gaech(죽음의 신)가 보낸 첩자이며 최후의 날을 알리러 왔다고 한다. 주민들은 도마뱀을 잡으면 죽음의 신에게 아무 말도 고할 수 없도록 여러 토막을 내야 했다. 만일 도마뱀이 도망간다면 이를 본 인간은 죽음에 대한 두려움 때문에 깊은 슬픔에 빠져 죽어버리고 만다고.

세네갈 양 끝에 사는 사람들은 집 근처를 돌아다니는 도마뱀을 괴롭히거나 죽이지 않는다. 도마뱀이 세상을 떠난 조상이라고 여기기 때문인데, 그들이 즐거움을 함께 나누기 위해 찾아왔다고 생각하기 때문이다[1].

(1) 라 아르프La Harpe, 『여행기 요약Abrégé de l'histoire Générale des Voyages』, 2권, 131페이지.

리바니우스 [Libanius]

동방에서 태어난 마법사. 콘스탄스Constance가 라벤나Ravenna를 포위했을 때, 이를 물리치기 위해 마법을 동원했다[1].

(1) 르 루아예Pierre Le Loyer, 『귀신 논설과 역사Histoire et Discours des spectres』, 726페이지.

향점 [Libanomancie / Libanomancy]

향을 이용한 점술. 디오 카시우스Dion Cassius가 기록한 고대인의 향점은 다음과 같다. 먼저 향을 준비한 뒤 원하는 것을 요청하는 기도를 올린다. 이후 향을 불 속에 던져 연기가 기도를 싣고 하늘까지 올라가도록 한다. 소원이 하늘에 닿기 위해선 향에 즉시 불이 붙어야 한다. 불은 알아서 향을 태우기 위해 스멀스멀 움직인다. 향이 불 속에 떨어지지 않거나, 불이 꺼지거나 향을 태우지 못하면 소원은 이루어지지 않는다. 디오 카시우스는 이 신탁이 모든 것을 예견하나, 죽음과 결혼에 관해서는 내다볼 수 없다고 덧붙였다.

자유사상가 [Libertins]

16세기 중반 플랑드르Flanders에서 생겨나 프랑스로까지 번진 광신자들. 이들은 피카르Picard 출신 재봉사 퀸탱Quintin을 수장으로 앉혔다. 자유사상가들은 오늘날 범신론을 펼치는 철학자들과 똑같은 주장을 펼쳤다. 그리고 이를 독일의 몽상가들이 따라 했다. 그들은 천국과 지옥을 환상이라고 여기며 자신들의 직감을 더 중요시했다. 이들의 명칭은 곧 욕설로 사용되었다.

자유사상가 [Libres Penseurs / Free-thinkers]

자유로운 사상을 하며, 이 책 『지옥사전』에서 언급한 모든 이단 교리를 습득한 자들.

유니콘 [Licorne / Unicorn]

과거 선조들은 유니콘의 뿔이 마법을 막아낸다고 믿었다. 희망봉의 유니콘들은 말의 머리 또는 사슴의 머리를 하고 있다. 또 유니콘의 뿔을 던져둔 성 마가St. Mark 궁전 우물에는 독을 풀 수 없다는 속설이 있다. 이 짐승은 멸종되었다고 하나 중국에서는 아직 존재하는 것으로 보인다. **참조**. 뿔Cornes.

아이비 [Lierre / Ivy]

무슨 이유에서 플랑드르인Flemis들이 이 식물을 '악마의 실Duivels-Naaigaren'이라고 부르는지 알 수 없다.

리에데(마들렌) [Lieder(Madeleine)]

작센Saxony에 위치한 르웬부르크Lewenburg에 거주한 여성. 1605년 독특한 발작과 함께 빙의되었다. 리에데에게 빙의한 악마는 그녀를 실뭉치처럼 말아 머리가 무릎에 닿게 했으며, 그 상태로 공중에 던져버리곤 했다. 혹은 키를 늘려 머리가 천장에 닿게 만들기도 했다. 이외에도 머리에서 눈이 튀어나왔었는데, 이 크기가 달걀만 했다. 리에데의 입에서 나온 시커먼 혀가 1피트 길이로 늘어난 적도 있었다[1]. 이후 구마 의식을 진행하였고, 빙의하고 있던 악마는 리에데의 입을 빌려 자신의 가장 친한 친구가 유다Judas, 헤롯Herod, 빌라도Pilate 그리고 파우스트Faust라고 말했다.

(1) 토비 세일러Tobie Seiler의 『악마 광신Demonomania』 및 괴레스Johann Joseph Görres의 『신비주의Mystique』 4권 360페이지에서 언급됨.

산토끼 [Lièvre / Hare] 산토끼를 둘러싼 놀라운 이야기들이 존재한다. 에박스Evax와 아론Aaron은 산토끼 발에 티티새 머리를 매달고 다니는 사람은 대담해져 죽음조차 두려워하지 않게 된다고 기록했다. 또 팔에 이를 매면 자유롭게 이동하고 위험을 피해 돌아올 수 있다고 덧붙였다. 개에게 산토끼의 팔다리와 족제비의 심장을 먹이면 명령에 복종하지 않게 된다. 심지어 죽을 위험에 처하더라도[1].

나이 든 이들은 앞길을 가로지르는 산토끼를 보면 불행의 징조로 해석하곤 한다. 이는 '토끼는 악운을 가져온다Inauspicatum dat iter oblahis lepus'라는 오래된 미신에 기인한다. 이러한 생각은 단지 소심한 짐승이 지나가는 것에 대한 두려움에 의해 생겨났을 뿐이다. 반면 여우가 지나가는 것을 보면 사기와 관련된 일이 생겨난다고 여긴다. 유대인들은 이러한 미신을 옹호했다. 현대 그리스인들 사이에선 다음과 같은 믿음이 있다. 만약 수레가 지나는 길을 산토끼가 가로질러 간다면, 수레는 산토끼를 목격하지 못한 다른 행인이 길을 지날 때까지 휴식해야 한다. 이는 산토끼와 관련된 마법을 끊어내기 위함이다[2]. 로마인들은 산토끼를 7일 동안 먹으면 놀라울 정도로 아름다워진다고 믿었다. 멋을 부리기로 유명했던 알렉산데르 세베루스Alexander-Severus는 매끼 산토끼를 먹었다고 한다.

산토끼들을 기리며. **참조.** 사키무니Sakimouni.

(1)『대 알베르투스의 경이로운 비밀들Les admirables secrets d'Albert le Grand』, 108페이지. / (2)브라운Thomas Brown, 『대중적 오류Erreurs populaires』.

대 토끼 [Lièvre / Hare(Le Grand / The Great)] 북아메리카 원주민 부족인 치페와이언족Chipewyan은 절대신을 의미하는 대 토끼를 믿는다. 그들은 대 토끼가 왕국을 구성하는 네발 짐승들에게 업혀 물을 건넜으며, 대양에서 꺼낸 모래 한 알로 육지를 만들고, 짐승의 몸에서 인간을 만들었다고 믿는다. 그러나 물의 신인 대호Great Tiger는 그의 목표에 반대했다고 한다. 전설에 따르면 두 신의 대립은 영원히 지속된다고 한다.

불능 저주(동여 묶기) [Ligature] 신체 능력을 묶거나 마비시키는 독특한 저주가 있다. '못 박기Chevillement'는 배설과 같은 자연적인 생리 현상을 방해하는 저주이다. '저해Embarrer'는 마법을 이용해 움직임을 방해하는 저주를 가리킨다. 그리고 팔, 다리 혹은 다른 신체 부위 한 곳을 무력화하는 것을 불능 저주라고 한다.

이런 불능 저주 중에서 가장 유명한 것은 '동여 묶기' 또는 '밧줄 묶기'라고 불리는 성적 불능 주문이다. 이 주문은 티에르Jean-Baptiste Thiers 신부, 르브룅Lebrun 신부 혹은 다른 이들이 쓴 다양한 책에서 자주 등장한다. 이 주문의 이름은 정숙하지 못한 행위를 묘사하는 조심스러운 표현이기도 하다. 이런 민감한 용어는 되도록 이 책에 기재하고 싶지 않았지만, 불능 저주에서 꽤 많은 지분을 차지하는 주문이기에 어쩔 수 없이 언급하고 넘어가겠다.

랍비들은 이 동여 묶기 저주를 함Cham이 만들었다고 믿는다. 그리스인들 또한 이 저주를 알고 있었다. 예를 들어 플라톤Plato은, 혼인을 앞둔 남녀에게 가정의 평화를 방해하는 동여 묶기 저주를 조심하라고 조언했다[1]. 로마인들 또한 이 저주를 행하는 풍습이 있었다. 이 풍습은 이교도 마법사들에게서 시작되어 현대 마법사들까지 전해져 내려온다. 중세 시대에는 이 저주가 널리 사용되었는데, 여러 공의회가 이를 금지할 정도였다. 심지어 페론Perron의 추기경은 에브루Evreux의 의식에서 이 행위를 반대하는 기도를 덧붙였다. 16세기가 되자 이 미신은 재유행하였다. 드 랑크르Pierre de Lancre는 동여 묶기 저주가 너무 흔해져, 공개 혼인을 하는 남성이 거의 없다고 기록했다. 피해자들은 다양한 방법으로 동여 묶기 저주를 당했고, 어떠한 방법으로 불능이 되었는지, 누가 저주를 걸었는지 알기 어려웠다. 이 저주는 때때로 남성에게, 때때로 여성에게 시전되었다. 또 하루, 한 달, 한 해 동안 불능이 지속되기도 하였다. 이 때문에 부부가 사랑을 나누고 싶어도 하지 못하는 일이 속출했다. 부부간에 분쟁과 불화가 생기기도 하였다. 또한 악랄하게 유령이 나타나 부부 사이를 간섭하는 경우도 있었다. 악마학자들은 동여 묶기 저주가 초래한 기이하고 거북스러운 사건들을 기록했다.

이 저주에 대한 두려움으로 생겨난 상상력은 불행의 씨앗이 되곤 했다. 사람들은 설명할 수 없는 사고가 있으면 진짜 원인을 찾지 않고 마법사의 탓으로 돌렸다. 동여 묶기 저주를 두려워하는 이는 무기력증에 걸렸고, 마음에까지 영향을 미쳤다. 그리고 신체와 몸속 장기들까지 쇠약하게 만들었다. 이를 해결하기 위해선 의심받는 마녀가 저주를 풀었다고 말하는 수밖에 없었다. 즉 환자가 걸린 상상의 저주를 풀어주는 것이다. 보댕Jean Bodin[2]은 다음과 같은 일화를 언급했다. 니오르Niort에서 갓 결혼한 부부는 자신들의 이웃 여성이 불능 저주를 걸었다고 생각했다. 이에 부부는 여성을 고발했고, 판사는 그녀를 가두었다. 그로부터 이틀 뒤, 감옥에서 심심해진 여성은 부부에게 걸지도 않은 저주를 풀었다고 말했다. 그러자 그 저주라는 것이 풀렸다. 드 랑크르의 말처럼, 이 저주 사건의 상세한 내용은 너무도 저급하다. 그러므로 순수한 우리 독자들의 눈에 보이지 않도록 따로 설명하지 않겠다[3].

러시아의 부부들 또한 동여 묶기 저주를 두려워한다. 한 여행자[4]는 이를 다음과 같이 기록했다. '분노에 차서 아내의 방을 나서는 젊은 남편을 보았다. 그는 머리를 쥐어뜯고 자신이 저주에 걸렸다고 고함을 쳤다. 우리는 러시아에서 자주 사용하는 치료법을 활용했다. 이는 백마법사를 찾아가는 것이었다. 약간의 돈을 받자, 마법사는 저주를 깨고 불능을 풀어주었다. 사실 이 불능은 청년의 두려움이 만들어 낸 것은 아니었을까?'

인간의 무한한 어리석음을 이야기하기 위해 『작은 알베르투스의 경이로운 보물 Admirables secrets du Petit Albert』 제1장에 나오는 바보 같은 주문 하나를 예시로 들어보겠다. '갓 죽인 늑대의 음경을 준비한다. 그리고 동여 묶기 저주를 걸 사람의 집을 찾아가 현관에서 이름을 부른다. 그가 대답하는 즉시

흰 끈으로 늑대의 음경을 묶으면, 해당자는 즉시 정력을 잃게 된다' 이런 주문을 믿고 사용하는 촌부들이 존재한다는 것이 꽤 놀랍다. 그리고 이런 추잡스러운 내용이 기록된 서적들이 공개적으로 판매되는 것 또한 놀랍다.

오비디우스Ovid와 버질Virgil의 저서에는 당시에 행해졌던 동여 묶기 저주 방법이 기록되어 있다. 먼저 작은 밀랍 인형을 리본과 밧줄로 묶는다. 이후 밧줄을 점점 세게 조이며 주문을 왼다. 다음으로 간이 위치한 곳으로 추정되는 자리에 바늘이나 못을 박는다. 여기까지 진행되면 저주가 완성된 것이다. 보댕은 동여 묶기 저주 방법이 50가지 이상이라고 주장했다. 티에르 사제는 여전히 시골에서 행해지는 일부 저주 방법을 비난했다. 동여 묶기 저주를 막기 위해서는 여러 방법이 권장된다. 바로 족제비 눈알을 단 반지를 착용하거나, 주머니에 소금을 넣거나, 침대에서 내려올 때 표시한 동전을 신발 속에 넣는 것이다. 플리니우스Pliny의 주장에 따르면, 침실 문턱, 문틀에 늑대 기름을 바르는 것도 저주를 예방하는 방법의 하나라고 한다. 랭스Reims의 힌크마르Hincmar는 불능 저주를 두려워하는 부부들에게 성례를 이용할 것을 권했다. 그는 이것이 확실한 치료법이라고 주장했다. 치료법으로 금식과 동냥을 권하는 이들도 있었다.

작은 알베르투스는 축복받은 소금과 구운

딱다구리를 함께 먹는 것이 동여 묶기 저주를 막는 방법이라고 말했다. 혹은 향로에 죽은 사람의 치아를 던진 뒤 연기를 흡입하는 것도 방법의 하나라고 주장했다. 일부 지역에선 셔츠를 두 장 뒤집어 겹쳐 놓으면 저주를 풀 수 있다고 믿었다. 또한 백포도주 통에 구멍을 내고 처음 흘러나오는 술에 신부의 결혼반지를 적시는 것, 9일간 해가 뜨기 전에 양피지에 '아비가지터Avigazirtor'라는 단어를 적는 것 등의 방법도 동원되었다. 정말이지 기상천외한 방법이 아닐 수 없다.

다음은 동여 묶기 저주를 거는 일반적이지 않은 방법을 살펴보겠다. '한 마녀는 결혼을 앞둔 부부 사이에 격렬한 증오가 생기게 하고 싶었다. 저주를 위해 마녀는 종이조각 두 개에 알 수 없는 문자를 적어 부부에게 전달했다. 하지만 마녀가 생각한 만큼 빠르게 저주가 효과를 보이진 못했다. 이에 마녀는 치즈 위에 같은 문자를 적은 뒤 예비부부가 먹도록 하였다. 그리고 검은 닭을 반으로 잘라서 반은 악마에게 바치고, 반은 요리하여 연인에게 음식으로 대접했다. 마녀의 저주는 두 사람에게 너무 많은 분노를 심었다. 그리고 서로를 견딜 수 없게 만들었다.' 드 랑크르는 이 이야기를 다음과 같이 마무리 지었다. '이 이야기가 진짜라면, 이보다 더 터무니없는 게 있을까? 겨우 그런 저주들이 사랑하는 둘 사이에 죽음의 증오를 만들다니!'

마법사들은 뱀의 머리와 가죽을 신혼집 현관 문턱 아래나 집안 모서리 아래 등에 두곤 하였다. 이는 신혼부부의 증오와 갈등을 유발했다. 마법사들이 이런 행위를 하는 것은, 동여 묶기 저주의 주인이자 선동자인 사탄과 맺은 계약 때문이다. 드 랑크르의 주장에 따르면, 악마들은 이 정도까지 도가 지나치게 저주를 걸진 않는다고 한다. 대신 망각을 하게 만들어 남편이 아내를 완전히 기억하지 못하게 만든다. 마치 알지 못했다는 듯 말이다.

에트루리아Etruria의 한 청년은 마녀를 미친 듯이 사랑하게 되었다. 이에 그는 아내와 자식을 버리고 마녀와 생활하였다. 이 생활은 청년의 아내가 저주를 알아채고 마녀의 집을 꼼꼼하게 조사할 때까지 계속되었다. 아내는 남편 침대 아래에서 저주를 위한 항아리를 발견했다. 항아리 안에는 눈을 꿰맨 두꺼비가 들어있었다. 아내는 두꺼비를 꺼내 눈의 실밥을 제거한 뒤 불에 태워버렸다. 이후 청년은 아내와 자식에게 가졌던 애정이 다시 생겨났다. 수치심과 후회 속에서 그는 집으로 돌아왔고, 남은 생을 행복하게 살았다. 드 랑크르는 이 저주가 가까이에 있을 땐 서로를 미워하고, 떨어져 있으면 서로를 갈망하는 부부와 같다고 말했다. 이러한 현상은 오늘날에도 발견된다. 다만, 요즘에는 이를 저주의 탓으로 돌리지 않는다.

르브룅 사제는 동여 묶기 저주를 거는 사람들을 회의적으로 바라보았다. 그러면서 그는 노장의 길베르Guibert de Nogent 신부 일화를 인용했다.[5] 길베르 신부의 부모는 7년간 불능 저주에 시달렸다. 이 힘든 시기 이후, 그의 어머니는 저주를 풀었고, 다시 부부 관계를 맺을 수 있게 되었다. 사실 이는 두려움과 약한 정신력 때문에 발생하는 것이다. 당시엔 동여 묶기 저주에 대한 두려움이 만연하였다. 오늘날 도시에서는 더 이상 이 저주를 걱정하지 않는다. 하지만 시골에서는 여전히 해당 저주를 믿는다. 게다가 앞서 언급한 저주와 관련된 방법들을 계속 사용하고 있다. 지식의 발전에도 불구하고 일부 사람들은 이런 미신을 계속 믿는다. 점쟁이, 마법사, 예언을 신뢰하고, 이를 결혼 생활에까지 끌어들여 두려움 속에서 괴로워한다.

(1) 플라톤, 『법Des lois』, 2권. / (2) 『마법사들의 빙의망상Démonomanie des Sorciers』, 4권, 5장. / (3) 『의심과 불신 L'incrédulité et mécréante』, 논설4. / (4) 『북쪽으로의 새로운 여행Nouveau voyage vers le septentrion』, 3장. / (5) 『그의 마을에서De vila sua』, 1권, 11장.

고성소 [Limbes / Limbo] 신학자들 사이에서 사용되는 용어. 예수 그리스도Jesus Christ의 재림을 기다리며 성인들의 영혼이 모여있는 장소이다. 혹은 세례를 받지 않고 죽은 어린아이의 영혼이 가는 장소를 의미한다.

릴리스 [Lilith] 바이어Johann Weyer를 비롯한 여러 악마학자는 릴리스가 서큐버스Succubus(여성 몽마)들의 왕자(또는 공주)라고 주장했다. 릴리스의 부하 악마들은 그와 같은 이름을 하고, 라미아Lamia처럼 신생아의 목숨을 앗아갈 음모를 꾸민다. 유대인들은 릴리스를 쫓아내기 위해 갓 출산한 여성의 방 네 귀퉁이에 다음의 글귀를 적어두었다. "아담Adam, 이브Eve, 릴리스는 나가라(1)!"

(1) 돔 칼메Dom Calmet, 『환영 개론Dissertation sur les Apparitions』, 2권, 74페이지.

릴리(윌리엄) [Lilly(William)] 17세기 영국의 점성가로 찰스 1세Charles I의 별점을 출판해 명성을 얻었다. 그는 1681년 사망했다. 그가 직접 쓴 전기에는 순진한 내용과 지독히 구체적인 거짓이 적혀있다. 이를 그가 실제로 믿었는지 알 수 없을 정도로 말이다. 릴리는 『점성가의 광기Folie des astrologues』라는 책에 가장 크게 기여했다. 릴리의 견해와 기술들은 당대에 큰 유행으로 번졌고, 영국인 신학자 가타커Gataker는 이 대중 기만에 반박하는 글을 써냈다. 릴리의 우스꽝스러운 서적으로는 다음과 같은 것들이 있다. 1) 『영국인 청년 메를린Le Jeune Anglais Merlin』(1664년, 런던), 2) 『별의 전언Le Messager des étoiles』(1645년), 3) 『예언록Recueil de prophéties』(1646년).

달팽이 [Limaçons / Snails] 『대 알베르투스의 경이로운 비밀들Les admirables secrets d'Albert le Grand』의 저자는 달팽이가 인간 신체에 큰 영향을 미친다고 주장했다. 저자는 해당 서적에서 이와 관련하여 여러 어리석은 소리를 늘어놓았다. 오늘날 달팽이가 전보를 대신할 수 있다고 주장하는 사람들이 있다. 하지만 이 주장은 거짓에 불과하다. **참조.** 달팽이Escargot.

대중들은 과연 달팽이에 눈이 있는지를 궁금해한다. 현미경을 통해 이 의문을 해결할 수 있는데, 달팽이 뿔에 달린 동그랗고 검은 점이 바로 눈이다. 이 눈은 모두 네 개이다.

리미르 [Limyre] 물고기를 이용해 신탁을 내리던 리키아Lycia의 샘. 샘을 찾은 이들이 먹을 것을 내놓았을 때, 물고기가 먹이를 물면 길조로 해석되었다. 반면 거부하거나 특히 꼬리로 음식을 쳐낼 경우엔 흉조로 해석되었다.

린컵 또는 린콥(마리온) [Linkup, Linkop (Marion)] 마녀. **참조.** 제임스 1세Jacques Ier.

리누르구스 [Linurgus] 아켈로스Achelous 강에서 찾을 수 있다는 마법석. 고대인들은 이 돌을 라피 리네우스Lapis Lineus라고 불렀다. 이 돌을 천으로 감쌌을 때 흰색으로 변하면 성공적인 결혼을 할 수 있다.

사자 [Lion] 사자 가죽으로 벨트를 만들어 착용하면 적을 두려워하지 않게 된다. 사자 고기를 먹거나 사자 소변을 사흘간 마시면 말라리아가 낫는다…. 겨드랑이 아래에 이 짐승의 눈알을 끼고 다니면, 모든 짐승이 머리를 숙이고 달아날 것이다(1).

사자는 황도 12궁에 속한다. **참조.** 별점Horoscopes. 악마학자들의 말에 따르면 악마는 간혹 사자의 모습을 하고 나타난다. 엘리자베스 블랑샤르Elizabeth Blanchard에게 빙의했던 악마 중 하나는 '지옥의 사자'라는 이름으로 불린 바 있다. **참조.** 유대인의 구세주Messie des Juifs.

(1) 『대 알베르투스의 경이로운 비밀들Les admirables secrets d'Albert le Grand』, 109페이지.

리오 [Lios] 참조. 알파르Alfares.

리자타마 [Lisathama] 참조. 그루오 드 라 바르Gruau de la Barre.

리시 [Lissi] 드니즈 드 라 카이유Denise de la

Caille에게 빙의했던 잘 알려지지 않은 악마. 추방 서류에 서명했으나 이는 장난에 불과했다.

마녀 집회의 호칭 기도 [Litanies du Sabbat] 기록에 쓰인 게 사실이라면, 수요일과 금요일에 열리는 마녀 집회에선 다음과 같은 호칭 기도를 읊고 소환한다.

'루시퍼Lucifer, 벨제부스Belzébuth, 레비아탄Leviathan이여 우리를 가엾게 여기소서. 세라핌Seraphim(치품천사)의 왕자 바알Baal이여. 케루빔Cherubim(지품천사)의 왕자 바알베리스Baalberith여. 트로니Thrones(좌품천사)의 왕자 아스타로스Astaroth여. 도미니온스Dominations(주품천사)의 왕자 로지에Rosier여. 파워즈Powers(능품천사)의 왕자 카로Carreau여. 바츄즈Virtures(역천사)의 왕자 벨리아스Bélias여. 프린치파투스Principalities(권품천사)의 왕자 페리에Perriet여. 대천사의 왕자 올리비에Olivier여. 천사의 왕자 주니에Junier여. 사르쾨이Sarcueil, 연기 나는 입Fume-Bouche, 피에르 드 푸Piere-de-Feu, 카르니보Carniveau, 테리에Terrier, 쿠틀리에Coutellier, 칸들리에Candelier, 베헤모스Behemoth, 오일레트Oilette, 벨페고르Belphegor, 사바탄Sabathan, 가랑디에Garandier, 돌레스Dolers, 피에르 포트Pierre-Fort, 아자파Axaphat, 프리지에Prisier, 카코스Kakos, 루세슴Lucesme이여. 우리를 위해 기도해 주옵소서[1].'

사탄을 비롯한 다수의 악마는 이 호칭 기도에 언급되지 않는다.

(1) 줄 가리네Jules Garinet, 『프랑스 마법사Histoire de la Magie en France』.

리토마나 [Lithomana] 참조. 그루오 드 라 바르Gruau de la Barre.

돌점 [Lithomancie / Lithomancy] 돌을 이용한 점술. 두 돌을 부딪쳤을 때 명료하거나 예리한 소리가 나는지 확인해, 신의 의지를 해석한다. 자수정을 가지고 있으면 예지몽을 꿀 수 있다고 믿는 미신 역시 돌점에 해당한다. 자수정을 물에 적신 뒤 자석에 가까이 두면 질문에 답해준다는 이야기도 있다. 이때 자수정은 아이처럼 연약한 목소리를 낸다[1]….

(1) 브라운Thomas Brown, 『대중적 오류Erreurs populaires』, 1권, 162페이지.

리투스 [Lituus] 점술 지팡이. 휘어있는 끝이 더 단단하고 두껍다. 이 지팡이는 로마 두 번째 황제인 누마 폼필리우스Numa Pompilius를 뽑을 당시 사용되었다. 리투스는 마르스Mars 신전에 보관되었다. 로마 전역을 뒤덮은 대화재 뒤에도 리투스는 온전한 모습으로 발견되었다[1].

(1) 르브룅Lebrun, 『미신 모음집Traité des superstitions』, 1권.

책 [Livres / Books] 마법의 비밀과 악마 소환법이 기록된 대다수 서적은 위인이 쓴 것처럼 소문이 퍼져있다. 아벨Abel, 아담Adam, 알렉산더Alexander, 대 알베르투스Albert le Grand, 다니엘Daniel, 히포크라테스Hippocrates, 갈레노스Galen, 레오 3세Leo III, 헤르메스Hermes, 플라톤Plato, 성 토마스St. Thomas, 성 예로니모Saint Jerome는 아둔한 자들 때문에 마법서의 저자가 되었다. 이러한 책을 쓴 대부분의 작가는 난해한 정신세계를 가졌으며, 이해되지 못한 채 바보들로부터 존경을 샀다. 다음의 서적에서 마법서를 썼다고 하는 위인들의 이름을 참조하도록 하자. 『신뢰할 만한 이들이 기록한 마법서 또는 귀신, 유령, 정령, 팬텀, 악마 등 경이롭고 놀라운 이야기와 모험 Le Livre des prodiges, ou Histoires et aventures merveilleuses et remarquables de spectres, revenants, esprits, fantômes, démons, etc, rapportées par des personnes dignes de foi』 (1821년, 파리, 12절판, 1부작, 5판, 무의미한 편집물). 참조. 미라빌리스 리베르Mirabilis Liber.

리자베 [Lizabet] 악마. 참조. 콜라르Colas.

로아녹스(수잔나) [Loannocks(Susanna)] 1659년, 이웃 중 한 여성에게 고발당한 영국 여성. 여성은 로아녹스가 자신의 물레에 저주를 내려 돌아가지 않도록 만들었다고 말했다. 로아녹스는 맹세와 함께 결백을 토로했다. 로아녹스의 남편은 범죄 가능성은 부정하지 않았지만, 강하게 무죄를 주장했다. 남편은 아내의 결백을 밝히기 위해, 로아녹스가 성서 심판을 받게 해달라고 요청했다. 재판관들은 이를 허락했다(아마도 그녀가 이 독특한 심판의 마지막 시행자일 것이다). 그녀는 잠옷 차림으로 교회 본당을 찾았고, 한쪽 저울판 위에 섰다. 그리고 반대쪽 저울판엔 교회가 가진 커다란 성경을 두었다. 로아녹스는 책보다 무거웠기에, 문제없이 무죄를 선고받았다*. 당시 영국인들 사이에선 옷을 입지 않은 마녀가 교회의 성경보다 가볍다는 믿음이 있었기 때문이다.[1]

(1) 1845년 『법Le Droit』에 실린 '마법에 관한 흥미로운 연구'를 살펴볼 것. / * 이는 의아하게도 성서점 Bibliomancie 키워드에 나오는 내용과 정반대로 기록되어 있다. 저자의 오기로 추정된다.

로키 [Lock / Loki] 스칸디나비아에서 지진은 나쁜 신, 곧 로키라는 이름의 악마를 상징했다. 농부가 씨앗을 뿌리듯 스칸디나비아 전체에 악을 퍼뜨린 로키는 결국 뾰족한 바위에 몸이 묶였다. 그가 고통에 차 날카로운 돌 위에서 몸을 움직이면 땅이 흔들린다. 또 침을 흘리면 그 안에 들어있는 독 때문에 신경 경련이 일어나며 땅이 요동친다.[1]

(1) 디드론Didron, 『악마의 역사Histoire du Diable』.

로파르드 [Lofarde] 1582년 종교재판을 받았다. 그녀는 강티에르Gantière라는 여성을 마녀 집회에 데려갔다. 또 노란색 일라렛Hilaret[1]을 입고 있는 악마에게 표식을 받았다.

(1) 오늘날 코치맨Coachman이라고 불리는 재킷의 일종.

로게리 [Logherys] 참조. 레프러콘 Lumcaunes.

로헨(납달리) [Lohen(Nephtali)] 프랑크푸르트Frankfurt의 랍비. 13세기 위대한 마법사라는 명성을 얻었다.

로키 [Loki] 스칸디나비아의 광대 악마. 그는 발할라Valhalla*의 신과 영웅들을 즐겁게 만든다.

* 스칸디나비아 신화에서 위대한 전사들이 가는 이상향.

루크만 [Lokman / Luqman] 동방의 유명한 우화 작가. 그가 다윗David 시대에 살았다는 이야기가 있지만 이는 확실치 않다. 루크만의 별명은 '현자'였다. 페르시아인들은 그가 죽은 자를 되살리는 비밀을 찾아냈으며, 자신에게 이 기술을 사용했다고 믿는다. 또 그가 300년을 살았다고 주장한다(몇몇 이들은 1,000년을 살았다고 말하기도 한다).

그가 남긴 것(혹은 그의 업적이라고 알려진 것)은 매우 유명한 교훈적 우화들이다. 동방의 작가들은 그리스인들이 이솝Aesop과 얽힌 이야기라고 여기는 것들이 사실 루크만의 이야기라고 주장한다.[1]

(1) 『구약성경의 전설Légendes de l'Ancien Testament』 중 루크만의 이야기를 참조할 것.

롤라르(고티에) [Lollard(Gauthier)] 1315년부터 자신이 생각하는 오류를 퍼뜨린 이단자. 그는 이 정보들을 알비파Albigensians에서 가져왔다. 롤라르는 악마들이 부당하게 하늘에서 쫓겨났으며, 언젠가 질서가 바로잡힐 것이라고 주장했다. 또 성 미카엘St. Michael과 다른 천사들이 죗값을 치를 날이 올 것이라고 가르쳤다. 그는 부패한 관습을 전파하였고, 제자들 또한 많은 악행을 저질렀다. 결국 1322년 쾰른Cologne에서 화형에 처해졌다.

로멜리(바티스타) [Lomelli(Battista)] 루이 13세Louis XIII 통치 시기에 칼리오스트로Cagliostro 명성을 앞서간 신비주의 이탈리아인. 무수한 의식과 함께 점을 치곤 했다.

장수 [Longévité / Longevity] 일부 지역, 특히 북부 지역에선 일반인의 한계를 넘어 삶을 연장한 사람들이 목격된다. 이러한 장수 현상은 독특한 신체, 절제하고 활동적인 삶, 맑고 깨끗한 공기로 둘러싸인 환경 등으로 이유를 설명할 수 있다. 불과 50년 전, 코제뷔Kotzebue는 시베리아에서 아주 건강한 노인 한 명을 만났다. 그는 142세의 나이에도 여전히 걸을 수 있었으며 일도 하고 있었다. 북부를 유람하던 두 여행자는 흰 수염을 한 노인이 숲 한구석에 앉아 눈물을 흘리고 있는 것을 보았다. 노인에게 슬퍼하는 이유를 묻자, 그는 아버지로부터 질책을 받았기 때문이라고 설명했다. 놀란 여행자들은 그의 아버지 집으로 함께 이동했고, 노인을 위한 중재에 나섰다. 그들은 아버지에게 어째서 아들에게 벌을 주었냐고 물었다. 노인의 아버지는 간단히 대답했다. "얘가 할아버지에게 버릇없이 굴었습니다."

기적 탐험가들은 자연적이고 경이로운 현상을 글로 적었다. 토르케마다Torquemada는 1531년 100세를 먹은 트렌토Trento 남성이 그로부터 50년을 더 살았다고 기록했다. 마찬가지로, 랑지우스는Langius 아메리카 보니카Bonica섬 주민들이 젊음을 되찾아 주는 샘 덕분에 노화를 막을 수 있다고 주장했다. 참조. 하퀸Haquin.

카를 5세Charles V가 바르바리Barbary에 함대를 보낼 당시, 원정 부대를 이끌던 장군은 칼라브리아Calabria의 어느 마을을 지나가게 되었다. 그곳에선 모든 주민이 132세까지 살았는데, 마치 서른 살밖에 되지 않은 듯 건장하고 원기 왕성한 모습이었다. 전해지는 글에 따르면, 이들이 젊음을 유지하게 된 건 마법사 때문이었다고 한다. 1773년 코펜하겐 근처에서 드라켄베르크Drakensberg라는 한 뱃사람이 146세의 나이로 생을 마감했다. 그가 마지막으로 결혼했을 땐 나이가 111세였으며 아내가 죽었을 때는 130세였다. 그는 18세 어린 여성과 사랑에 빠졌으나, 그녀는 그를 거부했다. 속상했던 드라켄베르크는 미혼으로 지내겠다고 맹세했으며 이후 이를 지켰다.

1670년, 찰스 2세Charles II가 왕위에 올라가 있을 당시, 요크셔Yorkshire에선 헨리 젠킨스Henry Jenkins라는 1501년생 남성이 사망했다. 그는 헨리 7세Henry VII 시대에 태어났으며, 1513년 헨리 8세Henry VIII 의 플랑드르Flanders 원정에 참전했었다. 그는 169세 나이로 사망했고, 크롬웰Cromwell을 제외하고도 8명의 왕을 겪었다. 그는 어부였는데 100세의 나이에도 수영해 강을 가로지를 수 있었다. 그의 손녀딸은 코크Cork에서 113세의 나이로 사망했다. 참조. 아르테피우스Artephius, 잠자는 사람들Dormants, 플라멜Flamel, 장 데 탕프Jean d'Estampes, 루크만Lokman, 조로아스터Zoroastre 등.

로아타 [Loota / Loata] 프렌들리 제도 Friendly Islands 주민들의 민담에 등장하는 새. 죽음의 순간 영혼을 먹으며 묘지 주변을 돌아다닌다. (쿡Cook의 여행)

로레이 [Loray] 참조. 오레이Oray.

복권 [Loterie / Lottery] 복권은 한 제노바인Genoese으로부터 유래되었다. 복권은 1720년 제노바에서 만들어졌고, 오늘날 프랑스에선 금지되었다.

복권에 당첨되기 위해 예언자들이 상상한 여러 방법 가운데, 가장 일반적인 것은 꿈이다. 꿈은 (그 이유를 알 수 없으나) 다음 회차에 등장할 번호들을 알려준다. 이 비방을 알려주는 책들의 설명은 다음과 같다. 꿈에서 독수리를 본다면 8, 20, 46의 숫자가 나올 것이다. 천사는 20, 46, 56, 숫염소는 10, 13, 90, 강도는 4, 19, 33, 버섯은 70, 80, 90, 부엉이는 13, 85, 두꺼비는 4, 46, 악마는 4, 70, 80, 칠면조는 80, 40, 66, 용은 8, 12, 43, 60, 유령은 1, 22, 52, 여성은 4, 9, 22, 소녀는 20, 35, 58, 개구리는 3, 19, 27, 달은 9, 46, 79, 80, 물레는 15, 49, 62, 곰은 21, 50, 63, 교수형에 처한 자는 17, 71, 벼룩은 45, 57, 83, 쥐는 9, 40, 56, 귀신은 31, 43, 74 등의 숫자를 예견한다…. 십만 명이 복권을 샀다면 십만 개의 다른 꿈이 존재하겠지만, 복권 번호는 다섯 개뿐이다. 더불어 각자 자신의 꿈에 다 다른 법칙을 적용해 해석할 것이다. 칼리오스트로Cagliostro가 특정 꿈이 11, 27, 82라는 번호의 예지라고 주장한다면, 다른 저자는 완전히 다른 예지 번호를 부여할 수도 있는 것이다. 진지한 복권 당첨 방법을 제시하는 마법서들을 믿는 사람이 있을까?

잠자리에 들기 전, 주문을 세 번 외운 뒤, 같은 주문을 흰 양피지에 적어 베개 아래 넣는다. 그러면 잠드는 동안 당신의 행성을 관장하는 정령이 찾아와 복권을 사야 하는 시간을 알려주고, 꿈속에서 번호를 가르쳐줄 것이다. 주문은 다음과 같다. '주님, 좋은 고기, 예쁜 사과, 흐르는 물을 먹는 죽은 자를 보여주소서. 그리고 천사 우리엘Uriel, 루비엘Rubiel, 바르키엘Barachiel을 보내 당첨 번호를 가르쳐주소서. 산 자와 죽은 자 그리고 이 시대를 불로 심판하기 위해 오신 주님.' 그리고 연옥의 영혼들을 위해 주기도문과 천사 성모송을 세 번 외운다….

루덩 [Loudun] 프랑스 비엔Vienne의 도시. 17세기 연대기에 소재를 제공한, 유명한 빙의 사건이 일어난 곳이다. 1626년, 젊은 여성들의 교육을 목적으로 성 우르술라Ursuline의 수도원이 루덩에 세워졌다. 훌륭하고 나무랄 데 없는 가문에서 태어난 14명의 수녀가 이 경건한 수도원을 지도했다. 1630년 1월 3일 위르뱅 그랜디어Urbain Grandier라는 이름의 한 신부가 가벼운 행동을 범했다가 푸아티에 주교로부터 신부직을 박탈당했다. 그랜디어는 불경한 노래, 소책자를 만들고 신부의 독신제를 비판한 것으로 유명했다.

주교의 판결 이후 얼마 지나지 않아, 성 우르술라 수도원 원장이 사망하였고 위르뱅 그랜디어는 과감하게 그의 후임으로 지원했다. 하지만 수도원의 고위 간부가 이를 거절했다. 그 뒤로 이상한 현상이 수도원에서 발생하기 시작했다. 열네 명의 수녀들이 빙의 된 것이었다. 놀랍게도 모든 수녀는 밤에 위르뱅 그랜디어를 보았다고 주장했다. 또 그에 대한 강한 혐오를 표출했으며 비난을 받아야 마땅할 행동들을 부추겼다고 주장했다.

이 사건은 도시에서 큰 파문을 낳았다. 부모들은 아이들을 수도원에서 다시 집으로 데려갔고, 수녀들은 공포의 날을 보냈다. 의사들도 그녀들의 발작과 경련을 치료하지 못했다. 루이 13세Louis XIII의 한 고문은 루덩으로 급히 보내져 이 기이한 일을 조사하게 되었다. 뒤이어 수녀들에게 구마 의식이 행해졌고, 이들의 몸에 씌어있던 악령들은 이를 견디지 못했다. 악령들은 위르뱅 그랜디어가 이들의 빙의에 책임이 있으며 자신들이 여성들의 몸에 갇혀있다고 고백했다.

다수의 호기심 많은 자들과 학자들은 구마 의식을 참관했다. 수녀들은 라틴어, 그리스어, 히브리어, 튀르키예어 그리고 다른 고대 언어와 새로운 언어들로 심문을 받았다. 이들의 언어에 대한 이해와 답변은 모두 정확했다. 한 학자는 다음과 같이 외쳤다. "여기서 빙의를 믿지 않는 것은 몰상식하고 신을 믿지 않는 행위이다." 이는 참관했던 몽타구Montagu와 케리올레Keriolet와 같이 여러 방자한 공개적 주장들을 만들어 냈다.

푸아티에Poitiers 교구의 한 뛰어난 작가인 레리슈Leriche 신부는 이 빙의사건에 관한 매우 흥미로운 책[1]을 펴냈다. 그가 제시한 증거들을 생 오뱅St. Aubin 개신교는 빈정거림으로 응수했다. 또 이 사건을 무시하기로 한 회의주의자들의 반박을 끌어 냈다. 여기서 이 책의 몇 가지 유용한 정보를 인용하겠다. 수녀들의 이름은 다음과 같다. 벨시엘Belciel, 생통주Saintonge 코즈Cose 남작의 딸로 잔 데장주 Jeanne des Anges 수녀라는 이름으로 잘 알려져 있다. 그녀는 수도원장이었다. 클레르 드 생 장Clare de Saint-Jean 수녀가 된 드 자질리Zazilli. 마담 드 라 모트Madame de la Motte, 모트 바라세 Motte-Barace 후작의 딸로 아녜스 드 생장Agnes de Saint-Jean 수녀가 되었다. 바르베지에Barbeziers 자매, 각각 루이즈 드 제주Louise de Jésus와 카테린 드 라 프레장타시옹Catherine de la Présentation 수녀가 되었다. 두 사람 모두 노제레Nogeret 의 저명한 가문 출신이었다. 에스쿠블로 드 수르디Escoubleau de Sourdis는 잔 뒤 생테스프리 Jeanne du Saint-Esprit (성령의 잔) 수녀로 불렸다. 나머지 세 수녀의 성은 알려지지 않았으나, 이곳에선 엘리제바스 드 라 쿠아Élisabeth de la Croix, 모니크 드 상트 마르트Monique de Sainte-Marthe, 세라피크 아셰Séraphique Archer라고 불렀다. 끝으로 8명의 수녀를 포함해, 총 17명의 수녀가 있었다.

구마 의식에는 리슐리외Richelieu 추기경을 제외한 다수의 저명한 사람들이 참석하였다. 이 중에는 푸아티에의 주교, 투르Tours의 대주교, 툴루즈Toulouse의 대주교, 님Nimes의 주교, 8명의 신실하고 박식한 신부, 소르본Sorbonne 대학의 다섯 박사, 예수회 신자 열한 명, 카르멜회Carmel 신부 두 명, 카푸친회Capuchin 신부 여섯 명, 성 도미니크회Dominican 신부 한 명, 리콜렉트회Recollect 신부 한 명, 오라토리오 수도회Oratorians 신부 두 명 등이 있었다. 비종교인 가운데는 루이 13세, 왕비 안느 도트리시Anne d'Autriche, 로바르드몽Laubardemont (왕의 고문이자 투렌Touraine, 멘Maine, 앙주Anjou의 지방장관), 그리고 귀족들인 로탱Roatin, 슈발리에Chevalier, 리샤르Richard 와 우스냉Housnain, 푸아티에의 치안판사, 코트로Cottreau, 부르주Burges, 페귀뉴Peguineau, 텍시에Texier, 드뢰Dreux, 들라바로Delabarro, 라비

셰리Lapicherie, 리베랭Riverfront, 콩스탕Constant, 드니오Deniau, 투르, 시농Chinon, 생 마젱Saint-Maxent, 라플레슈Lafleche의 사법관들이 있었다. 여기에 여덟 명의 의사, 인근 지역에서 온 또 다른 열두 명의 의사, 그리고 열두 명의 뛰어난 사람들이 더해졌다. 여기에는 몽타구 경, 킬그루Killegrew 경, 케리올레 등이 포함되었다.

우리가 일부만 언급한 이 훌륭한 사람들의 출석은 이 사건을 부정하는 무지한 자들 때문에 사기, 공모, 바보짓이라는 오명을 썼다. 2년간의 연구와 조사 결과, 위르뱅 그랑디에의 범죄가 밝혀졌다. 그는 수감되었고 자신을 변호하기 위해 노력했다. 그리고 1634년 8월 18일, 그를 화형에 처한다는 판결이 내려졌다. 그는 마법과 다른 악행으로 이 형을 선고받았다[2].

(1) 『빙의에 관한, 특히 루덩 빙의에 관한 연구 Etudes sur les possessions en général et sur celle de Loudun en particulier』, 1859년, 파리, 1부작, 4절판, 앙리 피옹·Henri Pion 출판사, 서문에 P. 벤투라P. Ventura의 편지 포함. / (2) 『지옥의 전설Légendes Infernales』 속 위르뱅 그랑디에 이야기를 참조할 것.

루이 1세 [Louis Ier / Louis I]

'경건왕', '어진왕'이라는 별칭이 있던 샤를마뉴Charlemagne의 아들로, 778년에 태어나 840년에 사망하였다. 점성가들은 그의 왕궁에서 몇 가지 혜택을 누렸다. 죽는 순간, 그는 최후의 축도를 받고 왼쪽으로 돌아누워 화난 사람처럼 눈을 굴리며 독일어로 다음과 같이 외쳤다. "나가라, 나가Hulz, Hutz!" 사람들은 루이 1세가 다가오는 악마에게 외친 것이라고 결론지었다[1].

(1) 줄 가리네Jules Garinet, 『프랑스 마법사Histoire de la Magie en France』, 41페이지.

루이 11세 [Louis XI]

프랑스의 왕으로 1423년에 태어나 1483년에 사망했다. 한 점성가는 루이 11세가 사랑했던 이의 죽음을 예견했다. 그리고 실제로 그 사람이 사망하자, 왕은 점성가의 예언을 원인으로 생각했다. 그는 예언했던 점성가를 창밖으로 던지라고 지시했다. 이 지시를 행하기 전 왕은 점성가에게 물었다. "그리 뛰어난 능력을 갖춘 인간인척했으니, 네 운명이 무엇인지도 말해보거라." 예언자는 왕의 지시를 짐작하고 다음과 같이 답했다. "전하, 저는 전하가 세상을 떠나기 3일 전에 죽습니다." 왕은 점성가의 말을 믿고 목숨을 살려주었다. 이 왕에 관해서는 편파적인 평가들이 다수 전해지고 있다.

루이 13세 [Louis XIII]

1601년에 태어나 1641년 사망한 프랑스의 왕. 천칭자리였던 그는 어울리게도 공정왕Le Juste이라는 별명을 가지고 있었다. 생 푸아Saint-Foix는 루이 13세가 안 도트리슈Anne d'Autriche 공주와 결혼했을 때, 경이롭고 강력한 무언가가 사이에 있었다고 주장했다. 로이 드 부르봉Loys de Bourbon(루이 13세)의 이름에는 13개의 철자가 있다. 그는 결혼할 당시 13살이었다. 루이 13세는 프랑스의 열세 번째 왕이었다. 안 도트리슈의 이름에도 13개의 철자가 있다. 그녀도 결혼 당시 13살이었고, 같은 이름을 지닌 13명의 공주가 스페인 왕궁에 거주하고 있었다. 두 부부의 키는 같았고, 사회적 지위 또한 같았다. 이들은 같은 해 같은 달에 태어났다.

루이 14세 [Louis XIV] 참조. 애너그램 Anagramme.

헝가리의 루이 2세 [Louis de Hongrie / Louis of Hungary]

루이 2세가 서거하기 얼마 전인 1526년, 그는 부드Bude의 요새에서 저녁을 먹고 있었다. 그때 갑자기 문 앞에 흉측하게 털이 난 절름발이가 나타났고 왕에게 전할 중요한 이야기가 있다고 말했다. 하지만 사람들은 그를 본체만체하며 왕에게 이야기를 전하지 않았다. 이에 절름발이는 목청을 더 높이며 반드시 왕에게 직접 말을 전해야 한다고 말했다. 결국 신하들은 루이 2세에게 이 사실을 고했고, 왕은 가장 가까이 있던 신하를 보냈다. 그는 왕이 되고 싶어 하는 마음을 감추고 있던 자였다. 신하는 왕인 척 행동하며 절름발이에게 할 말이 무엇이냐고 물었다. 절름발이는 다음과 같이 답했다. "당신은 왕이 아니오. 하지만 그가 내 말을 듣고 싶지 않아 하니 대신 전하시오. 그는 곧 죽게 될 것이오." 이 말을 남기고 절름발이는 사라졌다. 왕은 실제로 얼마 지나지 않아 죽음을 맞이했다.[1]

(1) 레운클라비우스Leunclavius, 『튀르키예 역사의 판도 Pandectes historiae turcicae』 등, 59페이지.

사부아의 루이즈 [Louise de Savoie] 앙굴렘Angouleme의 공작부인이자 프랑수아 1세 Francis I의 어머니로 1532년에 사망했다. 그녀는 일부 미신적 편견을 믿었고 특히 혜성을 두려워했다. 브랑톰Brantome은 사부아의 루이즈가 죽기 3일 전 환한 불빛을 발견하고 커튼을 걷었다가 혜성을 목격했다고 기록했다. "아! 저기를 보아라. 낮은 자에겐 볼 수 없는 징표구나. 창문을 닫거라. 저건 내 죽음을 알리는 혜성이니까. 준비를 해야겠다." 의사들은 그녀에게 아직 임종이 멀었다고 안

심시켰다. 하지만 그녀는 이를 믿지 않고 다음과 같이 말했다. "내가 죽음의 징표를 보지 않았다면 믿었겠지. 그렇게 건강 상태가 나쁘지는 않으니까."

사부아의 루이즈는 이 혜성만 보고 놀란 것이 아니었다. 1514년 8월 28일, 그녀는 로모랑탱Romorantin 숲에서 서쪽을 향해 떨어지는 혜성을 보며 소리쳤다. "스위스인이구나! 스위스인!" 그녀는 이를 보고 스위스를 상대로 왕이 큰일을 도모할 징조라고 여겼기 때문이었다.[1]

(1) M. 바이스M. Weiss, 『세계 전기Biographie universelle』.

늑대 [Loup / Wolf] 고대 게르만족Germans과 스칸디나비아인들은 거대하고 무시무시한 늑대가 악마(또는 악령) 로키Loki를 상징한다고 믿었다. 브르타뉴Bretagne 캥페르 Quimper 지역에선 주민들이 삼발이(또는 삼지창)를 가지고 밭에 나가 늑대와 다른 맹수로부터 가축들을 보호했다.[1] 플리니우스Pliny의 기록에 따르면, 늑대가 특정 인간을 다른 사람보다 먼저 발견할 경우, 이 사람은 목이 쉰 뒤 목소리를 잃게 된다고 한다. 이 믿음은 이탈리아 전역에 남아 있다. 스페인에선 늑대에 올라타 경주하는 마법사들의 이야기가 자주 입에 오르내린다. 경주시 늑대를 탈 땐 머리가 뒤쪽으로 오도록 한다. 이렇게 해야만 빠르게 움직일 수 있기 때문이다. 늑대는 한 시간에 100리유*를 달릴 수 있다. 이들은 악마이기 때문이다. 늑대의 꼬리는 나무토막처럼 단단하다. 그리고 꼬리 끝엔 길을 밝히는 양초가 들려있다.

시골 주민들은 양들이 냄새로 늑대의 존재를 느낄 수 있다고 꾸준히 주장한다. 또 양떼는 늑대 내장이 묻혀있는 곳은 지나가고 싶어 하지 않는다고 믿는다. 늑대의 내장으로 줄을 만든 바이올린은 모든 양 떼를 겁에 질리게 한다고.

교양 있으며 공정한 사람들은 이러한 믿음을 주의 깊게 연구했고 이것이 헛소리에 불과하다고 결론지었다 키커Kirker는 이에 관해 실험을 펼쳤다. 심지어 양의 목 주위로 늑대의 심장까지 걸기도 했다. 하지만 평화로운 짐승은 당황하시지 않고 계속해서 풀을 뜯어

먹었다[(2)]. **참조.** 늑대 기도Oraison du Loup.

인도의 한 영어신문은 단시간에 600명의 아이를 집어삼킨 라호르 왕국Lahore 펜조브Penjaub의 늑대에 관한 보고서를 게재했다. 지금으로부터 20년 전, 이와 비슷한 상황이 아그라Agra 인근에서도 목격되었다. 이 역시 천 명에 가까운 아이들이 희생되었다. 이 불쌍한 어린 피해자들의 옷은 늑대 은신처에서 발견되었다. 희생자의 옷과 장식품을 줍던 걸인들은 늑대를 죽인 마을이 쑥대밭이 된다는 소문을 퍼뜨렸다. 이렇게 늑대를 대상으로 한 숭배 미신이 생겨났다. 이 미신 때문에 사람들은 늑대를 잡으면 목에 방울만 달고 재빨리 풀어주었다.

(1) 『피니스테르 여행Voyage au Finistère』, 3권, 35페이지. / (2) 살그Salgues, 『오류와 편견Des erreurs et des préjugés』, 1권, 9페이지. / * 1리유는 약 4km 정도이다.

루 페카 [Lou-Pécat] 가스코뉴Gascogne 지역의 악마.

늑대인간 [Loup-Garou / Werewolf (Le / The)] 블루아Blois의 밤의 악마. 그와 만나는 것만큼 불행한 일은 없다.

늑대인간 [Loups-Garous / Werewolf] 마법에서 '늑대인간'이란 늑대로 변하는 행위, 변신한 남성 또는 여성을 지칭한다. 일부 정신착란증 환자들은 자신들이 늑대로 변했다고 생각하여 늑대 행동을 흉내 낸다. 늑대인간을 뜻하는 말 '루 가루Loups-Garous'는 '조심해야 할 늑대'라는 의미가 있다.

아주 오랫동안 시골에선 마법사들이 악마의 도움을 받아 늑대로 변신한다고 믿었다. 악마학자들 말에 따르면, 늑대인간은 악마가 마법사를 늑대로 변신시킨 것이라고 한다. 이 늑대인간은 끔찍한 울음소리를 내며 시골을 떠돈다. 늑대인간의 존재는 버질Virgil, 솔린Solin, 스트라본Strabo, 폼포니우스 멜라Pomponius Mela, 디오니시우스 아페르Dionysius Afer, 바로Varro를 비롯한 지난 세기 법률가와 악마학자들이 증명해 주었다. 그리고 루이 14세Louis XIV 시대에 와서야 이 믿음을 의심하기 시작했다. 지기스문트Sigismund 황제는 자신이 보는 앞에서 늑대인간과 관련된 사안을 논의하도록 했다. 그리고 늑대인간이 존재한다는 것에 만장일치로 동의했다.

한 젊은 무뢰한은 주민들에게 자신을 늑대인간으로 믿게 만들어 겁주곤 하였다. 그는 반드시 늑대의 모습을 할 필요가 없었다. 늑대인간이 인간과 똑같은 모습을 하고 있다 여겨졌기 때문이었다. 대중들은 늑대인간이 피부와 살 사이에 늑대의 털을 숨기고 다닌다고 생각했다.

퍼서Peucer의 이야기에 따르면, 12월 말 리보니아Livonia에서는 어느 악한이 나타나 매년 마법사들을 특정 장소로 데려간다고 한다. 만약 이들이 가지 않으려 한다면 악마가 따라와 구타를 해서라도 강제로 끌고 간다. 마법사들의 수장이 가장 앞에 걸으며, 수천 명이 그 뒤를 따른다. 그리고 어느 특별한 강을 건너면서 늑대의 모습으로 변한다. 이들은 인간과 가축을 공격하며 수많은 피해를 준다. 12일 뒤, 이들은 같은 강을 다시 건너 인간이 된다.

파도바Padua에선 길을 달리는 늑대인간이 체포되기도 하였다. 핀셀Fincel의 이야기에 따르면, 주민들은 늑대인간의 다리를 잘라버렸다고 한다. 그는 다시 사람의 모습으로 돌아왔지만, 팔다리가 잘린 채였다.

다음은 오베르뉴Auvergne 산악 마을 압숀Apchon으로부터 2리유* 떨어진 촌락에서 일어난 일이다. 1588년, 한 귀족은 창문을 통해 친분 있는 사냥꾼이 지나가는 것을 보았다. 귀족은 사냥감을 잡아달라고 요청했다. 사냥꾼은 이를 수락했고, 평야로 나갔다. 이후 그는 큰 늑대를 만났다. 하지만 사냥꾼의 총알은 빗나갔고, 늑대는 사냥꾼을 격렬하게 공격했다. 이 싸움에서, 사냥꾼은 사냥칼로 늑대의 오른쪽 다리를 잘라내는 데 성공했다. 다리를 다친 늑대는 달아났고, 곧 밤이 찾아왔다. 일을 마친 사냥꾼은 사냥을 부탁했던 귀족의 집으로 향했다. 귀족은 그에게 사냥 성공 여부를 물었다. 사냥꾼은 가방에서 아까 잘라낸 늑대의 발을 꺼냈다. 그러나 놀랍게도 늑대의 발은 여자의 손으로 바뀌어 있었다. 귀족은 이 손에 끼워진 금반지를 발견했다. 그리고 그것이 아내의 것이라는 걸 알아보았다. 당황한 귀족은 아내를 심문했다. 아내는 앞치마 아래에 오른손을 감추고 있었다. 사냥꾼이 가져온 손을 본 그녀는 자신이 늑대인간의 모습으로 쫓겼다는 사실을 고백했다. 잘린 손이 그녀의 손이라는 것이 확인되며 이 고백은 진실로 밝혀졌다. 분노한 남편은 아내를 법정에 세웠고 그녀는 화형을 선고받았다.

보게Boguet가 들려준 이 이야기를 어떻게 받아들여야 할까? 왈롱인Walloons들이 말하는 것처럼, 아내를 죽이기 위한 남편의 계략이었을까?

독일의 갈레노스Galen라고 불렸던 의사 다니엘 제넷트Daniel Sennert는 『신비스러운 질병Maladies occultes』 5장에서 일부 정신착란자들이 늑대인간으로 변신한다고 이야기했다. 그는 이 것이 실신한 사람을 마녀 집회로 데려가는 비밀스러운 힘과 유사하다고 말했다. 늑대인간으로 변한다는 이유로 재판에 선 한 여성이 있었다. 판사는 그녀에게 밤에 달리는 모습을 보여주면 사형을 면제받게 해주겠다고 제안했다. 이에 여성은 특별한 연고를 몸에 문지르더니 즉시 잠들었다. 그녀는 3시간 뒤에 깨어났고, 자신이 늑대로 변해 한 마을에서 암양의 몸을 찢어 놓았다고 설명했다. 이후 여성이 말한 장소로 조사를 가보았더니, 정말 공격을 받아 죽어가는 암양이 발견되었다. 이 현상은 설명할 수 없는 수수께끼로 남았다.

늑대인간들은 푸아투Poitou에서 특히 목격이 잦았다. 이곳에서는 늑대인간을 비구른Bigourne이라고 불렀다. 만약 자정에 늑대인간의 울음소리가 들린다면, 주민들은 창문 밖으로 머리 내미는 것을 자제했다. 이는 늑대인간이 주민들의 목을 졸라 죽일 수 있기 때문이었다. 이 고장 사람들은 늑대인간의 두 눈 사이에 쇠스랑을 꽂으면 변신한 모습을

잃어버린다고 생각했다.

늑대인간은 신선한 고기를 좋아한다. 드 랑크르Pierre de Lancre의 기록에 따르면, 이들은 개와 아이들을 게걸스럽게 잡아먹기 전에 목을 조른다고 한다. 더불어 이들이 네 발로 다니고, 진짜 늑대처럼 울부짖는다고 덧붙였다. 늑대인간은 큰 입, 반짝이는 두 눈, 갈고리 같은 이빨을 가지고 있다.

생통주Saintonge의 민담에 따르면, 늑대인간의 가죽은 너무 단단해 일반적인 총알이 뚫을 수 없다고 한다. 하지만 한밤중 성 위베르Saint Hubert 예배당에서 특정 시간대에 축복받은 총알은 늑대인간의 가죽을 뚫는다. 이렇게 총알을 맞은 늑대인간은 사망하며, 원래 마법사의 모습으로 돌아간다. 다만 총알 축성 의식은 쉽지 않다. 네잎클로버와 같이 귀한 준비물이 필요하기 때문이다. 늑대인간들의 단단한 피부는 날카로운 덫을 피해 간다. 그렇기 때문에 네 발로 뛰는 늑대인간은 사람들 눈에 잘 띄지 않는다. 우리가 늑대인간이라고 하면 두 발로 걷는 형태를 떠올리는 이유가 바로 여기에 있다. 생통주의 미신은 북부 민족과 연관성이 깊다. 이는 둘 다 로빈 후드Robin Hood 전설에서부터 유래되었기 때문이다. 늑대인간의 전설과 이름은 중세 프랑스 모든 도시에서 회자되었다, 다만 종종 '루 가루'가 아니라 '루 베루Loups-Beroux'**라는 이름으로 잘못 불리기도 했다.

뻔뻔하게도 보댕Bodin은 1542년, 콘스탄티노플Constantinople 광장에서 150마리의 늑대인간을 목격했다고 기록했다. 세르반테스Cervantes의 마지막 작품인 『페르실레스와 지기스문트Persiles and Sigismonda』엔 늑대인간의 섬이 등장한다. 또한 늑대인간의 먹잇감을 빼앗기 위해 암늑대로 변하는 마녀들도 등장한다. 이는 마치 『걸리버 여행기Gulliver's Travels』에 등장하는 마법사 섬과 유사하다. 단 이 작품들은 모두 소설이며, 역사서가 아니라는 점을 짚고 넘어갈 필요가 있다. 드 랑크르Pierre de Lancre[1]는 늑대인간과 관련하여 러시아 공작을 예로 들었다. 그는 온갖 동물로 변신할 수 있다고 주장하는 한 사람을 마주했다. 그리고 과연 진짜인지 시험을 해보기로 하였다. 공작은 자칭 늑대인간에게 사

냥개 두 마리를 상대해 보라고 명했다. 그리고 그는 갈기갈기 찢어졌다. 낭화증***을 겪으며 이웃을 잡아먹겠다고 위협하던 한 농부도 있었다. 그가 늑대인간이라고 믿던 마을 사람들은 살갗을 벗겨 털이 있는지 확인해 보자고 주장했다. 하지만 의사 폼포나치Pomponazzi가 심기증 환자에 불과했던 그를 치료하며 사건은 일단락되었다. 1615년, 장 드 니뇰Jean de Nynauld은 늑대인간화에 관한 개론서『루비에르와 리카오니아의 광기Folie Louvière et Lycaonie』를 펴내며 이 현상을 이의 없이 받아들였다. 앙제Angers의 귀족 보보이 드 쇼챙쿠르Beauvoys de Chauvincourt는 『낭화증 혹은 인간이 늑대인간으로 변하는 것에 대한 논설Discours de la lycanthropie ou de la transmutation des hommes en loups』(1599년, 파리, 12절판)을 펴냈다. 이로부터 몇 년 전, 라발Laval의 수도원장 클로드Claude는 같은 주제로『낭화증 대담Dialogues de la Lycanthropie』이라는 책을 펴냈다. 이 모든 작가는 진지하게 늑대인간의 존재를 인정했다.

더욱 흥미로운 점은, 아직도 여러 마을에서 늑대인간 또는 그와 동일한 것으로 알려진 악한들이 있다는 것이다. 어떻게 마법사 또는 늑대인간이 여러 해 동안 마을을 교란하고 불안하게 만들 수 있을까? 심지어 정의의 심판을 받지 않고서 말이다. 이를 보면 농부들이 마주한 어려움을 알 수 있다. 농촌에는 악의를 품은 자가 워낙 많기 때문에, 되도록 서로 피하고 두려워한다. 이들은 정의가 항상 공평하지 않다는 것을 알고 있다. 이들은 다음과 같이 말한다. "범인을 고발하려면, 절대 그가 해를 끼치지 못하게 만들어야 한다." 만약 잘못되기라도 한다면 이들은 새로운 적이 되기 때문이다. 노역형을 받은 범인들은 복수심에 불타서, 감옥에서 나온 후에 밀고자들을 찾아간다. 강제 노역에서 풀려난 이들이 자신이 범죄를 저지른 지역에 다시 나타나지 못하도록 하는 법률이 필요하다. **참조.** 개망상증Cynanthropie, 소망상증Bousanthropie, 라올레Raollet, 비스클라바레Bisclavaret 등.

(1)『타락천사의 변화론Tableau de l'inconstance des mauvais anges』, 4권, 304페이지. / * 1리유는 약 4km 정도이다. / ** 이 명칭은 늑대곰Wolf-Bear을 뜻한다는 설도 있다. / *** 스스로 늑대인간이라고 믿는 병.

루비에(빙의 사건) [Louviers(Possession de)] 신앙을 저버린 신부 다비드David는 루비에 성 프란치스코회Franciscan 수녀들을 타락시키고 악마의 길로 접어들게 하였다. 그가 이 지옥 같은 일을 진행하던 중 사망하자, 다비드의 친구 마튀랭 피카르Mathurin Picard가 이 일을 물려받았다. 똑같이 사탄과 연결된 자였던 그는, 불레Boule 사제의 보좌를 받아 다비드와 똑같은 일을 행했다. 이는 루비에 성 프란치스코회 내부에 끔찍한 빙의 사건을 만들어 냈다. 마들렌 바방Madeleine Bavent은 성 프란치스코회 수도원에 들어와 헌신적인 마음을 가졌던 순진한 여성이었다. 이후 빙의를 당했던 그녀는 성체를 더럽히고 불경한 일을 저지르도록 선동되었다고 고백했다. 그녀는 마녀 집회라는 이름으로 알려진 혐오스러운 연회에 가담했다고 말하며, 피카르와 불레 사제가 함께 있었다고 덧붙였다. 또 카테린 드 라 쿠아Catherine de la Croix, 안 바레Anne Barré, 엘리자베스 드 라 나티비테Élisabeth de la Nativité, 카테린 드 상트 주느비에브Catherine de sainte Geneviève, 시모네트Simonette 등 수녀를 비롯한 여러 명이 참여하였다고 말하였다. 집회의 참석자들은 상상할 수 없을 정도의 끔찍한 행동을 범했다. 이 사건은 처음부터 끝까지 끔찍한 이야기들로만 채워져 있다. 수도원에서 일어난 이 빙의 사건은 너무나도 격렬했기에 구마 의식이 불가능했다. 이 중에서도 마들렌 바방의 빙의가 가장 심각했다. 수도원의 빙의 사건이 일단락되었을 때, 그녀는 회개의 형벌을 받았을 뿐이며 일생에 걸쳐 속죄를 행했다. 불레는 루앙 법원에서 화형에 처했고 이는 적절한 처분이었다. 피카르의 시체는 발굴되어 같은 형벌에 처했다. 이 천박한 자는 재판이 끝나기 전 사망했기 때문이었다. 그가 사탄의 도움을 받아 자살했다는 기록도 있다.

루아예(피에르 르) [Loyer(Pierre le)] 앙제Angers 상급재판소의 왕실 고문이자, 브로스Brosse의 영주이자, 악마학자. 그는 1550년 앙주Anjou 위예Huile에서 태어났다. 그의 저서로 유명한 것은 『귀신 환영 그리고 귀신의 역사. 유령, 영혼, 천사, 악마, 인간들에게 보이는 영혼들의 모습Discours et histoires des spectres, visions et apparitions des esprits, anges, démons et âmes se montrant visibles aux hommes』(1605년, 파리, 니콜라 부옹Nicolas Buon, 1부작, 4절판)이 있다. 이 책은 8권으로 나누어져 있다. 이 책에는 경이로운 환영과 여러 시대에 걸쳐 나타난 신비로운 귀신 이야기가 기록되어 있다. 또 신성하면서도 세속적인 저명한 작가들의 인용문, 유령과 환영의 증명론 등이 실려있다. 더불어 이러한 기현상의 원인과 효과, 차이를 짚어보며 착한 정령과 악령을 구분하는 법을 소개한다. 물론 악마를 쫓는 법 또한 기술되어 있다. 이 작품은 도취, 황홀경, 영혼의 본질, 자연과 영혼의 기원, 죽음 뒤의 육신의 상태를 다룬다. 르 루아예는 마법사, 악령과의 소통에 관한 주제를 연구하였다. 또한 환영과 악랄한 사기 행각으로부터 보호하는 방법을 제안하기도 하였다.

이 놀라운 작품은 전능하신 하나님Deo Optimo Maximo에게 헌정하는 것이며, 앞서 말한 제목에서 알 수 있듯 8권으로 구성되어 있다. 1권은 유령의 정의를 다루며, 유령과 귀신을 부정하는 사두개인Sadducees의 입장에 반박한다. 또한 유령에게 신체가 있다고 생각하는 에피쿠로스학파Epicureans의 주장에 이의를 제기한다. 2권은 당시 과학과 다음의 주제를 접목하여 설명한다. 감각의 착각, 마력, 황홀과 마법사의 변신 그리고 묘약을 주로 다룬다. 3권은 유령의 신분, 임무, 계급과 명예를 다룬다. 여기에선 필린니온Philinnion과 폴리크리토스Polycritus의 이야기를 비롯해 유령과 악마가 등장하는 다양한 이야기를 설명한다.

4권은 유령이 어떤 사람을 찾아가는지를 살펴본다. 또 빙의 현상, 유령과 악마들이 자주 출몰하는 지역 등에 관해 논한다. 더불어 소크라테스Socrates의 사역마, 기적의 목소리, 경이로운 징조, 악마적인 꿈, 영혼 이탈에 관해 논의한다. 5권은 영혼의 본질, 영혼의 기원, 영혼의 기질, 사후 상태, 망자의 출현 등을 다룬다. 6권은 영혼의 출몰에 특히 집중하여 다룬다. 지옥에 떨어지거나 축복받은 영혼이 아닌 연옥의 영혼만이 다시 돌아온다는 것을 증명한다. 7권에선 엔도르Endor 무녀가 악마를 사무엘Samuel의 형상으로 불러냈던 이야기를 다룬다. 그리고 마법, 악마 소환, 마법사 등을 다룬다. 끝으로 마지막 8권은 구마 의식, 훈증, 기도와 그 외의 반악마적 방법들을 다룬다. 작가는 깊은 연구와 지식을 작품에 녹여내며, 악마를 쫓기 위해서는 무언가를 바쳐야 한다는 일반적인 생각에 반대한다.

'구마사는 악마에게 제물을 바친다는 생각을 할 수가 없다. 머리카락 한 올, 목초지에서 꺾은 풀의 잔가지라고 하더라도, 세상을 이루는 모든 것이 신께 종속되기 때문이다.'

농어 [Lubin / Sea Bass] 어린 토비아Tobias는 농어의 담즙을 이용해 아버지의 시력을 되찾고자 했다. 이 물고기의 담즙은 눈의 질병에 특효약이며, 심장은 악마를 쫓는다고 한다.[1]

(1) 르 루아예Pierre Le Loyer, 『귀신의 역사 혹은 귀신 환영Histoire des spectres ou apparitions des esprits』, 8권, 833페이지.

루세슴 [Lucesme] 마녀 집회에 소환되는 악마.

루키아노스 [Lucien / Lucian] 출생일과 사망일에 대해 알려진 것이 없는 그리스 작가. 루키아노스는 라리사Larissa의 마법사들에 의해 아풀레이우스Apuleius처럼 당나귀로 변했다는 풍설이 있다. 그는 그들의 마법이 사실인지 알아보려다가 이런 봉변을 당했다. 그리고 결국 그 또한 마법사가 되었다.

루시퍼 [Lucifer] 마법사들은 루시퍼가 동방을 지배하는 악령이라고 주장했다. 루시퍼는 월요일, 자신의 이름이 써진 원을 사용해 소환이 가능하다. 그는 대가로 쥐 한 마리를 받는 것에 만족한다. 루시퍼는 주로 지옥의 왕으로 여겨진다. 일부 악마학자의 말에 따르면 사탄보다 지위가 높다고 한다. 그는 종종 익살스러운 짓을 하는데, 마녀들이 집회에 타고 가는 빗자루를 빼앗은 다음 그들의 어깨 위에 올려 둔다. 이러한 장난은 1672년 스웨덴 모이라Moira 마녀들의 진술에서 알 수 있다. 이 마녀들은 루시퍼가 회색 옷, 파란색 긴 양말, 붉은색 반바지를 입고 리본 장식을 단 뒤 나타났다고 덧붙였다. 루시퍼는 유럽인과 아시아인을 지배한다. 그는 가장 아름다운 아이의 형상과 얼굴을 하고 나타난다. 분노할 경우 얼굴에 불길이 타오르지만, 난폭해지는 경우는 없다. 일부 악마학자의 말에 따르면, 그는 지옥의 대법관이다. 마녀 집회 호칭 기도에서 가장 먼저 소환된다.

루시페리안 [Lucifériens] 4세기 칼리아리 Cagliari 교회 분리론자 주교인 루시퍼Lucifer의 추종자들을 부르는 이름.

루코모리안 [Lucumoriens / Lukomorians] 모스크바Muscovy 황제의 신하들. 르 루아예Pierre Le Loyer의 말에 따르면 마멋처럼 10월부터 이듬해 4월 말까지 죽은 듯 잠에 든다고 한다⁽¹⁾.

   (1) 르 루아예Pierre Le Loyer, 『귀신의 역사 혹은 귀신 환영Histoire des spectres ou apparitions des esprits』, 4권, 455페이지.

루드럼 [Ludlam] 유명한 마녀 혹은 요정. 루드럼은 파넘Farnham 성 인근 동굴에 거주했다. 이곳은 주민들에게 '루드럼의 구덩이' 혹은 '루드럼의 동굴'이라고 불렸다. 민담에 따르면 루드럼은 악마학에서 자주 회자하는 악인 같은 존재는 아니었다고 한다. 반대로 적절한 방법을 통해 도움을 호소하는 이들에게 자비로움을 내리는 존재였다. 인근 가난한 주민들은 요리 도구와 농업 도구가 부족할 때마다 그녀에게 도움을 청했다. 그러면 그녀는 그들이 필요한 것을 기꺼이 빌려주었다. 누구든 이러한 물건을 빌리고자 하는 자는 밤에 그녀의 동굴에 찾아가 세 바퀴를 돌며 다음과 같이 말했다. "어진 요정 루드럼이여, 제게 냄비 같은 것을 보내주세요. 이틀 뒤에 돌려드리겠습니다." 이후 기도자가 자리를 떠나면, 다음 날 아침 동굴 입구에 원하는 물건이 놓여있었다. 물론 루드럼만큼 정직한 이들만 그녀를 찾는 것은 아니었다. 한 농부는 그녀에게 큰 가마솥을 빌렸다가 약속 기일을 훨씬 넘긴 뒤에 되돌려주었다. 이 늦장에 화가 난 루드럼은 가마솥을 돌려받길 거부했고, 이후 사람들이 하는 모든 요청에 답하지 않는 것으로 복수했다.

포투 [Lugubre / Potoo] 브라질의 새. 밤에만 침울한 울음소리를 들을 수 있다. 주민들은 이들이 죽은 자의 소식을 가져다준다고 생각하였기에 늘 경모했다. 프랑스인 여행자 레리Lery는 마을을 지나갈 당시 새소리를 신중히 듣는 주민의 모습을 보고 웃었다가 큰 소란이 일어났었다고 기록했다. 한 노인은 레리에게 다음과 같이 따끔하게 경고했다고. "조용히 해라. 우리 조상이 전하는 소식을 들어야 하니 방해 말거라."

륄(레이몬드) [Lulle(Raymond)] 뛰어난 헤르메스 철학자Hermetic philosophy 중 하나. 중세 시대 덜 알려진 학자 중 하나이기도 하다.

뤀은 1235년 마요르카Majorca 섬의 팔마Palma에서 태어났다.

뤀은 박식함은 물론 신성함에서도 두각을 보였다. 그는 헌신적인 선교사로 일생을 무어Moors인의 개종에 바쳤다. 1315년 6월 29일 성 피에르의 날, 그는 80세가 되었을 무렵 부지Bougie 인근에서 무함마드Muhammad 신봉자들이 던진 돌에 맞아 세상을 떠났다.

뤀은 박식한 화학자이기도 했다. 당대 연대기에는 그가 금을 만들었음이 확실하게 기록되어 있다. E. J. 델레클루즈E.J. Deleclusé는 뤀에 대한 찬사를 쓰며 다음과 같은 말을 남겼다. "11세기, 12세기, 13세기 화학자들은 미치광이일까? 금속의 변환은 정말 불가능한 일일까? 이런 질문에 답하는 것은 내 역할이 아니기에, 나는 현대 가장 뛰어난 화학자 중 하나의 말을 옮기는 것에 그치겠다. 뒤마Dumas는 말했다. '단순한 물질 변환이 불가능하다는 증거가 없다면, 적어도 현재 우리 지식 상태로 판단해 이 아이디어를 터무니없는 것으로 치부하지 않는 것에 동의한다.'"

마법의 빛 [Lumière Merveilleuse / Marvellous Light] 서펜티네트Serpentinette라고 불리는 풀을 4온스 준비한다. 이 풀을 밀폐된 옹기에 넣는다. 이후 말이 소화하여 위장에 머물도록 한다. 이는 곧 뜨거운 퇴비 속에서 2주일간 두는 것과 같다. 시간이 지나면 식물이 작고 붉은 지렁이로 변하는데, 여기서 짜낸 기름을 비술에 사용한다. 이 기름을 램프에 넣어 방을 밝히면 거주자는 졸음이 쏟아지며 깊은 잠에 빠지게 된다. 램프가 다 타기 전엔 누구도 잠든 이를 깨울 수 없다.

달 [Lune / Luna] 태양 다음으로 사베이즘Sabeism에서 신성하게 여기는 것. 핀다레로스Pindar는 달을 밤의 눈으로 묘사했다. 호라티우스Horace는 달을 침묵의 여왕이라고 불렀다. 일부 서양인들은 달을 우라니아Urania라고 부르며 숭배했다. 이집트에선 이시스Isis, 페키니아Phoenicia에서는 아스타르테Asarte, 페르시아에서는 밀리타Mylitta, 아랍에서는 알릴라트Alilat, 그리스에서는 셀레네Selene, 로마에서는 다이아나Diana와 비너스Venus 그리고 주노Juno를 달의 상징으로 보았다. 카이사르Caesar는 북부 민족과 고대 게르만족에게 불의 신, 태양의 신, 달의 신 외에 다른 신들의 숭배를 금지했다. 달을 숭배하는 문화는 갈리아Gaul로 전파되었다. 셴Sein 섬과 바스 브르타뉴Basse-Bretagne 남쪽 해안 지역에선 여사제가 달의 신탁을 받기도 하였다. 이들에겐 아를론Ara Lunæ(달의 제단)이 존재했다. 테살리아Thessaly 마법사들은 자신들이 달과 밀접한 관계를 지닌다고 주장했다. 이들은 월식 때 달을 삼키는 용을 해방하거나, 마법을 부려 달을 땅으로 내리는 능력이 있다고 말했다.

달에 사람이 살 수 있다는 상상은 여러 허구의 이야기를 만들어 냈다. 여기엔 시라노 드 베르제락Cyrano de Bergerac, 루키아노스Lucian의 여행 이야기, 아리스토텔레스Aristoteles의 우화 등이 있다. 아리스토텔레스의 우화에선 달에 위치한 상점이 등장한다. 이곳에는 라벨 붙인 유리병이 가득 차 있는데, 유리병 안에는 인간의 상식들이 하나씩 갇혀있다. 1835년엔 달에 사는 인간에 관한 해학 서적이 출간되었다. 이는 천문학자 허셀Herschel을 통해 만들어졌다. 허셀은 자신에게 주어진 위치를 인지하지 못한듯하다. 이 말도 안 되는 이야기는 미국에서 건너왔다.

페루인들은 달을 태양의 자매 또는 아내이자, 잉카족의 어머니라고 생각했다. 이들은 달을 모두의 어머니로 부르며 깊이 숭배했다. 하지만 신전을 만들거나 제물을 바치지는 않았다. 이들은 달의 표면에 보이는 검은 표식이, 어느 여우가 하늘에 오르던 중 달을 너무 세게 껴안는 바람에 생긴 흔적이라고 믿었다.

타히티인Tahitians들의 미신에 따르면, 달에 보이는 흔적들은 한때 타히티에서 자라던 나무에서 비롯되었다고 한다. 이 나무들이 모여 채워진 숲이 바로 달의 흔적이라는 것. 불의의 사고로 이 나무들이 파괴되었을 때, 비둘기들은 나무의 씨앗을 달로 옮겨 영원히 살아남도록 했다.[1]

이슬람교도들은 달을 깊이 숭배했다. 이들은 달이 뜨기 무섭게 절을 올렸다. 그리고 주머니를 열어 보이며 달이 차오르는 만큼 주머니도 함께 차오르게 해달라고 빌었다.

자바Java 섬 주민들인 니카보린Nicaborins들

은 달을 신으로 여겼다. 월식이 발생하면 시베리아 인근에서 우상숭배를 하던 중국인들은 큰 소란을 피웠다. 이들은 비명을 지르고 울부짖고 종을 울렸다. 또 나무나 냄비를 두들기고 탑에 있는 북을 울렸다. 이는 하늘의 악령 아라술라Arachula가 달을 공격한다고 믿었기 때문이다. 그렇기에 소음을 내면 이들에게 겁을 줄 수 있다고 생각했다.

몇몇 이들은 달에게 특출난 식욕이 있다고 주장했다. 또한 달의 위장은 타조처럼 돌멩이를 소화할 수 있다고 생각했다. 이 때문에 노후한 건물을 보면, 달이 이를 먹어서 훼손시켰다고 믿었다. 달이 특정한 날씨에 대리석을 갉아먹었다는 것이다.

살그Salgues[2]의 주장에 따르면 많은 이들은 특정한 달의 주기 동안 머리카락 자르기를 주저했다고 한다. 그리고 의학계에서도 결국 달이 인간 신체에 영향을 미친다는 것에 동의하였다[3].

많은 사람은 달돋이가 악령들이 무덤에서 일어나는 신비한 신호라고 생각했다. 동방에선 라미Lamies와 구울Ghoul이 달빛 아래 묘지에서 죽은 자들을 파헤쳐 연회를 펼친다고 믿었다. 독일 동부 일부 지역에선 흡혈귀가 달이 뜬 뒤에만 공격을 시작한다고 여겼다. 흡혈귀는 수탉이 울면 다시 지하로 돌아갔다.

일부 마을에서 신봉하는 기이한 미신에 의하면, 달은 흡혈귀에게 생명을 부여한다고 한다. 밤에 이 흡혈귀가 돌아다닐 때, 총알이나 창으로 맞춘다면 그것을 두 번 죽일 수 있다. 하지만 흡혈귀가 달빛에 노출된다면, 다시 힘을 되찾고 산 자들을 잡아먹게 된다.

(1)『쿡 여행기Voyages de Cook』. / (2)『오류와 편견Des erreurs et des préjugés』, 1권, 240페이지. / (3)열대 지역의 현상을 목격한 자들은 달의 영향을 충분히 고려하지 않았다. 달의 압력이나 인력은 파도에 강하게 작용한다. 그러므로 대기 또한 비슷한 영향에 노출된다고 보는 것이 정당하다. 열대 지역 저지대에서 자연을 주의 깊게 관찰한다면 계절, 동물, 식물에 미치는 달의 영향력에 매우 놀라게 될 것이다. 데메라라Demerara에선 매년 13번의 봄과 13번의 가을이 발생한다. 이는 나무 수액이 가지와 뿌리 사이를 13번이나 오르락내리락하는 것을 보고 알아낸 사실이다.

달의 영향과 얽힌 흥미로운 예시는 데메라라 숲에서 흔히 볼 수 있는 수목 발라바Vallaba에서 찾아볼 수 있다. 이 수목은 마호가니와 유사하다. 삭이 일어나기 며칠 전, 이 나무를 밤에 자르면 아주 튼튼하고 갈라지지 않는 훌륭한 건축재가 된다. 보름달이 떴을 때 이 나무를 자르면 얇은 나무판으로 잘 쪼개진다. 이에 건축용으로 쓰기에는 적합하지 않다. 팔뚝 크기로 대나무를 잘라 말뚝을 만들어 보자. 이 대나무를 삭일 때 자른다면 10~12년간 멀쩡할 것이다. 하지만 보름달에 자른다면 두 해안에 썩을 것이다.

달이 동물에게 끼치는 영향 또한 여러 예시를 통해 입증되었다. 아프리카에선 갓 태어난 동물이 보름달 아래 노출되면 어미 옆에서 몇 시간 만에 죽는다. 갓 낚인 물고기들도 보름달 빛을 받으면 부패하고, 고기 또한 소금을 뿌려도 상한다.

아무 생각 없이 달빛을 받으며 갑판 위에서 잠든 선원은 주맹증 또는 실명을 겪을 수 있다. 그리고 때로는 머리가 마법에 걸린 것처럼 부풀기도 한다. 정신착란에 걸린 사람들의 비명은 삭이나 보름달이 떴을 때 끔찍할 정도로 거세진다. 간헐열로 인해 생기는 다한과 오한은 부드러운 달빛이 땅에 닿을 때 심해진다. 달의 이러한 영향을 쉽게 보아선 안 된다. 대기에 영향을 주는 힘 가운데 달이 차지하는 비율이 상당히 강력하기 때문이다.

(마틴Martin의 영국 식민지 역사)

월요일 [Lundi / Monday] 러시아에서는 월요일을 불행한 날로 여긴다. 미신을 믿는 사람들은 이날 어떤 일에 착수하는 것을 내키지 않아 하는데, 여행도 그중 하나이다. 이는 널리 퍼진 미신이기에 믿지 않는 사람들도 해당 풍습에 맞춰 생활한다.

뤼르(기욤) [Lure(Guillaume)] 신학 박사. 1453년 푸아티에Poitiers에서 마법사란 판결을 받았다. 뤼르는 신을 배반한 뒤 악마와 계약을 맺고 섬겼다고 직접 실토하였다. 이를 본 증인도 있었다[1].

(1)드 랑크르, 『악마의 변화론Tableau de l'inconstance des démons』, 6권, 495페이지.

루리콘 [Luricaunes / Lurichauns] 요정에 속하는 장난꾸러기 소인족.

아일랜드에서는 레프러콘Leprechauns과 클루리콘Clurichaun, 티퍼레리Tipperary에서는 루리가돈Lurigadauns, 얼스터Ulster에서는 로게리Loghery로 불린다. 이들은 보물이 숨겨진 곳을 알고 있다.

루리당 [Luridan] 노르웨이와 라플란드Lapland에 사는 강력한 공기의 정령. **참조.** 해롤드Harold.

뤼지냥 [Lusignan] 뤼지냥 가문은 멜리진Melusine의 직계 후손으로 알려져 있다. **참조.** 멜리진.

루스모르 [Lusmore] 아일랜드인들은 식물 디기탈리스 퍼푸레아Digitalis Purpurea를 해당 명칭으로 부른다. 하지만 일반적으로는 '요정의 모자'라는 별칭을 더 많이 사용한다. 이는 종 모양의 꽃이 요정이 쓰고 다니는 모자와 비슷한 생김새를 하고 있기 때문이다. 이 식물은 기다란 줄기를 굽히며 초자연적 존재에게 존경의 마음을 담아 절을 한다고 알려져 있다.[1]

(1) 뒤포Dufau, 『아일랜드 설화Contes Irlandais』.

루터(마르틴) [Luther(Martin)] 유명한 종교개혁가인 마르틴 루터는 1484년 작센Saxony에서 태어나 1546년에 사망했다. 그는 수도사들의 자비로 교육을 받았으며 에르푸르트Erfurt의 아우구스티노 수도회Augustinians에 들어갔다. 신학 교수가 된 그는 면죄부 발부에 분노하였다. 그는 교황에게 대적하는 글을 썼으며 로마 교회에 대적하는 설교를 했다. 수녀 카타리나 보어Catherine Bore와 사랑에 빠진 루터는, 다른 여덟 수녀와 함께 그녀를 수도원에서 데려왔다. 그리고 예수 그리스도Jesus Christ가 사탄의 압정으로부터 영혼들을 빼앗은 일화와 이를 비교하는 글을 썼다.

여기에서는 그의 삶[1]을 자세히 실을 순 없지만, 그의 사망을 다룰 수는 있다. 그를 비방하던 사람들은 그가 악마에게 목이 졸려 죽었다고 말했다. 또한 아리우스Arius와 같이 기름진 식사를 한 뒤 화장실에 가던 중 사망했다는 풍문도 있었다. 이들의 주장에 따르면, 그의 묘지는 매장 다음날 파헤쳐졌는데 시신은 온데간데없고 참을 수 없는 유황 냄새만 가득했다고 한다. 조지 라포트르Georges Lapotre는 그가 악마 또는 마녀의 자식이었다고 주장했다.

루터가 사망할 당시, 동시대에 살았다고 주장하는 이들의 기록에 따르면, 악마들이 까마귀 옷을 입고 이 지옥 동맹자의 장례에 참석했다고 한다. 이들은 장례식에서 다른 사람의 눈에 띄지 않았다. 티라에우스Thyraeus는 이들이 루터를 이 세상 밖으로 데려갔고, 루터는 이 세상을 일시적으로 스쳐 간 것에 불과했다고 말했다. 또 다른 이야기에 따르면, 루터가 죽던 날 메헬렌Mechelen의 브라반트Brabant에선 모든 악마가 빙의자들의 몸을 벗어났다가 다음날 다시 돌아갔다고 한다. 이러한 부재의 이유를 물으면, 이들은 왕의 명을 받고 루터의 장례식에 참석했다고 답했다. 루터의 시종은 그의 죽음 후 매우 특이한 말을 남겼다. 그는 주인이 죽던 순간 바람을 쐬기 위해 창문 밖으로 고개를 내밀었다. 그리고 무서운 여러 악령이 집 근처에서 춤추는 것을 보게 되었다. 이때 까마귀들은 루터의 시신이 있는 비텐베르크Wittenberg까지 줄지어 울었다고 한다.

루터와 악마의 논쟁은 매우 유명한 이야기이다. 한 수도자가 어느 날 루터의 집 문 앞에 나타나, 그와 이야기하고 싶다는 열망을 내비쳤다. 과거 수도자를 지냈었던 루터는 그에게 문을 열어주었다. 그리고 방에서 가톨릭교도들의 일부 오류에 관한 이야기를 들었다. 수도자는 종교 개혁자들로부터 이러한 이야기를 들었으며, 이에 관해 더 이야기하고 싶다고 말했다. 처음에 간단한 문답을 주고받던 루터는 성가신 삼단논법을 동반한, 점점 더 어려운 질문에 직면하였다. 모욕을 당한 루터는 거칠게 말했다. "당신의 질문은 지나치게 복잡합니다. 그 질문에 답하는 것보다 급하게 해야 할 일이 있습니다." 말을 마치고 일어나던 중, 루터는 수도자가 끝이 갈라진 발과 발톱이 달린 손을 달고 있다는 걸 깨달았다. 루터는 다음과 같이 물었다. "너는 예수 그리스도가 탄생할 당시 머리가 깨진, 그것이 아니더냐?"

루터와 욕설을 주고받는 것이 아닌 지적인 대화를 하길 원했던 악마는, 이 종교개혁자가 던진 잉크병에 얼굴을 맞고 말았다[2]. 비텐베르크 벽에는 아직도 이 잉크 자국이 남아있다. 세부 내용은 조금 다르지만, 이 이야기는 금지된 미사와 루터에 관한 책인 『루터가 개인 미사에 관한 책에서 직접 언급한, 루터와 악마의 회담Colloquium Lutherum inter et diabolum, ab ipso Luthero conscriptum, in ejus libro de Missa privata』에서 찾아볼 수 있다. 루터는 어느 날 자정 경, 잠이 깼을 때 사탄과 말싸움을 벌였다. 사탄은 루터에게 가톨릭교의 실수를 언급하며 교황과 멀어지라 부추겼다. 여기서부터 루터의 이교는 어두운 기원을 가지게 되었다. 코르도모이Cordemoy 수도원장은 명백한 논증과 함께, 이 책의 저자가 루터라는 주장을 지지했다. 미셸레Michelet가 말했다시피, 루터에게 앞날을 내다보는 능력이 있었다는 것은 명백하다. 그리고 경신하는 자들에게 이 사실은 꽤 감명 깊은 듯하다. 신을 믿는 자들의 입장에서 보면, 루터는 악마를 보고도 남을 자였다. 하지만 잉크와 관련한 이야기는 허풍에 불과할 수 있다.

(1) 『지옥의 전설Légendes Infernales』 속 루터의 생애를 참조할 것. / (2) 멜란히톤Melanchthon, 『De examin. theolog. operum』, 1권.

루틴 [Lutins] 악마에 속하는 루틴은 악행보다는 짓궂은 일들을 벌인다. 이들은 사람들을 괴롭히며 즐거워하고, 고통을 주는 것 보다 겁을 주는 것을 좋아한다. 카르다노Cardan의 한 친구는 루틴이 출몰하는 방에서 잠을 자던 중에 기이한 일을 겪었다. 그는 솜처럼 말캉하고 차가운 손이 자기 목과 얼굴을 지나 입을 벌리려고 하는 것을 느끼게 되었다. 그는 입을 벌리지 않으려고 애쓰다가 잠에서 깼는데, 주변엔 아무것도 없었다. 오직 바로 옆에서 웃음소리만 들릴 뿐이었다. 르 루아예Pierre Le Loyer는 당시 못된 루틴들이 공동묘지에서 모임을 갖고 사람들을 공포에 질리게 만들었다고 주장했다. 이들은 사람들을 놀라게 하는 데 성공하면 여러 집을 찾아다니며 좋은 포도주를 통째 들이마셨다. 이들에게 루틴이라는 이름이 붙은 것은 인간과 싸우는*것을 즐기기 때문이다. 테르메스Thermesse에는 도시를 방문한 모든 이와 싸우던 루틴이 있었다. 전설에 따르면 이들은 결코 가혹하거나 잔인한 짓을 저지르지 않는다고 한다…. **참조.** 엘프Elfes 등.

* '뤼테Lutter'는 프랑스어로 싸운다는 의미를 가진다. 루틴은 이 단어에서 유래된 것이라는 설이 있다.

루친 [Lutschin] 스위스의 거대한 바위인 루친 아래에는 급류가 흐른다. 이곳은 어느 형제 살해범이 피 묻은 단검을 씻다가 익사한 곳이기도 하다. 그래서인지 살인이 일어났던 날과 같은 날짜, 같은 시간이 되면 급류 인근에선 울음과 비슷한 탄식 소리가 들린다. 그리고 살인자의 영혼은 이룰 수 없는 평온을 찾아 인근을 배회한다.

레슬러 [Lutteurs / Wrestlers] 싸움과 하찮은 장난을 좋아하는 악마. 이들의 이름에서 루틴Lutins이 유래되었다.

룩셈부르크(프랑수아 드 몽모랑시) [Luxembourg(François de Montmorency)] 프랑스의 장군으로 1628년에 태어나 1695년에 사망했다. 그는 악마와 계약을 한 혐의로 재판을 받았다. 룩셈부르크의 부하 중 하나인 보나르Bonard는 잃어버린 서류를 찾던 중, 이를 돕겠다던 르사주Lesage라는 남자를 만나게 되었다. 르사주는 마법과 점술에 빠진 정신이상자였다. 그는 보나르에게 교회를 방문해 시편을 외우라고 지시했다. 보나르는 르사주가 시키는 모든 일을 했지만, 서류를 끝내 찾을 수 없었다. 그리고 이후 뒤팽Dupin이라는 한 젊은 여성이 그 서류를 가지고 있음을 알게 되었다. 보나르는 르사주가 보는 앞에서 룩셈부르크 장군의 이름으로 주술을 걸었지만, 뒤팽은 서류를 돌려주지 않았다. 절망에 빠진 보나르는 룩셈부르크 장군에게 악마와 계약하도록 권유했다. 계약 이후 뒤팽은 암살당해 사망했고, 이 혐의는 룩셈부르크 장군에게로 향했다. 장군은 이 계약 때문에 재판장에 서게 되었다. 르사주는 장군이 악마를 찾았으며, 뒤팽을 죽게 만들었다고 고발했다. 뒤팽의 암살자들은 그녀의 몸을 여러 조각 낸 다음 룩셈부르크 장군의 명에 따라 강에 버렸다고 실토했다. 귀족원에선 이 재판의 판결을 내려야 했다. 하지만 재판 진행 중 찜찜한 부분이 있음을 알아챘다. 귀족원에선 르사주와 다보Davaux라는 또 다른 마법사의 대면을 진행했다. 그리고 르사주에게 한 명 이상의 사람에게 마법을 걸어 살해한 죄를 물었다. 이 혐의를 조사하던 중, 르사주는 장군이 악마와 계약을 맺어 자식 중 하나를 르부아Louvois 가문과 혼인시키려 했다고 주장했다. 재판은 14개월이나 지속되었으나, 어떠한 판결도 내려지지 못했다. 그리고 라 부아젱La Voisin, 라 비구루Vigoureux, 르사주는 범죄에 가담한 죄로 그레브 광장Place de Grève에서 화형에 처해졌다. 룩셈부르크 장군은 석방되어 시골에서 며칠을 보낸 뒤 다시 재판소로 돌아가 경비 대장의 임무를 맡게 되었다.

룩셈부르크 남작 부인 [Luxembourg(La Maréchale de / Marshal's Wife)] 룩셈부르크 남작 부인에게는 정이 든 늙은 시종이 있었다. 어느 날 이 시종이 위험한 병에 걸리자, 부인은 크게 걱정했다. 그녀는 사람을 보내 계속 그의 안부를 살폈으며, 직접 방문하는 일도 잦았다. 고요한 밤, 남작 부인은 난데없이 불안을 느끼고 잠에서 깨어났다. 그리고 시종의 상태를 살피기 위해 종을 울리고 방의 커튼을 걷어냈다. 그 순간, 흰 수의를 입은 유령이 그녀의 방으로 들어온 것을 보게 되었다. 그리고 다음과 같은 말을 들었다. "제 걱정은 하지 마십시오. 저는 이 세상 몸이 아닙니다. 그리고 오순절 전에 당신 또한 저와 함께할 것입니다." 이후 남작 부인

에게 열병이 찾아왔고 곧 위험한 지경에 이르렀다. 공포가 극에 달한 것은, 유령으로 왔던 시종이 사망했음을 깨달았을 때였다. 하지만 남작 부인은 이 유령의 예언으로부터 살아남았다. 그리고 이 사건은 유령 예언의 명성에 큰 오점을 남기게 되었다.

(1) 『유령 또는 유령이라고 하는 것들의 이야기Histoire des revenants ou prétendus tels』, 1권, 174페이지.

늑대인간화 [Lycanthropie / Lycanthropy] 라이칸트로피. 인간이 늑대로 변하는 현상. 보통 늑대인간으로 불린다. **참조.** 늑대인간Loups-Garous.

리카온 [Lycaon] 아르카디아Arcadia의 왕 펠라스고스Pelasgus의 아들로, 리카오니아Lycaonia라는 이름을 얻었다. 리카온은 산속에 (그리스에서 가장 오래된 도시인) 리코수라Lycosura를 지어 주피터Jupiter에게 제물을 바쳤는데, 이때 인간을 희생양으로 사용했다. 그는 인육을 먹기 위해 그곳을 지나는 모든 이방인을 살해했다. 하루는 주피터가 그의 집을 방문하였고, 리카온은 늘 하던 것처럼 그가 잠들 때 살해하기 위한 계획을 세웠다. 하지만 그 전에 그가 정말 신인지 확인을 해보고 싶어졌다. 그는 손님 중 한 명의 (노예라는 주장도 있다) 팔다리를 주피터의 저녁 식사로 내어 왔다. 이에 분노한 주피터는 벼락을 내려 도시를 불태웠고, 리카온을 늑대로 변신시켰다. 이렇게 최초의 늑대인간이 탄생했다.

일부 전설에 따르면, 리카온은 십 년 뒤 인간의 모습을 되찾았는데 그 시간 동안 인육을 먹어선 안 되었다고 한다.

리카스 [Lycas] 테메즈Themese의 악마. 그리스인들 사이에서 유명했으며, 기사 에우티미우스Euthymius가 쫓아냈다. 리카스는 매우 검고 흉측한 얼굴과 신체를 가졌으며, 늑대 가죽으로 만든 옷을 입었다.[1]

(1) 르 루아예Pierre Le Loyer, 『귀신의 역사Histoire des spectres』, 198페이지.

불꽃점 [Lychnomancie / Lychnomancy] 램프 불꽃을 관찰하여 보는 점술. 일부 기록이 남아있다. 심지에서 불티가 튕겨 나오면 새로운 소식이 들려올 방향을 알 수 있다. **참**

조. 램프점Lampadomancie.

스라소니 [Lynx] 고대인들은 스라소니에 놀라운 능력이 있다고 믿었다. 바로 벽을 투시하고 보석도 만들어 낼 수 있다는 것이었다. 플리니우스Pliny는 진지하게 스라소니 소변 줄기가 호박, 루비, 석류석 등으로 변한다고 주장했다. 그리고 마치 이 능력을 시기하듯, 속 좁은 스라소니가 부를 나누고 싶지 않아 하며 배설한 보석을 흙으로 덮어둔다고 덧붙였다. 스라소니가 조금만 더 속이 넓었다면 우리는 호박, 루비, 석류석을 거저 얻을 수 있었을 텐데[1].

(1) 살그Salgues, 『오류와 편견Des erreurs et des préjugés』, 2권, 105페이지.

리지마키아 [Lysimachie / Lysimachia] 식물. 소나 다른 짐승이 끄는 수레 쇠사슬에 올려두면 가축이 싸우지 않는다고 하여 이런 이름이 붙었다.

뤼시마코스 [Lysimaque / Lysimachus] 팔레롬의 데메트리우스Demetrius of Phalerum가 소크라테스Socrates에 관해 쓴 글에서 언급한 예언자. 점성술 표를 사용해 해몽하며 생계를 이어갔다. 뤼시마코스는 바쿠스Bacchus 사원 인근에 거주했다[1].

(1) 플루타르코스Plutarch, 『아리스토텔레스의 생애Vie d'Aristote』, 66절.

M

야코 [Ma / Yako] 일본에서 악령을 칭하는 단어. 또한 큰 재난을 일으키는 여우를 같은 명칭으로 부른다. 일본 광신도들은 오직 한 종류의 악마만 존재한다고 믿는다. 이 악마는 악인의 영혼이며 죽은 후에 여우에 빙의한 뒤 움직인다.

맙 [Mab] 아일랜드의 요정 여왕. 티타니아Titania라고도 불린다.

마베르트 [Maberthe] 『플랑드르 빙의자들의 이야기Histoire des possédés de Flandre』(2권, 275페이지)에는 다음과 같은 내용이 등장한다. 유럽의 한 왕국에 마베르트라는 이름의 처녀가 살았다. 그녀는 마치 천국에서 사는 것처럼 생활했다. 이러한 모습을 보고 그녀를 동정한 스웨르트Swert 영주는, 1618년 그녀를 집에 들였다. 그녀는 스스로를 성녀라 칭하고 신이 자주 말을 건다고 주장했다. 하지만 이 경이로운 일을 주교에게 말하기를 거부했고, 이는 의심을 샀다. 하루는 악마가 그녀의 손을 잡고 길을 걸었다는 이야기가 전해지자, 스웨르트 영주는 그녀가 앞서 언급된 주교와 이야기를 나눌 것을 고집했다. 그리고 마베르트는 이에 동의했다. 만남 이후, 아무것도 명백히 밝혀지지 않았고, 그녀는 다음과 같이 말하며 집으로 돌아갔다. "내가 아는 것을 저들이 듣는다면, 나를 마녀라고 생각하겠지." 결국 이 여성이 저지른 가증한 일들이 밝혀졌다. 하지만 그녀는 부끄러워하지 않았다. 누군가 마베르트에게 개종할 것을 권하자, 그녀는 다음과 같이 말했다. "고려해 볼게요. 아직 24시간이라는 시간이 있으니까요." 그리고 이후 화형에 처해졌다.

맥 알란(파니) [Mac-Allan(Fanny)] 참조. 관Cercueil.

맥 알지언(유페미) [Mac-Alzéan(Euphémie)] 가톨릭교도라는 이유로 마녀로 몰렸다. 참조. 제임스 1세Jacques Ier.

맥 카티 [Mac-Carthy] 아일랜드 전설에 등장하는 찰스Charles 맥 카티는 방탕한 청년기를 보낸 뒤 죽음을 맞이했다. 하지만 그는 시체를 묘지로 옮기기 직전에 부활하였다. 이후 맥 카티는 사후 세계에 관한 흥미로운 이야기들을 들려주었다. 혼수상태에서 꾼 꿈이었을까, 아니면 신의 특별한 은총이었을까? 뭐가 되었든 우리가 판단할 일은 아닐 것이다.

맥 도날드(아치볼드) [Mac-Donald (Archibald)] 유명한 예언가. 10리유* 밖에서 걷고 있는 사람을 볼 수 있었으며, 그 사람의 모든 특징을 묘사할 수 있었다[1].

[1] 두 번째 시각에 관하여, 괴레스Görres의 『신비주의Mystique』 3권에서 인용. / * 과거의 거리 단위. 1리유는 약 4km 정도이다.

마차 할라 또는 메사 할라 [Macha-Halla, Messa-Hala] 8세기에 살았던 아랍의 점성가. 카시리Casiri*가 작성한 목록에선 그의 저서를 여러 권 찾을 수 있다. 마차 할라의 주요 서적은 라틴어로 번역되었다. 그의 저서는 다음과 같다. 1)『천체와 원소에 관한 개론Traité des éléments et des choses célestes』. 2)『세계의 연도 혁신De la révolution des années du monde』. 3)『탄생과 행성의 의미De la signification des planètes pour les nativités』(1549년, 뉘른베르크). 보들리안 도서관Bodleian Library은 수사본 가운데『점성술 문제Problèmes astrologigues』히브리어 번역본(아벤 에즈라 역)을 소유하고 있다.

* 유명한 마론파 교도이자 동양학자.

기계 [Machines] 학자들은 역학을 이용해 복잡한 기계를 만들었지만, 순진한 이들은 원리를 이해하지 못해 마법이라 생각했다. 참조. 대 알베르투스Albert le Grand.

데카르트Descartes는 동물에게 영혼이 없으며 외부 충격에 의해 자극되고 움직이는, 잘 만들어진 기계에 불과하다고 주장했다. 그는 이러한 사실을 입증하기 위해, 큰 노력을 기울여 자동 기계를 만들었다. 이 철학자가 배에 자동 기계를 실었을 때, 선장은 안에 든 것이 무엇인지 궁금해 상자를 열어 보았다.

그리고 마치 무언가에 조종받는 듯한 기계 움직임에 놀란 선장은 이를 악마라고 생각해 바다에 던져버렸다. 데카르트가 동물에게 영혼이 없다고 생각하게 된 이유 중 하나는, 이들이 발전할 수 없기 때문이다. 이는 태초부터 늘 증명된 사실이다.

마클리스 [Machlyes] 아프리카* 신화 속 민족.
플리니우스Pliny는 이들이 자웅동체로, 오른쪽 가슴은 남성의 것을, 왼쪽 가슴은 여성의 것을 닮았다고 주장했다.

* 현대의 리비아 지역이다.

맥 인토스 [Mac-Intos] 참조.
관Cercueil.

검둥오리 [Macreuses / Scoters] 오릿과에 속하는 새.
잉글랜드, 스코틀랜드, 아일랜드 해안을 따라 넓게 서식한다. 이 새들은 다양한 이야기와 전설을 가지고 있다. 일부 작가들은 검둥오리가 알에서 태어나는 것이 아니라 바닷가의 조개 속에서 태어난다고 주장했다. 이외에도 버드나무와 비슷한 나무 열매가 검둥오리로 변한다고 말하는 이도 있었다. 이 나무의 잎사귀는 땅에 떨어지면 새로, 물에 떨어지면 물고기로 변한다고. 르브룅Lebrun 사제는 검둥오리가 다른 새와 똑같은 방법으로 번식을 한다는 상식에도 불구하고 여전히 이러한 믿음이 존재한다는 것에 놀라움을 표했다. 대 알베르투스Albert le Grand는 이미 이러한 민담에 대해 확실히 짚고 넘어갔다. 후세의 한 여행자 또한 스코틀랜드 북부에서 검둥오리 무리를 발견했다. 그는 부화하기 직전의 알들을 찾았고 이를 맛보았으며 확실히 기록했다.

살그Salgues[1]는 다음과 같은 일화를 기록했다. '불과 얼마 전 노르망디Normandy의 한 일간지에선 20년간 물 아래 잠겨있던 한 선박의 돛대가 그랑빌Granville 해안에서 발견되었음을 발표했다. 이 발견은 매우 놀라운 일이었는데, 돛대가 노르만인들이 바르나클Barnacle (또는 베르나슈Bernache)이라고 부르는 해산물의 한 종으로 뒤덮여 있었기 때문이었다. 이 바르나클은 기다란 창자처럼 생겼으며 안에는 노란색 액체가 들어있었다. 주민들은 이 해산물 껍질 끝부분에서 검둥오리가 탄생한다고 믿었다. 이 터무니없는 소문은 삽시간에 퍼졌다.' 살그는 파리 시민들이 작은 조개껍질 끝에서 태어나는 오리를 믿는다는 사실에 매우 놀랐다.

존스턴Johnston은 『자연 기적에 대한 연구Taumatographie naturelle』에서 검둥오리들이 썩은 나무에서 생성된다고 저술했다. 먼저 썩은 나무가 지렁이로 변한 뒤, 지렁이가 새로 변한다는 것이다. 이러한 주장은 권위 있는 역사가 헥토르 보에스Hector Boece의 기록에 기반했다. 1490년 보에스는 스코틀랜드 해안에서 썩은 나뭇조각을 낚은 사람들을 발견했다. 이후 해당 지역 귀족이 보는 앞에서 나무 조각을 잘라보니, 상당한 양의 지렁이들이 나왔다. 귀족과 목격자들을 경악하게 만든 것은 이 지렁이들이 점점 새의 형태를 갖췄다는 것이었다. 지렁이의 일부는 몸 전체가 붉게 남아있었고, 일부는 깃털이 달리기 시작했다. 이 기이한 현상을 본 사람들은 인근 교회에 나무를 가져다 놓고 보관하기로 하였다. 보에스는 이 이야기의 진실성을 보장하기 위해 자신이 그 비슷한 기적을 들은 적이 있다고 덧붙였다. 바닷가 인근 소교구 교회 한 신부는 많은 양의 해초와 갈대를 건져냈다. 이 해조류들의 뿌리에는 독특한 조개가 달려있었고, 이를 열어보니 물고기가 아닌 새가 들어있었다. 보에스는 신부가 이 경이로운 이야기를 자신에게 직접 들려주었다고 기록했다. 또한 이 사건의 진실성을 자신이 보장할 수 있다고 강조했다….

(1) 『오류와 편견Des erreurs et des préjugés』, 1권, 448페이지.

맥로도 [Mac-Rodor] 스코틀랜드의 의사로 다음과 같은 모험을 겪었다.
'1514년 트와 리유Trois-Rieux는 함께 보르도Bordeaux에 거주하던 맥로도에게 자신이 죽으면 악마가 되어 찾아올 것이라고 맹세했다. 또 맥로도에게 복종하며 다른 이들의 비밀을 알려주겠다고 덧붙였다. 이 맹세를 위해 두 사람은 깨끗한 양피지에 피의 서약을 했다. 이 맥로도라는 자는 마법사처럼 여겨지던 사람이었다. 그와 그의 가족은 모두 비참한 끝을 맞이했다. 맥로도는 앞서 말한 맹세로 인해 집에서 체포되었는데 일곱 신, 일곱 천사, 일곱 행성, 초상화, 문자, 선, 점들이 새겨져 있는 둥근 동판과 함께 발견되었다. 이들은 모두 미지의 것들이었다.

(1) 드 랑크르Pierre de Lancre, 『악마의 변화론Tabl. de l'inconstance des démons』 등, 2권, 174페이지.

마코카 [Maczocha / Macocha] 폴란드의 한 지하 동굴. 후스파Hussites 시대에 어느 죄인이 이곳에 던져졌다. 그는 무시무시한 용의 등 위를 미끄러져 빠져나왔다. 이 일화 덕분에 동굴 또한 유명해졌다. **참조.** 오베슬릭Obesslik.

막달레나 델라 크루즈 [Madeleine de la Croix / Magdalena dela Cruz] 코르도바Cordoba의 수녀. 16세기에 방종한 삶을 살았다. 그녀는 자신이 마녀이며 사역마를 가졌다며 떠들고 다녔다. 프랑수아 드 토르 블랑카Francois de Torre-Blanca는 그녀가 겨울에는 장미를, 8월에는 눈을 나타나게 할 수 있으며 벽을 열리게 만들었다고 기록했다. 막달레나 델라 크루즈는 종교재판을 통해 체포되었다. 그녀는 모든 것을 자백한 뒤 속죄 고행형을 받았다. 당시 재판관들은 지독한 거짓들이 담긴 책 속 평판에도 불구하고, 그리 잔혹한 편이 아니었다.

마가 [Magares / Magars] 밍그렐리아Mingrelia의 마법사들. 이들의 불능 저주 때문에 주민들은 매우 두려워했다. 혼인을 앞둔 부부들은 불쾌한 저주가 걸리는 것이 두려워 늘 몰래 결혼식을 올렸다. **참조.** 불능 저주Ligatures.

메이지 [Mages] 조로아스터Zoroaster의 신도들. 이들은 불을 숭배하는 위대한 마법사들이었다. 악마학자들은 이들에게서 마법사Mage의 마법Magic 또는 기술의 명칭이 유래되었다고 주장한다. 이들은 점성술에 기반을 둔 윤회 사상을 설파했다. 메이지의 교리에 따르면 이 세계를 떠나는 영혼은 모든 행성을 차례로 방문한 뒤 다시 지구로 돌아온다.

마법과 마법사들 [Magie et Magiciens / Magic and Magician] 마법은 인간의 능력 밖의 것을 행하는 기술이다. 이는 악마의 도움을 받거나, 종교가 금지하는 일부 의식을 통해서 행해진다. 이 기술을 사용하는 자는 마법사라고 불린다. 마법에는 여러 종류가 있다. 흑마법, 자연마법, 천상마법, 판별 점성술 그리고 의식마법으로 구분된다. 의식마법은 악마의 소환을 다룬다. 이는 지옥 권력자들과 명확한 또는 암묵적인 계약을 맺어야 가능하다. 이 마법에서 파생된 분야로는 카발라, 주술, 저주, 망자와 악령의 소환, 숨겨진 보물과 심오한 비밀의 발견, 점술, 예언 능력, 마법과 기적을 통한 병의 치료, 부적과 호신부를 이용한 수호, 마녀 집회의 참석 등이 있다.[1]

악마학자들의 주장에 따르면 자연마법은 인간의 일반적인 역량을 벗어나 미래를 아는 마법이다. 또한 자연적 방법을 통해 기적의 효과를 얻는 것도 자연마법에 포함된다. 인공마법은 눈을 현혹하고 군중을 놀라게 하는 것을 목적으로 한다. 자동인형, 요술, 마술이 이에 속한다. 백마법은 선한 천사를 소환하거나, 소환 없이 이들을 통해 놀라운 일을 행하는 것이다. 백마법 소환술은 솔로몬Solomon이 발명한 것으로 알려져 있다. 소환이 동반되지 않는 백마법은 종종 자연마법이나 인공마법과 혼동되기도 한다. 끝으로 흑마법 또는 악마의 마법은 악마로부터 전수되며 그의 영향 아래 행해지는 마법이다. 이는 악마와의 계약을 통해서 이루어진다. 이 마법은 악마의 협력을 이용해 자연의 원리를 초월하는 것에 있다. 이 종류의 마법은 마법사들이 행한다. 흑마법은 함Cham이 발명했다고 한다. 혹은 흑마법 보존에 기여했다고 전해진다. 악마학자들의 주장에 따르면 신이 대홍수를 내린 것은 이 땅을 더럽히던 마법사들로부터 정화하려 함이었다고 한다. 함은 아들 미즈라임Mizraim에게 마법과 저주를 가르쳤다. 이 아들은 놀라운 기적을 행하며 조로아스터Zoroaster라고 불렸다. 그는 이에 관해 십만 행의 글을 썼고, 제자들이 보는 앞에서 악마에게 붙들려 갔다.

실제로 마법은 존재한다. 그리고 교회는 이를 배교적 행동이나, 사탄 군대와의 연대라고 확신했다. 이 글에선 성서에 등장하는 마법과 마법사들의 사실 여부를 굳이 다루지 않겠다. 이러한 의문은 오직 경신하는 자들의 잘못된 믿음에서 생겨나기 때문이다. 이렇게 경신하는 자들은 늘 부정하는 경향이 있다. 하지만 모든 민족은 마법의 존재를 인정했다. 회의적인 사람도 최면술의 경이로움을 본다면, 이를 부정하지 못할 것이다. 여기에선 오로지 사실 그 자체만을 이야기하며 이것의 해석 방식은 다루지 않겠다. 많은 이들은 여러 사건을 마법 탓으로 돌리고 있지만, 이러한 사건들이 모두 마법으로 인해서만 생기는 것은 아니다. 지난 몇백 년간 작가들은 마법을 지나치게 경신해 왔고, 글에서도 그것이 자주 드러났다. 이들은 마법이 저항할 수 없는 능력을 준다고 주장하였다. 그리고 지팡이의 움직임, 말 한마디, 신호 한 번으로 많은 것들을 뒤엎는다고 믿었다. 또 자연의 규칙을 바꾸고, 지옥의 권력자들에게 세상을 바치고, 태풍과 바람과 뇌우를 몰고 오며, 마음대로 추위와 더위를 조절한다고 생각했다. 베커Vecker의 기록에 따르면, 마법사들은 놀랍도록 가볍게 하늘에서 이동할 수 있다고 한다. 또 이들은 가고 싶은 곳은 어디든 갈 수 있다. 심지어 해적 오돈Oddon처럼 물 위를 걸을 수도 있다(오돈은 어떤 배도 없이 바다 위를 이동할 수 있었다).

한 마법사가 관중을 재미있게 해주기 위해 하인의 목을 잘랐다. 문제는 떨어져 나간 머리를 다시 돌려놓는 데 있었다. 그가 머리를 다시 붙이기 위해 준비를 하는 동안, 다른 마법사가 그를 방해하려 들었다. 목을 자른 마법사는 식탁 위에 백합이 나타나게 했다. 그러자 방해하려던 마법사의 머리가 툭 잘려 나갔다. 바닥에 쓰러진 그는 머리도 목숨도 붙어있지 않았다. 마법사는 재빨리 하인의 머리를 붙인 뒤 달아났다. 이러한 이야기들은 지어낸 것이 분명하지만, 역사를 고루 하지 않게 만들어 준다.

1284년, 또 다른 마법사는 무수한 쥐들로부터 하멜린Hamelin을 구해냈다. 그는 마법 피리를 사용했다. 이 피리 소리는 도시의 온갖 쥐들을 불러들였다. 하지만 도움을 받은 하멜린의 귀족들은 마법사에게 약속한 비용을 지급하지 않았다. 이에 마법사는 복수를 위해 다른 피리를 준비했다. 다른 피리 소리는 도시의 모든 아이를 불러들였다. 아이들은 도시로 돌아가지 않았고, 트란실바니아Transylvania로 보내졌다. 몇몇 유적들은 이 사건이 실화임을 증명한다[2]. 구스파프 니에리츠Gustav Nieritz는 이를 기반으로 동화를 만들었다[3].

『아르게니스Argenis』 후속작에서, 무쳄베르크Mouchemberg는 마법사 렉실리스Lexilis의 놀라운 사건을 기록했다. 이 사건은 로마가 전성기를 맞이하기 불과 얼마 전에 일어났다. 렉실리스는 튀니스Tunis 군주의 명령으로 감옥에 갇히게 되었다. 이때 그가 갇혔던 감옥 간수의 아들에게 기이한 일이 일어났다. 간수의 아들은 갓 결혼했으며, 연회는 도시 밖에서 진행되었다. 저녁이 되었고 행사의 하나로 공놀이가 진행되었다. 신랑은 몸을 자유롭게 움직일 수 있도록 결혼반지를 빼, 인근 동상 손가락에 끼워두었다. 놀이가 끝난 뒤, 그는 반지를 찾으러 동상으로 향했다. 하지만 동상의 손은 주먹을 쥐고 있었고, 결국 다시 반지를 찾지 못했다. 이는 중세 시대의 여러 민담에서도 자주 언급되던 이야기이다. 청년은 이 기이한 일을 말하지 않고 있다가 모든 사람이 귀가했을 때 다시 동상 앞으로 돌아갔다. 동상의 손은 처음처럼 펴진 채로 뻗어져 있었다. 하지만 그가 끼워 둔 반지는 사라지고 없었다.

이 사건은 청년을 깊은 충격에 빠뜨렸다. 그는 가족에게 돌아갔지만, 아내와 함께할 수 없었다. 청년 앞에 단단한 몸뚱아리가 막아서고 있었기 때문이었다. 몸뚱이리는 말했다. "너는 오늘 나와 결혼했으니까, 나랑 시간을 보내고 안아줘야 해. 나는 네가 손가락에 반지를 끼운 동상이야." 깜짝 놀란 새신랑은 부모를 찾아 이 이야기를 전했다. 이에 청년의 아버지는 감옥 열쇠를 주며 렉실리스를 찾아가 볼 것을 권했다. 남자는 감옥을 찾았고, 탁자 위에서 잠들어 있는 마법사를 발견하였다. 청년은 렉실리스가 일어날 참을성 있게 기다렸지만 깨지 않자, 그의 발을 조심스럽게 잡아당겼다. 그러자 렉실리스의 다리는 툭 빠져 버렸다…. 정신을 차린 렉실리스는 외마디 비명을 질렀다. 또 감옥의 문이 저절로 닫혔다. 청년은 벌벌 떨며 렉실리스의 발밑에서 용서를 빌었다. 그리고 현재 처한 상황을 이야기하며 도움을 청했다. 렉실리스는 자신을 풀어주면 그를 동상에게서 구해주겠다고 말했다. 청년이 이를 약속하자 렉실리스는 다리를 원래대로 돌려놓고 그곳을 나왔다.

풀려난 렉실리스는 청년에게 편지를 한 장 써주었다. 그리고 다음과 같이 말했다. "자정에 사거리로 가서 조용히 서 있게. 그리고 사거리를 지나가는 사람들을 살펴보아야 하네. 곧 성대한 행렬이 여길 지나가게 될 것이야. 기사, 행인, 귀족, 군인, 일반인, 슬픈 자, 즐거운 자 등으로 이루어진 무리 말일세. 여기서 자네는 무엇을 보고 듣든 서서 움직이지 말아야 하네. 이 사람들이 지나가면, 수레에 탄 거대한 자가 등장할 것이야. 아무 말도 하지 말고 그에게 이 편지를 전하도록 하게. 그러면 자네가 고민하던 것이 해결될 것이네." 청년은 렉실리스가 말하는 대로 사거리로 갔다. 그리고 성대한 행렬이 지나가는 모습을 지켜보았다. 그리고 마지막에는 개선 전차를 탄 행렬의 우두머리가 나타났다. 전차 속의 우두머리는 청년의 앞을 지나며 위협적인 눈빛을 보냈다. 그리고 어찌 자신이 지나가는 길목에 서 있는 것인지 물었다. 청년은 용기를 내 손을 뻗어 그에게 편지를 건넸다. 각인을 알아본 그는 즉시 편지를 읽고 소리쳤다. "렉실리스가 아직도 살아서 이 땅에 있단 말인가!" 잠시 후, 그는 시종 중 한 명을 보내 동상에게 반지를 받아오라 시켰고, 젊은 신랑의 괴로움은 이렇게 끝을 맺었다.

하지만 감옥 간수는 튀니스 왕에게 렉실리스의 탈옥을 알렸다. 사방에서 조사가 이뤄지는 동안, 렉실리스는 스스로 왕국을 찾았다. 그의 뒤에는 20명의 여성이 왕을 위한 맛있는 음식을 들고 있었다. 왕은 음식들을 먹으며 이토록 맛있는 음식은 처음이라고 고백했다. 하지만 렉실리스를 체포하라는 명령을 취소하지는 않았다. 근위병들이 렉실리스를 체포하기 위해 붙잡자, 그는 죽은 개로 변했다. 근위병들은 개의 배에 모두 손을 올리고 있었다…. 왕실에서 벌어진 이 일은 비웃음거리가 되었다. 상황이 정리되고, 병사들은 렉실리스의 집을 찾았다. 렉실리스는 창문에 서서 사람들이 오는 것을 지켜보았다. 병사들은 그를 찾자마자 문으로 달려갔지만, 문은 즉시 닫혀버렸다. 이에 근위대 대장이 항복할 것을 명하며, 복종을 거부하면 문을 부수겠다고 협박했다. 렉실리스는 다음과 같이 물었다. "내가 항복하면 내게 뭘 해주겠소?", "예의를 갖춰서 왕께 데려다주마." 렉실리스는 다시 또 물었다. "예의라니 감사하오, 하지만 어느 길로 날 데려갈 것이오?" 근위대 대장은 손가락으로 찾아온 길을 가리켰다. "이 길로 갈 것이다." 그러자 갑자기 강의 물이 범람하였고, 근위대 대장이 막 가리킨 길이 물에 잠겼다. 물은 순식간에 병사들을 향했고 병사들의 목까지 차올랐다. 렉실리스는 웃으며 소리쳤다. "왕실로 돌아가시오. 나야 문제없이 몰래 들어갈 수 있으니."

이 사실을 전해 들은 왕은 마법사를 벌하겠노라고 다짐했다. 그는 직접 채비를 한 뒤, 렉실리스를 잡기 위해 길을 나섰다. 그리고 시골에서 평화롭게 산책하는 렉실리스를 목격했다. 병사들은 그를 잡기 위해 재빨리 둘러싸고 포위했다. 하지만 렉실리스의 손짓한 번에 병사들의 머리는 바닥에 생긴 두 말뚝 사이에 박혀버렸다. 또 말뚝에서 나갈 수 없도록 머리 위로 사슴뿔이 달리게 되었다. 이 자세로 병사들은 움직일 수 없었고, 지나가던 아이들은 막대기로 병사들을 매질했다. 렉실리스는 이를 보며 깔깔 웃었다. 이 모습을 목격한 왕은 격노했다. 이때 왕은 렉실리스 발아래에 문자가 새겨진 사각 양피지 조각이 떨어진 것을 발견하게 되었다. 튀니스의 왕은 허리를 숙여 마법사가 보지 못하는 새에 양피지를 주웠다. 왕의 손에 양피지가 들어가자마자 병사들은 뿔에서 해방되었고, 말뚝은 사라졌다. 그리고 렉실리스는 체포되어 쇠사슬에 묶여 다시 감옥에 갇히게 되었다. 이후 렉실리스는 사형을 선고받고 단두대에 올랐다. 하지만 여기서도 그는 마법을 부렸다. 사형집행인이 렉실리스에게 쇠몽둥이를 내리치려는 순간, 그는 와인으로 가득 채워진 북으로 변했다. 이후 아무도 튀니스에서 렉실리스를 목격하지 못했다….

다음은 바이어Johann Weyer가 기록한 또 다른 이야기이다. "마그데부르크Magdeburg의 한 마법사는 무대 위에서 요술, 마법, 현혹, 기적을 행하며 생계를 이어갔다. 어느 날 마법사는 공연에서 마법을 통해 놀라운 행동을 하는 작은 말을 소개했다. 공연이 끝났을 때, 마법사는 인간들로부터 받는 돈이 너무 적기에 하늘로 올라가겠다고 소리쳤다…. 그는 채찍을 공중에 던졌고, 채찍은 하늘로 올라가기 시작했다. 그리고 작은 말은 이 채찍의 끝을 문 채 함께 떠올랐다. 뒤이어 마법사는 말의 꼬리를 붙든 채 함께 올라갔다. 마법사의 아내는 남편의 다리를 붙들고 따라 올라갔다. 다음으로 이 집의 하녀가 부인의 발에 매달렸고, 시종은 하녀의 치마를 잡고 매달렸다. 채찍, 작은 말, 마법사, 그의 아내, 하녀, 시종은 사람들 눈에 보이지 않을 정도로 멀리 날아갔다. 관객들은 감탄하며 얼이 빠져 한참 하늘을 쳐다보았다. 이때 한 남성이 나타나 왜 다들 놀랐냐고 물어보며 이야기를 전해 들었다. 남성은 관람객들에게 다음과 같이 말했다. "안심하세요. 마법사가 사라진 게 아니니까요. 저는 방금 저쪽에서 그들을 봤거든요. 마법사 가족은 자기 집으로 내려가고 있었어요." (4) 참조. 하비Harvis.

유명한 신학자인 헤밍기우스Hemmingius는 강의 도중 기괴한 시의 두 행을 언급했다. 그는 이 두 행이 곧 마법이며, 열병을 치유할 수 있다고 장난삼아 주장했다. 강의를 듣던 한 사람은 이를 실제로 자신의 하인에게 시험해 보았다. 그리고 하인의 병이 나았다. 이 치료법에 대한 소문이 퍼지면서 열병에 걸린 몇 명은 실제로 효과를 보았다고 주장했다. 그러나 헤밍기우스는 이 발언이 농담으로 한 것이었으며, 단지 말장난에 불과했음을 밝혔다. 이후 치료법의 효과는 신뢰를 잃었지만, 여전히 이 힘을 믿는 사람들은 남아있었다. 때때로 어떤 병들은 상상 속에서만 존재한다. 그리고 훌륭한 의사가 진찰해도 의심 때문에 낫지 못하는 이가 있는가 하면, 누군가는 협잡꾼을 신뢰하며 이를 통해 치료한다.

1859년, 마법은 전염병처럼 스웨덴에 유행했다. 당시 사건들은 다음과 같이 기록되었다.

"전염병처럼 퍼진 흥미로운 이 미신은 작년 여름 스웨덴 일부 지역을 물들였다. 렉산드Leksand의 참사회 심판관인 프바셀Hvaser 박사는 이 사건들을 조사하는 임무를 받으며 다음의 사실들을 보고서에 기록하였다.

이 미신은 중세 시대 마녀 집회에서 마녀들이 행한 것과 여러 유사한 점을 보인다. 이는 기이한 곳으로 여행을 떠난다는 믿음인데, 스웨덴에서는 '블로쿨라Blockula로 간다'라고 말한다. 여기서 흥미로운 점은, 이 환영 여행에 사로잡힌 대상자가 주로 아이들이라는 것이다. 게다가, 방문지는 이름에서처럼 블로쿨라가 아닌 요세프달Josefsdal(스톡홀롬 인근)이었다.

다음은 이 상상의 여행을 떠난 아이들의 증언이다. 먼저 이들은 지렁이로 변한 뒤 창문에 뚫린 구멍을 통해 밖으로 나간다. 그러고는 까치로 변신하여 한데 모인 뒤, 다시 아이들의 모습으로 돌아온다. 이 단계에서 송아지 가죽 또는 소가죽을 타고 하늘을 날아 종탑까지 간다. 그리고 악마에게 스스로를 바친다.

과거에는 종의 금속 조각들을 뗄 때 다음과 같이 말했다. '이 금속이 다시 종이 될 때까지, 내 영혼이 결코 신의 지배에 닿지 않도록.' 여기에서 아이들은 비슷한 매개체로 밀가루를 사용한다. 아이들이 요세프달에 도착하면 '웰링Welling'이라고 불리는 걸쭉한 밀가루죽을 만들어 '노드굽Nordsgubb(북부의 노인)'이라는 악령과 함께 먹는다.

뒤이어 악마는 털부츠를 신고 춤을 추는데, 몸에서 열이 나면 신발을 벗는다. 가네프Gagnef나 목자드Mockfjard 지역의 거의 모든 아이는 이 환각을 겪었다. 이들 중 일부는 고통을 받았지만, 멀쩡히 건강을 유지한 아이도 있었다. 부모들은 아이들이 악마의 왕에게 팔렸다고 믿어 매우 슬퍼했다. 미신을 믿는 다른 자들은 아이들이 정확하게 본 것을 고백할 때까지 믿지 못할 방법을 동원해 괴롭혔다.

그라보 페르Pehr Grabo라는 어린 남자아이는 여러 번 요세프달을 방문했고, 그곳에서 어린 여자아이를 만났다고 증언했다. 아이의 어머니가 당시 상황을 묻자, 페르는 식사할 때 있었던 일을 이야기했다. 그는 요세프달에서 식사를 하던 중 끓는 죽이 튀어 여자아이가 얼굴에 화상을 입었다고 말했다. 그리고 그 상처는 절대 회복될 수 없는 상처라고 덧붙였다. 실제로 그가 보았다던 여자아이는 눈 근처에 상처가 있었다. 이는 논리적으로 설명할 수 없는 일이었다. 이런 명백한 우연은 여자아이의 어머니가 부정적 상상을 하게 만들었다. 하지만 어린 소녀는 요세프달이나 웰링에 대해 아무것도 알지 못했고, 결국 진실은 밝혀지지 않았다.

다행히, 이 미신은 몇 달 후 일부 진정되었다. 그러나 인근 마을에서는 여전히 불안에 시달렸다."

모든 시대를 거슬러, 많은 민족에 마법사들이 존재했고 이에 관하여 기록도 많이 있다. 여기서는 이 주제를 전문적으로 다루는 몇몇 책을 소개하도록 하겠다. 1) 드스크램Decremps의 『백마법론Traité de la Magie Blanche』 혹은 『요술l'escamotage』. 2) 포르타Porta의 『자연마법Magie naturelle』. 3) 『진정한 흑마법Véritable magie noire』 또는 『비밀 중의 비밀Le Secret des secrets』. 예루살렘Jerusalem의 솔로몬 무덤에서 발견된 수사본으로 45개 부적과 사용법 및 기적 같은 효력 설명서를 포함하고 있다. 또 로마 점성가 이로에 그레고Iroe-Grego가 번역한 모든 마법 문자(1750년)를 포함한다. 이 멍청한 책은 솔로몬이 저술한 것으로 알려져 있다. 여기에는 주로 액막이 마법이 등장한다. 4) 『세 가지 마법Trinum magicum』 또는 『마법의 비밀 개론서Traité des secrets magiques』(1673년, 프랑크푸르트, 8절판). 자연 마법, 인공 마법, 미신에 관한 연구, 부적, 조로아스터의 신탁, 이집트, 히브리, 칼데아의 신비 등을 포함하고 있다. 5) 왕의 의료 고문이었던 생탕드레St. Andreaw가 몇몇 친구들에게 보낸 마법, 저주, 마법사에 관한 내용을 담은 편지 모음(1725년, 파리, 12절판). 6) 도지Daugis의 『마법론Traité sur la magie』(1732년, 파리, 12절판). 저주, 빙의, 망상과 주문 등에 관한 내용이 담겨 있다.

오늘날 이 분야와 관련해 다양한 책들이 쏟아지고 있다. 줄 가리네Jules Garinet는 1818년 『프랑스 마법사Histoire de la Magie en France』를 펴내며 흥미로운 여러 사건을 매우 회의적으로 다루었다. 최근에는 알프레드 모리Alfred Maury가 루이 피귀에Louis Figuier를 부정하기 위한 마법론을 펴냈다. 이 책에서 그는 기적을 의심과 함께 설명하였다. 비웃음의 대상이던 피아르드Fiard 수도원장도 평민들의 눈에는 조금은 순진해 보였을 수 있다. 하지만 그의 관점이 항상 틀린 것은 아니었다. 외드 드 미르빌Eudes de Mirville은 정령들의 확실한 존재를 완벽히 입증했다. 구그노 데 무소Gougenot des Mousseaux는 풍부한 지식을 담은 그의 저서 『19세기의 마법Magie au dix-neuvième siècle』에서 마법과 관련된 사건들을 확실하게 지지했다. 이 책에는 과거와 현대에 일어난 일들이 포함되었고, 우리 주변에서 활발히 개입하는 악마들의 존재를 강조했다[5]. 마찬가지로, 괴레스Görres의 『신성하고 자연스럽고 악마와 같은 신비La mystique divine, naturelle et diabolique』는 비방자들조차 타당성을 부정할 수 없는 책이다. 참조. 보댕Bodin, 델리오Delrio, 드 랑크르Delancre, 르 루아예Leloyer, 보게Boguet, 바이어 등.

(1) '강신술, 불점, 공기점, 수점, 흙점, 수상술이라는 여섯 가지 형태의 마법이 존재한다는 것을 언급해도 되는지 모르겠다. 이 여러 점술 행위는 본질적으로 신성한 것으로 여겨졌다. 법 또한 이를 신비한 것으로 받아들였다. 하지만 신부가 아닌 다른 자들이 이것에 열중한다면, 이는 불경한 것으로 여겨졌다. 오직 신부만이 좋은 악마들을 만날 수 있다는 믿음이 있었기 때문이다. 따라서 신의 부름을 받지 못한 마법사들은 오직 환영에 의해 유사한 행위를 할 뿐이며, 악마의 도움을 받는 것으로 여겨졌다. 이교도들은 마법이라는 말 자체에 혐오감을 가졌다. 그들은 이 신비로운 행위를 점술이라고 불렀다. 이 차이를 강조하기 위해, 이들은 가능한 많은 점술 방법을 만들어 냈다.' (비네Binet, 『이교도 신과 악마 개론Traité des dieux et des démons du paganisme』, 3권.) / (2) 『신의 계명의 전설 Légendes des commandements de dieu』 속 이 흥미로운 풍습을 참조할 것. / (3) 『마법 호루라기Le sifflet magique』, 독일어를 J. B. J. 샴파냑J. B. J. Champagnac이 프랑스어로 번역, 12절판, 1부작. / (4) 요한 바이어, 『악마의 유사군주제Pseudomonarchia Dæmonum』, 2권, 7장. / (5) 『구그노 데 무소 기사의 19세기의 마법, 주동자들, 진실들, 거짓말들La magie au dix-neuvième siècle, ses agents, ses vérités, ses mensonges, par le chevalier Gougenot des Mousseaux』 1861년, 아름다운 8절판, 1부작, 앙리 피옹Henri Pion 출판사.

아이슬란드 마법 [Magie Islandaise / Icelandic Magic] 오늘날에는 현명한 이 민족에게 최초의 마법은 공기의 정령을 땅 위로 불러와 이용하는 것이었다. 이는 위대한 이들의 마법으로 여겨졌다. 하지만 이들에게는 또 다른 마법이 있었는데, 새의 노랫소리를 해석하는 것이었다. 이 마법은 국무를 깊이 이해하고 미래를 보는 작은까마귀를 통하는 것이 정석이나, 아이슬란드에는 작은까마귀가 살지 않기에 큰까마귀가 이 일을 대신했다. 아이슬란드 왕들은 거리낌 없이 해당 마법을 사용하곤 했다.

자기 [Magnétisme / Magnetism] 오래도록 불가사의로 남았던 기술. 이는 이단자 마크Marc로부터 도입되었으며, 최근에는 메스머Mesmer와 칼리오스트로Cagliostro가 자기*를 사용하였다. 다음은 1839년 한 작가가 쓴 글로 《자기 애호가Magnetophile》라는 정기 간행물을 통해 발표되었다. 이 글은 아마 조바르Jobard 또는 빅토르 이드지에즈Victor Idgiez가 쓴 것일 수 있다.

"과거에는 동물자기설 신봉자, 망상가를 '자기론자Magnetizers'라고 지칭했다. 오늘날, 자기라는 기술은 물리학과 매우 깊은 관련이 있다. 자기는 다른 과학에 잔가지를 뻗는 하나의 그루터기와 같은 역할을 한다…. 이 학문의 발전은 사회의 전반적인 이익과 직접적인 연관이 있다. 혼란스러운 사회가 이를 무시하더라도 말이다. 이러한 관점에서 본다면, 자기의 중요성은 매일 더 증가하고 있다. 하지만 광대한 영역을 자랑하는 자기의 발전은 매우 더딘 편이다. 홀로 연구하는 이들에게 이 모든 영역을 전부 파악할 여력이 없기 때문이다. 자기는 유럽에서 한 세기 가까이 갑론을박이 이어진 주제이다. 프랑스 의료계는 자기에 대한 특별한 답을 주지 못했다. 오히려 자기의 놀라운 현상 앞에서 점점 더 혼란스러워할 뿐이었다.

자기는 일부 신봉자들의 손에 의해 시작되었다. 이들은 대개 무지한 사람이거나 광신자였다. 이후부터는 영향력이 있는 이들의 실험을 바탕으로 자기가 연구되었다. 아직도 이를 반박하는 학자들이 있다. 역시 새로운 것을 받아들인다는 행위는 학자의 입장에서 쉬운 일은 아닐 것이다! 학자들은 이렇게 자신들이 쌓아 올린 것을 위협하는 혁신을 두려워했다. 이를테면 프랑스에서는 데카르트학파Cartesian가 정당성을 얻기 위해 장기간 오래된 대학들과 싸워야 했다. 이후 이 대학들은 뉴턴 학파Newtonian를 냉대했고, 하위헌스Huygens의 발견도 거부했다. 보메Beaume와 르사주Lesage는 현대 화학의 아름다운 이론들을 부정했다. 로메 델리즐Rome-Delisle은 전자기 현상의 해설을 비웃었다. 담배, 커피, 구토제, 백신 그리고 감자마저도 모두 박해의 시기를 겪었다.

의학계는 화학 교육을 확고하게 반대했다. 화학은 현대 사회에 이익이 되는 고갈되지 않는 샘인데도 불구하고 말이다. 파리의 국회에서는 정당한 사유와 타당한 동기라고 하며 이를 검열하였다. 은행, 학교, 자동차 또한 국회의 엄청난 반대를 맞이하기도 했다. 자카르Jacquart는 광장에서 리옹Lyon 법원의 명령하에 자신의 업적이 불타는 것을 보았다. 그가 프랑스 두 번째 수도인 리옹에 번영과 부를 가져올 수 있는 사람이었는데도 말이다. 프랭클린Franklin은 석고를 통해 밭을 비옥하게 만드는 기술을 시골 사람들에게 가르쳤을 때, 비웃음을 샀다. 크리스토퍼 콜롬버스Christopher Columbus는 자신의 천재성으로 조국에 바치고자 했던 새로운 세계를 알아냈을 때, 모든 곳에서 거부당했다 [1]. 피테아스Pitheas, 웨들Wedel, 쿡Cook, 빌링하우젠Billinghausen, 비스코에Biscoe와 다른 유명한 여행자들은 사기와도 같은 세금이 부과됐다. 아베로에스Averroes, 볼타Volta, 풀톤Fulton, 살로몬 드 카우스Salomon de Caus, 데이비Davy, 아크라이트Arkwright, 갈Gall, 라바터Lavater는 그들이 발명한 것을 들고, 이 세상이라는 거대한 수용소의 입구를 두드렸다. 하지만 그들을 맞이한 것은 경멸하는 휘파람소리뿐이었다. 이 같은 와중에 자기는 승리를 거두기도 했다. 자기학은 브루세Broussais의 생리 의학 학파의 무신론적 주장들을 흔들었다. 이들은 지성의 고귀한 능력이 오직 신체 기관들로부터 나온다고 주장했다. 이러한 물질론자들을 대상으로 반박할 수 있는 전능한 무기가 바로 자기학인 것이다. 직감의 도움 없이 영혼이 존재함을 알 수 있는, 반론의 여지가 없고 확실한, 그리고 만져서 알 수 있는 그런 증거가 바로 자기이다….

우리는 여기서 자기에 대해 명확히 정의를 내리는 척하지 않겠다. 대신 확실한 효과를 인정하며, 전기 요법을 넘어서는 또 다른 경이로운 학문으로 인정하는 것으로 마무리하겠다. 우리가 자기를 명확하게 정의하는 것이 불가능하겠지만, 의학이 가진 굉장한 잠재력이 이를 풀어줄 것이다. 한때 과학계는 물질주의자가 절반 이상을 차지하며 자기학의 인정을 망설였으나, 결국 이 힘을 인정하게 되었다. 교회에서는 이를 오용할 시에만 금지하였다." **참조**. 자기 몽유병 Somnambulisme Magnétique, 메스머.

자기에 관한 객관적인 관점을 얻길 바란다면 오뱅 고티에Aubin Gauthier의 전문 서적을 추천한다. 『자기 실용서Traité pratique du magnétisme』(1845년, 파리, 8절판). 루베Loubers 신부의 책이나 미르빌Mirville의 정령에 관한 놀라운 책을 참고해도 좋다.

₍₁₎이 작가는 많은 다른 작가들과 마찬가지로 갈릴레오Galileo를 콜롬버스로 잘못 언급하였다. **참조**. 갈릴레오. / * 생명체에 가득 차 있다고 믿어지는 힘. 이를 움직이거나 발산하면 행동을 유도하거나 감각을 마비시킬 수 있다고 한다. 최면술과 비슷하다.

마고아 [Magoa] 동방의 왕이자 강력한 악마. 원 한가운데서 주문을 외워 소환한다. 한 마법서에 따르면 이 주문은 모든 날, 모든 시각에 사용할 수 있다. 주문은 다음과 같다. '오, 강력한 마고아, 동방의 왕이여. 그대를 주문으로 불러내 명하노라. 이곳에 나타나거나 지체없이 마사옐Massayel, 아시엘Asiel, 사티엘Satiel, 아르두엘Arduel, 아코리브Acorib를 보내도록 하라. 이어 내가 알고자 하는 모든 것, 하고자 하는 모든 것에 답하라.'

마고그 [Magog] 슈라데루스Schraderus는 스칸디나비아 용어집에서 거인 마고그를 고대 스키타이인Scythians들의 수장이자 룬Rune을 개발한 이로 정의하고 있다. 룬은 일종의 상형문자로 북방민이 사용했는데, 유럽에선 그리스 문자보다 더 오래되었다. **참조**. 오그Og.

무함마드 [Mahomet / Muhammad] 『다른 세계의 전설Les Légendes de l'autre monde』에서 그에 관한 놀라운 사실, 천국으로의 여행 등을 확인할 수 있다.

마이야(루이즈) [Maillat(Louise)] 1598년, 소소하게 빙의되었던 자. 그녀는 이로 인해 팔다리를 사용할 수 없었다. 마이야는 자신의 몸에 늑대, 고양이, 개, 졸리Joly, 그리핀Griffin이라는 다섯 악마가 들어있다고 믿었다. 이 중 두 악마는 그녀의 입에서 주먹만 한 실뭉치의 형태로 튀어나왔다. 튀어나온 첫 번째 악마는 불처럼 붉었고, 고양이에 해당하는 두 번째 악마는 온통 새카맸다. 이후 나머지 악마들은 소란을 피우지 않고 사라졌다. 젊은 여성의 몸 밖으로 나온 악마들은 집 근처를 여러 번 맴돌다 사라졌다. 이 악마들은 프랑수아즈 세크레탱Françoise Secrétain이 심어 놓은 것이었다. 그녀는 마이야에게 오물 색 빵 껍질에 포장한 악마를 삼키도록 만들었다.⁽¹⁾

₍₁₎줄 가리네Jules Garinet, 『프랑스 마법사Histoire de la Magie en France』, 162페이지.

매이몬 [Maimon / Maymon] 제9계급 악마들의 수장. 유혹자, 사기꾼, 함정꾼들의 대장이기도 하다. 선한 천사를 방해하기 위해 사람들 주변을 맴돈다.⁽¹⁾

₍₁₎드 랑크르Pierre de Lancre, 『악마의 변화론Tabl. de l'inconstance des démons』, 1권, 22페이지.

손 [Main / Hand] 초기 교회 이단자인 보르보리트Borborites들은 터무니없는 생각으로 비웃음을 샀다. 이들은 손이 인간 문명의 열쇠라 믿었다. 보르보리트들은 손이 없는 인간은 말이나 소에 불과하다고 생각했다. 더불어 인간이 손 대신에 끝이 갈라진 발, 뿔 달린 손, 긴 발톱이 달린 발을 가졌다면 지성은 아무런 쓸모가 없었을 것이라고 주장했다. 이들은 태초에 인간이 개와 같이 네 개의 발만 가졌다고 믿었다. 이 기간에, 인간들은 짐승처럼 살았고, 평화, 무지의 행복, 화합이 존재했다. 이후 한 정령이 인간을 좋아해 손을 선물하게 되었다. 이때 이후로 인간은 교활함을 갖추고 무기를 만들었다. 또 다른 짐승을 지배했으며 손으로 놀라운 것들을 만들고 상상했다. 이들은 집을 지었고, 옷을 제작하였고, 미술 작품을 만들어 냈다. 보르보리트들은 인간에게 손을 빼앗으면 어떤 지식을 지녔든, 아주 약해질 것이라고 주장했다.

우리에게는 손이 있다. 이 손은 신이 우리

에게 준 것이다. 우리에게는 두 개의 손이 있지만, 평등이란 고귀한 가치는 손에서도 적용이 힘들다. 두 손 사이에도 계급이 존재하기 때문이다. 오른손은 왼손보다 우수하다고 여겨진다. 이것은 고대로부터 내려온 오래된 편견이다. 아리스토텔레스Aristoteles는 가재가 이 특권을 가진 존재로 보았다. 오른쪽 집게가 왼쪽 집게보다 크기 때문이다. 고대 페르시아인들과 메디아인Medes들은 현대인처럼 오른손으로 맹세했다. 아프리카인들은 왼손을 오른손의 시종처럼 보았다. 이들은 왼손으로 궂은일을 하고, 오른손으로는 음식을 집어 먹거나 얼굴을 만졌다. 말라바르Malabar의 주민은 누군가 왼손으로 만진 음식을 절대 먹지 않았다. 로마인들 또한 오른손을 더 좋아했다. 이들이 식사할 때면 왼쪽으로 몸을 기울여 오른손이 자유롭게 움직이도록 했다. 반면 왼손을 기피했기에, 오른손 두 개가 맞닿아야만 우정의 징표로 여겼다. 이 전승들은 결국 살아남았다. 미신을 믿는 자들은 성호를 그을 때 왼손을 사용하면 효력이 없다고 주장했다. 더불어 아이들에게 모든 것을 오른손으로 하도록 교육하고, 왼손은 쓸모없는 것처럼 보이게 만들었다. 양손을 모두 쓰는 게 더 유리할 수 있음에도 말이다.

손에 부여된 중요성을 생각해 본다면, 일부 학자들이 손을 연구하고 운명을 읽어내려 한 것도 놀랍지 않을 것이다. 서점에는 수상술을 주제로 한 수많은 책이 있다. 수상술이란 손을 관찰하는 점술의 한 형태이다. 이 이상한 학문은 많은 이들의 호기심을 유발한다. 수상술은 집시들의 학문이다. 집시들은 한때 선조들에게 여사제로 여겨졌다. 그리고 일부 시골에서는 여전히 이들의 예언을 찾아 듣는다. 인간은 진실에 관심이 없고, 거짓에 열정을 보인다는 말이 있다. 즉, 환상의 것들을 더 선호하는 것이다. 라 퐁텐La Fontaine은 다음과 같이 말했다. "누군가가 나에게 환상에 가까운 동화인 '당나귀 가죽'을 들려주었다면, 나는 극적인 기쁨을 느꼈을 것이다." 불가사의와 기적을 찾는 성향이야말로 선조들이 집시들을 신봉한 이유이다. 수상술은 이러한 신비로운 점술 중에서도 잘 알려진 축에 속한다.

손에는 여러 부위가 존재하는데, 이를 구분하는 것은 매우 중요하다. 손은 손바닥(또는 손의 안쪽), 손등(닫힌 경우엔 주먹), 손가락, 손톱, 마디, 손금과 구로 구성된다. 손가락은 엄지, 검지, 중지, 약지, 소지로 나눠진다. 마디는 총 15개가 있다. 엄지에 두 개, 검지에 세 개, 중지에 세 개, 약지에 세 개, 소지에 세 개, 손과 팔 사이에 한 개가 있다. 네 개의 주요 손금 가운데, 생명선이 가장 중요하다. 이 선은 엄지와 검지 사이에서 시작돼 손과 팔을 경계 짓는 마디까지 이어진다. 건강선 혹은 두뇌선은 생명선과 똑같은 곳인 엄지와 검지 사이에서 시작된다. 그리고 손을 반으로 가로질러 손목 마디와 새끼손가락 뿌리 가운데에서 끝난다. 운명선 또는 행운선은 검지에서 시작해 새끼손가락 밑에서 끝난다. 끝으로, 가장 의미가 적은 마디선은 팔 아래, 팔과 손이 이어지는 곳에 나타난다. 이것은 선보다는 주름에 가깝다.

다섯 번째 손금은 삼각선(삼각형의 선)이라고 불린다. 이 선은 모든 손에 존재하지 않는다. 삼각선은 엄지 뿌리 아래쪽 마디에서 시작해, 새끼손가락 뿌리에서 끝난다. 더불어, 손바닥에는 일곱 개의 구가 존재하는데, 이는 곧 일곱 행성과 연결된다. 이는 하단에서 곧 다루도록 하겠다. 수상술은 주로 왼손을 살펴본다. 오른손은 왼손보다 고결하지만, 많은 사용으로 인해 불규칙한 선이 생길 수 있기 때문이다.

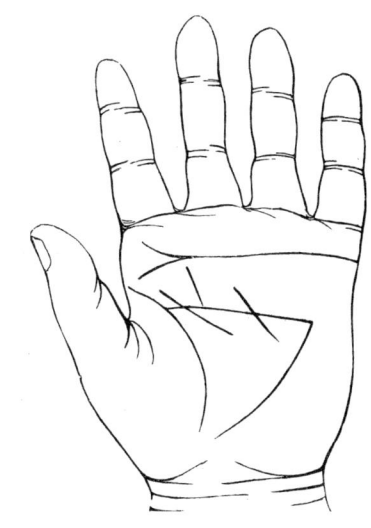

따라서 점술을 위해서는 쉬고 있는 왼손을 사용하도록 하자. 선이 명확하고 흔들림이 없어야만 색과 형태를 정확히 식별할 수 있다. 우리는 손의 모양에서 미래, 성격, 지적 능력에 관한 실마리를 얻을 수 있다. 일반적으로 큰 손을 가진 사람은 꽉 막힌 사고를 한다(단 손가락이 길고 얇을 경우는 예외이다). 손가락이 호리호리하고 볼록한 손을 가진 사람은 평범한 지적 능력을 가지고 있다. 손바닥 쪽으로 굽은 손가락을 가진 사람은 머리가 둔하고 다른 이를 속이려는 경향을 가지고 있다. 손 등쪽으로 휘어지는 손가락은 이와 반대되는 성향을 상징한다. 끝과 밑부분이 모두 두꺼운 손가락을 가진 사람은 나쁜 일이 생길 틈이 없다. 중간 마디가 굵은 손가락은 오로지 긍정적인 것만을 암시한다.

우리가 이 내용을 진지하게 다루는 것은, 이를 굳이 반박할 필요가 없기 때문이다. 적절한 너비의 손은 너무 좁은 손보다 낫다. 손이 아름다워지려면 손의 너비가 중지의 길이와 같아야 한다. 마디선이 두 개이고, 선명하고, 색이 있다면 유쾌한 성격을 가진다. 만약 마디선이 직선이고 굵기가 동일하다면 부와 행복을 약속한다. 마디선이 네 개로 구성되어 있고, 굵기가 동일한 직선이라면 명예, 품위, 풍족한 유산을 기대할 수 있다.

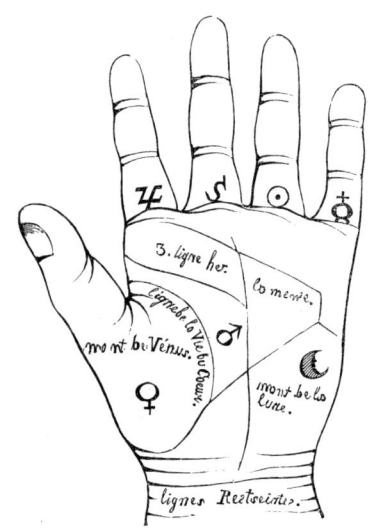

만일 수직 선 세 개가 이 마디선을 가로지르거나, 마디선 위에 몇 개의 점이 있다면, 이는 배신을 당할 징조이다. 마디에서 시작된 선이 팔 쪽으로 가면서 사라진다면, 유배를 겪을 수 있다. 만약 반대로 이 선들이 손바닥 안으로 들어가 사라진다면, 육지와 바다를 넘나들며 긴 여행을 하게 된다. 여성이 마디선에 십자가를 지니게 되면 현명하고 지고지순하며 부드럽고 다른 이에게 존경받는다. 또 남편과 불화가 생기지 않는다. 생명선(심장선)이 길고, 선명하며, 규칙적이고, 색이 잘 보인다면, 이는 불행 없는 행복한 말년을 예고한다. 생명선에 색이 없고, 구불구불하고, 짧고, 잘 보이지 않고, 작은 선들이 이를 가로지른다면, 짧은 생과 건강 악화를 예고한다. 좁지만 길고 뚜렷한 색을 가진 생명선은 현명함, 기발한 두뇌와 연관이 있다. 반면 넓고 희미한 생명선을 가진 사람은 매우 어리석다. 깊고 색이 불균등한 생명선은 악행, 가벼운 언행, 질투, 오만을 나타낸다. 만일 엄지와 검지 사이에서 생명선이 시작되어 두 개로 갈라진다면, 이는 변덕을 의미한다. 두 개의 작은 선이 생명선을 가로질러 잘라낸다면, 돌연사를 조심해야 한다. 생명선 주위를 작은 주름들이 감싸고 있어 잔가지를 친 나무처럼 보인다면, 그리고 이 잔가지들이 위쪽을 향하고 있다면, 부를 예고한다. 반면, 이 주름들이 아래를 향한다면, 가난을 예고한다. 생명선의 절단, 끊어짐, 깨짐 등은 질병을 예고한다.

중앙선이라고도 불리는 건강선은 육체적, 정신적 건강에 중요한 것들을 보여준다. 이 선이 곧고 선명하며 자연스러운 색을 보이면, 건강함과 명료한 사상, 온전한 판단력, 생생한 기억력과 뛰어난 이해력을 지닌다. 건강선이 긴 사람은 몸이 매우 튼튼하다. 반면 건강선의 길이가 손의 절반 정도밖에 되지 않는 사람은 소심하고 약하며 인색하다.

구불구불한 건강선을 가진 사람은 도둑질에 대한 욕망이 있다. 선이 반듯하다면 이는 양심적이고 공정한 마음을 가진 사람이다. 건강선의 중간이 끊어져 반원을 그린다면, 이는 사나운 동물과 관련된 큰 위험을 예고한다. 운명선 또는 행운선의 경우 검지 뿌리에서 시작돼 소지 근처에서 끝나며, 건강선과 거의 평행을 이룬다. 고르고, 직선이고, 길고, 선명한 운명선은 탁월한 성격, 힘, 검소함, 근성을 가지고 있음을 의미한다. 이 선이 검지와 중지 사이에서 시작된다면 이는 오만의 징조가 된다. 이 선의 상단 부분이 지나치게 붉으면 질투와 관련이 있다.

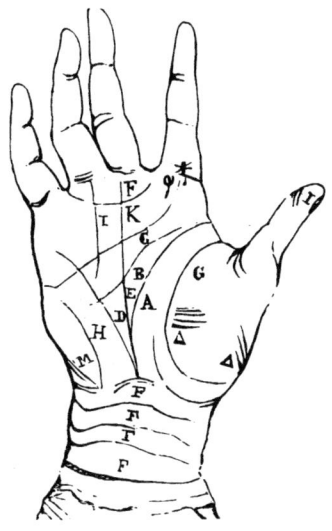

운명선이 위쪽을 향한 작은 잔가지들로 가득 차 있다면 영예, 행복, 권력, 부를 예고한다. 하지만 선이 갈라짐 없이 깔끔하게 그어져 있다면 가난과 불행을 예고한다. 운명선 위에 작은 십자가가 있다면 이는 진술하고, 선하고, 상냥한 성격을 말한다. 운명선이 건강선과 같은 위치인 엄지와 검지 사이에 뿌리를 둔다면, 그리고 건강선을 두고 작은 각을 만든다면 큰 위험과 슬픔을 예고한다. 만일 건강선이 손 중앙에 위치하지 않거나 운명선과 생명선만 있다면, 이는 전투에서 머리가 날아가거나 어떤 사건에서 치명적인 상처를 입게 될 징조다. 만일 운명선이 위쪽으로 쭉 뻗어있다면 이는 가정적이고 일을 잘하는 능력을 보여준다. 만일 이 선의 중앙이 작은 가로선들 때문에 끊어진다면, 이중적인 성격을 의미한다. 희미한 운명선은 순결함을 의미한다.

삼각선이 있다고 꼭 행복한 것은 아니다. 이 선은 많은 손에서 보이지 않는다. 만약 손에서 곧고 선명한 삼각선이 건강선까지 뻗어 있다면 큰 부를 얻을 수 있다. 만일 이 선이 중지의 뿌리까지 이어진다면, 이는 놀라운 성공을 예고한다. 삼각선이 소지 뿌리 아래에서 손바닥 아래쪽을 향해 사라진다면, 적을 많이 두는 사람일 가능성이 높다. 방향과 상관없이 구불구불하고, 불규칙한 삼각선은 가난을 나타낸다.

생명선 안쪽에 위치하고 엄지 뿌리의 살집이 있는 손바닥 부분을 금성구라고 부른다. 금성구가 매끄럽고 주름이 없다면, 행복한 성격을 가진다. 금성구에 생명선과 평행을 이루는 작은 선들이 있다면, 이는 부를 예고한다. 만약 손톱에서 관절로 이어지는 작은 수직선들이 엄지에 있다면, 막대한 유산을 받게 된다. 만일 엄지를 지나는 선들이 가로 형태라면, 이는 길고 위험한 모험을 하게 될 것을 의미한다. 엄지 혹은 그 근처에 점이나 별 모양 선이 있다면 유쾌한 성격을 지닌 것이다.

검지 뿌리에 있는 손바닥 굴곡은 목성구라고 부른다. 이 굴곡이 매끄럽고 붉은색을 띠면 천성적으로 행복감을 잘 느끼고 덕이 많다. 목성구 위로 작고 부드러운 선들이 놓여 있다면, 명예로운 고위직에서 근무하게 된다. 중지 뿌리에 위치한 손바닥 굴곡은 토성구라 부른다. 이 굴곡이 매끄럽고 자연스럽게 색이 보이면, 단순함과 근면함을 갖추게 된다. 토성구 위로 잔주름이 있으면 걱정이 많고 쉽게 슬픔에 빠지는 성격을 가진다. 중지와 손바닥을 나누는 마디에 구불구불한 주름이 있다면 느린 판단력, 게으른 성격, 고지식함을 나타낸다. 또한 중지 두 번째 마디와 손톱 인근 마디 사이에 작은 십자가가 있으면 미래의 행복을 예고한다.

약지 뿌리에 자리한 손바닥 굴곡은 태양구라고 부른다. 이 굴곡에 자연스러운 작은 선들이 있으면 발랄하고 행복한 성격을 가진다. 또 말재주가 있고 일머리가 있으며 약간의 자만심을 가진다. 만일 태양구에 두 개의 선만 존재한다면, 말재주가 떨어지지만 겸손한 성격을 가진다. 약지 뿌리에 교차하는 선들이 있으면 늘 경쟁자를 이길 수 있는 운명을 타고난 것이다. 소지 뿌리에 위치한 손바닥 굴곡은 수성구라고 부른다. 이 굴곡이 매끄럽고 주름이 없다면, 인내심이 있고 늘 행복감을 느낀다. 또한 남성은 겸손함을, 여성은 신중함을 가진다. 수성구로부터 소지로 향하는 두 개의 가느다란 선이 있다면 관대함의 표식이다.

수성구 밑에 위치하는 손목 인근의 영역을 월구라고 한다. 이 부분이 매끄럽고 깨끗하면 평온한 영혼을 가진다. 색이 탁할 경우에는 우울, 침울, 근심하는 성향을 보인다. 월구에 주름이 있다면 여행, 바다와 관련된 위험을 맞이한다.

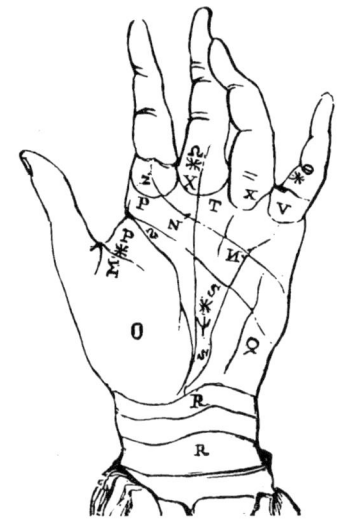

손의 안쪽, 월구와 걸치고 건강선 끝부분에서 마디선 안쪽 끝까지 이어지는 영역을 화성구라고 부른다. 이 부분이 매끄럽고 선명하면 용맹한 성격을 갖는다. 또 신중함과 현명함을 겸비하고 있다. 탁한 색의 화성구는 대담함, 무모함을 나타낸다. 화성구에 두꺼운 주름이 있으면, 깊이와 길이에 따라 크고 작은 위험을 가리킨다. 이 주름들이 창백하다면 도적의 손에 죽음을 맞이할 가능성이 있다. 만약 주름이 붉은색을 띤다면 비참한 죽음을 맞이한다. 반면 주름들이 곧게 펴 있으면 전투에서 영광스러운 죽음을 맞이할 징조이다. 화성구에 있는 십자가 선은 품위, 지휘권 등을 상징한다.

손톱에 나타나는 표식도 살펴보자. 손톱 위의 흰 자국은 걱정을 나타낸다. 하지만 완벽하게 하얗다면 희망과 행복을 나타낸다. 검은 자국은 공포와 위험을 나타낸다. 이보다 느리게 나타나는 붉은 자국은 불행과 부당함을 나타낸다. 이 표식들이 손톱 뿌리 쪽에 자리한다면, 해당 징조들이 한참 후에 일어난다는 것이다. 그리고 시간이 지나 손톱 상단을 향해 가까워지면 이 징조들은 현실이 된다.

손이 행복을 나타내기 위해서는 너무 포동포동하거나, 너무 길거나, 손가락이 너무 둥글지 않아야 한다. 또 마디가 잘 구분되어야 한다. 손의 색은 산뜻하고 부드러워야 하며, 손톱은 넓기보다는 길어야 한다. 생명선은 또렷하고, 고르며, 시원하고 끊어짐이 없어야 한다. 또한 생명선이 마디선에서 끝나야 좋다. 건강선은 손 넓이의 사분에 삼을 차지해야 한다. 운명선은 여러 잔가지가 많고 색깔이 생생해야 한다.

수상술을 다루는 모든 책에서는 손을 이용해 두 가지 점술을 펼칠 수 있다고 한다. 손을 살펴보며 성격과 운명을 유추하는 신체 수상술, 행성의 영향이 손금에 미치는 것을 살피는 점성 수상술이 바로 그것이다. 후자의 경우 행성의 영향을 계산해 성격을 살피거나 미래까지 예고한다. 오늘날에는 주로 신체 수상술만 사용되기에, 이 책에서는 해당 내용을 더 무게 있게 다루었다. 이는 더욱 명확하고 역사가 깊다.

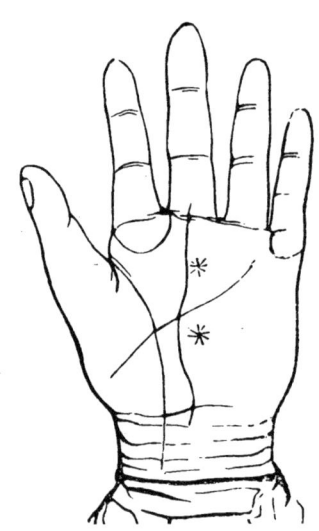

아리스토텔레스는 수상술을 명확한 학문으로 보았다. 이우구스투스Augustus는 직접 손을 보고 점을 쳤다. 악마학자들은 강신술을 조금이라도 행하지 않는다면 수상학자가 될 수 없다고 생각했다. 이들은 수상학자들이 일부 악령들의 영감을 활용해 수상술을 행한다고 보았다.[1]

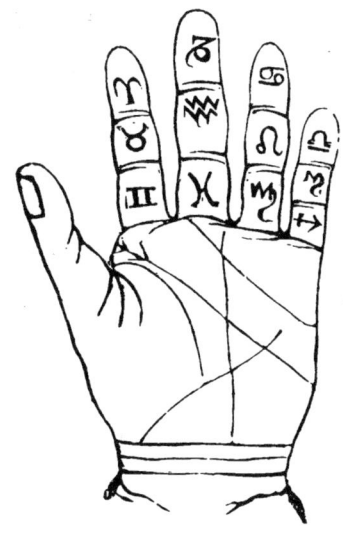

살그Salgues[2]는 다음과 같이 말했다. "엄지를 둥글게 감싸는 원형 선들은 조심해야 한다. 카발리스트들은 이를 기게스Gyges의 반지라고 부른다. 아드리앙 시클레Adrien Sicler는 이 반지를 지닌 자들이 언젠가 겪는 치명적인 위험을 경고한다. 그는 해군 중위 자캥 코몽Jacquin Caumont의 사건을 예로 들었다. 이 치명적인 표식을 가졌음에도 충분히 조심하지 않았던 그는 결국 교수형으로 생을 마감했다. 이 원의 바깥선이 이중이고, 안쪽선이 한 줄로 되어 있다면 상황은 더 나빠질 수 있다. 이 경우 바퀴에 깔릴 슬픈 운명을 피해 갈 방법이 없다. 아드리앙 시클레는 님Nimes의 유명한 무신론자를 예시로 들었다. 이자는 엄지 첫마디에 이 표식을 지녔고 1559년 수레바퀴로 짓밟히는 형벌에 처해졌다."

지금 여기에서 유명한 수상학자들이 기록하고 연구한 모든 손금을 알려줄 수는 없다. 이삭 킴 케르Isaac Kim-Ker는 70개, 학자 멜람푸스Melampus는 12개, 심오한 콤포투스Compotus는 8개, 장 드 아젠Jean de Hagen은 37개, 교활한 롬필리우스Romphilius는 6개, 박식한 코르비에우스Corvieus는 150개, 장 시루스Jean Cirus는 20개, 파트리스 트리카수스Patrice Tricassus는 80개, 장 벨로Jean Belot는 4개, 트라이스네루스Traisnerus는 40개, 페루초Perrucho는 6개 유형의 손을 제시했다. 즉 당신은 총 423개의 손에서 운명을 관찰할 수 있다. 여러 경험과 사건들은 수상술이 옳은 학문이라는 설을 지지한다. 한 그리스인은 토스카나Tuscany의 공작 알렉산드르 드 메디시Alessandro de Medicis의 손금을 본 뒤 그가 폭력적인 죽음을 맞이할 것이라고 예언했다. 그리고 공작은 사촌 로렌트 드 메디시Laurent de Medicis에게 암살당했다. 하지만 이런 사건들은 수상술의 능력을 증명하지 못한다. 수상학자는 천 번을 틀리고 한두 번을 맞추기 때문이다. 점성 수상학자들이 하는 이야기를 들어보라. 태양이 검지의 움직임을 조정한다는 소리를 당신은 믿을 수 있겠는가? 금성이 엄지를, 수성이 소지를 보살핀다니, 이것이 믿을 만한 소리인가? 목성은 당신으로부터 아주 먼 곳에 떨어져 있다. 그리고 당신이 살고 있는 작은 천체보다 1,400배는 더 크며, 정해진 궤도를 한 바퀴도는 데 12년이 걸린다. 그런데도 당신의 중지나 보살피고 있겠냐는 말이다….

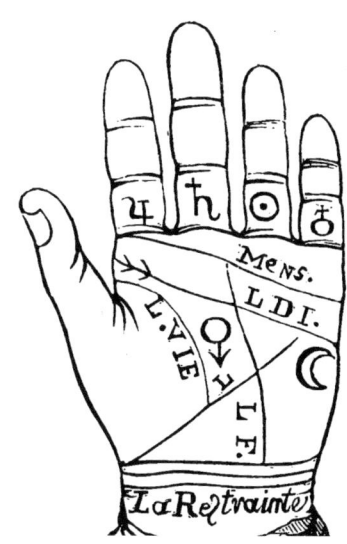

부루이에Bruhier 박사는 자신의 저서 『망상의 변덕Caprices de l'imagination』에서 쾌활한 40세 남성 한 명을 언급했다. 그는 모임에 갔다가 점술을 보는 한 노파를 만나게 되었다. 그는 자신의 손을 보여주었고, 노파는 한숨을 쉬며 말했다. "이렇게 사랑스러운 남자가 겪우 한 달밖에 더 살지 못한다니!" 얼마 지나지 않아 그의 몸은 뜨거워졌고, 곧 열병에 걸렸다. 이후 그의 망상은 점점 불이 붙었다. 그리고 노파의 예언은 그대로 이루어졌다.

18세기 중요한 인물이었던 라이용Raillon은 청년기에 보헤미안 여성을 찾아 자주 점을 보았던 이야기를 언급했다. 이 여성은 그에게 단두대를 조심하라고 일러 주었다. 그의 품행을 생각해 본다면 이런 걱정을 할 필요가 전혀 없었는데 말이다. 불행히도 이 슬픈 운명은 결국 현실이 되었다. 하지만 단두대를 조심하라고 했을 때 생각할 수 있는 그런 불행과는 의미가 달랐다. 파리에 온 그는 호텔을 짓고 있었다. 그리고 그는 일꾼들이 자신의 명령을 잘 따르고 있는지 직접 보고자 했다. 이때 그는 잘못 지어진 발판*에 올랐고, 판이 부서지며 30피트 아래로 추락해 즉사하고 말았다.

(1)토르케마다Torquemada, 『6일 창조Hexameron』, 세 번째 날. / (2)『오류와 편견Des erreurs et des préjugés』, 2권, 49페이지. 그리고 이어지는 내용들. / * 단두대Échafaud와 철자가 같다.

영광의 손 [Main de Gloire / Hand of Glory]

마법사들은 교수형을 당한 사람의 손으로 만드는 '영광의 손'을 믿는다. 이 손의 제작 방식은 다음과 같다. 먼저 관을 덮는 천 조각으로 교수형을 당한 이의 손을 감싼다. 그리고 남은 피를 모두 짜낸다. 이후 항아리에 담아 소금, 질산염, 계피 그리고 긴 후추를 잘 빻아 넣는다. 손을 이 항아리에 15일간 재우고 폭염 햇볕 아래서 완전히 마를 때까지 내버려 둔다. 만약 햇볕이 충분하지 않다면 고사리와 마편초로 불을 붙인 화덕에 넣는다. 이 과정까지 진행되면 시체의 지방, 생밀랍, 라프란드Lapland산 참깨로 기괴한 양초를 만든다. 영광의 손은 이 신비한 초의 불을 유지하기 위해 촛대로 사용된다. 이 죽음의 도구를 사용하면, 해당 장소에서 아무도 움직이지 못하고 마치 죽은 사람처럼 꼼짝도 할 수 없다. 영광의 손은 다양한 사용법이 있으며 마법사들은 이를 잘 숙지하고 있다. 이제는 더 이상 교수형을 진행하지 않기에, 이 도구는 만들기 어려울 것이다.

어느 여인숙에 도둑질을 하러 온 두 마법사가 있었다. 이들은 주인에게 화롯가 옆에서 밤을 보낼 수 있는지 물어보았다. 주인은 그들의 요청을 받아주었다. 모두가 잠에 들었을 때, 수상한 두 여행자를 의심한 시종은 문틈에 난 구멍으로 이들을 지켜보았다. 시종은 마법사들이 가방에서 시체의 손을 꺼내는 것을 보았다. 마법사들은 손에 고약을 문지르고 불을 붙였다. 하지만 아무리 애를 써도 한 손가락에는 절대 불이 붙지 않았다. 시종은 그 이유가 이 집에 한 명이 잠들어 있지 않기 때문이라는 것을, 즉 그것이 자신이 깨어있기 때문이라는 것을 알아챘다. 나머지 손가락은 불이 타오르며, 이미 잠든 사람들을 더 깊은 잠에 빠뜨렸다. 그녀는 서둘러 주인을 깨우러 갔지만, 손가락의 불을 끄기 전엔 주인은 물론 집안의 그 누구도 깨울 수 없었다. 그녀는 두 도둑이 옆방에서 물건을 훔치는 동안, 손의 불을 모두 꺼버렸다. 발각되었다는 걸 깨달은 도둑들은 잽싸게 도망쳐 다시는 돌아오지 않았다.(1)

도둑들은 검은 고양이의 배설물, 흰 닭의 지방, 부엉이의 피로 만든 고약(2)을 문턱에 발랐고, 이에 영광의 손을 사용할 수 있었다.

(1) 델리오Martin Delrio, 『마법 연구Disquisitiones Magicae』. / (2)『작은 알베르투스의 경이로운 보물 Admirables secrets du Petit Albert』.

보이지 않는 손 [Main Invisible / Invisible Hand]

가스파드 쇼트Gaspard Schott는 『보편적 마법Magie universelle』(407페이지, 4부)에서 다음의 사건을 다루고 있다. 이는 가스파드 쇼트가 어린 시절, 나이가 많은 증인들에게 들은 이야기이다. 두 친구가 도시를 떠나던 중이었다. 이들은 무장하고 짐을 멘 채, 다른 지역으로 일을 하러 갈 계획이었다. 그러던 중 한 친구가 만취하여, 다른 친구를 공격하게 되었다. 친구는 술에 취한 자와 싸우길 거부했으나, 머리를 가격당하고 말았다. 피를 본 그는 격분하여 반격했고 불쌍한 술꾼을 찔러 죽이게 되었다. 곧 도시 사람들이 달려왔고, 이 중에는 죽은 친구의 아내도 있었다. 그녀가 남편을 보는 동안, 도망쳤던 살인자는 보이지 않는 손에 잡혀 재판관 앞에 데려가졌다. 그리고 재판관은 그를 감옥에 가두었다. 이 보이지 않는 손은 무엇이었을까? 다름 아닌 술에서 깨어나 정신을 차린 망자의 손이었다….

맹프루아 또는 맨프레드 [Mainfroi, Manfred]
나폴리Naples 왕. 1254년부터 1266년까지 양시칠리아왕국Two Sicilies을 통치했다. 그는 황제 프레데릭 2세Frederic II의 서자였다. 맹프루아가 저지른 범죄로 인해 파문되었을 당시, 그는 마법을 행했다고 한다. 피코 델라 미란돌라Giovanni Pico della Mirandola의 기록에 따르면 앙주의 샤를Charles of Anjou과 전쟁을 펼치던 맹프루아는 악마로부터 전투의 결과를 알아보고자 하였다. 악마는 맹프루아를 속이기 위해 모호한 답변과 함께 그의 죽음을 예견했다. 동맹이었던 사라센 제국Saracens의 원조에도 불구하고, 맹프루아는 전투에서 사망하였다. 전투를 앞두고 샤를은 맹프루아에게 다음과 같은 이상한 서신을 보냈다. "오늘 그대가 나를 천국으로 보내지 못한다면, 나는 그대를 지옥에 보낼 것이다." 맹프루아는 라틴어 서적 『철학 사과 Pomme philosophique』를 저술한 것으로 알려져 있다. 이 책에서 그는 마법의 형제뻘인 연금술을 다룬다.[1]

(1) 르 루아예Pierre Le Loyer, 『귀신의 역사 혹은 귀신 환영Histoire des spectres et apparitions des esprits』, 4권, 303페이지.

유령의 집 [Maison Ensorcelée / Haunted House]
공화력 13년(1805) 설월* 말일 경의 일이다. 파리의 노트르담 드 나자레스Notre-Dame-de-Nazareth 거리에는 성 프란치스코회Franciscan 수녀들이 사는 오래된 집이 있었다. 하루는 이 집에서 한바탕 소동이 일어났는데, 갑자기 지하창고에서 다락까지 병들이 날아와 여러 사람에게 상처를 입혔다. 유리병 파편은 모두 정원에 쌓였고, 호기심 많은 이들도 이 현상이 어떻게 발생한 것인지 밝혀내지 못했다. 이후 과학자와 화학자를 찾아가 보았지만, 보여준 병들이 어디에서 제조되었는지조차도 알아낼 수 없었다. 주민들은 악마의 공장에서 이 병들이 생산되었을 것이라고 믿었다. 또 이 사건은 마법사나 유령의 짓이라고 확신하였다. 이보다 조금은 더 지각 있지만, 똑같이 경솔한 사람들도 해당 사건의 갈피를 잡지 못했다. 한 경찰은 친구인 과학자의 도움을 받아 인근 이웃이 이 집의 가구들을 마음대로 움직였다는 것을 밝혀냈다. 이는 벽에 작은 구멍을 만들고 전기를 사용해 마법처럼 보이게 만든 것이었다. 이들의 목적은 새 집주인이 이 집을 못 팔도록 막는 것이었다. 또한 이들은 불만스러운 특정인에게 복수를 하려는 마음도 있었다.[1]. 참조. 알렉산드로Alessandro, 아테노도르Athénodore, 아욜라Ayola, 볼라크레Bolacré, 저주받은 방Chambre infestée, 망령Revenants, 등.

(1) 살그Salgues, 『오류와 편견Des erreurs et des préjugés』 / * 프랑스 공화력의 4월.

말라크 카발라 [Malache-Chabbalah / Malakh-Kabbalah]
유대인 카발라에서 사마엘Samael의 부하 악마를 칭하는 이름. 이들은 지옥의 일곱 구역에 거주한다.

병자 [Malades / Patients]
'병자가 살 것인지 죽을 것인지를 두고 여러 판단이 존재할 수 있다. 그러나 지금부터 말하는 이 방법은 틀리는 법이 없으며, 확실한 판단을 내릴 수 있다.

갓 채취한 병자의 소변이 오염되기 전에 쐐기풀을 넣는다. 그리고 48시간을 기다린다. 이후 쐐기풀이 여전히 푸른색이면, 병자가 살 것이라고 해석한다[1].'

피에르 드 랑크르Pierre de Lancre[(2)]는 그노시스파Gnostics의 의견을 받아들이지 말라고 충고했다. 이 자들은 각 병자에게 한 마리씩 악마가 붙어 있다고 주장했다. 또한 발작하는 모든 이들이 빙의 되었다는 대중적 오류 또한 피하라고 덧붙였다. 질병은 종종 굉장한 혼란을 불러일으키기도 했다. P. 르브룅P. Lebrun은 눈병에 걸린 한 여성이 이상하고 끔찍한 장면을 목격한 적이 있음을 기록했다. 이 여성은 자신이 저주에 걸렸다고 생각했다. 이때 실력 있는 안과 의사가 그녀를 치료했고, 그녀의 눈과 망상은 동시에 나았다. 여러 마법사, 늑대인간, 빙의자들은 병에 걸린 사람에 불과했다. 하지만 때로는 빙의로 인해 병이 들기도 했다. **참조.** 환각Hallucination.

(1)『작은 알베르투스의 경이로운 보물Admirables secrets du Petit Albert』. / (2)『악마의 변화론Tableau de l'inconstance des démons』, 4권, 284페이지.

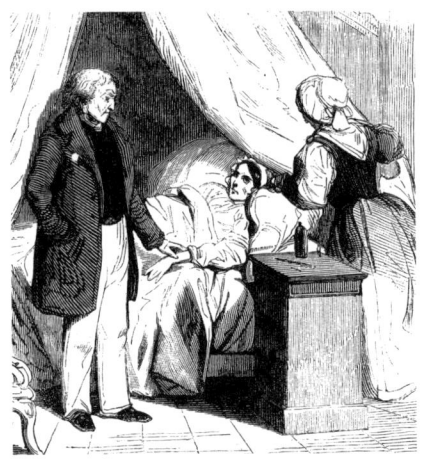

말라파르 [Malafar] 참조. 발라파르Valafar.

말렝가 [Malaingha] 마다가스카르에선 1계급 천사를 해당 명칭으로 부른다. 이 천사들은 별과 행성을 움직이며 계절을 지배한다. 인간은 말렝가의 수호를 받는다. 말렝가는 늘 인간을 살피며 위험에서 구해주고 악마를 쫓아준다.

말라타스카 [Malatasca] 시에나Sienna의 성 카테린St. Catherine은 해당 명칭으로 악마를 지칭했다.

뇌전증 [Mal Caduc / Epilepsy] 이 병을 고치기 위해선 반지를 이용해야 한다. 방법은 다음과 같다. '순은으로 만든 반지에 큰사슴 뿔 조각을 세공하여 넣는다. 이후 온화한 기운이 있는 날, 목성(또는 금성)과 달이 합을 이루는 봄날 월요일, 천체가 우호적인 시간 중 하루를 골라 반지 안에 다음과 같이 새겨 넣는다. '✝ Dabi, ✝ Habi, ✝ Haber, ✝ Habi' 이제 가운뎃손가락에 이 반지를 끼고 있으면 뇌전증이 치료된다[(1)].' 당신이 이 이야기를 믿지 않을 수도 있다. 괜찮다 나도 그러하니.

(1)『작은 알베르투스의 경이로운 보물Admirables secrets du Petit Albert』, 156페이지.

말도나도 [Maldonat / Maldonado] 유명한 예수교 신자로, 1534년 이스트레마두라Estremadura의 카사스 데 라 레이나Casas de la Reina에서 태어났다. 그는 살라망카Salamanca에서 공부 했으며, 1562년 로마 예수회에 들어갔다. 2년 뒤, 말도나도는 파리 클레르몽Clermont 대학에서 철학을 교수했으며, 눈부신 성공을 거두었다. 당시 그의 나이는 30세도 되지 않았다. 말도나도는 네 복음서에 관한 주석을 쓸 계획을 세웠다. 며칠 밤 동안, 그의 앞에는 서둘러 작업을 마무리하라 요구하는 한 남성이 나타났다. 남성은 그가 반드시 작업을 완성할 것이나, 그로부터 며칠 뒤 사망할 것이라고 예언했다. 그러면서 복부의 한 부위를 가리켰다. 1583년, 말도나도는 작업물을 완성한 지 얼마 지나지 않아 남성이 가르쳤던 곳에서 통증을 느끼며 사망했다.

말 베트 [Male-Bête] 툴루즈Toulouse 민담에 등장하는 괴물. 밤이 되면 도로 위를 뛰어다닌다. 이곳 주민들은 말 베트를 만나거나 얼굴을 마주하면 다음 날 죽는다고 믿는다.

말브랑슈(니콜라) [Malebranche(Nicolas)] 오라토리오 수도회Oratory의 박식한 신부. 1638년 파리에서 태어나 1715년에 사망했다. 그는 저서『진실의 탐색Recherche de la vérité』에서 마법을 허구의 병이라고 주장했다. 이러한 병은 실제로 자주 일어나는 일이었다. 그는 한동안 코를 풀지 못했는데, 고끝에 양의 넓적다리를 매달고 있다 믿었기 때문이었다. 이 환각에서 벗어나는 유일한 방법은, 허공에 면도칼로 넓적다리 자르는 흉내를 내는 것이었다. 적어도 그런 이야기가 전해지고 있다[1]. **참조.** 말레브랑슈 Mallebranche.

(1) 블랑피뇽Blampignon 신부는, 말브랑슈의 놀라운 생애를 기록하며 그에 관한 귀중한 연구를 앞부분에 포함하였다. 하지만 이 사건을 언급하지는 않았다.

저주 [Maléfices / Hexes] 인간, 동물, 열매를 해치는 데 사용되는 미신적 행위. 초자연적 힘을 통해서만 없앨 수 있다. 사악한 행위로 발생한 질병이나 다른 사고들 또한 저주라고 부른다. 마법사들은 일곱 종류의 저주를 사용한다. 1) 범죄에 대한 열망을 심는다. 2) 사람들 사이에 증오와 질투의 감정을 심는다. 3) 불능으로 만든다. 4) 질병을 유발한다. 5) 사람들의 죽음을 초래한다. 6) 이성을 사용할 수 없도록 만든다. 7) 재산에 해를 끼치고, 적들을 가난하게 만든다.

고대에서는 사람들이 가슴에 직접 침을 뱉으며 저주로부터 스스로를 보호했다. 독일에서는 인간(또는 말)을 불구로 만드는 마녀의 저주를 피하고자, 죽은 다른 인간(또는 말)의 내장을 사용하였다. 이 방법은 다음과 같다. 먼저 준비한 내장을 주거지까지 가져간다. 그리고 정문을 돌아 창고 환기창을 통해 (혹은 땅을 파고) 들어가 이를 불태운다. 그러면 마녀는 배에 격렬한 통증을 느끼게 된다. 마녀가 이 통증을 없애려면 내장을 태우는 집을 찾아가 불타는 석탄을 두어야 한다. 만약 마녀가 찾아왔을 때 문을 빨리 열어주지 않는다면, 그녀는 집 안을 어둡게 만들고 끔찍한 천둥소리가 울리게 할 것이다. 그러니 집에 있는 사람들은 목숨을 구하기 위해 문을 열어주어야 한다[1]. 마법사들은 저주를 풀 때, 더 소중한 존재(혹은 물건)로 저주를 옮겨야 했다. 그렇지 않으면 저주는 마법사에게 되돌아갔다. 또한 법정에 선 마법사는 저주를 풀 수 없었다. 완벽히 자유로운 상태에서만 저주를 푸는 것이 가능했다.

과거에는 전염병이 저주 때문에 발생한다고 여겨졌다. 마법사들은 때때로 우리나 외양간 문턱 아래에 말의 털 또는 두꺼비를 묻었다. 그리고 저주하는 말을 세 번 반복했다. 이렇게 하면 이 위를 지나는 양이나 가축이 점점 야위어 갔다. 이 가축들은 저주를 풀어야만 원래대로 돌아올 수 있었다. 드 랑크르 Pierre de Lancre는 리모주Limoges의 한 제빵사 이야기를 저서에 기록했다. 이 제빵사의 반죽은 마녀의 저주를 받았다. 그래서 평범한 빵이 아닌, 검고 맛없고 악취를 풍기는 빵이 만들어졌다고 한다. 유부남의 마음을 얻고자 했던 한 마녀는 잘 닫힌 용기 안에 눈을 가린 두꺼비를 넣었다. 그리고 이 용기를 유부남의 침대 아래에 두었다. 결국 이 유부남은 마녀에게 유혹되어 아내와 아이들을 버렸다. 하지만 저주를 발견한 아내는 이 용기를 불태웠고, 남편은 그녀에게 다시 돌아왔다[2]. 또 다른 한 남성은 사다리에 오르기 위해 나막신을 벗었다가 마녀의 저주를 받게 되었다. 마녀가 신발 안에 독을 넣은 것이다. 남성은 내리막길을 걷던 중 발을 삐끗하게 되었고, 남은 평생 발을 절었다[3]. 저주를 받은 한 여성은 몸이 과하게 부풀어 오르는 경험을 하게 되었다. 델리오Martin Delrio는 이 여성이 얼굴을 식별할 수 없는 공 같았다고 묘사했다. 또한 그녀의 몸속에선 농장에서 기르는 동물들과 비슷한 소리가 들려왔다. 그녀는 마치 움직이는 가금 사육장 같았다.

또 다른 이야기를 살펴보자. 어느 벽돌공이 마녀의 저주에 걸려 몸이 말리게 되었다. 이 벽돌공의 허리는 너무 굽어 있어 머리가 거의 다리 사이에 위치할 정도였다. 이에 마녀는 체포되었고, 판사는 저주를 풀지 않으면 처벌받을 것이라고 말했다. 마녀는 딸에게 집에서 작은 꾸러미를 가져다 달라고 부탁했다. 이후 악마에게 숭배를 올린 마녀는 땅에 대고 절을 하며 일부 주문을 속삭였다. 마녀는 벽돌공에게 꾸러미를 주며 물에 넣고 목욕하라 말했다. 그후 다음과 같이 외치라 조언했다. "악마에게 가거라!" 벽돌공은 마녀의 말을 이행했고, 병은 기적처럼 나았다. 벽돌공은 욕조에 꾸러미를 넣기 전 그 안에 무엇이 들었는지 열어보았다. 그리고 살아있는 작은 도마뱀 세 마리를 발견하게 되었다. 하지만 목욕물에 들어가자, 벽돌공은 몸 밑에 거대한 잉어 세 마리가 오가고 있음을 느

졌다. 이에 놀라 자세히 살펴보았지만, 아무 것도 찾을 수 없었다.[4]

때때로 마법사들은 악마를 호두 속에 넣고 아이들에게 선물해 저주를 내렸다. 우리의 악마학자 중 한 명(아마 보게Boguet일 것이다)은 다음과 같은 이야기를 언급했다. 한 마법사가 마법에 걸린 사과를 다리 위 난간에 올려놓았다. 마법사는 탐욕이 많은 자가 이 사과를 먹을 것으로 생각했다. 다행스럽게도 마법사가 사과를 놓는 순간, 마법에 대한 지식이 있던 사람이 이를 목격하게 되었다. 목격자는 주민들에게 사과를 먹지 말라고 경고했다. 이는 악마를 삼켜버릴 수 있기 때문이었다. 그리고 감시인을 세워둘 것이 아니라면, 누가 먹기 전에 빨리 사과를 치워야 했다. 마침내 한 용사가 나타나 장대를 들고 사과를 강으로 밀어버렸다. 그리고 사과가 물에 떨어지자, 작은 악마 여러 마리가 물고기의 형태로 나타났다. 이 장면을 보던 사람들은 돌멩이를 들고 작은 악마들에게 던졌고, 악마들은 다시 나타나지 않았다…. 보게는 저주에 걸린 젊은 여성이 도마뱀 새끼를 토한 이야기도 기록했다. 이 도마뱀들은 바닥에 생긴 구멍으로 달아나 버렸다. **참조.** 주문Charmes, Enchantements, 마법사Magiciens, Sorciers 등.

(1)보댕Bodin, 『빙의망상Démonomanie』, 4권. / (2) 델리오, 『마법 연구Disquisitiones Magicae』. / (3)드 랑크르, 『악마의 변화론Tableau de l'inconstance des démons』. / (4)보댕, 『빙의망상Démonomanie』.

말레테나(도밍지나) [Maletena(Domingina)] 온다리비아Hondarribia 인근에 살며 마녀 집회에 드나들던 여성. 어느 날 그녀와 동료 여럿은 내기를 하였다. 말레타나는 휜느Rhune 산에 올라가 몸을 날렸고 결국 승리했다. 그녀는 목격자들이 보는 앞에서 2리유*를 떠었다고 한다.[1]

(1)드 랑크르Pierre de Lancre가 그렇게 기록하고 있음. / * 과거의 거리 단위. 1리유는 약 4km 정도이다.

불행 [Malheur / Misfortune] 대다수 지역에서 불행을 가져온다고 믿는 몇 가지가 있다. 제비 둥지를 부수는 것, 굴뚝새, 집 안의 귀뚜라미, 한 가문을 섬기다 늙은 개를 죽이는 행위 등이 바로 그것이다. 하지만 나쁜 짓을 했을 때 불행이 찾아오는 건 당연한 일이 아닐까?

악마의 장난 [Malices des Démons / Tricks of Demons] 이 주제와 얽힌 짧은 이야기가 하나 있다. 다음은 하이스터바흐의 케사리우스Caesarius von Heisterbach가 기록한 이야기이다. 본Bonn에는 놀라울 정도로 순수하고 신실한 신부가 살고 있었다. 악마는 이 신부의 집에서 사소한 장난을 치길 좋아했다. 착한 신부가 성무일도서를 읽는 동안, 악마는 눈에 보이지 않게 신부에게 다가갔다. 그리고 책에 발톱을 올려 글을 모두 읽지 못하게 만들었다. 혹은 책을 덮거나 아직 다 읽지 못했는데도 페이지를 넘겨버렸다. 밤이 되면 악마는 독서를 방해하기 위해 촛불을 껐다. 악마는 신부의 분노를 유발하려 했다. 하지만 신실한 신부는 그저 모든 것을 받아들이고 의연하게 행동했다. 불쌍한 악마는 하는 수 없이 괴롭힐 만한 다른 사람을 찾아야만 했다.[1]

카시안Cassian은 이와 유사한 여러 악령 또는 악마를 언급했다. 이들은 오직 재미로 행인들에게 잘못된 길을 알려주곤 했다. 이 때문에 행인들은 길을 잃거나 뱅뱅 돌아가야 했다.[2]

한 광대에게는 그와 함께 생활하는 동료 악마가 있었다. 이 악마는 광대에게 장난치는 것을 좋아했다. 추운 아침이 되면 악마는 이불을 걷어 그를 깨웠다. 그리고 광대가 깊이 잠들었을 때, 그를 침대에서 일으켜 방 한가운데 세워두었다.[3] 플리니우스Pliny는 머리카락을 깎는 악마들을 언급했다. 모두가 잠이 드는 동안 이 악마들은 흰옷을 입은 채 들어와 침대에 앉는다. 이후 조심스럽게 머리카락을 깎고, 바닥에 흩뿌린 뒤 사라진다.[4]

(1)하이스터바흐의 케사리우스, 『기적의 대화Dialogus Miraculorum』, 5권, 53장. / (2)『카시아누스 콜라티오Cassiani collat』, 7권, 32장. / (3)『파리의 윌리엄Guillelmi Parisiensis』 파트2 시작 부분, 8장. / (4)플리니우스, 16권, 27편.

말랭 [Malin] 악마를 칭하는 또 다른 말. 보통 좋은 뜻으로 사용되지 않는다.

말리나 [Malina] 참조. 아닌간Anninga.

말레브랑슈 [Mallebranche] 주드폼Jeu de paume* 선수. 파리 생 주느비에브Sainte-Geneviève에 거주했다. 1618년 12월 12일, 그의 집에 어느 망자가 방문했다. 유령은 다름 아닌 그의 아내로 5년 전 사망한 사람이었다. 아내는 그에게 모습을 드러내지 않은 채 나쁜 삶을 되돌리기 위한 훌륭한 충고들을 해주었다. 이 이야기는 12절판 소책자인 『매장 5년 후 생 마르셀 근교에 나타난 여자 유령의 새롭고 놀라운 이야기, 1618년 12월 11일 화요일, 그녀는 남편에게 말을 걸며 자신을 위해 기도해달라고 요청했다Histoire nouvelle et remarquable de l'esprit d'une femme qui s'est apparue au faubourg Saint-Marcel, après qu'elle a demeuré cinq ans entiers ensevelie : elle a parlé à son mari, lui a commandé de faire prier pour elle, ayant commencé de parler le mardi 11 décembre 1618』(1618년, 파리, 12절판)로 출간되었다.[1]

(1)『정령과 악마의 전설Légendes des esprits et démons』 속 이 사건의 요약본을 참조할 것. / * 프랑스에서 유래된 공과 코트를 사용하는 경기.

말파스 [Malphas] 지옥의 위대한 수장으로 큰 까마귀 모습을 하고 나타난다. 말파스가 인간의 형상을 할 땐 쉰 목소리를 낸다. 그는 난공불락의 요새와 탑을 짓고 적의 성벽을 부순다. 또 솜씨 좋은 노동자를 찾아주고 사역마를 내어준다. 그는 제물을 받고 사제를 속인다. 40개 군단을 거느리고 있다.

얌브레 [Mambrés / Jambres] 이집트의 유명한 마법사. 그가 한 일 중에는 모세Mose의 기적으로 잘못 기록된 것도 있다.

마몬 [Mammon] 탐욕의 악마. 밀턴Milton의 기록에 따르면, 보석을 캐내기 위해 대지의 품을 가르는 법을 인간에게 최초로 알려주었다고 한다.

매머드 [Mammouth / Mammoth] 멸종된 동물. 다음은 이 괴물에 관한 남아메리카 원주민의 전설이다.

'만 번의 달이 뜨기 전에 이 땅은 광활한 숲으로 덮여있었다. 오직 맹수와 인간만이 이 땅의 주인으로 자유롭게 지내고 있었다. 그리고 이때 절벽처럼 커다랗고, 표범처럼 잔혹하고, 독수리처럼 민첩한 동물이 함께 살았다. 이들이 지나간 자리에는 참나무가 꺾이고, 이들이 물을 마신 호수는 바닥을 보였다. 강력한 투창이나 화살로도 이들을 쓰러뜨리진 못했다. 숲은 황폐해지고 가루가 되어 사라졌다. 동물들의 구슬픈 소리가 매일 사방에서 들려왔고, 사람들이 거주하던 곳도 함께 황폐해졌다. 서쪽의 평화로운 지역 또한 예외가 아니었다.

이 불행한 자들을 구하기 위해 선한 영이 개입하였다. 이후 두 갈래로 갈라진 번개가 하늘을 밝혔고, 커다란 천둥소리가 세상을 뒤흔들었다. 천상의 불은 오직 이 잔혹한 파괴자에게만 쏟아졌다. 그리고 산에선 죽음의 아우성이 메아리가 되어 울려 퍼졌다. 이 괴물은 신의 공격으로 모두 죽었지만, 가장 사나웠던 수컷 한 마리가 살아남게 되었다. 살아담은 괴물은 가장 높은 곳에 올랐다. 그곳은 머논가힐라Monangohela 강*의 수원지였다. 괴물은 무시무시한 포효로 복수를 하려 했다. 하늘에선 붉은 벼락이 떨어져 거대한 참나무를 쓰러뜨렸다. 그리고 이 조각은 괴물에게 던져졌다. 하지만 이는 분노한 짐승의 피부만 스칠 뿐이었다. 결국 괴물은 광기에 사로잡혔다. 괴물은 서쪽의 파도 위로 뛰어올랐다. 이후 사막의 절대 군주가 되어 전능한 신에게 도전하였다[1].'

(1) 페르디낭 드니Ferdinand Denis, 『마법의 세계Le monde enchanté』. / * 웨스트 버지니아West Virginia와 펜실베니아Pennsylvania 남서부에 있는 강.

맨 [Man] 솜모나코돔Sommonakodom의 적. 시암Siam* 사람들은 그를 괴물로 묘사했다. 맨의 머리에는 뱀들이 솟아나 있고, 넓은 얼굴에는 끔찍할 정도로 큰 이빨이 드러나 있다.

* 태국의 옛 이름.

만카나스 [Mancanas] 마리아나 제도 Mariana Islands에 거주하던 협잡꾼. 그는 원소 정령을 통제하고 병자를 치료하며 계절을 바꾸고 풍작과 만선을 불러올 수 있다고 주장했다.

긴대 빗자루 [Manche à Balai / Broomstick] 마법사와 악마들이 집회를 열 때, 마녀들은 빗자루를 타고 다녔다.

만드라고라 [Mandragores / Mandrakes] 제법 순한 작은 악마들. 수염이 없고 머리카락이 곤두선 작은 인간의 모습을 하고 있다. 과거, 재판받는 마법사의 소환에 따라 만드라고라가 나타난 일이 있었다. 판사는 고민 없이 그의 팔을 뜯어 불 속에 던져버렸다. 이 독특한 사건을 보면, 왜 만드라고라가 악마가 머무는 작은 인형이라고 불리는지 알 수 있다. 또한 마법사들이 문제에 처했을 때 이들을 소환한다는 점을 알 수 있다. 작은 알베르투스Petit Albert는 한 여성의 속임수를 밝혀낸 일화를 언급했다. 그가 릴Lille을 지나 플랑드르Flanders 여행을 떠났을 때였다. 그는 친구와 함께 뛰어난 점쟁이로 유명한 노파를 찾게 되었다. 노파는 둘을 어두운 방으로 데려갔다. 방에는 단 하나의 등이 불을 밝히고 있었고, 작은 인형(또는 만드라고라)이 노파의 삼각의자 위에 놓여 있었다. 이 만드라고라는 왼손에 가는 비단 줄을 들고 있었다. 비단 줄 끝에는 쇠로 만든 작은 파리가 매달려 있었다. 그리고 이 파리는 유리잔 안에 들어 있었다. 노파의 마법은 쇠파리와 만드라고라를 이용해 궁금한 것에 대한 답을 구해주는 것이었다. 노파는 만드라고라에게 다음과 같이 말했다. "만드라고라, 네가 복종해야 하는 자의 이름으로 명한다. 이 남자가 행복한 여행을 하게 된다면, 파리로 유리잔을 세 번 쳐라." 파리는 즉시 잔을 세 번 두드렸다. 노파는 잔도, 비단 줄도, 파리도, 인형도 건드리지 않았기에 두 친구는 매우 놀랐다. 이후 다른 가짜 신탁을 내리기 위해, 노파는 만드라고라에게 새로운 질문들을 던졌다. 그리고 특정 사건이 일어나지 않는다면 유리잔을 치지 말라고 지시했다. 그러면 파리는 가만히 유리잔 안에 있었다. 사실 노파의 술수는 단순한 것이었다. 가볍고 자성이 있는 유리잔 속 파리는 노파가 착용한 반지로 움직였다. 이 반지 속에는 커다란 자석이 숨겨져 있었다. 자석은 쇠를 끌어당기므로, 노파의 반지는 원하는 만큼 파리가 잔을 치도록 만들 수 있었다. 파리가 잔을 두드리는 것을 원하지 않을 때는 몰래 손에서 반지를 빼냈다. 그리고 공범자들은 참석자에 대한 정보를 미리 노파에게 일러두었기에 여러 명을 속일 수 있었다.

게르만인들에게는 알루네스Alrunes라고 부르는 만드라고라가 있었다. 게르만인들은 나무로 만든 작은 조각상을 숭배했는데, 이는 로마의 라레스Lares 신 또는 아프리카인들의 주물Fetishe을 닮았다. 조각상은 집과 집주인을 돌보았다. 이 조각상은 만드라고라 나무의 가장 단단한 뿌리로 만들었다. 게르만인들은 조각상에 정성 들여 옷을 입히고, 작은 함에 넣어 보관했다. 또 매주 와인과 물로 씻기고, 식사 때마다 음식을 올렸다. 그러지 않으면 이 조각상이 굶은 아이처럼 비명을 지르고, 불행을 가져온다고 생각했기 때문이다. 이 조각상은 비밀스러운 장소에 보관되어 조언이 필요할 때만 꺼내졌다. 이런 조각상(8~9인치 크기)이 집에 있는 것만으로 주민들은 더없이 행복하게 여겼다. 이 조각상이 위험으로부터 막아주고, 복을 가져다주며, 질병을 치료해 주었기 때문이다. 더 놀라운 것은, 이 작은 조각상들이 미래를 내다볼 수 있었다는 것이다. 미래를 알고자 생각하며 상을 흔들면, 이때 생긴 머리 기울임으로 답을 알 수 있었다. 고대 게르만족의 이러한 미신은 아직도 독일 남부, 덴마크와 스웨덴에서 잔존한다.

고대인들은 만드라고라라고 불리는 식물에 뛰어난 능력이 있다고 보았다. 만드라고라는 교수형 당한 자의 소변을 맞고 자란 것으로, 뿌리째 뽑으면 사망에 이르렀다. 결국 이러한 위험을 피하고자, 주변의 흙을 조금 파내고 식물에 밧줄을 건 뒤 다시 개의 목에 이를 묶었다. 그리고 개가 도망치며 이 식물을 뽑도록 했다. 개는 작업 후 목숨을 잃었지만, 운이 좋게 그 순간 식물을 채집한 인간에게는 아무런 위험도 생기지 않았다. 이 식물은 저주를 물리치는 값을 매길 수 없는 보물이었다. 참조. 부셰Bouchey, 브리오슈Brioché, 등.

마누 [Mâne-Raja / Manu] 인도 신화 속의 노아Noah와 같은 인물. 마누 전설은 성서가 끔찍하게 변질된 것이다. 마누는 당대 타락한 사람들 가운데 혼자 선을 행했기에 대홍수의 날 구원되었다. 하루는 목욕을 하고 있는데, 신이 그의 앞에 작은 물고기의 모습을 하고 나타났다. 그리고 자신을 잡아가라고 말했다. 마누는 물고기의 말을 따랐다. 그러자 물고기가 손안에서 커졌고, 마누는 항아리에 옮겨 담았다. 이 안에서 물고기는 빠른 속도로 자라났다. 마누는 그를 항아리에서 연못으로, 그리고 갠지스Ganges 강으로, 다시 바다로 옮겨야 했다. 그러자 물고기는 모든 사람이 홍수 때문에 죽지만, 마누는 살아남을 것이라고 알려주었다. 물고기는 강에 묶인 작은 배에 오르라고 말했다. 그리고 자기 지느러미를 배에 묶으라고 명했다. 이 말을 따른 마누는 구원받았고, 물고기는 불어난 물이 빠질 때 함께 사라졌다. 인도의 홍수는 단 7일 동안만 지속되었다.

마네스 [Mânes] 고대인의 묘지를 지배하던 죽음의 신. 망자의 영혼을 지칭하는 말로 쓰이는 경우가 더 많다. 이탈리아에서 마네스는 자비롭고 도움을 주는 정령을 가리킨다. 이들은 군주 수마누스Summanus*의 허락이 있어야 지옥에서 나올 수 있다. 오비디우스Ovid는 지독한 흑사병이 창궐했을 때, 마네스들이 묘지에서 일어나 비명을 지르며 도시와 들판을 돌아다녔다고 기록했다. 이러한 출현은 전염병이 종식되었을 때, 누마Numa가 만든 위령제를 지내고 한동안 멈추었던 제사를 올렸더니 사라졌다고 한다. 마네스가 레뮤르(원귀)Lémures, Rémures라고 불렸을 땐, 성나고 심술궂은 악령으로 여겨질 때였다. 르 루아예Pierre Le Loyer(1)는, 마네스가 지옥의 인영들처럼 시커멓고 추한 악마에 불과하다고 말했다. 참조. 레뮤르(원귀).

(1) 『귀신의 역사Histoire des spectres』 등. / * 고대 로마의 뇌신.

맨프레드 [Manfred] 참조. 맹프루아Mainfroi.

망 타르 [Mang-Taar] 야쿠트족Yakuts이 믿는 일종의 지옥. 여덟 개의 악령 부족이 거주하고 있다. 이 악령들에겐 아산 듀오라이Arsan Duolai라는 강력한 수장이 존재한다. 야쿠트족은 털이 흰 가축을 신성하게 여기며 위대한 아산 듀오라이에게 바쳤다. 야쿠트족은 샤먼이 죽으면 이러한 악령들을 만난다고 믿었다. 샤먼들은 마법사(혹은 마법사인 척 하는 자)들로 우상 곁에서 사제의 역할을 했다.

마니교도 [Manichéens / Manicheans] 240년 페르시아에서 태어난 이단 마니Mani를 섬긴 이교도들. 이들은 두 개의 강력하며 영원한 원칙을 믿는다. 이는 신은 선의 주인이고 악마는 악의 주인이라는 것이다.

광기 [Manie / Mania] 세상에는 설명할 수 없는 잔혹한 망상이 존재한다. 우리의 선조들은 여기서 빙의의 한 형태를 인지했는데, 이는 틀린 해석이 아니었다. 1833년 10

월 24일, 하버스하우젠Habershausen(바비에른Bavaria)의 농부 조세프 라스Joseph Raas는 아내를 죽이는 광기 어린 행동을 저질렀다. 농부는 자기 아내가 악마에게 빙의 되었다고 생각하여 불쌍한 아내의 몸으로부터 악마를 쫓아내려고 했다. 그는 이를 위해 금속 십자가로 그녀를 여러 번 내리쳤고 결국 살해해 버렸다. 그들의 네 아이가 이 사건을 보고 있었고 어머니를 풀어달라고 애원했다. 여성의 비명에 이웃들이 달려왔지만, 여성이 막 마지막 숨을 내뱉은 뒤였다.

다음은 파리에서 일어난 일이다. 40대 한 남성은 생 마르셀Saint-Marcel 지구를 방문할 일이 있어서 들렸다가 자신의 수염이 너무 많이 긴 것을 발견했다. 그는 이발을 결심하고 무프타르 지구 작은 골목에 위치한 이발사 R의 가게를 찾았다. 과묵한 이발사는 그의 얼굴에 비누 거품을 묻히고 이발을 시작했다. 목 부분을 이발할 차례가 되자, 그는 하던 일을 멈추고 현관문을 이중으로 잠갔다. 그리고 남성의 목에 면도기를 가져다 댔다. "선생님, 제게는 보이지 않는 악령이 항상 가까이 있는데 지금 그 존재가 선생님의 목을 자르라고 명령했습니다." 장난이 과하다고 생각한 남성은 이발사를 쳐다보았다. 그리고 이발사의 눈이 놀랄 정도로 빛나고 있다는 사실을 깨달았다. 겁을 먹기 시작한 그는 이성을 잃지 않고 침착한 태도로 답했다. "내가 기도할 시간 정도는 주겠지." 이발사는 말했다. "그럼요. 제가 방해되지 않도록 잠시 자리를 비켜드리지요." 이발사는 가게 뒷문으로 나가 문을 잠갔다. 남자는 진열장으로 가 유리를 깬 뒤 사람들을 불렀다. 문이 잠겨있기에 사람들은 가게의 뒷문으로 들어왔다. 그리고 이발사가 바닥에 피를 흘리고 누워있는 것을 목격하였다. 이발사는 면도기를 들고 자신의 목을 잘랐다. 며칠 전부터 이 남자는 정신 이상 증세를 보였으나, 누구도 이처럼 빠르게 광기의 절정을 찍을 것이라곤 생각하지 못했다.

유체 발현 [Manifestations Fluidiques / Fluidic Manifestations] 참조. 교령 원탁 Tables Tournantes.

마니파 [Manipa] 타타르Tatary 지역의 탕구트족Tangut과 바란톨라Barantola 왕국에서 숭배한 우상. 마니파는 피라미드 형태로 쌓인 머리 아홉 개를 달고 있다. 매년 무장을 한 청년들은 마니파를 위해 도시를 달리며 마주치는 모든 것들을 죽인다. 이러한 행위가 마니파에게 은혜를 갚는 일이라고 생각하는 것이다.

마니투 [Manitou] 아프리카에서 악마를 칭하는 이름. 참조. 마치 마니투Matchi-Manitou.

만토 [Manto] 테살리아Thessaly의 무녀. 예수 그리스도Jesus Christ에 관한 다음과 같은 예언을 남겼다. '위대한 자가 하늘에서 내려와 산과 물을 건너 가난을 다스리고 침묵 속에서 지배할 것이다. 그는 동정녀에게서 태어날 것이다[1].'

(1) 원문은 다음과 같다. Magnus veniet, et transibit montes et aquas cœli, regnabit in paupertate et in silentio dominabitur, nasceturque ex utero virginis.

만소트(라) [Mansote(La)] 참조. 베르비귀에Berbiguier.

마니 [Many] 동방의 거짓 선지자이자 유명한 화가. 페르시아에서 이단을 설립하였다. 그는 선과 악의 영원성, 윤회, 육류 단식, 모든 짐승 살해 금지 등의 교리를 내세웠다. 마니Manes(마니교의 창시자)와 동일 인물이라는 설도 있다.

마룸 [Maoun / Marum] 이슬람교의 세 번째 천국. 독수리의 모습을 한 천사들이 거주한다.

마오리다스 [Maoridath] 마법으로부터 수호하는 부적. 코란의 마지막 두 장에 등장하며, 마법이나 온갖 불행으로부터 지키기 위해 사용한다고 기록되어 있다.

늪 [Marais] 고대 재담꾼들은 다음과 같은 이야기를 전한다. 우리가 알지 못하는 북쪽 고장인 팔레네Pallene의 어느 늪에서 아홉 번 몸을 씻으면 백조의 깃털을 받고 날 수 있게 된다.

마라 [Marat] 1793년 프랑스에 등장한 괴물. 분명 악마, 그것도 '학살의 악마'의 환생이었을 것이다. 적어도 빙의된 듯한 이 사람은 프러시아인Prussians이었다. 그가 죽었을 때, 파리에선 예배가 치러졌다. 카루젤 광장 Place du Carrousel 제단 같은 곳에 그의 흉상이 올려졌다. 지나가던 이들은 흉상 앞에 무릎을 꿇으며 그에게 존경을 표했다. 게다가 마라의 클럽 내에는 예배당이 세워졌고, 이 장소에서 사람들은 마라의 가호를 빌었다…. 그로부터 얼마 뒤, 마라의 흉상과 그가 남긴 것들은 모두 몽마르트르Montmartre 거리 하수구에 버려졌다.[1]

(1) 『다른 세계의 전설Légendes de l'autre monde』 속 실뱅 마레샬Sylvain Mareschal 이야기를 참조할 것.

마르바스 또는 바르바스 [Marbas, Barbas]

지옥의 위대한 권력자. 분노한 사자의 모습으로 등장한다. 구마사 앞에선 인간의 모습을 하고 나타나 비밀을 알려준다. 그는 질병을 유발하고 기계를 다루는 기술을 알려준다. 또 인간을 여러 모습으로 변신시킬 수 있다. 마르바스는 36개 군단을 거느린다.[1]

(1) 요한 바이어Johann Weyer, 『악마의 유사군주제 Pseudomonarchia Dœmonium』.

마르쿠스 [Marc / Marcus]

이교 창설자 발렌티누스Valentinus에게는 마르쿠스라는 제자가 있었다. 그는 일종의 최면술을 행하며 예언 기술을 전수할 수 있다고 주장했다. 재능을 전수받기로 약속한 어느 여성이 그에게 다음과 같이 말했다. "하지만 저는 예언자가 아닌데요." 마르쿠스는 그녀를 놀라게 하기 위해 기도를 올린 뒤 다음과 같이 말했다. "입을 열고 뭐든 생각나는 대로 말하면, 예언이 될 것이다." 불쌍한 여성은 입을 열었고 스스로 예언자가 되었다고 믿었다. 마르쿠스는 카발라에 심취해 있었다. 마르쿠스의 교인들은 분명 알파벳 24 문자가 24개의 아이온Eon*(또는 정령)이라 생각하는 교리를 믿었을 것이다. 더불어 그는 마법을 행했고, 악마 아자젤Azazel의 보좌를 받았다고 한다.

* 영지주의가 주장한 영구불변의 힘.

커피 찌꺼기(점술) [Marc de Café / Coffee Grounds (Art de Dire la Bonne Aventure par le / Art of Fortune-Telling)]

커피 찌꺼기로 미래를 읽는 기술은 준비가 매우 간단하다. 커피포트에 커피를 우리고 남은 찌꺼기를 그대로 둔다. 오래되었는지 신선한지는 상관이 없다. 점을 칠 때 완전히 말라 있으면 된다. 이후 찌꺼기 위에 물 한 잔을 부은 뒤 풀어질 때까지 끓인다. 그리고 깨끗하고 얼룩 없는 흰 접시를 준비한다. 숟가락으로 찌꺼기를 가볍게 섞은 뒤 반 정도 채울 양만 접시에 붓는다. 일 분 동안 여러 방향으로 이를 섞되 힘을 많이 가하지 않는다. 그다음 모든 액체를 다른 용기에 천천히 붓는다. 이렇게 하면 접시 위에는 커피 찌꺼기가 여러 모양으로 흩어져 다양하고 난해한 그림이 남게 된다. 만일 그림이 헷갈리거나, 찌꺼기가 너무 뭉쳐있거나, 접시에 아무것도 나타나지 않는다면, 앞의 과정을 다시 진행한다. 미래는 접시의 그림이 선명하고 잘 구분될 때에만 읽을 수 있다. 이때 몇몇 커피 찌꺼기가 접시 가장자리에 뭉쳐있거나, 가운데에 혼란스럽게 퍼져 있을 수 있다. 하지만 이것은 걱정하지 않아도 괜찮다. 접시에 있는 찌꺼기 중에 대부분만 해석할 수 있다면 점을 쳐볼 수 있다. 일부 점술가들은 커피포트에 물을 부을 때, 불 앞에서 숟가락으로 찌꺼기를 저을 때, 그리고 접시에 찌꺼기를 부을 때 신비한 주문[1]을 외워야 한다고 말한다. 하지만 이는 거짓말일 수 있다. 이 점술에서 주문은 특별한 힘을 발휘하지 못하기 때문이다. 주문을 사용하는 이유는 점술에 격식을 부여하고, 의식처럼 진행하고자 하는 이들을 만족시키기 위함이다.

접시에 커피 찌꺼기를 부으면, 다양한 모양이 형성된다. 이를 해석하는 것이 중요하다. 이 모양은 곡선, 물결, 원, 타원, 사각형, 삼각형 등이 있다. 원이나 원과 비슷한 모양이 많다면, 이는 돈이 생기는 징조다. 반면 원의 수가 많지 않다면, 이는 경제적 어려움을 의미한다. 사각형은 불쾌감을 느낄 징조이다. 특히 사각형이 많다면 더 많은 불쾌감을 느낄 것이다. 타원은 사업의 성공을 의미한다. 이는 수가 많거나 또렷할수록 더 강한 의미를 가진다. 크기와 상관없이 눈에 띄는 직선 수가 많다면 행복한 노후의 징조이다. 물결이나 꾸불꾸불한 선은 역경이 섞인 성공을 가리킨다. 접시의 상징들 한 가운데 십자가가 보인다면, 이는 호상을 뜻한다. 세 개의 십자가는 명예를 의미한다. 만일 접시에 많은 십자가가 나타난다면, 이는 격한 열정을 가지고 신에게 회귀함을 의미한다. 하지만 애초에 신에게서 멀어지지 않는다면 더 좋을 것이다. 삼각형은 명예로운 일자리를 약속한다. 짧은 거리를 두고 놓인 세 개의 삼각형은 보통 우호적이고 좋은 징조이다. H 모양은 독살의 위험을 가리킨다. 선명하고 긴 사각형은 부부싸움을 의미한다. 접시 위 한복판을 가르며 시원하게 선이 그려져 있다면, 이는 여행길을 뜻한다. 길게 뻗어있으면 장기 여행이다. 선이 선명하면 여행이 쉬울 것이고, 작은 점들로 이루어져 있다면 여행이 어려울 것이다. 원 안에 네 개의 점이 있다면 임신을 예고한다. 이런 원이 두 개 있다면 두 명의 아이가 생기는 것을 의미한다. 원 옆에 집 모양이 보인다면, 이는 당신이 그 집의 주인이 되는 것을 의미한다. 이 근처에 X 표시가 있다면, 집이 도시에 위치함을 의미한다. 근처에 나무, 관목, 식물 등이 보인다면 집은 시골에 위치한다. 집 모양 근처에 삼각형이 있다면, 집을 상속받게 된다. 집 위에 십자가가 있다면, 그곳에서 죽음을 맞이한다. 왕관 모양은 궁중에서의 성공을 예고한다. 간혹 접시에서 한 마리 또는 여러 마리의 물고기를 볼 수 있는데, 이는 맛있는 저녁 식사에 초대됨을 알린다. 네발짐승의 모습은 어려움을 예고한다. 새의 형상은 행운의 사건을 의미한다. 새가 그물에 걸렸다면 소송에 얽히게 된다. 뱀의 모양을 본다면 배신을 당할 수 있다. 장미 모양은 건강을, 수양버들은 우울을, 덤불은 지연을 의미한다. 바퀴 모양은 사고를 예고한다. 창문 또는 여러 사각형이 붙어 창 형태를 띠는 모양은 약탈의 위험을 가리킨다. 인간 형상 옆에 개 혹은 개의 머리가 보인다면 이는 친구를 나타낸다. 말 또는 네발짐승에 올라타 있는 인간의 모습은 뛰어난 사람이 당신의 일을 맡아주는 것을 의미한다. 어떤 모양이든 세 개가 나란히 있는 것은 직업적 기회를 알린다. 십자가 왕관은 앞으로 주변 남성이 죽음을 맞이할 수 있음을 의미한다. 삼각형 또는 사각형으로 만들어진 왕관은 그해에 일어날 집안 여성의 죽음을 예고한다. 네 송이 또는 그 이상의 꽃으로 만들어진 꽃다발 모양은 모두의 행복을 예고한다. 끝.

(1)주문은 다음과 같다. 커피 찌꺼기에 물을 버릴 때 하는 주문은 'Aqua boraxit venias carajos'이다, 이후 숟가락으로 이를 저으며 'Fixatur et patricam explinabit tornare', 접시 위에 찌꺼기를 부으며 'Hax verlicaline, pax fantas marobum, max destinatus, veida porol'라고 외친다. 이 주문은 아무런 의미도 지니지 않고, 누구에도 닿지 않으며, 쓸모 없다.

마르소 [Marceau] 프랑스 제1공화국의 가장 유명한 장군 중 하나였던 마르소 장군의 이야기는 최근 《쾰른 드 가제트Gazette de Cologne》에 실리게 되었다. 그의 소식은 코블렌츠Coblentz의 통신원이 나누었고, 이후 해당 도시 사람들의 입에 오르내렸다.

프랑수아François 황제의 요새 아래인 쾰른Cologne 도로 인근에는 마르소 장군의 기념비가 있다. 그리고 이 기념비는 모서리가 잘린 피라미드 모양을 하고 있다. 그는 알텐키르첸Altenkirchen에서 목숨을 잃었고 코블렌츠 생피에르Saint-Pierre 산(이곳은 앞서 언급한 요새의 요충지이다)에 매장되었다. 이후 기념비는 코블렌츠 요새 공사 당시 자리를 옮겼다. 그리고 세상을 떠난 프레데리히 빌헴름 3세Frederick William III의 명에 따라 현재 위치에 재건되었다.

슈트람베르크Stramberg는 저서 『라인강 골동품 수집가Rheinischer Antiquarius』에서 마르소 장군의 상세한 전기를 담았다. 그는 저서에 마르소 장군의 기념비를 언급했다. 또한 다음의 이야기를 함께 실었다. 마르소 장군의 사망 이후, 그가 흰 말을 타고 흰색 옷을 입은 채 떠도는 모습을 보았다는 목격담이 속출했다. 그가 입은 흰 옷은 프랑스 사냥꾼들이 입는 옷과 같은 것처럼 보였다. 이후 마르소 장군에게 예를 표하면, 그는 생 피에르 산으로 이동했다.

최근, 이 산의 한 보초 병사가 회색 말을 탄 흰 유령 하나를 보았다고 주장했다. 유령은 자정에 나타났는데 여러 물음에도 아무런 대답을 하지 않았다. 이에 병사는 총을 세 발 쏘았다. 이 총성을 듣고 온 순찰대원은 바닥에 쓰러져있는 보초를 발견했다. 보초는 의식을 잃고 고열에 시달렸다. 보초는 병원으로 옮겨졌고 상태가 점점 위독해졌다. 그는 전신 착란 증세를 보이며 앞서 언급한 유령에 관해서만 이야기할 뿐이었다.

마르켈루스 [Marcellus] 팜빌리아Pamphylia의 의사로 마르쿠스 아우렐리우스Marcus Aurelius 황제와 동시대를 살았다. 그는 라이칸트로피Lycanthropy(늑대로 변한다고 믿게 되는 악랄한 정신질환)에 관한 시를 썼다. 그가 쓴 시의 일부는 마티에Maittaire의 『시선집Corpus poetarum』(1713년~1722년, 런던, 27부작, 12절판)에서 찾아볼 수 있다.

마르초시아스 [Marchocias] 지옥의 위대한 후작. 무시무시한 암늑대의 모습으로 나타나며 그리핀Griffin의 날개와 뱀의 꼬리를 달고 있다. 마르초시아스는 이 우아한 모습으로 불꽃을 토해낸다. 그가 인간의 모습을 할 때면 위엄있는 군인처럼 보인다. 구마사들에게 복종하며 주천사에 속하고 30개 군단을 거느린다.[1]

(1) 요한 바이어Johann Weyer, 『악마의 유사군주제 Pseudomonarchia Dœmonium』.

마르키온주의 [Marcionites] 5세기의 이단으로 마르키온Marcion을 수장으로 두고 있었다. 이들은 이원론자였으며, 신이 우리 영혼을 창조했으나 그를 시기한 악마가 육신을 만들어 영혼을 가두었다고 주장하였다.

화요일 [Mardi / Tuesday] 단어에 R이 포함된 화요일Mardi, 수요일Mercredi, 금요일Vendredi에 손톱을 깎으면 손가락이 가려워진다고 믿는 순진한 사람들이 있다.

살롱의 원수 [Maréchal de Salon] 참조. 미셸Michel.

마렌타켄 [Marentakein] 귀신의 관목. 참조. 구테일Gutheyl.

진주점 [Margaritomancie / Margaritomancy] 진주를 통한 점술. 불 속에 넣었던 진주를 유리병으로 덮고 용의자들의 이름을 읊는다. 도난당한 것이 있다면, 강도의 이름을 읊는 순간 진주가 튀어 올라 유리병 바닥을 뚫고 나간다. 그렇게 범인을 찾을 수 있다.[1]

(1) 드 랑크르Pierre de Lancre, 『완전히 입증된 마법에 대한 의심과 불신Incrédulité et mécréance du sortilège pleinement convaincue』, 270페이지.

마르게리트 [Marguerite] 13세기에 살았던 네덜란드 여성. 마르게리트는 많은 자녀를 둔 불쌍한 여성의 동냥을 매섭게 뿌리치며, 그녀가 아이를 많이 낳았다는 점을 비난했다. 그러자 이 불쌍한 여성은 마르게리트에게 일 년에 있는 날의 수만큼 많은 아이를 낳게 될 것이라 예언했다. 마르게리트는 실제로 365명의 아이를 낳았다. 아이들은 모두 손가락만 했는데 남자아이들은 존John, 여자아이들은 마리Marie라는 이름으로 세례를 받았다. 헤이그Hague 인근 루스두이넨Loosduynen에선 여전히 이 이야기를 믿고 있으며, 세례에 사용된 두 개의 접시를 간직하고 있다. 이 고장에 가면 두 접시와 함께, 세례 직후 사망한 365명의 아이 묘지를 볼 수 있다.[1]

(1) 『신학의 미덕에 관한 전설Légendes des vertus théologales』 속 해당 이야기를 참조할 것.

마르게리트 [Marguerite] 사역마와 특별한 관계를 맺고 있다고 주장하던 이탈리아인 여성. 렝글렛 뒤프레누아Lenglet-Dufresnoy는 카르다노Cardan가 목격하고 진술한 다음의 일화를 인용하였다.

'밀라노Milan에는 마르게리트라는 여성이 거주하고 있었다. 그녀는 주민들에게 어디든 자기를 따라다니는 악마(또는 사역마)가 있다고 말했다. 단 이 사역마는 매년 두세 달 정도 자리를 비웠다. 마르게리트는 이 관계를 통해 돈을 벌었다. 여러 집에 초대되는 일이 잦았던 그녀는 악마를 불러 달라는 요청을 받았다. 그러면 그녀는 머리를 숙이고 앞치마로 감싸며, 악마를 부르고 이탈리아어로 된 주문을 외웠다. 악마는 즉시 그녀의 소환에 응했다. 악마의 목소리는 그녀 곁이 아닌 벽 틈에서 나오듯 거리를 두고 들려왔다. 그리고 누군가 이 악령의 목소리를 찾아 다가가면, 집의 다른 구석으로 바뀌 들려와 사람들을 놀라게 했다. 악령의 목소리는 발음이 명확하지 않았고 제대로 들리지 않았다. 가냘프고 약하기에 목소리보다는 속삭임에 가까웠다. 이 악령이 휘파람 또는 속삭임을 흘리면 마르게리트는 이를 해석한 후 다른 이에게 전했다. 기록에 따르면 그녀는 이런 식으로 여러 집을 오갔다고 한다. 이 행위를 관찰한 목격자들은 때때로 마르게리트가 이 악령을 수의 속에 감추었다고 말했다. 이 악령은 마르게리트의 입술을 무는 버릇이 있었다. 이 때문에 그녀의 입술은 항상 곯아 있었다. 결국 사역마와의 관계 때문에 어디서도 환영받지 못하게 된 그녀는 묵을 곳이나 만날 사람을 찾지 못했다[1].' 이 이야기의 진실이 복화술과 연관되어 있음은 틀림없다.

(1) 렝글레 뒤프레누아, 『환영에 관한 논문 모음집 Recueil de dissertations sur les apparitions』, 1권, 156페이지.

마가레트 나바르 [Marguerite de Navarre / Margatet of Navarre] 병에 걸렸던 이 여왕은 어느 밤 혜성으로 추정되는 커다란 불빛을 보았다. 그녀는 이 빛이 자신의 죽음을 예견한다고 믿었다. 몸 상태가 그렇게 나쁘지 않았음에도 마가레트 나바르는 죽을 준비를 했고, 이러한 생각에 사로잡혀 실제로 사흘 뒤 죽음을 맞이했다.

마리아초 드 몰레레스 [Mariacho de Molères] 마리 아스피쿨레트Marie Aspiculette라는 열아홉 살의 젊은 여성에게 고발당한 유명한 마녀. 끈적한 녹색 액체를 손, 엉덩이, 무릎에 바른 뒤 마리의 목을 잡고 집회로 이동했다고 한다[1].

(1) 드 랑크르Pierre de Lancre, 『악마의 변화론Tabl. de l'inconstance des démons』 등, 2권, 116페이지.

결혼 [Mariage / Marriage] 언제 누구와 결혼하는지를 알아내는 방법에는 여러 가지가 있다. 쇼팽Chopin의 기록에 의하면, 러시아에선 그해에 결혼하는지 알고 싶은 젊은 여성들이 의식을 치른다고 한다. 이들은 원을 만든 뒤 각자 자신 앞에 귀리 낱알을 한 움큼씩 뿌린다. 그리고 굶주린 수탉을 들고 있는 여성이 원으로 들어와 눈을 감은 채 몇 바퀴를 돌고 닭을 놓아준다. 그러면 굶주린 수탉은 낱알에 뛰어든다. 닭이 먹은 낱알의 주인은 곧 결혼하게 된다. 수탉이 식욕을 보이면 보일수록 만남이 빨리 구체화된다고 한다.

미래의 남편 얼굴이 궁금한 젊은 러시아 여성은 특별한 의식을 통해 이를 알아본다. 자정이 되면 여성은 거울 두 개를 나란히 마주 보게 둔 외딴 방에 들어간다. 방은 두 개의 촛불로 밝힌다. 이후 자리에 앉으며 다음의 단어들을 세 번[1] 반복한다. "내 남편이 될 자, 나타나라!Kto móy soujnoy kto moy riajnoy, tôt pobajetsia mnie" 그리고 거울 중 하나를 쳐다보면, 안에 반사된 거울이 끝없이 비치는 것을 볼 수 있다. 이때 가장 멀고 어두운 공간에 정신을 집중해야 한다. 이곳에 남편이 나타나기 때문이다. 이는 상상력을 바탕으로 환상을 만들어 내는 것이다. 바라보는 곳이 멀리 있을수록 뇌에서는 환상을 더 잘 만들어 낼 것이다. 실종된 사람들에 관한 정보를 얻고자 할 때도 같은 방법을 사용한다.

러시아에서는 젊은 여성이 곧 결혼할지를 알기 위해 엉킨 나뭇가지로 다리 모형을 만든다. 그리고 여성이 알지 못하게 베개 밑에 둔다. 다음 날, 젊은 여성에게 어떤 꿈을 꾸었는지 묻는다. 만일 그녀가 젊은 남자와 다리를 건넜다고 하면, 이는 그와 같은 해 결혼할 것이라는 징조이다. 이 형태의 점술은 러시아에서 '모스트 마스티트Most Mastite'라는 명칭으로 알려져 있다[2].

『작은 알베르투스의 경이로운 보물Admirables secrets du Petit Albert』에는 미래 배우자를 아는 방법이 기록되어 있다. 가루로 빻은 산호, 자석 가루, 흰 비둘기의 피를 섞은 뒤 작은 반죽 덩어리로 만든다. 그리고 이 덩어리를 파란 천 조각으로 싸 목 주변에 두른다. 이후 베개 밑에는 녹색 머틀 가지를 둔다. 그러면 꿈속에서 결혼 상대를 볼 수 있다. 소녀 혹은 과부들 또한 점을 쳐볼 수 있다. 스타킹과 포플러 가지를 엮은 뒤 베개 밑에 두면 된다. 단, 잠들기 전 제비의 피로 관자놀이를 문질러야 한다.

여러 지역에서 믿는 미신에 따르면, 결혼식에서 먹거나 마시는 부부는 말 못 하는 아이들을 낳을 수 있다.

스코틀랜드에서도 결혼과 관련된 미신이 전해져 내려온다. 민간 전승에 따르면, 특수한 마법 주문을 동반하는 소환술이 미래 남편의 그림자를 나타나게 해준다고 한다. 불에 던져진 개암 열매들은 다양한 불꽃이 튀게 만드는데, 이 모양을 보면 행복한 결혼생활이 될지를 알 수 있다. 약혼자끼리 주고받는 선물의 정확한 기원과 의미는 불가사의로 남아있다. 결혼반지는 전통적으로 왼손 약지에 착용하는데, 이는 해당 손가락의 핏줄이 심장과 곧장 이어진다고 믿었기 때문이다. 이러한 믿음은 이집트와 그리스에도 존재했다. 다이아몬드로 장식한 결혼반지가 불행한 결혼을 상징한다는 믿음도 있다. 보석이 동그란 반지를 가운데서 끊는 형태이기 때문이다, 이렇게 되면 부부의 애정이 지속될 수 없다고 생각했다. 이에 깨뜨릴 수 없는 결혼을 상징하고자 원형 금반지를 사용하는 쪽으로 풍습이 발전하였다.

오늘날에는 같은 미사에서 두 결혼이 이루어지면, 이 중 하나는 행복한 결혼 생활을 하지 못한다는 말이 있다.

(1) 러시아인들은 숫자 3에 특별한 효력이 있다고 믿는다. '신은 숫자 3을 좋아한다Bog tionbit troitzon'라는 속담이 있을 정도이다. / (2) 쇼팽Chopin, 『러시아의 현 상황 De l'état actuel de la Russie』, 또는 『상트페테르부르크 엿보기 Coup d'œil sur Saint-Pétersbourg』, 82페이지.

악마의 결혼 [Mariage du Diable / Marriage of the Devil] 괴레스Johann Joseph Görres는 자신의 저서 『신비주의Mystique』 제6부 14장에서 다음과 같은 우화를 기록했다. "어느 날 악마는 후손을 남기기 위해 혼인을 맺어야겠다고 생각했다. 그는 '부도덕'을 찾아가 혼인했고, 7명의 딸을 얻었다. 그리고 그녀들 또한 결혼시켰다. '오만'은 지상의 권력자들, '탐욕'은 상인들, '욕심'은 돈을 노리는 자들, '위선'은 사기꾼들, '질투'는 예술가들, '허영심'은 나약한 자들과 혼인을 맺었다. 마지막으로 '불순함'은 그대로 두었는데, 그녀를 원하는 수많은 자들이 스스로 찾아올 것이라 믿었기 때문이었다." 악마의 예

마리아그란(마리) [Mariagrane(Marie)]
악마를 자주 목격했다고 주장하는 마녀. 드랑크르Pierre de Lancre가 그녀의 이름을 언급한 적이 있다.

마리니(앙게랑 드) [Marigny(Enguerrand de)]
프랑스의 왕 루이 10세Louis X의 사제. 앙게랑의 아내 알릭스 드 몽Alix de Mons과 누이인 캉틀뢰Canteleu 부인은 샤를Charles 형제와 다른 남작들을 현혹하고 수감된 앙게랑을 탈옥시키기 위해 마법을 썼다는 이유로 재판을 받았다. 두 여성은 모두 체포되었다. 여성들을 도운 마법사 자크 뒬로Jacques Dulot는 감옥에 갇혔다. 또한 뒬로의 아내는 화형에 처해졌고 그의 시종 또한 교수형에 처해졌다. 이들은 모두 야만인들이었다. 이런 형벌이 두려웠던 뒬로는 독방에서 자살했다. 왕의 삼촌인 발루아Valois 백작은 왕에게 마법사 뒬로의 자살이 마리니에게 죄가 있다는 결정적 증거라고 설득했다. 그리고 왕에게 밀랍상을 보여주었다. 왕은 결국 마리니의 처분을 그의 삼촌에게 넘겼다. 이후 재판이 열렸고 얼마 지나지 않아 심판이 내려졌다. 마리니에게 유죄가 선고되었고, 귀족의 신분임에도 마법사처럼 교수형에 처해졌다. 교수형은 승천일Ascension 전날 집행되었고, 그가 사제로 재임한 동안 재건한 몽포콩Montfaucon 교수대에 매달리게 되었다. 백성들은 이 사제의 불손함에 분노하면서도 안타까워했다. 판사들은 마리니의 아내와 누이에게 형을 내리진 않았다. 왕은 마리니를 자신의 적들에게 넘긴 것을 후회하였다. 그는 유언에서 큰 불행을 고려하여 마리니 가족에게 상당한 금액을 남긴다고 적었다.[1]

(1) 쥘 가리네Jules Garinet, 『프랑스 마법사Histoire de la Magie en France』.

꼭두각시 [Marionnettes]
과거에는 꼭두각시 속에 작은 악마가 숨어있다고 믿었다. 참조. 브리오슈Brioché, 부셰Bouchey, 만드라고라Mandragores 등.

마리산느 [Marissane]
크리스토발 데 라 가라드Christoval de la Garrade라는 15세(또는 16세)의 젊은 남성이 마녀 타트라스의 마리산느Marissane of Tartras에게 납치당한 일이 있었다. 마리산느는 납치 시 기름이나 향유를 사용하지 않았다. 그리고 하늘을 가로질러 너무 멀리 날아갔기에, 크리스토발 데 라 가라드는 마녀 집회가 열리는 장소가 어디인지 알아볼 수 없었다. 그는 그곳에서 마녀 집회에 참여하지 않는다는 이유로 구타를 당했다고 말했다. 그의 증언을 통해 이 마녀는 화형에 처해졌다. 하지만 이 경험이 모두 꿈에 불과할 수도 있다. 참조. 라이드Raide.

마리우스 [Marius]
사업이 성공할 것이라고 예언해 준 스키타이인Scythians 마녀를 데리고 다닌 남성.

마를(토마 드) [Marle(Thomas de)]
아미앵Amiens의 백작이자 쿠시Coucy의 귀족. 루이 뚱보왕Louis le Gros* 통치 시대의 연대기에는 그가 저지른 범죄가 기록되어 있다. 마를이 세상을 떠나던 때, 그는 죄를 크게 뉘우치고 신과 화해하고자 했다. 하지만 살면서 저지른 일 중 가장 음침한 일만큼은 뉘우치지 않았다[1]. 쉬제Suger는 마를이 성찬을 받기 위해 몸을 일으켰을 때, 보이지 않는 손이 나타나 그의 목을 졸랐다고 증언했다.

(1) 그는 자신만 아는 감금소에 의붓어머니를 가둬두었다. 그리고 숨을 거둘 당시, 이 끔찍한 비밀을 말하지 않았다…. / * 루이 6세Louis VI의 별칭.

말로 [Marlowe]
16세기 말의 영국인 시인. 1563년 2월에 태어났으며, 1593년 6월 15일 서른 살의 나이로 결투에서 사망했다. 말로의 묘비명에 기록된 바에 따르면 그는 난봉꾼의 삶을 살았다. 말로는 괴테보다 2세기 이전에 이미 『파우스트Faust』의 시를 남겼다[1].

(1) 프랑수아 위고François Victor Hugo는 1858년 5월 발행한 『프랑스 논평Revue Française』에서 말로의 시를 대중에게 공개하였다.

마롯 [Marot]
무함마드Muhammad는 포도주를 마시는 것을 합리화하기 위해 아롯Arot과 마롯이라는 두 천사 이야기를 언급했다. '신은 아롯과 마롯에게 지상에서의 임무를 맡겼다. 한 젊은 여성은 이들을 저녁 식사에 초대했고, 포도주가 너무도 맛있었던 두 천사는 취하고 말았다. 이들은 여성의 아름다움을 깨닫고 사랑에 빠져 고백을 했다. 현명했던 여성은 천상으로 올라가는데 필요한 언어를 가르쳐 주어야만 고백에 귀를 기울일 것이라고 말했다. 그렇게 필요한 말을 배운 그녀는 신의 왕좌에까지 다다랐고, 신은 그녀의 덕을 높게 사 빛나는 별(계명성)로 만들어 주었다. 그리고 술에 취한 두 천사를 심판의 날까지 바벨Babel 우물 밑치에 매달아 두기로 했다.' 이슬람교도들은 바그다드Baghdad 인근에 있는 이 우물을 여전히 방문한다.

악마의 표식 [Marque du Diable / Devil's Mark] 악마는 집회에 참여한 마녀에게 표식을 남긴다. 이 표식은 때때로 판사들이 긴 핀으로 쑤셔보아야 알 수 있는 자리에 있다. 재판장에 선 마녀들이 표식을 찔렸을 때, 비명을 지르지 않고 고통스러워하지 않는다면, 마녀로 여기고 처벌을 받는다. 이것이 마녀 집회에 다녀왔다는 확실한 증거이기 때문이다. 드 랑크르Pierre de Lancre[1]는 화형에 처한 마녀들이 이 모든 사실을 고백했다고 기록했다. 보댕Bodin은 스스로 자신을 바치고 충직한 마녀들에게는 악마가 표식을 남기지 않는다고 주장했다. 그러나 드 랑크르는 이 주장에 반박했다. 위대한 마녀들은 모두 눈이나 다른 곳에 하나 혹은 그 이상의 표식을 지니고 있었기 때문이다. 이 표식은 대체로 반달(또는 발톱) 모양이거나 갈라진 뿔 모양을 하고 있다.

(1)『악마의 변화론Tableau de l'inconstance des démons』, 103페이지.

지옥의 후작 [Marquis de l'enfer / Marquis of Hell] 피닉스Phoenix, 시메리에스Cimeries, 안드라스Andras와 같은 지옥 후작들은 프랑스의 계급과 비교를 했을 때 백작보다 조금 더 위의 위치라고 볼 수 있다. 이들은 오후 3시에서 일몰 사이 성공적으로 (악마적 의미에서) 소환할 수 있다[1].

(1)요한 바이어Johann Weyer, 『악마의 유사군주제 Pseudomonarchia Dœmonium』.

마세이 [Marsay] 참조. 오베레이트Obereit.

마르티벨(사레나 또는 세레나) [Martibel (Sarena, Séréna)] 15세기, 수아송Soissons 교구에 거주하던 마녀. 목격담에 따르면 옷 입은 두꺼비 네 마리와 마녀 집회에서 춤을 췄다고 한다. 마르티벨은 한 마리는 왼쪽 어깨에, 한 마리는 오른쪽 어깨에 올리고 다른 두 마리는 손에 쥐고 있었다. 두꺼비들은 마치 사냥꾼 어깨의 매(또는 새매)처럼 앉아 있었다.

마르탱(생) [Martin(Saint)] 투르Tours의 생 마르탱이 미사를 볼 때, 악마가 교회로 들어와 방해를 했다는 이야기가 있다. 이는 『황금성인전Legenda Aurea』에 실린 바보 같은 일화이다. 이 이야기는 브레스트Brest 교회에서 일어난 것이다. 그로스네Grosnet는 이 이야기를 아름답게 느껴 시로 만들었다. 이 시에 따르면, 악마는 교회 한 구석에 앉아 양피지 위에 여성들에 대한 험담, 예배 중에 들리는 부적절한 말 등을 써 내려갔다고 한다. 양피지를 꽉 채운 뒤에도 쓸 말이 남았던 그는 이를 늘리기 위해 이빨로 물고 온 힘을 주어 잡아당겼다. 하지만 양피지는 찢어져 버렸고, 악마는 뒤에 있던 기둥에 머리를 박게 되었다. '주님과 함께하시기를Dominus vobiscum' 이라고 말하기 위해 돌아선 마르탱은 악마의 찡그린 표정을 보고 웃음을 터뜨렸고, 미사를 망치게 되었다. 악령은 서둘러 달아났다….

마르탱(마리) [Martin(Marie)] 피카르디

Picardy 뇌프빌 르 루아Neufville-le-Roi의 마녀. 마법 혹은 저주를 사용해 가축과 짐승을 죽게 만든 혐의로 체포되었다. 마리탱에게선 고양이 발자국 형태의 악마 표식이 발견되었다. 재판 중에 그녀는 자신의 죄를 시인했다. 헌병대에 넘겨진 그녀는 자신이 마녀이며 시체의 뼈로 만든 가루로 저주를 내렸다고 고백했다. 또한 악마 케르베로스Cerberus가 자주 말을 걸었다고 덧붙였다. 마르탱은 마법을 건 사람들과 저주를 내린 말들을 나열했다. 더불어 케르베로스에게 잘 보이기 위해, 저주를 내리기 이틀 전에는 미사에 참석하지 않았다고 말했다. 그녀는 케르베로스가 주도하는 집회에 참여했으며, 처음에는 자신의 이모인 루이즈 모렐Louise Morel을 따라갔다고 이야기했다. 두 번째 재판에서, 그녀는 마지막으로 간 집회가 누아용Noyon 인근 바리퐁Varipon에 있었다고 말했다. 더불어 케르베로스가 짧은 흑로브를 입고 검은 수염을 달고 있었으며, 높은 모자를 썼다고 덧붙였다. 케르베로스는 바리폰 울타리 인근에서 집회를 진행했으며, 그곳에서 마법사와 마녀들의 이름을 호명했다. 마르탱은 1586년 6월 2일 몽디디에Montdidier 법원에서 교수형을 선고받았다. 이후 파리 법원에 항소하였으나, 이는 기각되었다. 형 집행은 같은 해 7월 25일에 이루어졌다.[1]

(1)줄 가리네Jules Garinet, 『프랑스 마법사Histoire de la Magie en France』, 146페이지.

마르탱(토마) [Martin(Thomas)]

보스 Beauce 가이야동Gailiardon의 농부. 1816년 1월 15일 오후 2시경, 그는 자신의 밭에서 흰옷을 입은 유령을 보았다. 유령은 그에게 루이 18세Louis XVIII를 위한 임무를 주었다. 몇 번이나 거부했으나 유령은 계속 나타났고, 결국 그는 파리로 떠났다. 그곳에서 가장 뛰어난 의사들에게 정밀 검사를 받은 이후, 마르탱은 한 시간 동안 왕을 독대할 기회를 얻게 되었다. 몇몇 이들은 마르탱이 환각을 본 것이라 주장하지만 그것은 틀린 말이다. 이 이야기는 거듭 전해져 내려왔고, 가장 정확한 기록은 파리 이베르Hiver 출판사가 1831년 8절판으로 펴낸 서적에 남아있다.

마르티네 [Martinet]

사역마. 마법사들을 섬기며 허락 없이 그 무엇도 믿지 않았다. 또 주인인 마르티네*의 허가 없이는 장소를 벗어나지 않았다. 종종 단순한 호의로 여행객들에게 지름길을 알려주는 일도 있었다.

* 규칙을 정하고 이를 엄격히 지킬 것을 요구하며 따르지 않으면 처벌을 가하는 이를 의미한다.

담비 [Martre / Marten]

러시아에서는 담비 가죽이 주술, 마법, 저주를 막는 확실한 부적이라고 여긴다.

마르팀 또는 바팀 [Martym, Batym / Marthym, Bathym]

지옥의 공작. 덩치가 크고 힘이 세다. 건장한 사내의 모습을 하고 엉덩이에는 뱀의 꼬리가 달려있다. 마르팀은 푸르스름한 백마를 타고 다닌다. 그는 약초와 보석의 효능을 알고 있으며 놀라운 속도로 인간을 다른 지역으로 옮길 수 있다. 그는 30개 군단을 거느린다.

가면무도회 [Mascarades / Masquerades]

갈리아인Gauls들은 미트라Mithras가 별자리를 지배한다고 믿었다. 그렇기에 미트라를 열, 번식력, 좋은 영향, 악한 영향의 근본이라 생각하고 그를 숭배했다. 이 밀교에 입문한 자들은 여러 신도로 나뉘었는데, 각각 별자리를 상징으로 부여받았다. 신도들은 별자리 동물인 사자, 양, 곰, 개 등으로 변장한 채 행렬과 연회를 즐겼다. 생 푸아Saint-Foix는 이것이 가면무도회의 시초라고 주장했다. 몽테스키외Montesquieu는 가면무도회와 얽힌 재미난 이야기를 기록했다. 사람들은 유럽에서 놀아온 한 튀르키예인에게 어떤 진귀한 것을 보았냐고 물었다. 그는 다음과 같이 대답했다. "베네치아Venice에선 매해 특정 시간 동안 사람들이 미쳐버립니다. 변장한 채로 길을 마구 뛰어다니죠. 이 기상천외함이 도를 지나치기에 성직자들은 이들을 제지하느라 정신이 없답니다. 하루는 (재의 수요일 Ash Wednesday*이었다) 박식한 구마사들이 병자들을 데려왔는데, 머리 위로 잿가루를 조금 뿌리니 이성이 돌아오고 원래대로 되돌아가더군요."

* 사순절이 시작되는 첫날.

마살리안 또는 메살리안 [Massaliens, Messaliens] 고대의 신비교파. 교리에 따르면 각 인간은 태어날 때 평생 함께하는 악마를 부모로부터 받게 된다. 그렇기에 신도들은 악마를 길들이기 위해 긴 기도를 올리고 춤을 추고 몸을 비틀고 깡충깡충 뛰어다녔다. 이들은 이렇게 자신들이 악마를 밟는다고 믿었다. 10세기에 등장한 마살리안의 또 다른 이단은 최초의 존재로부터 태어난 두 명의 신을 인정했다. 그들은 어린 신이 하늘을, 더 나이가 많은 신이 지상을 지배한다고 주장했다. 이 나이가 많은 신은 사탄이라 불렸다. 두 형제는 영원한 전쟁을 치르나 언젠가 화해하게 된다고 한다.[1]

(1) 베지에Nicolas Sylvestre Bergier, 『신학 사전Dictionnaire théologique』

저작 [Mastication / Chewing] 고대인들은 망자들이 무덤 안에서 식사를 한다고 믿었다. 이들이 망자의 음식 씹는 소리를 들었는지는 잘 모르겠다. 분명한 것은 이 미신은 선조들의 장례 식사 행위로부터 유래되었다는 점이다. 이 전통은 아주 오래전부터 모든 민족의 무덤에서 행해졌다.

레반트Levant엔 아직도 유령이 음식을 먹는다는 믿음이 남아 있다. 예전부터 독일인들은 망자들이 묘지 속에서 돼지처럼 음식을 씹어 먹는다고 생각했다. 심지어 이들이 꿀꿀거리는 소리를 낸다고 믿었다. 17세기 필립 레리우스Philippe Rherius와 18세기 초 미셸 로프트Michel Raufft는 무덤 속에서 씹는 망자에 관한 논문[1]을 펴냈다. 독일의 일부 지역에선 시신을 관 속에 넣을 때 턱 아래에 흙덩어리를 두었다. 이는 죽은 자들이 저작 행위를 하지 못하도록 하기 위함이었다. 다른 지역에선 입에 작은 동전을 넣거나, 손수건으로 목을 완전히 막아버리기도 했다. 망자들이 본인의 살을 뜯어 먹은 사건도 대중들에게 여러 번 회자되었다. 이러한 일은 자연적인 현상임에도 불가사의하다고 여기는 학자들이 있다는 게 놀랍다. 잠Salm의 하인리히Henry 백작 장례 당시, 오트세유Haute-Seille 수도원의 교회에선 낮은 비명이 들렸다. 이는 백작이 묻힌 곳에서 나는 소리였고 독일인들은 망자가 음식을 씹는 소리로 해석했다. 다음 날, 백작의 무덤을 파보았더니 그는 죽어있었지만, 묻었을 때와 다르게 엎드린 채였다. 다른 비슷한 사례들처럼, 그가 산 채로 묻힌 것이었다.

로프트는 이와 비슷한 이야기를 기록했다. 이는 1345년 한 보헤미아Bohemia 여성의 이야기이다. 그녀는 무덤 속에서 자신의 수의를 반이나 먹었는데, 아마 이유는 비슷한 것으로 추정된다. 18세기 한 가난한 남자가 공동묘지에 급하게 묻혔다. 그리고 밤이 되니 그의 무덤에서 소음이 들려왔다. 다음 날 아침 관을 열자, 그가 자신의 팔에 붙은 살을 뜯어 먹었다는 사실을 알게 되었다. 브랜디를 너무 많이 먹어 취했던 이 남자는 산 채로 묻혔던 것이다. 아우크스부르크Augsburg에서도 한 여성이 혼수상태에 빠진 것을 사망한 것으로 오인해 매장한 일이 있었다. 그녀는 깊은 지하 묘실에 흙을 덮지 않은 채 안치되었다. 뒤이어 그녀의 무덤에서 소리가 들렸지만, 아무도 주의를 기울이지 않았다. 그로부터 2년에서 3년 뒤 가족 중 하나가 사망해 묘소를 열었을 때, 여성의 몸이 입구를 막던 돌 인근에 있는 것을 보게 되었다. 그녀는 돌을 옮기려 했으나 실패하였고 절망감에 오른손을 뜯어먹은 바람에 손가락이 남아있지 않았다. **참조.** 흡혈귀Vampires.

(1) 『무덤 속 망자의 저작에 관하여De masticatione mortuorum in tumulis』.

마스티팔 [Mastiphal] 세드레누스Cedrenus가 인용한 『소 창세기La Petite Genèse』라는 의심스러운 책에 등장하는 악마의 왕.

마치 마니투 [Matchi-Manitou] 북아메리

카 원주민들이 모든 불행의 원인으로 지목하는 악마. 이 악마는 바로 달이다. 일부 원주민들은 달의 악령이 폭우를 내린다고 믿었다. 이들은 배에 가장 귀한 것들을 실어 바다로 흘려보냈다. 분노한 악마에게 제물을 바쳐 화를 잠재우려 한 것이다.

물질 [Matière / Matter] 물질 숭배로부터 카발라와 모든 오컬트 기술이 유래했다.

마티뇽(자크 고용 드) [Matignon(Jacques Goyon de)] 앙리 3세Henry III와 앙리 4세Henry IV를 섬기던 귀족. 마티뇽을 질투한 이들은 헐뜯기 위해 그의 정신, 능력, 신중함, 용기가 악마와의 계약을 통해 만들어진 것이라고 주장했다. 생 푸아Germain-François Poullain de Saint-Foix는 어떠한 상황에서도 온화하고 자비로운 마티뇽이었기에 그 악마라는 게 선한 존재일 것이라고 말했다.[1]

(1) 『성령의 역사Histoire de l'ordre du Saint-Esprit』, 1579년.

마티뇽(르 P. A. 드) [Matignon(Le P. A. de)] 예수회 신자. 1861년 그는 『초자연적 질문La Question du surnaturel』(12절판)을 펴냈다. 이 책은 마법, 그중에서도 강신술을 소개한다. 그리고 1862년에 앞서 소개한 책과 관련이 있는 『사자와 산자Les Morts et les Vivants』(12절판)를 펴냈다. 이 서적은 망자와의 소통을 다룬다.

마태오 라엔스버그 [Matthieu Laensberg] 리에주Liège 출신의 유명인. 현대의 위대한 수학자, 점성가, 예언자로 여겨진다. 마태오 라엔스버그는 성당 참사회 회원으로 점성술에 매진하였다. 아직도 시골에서는 순진한 사람들이 그의 예언을 믿는다. 이를테면 그가 쓴 연감에 비가 내린다고 되어있으나 날이 화창하면 '다른 곳에 내리고 있겠지'라고 생각한다는 것이다. 마태오 라엔스버그의 첫 연감은 1636년에 발행되었다.[1]

(1) 『달력 이야기Légendes du calendrier』 속 해당 내용 참조.

맛주 [Matzou] 중국의 신. 몇몇 작가에 따르면 마법사였다고 한다.

모페르튀이 [Maupertuis] 참조, 환각Hallucination.

모리스 [Maurice] 582년 왕좌에 오른 황제. 어릴 적 겔리온Gelions이라는 악마에게 여러 번 납치되었으나 세례를 받은 덕에 해를 입지 않았다.

모리(알프레드) [Maury(Alfred)] 현대 학자. 마법과 점성술에 관한 긴 글을 썼지만, 명백한 증거에도 불구하고 이를 부정하려 했다. 여기서 마법이란 우리를 둘러싼 악마와 맺는 관계를 의미한다.

모리(장 시프렝) [Maury(Jean-Siffrein)] 1792년, 어느 행상인은 파리 시민의 호기심을 자극하기 위해 소책자를 팔며 다음과 같이 소리쳤다. "모리 신부가 죽었다!" 그러자 지나가던 신부가 다가와 그의 따귀를 때리며 다음과 같이 말했다. "내가 죽었다면, 네놈은 망령이 있다는 것도 믿겠구나!"

기계학 [Mécanique / Mechanical] 모든 복잡한 과학과 마찬가지로, 한때 기계학은 마법으로 여겨질 정도의 놀라운 것들을 만들어 냈다. 이 중 가장 놀라운 것은 안드로이드Androids라고 불리는 자동인형이다. 이와 관련해선 앞쪽 페이지에 수록된 대 알베르투스Albert le Grand를 참조하도록 하자. 동시대인들은 대 알베르투스의 자동인형을 마법으로 만든 것이라 여겼다. (레기오몬타누스Regiomontanus라는 이름으로 더 잘 알려진) 15세기 학자 요하네스 뮐러Johannes Muller의 독수리 자동인형은 하늘을 날 수 있었다. 이는 보캉송Vaucanson의 오리 자동인형을 앞서는 것이었다. 보캉송의 오리 자동인형은 물속을 헤엄치고, 파닥거리고, 꽥꽥거리고, 앞으로 나아갈 수 있었다. 아울루스 겔리우스Aulus Gellius는 고대에 아르키타스Architas가 날 수 있는 비둘기를 만든 적이 있다고 기록했다. 이 새는 일정 높이로 올라가면 다시 제자리로 돌아올 수 있었다. 로저 베이컨Roger Bacon에겐 몇 마디 말을 할 수 있는 머리가 있었다. 보캉송은 여러 곡을 연주하는 플루트 연주인형을 만들었다. 동시대를 산 자케 드로Jacquet Droz는 그림을 그리는 자동인형과 하프시코드Harpsichord를 연주하는 자동인형을 만들었다. 역시 같은 시기에 미칼Mical 신부는 두 개의 청동 머리를 만들었는데, 이는 로저 베이컨의 자동인형처럼 말을 할 수 있었다.

하지만 가장 인상 깊은 자동인형은 켐펠렌Kempelen 남작의 체스 선수이다. 용수철을 통해 움직이는 이 자동인형은 훌륭한 선수들과 체스 경기를 펼쳐 여러 번 승리를 거두었다. 하지만 실상은 인형 등 뒤 캐비닛 안에 사람이 숨어 이를 조정한 것이었다. 물론 조종한 이의 실력이 놀랍기는 했다.

다시 말하지만, 과거에는 자동인형을 오컬트의 결과물로 보았다. 반면 오늘날에는 기계학 장인의 업적을 하찮게 여기는 듯하다. 모든 유명한 자동인형은 사라졌다. 그리고 온갖 쓸데없는 것들로 채워진 박물관과 보존소는 더 이상 자동인형을 보유하고 있지 않다.

메카스피나 [Mécasphins / Mecasphina] 칼데아Chaldea 마법사들. 약초와 약물 또는 사체의 뼈를 미신 행위에 사용했다.

악인 [Méchant / Wicked] 악마는 종종 악인, 악한, 말랭Malin 등으로 불리기도 했다. 그는 악의 근원이자 아버지이다.

성녀 멕틸드 [Mechtilde(Sainte)] 성 힐데가르트St. Hildegard로부터 약 100년 뒤 나타났다. 그녀는 성 거트루드St. Gertrude의 자매였다. 성녀 멕틸드의 환영과 계시는 1513년 책으로 출간되었다. 이 모음집은 제법 흥미롭고 귀한 도서로 『신부와 베탱 수도사의 환영Pasteur et les Visions du moine Vetin』이라는 책을 포함하고 있다. 이 책은 마비용Mabillon 신부를 통해 『성 베네딕트회의 법령Actes de l'ordre de saint Benoît』 제4권 1부에서 재판되었다. 쇼나우Schonaw의 성 엘리자베스St. Elizabeth의 계시 또한 이 책에 실려있다. 이 계시는 성녀 멕틸드의 계시와 함께 5부로 구성되어 있다. 이 글들은 성 거트루드의 내용으로 이어지며, 1330년에 태어난 성 도미니크회Dominican Order 신부 로베르Robert의 환영 이야기로 끝난다. 성녀 멕틸드는 1284년(또는 1286년)에 숨을 거두었다. 이 집록엔 지옥에 관한 묘사가 가득 들어있다.

의학 [Médecine / Medicine] 1856년 (혹은 1857년) 발행된 『영국 저널Revue britannique』의 글에 따르면, 튀르키예와 이집트의 의학과 수술의 발전은 몇몇 활동적이고 총명한 유럽인의 노력 때문이다. 페르시아인들은 모든 중병을 점성가와 하킴Hakims*의 신비 주술을 통해 치료하려 하였다. 이는 의학의 발전을 막았으며 치료를 받지 못한 불행한 환자를 죽게 만들었다. 적절한 의술을 사용했으면 충분히 목숨을 구할 수 있었음에도 말이다. 이 나라에서 화학 실험을 하는 자는 악마와 내통한다는 누명을 썼고 즉각 마법사로 몰렸다. 페르시아인들의 편견은 모든 학문의 발전을 막았다.

* '의사', '현자'를 뜻하는 아랍어 경칭.

메데이아 [Médée / Medea] 콜키스Colchis의 여자 주술사. 이아손Jason이 모든 괴물을 무찌르도록 도왔으며 헤라클레스Hercules의 발작을 마법으로 치료했다. 그녀는 마법에 관한 방대한 지식과 자신의 아이들을 죽인 사건으로도 유명하다(엘리앙Elien은 이를 중상모략으로 보았다). 악마학자들은 그녀가 어머니 헤카테Hecate로부터 마법 능력을 물려받아 위대한 마녀가 될 수 있었다고 주장한다. 몽상가들은 그녀가 자신의 이름을 딴 주술서를 썼다고 전한다. **참조. 멜리에**Mélye.

메디아 [Médie / Media] 메디아인들에게는 눈이 먼 사람에게 시력을 찾아주고, 통풍을 낮게 하는 흑색(또는 녹색)의 마법석이 있었다. 양젖으로 적신 천과 함께 환부에 발라 사용한다.

머맨 [Meerman / Merman] 바다 인간*. 발트해Baltic Sea 연안 주민들은 이 바다 인간(또는 물의 정령)의 존재를 믿는다. 이들은 녹색 수염을 가지고 있으며 수련 줄기처럼 생긴 머리카락을 어깨까지 늘어뜨리고 있다[1]. 밤이 찾아오면 머맨은 파도 속에서 노래하며 어부를 부른다. 이들에게 유혹당한 자에게는 불행한 일이 생긴다. 또 노랫소리가 폭풍을 불러오기도 한다.

<small>(1) 마르미에Marimier, 『발트해 신화Traditions de la Baltique』. / * 반인 반어. 상반신은 남성이며 하반신은 인어이다.</small>

메갈란트로포제네시스 [Mégalanthro-pogénésie / Megalanthro-pogenesis] 재능이 많은 아름다운 아이를 얻는 방법. 우리는 상상력이 지성에 얼마나 많은 영향을 미치는지 알고 있다. 이는 특히 임신한 여성에게 도드라진다. 배 속의 아이가 임신 도중 여성이 상상한 주제로 인해 큰 영향을 받을 수 있기 때문이다. 예를 들어 야곱Jacob은 여러 색이 섞인 물건에 암양을 함께 두어 다양한 색의 양을 얻었다. 이 다양한 색깔은 암양의 주의를 충분히 끌어 기대한 결과를 낳았다. 암양의 상상력이 이 정도의 영향을 끼친다면, 여성의 생생한 상상력은 더 의미 있는 결과를 가져올 것이다. 우리가 어린 짐승보다 어린아이에게서 더 많은 다양성을 목격하는 것도 이러한 이유에서이다. 시커멓고 털이 난 아이를 낳은 여성들의 기록을 살펴보면, 여성이 임신 기간 동안 몇몇 끔찍한 상징에 빠져있었다는 것을 알 수 있다. 대리석과 설화 석고로 만든 조각상 또한 위험할 수 있다. 이에 관한 좋은 예가 있다. 한 젊은 신부가 자그맣고 하얀 아모르Amor신 조각상에 빠지게 되었다. 이 조각상의 우아한 모습이 인상적이었던 그녀는 며칠간 감정을 간직했다. 그리고 대리석 조각상만큼 우아한 아이를 낳게 되었다. 하지만 아이는 동상 만큼이나 창백하고 하얀 피부를 가지게 되었다. 토르케마다Torquemada는 피렌체Firenze 인근에 사는 한 이탈리아 여성의 이야기를 기록했다. 모세Mose의 그림에 놀란 그녀는 희고 긴 수염을 가진 아들을 낳게 되었다. 이 주제와 관련해 유사한 이야기들이 수없이 존재하나, 도가 지나친 것들도 있다. 참조. 출산Accouchements.

1802년 임신한 어느 여성이 처음으로 파리를 방문했다. 그녀는 수도에 살고 있는 자매의 초청으로 극장에 가게 되었다. 그리고 바보 역을 맡은 한 배우에게 감명을 받고 빠져들었다. 이후 그녀는 지적 장애아를 낳게 되었는데, 어머니가 지나치게 주의 깊게 본 배우를 신기할 정도로 닮았다.

메갈란트로포제네시스 신봉자들은 여성의 상상력이 태아에게 강력한 영향을 주기에 이 힘을 개발해야 한다고 주장한다. 이들은 임산부의 방에 아름다운 그림을 걸어야 한다고 말한다. 또 천사의 그림이나 우아한 주제들만 접하고, 괴물 등이 등장하는 장면은 보지 말아야 한다고 말한다. 여성들이 회화 살롱에 방문하는 파리의 경우, (미적 영향이 귀한) 작은 마을보다 예쁜 아이들이 더 많이 태어난다는 점은 이미 널리 알려져 있다. 오늘날 파리 시민의 평균적인 추함은 편재하는 풍자화, 영국으로부터 유행한 취향 등을 그 원인으로 돌릴 수 있다. 다만 영국인들은 우리만큼 추함을 풍기지 않는다. 모든 것이 시골풍인 코사크인Cossacks의 경우 아이가 부모처럼 험악한 외모를 가진다. 재능이 많은 아이를 낳기 위해선 부모에게 재능이 있을 필요가 없다. 어머니가 재능을 갈망하고, 재능 있는 자들을 존경하며, 품격 있는 작품을 읽는 것이 더 중요하다. 또 재능, 과학, 천재성의 장점을 이해하며, 자주 이에 대해 이야기하고, 하찮은 것은 중요하게 여기지 않는 것이 필요하다. 참조. 상상력Imagination.

몇 년 전『메갈란트로포제네시스』라는 논문이 발표되었지만, 이는 잊히고 말았다. 이를 다시 들여다볼 필요가 있다. 2부작, 8절판.

메디 [Mehdi] 1841년 4월 몇몇 일간지에 아라비아의 새로운 예언자 '메디'의 출현이 실렸다. 이 신문들은 다음과 같이 적었다. "메디를 믿는 많은 이들은 그가 나타난 날, 회교도의 새 시대가 열렸다고 본다. 이들은 메디가 40세가 되었을 때 메카Mecca에 입성할 것이라고 말한다. 또 악마 다잘Dajjal과의 싸움에서 승리할 때까지 강한 권력을 가지고 예루살렘Jerusalem을 통치할 것이라고 생각한다. 이때 기독교 선지자인 예수 그리스도Jesus Christ가 메디를 돕기 위해 7만 천사를 대동해 나타날 것이라고. 더불어 온 세상이 메디를 인정하고 이교도인, 유대인, 기독교인이 이슬람교로 개종한 뒤 영원한 왕국이 시작될 것이라고 믿는다. 이 예언자는 화폐를 만들고 자신을 '두 대륙과 두 바다의 이맘Imam'이라 칭할 것이다." 그러나 이후 이 메디에 관한 이야기는 더 이상 실리지 않았다. 사실이는 헛소문이었으며 근원은 다음과 같은 민담이었다. 페르시아인들은 세상에 12명의 위대한 이맘(또는 안내자)이 있다고 믿는다. 알리Ali가 최초의 이맘이었고, 그의 후계자는 찬란한 아내이자 무함마드Muhammad의 딸인 파티마Fatima와 결혼하여 자식을 낳았다. 이후 신은 이 타락한 세상에서 마지막 이맘을 데려갔다. 그리고 인간들은 이맘 없이 남게 되었다. 메디는 바로 신의 인도와 지도를 받는 자이다. 그는 종말에 다시 나타날 것이다.

메이그 말로크 [Meigmalloch / Meig Malloch] 브라우니Brownies*과의 정령. 스코틀랜드에선 유혹하는 젊은 여성의 모습으로 나타난다.

*스코틀랜드의 소악마.

멜람푸스 [Mélampus] 주름과 점을 통해 인간의 성향과 미래를 점치는 논문의 저자. **참조.** 점Seings.

멜란히톤 [Mélanchthon] 루터Luther의 제자로 1568년에 사망했다. 그는 유령을 스승처럼 섬기며 교회를 믿지 않았다. 멜란히톤의 기록을 살펴보면 다음과 같은 내용이 있다. 어느 날 밤, 임신 중 남편을 잃은 그의 이모가 화롯가에 앉아 있었다. 그리고 두 사람이 자신의 방으로 들어오는 것을 보게 되었다. 이 중 한 명은 죽은 남편의 모습을 하고 있었고, 다른 한 명은 성 프란치스코회Franciscan 수녀의 모습을 하고 있었다. 멜란히톤의 이모는 겁을 먹었지만, 그녀의 남편은 그녀를 안심시키며 긴히 전할 중요한 말이 있다고 했다. 남편은 수녀에게 손짓을 하며 아내를 설득하는 동안 옆 방에 들어가 있으라고 전했다. 남편은 아내에게 미사를 올리도록 부탁했고, 겁내지 말고 한쪽 손을 달라고 했다. 그녀가 남편에게 손을 건넸다가 다시 빼내었을 때, 통증은 없었지만 손이 불타고 있었다. 그렇게 시커멓게 변한 피부는 평생 회복되지 않았다. 유령은 다시 수녀를 불렀고 이후 두 사람은 사라졌다….

우울 [Mélancolie / Melancholy] 악마학자들의 말에 따르면 고대인들은 우울을 악마의 목욕이라고 불렀다고 한다. 우울한 사람은 마귀에 홀린 게 아니라면 저주를 받은 것이다. 음악이 사울Saul의 마음을 달래주었듯, 우울감을 해소하는 것들은 빙의된 자들을 진정시키는 확실한 방법으로 알려져 있다.

멜기세덱 [Melchisédech / Melchizedek] 멜키세덱교Melchizedekians라고 불리는 이교도 집단은 멜기세덱을 두고 다양한 착각들을 했다. 어떤 이들은 그가 인간이 아니며 신이 내린 미덕이자 예수 그리스도Jesus Christ보다 위에 있는 자라고 믿었다. 어떤 이들은 그를 성령 자체로 보았다. 혹은 예수 그리스도 그 자체라고 생각하는 이들도 있었다. 이 이단의 종파 중 하나는 손을 더럽힐까 두려워 사람을 만지지 않았다.

멜콤 [Melchom] 돈주머니를 들고 다니는 악마. 지옥에서 공직을 수행하는 악마들에게 임금을 지급하는 업무를 맡고 있다.

멜렉 알 무트 [Melek-al-Mout] 고대 페르

시아인들이 죽음의 천사를 지칭하는 말. 현대 페르시아인들은 멜렉 알 무트를 스무 손Twenty Hands의 천사라고 부른다. 이는 천사가 모든 영혼을 실어 나를 수 있다는 것을 의미한다. 유대인의 천사 아즈라엘Azrael, 마법사들의 모르다드Mordad와 동일한 존재로 보인다. 아스위하드Astwihad라고도 불린다.

멜콤

멜리사 [Melissa] 참조. 벌Abeilles.

낙엽송 [Mélèze / Larch] 타타르족Tatars 사이에서 저주받은 나무로 여겨진다.

멜리진 [Mélusine] 뤼지냥Lusignan 가문의 주인과 결혼한 유명한 요정. 혼인 조건은 남편이 토요일에 그녀의 방에 들어오지 않는다는 것이었다. 토요일마다 그녀는 원래 모습인 반은 여성, 반은 뱀의 형태로 변했다. 남편은 오래도록 이 요정과 살며 아이를 여럿 두는 동안 호기심을 이겨냈다. 하지만 결국 호기심을 참지 못해 문틈으로 아내를 훔쳐보았고 그녀의 실체를 알게 되었다. 멜리진은 그의 경솔한 행동에 실망해 하늘로 날아가 다시는 나타나지 않았다.

푸아투Poitou에선 그녀의 후손이 죽음을 앞둘 때마다, 한밤 루지냥 성에 나타나 손뼉을 치고 비명을 지른다는 이야기가 있다(1).

(1) 『정령과 악마의 전설Légendes des esprits et démons』속 해당 이야기를 참조할 것.

멜리에 [Mclyc] 인간과 미친기지로 요정 사이에도 능력과 권력의 차가 존재한다. 기사도 소설과 마법 전설을 살펴보면 선한 요정이 더 큰 힘을 지닌 악한 요정에게 저지당하는 내용들을 찾을 수 있다.

멜리에는 악한 요정이었다. **참조.** 우르간드Urgande.

메나 [Menah] 메카Mecca에서 4리유* 떨어져 있는 신비한 골짜기. 이곳을 지나는 순례자들은 어깨 너머로 일곱 개의 돌을 던져야 한다. 이슬람교 학자들의 주장에 따르면 여기엔 세 가지 견해가 있다고 한다. 이 중 하나는 이스마엘Ishmael을 흉내 내며 악마를 거부하고 내쫓기 위함이다. 아브라함Abraham은 아들 이스마엘을 제물로 바치려 하였다. 이때 이스마엘은 돌을 던져 악마를 내쫓았다고 한다(이들은 이스마엘과 이삭Isaac을 혼동하고 있다).

다른 학자들은 악마가 아브라함을 유혹해, 이스마엘을 제물로 바치는 것을 막으려 했다고 주장한다. 악마는 총대주교(아브라함), 이스마엘, 아가르Agar를 유혹하지 못했다. 이 세 인물은 돌을 던져 그를 쫓아버렸다. 마지막 세 번째 의견은 다음과 같다. 이 의식은 원죄를 짓게 만들고 뻔뻔하게 접근한 악마에게 던진 아담Adam의 돌을 기리는 것이다.

* 과거의 거리 단위. 1리유는 약 4km 정도이다.

메난데르 [Ménandre / Menander] 마법사 시몬Simon의 제자. 메난데르는 스승이 가르쳐준 지식을 이용해 마법을 교수했다. 시몬은 스스로를 '위대한 선'이라고 불렀다. 반면 메난데르는 그가 인간을 구제하기 위해 보이지 않는 힘으로 지상에 보내졌다고 주장했다. 따라서 메난데르와 시몬은 이단자가 아니라 가짜 메시아로 분류해야 함이 맞다. 두 사람은 절대 지성인 에노이아Ennoia가 많은 정령에게 생명을 주었으며, 세상과 인간을 만들었다고 교수했다. 이후에 등장한 그노시스파Gnosis 철학자 발렌티누스Valentinus는 여기에서 자신의 아이온Aeon*을 착안해 냈다(1). 메난데르는 불멸을 선물하는 세례를 내린 것이다….

(1) 베지에Nicolas Sylvestre Bergier, 『신학 사전Dictionnaire théologique』. / * 그노시스파Gnosis의 수장에 따르면, 아이

온은 우리가 유령이라고 부르며 살아있는 지능을 가진 존재들이다.

메나세 벤 이스라엘 [Menasseh ben Israël] 포르투갈의 유대인 학자로 1604년경 태어났다. 그는 『탈무드Talmud』에 관한 많은 글을 남겼다. 『죽은 자의 부활에 관한 세 권의 책Libri très de resurrectione mortuorum』(1636년, 암스테르담Amsterdam, 8절판, 저자가 자비로 인쇄함)에선 여러 신비로운 사건이 등장한다. 그의 저서 『이스라엘의 희망Spes Israelis』(1650년, 4절판) 또한 흥미로운 책이다. 포르투갈 비야플로Villaflor의 개종한 유대인인 앙투안 몬테시니Antoine Montesini는 1649년 암스테르담으로 돌아와 남아메리카에서 발견한 것을 책으로 엮었다. 바로 남아메리카에서 옛 유대교의 흔적을 찾았다는 것이다. 이를 바탕으로, 메나세 벤 이스라엘은 살만에셀Shalmaneser이 없애버린 열 개 부족이 남아메리카로 건너가 원주민의 기원이 되었다고 보았다(과연 그럴까?). 메나세는 이를 증명하기 위해 『이스라엘의 희망』을 펴냈다. 저서 『생의 숨결Souffle de vie』(1) 3부에서 메나세는 당대 랍비들의 견해에 따른 유령과 악마를 다뤘다. 그리고 4부에선 많은 유대인이 믿고 있는 윤회에 관해 이야기했다. 그는 탈무드 신봉자Talmudists들의 기술과 랍비 철학에 관한 개론서를 쓰기 시작했으나 완성하지는 못했다.

(1) 5412(1652년), 암스테르담, 4절판, 히브리어.

메네스트리에(클로드 프랑수아) [Ménestrier(Claude-François)] 예수교 신자. 『수수께끼 그림의 철학La philosophie des images énigmatiques』(1694년, 리옹, 12절판)의 저자이다. 저서에서 그는 수수께끼, 상형문자, 신탁, 예언, 저주, 점술, 운수, 부적, 꿈, 노스트라다무스의 백시선과 점술 지팡이를 다룬다.

늑대지기 [Meneurs de Loups / Wolf Leaders] 과거 멜리진Melusine의 거처였던 뤼지냥Lusignan 성 인근에선 늙고 비쩍 마른 유령 같은 몰골의 양치기들을 만날 수 있다. 이들은 늑대 떼를 몰고 다닌다고. 이 미신은 여전히 니베르네Nivernais를 비롯한 여러 고장에서 믿고 있다(1).

(1) 마르샹지Marchangy, 『여행가 트리스탕 또는 14세기의 프랑스Tristan le voyageur, ou la France au quatorzième siècle』, 1권

메니프 [Menippe] 티아나의 아폴로니오스Apollonius of Tyana의 동료. 라미아Lamia* 또는 서큐버스Succubus(여성 몽마)에게 씌였지만, 아폴로니오스를 통해 풀려났다(1).

(1) 르 루아예Pierre Le Loyer, 『귀신의 역사와 귀신 환영 Histoire des spectres et des apparitions des esprits』, 4권, 310페이지. / * 그리스 신화에 등장하는 괴물로 아이를 잡아먹는다.

맹주앵 [Menjoin] 마법사. 참조. 초로피크Chorropique.

멘라 또는 말씀 [Menra, Le Verbe / Word] 카발라 교리에서 창조주에 해당한다.

거짓말 [Mensonge / Lie] 복음서에서 악마는 거짓말의 아버지로 불린다.

메피스토펠레스 [Méphistophélès] 파우스트Faust의 악마. 서늘한 악행, 눈물을 욕보이는 씁쓸한 웃음, 고통으로 얻는 흉측한 기쁨 등으로 그를 알아볼 수 있다. 메피스토펠레스는 조롱을 통해 미덕을 공격하고, 재능을 경멸한다. 또 비방으로 명예의 빛을 녹슬게 만든다. 그는 볼테르Voltaire와 파르니Parny를 비롯한 여러 인물과 관계를 맺었다. 메피스토펠레스는 사탄 이후 가장 두려운 지옥의 지도자이다(1). 참조. 파우스트Faust.

(1) 드조르Desaur와 생 제니에Saint-Geniès, 『파우스트의 모험Les Aventures de Faust』, 1권.

메르카나 [Mercana] 초자연적인 것들을 연구하는 카발라의 한 부류.

메르카티(미카엘) [Mercati(Michel)] 참조. 피키노Ficino.

메르시에 [Mercier] 약간의 주목을 받았던 『파리 전경Tableau de Paris』과 흡혈귀와 망자에 관한 두 가지 꿈을 찾아볼 수 있는 『철학적 꿈Songes philosophiques』을 저술했다.

수요일 [Mercredi / Wednesday] 마법사들이 집회에서 의심스러운 일을 벌이고 호칭

기도를 부르는 날. **참조.** 마녀 집회의 호칭 기도Litanies du Sabbat. 페르시아인들은 수요일을 빛이 태어난 흰 날, 즉 복된 날로 여긴다. 하지만 세파르Safar*의 마지막 수요일은 제외한다. 이날은 불행한 수요일이라 불리며 어둠의 날 중에서도 가장 두려워한다.

* 이슬람력의 두 번째 달을 말한다.

머큐리 [Mercure / Mercury] 고대 신화에 따르면 죽은 영혼을 최종 목적지로 인도한다고 한다.

* 헤르메스Hermes와 동일 신이다.

어머니 [Mères / Mothers] 브르타뉴Bretagne에서 요정을 부르는 이름. 자주 거위로 변신하기에 이들의 민담을 '거위 엄마 이야기Mother Goose Tales' 라고 부른다.

티티새 [Merle / Blackbird] 평범한 새지만 대단한 효능을 가지고 있다. 티티새 오른쪽 날개 깃털을 뽑아 새집 한가운데에 빨간 실로 매달면 아무도 그곳에서 잠들 수 없다. 티티새 심장을 잠든 사람 머리 아래에 두고 질문을 하면 큰 목소리로 일과를 들려줄 것이다. 떠온 우물물에 후투티의 피와 함께 티티새를 넣은 뒤, 이를 누군가의 관자놀이에 문지르면 그 사람은 병에 걸려 목숨이 위태로워진다. 이 비법은 목성이나 금성처럼 이롭고 적합한 행성 아래에서 사용해야 한다. 누군가를 해치고 싶다면 토성이나 화성 아래에서 사용하도록 한다.(1)…. 악마가 이 새의 모습을 하고 나타나는 경우도 종종 있다. 흰 티티새도 존재한다.

(1) 『대 알베르투스의 경이로운 비밀들Les admirables secrets d'Albert le Grand』, 445페이지.

멀린 [Merlin] 널리 퍼진 이야기와 다르게 멀린은 영국이 아닌 바스 브르타뉴Basse-Bretagne 셍Sein 섬에서 태어났다. 멀린은 악마와 여사제 (바스 브르타뉴 왕의 딸) 사이에서 태어난 아들이었다. 카발리스트들의 주장에 따르면, 멀린의 아버지는 실프Sylphs (공기의 요정)였다고 한다. 실프이든 악마든, 멀린의 아버지는 아들에게 모든 학문을 가르치고 기적을 행하는 능력을 주었다. 멀린이 영국 출신이라고 알려진 이유는 출생 후 몇 달 뒤에 영국으로 옮겨졌기 때문이었다. 그의 여행 이야기는 다음과 같았다.

영국의 왕 보르티게른Vortigern은 무적의 탑 건설에 착수했다. 이는 해적 무리가 자신의 국가를 공격하는 것으로부터 보호하기 위함이었다. 하지만 매일 밤이면 땅은 낮 동안 일꾼들이 지어놓은 모든 것들을 무너뜨리며, 이들이 흘린 땀에 도전하였다. 이 반복되는 현상에 왕은 마법사들을 불러 상담을 받아보기로 했다. 마법사들은 탑의 기초공사를 견고히 하기 위해선 아버지 없이 태어난 어린 아이의 피가 필요하다고 말했다. 각지를 조사한 끝에, 왕은 조건에 부합하는 아이가 셍 섬에서 태어났다는 것을 알게 되었다. 아이의 아버지는 누군지 알지 못했고, 어머니는 여사제였다. 이 아이가 바로 멀린이었다. 16살의 멀린은 이렇게 납치되어 보르티게른 앞에 서게 되었다. 마법사들의 끔찍한 결정을 전해 들은 멀린은 이들과 논쟁을 펼치기 시작했다. 그의 지혜로움은 모두를 아연실색하게 만들었다. 그는 탑의 기반을 닦는 곳 아래에 거대한 호수가 있는데, 이곳에 두 마리의 분노한 용이 살고 있다고 말했다. 이 말 이후, 왕은 굴착 작업을 진행했고, 멀린의 말대로 두 마리의 용을 발견했다. 한 마리는 영국인을 상징하는 붉은 용이었고, 한 마리는 색슨족Saxons을 상징하는 흰 용이었다. 당시 이 두 민족은 전쟁 중이었다. 그리고 용들은 이들의 영적 수호자로 여겨지는 존재였다. 용들은 왕과 그의 궁전을 보자마자 격렬한 전투를 벌였다. 멀린은 이 전투가 영국의 미래를 결정한다고 언급했다. 이 사건 이후, 왕은 아이를 죽이겠다는 생각을 접게 되었다. 멀린은 다시 고향으로 돌아갈 준비를 하였다. 왕은 멀린에게 가끔 영국을 방문하라며 초청 의사를 밝혔다. 하지만 아이는 자신에게 신경을 쓰지 말라며 땅을 두드렸다. 그러자 두드린 땅에서 커다란 새가 솟아올랐다. 아이는 이 새의 등에 올라탔다. 한 시간도 채 안되어 멀린은 어머니의 품으로 돌아갔다. 어머니는 이 전말을 모두 알고 있었기에, 걱정 없이 아이를 기다리고 있었다.

이렇게 멀린은 부모로부터 풍부한 지식과 마법을 교육받았다. 일부 이야기에 따르면 멀린의 어머니는 여사제 또는 요정이었다고 한다. 어른이 된 멀린은, 또 다른 영국의 왕인 암브로시우스Ambrosius와 긴밀한 우정을 맺게 되었다. 멀린은 암브로시우스 왕이 성대하게 수도로 입성하도록 아일랜드의 여러 바위를 영국으로 가져왔다. 이 바위들은 왕의 행렬을 따라 춤을 추었고, 군주를 위한 기념비를 만들기 위해 멈춰 섰다. 런던에서 얼마 떨어지지 않은 곳에는 여전히 이 바위들이 남아있다. 때로는 멀린의 마법 때문에 이 바위들이 흔들린다는 말도 있다. 또 멀린이 왕을 위해 놀라운 시간 안에 아름다운 궁전을 지어주었다는 말도 전해진다. 이는 사탄이 지옥의 수도를 지은 시간보다 짧았다고 한다.

아서 왕의 검

명성을 얻고 수많은 업적을 통해 모두의 존경을 산 멀린은 영광의 기쁨에 빠질 수 있었다. 하지만 그는 자신의 지식과 지혜를 더 넓히기 원했고, 브르타뉴 숲에 은둔하는 것을 선택했다. 멀린은 동굴에 들어가 불가사의한 학문에 매진했다. 그의 아버지는 매주 그를 만나러 갔고, 어머니는 더욱 자주 그를 찾았다. 이들의 영향 아래서 멀린은 놀라운 발전을 이루었고, 부모님을 넘어서는 인물이 되었다. 우리는 기사도 소설에서 멀린의 수많은 모험 이야기를 읽을 수 있다. 그는 유럽을 여러 폭군으로부터 정화했고, 여성들을 보호했고, 방랑하는 기사들에게 영험한 도움을 주었다. 이후 세상을 돌아다니는 것에 지친 그는 셍 섬에서 7년간의 은둔 생활을 시작했다. 여기서 멀린은 유명한 예언을 기록했고 이 중 일부는 책으로 출판되었다. 그가 프랑스에 영광을 안긴 어느 방랑 기사에게 무적의 마법 검을 선물했다는 이야기도 있다. 또 다른 기사는 멀린으로부터 경주에서 지지 않는 불굴의 말을 받았다. 현명한 마법사 멀린은 아서Arthur 왕을 위해 용기 있는 자들만 들어갈 수 있는 마법의 방을 만들었다. 또 가식적인 자들의 머리 위에서 흐려지는 투명 왕관을 만들어 주었다. 용맹한 전사들의 손에는 빛나는 검을 들려주었다.

일부 사람들은 멀린이 특출나게 오래 살았으며 노화로 사망했다고 말한다. 또 다른 몇 몇 이들은 그가 악마에게 잡혀갔다고 주장한다. 그러나 브르타뉴에서 가장 널리 퍼진 이야기에 따르면, 멀린은 아직 죽지 않았다고 한다. 그는 운명으로부터 달아나 여전히 피니스테르Finistère의 브로슬리안드Broceliande라는 숲을 돌아다닌다. 산사나무 그늘, 보이지 않는 곳에 숨어서 말이다. 가웨인Gawain 경과 원탁의 기사 중 몇 명은 멀린을 찾아다녔지만, 이는 부질없는 짓이었다. 가웨인 경은 브로슬리안드 숲에서 유일하게 그의 목소리를 들었지만, 볼 수는 없었다고 한다.

멀린을 미르딘Myrdhinn이라고 부르는 학자도 있다[1].

(1) 빌마르케Villemarqué의 자작은 이 인물에 관해 아주 놀랍고 흥미로운 『미르딘 또는 마법사 멀린의 이야기, 작품, 영향Myrdhinn, ou l'enchanteur Merlin, son histoire, ses œuvres, son influence』(1862년, 파리, 8절판)을 펴냈다. 이 책은 오직 전설만을 다루었다.

메로베크 [Mérovée / Merovech] 프랑크족Franks의 세 번째 왕으로, 410년경 태어나 440년도에 왕위에 올랐으며 458년도에 사망했다. 그는 벨기에의 여러 지방을 통치하였다. 연대기 작가들은 그의 출생을 다음과 같이 기록하고 있다. '클로디오Chlodio의 아내는 어느 날 해안가를 걷던 중 물에서 튀어나온 괴물 때문에 깜짝 놀랐다. 이후 그녀는 메로베크라는 이름의 아들을 얻게 되었고, 이 아들은 클로디오로부터 왕좌를 물려받았다.' 소벨Sauval은 신하들의 존경을 사기 위해, 메로베크가 직접 놀라운 탄생 설화를 지어낸 것이라고 기록했다. 연대기 작가들은 그의 이름인 메로 베크Mero-Veche가 바다소를 의미한다고 주장했다.

경이 [Merveilles / Wonders] 플리니우스Pliny는 메노르카Menorca 섬 주민들이 아우구스투스Augustus 황제에게 그들의 집과 나무를 파괴하는 토끼들을 상대할 군대를 요청했다고 기록했다. 이에 한 현대 비평가는 오늘날이었다면 개를 한 부대 요청하는 것조차 쉽지 않았을 것이라고 말했다. 한 나이 든 연대기 작가는 힌두스탄Hindustan의 캄바트Khambhat에 독으로 영양을 섭취한 왕이 있었다고 기록했다. 이후 왕은 독성에 완전히 물들어 숨결만으로도 사람을 죽일 수 있었다고.

파우사니아스Pausanias의 말에 따르면, 마라톤 전투Battle of Marathon가 끝나고 400년이 지난 뒤에도 전투지에선 매일 밤 말의 울음소리와 병사들이 싸우는 소음이 들렸다고 한다. 하지만 놀라운 점은, 일부러 이를 들으러 찾아간 사람은 어떤 소리도 들을 수 없었다는 것이다. 이 소리는 오직 운이 좋아야만 들을 수 있었다.

대 알베르투스Albert le Grand는 다음의 경이로운 이야기를 기록했다. 독일에는 두 쌍둥이 아이가 살았는데, 한 아이는 오른팔로 만져 잠긴 문을 열 수 있었고, 다른 아이는 왼팔로 만져 문을 잠글 수 있었다고 한다.

파라켈수스Paracelsus는 현자 중에 20년간 음식을 먹지 않고 사는 이들이 많다고 말했다. 이들은 식욕을 채우기 위해 유리병에 흙을 담아 굳을 될 때까지 햇볕에 둔 뒤 배꼽 위에 발랐다. 그리고 흙이 완전히 마르면 이를 반복했다. 이렇게 하면 이들은 먹거나 마시지 않아도 고통을 느끼지 않았다. 파라켈수스는 용감하게도 이 실험을 직접 6개월 동안 해보았다 주장했다. **참조.** 『지옥사전』의 거의 모든 키워드.

메스머(앙투안) [Mesmer(Antoine)] 1734년 메스부르크Mesburg에서 태어나 1815년에 사망한 독일 의사. 그는 동물 자기 학설로 명성을 얻었다. 메스머는 상호 끌어당기는 천체의 힘이 움직이는 신체, 특히 신경계통에 영향을 미친다고 주장했다. 또 우주를 채우는 섬묘한 정기가 신체에 영향을 미친다는 것을 설명하는 저서들을 펴냈다. 그는 빈Vienna으로 가서 광물 자기를 이용해 병자들을 치료하려 했다. 치료 방법은 환부에 자석을 놓는 것이었다. 이때 메스머와 동일한 요법을 사용하는 경쟁자가 등장했다. 메스머는 이에 동물 자기, 즉 손을 통한 신체 접촉을 주요 요법으로 삼았다. 불행하게도 메스머가 자신의 요법을 의학계에 소개했을 때, 사람들은 그를 미치광이자 점술가라고 생각하였다. 하지만 알다시피 학계가 언제나 옳은 것은 아니다. 그가 파리에 왔을 때, 시민들과 왕궁 사람들은 이 새로운 치료법에 감탄하였다. 이에 의사들이 투입되어 그의 동물 자기를 조사했으며, 결국 거센 비난의 말들이 쏟아졌다. 그는 프랑스를 떠났고 이름을 감추고 영국에서, 그리고 다시 독일로 이동해서 살다가 세상을 떠났다. 그가 남긴 저서엔 다음과 같은 것들이 있다. 1)『행성의 영향들De l'influence des planètes』(1766년, 빈, 12절판), 2)『동물 자기 발견에 관한 회고록Mémoire sur la découverte du magnétisme animal』(1779년, 파리, 12절판), 3)『1781년 4월 기준, 동물 자기와 관련된 사건의 정확한 역사Précis historique des faits relatifs au magnétisme animal, jusqu'en avril 1781』(1781년, 런던, 8절판), 4)『동물 자기의 간략한 역사Histoire abrégée du magnétisme animal』(1783년, 파리, 8절판), 5)『F.-A. 메스메와 그의 발견에 관한 보고Mémoire de F.-A. Mesmer sur ses découvertes』(1799년, 파리, 8절판). **참조.** 자기Magnétisme.

메사 할라 [Messa-Hala] 참조. 마차 할라 Macha-Halla.

악마의 미사 [Messe du Diable / Devil's Mass] 여러 마법사의 고백을 통해 악마가 마녀 집회에서 미사를 보기도 한다는 사실이 밝혀졌다. 리무쟁Limousin 포사스Fosses 마을의 변절자 신부인 피에르 오쁘띠Pierre Aupetit는 그곳에서 신비스러운 미사를 치렀다는 이유로 화형에 처해졌다. 신을 위한 성스러운 기도문을 외우는 대신, 마녀 집회에서는 다음과 같이 외친다. "벨제부스, 벨제부스, 벨제부스 Belzébuth, Belzébuth, Belzébuth." 악마는 나비의 모양으로 등장해 검은 성체의 빵을 씹고 삼키는 미사 진행자 곁을 날아다닌다[1]. **참조.** 마녀의 집회Sabbat.

(1) 드 랑크르Pierre de Lancre, 『의심과 불신Incrédulité et mécréance』 등, 506페이지.

유대인의 구세주 [Messie des Juifs / Messiah of the Jews]

대중들이 진짜 구세주를 알아보지 못했기 때문에, 다음과 같은 다양한 가짜 구세주들이 등장했다. 도시테오스Dositheos, 안드레Andrew, 바르코크바Bar Kokhba, 가짜 모세Moses, 줄리안Julien, 알로이Alroy, 사바타이 제비Sabatai Zevi. 랍비들은 저속한 사기행각을 예방하기 위해, 흉내 낼 수 없는 거대한 모습으로 구세주를 묘사하였다. 따라서 모든 유대인이 참석할 구세주의 성찬에는 천 개의 산에서 자랄 정도로 많은 양의 건초를 먹는 소, 바다 크기의 생선, 꼬리만으로도 파리Paris를 뒤덮을 수 있는 새 등이 식탁에 오를 것이다[1].

(1) 『구약성경의 전설Légendes de l'Ancien Testament』 마지막 부분, 유대인의 구세주를 참조할 것.

변신 [Métamorphoses]

고대 이교도 신화는 다양한 변신 이야기를 포함한다. 이는 요정의 우아한 변신뿐 아니라 흉포한 마법사의 변신도 해당한다. 1566년 베르농Vernon의 한 고성에 고양이로 변신한 마법사들이 모이곤 했다. 당시 담력이 센 남성 네다섯이 이 고성에서 밤을 지새우기로 결심했다. 하지만 많은 머릿수의 고양이 습격을 받았고 이에 달아나게 되었다. 그러던 중 한 남성은 사망하였고, 다른 이들은 크게 다쳤다. 반면 고양이들은 상처를 입지 않았다. 다음 날, 고양이들은 다시 남성 또는 여성의 모습으로 돌아왔는데, 이들의 몸에는 싸움의 흔적이 남아 있었다. **참조.** 늑대인간Loups-Garous.

슈프랑거Spranger는 경솔한 언동을 하다가 마녀에게 마법이 걸린 키프로스Cyprus 섬의 한 청년 이야기를 기록했다. 마법 때문에 이 청년은 당나귀로 변하였다. 마녀들이 아직 이런 능력을 갖추고 있다면, 오늘날 많은 청년은 긴 귀를 가지게 될 것이다. 자기 술에 물을 탄 술집 주인을 개구리로 바꿔버린 마녀도 있다. **참조.** 요정Fées, 우르간드Urgande, 마법사Sorciers 등.

메타트론 [Métatron]

카발라의 세 지혜 중 하나. 나머지 두 지혜는 아카트리엘Acatriel과 산달폰Sandalphon이다.

윤회 [Métempsycose / Metempsychosis]

이 이론에 따르면, 죽음은 영혼이 다른 육신을 찾아 이동하는 과정에 해당한다. 윤회설 신봉자들은 육신에서 벗어난 영혼들이 머큐리Mercury 신의 지도에 따라 하늘을 날아다닌 지하 세계로 이동한다고 믿는다. 이때 한쪽엔 타타르Tartar, 반대쪽엔 엘리시안 필즈Elysian Fields*가 자리 잡고 있다. 이후 순수한 삶을 산 영혼은 행복한 생활을 하고, 악인들은 복수의 세 여신Furies에게 괴롭힘을 당한다. 일정 시간이 지나면, 모든 영혼은 이 생활을 떠나 새로운 육신을 찾아 떠난다. 여기에는 동물의 육신도 포함된다. 윤회 전 과거를 완전히 잊기 위해 레테Lethe 강의 물을 마신다.

이집트인들은 이 윤회설을 처음으로 믿은 사람들로 여겨진다. 그리고 이는 피타고라스Pythagoras에 의해 전파되었다. 마니교도Manichean들 또한 윤회설을 믿었다. 그들은 전생에 가장 사랑했거나 학대한 존재의 육신에 들어간다고 생각했다. 이를테면 쥐나 파리를 죽인 사람은 쥐나 파리로 태어난다. 또 새로 받은 삶은 전생의 것과 반대라고 여겼다. 부자는 가난하게, 가난한 자는 부유하게 태어나는 것이다. 이 믿음은 특정 시대 마니교의 번성에 기여했다. **참조.** 길굴Ghilcul, 영혼의 윤회Transmigration des Ames.

* 그리스 신화에 등장하는 영웅과 고결한 영혼의 마지막 안식처.

메이어 [Meyer]

할레Halle 대학의 철학 교수. 『환영론Essai sur les Apparitions』(1748년, 12절판, F. -Ch. 바에F.-Ch. Baer가 독일어를 번역함)을 펴냈다. 이 책에서 저자는 유령에 대한 이야기를 기록할 때, 아직 자신이 전문가가 아님을 인정했다. 그는 아직 유령을 본 적이 없으며, 앞으로도 크게 보고 싶은 생각이 없다고 고백했다. 더불어 유령 이야기는 상상력이 많은 부분을 차지한다는 점을 지적했다.

'유령 이야기로 머릿속이 꽉 찬 사람이 있

다고 가정해 보자(이는 유모, 노인, 선생님들이 계속해서 유령 이야기들을 들려주었기 때문일 것이다). 이 사람이 혼자 방에서 잠을 자고 있는데, 무겁고 발을 질질 끄는 소리가 들려온다면 이를 유령의 소리라고 생각할 것이다. 그것이 개의 발소리일지라도 말이다. 더불어 그는 공황 상태에 빠져 실제로 유령을 보았다고 믿게 될 수도 있다.' 끝으로 작가는 유령을 쫓는 방법을 제시했다. 1) 상상력을 키우려고 노력하되 궤도를 벗어나지 않도록 주의한다. 2) 유령 이야기를 읽지 않는다. 유령에 관해 읽거나 듣지 못한 사람은 절대 유령을 볼 수 없다. 메이어는 다음과 같이 덧붙였다. '귀신의 모습이 어떻든, 주인은 신이며 우리를 향한 그의 애정은 언제나 긍정적일 것이다.'

이마점 [Métoposcopie / Metoposcopy]

이마 주름으로 사람을 알아보는 기술. **참조.** 이마Front.

살인 [Meurtre / Murder]

'플랑드르Flanders의 백작 선한 샤를Chades the Good을 매장한 다음 날, 그의 살인자들은 이교도와 마법사들의 풍습에 따라 빵과 맥주로 가득 채운 항아리를 가져왔다. 그들은 시체 주변에 앉았고, 음료와 빵을 마치 식탁처럼 시신 위에 올린 후 식사를 했다. 이 행위가 자신들이 저지른 살인에 대한 복수를 막아줄 것이라고 믿었기 때문이다(1)'. 1127년.

(1)괄베르토Gualbert, 『선한 샤를의 생애Vie de Charles le Bon』, 18장, 볼란드 성인전 총서, 3월 2일.

미카엘(엘리아킴) [Michael(Éliacim)]

생 솔랭Saint-Sorlin의 귀족인 장 데스마레Jean Desmarets는 『왕을 향한 성령의 충고Avis du Saint-Esprit au roi』를 펴냈다. 하지만 이런 부류의 충고 중 가장 생생하고 주목할 만한 것은 위대한 예언자 알리아킴 미카엘의 것이다. 바이예Baillet의 기록에 따르면, 그는 우리에게 얼마 뒤 왕의 지휘 아래 14만 명의 신성한 병사들이 등장하며, 네 명의 천사가 사령관이 될 것이라고 예언했다. 또 루이 14세가 이 군대와 함께 모든 이단을 몰살할 것이며, 그의 훌륭한 병사들이 목숨을 바치게 될 것이라고 덧붙였다(1).

(1)P. 니콜P. Nicolle, 담빌리에Damvilliers의 이름으로, 『예언글Lettres des visionnaires』. 바이예, 『학자들의 심판, 책 제목의 편견Jugements des savants, Préjugés des titres des livres』.

미카엘리스(세바스티앙) [Micháelis(Sébastien)]

성 도미니크회Dominican Order 수도사. 1543년 마르세유Marseille 교구에서 태어났다. 그는 『플랑드르에서 빙의된 세 젊은 여성에게 구마 의식을 내릴 당시 실제로 있었던 일, 마법사 개론 포함Histoire véritable de ce qui s'est passé dans l'exorcisme de trois filles possédées au pays de Flandre, avec un Traité des sorciers et des magiciens』(1623년, 파리, 12절판, 2부작, 희귀본)을 저술했다. 이 책은 저자가 사망한 지 5년 뒤에 출간되었다. 미카엘리스는 저서에서 재판소가 마법과 집회 참석 증언을 비현실적인 증거로만 받아들인다고 지적했다. 또 인간 또는 재물에 손해를 끼칠 시에만 유죄판결을 내린다고 덧붙였다.

몽생미셸 [Michel(Mont Saint)]

브르타뉴Bretagne의 몽생미셸 꼭대기에는 마법진이 있으며 인간에게서 쫓겨난 악마가 묶여있다고 전해진다. 이 마법진에 발을 딛는 자는 멈출 수 없으며 밤새 달리게 된다. 이러한 풍문 때문에 몽생미셸을 밤에 지나가려는 사람은 없었다(1).

(1)자크 캠브리Cambry, 『퍼니스테르 여행Voyage dans le Finistère』, 1호, 242페이지.

미셸 [Michel]

프로방스Provence 살롱Salon의 제철공으로 1697년에 독특한 모험을 하였다. 풍문에 따르면 한 시민 앞에 유령이 나타나 베르사유Versailles에 살고 있는 루이 14세Louis XIV를 찾아가 말을 전하라는 명령을 내렸다고 한다. 그리고 집사를 제외한 모든 이들에게 이 일을 말하지 않아야 하며, 그렇지 않으면 목숨을 거둬갈 것이라고 덧붙였다. 겁에 질린 시민은 아내에게 이 환영에 대해 이야기 했다가 그 대가로 목숨을 잃었다. 얼마 뒤, 살롱의 다른 시민 앞에 같은 유령이 나타났다. 이 시민은 경솔하게도 자신의 아버지에게 이야기를 털어놓았고, 첫 번째 사람과 같은 비극적 운명을 맞이했다. 이 두 이야기는 해당 지역 시민들을 공포로 몰아갔다. 그리고 유령은 제철공 미셸에게 나타났다. 미셸은 즉시 집사를 보러 갔다. 처음에는 미치광이로 몰렸으나, 바르브뵈외Barbezieux 후작의 추천서를 손에 넣어 총리에게 쉽게 접근할 수 있게 되었다. 총리는 왜 미셸이 비밀리에 왕과 접선하고 싶어 하는지 알고자 했다.

그러나 베르사유에서 다시 유령을 마주친 미셸은 자신의 목숨이 달려있기에 아무것도 알려줄 수 없다고 말했다. 미셸은 자신의 말이 거짓이 아니라는 것을 총리에게 증명해야 했다. 그는 총리에게 왕을 찾아가서 마지막 퐁텐블로Fontainebleau 숲에 사냥을 나갔을 때 유령을 본 적이 없는지 물어봐 달라고 요청했다. 더불어 왕의 말이 당황해 물러서지는 않았는지, 왕이 그것을 헛것이라고 생각해 아무에게도 말하지 않았는지도 물어봐 달라고 했다. 후작과 총리는 이 자세한 내막을 왕에게 알렸다. 이 말을 들은 루이 14세는 그날 비밀리에 미셸을 만나길 원했다. 두 사람이 나눈 이야기는 오늘날까지 알려진 바가 없다. 궁전에서 3일을 보낸 미셸은 루이 14세가 하사한 상당한 액수의 돈과 함께 집으로 돌아갔다. 그리고 이 일에 대해 절대 비밀을 지키라는 엄명을 받았다. 근위병 대장인 뒤라Duras 공작은 사냥 중에도 왕이 미셸을 떼어놓으라는 명령이 없었다는 사실에 놀랐다고 한다. 루이 14세는 말했다. "당신들의 생각처럼 그는 미치지 않았다. 사람들은 이토록 제대로 판단을 내리지 못한다." 이 사건의 비밀은 끝내 밝혀지지 않았다.

미셸 드 사우르스프 [Michel de Sahourspe] 마녀 집회에서 덩치가 크고 작은 악마를 보았다고 고백한 작센Saxony의 마법사. 큰 악마는 작은 악마를 부관처럼 부렸다고 한다. 또 집회의장 엉덩이에는 얼굴이 달려 있었다고도 말했다.

스코틀랜드인 미셸 [Michel l'Écossais / Michael the Scotsman] 16세기 점성가. 자신이 교회에서 죽을 것이라고 예언했다. 그레인저Granger의 기록에 따르면 이 예언은 실제로 일어났다. 그는 기도를 하는 도중 떨어진 천장의 돌에 맞아 사망하였다.

보헤미안 미셸 [Michel le Bohémien / Michael the Bohemian] 16세기의 경험주의 의사. 악마와 계약을 맺어 재판을 받았다. 미셸 보에미우스Michel Boemius라고도 불린다.[1]

(1) M. Ch. 라부M. Ch. Rabou는 『사기꾼과 협잡꾼의 형벌Châtiment des pipeurs et charlatans』에서 그에 관해 흥미로운 사실들을 자세히 기록했다.

미다스 [Midas] 프리지아Phrygia의 왕 미다스가 어릴 때의 일이다.

하루는 개미들이 나타나 아이의 입 속을 밀알로 가득 채웠다. 미다스의 부모는 이것이 무엇을 의미하는지 알고자 점술가들을 찾았다. 점술가들은 왕자가 모든 인간을 통틀어 가장 부유한 이가 될 것이라고 말했다. 하지만 이는 왕자가 다 자란 뒤에 쓰인 이야기에 불과하다.

정오 [Midi / Noon] 참조. 정오의 악마 Démons de Midi.

미갈레나 [Migalena] 라부르Labourd 지방의 마녀. 미갈레나는 61세 나이로 체포되었으며, 아들이자 같은 지역의 마법사인 보칼Bocal과 함께 법정에 소환되었다. 미갈레나는 자신이 마녀 집회에 참여했으며, 그곳에서 가증스러운 일들을 저질렀다고 고백했다. 또 이백 명의 마법사가 보는 앞에서 벌어진 기이한 광경을 목격했다고 덧붙였다. 고해신부가 신께 기도를 올리라고 청하였으나, 미갈레나는 제대로 기도를 읊지 못했다. 그녀는 주기도문과 성모송을 읊기 시작했으나 끝맺지 못했는데, 마치 그녀가 섬기는 악마가 엄격히 훼방을 놓는 듯했다.(1)

(1) 드 랑크르Delancre, 『악마의 변화론Tableau de l'inconstance des démons』, 6권, 423페이지.

미카도 [Mikado] 일본의 두 왕 중 하나. 미카도는 영적인 분야에서 고유의 책임을 수행한다. 여행자들의 기록에 따르면 신하들의 눈에 미카도는 단순한 인간이 아닌 신이라고 한다(혹은 신보다 더 큰 존재로 여기기도 한다). 일본 신화에선 카미Kamis라고 불리는 모든 신이 미카도보다 낮은 계급에 속한다. 카미들은 미카도를 두려워하고 그에게 복종하며, 매년 그의 궁전에서 한 달을 보낸다. 카미는 미카도의 눈에만 보인다. 이 한 달 동안, 신들이 떠난 사원은 텅 비워져 쓸쓸한 장소가 된다.

미카도는 자신의 신성한 발을 절대 바닥에 닿게 하지 않는다. 이 땅이 그런 영광을 얻을 자격이 없다고 판단하기 때문이다. 그렇기에 언제나 시종들에게 들려 다닌다. 이 군주는 항상 집에 머무르며 속세의 시선으로부터 자신의 신성함을 보호한다. 존엄한 자신에 대해 모든 왜곡은 금지되어 있으며, 머리카락과 손톱, 발톱은 그가 잠들었을 때만 자를 수 있다. 그는 아홉 명의 여성과 아홉 번까지 혼인할 수 있다. 미카도는 신이기에 이 아홉이라는 숫자에 대해 사람들은 충분하다고 생각한다. 잔혹한 사건들이 발생하면 사람들은 미카도를 찾는다. 이땐 그에게 무릎을 꿇고 다가가야 한다. 그는 명예로운 지위와, 상당한 수익을 가진다. 또 그의 후손은 불멸로 여겨진다. 만약 미카도가 후손을 가지지 못한다면 하늘이 개입하게 된다. 다음 날 아침, 정원 나무 아래에 밤새 초자연적인 존재가 놓고 간 아름다운 아이가 놓여있는 것이다. 이 아이는 미카도의 후계자로 여겨진다. 현 미카도는 3번째 왕조의 117번째 미카도이다. 정확하다고 자부하는 일본 연대기 작가들의 기록에 따르면 첫 번째 왕조는 기원전 836794년에 시작되었다고 한다. 이는 조금은 논란의 여지가 있는 숫자이다.

미카도의 몸속에는 아마테라스 오미카미Amaterasu-Omikami 신의 신성이 깃들어 있다. 이 신은 인간과 물질의 주권자이다. 그는 축제일을 정하고, 악령들이 두려워하는 색을 결정한다. 미카도는 24시간이라는 제법 긴 시간 동안 왕좌에 꼼짝도 하지 않고 앉아 있는다. 조금이라도 오른쪽 혹은 왼쪽으로 움직이면, 그것은 제국 내 해당 방향에서 끔찍한 재난이 닥칠 징조이다. 그는 때때로 3시간 동안 경직한 채로 있다가 자리를 뜨기도 한다. 그러면 남은 21시간은 왕관이 대신 자리를 지킨다. 놀랍게도 이 왕관은 긴 시간동안 절대 움직이지 않는다.

미카도는 같은 옷을 입지 않으며, 그의 성스러운 몸에 닿은 모든 것은 벗는 순간 불태운다. 식사 시간에 사용되는 유리 식기, 그릇, 접시도 식사가 끝나면 깨뜨린다. 일반인들은 이것들을 사용할 수 없다.

임시 왕의 이름은 타이쿤*이라고 부른다.

* 일본에서 왕실 혈통이 없는 통치자를 지칭하는 말. '대군'에서 유래되었다.

솔개 [Milan / Kite] 경이로운 특성을 가진 새. 대 알베르투스Albert le Grand의 기록에 따르면, 솔개의 머리를 배 앞에 걸고 다니면 모두의 사랑을 받는다고 한다. 만일 이를 암탉 목에 매어두면, 닭은 솔개 머리가 떨어질 때까지 달린다. 수탉 볏에 솔개 피를 바르면 더는 울지 않는다. 솔개의 콩팥에는 돌멩이가 있는데, 고기를 익히는 냄비에 넣은 후 두 사람에게 먹이면, 아무리 적일지라도 좋은 친구가 된다….

천년왕국주의자 [Millénaires / Millenarians] 이 단어는 다음을 지칭한다. 1) 종말이 왔을 때 예수 그리스도Jesus Christ가 1,000년간 통치할 것이라고 믿는 이들. 2) 1,000년 안에 종말이 올 것이라 믿는 이들. 3) 1,000년마다 지옥의 형벌이 끝난다고 믿는 자들.

밀러 [Miller] 미국인 예언자. 그는 1833년 세계 종말에 관해 예언한 뒤, 주기적으로 제기되는 반증에도 불구하고 십 년이 넘는 시간 동안 냉정히 자신의 예언을 고수했다. 밀러는 1844년 12월 20일, 워싱턴 카운티Washington County(뉴욕New York) 햄프턴Hampton에서 사망했다. 당시 그의 나이 68세였다. 밀러의 천년 계산법은 『요한계시록Apocalypse』의 한 구절을 해석한 것에 기반했다. 그는 이를 기상천외하게 읽어냈다. 밀러에겐 3만~4만 명의 추종자가 있었다. 그의 사상은 다수의 법정 분쟁을 낳았고, 미국 신문들은 이를 대대적으로 다루었다.

밀러의 추종자들은 자신들에게 살날이 얼마 남지 않았다고 생각하며, 재산을 서둘러 처분하였다. 그리고 빚은 갚지 않아도 될 것으로 생각했다. 이들은 1843년 특정한 날을 틀림없는 최후의 날로 생각했다. 이날은 모든 연감에서 이미 선고한 개기월식만 일어났으며, 특별히 주목할 만한 현상이 벌어지지 않았다. 이후 밀러를 신봉하는 사람들의 믿음은 크게 흔들렸다. 이 중 일부는 계속 망상을 이어갔지만, 밀러의 죽음을 통해 많은 신도가 해산되었다. 밀러는 그와 선택받은 극소수만이 재난으로부터 살아남을 것이라고 예언했다. 이는 밀러가 인류의 장례를 치르는 기도문을 읊고, (심판의 날이라 불리는) 최후의 심판이 왔을 때 하늘의 자비를 간청하기 위함이라고.

물로 [Millo / Mullo] 18세기 헝가리의 흡혈귀. 젊은 여성 스타노스카Stanoska는 한밤중 온몸을 떨며 잠에서 깨어나 끔찍한 비명을 내질렀다. 그녀는 9주 전에 사망해 묻힌 청년 물로가 목을 조르려 했다고 주장했다. 이후 여성은 9일 만에 숨을 거뒀다. 주민들은 물로가 흡혈귀일 수 있다고 생각했다. 주민들은 이후 물로의 시체를 꺼내 확인하였고, 목을 자른 뒤 심장에 못을 박았다. 그리고 불에 태워 강물에 버렸다. **참조.** 흡혈귀Vampires.

밀론 [Milon / Milo] 그리스의 운동선수로 경이로운 힘을 가졌다고 전해진다. 갈레노스Galen, 메르쿠리알리스Melcurialis 및 많은 이들은 밀론이 기름을 바른 판 위에서 움직임 없이 서 있었다고 기록했다. 또 남자 세 명이 덤볐음에도 그를 막을 수 없었다고 덧붙였다. 아테나이오스Athenaeus는 밀론이 올림픽에서 4살 된 소를 어깨 위에 한참이나 올리고 있었고, 같은 날 그 소를 통째 먹었다고 기록했다. 이는 순례자 여섯 명을 한입에 삼켰다는 가르강튀아Gargantua의 일화와 비슷한 부류의 이야기이다[(1)].

[(1)] 브라운Thomas Brown, 『대중적 오류에 관한 수상록 Essai sur les erreurs populaires』, 7권, 18장, 334페이지.

밀턴 [Milton] 그는 자신이 쓴 아름다운 시 『실낙원Paradise Lost』에서 악마를 화려하게 그려냈다. 『복낙원Paradise Regained』에서는 사탄이 등장하기도 한다.

미미르 [Mimer / Mimir] 쿨란Kullan의 맞은편에는 초록으로 뒤덮인 언덕이 있는데, 이를 오딘Odin의 언덕이라 부른다. 이곳은 스칸디나비아 신이 묻혀있다는 언덕이기도 하다. 그러나 이곳에선 국무위원 쉼멜만Schimmelmann의 묘지만을 찾을 수 있다. 쉼멜만은 걱정 없는 평화주의자였다. 딱히 발할라Valhalla*에 올라 발키리Valkyrie**들과 꿀주를 마실만한 이는 아니다. 나무 울타리는 신의 유해가 묻힌 곳을 보호하고 있다. 이곳에는 맑은 물이 조용한 소리를 내며 흐른다. 신화를 아는 인근 소녀들은 이것이 지혜의 기원인 미미르의 물이며, 오딘이 이 물을 위해 눈 한쪽을 희생했다고 믿는다. 이들은 날이 화창한 여름이면 이곳을 찾아 물을 마신다(1).

(1) 마미에Marmier, 『덴마크의 기억들Souvenirs danois』. / * 스칸디나비아 신화에서 위대한 전사들이 가는 이상향. / ** 오딘을 섬기는 전투여신.

미미 [Mimi] 참조. 조조Zozo.

몸짓 [Mimique / Mimic] 행동과 습관으로 인간을 알아보는 기술. 외형을 보는 방법 가운데 가장 의심을 덜 받는 학문이다. 겉으로 판단하는 것은 종종 착각을 일으킬 수 있다. 하지만 누군가가 타인을 의식하지 않고 하는 자연스러운 행동은 제법 정확하게 성격을 유추할 수 있게 만든다.

라바터Lavater의 주장에 따르면, 태도와 거동만큼 사람을 제대로 나타내는 것은 없다고 한다. 자연스러운 것, 꾸민 것, 빠른 것, 느린 것, 열정적인 것, 차가운 것, 일정한 것, 다양한 것, 진지한 것, 장난스러운 것, 쉬운 것, 억지로 한 것, 자유로운 것, 격식된 것, 고귀한 것, 저속한 것, 거만한 것, 겸손한 것, 대담한 것, 수줍은 것, 단정한 것, 우스꽝스러운 것, 즐거운 것, 우아한 것, 강력한 것, 위협적인 것 등 몸짓은 수천 가지 방법으로 구별된다. 발걸음, 목소리, 행동들이 모순되는 경우는 드물다. 위선자가 혼자 있을 때, 표정을 꾸밀 시간을 주지 않고 놀라게 한다면 위선적 행위를 알아내는 것이 보다 쉬워진다. 위선을 알아내는 일은 가장 어려우면서도 쉬운 일이다. 위선자가 자신을 지켜보는 사람이 있다는 것을 안다면 어려워지고, 그가 감시받고 있음을 잊는다면 쉬워진다. 때로는 낯가림과 수줍음이 위선으로 해석되는 경우가 있다. 예를 들어, 내성적인 한 사람이 어떤 것을 이야기할 때 부정직하게 보일 수 있는데, 이는 거짓을 말해서가 아니라 사람을 똑바로 바라볼 수 없기 때문이다.

항상 격렬하게 움직이는 사람에게서 부드럽거나 편안한 성질은 기대하지 않는 것이 현명하다. 반면 행동이 항상 단정하고 신중한 사람에게선 격노나 과도한 흥분을 겁낼 필요가 없다.

힘 있는 동작을 하면, 굼뜸과 게으름의 흔적을 모두 지울 수 있다. 일부러 천천히 걷는 이는 목표를 달성하려는 의지가 없고 장애물을 두려워한다. 늘 벌어진 입, 음울한 태도, 늘어진 팔, 바깥 방향으로 틀어진 왼손을 가진 사람은 재미없고 공허함을 느낀다. 또 얼빠진 호기심을 가진다. 현자의 걸음은 어리석은 사람의 것과 차이가 있다. 그리고 의자에 앉는 자세도 다르다.

현자가 의자에 앉을 땐 사색, 명상, 휴식을 위해서이다. 반면, 어리석은 사람은 자신이 왜 앉아있는지 모르고 의자에 앉는다. 그는 무언가를 응시하지만, 초점이 맞지 않고, 외로운 분위기를 풍긴다. 거만한 이와 어리석은 이는 비슷한 성향을 지닌다. 이 두 사람 모두 점잖고 권위 있는 척을 하며 표정이 부자연스럽다.

지각 있는 사람은 거드름을 피우지 않으며, 부족하거나 공허해 보이지 않는다. 그는 관심이 생기는 것을 바라볼 때도, 절대 등 뒤에 팔을 두지 않는다. 이런 태도는 불쾌감을 주지 않으나, 보는 사람에 따라서 가식으로 느껴질 수 있다. 우유부단한 태도, 무표정한 얼굴은 절대 현명한 이가 하는 행동이 아니다. 근거 없는 자신감을 가지고 자화자찬하는 사람, 별다른 이유 없이 실실 웃는 사람은 결코 합리적인 사고를 할 수 없다.

경솔한 행동을 주의하는 사람은 입가를 보면 알 수 있다. 그는 조심하기 위해 숨을 많이 쉬지 않는다. 지식이 없으나 있는 척 하려는 사람은 오른손을 가슴에, 왼손을 바지 주머니에 둔다. 이는 매우 인위적으로 보인다.

누군가의 말을 엿듣는 행동은 절대 좋은 결과로 나타나지 않는다. 입술 한쪽을 올리면서 웃는 것, 방향이나 정해진 경향 없이 혼자 행동하는 것, 얼굴만 앞으로 숙이며 뻣뻣하게 인사하는 것은 어리석은 이들이 주로 하는 행동이다.

누군가의 걸음걸이가 음울하고, 어설프고, 격렬하고, 위엄이 없다면 그리고 경멸적인 곁눈질까지 함께 한다면 조심해야 한다. 절대 이 사람의 매력, 미모 지성에 마음을 사로잡혀선 안 된다. 언젠가 그는 걸음걸이와 똑같은 언행을 할 것이고, 태도 또한 언행을 따라갈 것이다. 또 당신이 그에게 하는 모든 것에도 크게 감명받지 않을 것이며, 작고 사소한 일에 복수하려 들 것이다. 이 사람의 이마나 입가의 주름을 살펴보면 태도를 짐작할 수 있다.

화가 많고 뚱뚱한 사람은 조심해야 한다. 그는 늘 무언가 씹는 것처럼 오물거리고, 쉬지 않고 주변을 살피며 가식적으로 예의를 차린다. 또 모든 것을 무질서하고 불결하게 대한다. 동그랗고 짧으며 들린 코, 벌어진 입, 불규칙하게 움직이는 아랫입술, 사마귀 가득한 튀어나온 이마 등은 경멸과 엄격함을 나타낸다. 이러한 특징은 부족한 재능을 과시하며 오만함을 드러낸다. 이런 태도를 가진 사람은 멀리서 들리는 발소리만 들어도 알아챌 수 있다.

결정하는 목소리가 긴장돼 있고 높은 사람은 피하는 것이 좋다. 이런 사람은 결정을 내리는 동안 눈이 커져 튀어나오며, 눈썹을 치켜 올리고, 핏줄이 서며, 아랫입술이 튀어나온다. 또 주먹을 쥔다. 그러다 갑작스럽게 안정을 찾고, 냉철하게 예의를 지키는 척하며, 눈과 입술의 떨림이 잠잠해진다.

갑자기 당신이나 친구가 그의 말을 끊으면 더욱 그럴 것이다. 표정과 안색이 갑자기 변하고, 이를 티내지 않기 위해 빨리 평정을 찾는 사람은 현명하고 정직한 사람이 아니다. 오히려 계략을 품고 아첨을 하는 사람일 가능성이 높다. 이러한 사람은 입술 근육을 자유자재로 다룬다. 미끄러지듯 발을 끌고 움직이거나 다가서면 뒤로 물러서는 사람들, 낮은 목소리와 수줍은 표정으로 무례한 말을 하는 사람들, 보이지 않자마자 대담하게 쳐다보는 사람들, 함께 있을 때는 쳐다보지 못하는 사람들 또한 이와 유사한 성향을 보인다. 악인 외에 누구에게도 좋은 말을 하지 않고, 모든 것에서 예외를 찾고, 타인의 의견에 대해 반박하길 좋아하는 사람은 함께 지내지 않는 것이 좋다.

머리를 뒤로 젖히고 걷는 사람, 사람들이 볼 수 있도록 자신의 우아한 발을 꺼내는 사람, 눈을 더 커 보이게 하고 싶어하는 사람, 긴 침묵을 지키다 간결하고 무미건조하게 답하며 차가운 미소를 짓는 사람, 말대꾸를 하자마자 낮은 목소리로 말문을 막는 사람들은 적어도 세 가지 끔찍한 특징을 가지고 있다. 이것은 바로 고집과 자만, 냉혹함이다. 또한 이들은 위선, 음흉, 인색과도 인연이 깊다.

앞으로 숙인 몸은 신중과 근면을 나타낸다. 하지만, 뒤로 기울인 몸은 시시함, 허영심, 오만함을 나타낸다. 대 알베르투스 Albert le Grand의 기록에 따르면 눈이 한 쪽 밖에 없거나, 다리를 절거나, 등이 굽은 사람은 재치가 있고 영리하지만, 짓궂고 까다롭다고 한다.

현명한 이는 드물게 그리고 짧게 웃음을 터트리며 보통 미소로 만족한다. 자비로운 웃음과 불행을 즐기는 악마 같은 웃음 사이에는 현저한 차이가 있다. 어떤 눈물은 하늘에 울림을 주지만, 어떤 울음은 분노와 경멸을 낳기도 한다.

목소리의 차이도 주목해야 한다(이탈리아인들은 이를 통행허가증에 기재한다). 목소리가 높은지, 낮은지, 강한지, 약한지, 맑은지, 탁한지, 부드러운지, 거친지, 조화로운지, 부조화한지 식별하는 것이다. 목소리의 소리, 발음, 강도, 닿는 거리, 높낮이, 유창함, 어색함 등은 그 사람의 많은 것을 드러낸다.

아리스토텔레스Aristoteles는 용감한 동물의 울음소리가 단순하고 힘 있으며, 겁이 많은 동물의 울음소리는 주로 날카롭다고 기록했다. 사자와 토끼를 보면 그의 말이 확실히 이해될 것이다. 이는 인간에게도 적용이 가능하다. 튼튼하고 강한 사람은 강하고 힘 있는 목소리를 낸다. 반면 심약한 사람은 약한 목소리를 낸다. 맑고 울려 퍼지는 목소리는 때때로 위선자를 가리킨다. 자주 떨리는 목소리는 의심이 많은 성격을 나타낸다. 염치없고 불손한 사람들은 목소리가 큰 경향이 있고, 세련되지 못한 목소리는 투박한 성격과 연관이 있다. 끝으로, 듣기 좋은 부드러운 목소리는 보다 유쾌한 성향을 드러낸다.

현명한 사람은 어리석은 사람과 다른 옷차림을 한다. 옷차림만으로도 청결함과 부주의함, 단순함과 너그러움, 좋거나 나쁜 취향, 자만과 예의 바름, 검소함과 가짜 수줍음 등을 짚어낼 수 있다. 옷의 색, 재단, 제작, 조합은 우리를 특징짓는 의미심장한 요소들이다. 현명한 사람은 단순하고 균일한 옷을 입는다. 단순함이 그에게 자연스러운 것이기 때문이다. 남에게 잘 보이고 싶어 하는 사람, 화려함을 찾고 부주의함을 드러내는 사람, 예의범절을 어기는 사람, 독특하게 눈에 띠려는 사람은 옷차림을 보면 빠르게 알아볼 수 있다. 라바터의 말에 따르면 가구의 선택과 배치로도 사람을 알아볼 수 있다고 한다. 이같이 사소한 것으로 집주인의 지성이나 성격을 평가할 수 있다는 것이다. 그러나 우리는 이렇게까지 모든 것을 알아낼 필요가 없다. **참조.** 관상학Physiognomonie.

광부(악마) [Mineurs / Miners(Démon)]

사티로스Satyrs, 숫염소, 암염소의 모습을 하고 나타나 광부들을 괴롭히는 악령이 있다. 이들은 금속 광산에 자주 출몰하며, 금속을 캐내는 자들을 공격한다. 이 악마들이 반드시 악령인 것은 아니다. 노동자들에게 도움을 주는 경우도 있기 때문이다. 올라우스 마그누스Olaus Magnus의 기록에 따르면 이 자비로운 악마들은 0.5미터 키의 난쟁이 모습으로 나타나며, 돌을 깨뜨리고 땅을 파는 것을 돕는다고 한다. 이들은 도움을 주면서도 심술궂은 장난을 친다. 이 때문에 불쌍한 광부들은 고통을 겪는다. 광산을 드나드는 악령에는 여섯 종류가 있다. 그리고 각각 악령들은 악행의 정도가 다르다. 이들 중 일부는 독일 광산에서 목격되는데, 유난히 활동적이며 일꾼들이 일을 그만두도록 만든다. 일례로 한 광산 악마가 열두 명의 광부들을 잇달아 죽여 다량의 은을 캐던 광산을 포기하도록 만든 일이 있었다[1]. **참조.** 안네베르크Anneberg, 마운티니어Montagnards 등.

(1) 랭글렛 뒤프레누아Lenglet-Dufresnoy, 『환영에 관한 논문 모음집Recueil de dissertations sur les apparitions』, 1권, 162페이지.

밍그렐리아 [Mingrélie / Mingrelia]

그리스 정교도 분파가 있는 이 지역의 기독교는 매우 부패했다. 이곳에선 뛰어난 아이들에게 와인으로 세례를 내렸다. 또 병자가 영적 도움을 요청하면, 신부는 고해가 아닌 책에서 원인을 찾거나 성상 중 하나가 분노한 것으로 여기고 봉헌하도록 지시했다.

미노손 [Minoson]

모든 게임에서 우승하도록 만드는 악마. 지옥의 강력한 우두머리 중 하나인 바엘Baël에 종속한다[1].

(1) 『솔로몬의 열쇠Key of Solomon』, 20페이지.

자정 [Minuit / Midnight]

대부분의 마녀 집회가 열리고, 유령과 악마가 등장하는 시간. 하지만 악마가 꼭 자정만 선호하는 것은 아니다. 쟈네뜨 다바디Jeannette d'Abadie, 카테린 나귀유Catherine Naguille 등 일부 마녀가 고백한 것처럼 정오에 마녀 집회를 여는 경우도 있다[1].

(1) 드 랑크르Pierre de Lancre, 『악마의 변화론Tabl. de l'inconstance des démons』 등, 2권, 66페이지.

미라벨(오로레) [Mirabel(Honoré)]

1729년 2월 18일 체포된 악당. 고문을 받은 뒤 평생 노역형에 처해졌다. 미라벨은 친구 오귀에Auguier에게 악마를 이용해 보물을 찾게 해주겠다고 약속했다. 수많은 주술을 시도한 끝에, 그는 마르세유Marseille의 폐허 인근에서 땅을 파기 시작했다. 한 유령이 그곳에 포르투갈 동전이 든 자루가 묻혀있다고 알려주었기 때문이다. 여러 목격자와 하인 베르나르Bernard가 보는 앞에서, 미라벨은 천에 싸인 보따리 하나를 파냈다. 그리고 집으로 돌아와 보따리를 풀어 약간의 금을 찾아냈다. 미라벨은 이를 오귀에에게 주며, 40프랑을 빌려주면 더 많은 돈을 벌게 해주겠다고 제안했다. 1726년 9월 27일 오귀에는 2만 리브르Livre*를 받을 것이라는 증서를 작성하고 40프랑을 빌려주기로 하였다. 얼마 뒤, 미라벨은 오귀에에게 빌려주기로 한 40프랑을 달라고 했지만 결렬되었다. 대담하게도 그는 소송을 하기로 했다. 하지만 앞서 말한 대로 미라벨은 엑스Aix 법원에서 노역형을 선고받았다[1].

(1) 돔 칼메Dom Calmet, 『환영에 대한 수상록Dissert. sur les apparitions』, 145페이지. / * 프랑스 옛 화폐 단위.

경이로운 서 [Mirabilis Liber]

이 책의 대부분은 성 케사리우스St. Caesarius가 썼다고 알려져 있다. 이는 성인과 무녀들의 예언집이다. 1522년 출간된 이 책은 지난 세기 비극으로 끝난 사건들을 예견하고 있다. 이는 강한 신념을 가진 이들조차도 놀라게 만든다. 기록된 것을 살펴보면 귀족의 추방과 폐지, 성직자를 상대로 한 박해, 수도원 탄압, 신부들의 혼인, 교회의 횡령, 왕과 왕비의 잔인한 죽음 등이 있다. 이 책에선 먼 국가에서 온 독수리가 프랑스의 질서를 바로잡을 것이라고 기록되어 있다[1]….

(1)『예언과 계시, 놀라운 일들, 과거, 현재, 미래를 선명하게 보여주는 경이로운 서Mirabilis liber qui prophetias revelationesque, necnon res mirandas, prœteritas, prœsenles et fuluras aperte demonstrat』(1522년, 파리, 4절판).

기적 [Miracles] 한 마법사가 혹은 손으로 만져 사라지게 했다. 사람들은 소리쳤다. "기적이다!" 하지만 그 혹은 사실 방광이 부풀어 오른 것이었다[1]. 협잡꾼의 기적이란 이런 것이다. 협잡꾼들은 기적(사실 기적은 오로지 신만이 내릴 수 있다)이라고 불리는 초자연적 현상을 흉내 내는 요술을 부린다. 그렇기 때문에 이를 완전히 찾아내 부인하는 것은 어려운 일이다. 우리는 불변하지만, 설명할 수 없는 현상들에 둘러싸여 살아간다. 여기에선 악의 원인이 되는 가짜 기적, 사탄의 조작, 협잡꾼의 사기 행각 등을 다루도록 하겠다. 슬픈 일은 길 잃은 사람에게 이 환영이 진실로 밝혀진 놀라운 사건보다 더 큰 신임을 얻는다는 것이다. 미신은 마음이 혼란한 자들에게 종교적 믿음보다 더 깊은 뿌리를 내린다[2].

다음은 너무도 명백한 헛소리를 믿는 사람들이 많다는 것을 여실히 보여주는 예시이다. 칼리오스트로Cagliostro와 같은 인물들이 파리에서 모든 질병을 낫게 하는 박사로 여겨지던 시대의 일이다. 두 협잡꾼은 지방 소도시에서 사기를 준비하고 있었다. 이들은 자신들의 능력에 신빙성을 부여하기 위해, 더 자극적인 것을 보여주자고 생각했다. 그리고 협잡꾼들은 죽은 자를 살려내는 능력이 있을 했다. 이들은 사람들의 의심을 지우도록, 3주 뒤 공동묘지 무덤에서 죽은 자들을 되살리겠다고 선언했다. 또한 10년 전에 죽은 이라도 문제없이 살릴 수 있다고 말했다. 이들은 지역 판사에게 자신들이 도망갈 수 없도록 감시해달라고 부탁했다. 하지만 치료제를 팔고 의술을 행하는 것은 허락해달라고 요청했다. 이 놀라운 제안은 사람들의 관심을 끌었다. 모든 사람이 이들의 거처로 모여들었고, 이 의사들을 만나고자 돈을 들고 왔다. 그리고 운명의 날이 점점 다가왔다. 비교적 덜 대담했던 어린 협잡꾼은 공범에게 걱정을 내비쳤다. 죽은 자를 살려내는 기술이 없으니, 돌에 맞아 죽게 될까 봐 겁이 났던 것이었다. 다른 협잡꾼이 말했다. "너는 인간을 모르는구나. 난 걱정되지 않는다."

이 협잡꾼의 말대로 사건은 다른 판도로 흘러갔다. 우선 이들은 지역 귀족의 편지를 받았다. 편지에는 다음과 같이 적혀있었다. '선생님, 저를 두렵게 하는 거대한 일을 벌이신다는 이야기를 들었습니다. 제게는 사이가 좋지 않은 아내가 있었고, 신이 그녀를 거두어 갔습니다. 그녀를 되살린다면, 저는 아마 가장 불행한 남자가 될 것입니다. 그러니 우리 마을에서 선생님의 능력을 사용하지 말아달라고 요청합니다. 이것은 얼마 안 되는 보상이지만, 받아주십시오….'

한 시간 뒤, 다른 두 청년이 협잡꾼들을 찾아와 추가적인 돈을 지불했다. 이들은 갓 상속받았기에, 부모를 다시 살리지 말아 달라고 부탁했다. 이처럼 방문은 계속해서 이어졌고 모두 비슷한 두려움으로 인해 돈을 바치며 여러 부탁을 했다. 마지막으로, 지역 판사가 직접 찾아와 그들이 행하는 의술을 지켜본 결과, 기적 같은 능력을 한 치도 의심하지 않는다고 말했다. 다음 날 묘지에서 일어나기로 한 실험은 온 마을의 걱정을 샀다. 사람들은 망자가 부활해 재정적 상황이 혼란스러워지는 것을 두려워했다. 사람들은 협잡꾼들에게 도시를 떠나달라고 부탁하였다. 그리고 이들에게 죽은 자를 살리는 능력이 실제로 있음을 증명한다는 서류를 만들어 주었다. 이 증서는 서명과 공증을 거쳤고, 두 협잡꾼은 이 법적 증서로 자신들의 초자연적 재능을 자랑하며 다른 도시를 돌아다녔다.

(1)『일곱 가지 대죄에 관한 전설Légendes des sept péchés capitaux』속 타슐랭Tachelin 이야기를 참조할 것. / (2)마이랑Mayran 씨는 트루아Troyes의 한 정육점 이야기를 듣게 되었다. 이 정육점의 고기는 더운 날에도 상하지 않는다는 소문이 있었다. 마이랑 씨는 이것이 해당 지역의 어떤 특

수성과 관련되어 있는지 알아보았다. 주민들은 그에게 이 현상이 어느 성인의 힘 덕분이라고 설명했다. 마이랑은 대답했다. "그렇다면 기적 때문이라고 하자. 내 과학적 이해력을 위태롭게 하지 않으려면 말이야." 이 성인은 생 루Saint-Loup였다.

신기루 [Mirage] 특정 공기 현상으로 인해 발생하는 감각의 오류. 아무것도 없는 바다 또는 모래사막 위에 마법 같은 장면이 펼쳐지는 것을 보게 된다. 어떤 여행자들은 마법 현상을 보았다고 착각하기도 한다.

미락 [Mirak] 참조. 아그라페나Agraféna.

거울 [Miroir / Mirror] 프랑수아 1세François I가 샤를 5세Charles V와 전투를 할 당시의 일이다. 한 마법사가 파리에 있는 사람에게 밀라노Milan에서 벌어지는 일을 전해주기 위해 다음과 같은 방법을 사용하였다. 이는 거울 위에 밀라노의 소식을 적고 달에 비추는 것이다. 파리에 있는 사람은 거울에서 시작되어 달에 반사된 말을 읽을 수 있었다. 이 비술은 많은 다른 비술과 마찬가지로 사라졌다. **참조.** 피타고라스Pythagore. 거울을 이용한 점술은 수정점Cristallomancie을 참조하도록 하자. 브르타뉴Bretagne에선 밤에 거울을 들여다보면 추하게 변하거나 늑대의 얼굴을 가지게 된다는 믿음이 있었다.

미르빌(J. 외드 드) [Mirville(J. Eudes de)] 정령에 관한 명백한 사실을 담은 뛰어난 글을 쓴 작가.

미스콘 마리 [Miscaun-Marry] 아일랜드에서 도깨비불, 이그니스 파툼Ignis Fatum*를 부르는 이름.

* 중세 라틴어. 문자 그대로 '어리석은 불덩이'를 의미한다.

미스라임 [Misraïm / Mizraim] 함Ham의 아들. **참조.** 마법Magie.

몬스 클린트 [Mœnsklint / Moens Klint] 발트해Baltic Sea 연안에 사는 주민들은 흰색으로 빛나는 거대한 바윗덩어리를 자랑스럽게 여긴다. 이 바위는 절벽처럼 깎여있으며 꼭대기가 몹시 뾰족하고 덤불로 장식되어 있다. 지리학자가 석회암이라고 말하는 이 바위는 사실 진짜 석회암이 아니다. 또 이 바위 꼭대기에 있는 덤불도 사실 진짜 덤불이 아니다. 이곳에는 섬의 물을 관장하는 아름답고 젊은 요정이 살고 있다.

파도를 맞아 햇빛에 빛나는 이 벌거벗은 바위는 사실 요정의 흰 로브이다. 이를 덮고 있는 경사진 꼭대기는 요정의 왕홀이며 참나무 덤불은 곧 그녀의 왕관이다. 그녀는 드로닝 스톨Dronnings Stol (여왕의 왕좌)이라고 불리는 바위의 꼭대기에 앉는다. 요정은 이곳에서 자신의 왕국을 둘러보고, 어부의 쪽배와 상인의 선박들을 수호한다. 밤이 되면 섬에는 이 세상 것이 아닌 신비롭고 조화로운 목소리가 연안에 울려 퍼진다. 이는 어린 요정들이 여왕의 주위에서 노래하고 춤추는 소리이다. 이때 여왕은 요정들을 내려다보며 미소를 짓고 있다.

아, 백성들은 얼마나 뛰어난 시인이란 말인가. 과학이 연구하고 토론하는 곳에서 이들은 무언가를 만들어 내고, 움직이는 자연에 생기를 불어넣고, 물리학자들이 원시적이라고 생각하는 것에 영을 불어넣는다. 이들은 호수를 따라 걸으며 정령들을 만날 것이다. 또 백악의 바위 한 발치를 지긋이 응시하며 몬스 클린트(처녀의 바위)라는 여왕을 목격할 것이다.[(1)]

(1) 마미에Marmier, 『발트해 이야기Traditions de la mer Baltique』.

모그 [Mog] 마법사를 뜻하는 단어 '메이지Mages'의 유래일 수 있다. 아르메니아

Armenia에는 여전히 고대 모그의 지역들이 존재한다. 외젠 보어Eugène Boré[1]는 모그를 다음과 같이 기록했다. '모그는 젠드Zend어와 페빌Pehvli어에서 나온 단어이다. 이는 페르시아의 종교적 상징이 바빌론Babylon 민족에게 유입되었을 때 칼데아인Chaldeans의 언어로 발전된 것이다. 이 단어는 어쩌면 밀교에 입문했을지 모르는 로마 교황청 계급을 가리키기도 한다. 그러나 이후 지나친 사기 행각 때문에 해당 계급은 권위가 바닥으로 떨어졌다. 이때 지목된 신부들은 벨루스Belus 사원의 오래된 성직자들이다. 이들은 헤로도토스Herodotus의 방문을 받고 대화를 나누기도 하였다. 선지자 다니엘Daniel은 모그를 칼데아인이라고 언급하였다. 이들은 현자, 철학자, 점쟁이, 천문학자로도 알려져 있다. 모그는 우상숭배, 점술의 오류를 학술과 지혜의 수준 높은 원리들과 혼합하였다. 덕분에 이들은 주술사, 꿈 해몽가, 마법사라는 명칭을 얻게 되었다.'

보어가 언급하기도 했던 10세기의 토브바 아르츠루니Tovma Artsruni는 자신이 거주한 곳을 모그의 나라로 지목했다. '몽골인의 선조가 모그인가?' 라는 문제는 여전히 풀리지 않고 남아있다.

(1) 『칼데아와 칼데인들De la Chaldée et des Chaldéens』.

몽골 [Mogol / Mongol] 드 랑크르Pierre de Lancre는 몽골 황제가 자신의 발을 씻은 물로 특정 질병을 낫게 했다고 기록했다.

모라 [Mohra] 마법사를 많이 배출한 것으로 유명한 스웨덴의 마을. 종교개혁 초기인 1559년, 이곳에선 300명의 아이를 유혹한 70명의 마녀가 체포되었다.

고약한 수도자 [Moine Bourru / Surly Monk] 참조. 고약한 수도자Bourru.

수도자 [Moines / Monks] 여기 짧지만 매우 유명한 이야기가 하나 있다. 길어지는 금식 때문에 고통을 받던 한 수도자가 있었다. 어느 날 그는 자신의 방에서 램프의 빛으로 계란을 삶아 먹기로 했다. 순찰하던 수도원장은 수도자가 요리하는 모습을 보고 그를 질책했다. 독실한 수도자는 악마가 이 교활한 방법을 제안했다고 변명하기 시작했다. 그러자 갑자기 악마가 나타나, 식탁 아래에 몸을 감추고선 수도자에게 말했다. "너는 거짓말을 하고 있다. 그 교활한 방법은 내가 생각한 것이 아니다. 오히려 내가 너에게 배웠구나." 하이스터바흐의 케사리우스Césaire d'Heisterbach는 유사한 일화를 언급했다. '에르만Herman 수도사가 수도회 금식의 엄격함과 세상의 온갖 맛있는 음식을 저울질할 때였다. 한 낯선 남성이 상냥한 얼굴을 한 채 방으로 들어와 생선 요리를 건넸다. 그는 이 선물을 받았으나, 정작 생선을 먹으려고 하자 그것이 말의 배설물에 불과했다는 걸 알아차리게 되었다. 에르만은 교훈을 얻고 더 절제하게 되었다[1].'

(1) 하이스터바흐의 케사리우스, 『De tentat』, 4권: 『놀라운 기적과 기억에 남는 역사 12서, 시토회 수도회의 케사리우스 하이스터바흐 저Illustrium Miraculorum et Historiarum Memorabilium Libri XII,a Cœsario Heisterbachensi, Ordinis Cisterciensis』, 87장.

월 [Mois / Months] 고대 이교도인에게는 매월 정해진 신이 있었다. 이는 1월은 주노Juno, 2월은 넵튠Neptune, 3월은 마르스Mars, 4월은 비너스Venus, 5월은 포이보스Phoebus, 6월은 머큐리Mercury, 7월은 주피터Jupiter, 8월은 케레스Ceres, 9월은 불카누스Vulcan, 10월은 팔라스Pallas, 11월은 다이아나Diane, 12월은 베스타Vesta에게 부여된다.

카발리스트들이 말하는 매월 정해진 천사는 다음과 같다. 1월은 가브리엘Gabriel, 2월은 바르키엘Barchiel, 3월은 마치디엘Machidiel, 4월은 아스모델Asmodel, 5월은 암브리엘Ambriel, 6월은 무리엘Muriel, 7월은 베르키엘Verchiel, 8월은 하마리엘Hamaliel, 9월은 우리엘Uriel, 10월은 바르비엘Barbiel, 11월은 아드라키엘Adrachiel, 12월은 하나엘Hanael에게 부여된다.

매월 정해진 악마는 다음과 같다. 1월은 벨리알Belial, 2월은 레비아탄Leviathan, 3월은 사탄Satan, 4월은 아스타르테Astarte, 5월은 루시퍼Lucifer, 6월은 바알베리스Baalberith, 7월은 벨제부스Belzébuth, 8월은 아스타로스Astaroth, 9월은 타무즈Ttamuz, 10월은 바알Baal, 11월은 헤카테Hecate, 12월은 몰록Moloch에게 부여된다.

매월 정해진 동물은 다음과 같다. 1월은 암양, 2월은 말, 3월은 암염소, 4월은 숫염소, 5월은 황소, 6월은 개, 7월은 수사슴, 8월은 멧돼지, 9월은 당나귀, 10월은 늑대, 11월은 암사슴, 12월은 사자이다.

매월 정해진 새는 다음과 같다. 1월은 공작, 2월은 백조, 3월은 청딱따구리, 4월은 비둘기, 5월은 닭, 6월은 이비스, 7월은 독수리, 8월은 참새, 9월은 거위, 10월은 올빼미, 11월은 작은 까마귀, 12월은 제비이다.

매월 정해진 나무는 다음과 같다. 1월은 포플러, 2월은 느릅나무, 3월은 소나무, 4월은 머틀, 5월은 월계수, 6월은 개암나무, 7월은 참나무, 8월은 사과나무, 9월은 회양목, 10월은 올리브나무, 11월은 야자수, 12월은 소나무이다.

모세 [Moïse / Moses] 탈무드 신봉자Talmudists들과 동방인들은 모세 이야기에 많은 신화와 마법 이야기를 덧붙였다.[1] 434년, 몇몇 이들이 사기꾼(혹은 악마)이라고 불렸던 자가 칸디아Candia의 유대인 앞에 나타나 스스로 모세라고 주장하였다. 그리고 팔레스타인을 이들에게 넘겨주기 위해 부활했다고 주장했다. 대다수 사람은 그의 말을 믿으며 바다로 따라갔다. 바다가 다시 한번 갈라질 것이라고 믿은 것이다. 허나 기적은 일어나지 않았고, 격노한 바다는 2만 명의 유대인을 집어삼켰다. 이 역사학자들의 말에 따르면 그 뒤로 가짜 모세는 다시 나타나지 않았다고 한다.

(1) 『구약성경의 전설Légendes de l'Ancien Testament』 속, 이 기상천외한 이야기를 참조할 것.

모이셋 [Moiset / Moyset] 악마인척 하여 피에르 부르제Pierre Bourgot, 미셸 베르둥Michel Verdung을 마녀 집회에 동원한 교활한 자.

모키소 [Mokissos] 로앙고 왕국Loango 주민들에게 숭배받는 정령. 절대 신에게 종속된 존재이다. 주민들은 이 정령들이 의무를 충실히 다하지 않는 자에게 벌을 내리거나, 그의 생명을 빼앗는다고 생각한다. 주민들은 행복하거나 건강하다면 모키소의 은혜를 입은 것이라고 믿는다. 반면 병에 걸리거나 불운을 겪는다면, 모키소가 노했기 때문이라고 여긴다. 이 민족은 왕 또한 모키소라 칭하며 그에게 신성하고 초인적인 힘이 있다고 믿는다. 이는 비를 내리게 하거나 순식간에 수천 명의 목숨을 앗아갈 수 있는 능력이다. 모키소는 인간, 네발짐승, 새를 나타내는 나무 조각상으로 숭배된다. 이들에게 소원을 빌고 화를 누그러뜨리기 위해선 제물을 바쳐야 한다. **참조.** 주물Fétiches.

몰리토르(울리치) [Molitor(Ulrich)] 희귀 서인 『흡혈귀와 마녀 개론Traité des lamies et des pythonisses : Tractatus de lamiis et pythonicis』(1489년, 콘스탄츠, 4절판 / 1561년, 파리, 8절판)의 저자. 아주 진귀한 사건들이 기록되어 있다. 저자의 신중함과 명성을 바탕으로 미루어 보건대 이는 결코 지어낸 이야기가 아니다.

몰록 [Moloch] 비애 왕국의 왕이자 지옥 의회의 일원. 암몬인들Ammonites에게 청동 신상의 모습으로 숭배받았다. 동상의 모습을 살펴보면, 그는 왕관을 쓰고 송아지의 머리를 한 채 왕좌에 앉아있다. 또 인간 제물을 받기 위해 팔을 뻗고 있다. 그를 기리기 위해 바쳐진 제물은 주로 어린아이들이었다. 밀턴Milton은 몰록을 어머니의 눈물과 아이들의 피로 점철된 두려운 악마로 그려냈다.

랍비들의 말에 따르면, 암몬인의 신인 몰록의 유명한 동상 내부에는 일곱 종류의 수납장이 들어 있다고 한다. 첫 번째 서랍은 밀가루, 두 번째 서랍은 멧비둘기, 세 번째 서

랍은 암양, 네 번째 서랍은 숫양, 다섯 번째 서랍은 송아지, 여섯 번째 서랍은 소, 일곱 번째 서랍은 아이를 위해 열렸다. 이 때문에 몰록과 미트라Mithra, 몰록의 신비로운 일곱 문과 미트라의 일곱 방이 혼동되는 일이 벌어졌다. 몰록에게 아이를 바칠 땐 동상 내부에 큰불을 지폈다. 아이들의 애처로운 울음소리를 죽이기 위해, 사제들은 우상 주변으로 북소리나 다른 악기를 크게 울렸다. **참조.** 밀교Mystères.

미라 [Momies / Mummies]

랏지빌Radziwill 왕자의 저서 『예루살렘 여행기Voyage de Jérusalem』에 등장하는 한 특이한 이야기를 살펴보자. 그는 이집트에서 남녀 미라를 각 한 구씩 구해, 선박 상자에 실어 몰래 자국으로 들여오기로 했다. 그리고 미라를 실은 배는 알렉산드리아Alexandria를 떠나 유럽으로 향했다. 이 미라가 든 상자는 왕자와 두 시종만이 알고 있었다. 당시 튀르키예인들은 기독교인들이 마법을 목적으로 미라를 이용한다고 믿어, 유출을 막고 있었기 때문이었다. 하지만 갑작스러운 폭풍이 바다에 일었다. 폭풍은 너무나도 강렬했고 선장은 배를 잃을 수도 있다고 생각했다.

또 모든 선원은 난파를 피하기 어렵다고 생각했다. 왕자를 따라나섰던 신실한 폴란드인 신부는 상황에 맞는 기도를 읊었고, 왕자와 일행 또한 기도에 동참했다. 이때, 신부는 끔찍한 몰골의 두 유령(남자 한 명과 여자 한 명)에게 괴롭힘을 당했다고 말하였다. 유령들이 그를 공격하고 협박한다는 것이었다. 처음 사람들은 그가 난파에 대한 공포와 위험 때문에 망상을 보는 것으로 생각했다. 신부는 이내 침착함을 되찾았고 진정했으나, 다시 소란은 이어졌다. 그리고 유령들은 더욱 격렬하게 그를 괴롭혔다. 신부는 두 미라를 바다에 버린 뒤에야 유령으로부터 해방되었다. 더불어 태풍도 즉시 멎었다.[1] 오늘날까지도 동방의 뱃사람들은 미라가 태풍을 끌어들인다는 믿음을 지키며, 절대 배에 싣지 않는다.

(1) 돔 칼메Dom Calmet, 『환영 개론Dissertation sur les apparitions』.

지옥의 군주제 [Monarchie Infernale / Infernal Hierarchy]

요한 바이어Johann Weyer의 주장에 따르면, 이 왕국의 황제는 벨제부스Belzébuth라고 한다. 왕국은 일곱 왕인 바엘Bael, 푸르산Pursan, 빌레스Byleth, 파이몬Paymon, 벨리알Belial, 아스모다이Asmodai, 자판Zapan이 사방을 다스린다. 더불어 23명의 공작이 있다. 아가레스Agarès, 부자스Busas, 구소인Gusoyn, 바팀Bathym, 엘리고르Eligor, 발레파르Valefar, 제파르Zepar, 시트리Sytry, 부네Bune, 베리스Bérith, 아스타로스Astaroth, 베파르Vepar, 샥스Chax, 프리셀Pricel, 무르무르Murmur, 포칼로르Focalor, 고모리Gomory, 암두스키아스Amduscias, 아임Aym, 오로바스Orobas, 바풀라Vapula, 하우로스Hauros, 알로세르Alocer가 이에 속한다. 그리고 13명의 후작이 있다. 아몬Aamon, 로레이Loray, 나베루스Naberus, 포르네우스Forneus, 로네브Roneve, 마르초시아스Marchocias, 사브낙Sabnac, 가미긴Gamigyn, 아리아스Arias, 안드라스Andras, 안드로알푸스Androalphus, 시메리에스Cimeries, 피닉스Phoenix가 이에 속한다. 또한 10명의 백작이 있다. 바르바토스Barbatos, 보티스Botis, 모락스Morax, 이페스Ipes, 푸르프르Furfur, 라임Raym, 할파스Halphas, 비네Vine, 데카라비아Decarabia, 잘코스Zalcos가 이에 속한다. 그리고 11명의 의장(총재)인 마르바스Marbas, 부에르Buer, 글라살라볼라스Glasialabolas, 포르카스Forcas, 말파스Malphas, 갑Gaap, 카임Caym, 볼락Volac, 오즈Oze, 아미Amy, 하겐티Haagenti가 있다. 마지막으로 푸르카스Furcas, 비프론Bifrons과 같은 기사들이 있다.

지옥 왕국은 6,666개의 군단으로 구성되

어 있는데, 각 군단에는 6,666명의 악마가 있으며 이는 총 44,635,566명의 전투원을 의미한다. 각 악마에게는 자신만의 무리들이 존재한다. **참조.** 지옥 왕국Cour Infernale.

세계 [Monde / World] 참조. 기원Origines.

몬키르와 네키르 [Monkir et Nékir] 이슬람교 믿음에 따르면, 망자가 무덤에 눕기 무섭게 조사를 하는 천사들이다. 조사는 다음과 같은 질문으로 끝이 난다. "당신의 주인, 당신의 예언자는 누구인가?" 이들은 신에게 버림받은 자들에게 고통을 주기도 한다. 몬키르와 네키르는 끔찍한 외모를 하고 천둥처럼 무시무시한 목소리를 낸다. 천사들은 망자가 지옥에 가야 한다는 판단이 내려지면 반은 쇠, 반은 불로 된 채찍으로 매질을 한다. 이슬람교도들은 『탈무드Talmud』에서 이러한 발상을 가져왔다.

유령 라포레 [Monsieur de Laforêt] 퐁텐블로Fontainebleau 숲의 위대한 사냥꾼이라는 이름으로 더 잘 알려진 유명한 유령. **참조.** 사냥꾼Veneur.

대체로 숲 안에 머물지만, 때로는 숲을 벗어날 때도 있다. 드 랑크르Pierre de Lancre는 독일에서 살던 한 아이가 늑대 가죽을 덮어쓰고 작은 늑대인간처럼 달리는 것이 목격된 적이 있다고 기록했다. 이는 라포레가 자기 가죽을 아이에게 준 것으로, 아이의 아버지도 사용했다고 한다. 심문 당시 아이는 라포레가 나타나면 성호를 그어 쫓아낼 수 있다고 말했다. 또한 라포레가 자신을 섬기면 큰 부를 얻게 해주겠다고 말한 것을 고백했다.

괴물 [Monstres / Monsters] 앵발리드Les Invalides의 탁월한 해부학자이자 외과 전문 군의였던 메리Mery는 1720년 독특한 사건을 경험하였다. 어느 작은 괴물이 6개월 만에 조산으로 태어났으며, 그에게는 머리, 팔, 심장, 폐, 위장, 신장, 간, 비장, 췌장이 없는 것이었다. 이 놀라운 생명체는 일반적인 탯줄로 젊은 여성과 연결돼 있었다. 메리의 자세한 분석은 『과학 아카데미 회고록Mémoires de l'Académie des sciences』에 실렸다. 이 이례적인 상황에서 메리가 떠오른 질문은 이러했다. "심장이 없는 이 생명체에서 어떻게 혈액순환이 이루어질까?"

메리는 이 현상을 한 논문에서 설명했다(1). 그동안 다른 사람들은 이것이 악마의 짓이라고 보았다. 이를 누가 알겠는가? **참조.** 상상력Imagination.

토르케마다Torquemada는 알렉산더 대왕Alexander the Great이 인도 출정을 나섰을 때의 일을 기록했다. 대왕은 개의 머리를 달고 짖어대는 13만 명의 병사를 만났다고 했다. 이 환영은 오늘날 풍자화로도 그려졌다. 더불어 토르케마다는 밀로Milo 산 주민들이 발가락이 여덟 개씩 달렸고, 발의 방향이 뒤로 돌아가 있어 뛰어난 달리기 능력을 갖췄었다고 말했다.

과거 연대기엔 다음과 같은 이들이 기록되어 있다. 이마 한복판에 눈이 하나만 달린 북방인들, 태어날 때부터 머리가 흰색이고 낮보다 밤에 더 시력이 뛰어난 알바니아Albania의 주민들(이는 알비노Albinos의 특징이다), 개 머리를 달고 있거나 머리가 없이 눈만 어깨에 달린 인도인들이 바로 그것이다. 그리고 이 중에서도 가장 놀라운 것은 새처럼 털과 깃털로 덮여있고, 오직 꽃향기로만 영양분을 공급받는 이들이다. 이 환상적인 이야기들을 사람들은 경신하였다.

장 스트뤼스Jean Struys가 『여행기Journal des voyages』에서 들려주는 이야기를 살펴보자. 그는 포르모사Formosa 섬에서 엉덩이에 꼬리가 달린 주민들을 보았다고 주장했다. 이들의 꼬리는 마치 소꼬리와 닮아있었다. 그는 주변 식물로부터 영양을 섭취하는 다양한 종류의 오이에 관해서도 언급했다. 이 놀라운 열매는 양의 형태를 하고 있기에(머리, 꼬리, 발이 모두 달려있었다), 해당 지역 언어로 양을 의미하는 '보로메츠Borometz' 또는 '바로

메츠Barometz'라고 불렸다. 열매의 껍질은 비단처럼 정교한 흰 털로 덮여 있었다. 타타르족Tartars은 이를 집에서 소중히 보관하고 있었기에 작가는 여러 표본을 볼 수 있었다. 이 열매는 3피트 정도 되는 높이의 줄기에서 자랐다. 또한 열매의 배꼽 부분이 줄기와 닿아 있어 먹이 식물이 있는 쪽으로 몸을 기울였다. 만약 먹이 식물이 부족할 경우 즉시 시들어버렸다. 늑대들은 이 열매에서 양고기의 맛이 나기에, 이를 탐욕스럽게 찾아다녔다. 이 식물은 뼈와 피, 살이 있기에 현지에선 동물 식물이라는 의미인 '조아피테Zoaphite'라는 명칭으로 불렸다[2].

(1) 살그Salgues, 『오류와 편견Des erreurs et des préjugés』, 3권, 116페이지. / (2) 르브룅Lebrun 사제, 『미신의 역사Histoire des superstitions』, 1권, 112페이지.

마운티니어* [Montagnards / Mountaineers] 산 아래 광산에 거주하는 악마들로 광부들을 괴롭힌다. 마운티니어는 3피트의 키, 끔찍한 얼굴, 노인처럼 보이는 외모를 지녔다. 또 광부들을 흉내 내며 가죽 캐미솔과 앞치마를 입는다.

이들은 거인의 영에게 종속되는데, 작은 그들의 외형을 생각한다면 꽤 대조적인 조합이다. 이 악마들은 한때 농담을 하는 해롭지 않은 존재였다. 다만 욕설은 예민하게 받아들였으며 복수를 잊지 않았다. 한 광부는 과감하게도 이 악마 중 하나에게 욕을 했다. 분개한 마운티니어는 광부의 몸에 올라타 목을 졸랐다. 이 불쌍한 자는 죽지 않았으나, 평생 목이 꺾이고 얼굴이 뒤로 돌아간 채 살아야 했다. 이 이야기를 기록한 자는 많은 사람들이 이 광부를 목격했다고 말했다…. 아마 남들이 볼 수 없는 것을 보는 능력을 갖춘 모양이다. **참조.** 광부 Mineurs.

* 등반가, 산골 사람이라는 의미가 있다.

몽탈렘베르(아드리앙 드) [Montalembert (Adrien de)] 프랑수아 1세François I er의 부속 사제. 『예부터 리옹 성 피에르 수도원에 나타나는 영혼의 신비한 이야기La merveilleuse histoire de l'esprit qui depuis naguère s'est apparu au monastère des religieuses de Saint-Pierre de Lyon』(1528년, 파리, 4절판 / 1529년, 루앙 / 1580년, 파리, 12절판)의 저자. 이는 텔리유의 알리스Alice de Télieux 이야기이다.

몬타누스 [Montan / Montanus] 11세기 이교인 몬타누스교의 수장이자 고대국가 프리지아Phrygia의 환관. 몬타누스는 간질 발작을 겪었는데 이를 신과 접촉한 황홀경인 것처럼 속였다. 그는 성령이 찾아왔음을 인지했지만, 오히려 본인이 성령이라고 주장했다. 몬타누스교 신자들은 여성들이 사제가 될 수 있음을 인정했다.

몽타네 [Montanay] 마법사. **참조.** 갈리가이Galigaï.

몽테주마 [Montézuma] 참조. 징조Présages.

정령의 탈것 [Monture des Esprits / Mount of the Spirits] 아일랜드를 비롯한 몇몇 북방 지역에선 정령, 요정, 엘프가 등나무 줄기, 식물의 새순, 양배추 줄기 등을 타고 여행한다고 믿는다. 이 존재들은 이러한 탈것을 이용해 단 15분 만에 놀라운 거리를 이동할 수 있다.

몹소스 [Mopsus] 고대 예언가. 칼카스Calchas보다 뛰어나다는 것을 증명하였고, 이에 질투로 칼카스를 죽게 했다.

정령의 탈것

모라일 [Morail] 『솔로몬의 열쇠Key of Solomon』에 기록된 악마. 눈에 안 보이게 만드는 능력이 있다.

모락스 또는 포레이 [Morax ou Forai] 대위, 백작이자 여러 지옥 무리의 수장. 황소의 모습으로 나타난다. 인간의 형상을 할 때는 인간에게 점성술과 모든 종류의 인문학을 교수한다. 모락스는 온화하고 지혜로운 사역마들의 왕이다. 그는 36개 군단을 거느린다.

모르다드 [Mordad] 마법사들에게 죽음의 천사로 통하는 존재.

모로 [Moreau] 19세기의 손금쟁이로 나폴레옹Napoleon에게 몰락과 불행을 예언했다. 정말로 그가 마법사였다면 누구나 마법사가 될 수 있을 것이다. 파리에서 활동했으며 1825년 같은 도시에서 사망했다.

모렐(루이즈) [Morel(Louise)] 마녀이자 마리 마르탱Marie Martin의 이모. 참조. 마르탱.

모건 르 페이 [Morgane / Morgan le Fay] 아서왕의 이복 누이. 멀린Merlin의 제자로 마법을 가르쳤다. 그녀는 마법과 이복 자매인 귀네비어Guinevere에게 보이던 요술로 인해 기사도 소설 안에서 꽤 인기 있는 인물이 되었다. 브르타뉴Bretagne에선 위대한 요정으로 알려져 있으며, 센Sein 섬의 예언자이자 아홉 여사제 중 가장 강력한 인물로 여겨진다. 브르타뉴인들은 그녀를 바다의 주술사라고 부르는데, 그녀의 후손이라고 주장하는 어부들도 존재한다.

몇몇 이들에게 모건 르 페이는 환영으로 취급되기도 한다. 동방에서 모건Morglane은 메르지안Mergiann이라고 불리는 마귀에 해당한다.

모랭(장 밥티스트) [Morin(Jean-Baptiste)] 귀즈Guise 공주의 의사. 1615년 르 망Le Mans에서 태어나 1705년 사망하였다. 그는 뤽 고릭Luc Gauric과 같은 방법으로 점을 쳤다. 모랭은 구스타브 아돌푸스Gustavus Adolphus와 어린 생크 마르Cinq-Mars의 운명을 내다보았고, (거의 근소한 차이로) 리슐리외Richelieu 추기경과 레디기에르Lesdiguieres 총사령관의 사망일과 사망 시간을 맞추었다. 루이 11세Louis XI가 자신의 사망 시기를 물었을 때 '전하보다 3일 전에 죽습니다.'라고 대답했다는 교활한 어느 점성가와 혼동되기도 한다.

루이 13세Louis XIII 통치 당시, 대중들은 점성술에 매우 심취해 있었다. 모랭은 특정 일자에 왕이 불행을 맞이하게 될 것이라고 예언했고, 사람들은 이 예언을 받아들여 왕에게 외출을 삼가달라 청했다. 해당일에 왕은 오전 내내 침실에 머물렀으나, 무료해진 탓에 오후가 되어 외출을 감행하다 넘어졌다. 왕은 다음과 같이 말했다. "모랭에겐 말하지 말거라. 너무 거만해질 것이다."

모랭(시몽) [Morin(Simon)] 17세기의 광신적 예언가. 1623년경 태어나 이교도인 조명파Illuminati를 다시 세우고자 했다. 그는 예수 그리스도Jesus Christ가 자신으로 강생했다고 선언했다. 그는 몇몇 개종자를 만들어 냈다. 하지만 바스티유Bastille 감옥에 여러 번 수감되었고, 왕을 상대로 음모를 벌인 혐의로 벌금형과 화형을 선고받았다. 1663년 3월 14일 모랭은 화형대에 올랐다. 그는 작은 혁명을 일으키고 싶어 했던 광신적 선동가였다.

죽음 [Mort / Death] 죽음은 불멸의 것들을 만지기 때문에 시적이다. 그리고 침묵하기에 신비롭다. 죽음은 수만 가지 모습으로 사람들을 찾아간다. 운명은 저절로 종을 울려 죽음을 예고하기도 하고, 죽음을 앞둔 자는 방바닥을 세 번 두드리는 소리를 듣기도 한다. 성 베네딕토회St. Benedict의 한 수녀는 이 세상을 떠나기 직전, 자신의 방 문턱에 흰 가

시로 만든 왕관을 보았다. 한 여성은 먼 고장에서 아들이 죽을 당시, 꿈을 통해 그 사실을 알게 되었다. 예감을 부정하는 자들은 사랑하는 두 사람이 세상 반대편에서 이러한 경로로 소통하는 것을 결코 알지 못할 것이다. 종종 망자는 묘지에서 나와 친구 앞에 모습을 드러내곤 한다. 망자는 친구에게 기도를 부탁한다. 자신을 불길에서 구하고, 신의 선민이 되는 기쁨을 누리게 해달라는 기도를[1].

이 세상의 모든 유령 가운데, 가장 무서운 것은 죽음이다. 어느 흉년, 한 농부에겐 배를 곯으며 빵을 달라고 애원하는 네 아이가 있었다. 하지만 그가 줄 수 있는 것은 아무것도 없었다…. 그는 광기에 사로잡혀 칼을 뽑았고, 나이 많은 세 아이의 목숨을 거두었다. 이후 막내를 죽이려고 하는 순간, 아이는 소리쳤다. "저를 죽이지 마세요. 저는 이제 배가 고프지 않아요!"

페르시아 군대에선 병사가 병에 걸려 죽음의 문턱을 오가면, 그를 인근 숲으로 데려갔다. 그리고 빵과 물 조금, 야생동물을 쫓는 데 필요한 막대기 등을 주었다. 이러한 사람들은 대개 산짐승에게 잡아먹혔다. 하지만 만약 운이 좋아 살아남고 집으로 돌아오게 된다면, 주민들은 그가 악마(또는 유령)라도 된 듯 피했다. 그리고 정화 의식을 치르기 전에는 아무도 그와 소통하지 않았다. 주민들은 그가 악마와 밀접한 관계라고 굳게 믿었다. 동물들이 그를 공격하지 않았고, 외부의 도움 없이 기운을 되찾았기 때문이었다.

고대인들에게 장례는 중요한 의식이었다. 그렇기에 이들은 무덤을 지켜주는 죽은 자의 신들을 만들어 냈다. 고대의 기록을 살펴보면 망자를 대하는 것이 얼마나 신성한 일로 여겨졌는지 알 수 있다. 여기 인상적인 사례 하나가 있다. 파우사니아스Pausanias는 아르카디아Arcadia 주민들이 여러 아이를 이유 없이 잔혹하게 죽였던 일을 기록하였다. 이후 주민들은 돌멩이만을 이용해 땅을 파서 대강 시신의 매장을 마쳤다. 얼마 후, 매장을 한 주민들의 아내들은 병에 걸려 아이를 유산하게 되었다. 신탁은 장례를 치러주지 않은 아이들을 재빨리 매장하라는 명을 내렸다.

이집트인들은 망자에게 올리는 의식에 큰 중요성을 부여했다. 이와 관련한 이야기가 하나 있다. 어느 이집트 왕은 유일한 자식이었던 딸이 사망하자 성대한 장례를 치러 주기로 결심했다. 그는 상상할 수 없을 정도로 호화로운 묘지를 세워, 딸의 이름이 영원히 남도록 만들었다. 더불어 단순한 능이 아닌 죽음의 궁전을 지었고, 어린 공주의 몸을 썩지 않는 나무 석관에 담았다. 이 석관은 암송아지 모양을 하고 있었다. 암송아지는 앉은 채, 두 뿔 사이에 묵직한 황금 태양을 이고 있었다. 그리고 금관이 이 위를 덮으며 자주색으로 치장되어 있었다. 여기에 방 둘레에 향로를 두어 매혹적인 향을 계속 퍼뜨렸다.

이집트인들은 시체를 귀중히 보존하기 위해 방부제를 사용하였다. 반면 그리스인들과 로마인들은 화장을 선호했다. 화장의 역사는 아주 오래되었다. 왕들에게 장례 의식을 치르기 전, 이집트인들은 이들이 백성들의 심판을 받도록 했다. 그리고 폭군으로 결정된 자들에겐 장례를 치러 주지 않았다.

타타르족Tartars의 왕은 사망 시 방부 처리를 하여 수레에 담긴 채 모든 지방을 이동했다. 그리고 각 지역의 통치자에게는 복수를 위해 왕의 시신을 어느 정도 손상시키는 것이 허락되었다. 예를 들면, 생전에 알현의 기회를 얻지 못했을 경우, 닫혀있던 귀를 잘랐다. 또 방탕한 행위에 격분한 자들은 아름다움의 원천인 머리카락을 밀어버려 흉하게 만들었다. 지나친 섬세함을 불평하던 이들은 그의 코를 뜯어버렸다. 그가 향수에 대한 집착으로 인해 여성적으로 변했다고 생각한 것이었다. 그의 통치를 비난하던 사람들은 포악한 명령을 만들어 낸 왕의 이마를 깨버렸다. 왕의 폭력에 노출되었던 자들은 그의 팔을 뜯어버렸다. 이렇게 순회한 뒤, 왕의 시신은 다시 사망 장소로 돌아왔다. 그리고 아내 중 한 명, 술 따르는 하인, 요리사, 시종, 마부, 말 몇 마리, 노예 오십 명과 함께 불태워졌다[2].

로마인은 누군가가 사망하면 눈을 감겨, 가까운 사람들의 비탄을 볼 수 없도록 했다. 화형대로 끌려가 생을 마감했다면, 강제로 눈을 뜨게 해 그가 갈 수 없는 천국의 아름다움을 주시하도록 만들었다. 통상적으로 고인의 상은 밀랍, 대리석, 돌로 만들었다. 이 상은 장례 행렬을 함께 하며, 고용된 곡녀들로 둘러싸였다. 아시아와 아프리카 일부 민족들은 지위가 있거나 부유한 이의 장례에서 다섯 또는 여섯 명의 노예를 희생해 함께 매장했다. 생 푸아Saint-Foix의 기록에 따르면 로마인들은 고인을 숭배하기 위해 산 자를 희생시켰다고 한다. 이들은 화형대 앞에서 장례 게임이라고 불리는 검투사 결투를 진행했다. 또한 생 푸아는 이집트와 멕시코에서 개가 장례 행렬의 가장 앞에 선다고 말했다. 유럽의 고대 왕이나 기사의 묘지를 살펴보면, 그들의 발치에 개가 놓여있는 것을 자주 볼 수 있다.

파르티아인Parthians인, 메디아인, 이베리아인Iberians들은 페르시아인처럼 시신을 외부에 그냥 두었다. 이는 야생동물들이 죽은자의 몸을 먹길 바랐기 때문이었다. 이들은 시신의 부패가 망자에게 가장 안 좋은 영향을 끼친다고 생각했다. 박트리아인Bactrians은 동일한 관점에서 커다란 개들을 귀하게 길렀다. 이들은 다른 민족과 달리, 사치스러운 무덤을 짓는 것보다 이 개들을 잘 먹이는 것에 더 자부심을 느꼈다. 박트리아인은 아버지의 시신을 먹은 개를 더욱 잘 보살폈다. 바르카인Barceans에게 가장 영예로운 장례는 독수리에게 뜯어먹히는 것이었다. 유능한 사람 또는 국가를 위해 싸우다 죽은 사람은 즉시 독수리에게 뜯어먹힐 수 있는 곳에 놓였다. 반면 일반인은 묘지에 안장되었다. 신성한 새의 배 속에서 쉴 가치가 없다고 여겨졌기 때문이다.

아시아의 일부 민족은 시신을 썩도록 두는 것이 불경스러운 행동이라고 생각했다. 이 때문에 누군가 죽으면 팔다리를 자른 뒤 친족과 친구들 곁에서 경건히 먹어 치웠다. 이 풍습은 마지막 경의를 표하는 명예로운 일처럼 여겨졌다. 피타고라스Pythagoras가 영혼의 환생을 주장했다면, 이 민족들은 고인의 육신을 살아있는 다른 이의 몸에 옮기며 육신의 환생을 실현했다. 고대 아일랜드인, 브르타뉴인Bretons과 일부 아시아인들은 노인을 상대로 더 심한 짓도 행했다. 이들은 70세가 되던 희생양으로 바쳐졌고, 이 시신으로 연회를 열었다. 이 풍습은 일부 야만족들 사이에 잔재하고 있다.

중국인들은 장례 행렬을 할때 공표하여, 많은 백성이 참여하도록 하였다. 이러한 장례 행렬의 맨 앞은 국기와 군기를 든 사람들로 시작했다. 그리고 이 뒤를 음악가, 독특한 의상을 입은 무용수들이 따랐다. 무용수들은 우스꽝스러운 행동을 하며 행렬이 이어지는 동안 팔짝팔짝 뛰었다. 그리고 이 뒤에는 방패, 검, 굵은 나무막대로 무장한 이들이 있었다. 또한 화기를 쏘는 사람들, 힘껏 고함을 지르는 사제들이 이 뒤를 따랐다. 사제들은 통곡하는 부모 곁에서 함께 걸었다. 이 행렬의 끝은 함께 걷는 백성들로 마무리되었다. 떠들썩한 음악과 음악가, 무용수, 병사, 가수, 곡녀들의 혼합은 독특한 축제 분위기를 만들어 냈다. 이후 고인은 값비싼 관 속에 다양한 물건과 함께 안치해 매장되었다. 여기에는 그를 수호하고 악마를 쫓는 끔찍한 작은 인형들도 포함되었다. 그다음에는 장례식이 치러지는데, 망자의 혼을 초대해 만들어진 음식과 음료를 나눠 먹는 시늉을 했다. 중국에서는 죽은 사람들이 매해 마지막 날 집으로 돌아온다고 믿었다. 이날 중국인들은 밤새 문을 열어두고 사망한 부모의 영혼들이 들어올 수 있도록 하였다. 또 이부자리를 준비하고, 대야에 물을 받아 방에 두어 발을 씻을 수 있도록 했다. 이들은 자정이 되어 부모의 영혼이 방문하면 인사를 하고, 초를 켜고, 향을 피웠다. 또한 이 영혼들이 자녀들을 잊지 않았으면 하는 마음에서 기도를 올리고, 힘과 건강, 번영과 장수를 내려달라고 기원했다.

시암Siam 사람들은 시체를 태우는 장작 주변에 정원, 집, 동물, 과일 등 유용한 것들이 그려진 종이를 두었다. 이들은 이렇게 태워진 종이 속 그림들이 실제로 이루어질 것이라 믿었다. 게다가, 이들은 세상의 모든 것이 영혼을 가진다고 믿었다. 이것이 옷이든, 화살이든, 도끼든, 냄비든 말이다. 또한 이 물건들의 영혼은 사망한 주인을 따라간다고 보았다. 이들은 터무니없는 다음의 구절을 통해 이를 진지하게 다루었다.

'마부의 그림자가 보인다. 그는 솔의 그림

자(영혼)를 들고 마차의 그림자(영혼)를 문지른다⁽³⁾.'

우리에게 공포를 주는 교수대는 한때 일부 민족에게 영광의 표식으로 여겨졌다. 심지어 이를 높은 귀족 혹은 군주만이 사용할 수 있도록 할 정도였다. 티베라니족Tibareni, 스웨덴인, 고트족Goths은 시체를 나무에 매달아 천천히 부패하도록 내버려 두었다. 그리고 주민 중에선 마른 시체를 집에 가져와 천장에 걸어 장식품처럼 사용하는 이들도 있었다⁽⁴⁾. 세상에서 가장 추운 지역에 사는 그린란드인들은 죽은 사람들을 매우 독특한 방법으로 다루었다. 그린란드인은 시신을 발가벗긴 채 밖에 두어 돌멩이처럼 단단하게 얼도록 만들었다. 이후 이 시신은 들판 한가운데로 이동했다. 단 곰이 와서 시신을 먹지 않도록, 커다란 소쿠리에 담아 나무에 걸어두었다. 선사시대의 혈거인들은 이와 비슷하게 높은 곳에 시신을 두었다. 단 시신의 엉덩이는 사람들을 향하도록 두어야 했다. 혈거인들은 이런 우스꽝스러운 시신의 모습을 보며 추모하는 대신에 마음껏 비웃었다. 주민들은 시체에 돌을 던졌고, 돌이 시신을 다 덮으면 꼭대기에 염소 뿔을 꽂았다. 이로써 의식이 끝난 것이다. 재미있게도 발레아레스 제도Baleares 주민들은 시신을 작게 분할했는데, 항아리 속에 이를 담아 묻으면 무한한 영광을 받는다고 생각했기 때문이었다. 인도 일부 지역에서 여성들은 남편의 시체를 태우는 자리에서 함께 희생되었다. 함께 희생되는 여성이 가족에게 작별 인사를 하고 나면, 가족들은 망자에게 쓴 편지, 천 조각, 모자, 신발 등을 가져왔다. 더 이상 선물을 주는 이가 없다면, 여성은 세 번에 걸쳐 자기 남편에게 가져다줄 것이나 할 말이 없는지 물었다. 그리고 모든 선물을 통에 담은 뒤, 곧 태워질 장작 위에 올렸다. 통킹Tonkin 왕궁에선 죽은 자의 입 안을 저세상에서 필요한 금화나 은화로 채웠다. 그리고 죽은 이가 가지고 있던 옷 중 가장 좋은 옷(남성은 일곱 벌, 여성은 아홉 벌을 준비했다)을 입혔다. 갈라디아인Galatians들은 죽은 이의 손에 덕행의 증명서를 쥐어 주었다. 튀르키예에서는 곡녀들이 장례 행렬에 동원되었다. 그리고 무덤 근처에선 행인들을 위한 음료가 구비되었다. 이에 행인들은 참석해 함께 눈물을 흘리고 울부짖었다. 갈리아인Gauls들은 죽은 사람을 그의 무기, 옷, 가죽, 가장 좋아했던 노예들과 함께 묻는 풍습이 있었다.

투르네Tournay에 있는 클로비스Clovis의 아버지 킬페리쿠스 1세Chilperic I 묘에선 금화, 은화, 귀걸이, 집게, 금으로 된 옷, 금손잡이가 달린 검, 숭배했던 것으로 보이는 황금 소 머리상, 말의 뼈, 재갈, 편자와 장구가 발견되었다. 더불어 점술에 사용한 수정구, 창, 전투용 도끼, 인간의 유골, 어린이로 추정되는 두개골도 발견되었다. 이는 아마 죽어서도 주인을 섬기는 풍습에 따라 희생된 시종이었을 것이다. 묻힌 것들을 살펴보면 옷, 무기, 돈, 말, 시종, 글을 쓰는 데 필요한 판 등 저세상에서 필요한 모든 것들이 함께 묻힌 것을 알 수 있다. 때때로 권력자가 사망하면 주치의를 함께 묻는 경우도 있었다. 오스트레칠드Austerchild는 남편 군트람Guntram 왕을 설득해 자신을 돌보던 두 의사를 죽여 함께 묻어 달라고 요청했다. 생 푸아는 이를 두고 다음과 같이 기록했다. '이들은 왕족의 묘지에 묻힌 유일한 자들이 되었다. 하지만 난 이 같은 영광을 경험한 자들이 더 있었을 것이라고 믿어 의심치 않는다.'

한때 프랑스에서는 독특한 풍습의 귀족 장례식이 진행되었다. 이는 장례식 행진의 침대에 고인을 대신해 다른 이가 누워있는 것이었다. 누워 있는 이는 고인을 상징하는 갑옷을 갖춰 입었다. 폴리냑Polignac 주택 회계장부에는 다음과 같은 내용이 기록되어 있다. '랑도네 아르망Randonnet-Armand의 아들이자 폴리냑의 자작인 장Jean의 장례식에서, 죽은 기사의 역할을 한 블레즈Blaise에게 5수 Sous**를 주었다.'

아메리카 일부 민족들은 죽은자를 앉은 자세로 묻었다. 이때 빵, 물, 과일, 무기와 함께 매장했다. 멕시코 파누코Panuco에서는 의사들이 작은 신들로 여겨졌다. 그렇기에 의사들이 사망하면 일반인과 다른 방식으로 매장되었다. 바로 축제와 함께 화장한 것이다. 이 화장 축제가 시작되면 주민들은 장작 주변에서 다 함께 춤을 추었다. 그리고 뼈가 재로 변하면 각자 작은 분량을 챙겨 포도주와 함께 마셨다. 이 같은 행위가 모든 불행을 막아줄 것이라 믿었기 때문이다.

멕시코 어느 왕이 화장 될 때 그의 램프 불을 밝히는 시종도 함께 희생되었다. 덕분에 이 시종은 하늘에서도 왕을 섬기며 같은 봉사를 하게 되었다. 또한 남성과 여성으로 이루어진 200명의 노예(이 중에는 유흥을 위한 난쟁이와 광대도 있었다)가 함께 화장대에서 희생되었다. 다음 날, 왕의 유골은 둥근 천장이 있는 작은 동굴에 안치되었다. 이 동굴의 내부는 화려하게 꾸며져 왕의 위엄을 느낄 수 있었다. 이후 사망하여 다른 곳에 있을 왕을 위한 희생제가 열렸다. 화장 4일 뒤, 왕이 있는 곳의 사계절이 아름답길 바라며 노예 15명이 희생되었다. 화장 20일 뒤, 왕이 20세의 것과 같은 영원한 활력을 얻길 바라며 5명의 노예가 또 희생되었다. 화장 60일 뒤, 왕이 우울감, 추위, 습기 등 노화를 촉진하는 세 가지 불행을 느끼지 않도록 3명의 노예가 제물로 바쳐졌다. 끝으로 화장 1년 뒤, 영원을 상징하는 숫자 9를 따라, 9명의 노예를 바쳐 왕이 영원한 기쁨을 누리도록 기원했다.

아메리카 원주민은 지도자가 임종에 가까워졌다고 생각되면, 부족 내의 현자들을 한데 모았다. 먼저 대사제와 의사는 공기, 불과 연관된 선한 신의 조각상을 가져왔다. 나무를 정교하게 깎아 만든 이 조각상은 말, 사슴, 비버, 백조, 물고기 등의 모습을 하였다. 그리고 조각상 주변엔 비버 이빨, 곰과 독수리 발톱 등을 매달아 두었다. 이들은 조각상들과 함께 오두막의 구석으로 가 여러 질문을 던졌다. 때때로 명성, 권력, 신뢰 관계에 따라 현자들 사이에서 경쟁구도가 생기기도 했다. 만약 지도자의 질병 원인에 대해 의견이 대립할 경우, 이들은 난폭하게 조각상을 충돌시켰다. 그리고 이빨이나 발톱이 떨어지면 자신의 의견이 틀렸음을 인정했다. 또 어쩔 수 없이 이 대결에서 승리한 경쟁자의 명령에 무조건 복종해야 했다.

미초아칸Michoacan 왕의 장례식에서 장례 행렬은 후계자인 왕자가 이끌었다. 그리고 이 뒤는 귀족과 백성이 비탄에 젖은 채 슬픔을 표하며 따랐다. 장례 행렬은 자정에 횃불로 길을 밝히며 진행되었다. 이후 행렬이 신전에 도착하면, 네 번에 걸쳐 화형대 주변을 돌았다. 그리고 왕의 시신을 화형대 위에 올려두었다. 이때, 하늘에서 그를 섬길 시종들이 화형대 근처로 다가갔다. 이 중에는 일곱 명의 어린 여성들이 있었는데, 그들에게는 특수한 역할이 부여되었다. 한 명은 장신구를 돌보고, 한 명은 술잔을 건네주고, 한 명은 손을 씻겨주고, 한 명은 수건을 건네주고, 한 명은 요리를 해주고, 한 명은 식탁을 정리하고, 마지막 한 명은 빨래를 해주는 것이었다. 뒤이어 화형대에 불이 붙고, 화관을 쓴 이 젊은 시종들은 몽둥이질을 당한 뒤 불길 속에 던져졌다.

루이지애나Louisiana 원주민들은 장례 의식 이후에 고인 가족이 아닌 부족 주요 인사가 추도사를 했다. 그리고 추도사가 끝나면 참석자들은 완전히 나체인 상태로 한 명씩 그 앞에 섰다. 그러면 추도사를 한 이가 손가락 두 개 두께의 가죽끈으로 참석자들을 세 번씩 내리쳤다. 그는 다음과 같이 외쳤다. "고인에 걸맞은 전사가 되려면 인내할 줄 알아야 한다."

루터교Lutheranism 신자들은 별도의 묘지가 없었다. 이들은 들판, 숲, 정원 어디든 상관없이 죽은 사람을 묻었다. 그들의 설교자인 시몬 드 폴Simon de Paul은 다음과 같이 말했다. "우리에게는 묘지에 묻히나, 당나귀 가죽을 벗기는 곳에 묻히나 별 상관이 없다." 팔츠Pfalz의 한 노인은 이를 듣고 다음과 같이 말하며 후회했다. "그러니까 명예롭게 살아도 죽은 뒤에는 순무들 사이에서 영원히 수위 노릇이나 해야 하는 것인가?"

체르케스인Circassians들은 고인의 몸을 씻기는 의식을 행했다. 단 전투에서 나라를 지키다 명예롭게 죽은 경우엔 전투 복장을 한 채 씻기지 않고 묻혔다. 그가 바로 천국에 갈 것이라 믿었기 때문이다.[5]

일본인들은 누군가 병이 들면 매우 슬퍼하지만, 막상 그 사람이 죽으면 크게 기뻐하였다. 이들은 질병이 보이지 않는 악마들이라 상상했기에 신시를 찾아 간곡한 기도들 올리기도 했다. 이들은 때때로 복수심 때문에 자신의 적을 죽이는 경우가 있었다. 만약 이 복수심이 너무나도 강하다면, 복수를 한 이는 적과 함께 자살했다. 이는 신을 찾아가 죄를 묻고 재판을 열어달라고 하기 위해서였다. 남편에게 괴롭힘을 받아 불행했던 과부 또한 스스로 목숨을 끊었다. 그리고 죽음 이후에 남편을 찾아가 화를 내는 기쁨을 누렸다.

카리브해Caribbean Sea 주민들이 사망하면, 친구들은 시신을 방문해 기이한 수백 가지 질문을 퍼부었다. 이는 생을 연장할 능력이 있었는데, 죽음을 그대로 맞이함을 비난하는 것이었다. 친구들의 질문은 대략 이러했다. "맛있는 것들을 먹을 수 있었는데! 타피오카, 감자, 파인애플도 있었는데 말이다. 왜 죽은 것이냐? 사람들이 그렇게 너를 아껴 주었는데! 모두가 너를 믿고, 존중하였는데 왜 죽은 것이야? 네 부모는 네게 애정을 쏟아 부었고, 부족함 없이 길러주었는데. 도대체 왜 죽은 것인지 말해보아라! 이 나라에는 네가 이토록 필요한데! 그 많은 전투에서 너를 불렀는데! 너는 적들의 공격으로부터 우리를 보호했다. 그런데 어찌하여 죽었다는 말이냐?" 그리고 이들은 둥근 구덩이에 시체를 두고 열흘 동안 흙을 덮지 않았다. 친구들은 매일 아침, 먹고 마실 것을 가지고 그를 찾았다. 하지만 그가 다시 살아날 생각도, 가져온 고기에 손댈 생각도 없다는 것을 깨달으면, 이를 얼굴 위에 던졌다. 이후 친구들은 구덩이 속에 큰 불을 피우고 울부짖었다. 그리고 구덩이를 돌면서 춤을 추었다.

튀르키예인들은 죽은 이를 매장할 때 두 다리를 자유롭게 해두었다. 이는 고인이 심판하러 올 천사들 앞에서 무릎을 꿇을 수 있도록 하기 위함이었다. 이들의 믿음에 따르면, 육신이 무덤에 묻히는 순간 영혼이 몸으로 되돌아가며, 무시무시한 두 천사가 나타나 잔혹한 질문을 던진다고 한다. "네 신은 누구이며, 네 종교는 무엇이고, 누가 네 예언자인가?" 그러면 덕망 있는 삶을 산 고인은 다음과 같이 답한다. "저의 신은 참된 신이고, 제 종교는 참된 종교이며, 저의 예언자는 무함마드Muhammad입니다." 튀르키예인들은 이런 답변 이후 고인의 선행을 상징하는 아름다운 징표가 나타나며, 고인이 심판의 날까지 기쁘게 지낸다고 생각했다. 또 심판의 날에, 천국에 입성할 것이라고 믿었다. 하지만 고인에게 죄가 있다면 두려움에 떨고 제대로 대답하지 못할 것이며, 검은 천사들이 고인을 불 몽둥이로 때릴 것으로 생각했다. 이렇게 맞은 고인은 이후 거칠게 땅으로 집어던져지고, 몸의 모든 피가 코로 뿜어져 나온다고 한다. 그리고 고인의 악행을 상징하는 끔찍한 징표가 마지막 심판의 날까지 괴롭히며, 결국 지옥에 갈 것이라고 믿었다. 친족들은 고인이 검은 천사들에게서 벗어날 수 있도록 계속해서 죽은 이에게 두려워하지 말고, 용기 있게 대답하라고 소리쳤다. 튀르키예인의 미신에는 선한 자와 악한 자를 구별하는 터무니없는 방법이 등장한다. 이들은 심판의 날, 무함마드가 요사팟Jehoshaphat 계곡에 나타나며 예수 그리스도Jesus Christ가 인간들을 똑바로 심판하는지 확인한다고 믿는다. 그리고 심판 이후 무함마드는 흰 양으로 나타날 것이고, 모든 튀르키예인은 작은 벌레로 변해 그의 털 속에 숨게 된다. 그가 몸을 털 때 떨어지는 자들은 죄를 선고받은 자들이고, 여전히 붙어있는 자들은 무함마드와 함께 천국으로 갈 인물이라고 한다. 일부 이슬람교 박사들은 이 장면을 다르게 묘사했다. 최후의 심판 날 무함마드는 신의 곁에 있을 것이며, 부라크Buraq***를 올라탄다는 것이다. 또한 이들은 무함마드가 메카Mecca를 향해 선물을 나르는 낙타들의 가죽으로 외투를 만들어 입을 것으로 생각한다. 이때 축복받은 이슬람교도 영혼은 벼룩으로 윤회하여 예언자의 외투 털에 붙게 된다. 그러면 무함마드는 놀랍도록 빠른 속도로 자신의 천국으로 이들을 데려갈 것이다. 이때 중요한 것은 외투의 털을 꼭 붙드는 것이다. 만약 여기에서 떨어져 나간 영혼들은 바다에 빠져 영원히 헤엄쳐야 하기 때문이다.

현대 유대인들은 의사가 자신을 포기하면 즉시 랍비를 불러온다. 이때 랍비는 최소 열 명의 사람을 대동하고 나타난다. 이후 유대인은 의사가 한 판단을 되돌릴 방법을 찾는다. 그리고 자신의 이름을 바꾼다. 이는 죽음의 천사가 알아볼 수 없도록 하기 위해서

이다. 만약 이 유대인에게 자식이 있다면, 그는 아이들에게 축복을 내린다. 그리고 만일 아버지가 살아있다면 아버지로부터 축복을 받는다. 이때부터는 방에 있는 죽음의 천사가 그를 해칠 수 없도록 혼자 두지 않도록 한다. 유대인들의 믿음에 따르면, 죽음의 천사는 무시무시한 검을 들고 있고 병자들에게 큰 두려움을 준다고 한다. 그의 검에서는 불길한 액체가 세 방울 흐른다. 이 액체의 첫 방울은 죽음을 낳고, 두 번째 방울은 병자를 창백하고 불구로 만들며, 세 번째 방울은 부패시켜 냄새나고 불결하게 만든다. 만약 병자가 죽으면, 집에 있던 사람들은 창문 밖으로 집 안의 모든 물을 부어 버린다. 유대인들은 이 물속에 독이 들었다고 믿는다. 죽음의 천사가 병자를 죽인 뒤 피를 없애기 위해 이 물에 검을 담갔다고 생각하기 때문이다. 같은 두려움을 느낀 모든 이웃도 함께 이를 행한다. 유대인들은 이 죽음의 천사가 한때는 선한 존재였으나, 신의 힘을 사용한 랍비들이 그를 묶고 왼쪽 눈을 파버렸다고 주장한다. 이 때문에 잘 보지 못하는 죽음의 천사는 더 이상 많은 해악을 저지를 수 없게 되었다. 망자의 영혼은 천사의 인도를 받아 신의 침대로 가서 영원한 안식을 취하게 된다. 유대인들은 장례식에서 의식을 소홀히 하거나 특정 기도를 생략하면, 이러한 망자의 여행에 부정적 영향을 끼칠 것으로 믿었다. 만약 장례식에서 의식을 잊는다면, 영혼은 슬프고도 방황하게 된다. 그리고 악마 무리를 마주쳐 셀 수 없이 많은 괴롭힘을 받게 된다. 이후 망자는 마지막으로 육신을 찾아 두 발로 서게 된다. 이때, 죽음의 천사가 반은 쇠로, 반은 불로 된 사슬을 가지고 다가와 세 번 타격한다. 처음 타격은 모든 뼈를 분리해 바닥에 나뒹굴게 만든다. 두 번째 타격은 이를 부수고 흐트러뜨린다. 세 번째 타격은 부서진 뼈들을 가루로 만든다. 이 뒤엔 선한 천사들이 찾아와 재를 매장한다. 유대인들은 약속된 땅에 묻히지 않는 이 망자는 부활할 수 없다고 생각한다. 신이 그에게 할 수 있는 가장 큰 배려는, 오직 작은 틈 사이로 축복받은 이들의 생활을 지켜볼 수 있도록 허락해 주는 것이다. 랍비 유다Rabbi Judah는 가나안Canaan에서 멀리 떨어진 곳에 묻힌 의인의 영혼은 지하 깊은 동굴로 들어간다고 언급했다. 그리고 이후 동굴을 통해 감람산Mount of Olives까지 여행할 수 있다고 덧붙였다. 그는 이곳을 통해 천국으로 들어가게 된다고.

브르타뉴Bretagne에선 죽은 자들이 자정에 눈을 뜬다는 믿음이 존재했다[6]. 랑데르노Landernau 인근 플루에르덴Plouerden에선 고인의 왼쪽 눈이 감기지 않으면, 가까운 친족 중 하나가 곧 사망한다고 믿었다[7]. 또 다른 곳에선 성모 마리아Maria를 제외한 모든 인간이 죽기 전에 악마를 본다고 믿었다. 브르타뉴인들은 죽은 이들을 기념하는 날에 많은 망자들이 돌아온다고 생각했다. 그리고 그들의 영혼을 방해하지 않기 위해 집에서 빗자루질을 하지 않았다.

아르메니아인Armenians들은 시신에 기름을 발랐다. 이들이 곧장 악령들과 싸워야 한다고 믿었기 때문이다. 그리스 이교도들은 시신이 단단하지 않을 경우 악마가 들어간 것으로 여겼다. 그리고 이 악마의 장난질을 막기 위해 시신을 조각냈다. 통킨 왕국의 이교에선 굶어 죽은 이를 숭배했다. 매주 초, 주민들은 도시에서 구걸해 온 익힌 쌀을 바쳤다.

고대인들은 시체를 발견한 사람이 죽은 사람 위로 먼지를 세 번 뿌려야 한다고 생각했다. 그렇지 않으면 '포르카 프로키다네아Porca prœcidanea' **** 의식에서 케레스Ceres 신에게 제물을 바쳐야 했다. 이 의무를 다하지 않으면 불행이 온다고 믿었다.

다음은 망자들에 관한 또 다른 엉뚱한 이야기다. 페즈Fez의 왕 모하메드 알메디Mohammed Almedi는 야망 있는 왕이었다. 그는 교활하며 위선적이었는데, 자신에게 복종하길 주저하는 인근 민족을 상대로 긴 전쟁을 치르고 있었다. 그리고 몇 번의 승리에도 불구하고, 자신의 부대를 몰아세워 큰 패배를 겪게 되었다. 이 패배 이후 그의 군대는 적과 싸우는 것을 단호히 거부했다. 이들의 사기를 올리기 위해, 왕은 교묘한 계략 하나를 세웠다. 그는 충직한 신하 몇 명에게 전투에서 죽은 것으로 위장한 뒤, 무덤 속에 몇 시간 들어가 있기를 권했다. 그리고 이를 수락한다면 상당한 보상을 하겠다고 제안했다. 그는 다음과 같이 말했다. "무덤에는 구멍을 만들어 두었다. 그곳을 통해 숨을 쉬고 말하면 된다. 그리고 군대가 지나갈 때 내가 그대들한테 질문을 할 것이다. 그대들은 내가 약속한 것을 받았고, 그것은 완전하고 완벽한 천복이었다고 답하거라. 특히 충직하고 용감히 싸운 모든 자들은 복될 것이라고 말하거라."

모하메드 알메디가 만든 계획은 그의 의도대로 진행되었다. 그는 시신 가운데 충직한 이들을 감추었다. 그리고 이들을 흙으로 덮으며 숨을 쉬고 소통할 수 있는 작은 구멍을 만들었다. 왕은 한밤중 진지로 돌아가 사령관들을 한데 모았다. 그가 선언했다. "당신들은 신의 병사이자 법의 수호자, 그리고 진실의 보호자이다. 우리의 적을 말살시킬 준비를 하거라. 저 적들은 하늘의 적이기도 하다. 이는 신을 기쁘게 할 확실한 기회임을 알거라. 하지만 너희들 가운데 이 말을 의심하는 자가 있음을 안다. 내가 기적을 통해 너희를 설득하도록 하겠다. 지금 전장으로 향해 죽은 이들에게 물어보자. 성스러운 전투에서 목숨을 바친 이는 완벽한 행복을 얻는다는 것을 확인시켜 줄 것이다." 이후 그는 병사들을 전장으로 데려갔다. 그리고 힘껏 소리쳤다. "순교자들이여! 우리에게 저 높은 신이 내려준 기적을 말해주거라!" 파묻힌 공범자들은 대답했다. "우리는 전능하신 주로부터 무한한 보상을 받았다." 이 기적의 답변에 놀란 사령관들은 서둘러 병사들에게 돌아갔고, 모든 병사들의 사기는 배가 되었다. 진지가 흥분으로 끓어오르자, 왕은 기적으로 인한 황홀감에 취한 척하며, 충직한 신하들이 꺼내주길 기다리는 묘지에 남았다. 그리고 갑자기 야만적인 책략이 떠오른 왕은 묻혀있는 신하들의 숨구멍을 막아버렸다. 이들이 방금 언급한 보상을 찾으러 갈 수 있도록 신께 올려보낸 것이다.

이제 인간들이 망자들에게 가지는 두려움에 관해 잠깐 언급하겠다. 그다지 존경받지 못하는 세 음악가가 있었다. 이들은 밤새 폭음을 한 뒤 묘지를 지나쳐 집으로 향하고 있었다. 그러던 중 셋은 충동적으로 묘지에 들어가기로 결심했다. 이후 세 사람은 묘지에서 망자에 관한 시시한 농담을 내뱉었다. 그리고 묘지 가장자리에 쌓여있는 유골 더미에 올라 음악회를 열면 참신하겠다고 생각했다. 이렇게 이들은 음울한 세레나데를 시작했다. 하지만 연주하기가 무섭게, 유골 더미 아래에서 비명이 터져 나왔다. 더미를 채우던 뼈들은 움직이며 이상한 소리를 내었다. 이는 마치 죽음에 도전하는 이들에게 되살아나 벌을 내리려는 듯 보였다. 두려움에 찬 음악가들은 공포에 휩싸였다. 결국 음악가 중 둘은 즉사했고, 반쯤 깔린 세 번째 남자는 오랫동안 기절하고 말았다. 정신을 차린 그는 이 경험에서 깨달음을 얻어 수도자가 되었다. 이 기이한 모험의 전말은 다음과 같았다. 한밤중, 집이 없는 거지가 쉴 곳을 찾다가, 뼈 더미 뒤에 몸을 숨겼다. 하지만 예기치 못한 음악 소리에 놀란 그는 펄떡 뛰며 깨어났고, 공포에 질려 도망가다 유골 더미를 무너뜨린 것이었다. **참조.** 강신술Nécromancie, 흡혈귀Vampires, 망령Revenants 등.

(1) 샤또브리앙Chateaubriand, 『기독교의 영Génie du christianisme』. / *(2)* 뮈레Muret, 『장례식Des Cérémonies Funèbres』. / *(3)* Ch. 페로Ch. Perrault, '사카론에 관해 잘 못 알려진 것들'. / *(4)* 뮈레Muret, 『장례식Des Cérémonies Funèbres』. / *(5)* 스타니슬라스 벨Stanislas Bell, 『체르케스 여행Voyage en Circassie』. / *(6)* 자크 캄브리Cambry, 『피니스테르 여행Voyage dans le Finistère』, 2호, 15페이지. / *(7)* 자크 캄브리Cambry, 『피니스테르 여행Voyage dans le Finistère』, 2호, 170페이지. / * 태국의 옛 이름. / ** 과거 프랑스의 화폐 단위. / *** 여성의 머리, 노새의 몸, 공작의 꼬리를 가진 신수. / **** 케레스에게 소를 바치는 의식.

모르트마르 [Mortemart] 이 유명한 가문의 한 영주는 사랑하던 아내를 잃었다. 영주가 절망에 빠져있을 때, 악마가 나타나 자신을 섬기면 죽은 자를 다시 살려주겠다고 제안했다. 이에 남편은 동의했고 아내는 다시 살아났다. 그러나 어느 날 아내 앞에서 예수 그리스도Jesus Christ의 이름을 읊조리자, 아내는 다시 숨을 거두었고, 결국 모든 것은 제자리로 돌아갔다.

모스트 마스티트 [Most-Mastite] 참조. 결혼Mariage.

모텔루 [Motelu / Matelu] 드니즈 드 라 카이유Denise de la Caille 재판에서 언급된 악마.

모토곤 [Motogon] 호주의 창조주. "호주인들 사이에서 매우 강력하고, 거대하고, 현명한 존재인 모토곤은 태양, 땅, 나무, 캥거루 등을 만들 때 다음의 주문을 사용했다고 한다. '땅이여, 나와라!' 이후 숨을 내쉬면 땅이 만들어졌다. '물이여, 나와라!' 이후 숨을 내쉬자, 물이 만들어졌다. 다른 것들도 마찬가지로 만들었다. 이는 분명 『창세기Genesis』를 참고해서 만들어진 주문일 것이다.[1]" 이 민족은 악마를 시엔가Cienga라고 부른다.

(1)『호주 여행Voyage en Australie』, R. P. 살바도R. P. Salvado, 샤를 오베리브Charles Auberive 번역.

파리 [Mouche / Fly] 때때로 악마는 파리 또는 나비의 모습으로 나타난다. 랑Laon의 한 빙의자 입에선 파리가 나오는 것이 목격되었다[1]. 악마학자들은 벨제부스Belzébuth를 파리들의 왕으로 묘사한다. 실론Ceylon*의 주민들은 악마를 아코르Achor라고 부르는데, 이는 해당 국가의 언어로 '파리의 신' 또는 '파리채'라는 의미가 있다. 실론의 주민들은 아코르에게 제물을 바치며, 전염병을 퍼뜨리는 파리로부터 해방되게 해달라고 기원한다. 이렇게 제물을 바치면 이 벌레들은 즉시 죽어 버린다고[2]. 에메릭 다비드Emeric David는 일부 유적에서 파리 날개가 주피터의 수염을 상징한다고 말했다(일부의 의견이다). 이는 주피터가 불의 창조자이며, 파리가 폭염으로 인해 만들어지기 때문이라고…. **참조**. 그란손Granson, 미아고루스Myagorus 등.

(1)르 루아예Pierre Le Loyer, 『귀신 논설과 역사Histoire et Discours des spectres』. / (2)악티아Actia 축제는 3년에 한 번 아폴로Apollo를 기리는 축제이다. 이 이름은 악티움Actium 곶에서 유래했다. 이 축제에선 경기와 무도회가 함께 열린다. 파리들에게 소를 제물로 바치며, 포식한 벌레들이 다시는 돌아오지 않기를 바란다. 마르쿠스 안토니우스Marc-Antoine를 상대로 승리한 아우구스투스Augustus를 악티아 축제를 다시 개최했다. 처음엔 악티움에서만 3년

에 한 번 개최했으나, 이 황제는 로마로 옮겨 5년에 한 번 이 축제가 열리도록 했다. / * 스리랑카의 옛 명칭.

물트(토마스 조세프) [Moult(Thomas-Joseph)] 나폴리Napoli 점성가. 마태오 라엔스버그Matthieu Laensberg보다 앞선 세대를 살았다. 그는 유명한 여러 예언을 남겼다.

마니 [Mouni / Mani] 인도인들이 존재를 인정한 영이지만, 그들의 성서에선 언급되는 일이 없다. 유럽인들이 고블린Goblins이라고 부르는 존재들과 유사하다. 이 영들은 육신을 가지지 않지만, 마음에 드는 형태를 취할 수 있다. 마니는 인간을 해치기 위해 밤에 배회하고 길 잃은 여행자들을 낭떠러지, 우물, 강으로 이끌기 위해 불빛으로 변신한다. 혹은 그들이 지나가는 길목에 덫을 놓기도 한다. 이들을 우호적으로 만들기 위해 인도인들은 마니를 기리며 상스러운 거대 동상을 만들고 기도를 올린다.

양 [Mouton / Sheep] 악마는 여러 번 양의 모습으로 등장한 적이 있다. 산 채로 화형에 처해진 마법사 오쁘띠Aupetit는 악마가 여러 번 검은 양의 모습으로 그의 앞에 나타났다고 고백했다. 또 양 모양의 구름이 목격된다는 것은 집회가 열린다는 징조라고 말했다[1]. 만일 여행 중 당신을 향해 걸어오는 양을 본다면 이는 환영을 받는다는 징조다. 양이 도망간다면 이는 쓸쓸한 대접을 받게 될 징조다. **참조**. 죽음Mort.

(1)드 랑크르Pierre de Lancre, 『악마의 변화론Tableau de l'inconst. des démons』, 503페이지.

무주코 [Mouzouko] 무타파Mutapa 제국의 주민들이 힘이 세고 사악한 악마를 부르는 명칭[1]. 무주코는 그 어디에서도 좋은 존재

로 여겨지지 않는다.

(1) 라 아르프La Harpe, 『여행 요약Abrégé des Voyages』.

모차르트 [Mozart] 이 유명한 작곡가가 이상한 죽음을 맞이했다는 것을 모르는 사람은 없다. 하루는 낯선 사람이 모차르트를 찾아와 아주 높은 가격을 제시하며, 이름을 알려줄 수 없는 중요한 사람을 위한 진혼곡을 지어달라고 부탁했다. 이 낯선 사람이 풍기는 수수께끼는 모차르트의 마음을 혼란스럽게 만들었으며, 그가 누군지 밝혀내는 것은 불가능했다. 모차르트는 오랫동안 의뢰받은 작업을 미루었는데, 그것이 자신의 마지막 작품이 되리라는 것을 알았기 때문이었다. 그는 진혼곡을 완성한 뒤 사망했다.

그의 알려지지 않은 라이벌 살리에리Salieri는 모차르트가 눈을 감기 전 그 낯선 사람이 다름 아닌 자신이었으며, 모차르트를 질투해 그를 죽음에 이르게 한 것이라고 고백했다.

뮈게타 데셍 [Mugeta d'Essen] 로렌Lorraine의 마녀로 화형에 처해졌다. 그녀의 주장에 따르면, 불경한 영혼은 깨끗한 것을 싫어하고 추종자들은 아침에 몸을 씻지 않는다고 한다. 그녀는 악마를 쫓아내고 싶어 하는 남편에게 매일 아침 손과 얼굴을 씻고 눈 뜨는 즉시 신의 가호를 빌도록 권했다*(1)*.

(1) 레미Remi, 『악마학Démonologie』.

무하지밈 [Muhazimim] 아프리카인들이 빙의된 사람을 부르는 명칭. 주민들은 무하지밈 이마에 원과 문자를 그리는데, 이렇게 하면 악마를 뗄 수 있다*(1)*.

(1) 보댕Bodin, 『빙의망상Démonomanie』, 396페이지.

노새 [Mulet / Mule] 엘프 오데르Oder가 변신하던 동물.

뮐러(요하네스) [Muller(Jean / Johannes)] 천문학자이자 점성가. 레기오몬타누스Regiomontanus라는 이름으로 더 잘 알려져 있다. 그는 1436년에 프랑코니아Franconia에서 태어나 1476년 로마에서 사망했다. 뮐러는 예언을 남기기도 했는데, 스토플러Stoffler와 마찬가지로 세상의 종말이 찾아올 것이라고 주장했다. 이 두 남자가 일으킨 소동으로 인해, 심약한 이들은 1588년에 반드시 종말이 찾아올 것이라고 믿었다. 뮐러는 두 개의 경이로운 자동인형을 만들었다. 1) 나는 독수리. 황제가 레겐스부르크Regensburg에 입성할 때 그의 앞으로 날아갔다. 2) 쇠로 된 파리. 손님의 귀에서 윙윙대며 식탁 위를 날아다닌 뒤, 그의 손 위에 올라앉았다. 당대 사람들은 완성도가 뛰어난 이 두 물건을 마법으로 만들었다고 믿었다.

뮐랭 [Mullin] 하급 악마이자 벨제부스Belzébuth의 1등 시종. 몇몇 마법사의 재판에선 장 뮐랭Jean Mullin이라는 자가 언급되는데, 그는 마녀 집회의 보좌관이다.

뭄몰루스 [Mummol / Mummolus] 578년, 프레데군트Fredegund 왕비는 아들 중 하나를 이질로 잃게 되었다. 그녀는 평소 증오하던 뭄몰루스 장군이 마법과 저주를 걸었다고 생각했다. 장군이 이질에 효과가 있는 풀*(1)*을 안다고 경솔하게 조언했기 때문이다. 이것만으로도 뭄몰루스는 마법을 사용했다는 의심을 받게 되었다. 왕비는 파리의 여러 여성을 체포했다. 체포된 이들은 스스로 마녀이며 여러 번의 살인을 저질렀다고 고백했다. 더불어 뭄몰루스가 죽어야 하며, 왕자가 뭄몰루스를 살리기 위해 희생된 것이라고 말했다. 살인에 가담한 마녀들 가운데 일부는 화형에 처해지고, 일부는 익사를 당했으며, 나머지는 바퀴에 깔려 죽었다. 형 집행 후, 프레데군트는 왕(2)이 있는 콩피에뉴Compiegne로 가서 뭄몰리스의 죄를 보고했다. 왕은 뭄몰리스를 소환했고, 그의 손을 등 뒤로 묶은 뒤 왕자를 죽이기 위해 어떤 저주를 사용했는지 물었다. 뭄몰리스는 마녀들의 자백을 인정하고 싶지 않았으나, 왕과 왕비의 마음을 사기 위해 향유와 물약을 자주 만들었다고 시인하였다. 고문 후, 그는 한 신하를 불러, 어떤 고통도 느끼지 않는다고 왕에게 전하라 시켰다. 이 말을 들은 왕 킬베르쿠스Chilpéric는 다음과 같이 말했다. "이 고문에도 고통을 느끼지 않았다면, 이자는 마법사가 분명하구나!" 그는 다시 뭄몰루스를 고문하라고 명령했다. 고문 이후 목을 베기 전, 왕비는 그의 재산을 몰수하는 것으로 목숨을 구제해 주었다. 그는 수레에 실려 고향인 보르도Bordeaux로 향했으나 너무 많은 피를 흘려 사망했다. 이 귀족의 남은 모든 소유물은 고통스러운 기억과 마법을 떠올린다는 이유로 불태워졌다.(3)

(1) 시골에서 돼지풀이라고 부르는 풀. / (2) 킬베르쿠스 1세Chilperic I. / (3) 투르의 그레고리Grégoire de Tours, 『프랑크족 역사Histoire des Francs』, 4권. 줄 가리네Jules Garinet가 『프랑스 마법사Histoire de la Magie en France』에서 언급함.

뮌처(토마) [Muncer / Muntzer(Thomas)] 루터Luther의 제자였으나 훗날 그의 라이벌이 되었다. 뮌처는 성령으로부터 계시를 받았다고 주장하며, 모든 왕위를 뒤엎고 모든 계급을 파괴하고자 했다.

그는 예언을 하고 환상을 퍼뜨렸다. 또 대중을 제대로 현혹하여, 4만 명의 군대를 모을 수 있었다. 뮌처는 교회와 성물만 훼손하는 것이 아니라 귀족들의 성까지 약탈하였다. 그 때문에 귀족들은 그를 향해 칼을 돌렸다. 전투에 나선 그는 성령이 완벽한 승리를 약속했다고 선언했다. 더불어 충복들에게 날아오는 모든 포탄을 소매로 받을 수 있다고 자신했다. 하지만 그는 너무 멀리 있었고 단 하나의 포탄도 받아내지 못했다. 귀족들은 뮌처의 병사 7천 명을 죽이고 무리를 해산시켰다. 뮐루즈Mulhouse에서 체포된 그는 1525년 단두대에 올랐고, 그에게 계시를 내렸던 성령에게 돌아갔다.

무닝스 [Munnings] 1694년 종교재판을 받은 노파. 그녀는 마녀로 지목되었다. 한 증인은 다음과 같은 증언을 했다. 저녁 9시경 그가 술집에서 나오던 중 창문을 통해 그녀의 집안을 들여다보았다. 이때 그녀는 소쿠리에서 작은 악마 두 마리를 꺼내고 있었다. 이 중 한 마리는 흰색이었고 다른 한 마리는 검은색이었다. 이 불쌍한 여성은 '흰 악마'가 옷을 만들 흰 실타래였으며, '검은 악마'가 그림자에 불과하다고 주장했으나 교수형에 처해졌다. 이는 종교가 개입하지 않은 판결이었다. 로마 교회는 마녀를 화형에 처하는 법이 없었으며, 성수와 기도로 구마하는 것에 그쳤다. 교회에선 이런 야만적인 형벌을 끔찍하게 여겼다.

뮌스터 [Munster] 당대의 증언들에 따르면, (1531년에서 1535년 사이 재세례파Anabaptists의 통치 아래) 뮌스터를 덮친 불행에 앞서 이를 사전에 예고하는 징조들이 나타났다고 한다. 1517년, 1월 13일Ides of January 전날, 태양 세 개가 차례로 떠올랐고 빛의 검이 각 태양을 찔렀다. 이후 며칠 뒤, 세 개의 달이 떠올랐다(이 달들이 태양처럼 끔찍한 취급을 받았는지는 알려지지 않았다). 별들도 예외는 없었다. 구름 속으로 보이는 작은 검들이 별들을 공격하였다. "여기저기 구름이 작은 칼처럼 별을 꿰뚫는다 In nubibus sparsim gladioli, quasi stellas transfigentes." 그리고 북쪽에선 칼집을 벗긴 검을 든 팔 하나가 덩그러니 나타났다. 일식, 월식, 혜성, 밤을 떠도는 불빛도 생겨났다. 이 현상들과 더불어 끔찍한 탄생도 발생했다. 한낮에 천상인이 허공을 가르며 내려왔다. 그는 금관을 쓰고 한 손엔 검을, 다른 손에는 지팡이를 들고 있었다. 하지만 이러한 일은 아무것도 아니었다. 하늘을 나는 끔찍한 유령이 등장했고, 유령은 비쩍 마른 두 손에 움직이는 창자를 꽉 쥔 채로 돌아다녔다. 그는 여러 집 지붕 위에 피를 뚝뚝 떨어뜨렸다.

"이 기묘한 이상 현상을 증명하기에 너무도 이성적인 필자는, 있는 사실을 그대로 소개할 수밖에 없다. 이 중에는 특별히 주목해야 할 것들이 있다. 역사학자가 직접 목격했다고 진술했기 때문이다('나는 거기에 있었다Præsente me'). 재단사 톰베르크Tomberg의 열다섯(혹은 열여섯) 살 딸은 수줍은 성격으로 말을 잘 하지 못했는데, 갑자기 끔찍한 영감에 사로잡히게 되었다. 아이는 격노하여 3시간 동안 말을 했으며 도시가 처한 불행을 선언했다. 예언이 끝나자, 아이는 그 자리에서 죽고 말았다. 이 이야기는 유대인에게 예루살렘Jerusalem 공방전처럼 느껴질 것이다[1]".
참조. 레이던의 얀Jean de Leyde.

(1) 바스통Baston, 얀 복켈슨John Bockelson. 발라르Varlard 헌병대의 현대 수사본에서 발췌한 역사적 사실.

악마의 벽 [Muraille du Diable / Devils Wall] 한때 잉글랜드와 스코틀랜드를 나누던 벽. 시간이 변한 지금에도 이 벽은 여전히 남아있다. 시멘트의 견고함과 석재의 단단함 때문에, 인근 주민들은 이 벽이 악마의 손으로 세워진 것이라고 믿는다. 미신을 신봉하는 자들은 아주 작은 조각이라도 주워 자신들의 집을 지을 때 끼워 넣는데, 이는 악마의 벽만큼 견고한 집이 완성되길 바라기 때문이다. 이 벽은 황제 하드리아누스Hadrian에 의해 세워졌다. 스코틀랜드의 한 정원사는 정원을 꾸미던 중 특유의 문구가 새겨진 거대한 돌을 발견하였다. 문구를 살펴보면, 해당 돌이 집과 정원의 안전을 위해 사용된 것이며 악마의 벽에서 가져왔다는 것이었다. 정원사는 이 돌을 움직이는 것이 위험하다고 생각하여 그 자리에 두기로 하였다. 하지만 선조들만큼 미신을 믿지 않았던 집주인은 이를 옮겨 오래된 유적처럼 소개하고자 했다. 결국 그는 기계의 도움을 빌려 돌을 꺼내려 했고 빼내는 데 성공했다. 이 돌은 파낸 구멍 바로 옆에 두었다. 그리고 정원사와 여러 시종, 집주인의 두 아들은 호기심이 발동하여 구멍을 더 깊이 파보기로 했다. 하지만 죽음의 돌은 단단히 고정되어 있지 않았기에, 사람들이 구멍에 들어가있는 동안 다시 굴러떨어져 모두를 깔아뭉갰다. 이것은 이 돌이 일으킨 불행의 시작에 불과했다. 장남의 아내는 사고를 전해 듣고 정원을 가로질러 달려왔다. 그녀가 왔을 땐 떨어진 돌을 들어올리고 있었다. 돌을 반쯤 들어냈을 때, 그녀는 깔려있던 자들이 아직 숨을 쉬고 있다는 것을 발견하게 되었다. 그리고 신중하지 못했던 아내는 남편에게 몸을 던졌다. 이 행동에 놀란 작업자들은 불행하게도 돌을 붙들고 있던 기계를 놓아버렸고, 그녀는 다른 사람들과 함께 매장되었다. 이 사고로 인해 사람들은 악마의 벽과 그곳에서 떨어져 나온 돌들이 알 수 없는 힘으로 보호받고 있다는 미신을 더욱 굳게 믿게 되었다.

무르무르 [Murmur] 지옥 왕국의 대공작이자 백작, 음악의 악마. 독수리에 올라탄 병사의 모습으로 나타나며 나팔을 여러 개 들고 있다. 무르무르는 머리에 공작의 왕관을 착용하고 있으며 걸을 때마다 나팔 소리가 흘러나온다. 그는 좌품천사에 속한다[1].

(1) 요한 바이어Johann Weyer, 『악마의 유사군주제Pseudomonarchia Dœmonum』.

무르잔티 [Murzanti] 폰치니Poncini의 젊은 이탈리아 여성은 무르잔타라고 불린 한 남성 영혼(악령)에게 빙의되었다. 이 남성은 게임을 하는 도중 살해당한 사람이었다. 악령은 자신의 안식을 위해 기도와 미사를 올려준다면 여성의 몸을 돌려줄 것이라고 선언했다. 사람들이 무르잔티의 말을 행하자 여성은 빙의에서 풀려났다.

머스캣 [Muschat] 스코틀랜드 에든버러 Edinburgh 인근과 솔즈베리 Salisbury의 바위 사이에 '머스캣 언덕'이라는 곳이 있다. 이 언덕의 이름은 머스캣이라는 동명의 악당이 아내의 목을 자른 데서 유래했다. 격분한 증인들은 그가 범행을 저지른 장소에서 바로 그를 돌로 때려죽여 버렸다. 그렇게 살인자와 피해자 위로 돌멩이가 쌓이며 언덕이 만들어졌다. 이 고장에선 머스캣과 아내가 아직도 언덕에 머무르고 있다고 믿는다. 머스캣의 아내는 목을 꿰맨 뒤 남편과 계속해서 다투는 중이라고.

천체의 음악 [Musique Céleste / Music of the Spheres] 피타고라스 Pythagoras의 놀라운 발명 중에서 가장 감명 깊은 것을 선택해야 한다면 그가 혼자 듣던 '천체의 음악'을 꼽을 수 있다. 그는 행성들 사이의 거리에서 일곱 가지 음을 들었다. 지구에서 달까지 한 음, 달에서 수성까지 반음, 수성에서 금성까지 반음, 금성에서 태양까지 한음 반, 태양에서 화성까지 한음, 화성에서 목성까지 반음, 목성에서 토성까지 반음, 토성에서 황도대까지 한음 반이 존재한다. 이 음악은 우주 전체를 구성하는 조화와 연결된다. 히브리인 Hebrew 레오 Leo는 우리가 이 음악을 들을 수 없다고 말했다. 우리는 너무 멀리 있거나, 귀에 익숙해져 더는 지각하지 못하기 때문이다. 마치 익숙함으로 인해 더는 파도 소리를 듣지 못하는 바닷가 인근의 사람들처럼.

무스펠하임 [Muspelheim] 스칸디나비아 사람들은 빛나고 불타며 이방인이 살 수 없는 세계를 무스펠하임이라 부른다. 검은 수르트 Surtr는 이곳에 자신의 왕국을 가지고 있다. 수르트의 손엔 불타는 검이 들려있다. 그는 종말에 나타나 모든 신을 없애고 세상을 불덩이로 만들 존재이다.

무수카 [Musucca] 아프리카 일부 민족이 믿는 악마. 공포의 대상이며 인간의 적으로 여겨진다. 무수카에게 존경을 표하는 일은 없다. 무주코 Mouzouko와 동일한 존재이다.

무언증 [Mutisme / Mutism] 빙의된 적이 있는 사람은 일시적으로(또는 오랫동안) 무언증을 겪는다. 특히 '침묵의 악마'라고 불리는 악령이 몸에 들어앉았었다면 더욱 그러하다. 1566년, 악마가 입을 빌려 주절거리던 랑 Laon의 한 여성을 상대로 구마 의식을 진행했다. 당시 빙의된 여성의 혀는 뽑혀있었다.

미칼 [Mycale] 마법의 힘으로 달을 끌어내린 마녀. 유명한 라피타이족 Lapiths*의 브로테아스 Broteas와 오리온 Orion의 어머니이다.

*그리스 신화에 등장하는 부족.

미아고루스 [Myagorus] 제물을 바치는 동안 파리를 쫓아준다는 상상 속 정령. 아르카디아 Arcadia 주민들은 집회를 시작할 때 이 신을 소환하며 파리가 생기지 않도록 기도를 올렸다. 엘리스 Elis 주민들은 미아고루스 제단 위에 끊임없이 향을 피웠다. 그러지 않으면 거대한 파리 떼가 찾아와 여름이 끝날 무렵 나라를 병들게 하고 흑사병을 퍼뜨릴 것이라 믿었기 때문이다. **참조.** 아코르 Achor, 벨제부스 Belzébuth.

미오암 [Myoam] 바실리데스주의자 Basilideans들이 소환하는 정령.

쥐점 [Myomancie / Myomancy] 쥐를 이용한 점술. 쥐의 울음소리나 식탐을 이용해 불운을 예견한다. 아엘리아누스 Aelianus는 생쥐의 날카로운 비명으로 파비우스 막시무스 Fabius Maximus를 독재에서 물러나게 했다고 기록한다. 그리고 바론 Varron의 기록에 따르면 카시우스 플라미니우스 Cassius Flaminius는 같은 징조를 보고 기사단 장군 자리를 내려놓았다고 한다. 플루타르코스Plutarch는 마르켈루스Marcellus의 마지막 작전에 좋지 않은 징조가 보인다고 예언했다. 이는 쥐들이 주피터Jupiter 신전의 금장식 일부를 갉아먹었기 때문이었다. 어느 날 한 로마인은 자기 신발 중 한 켤레가 갉아 먹힌 것에 놀라 카토Cato를 찾았다. 카토는 만약 쥐가 신발을 갉아 먹었다면 그것 자체가 기적이었을 것이라 답했다.

미리카에우스 [Myricæus] 헤더Heather* 줄기 점술을 관장하는 아폴로Apollo의 별명. 이 때문에 그는 한 손에 헤더를 들고 있는 모습으로 그려진다.

* 낮은 산이나 황야에서 피는 야생화.

밀교 [Mystères / Mysteries] 논누스Nonnus는 로마인들이 미트라Mithras(또는 태양신) 밀교에 입교하기 위해 80개의 시험을 통과했다고 기록했다. 이들은 우선 지원자를 목욕시킨 뒤, 불 속에 던졌다. 그리고 사막에 보내 50일간 금식을 시켰다. 이후 이틀간 매질을 하고, 다시 20일간 눈 속에 가뒀다. 이러한 시험을 통과한 뒤, 한 사제의 엄격한 검증을 거친 뒤에야 입교가 허락되었다. 물론 지원자들은 거의 성공하지 못했다. 엘레우시스Eleusis, 트로포니우스Trophonius, 대여신Great Goddess의 밀교에서도 매우 기이한 의식이 존재했다

신화학 [Mythologie / Mythology] 다음은 벤자민 비네Benjamin Binet의 저서, 『이교도 신과 악마 개론Traité des dieux et des démons du paganisme』에서 발췌한 내용이다.

"만약 시인이 하는 이야기, 대중들의 풍문을 신학으로 생각한다면, 어리석은 미신 속에서 길을 잃는 당신 스스로에게 실망해야 할 것이다. 심지어 신의 모습 중 일부를 간직하고 이를 자연스럽게 생각하는 '인간'이기에 더욱 그러하다. 고대 이교도는 자신들의 이성에서 나온 희미한 연기와 광기에 이끌려, 지구상의 생명체만큼이나 수많은 (신이라는)괴물을 만들어 냈다. 먼저 여러 철학자가 믿었던 신화를 살펴보기 전에, 조잡한 민간 전승을 간략하게 설명하도록 하겠다.

시인들의 묘사를 통해 살펴보자. 대중적으로 숭배받았던 신들의 외형은 신앙심을 키우기보다 웃음을 유발하기에 적절했다. 이들은 모두 달랐는데, 둥근 얼굴, 각진 얼굴, 뾰족한 얼굴, 형태가 없는 얼굴 등을 가졌다. 혹은 다리를 절거나, 외눈박이거나, 앞을 보지 못하기도 했다. 이러한 신들에게는 기상천외함이 있었다! 시인들은 고대 이집트 신 아누비스Anubis와 달의 사랑을 해학적으로 서술했다. 이들은 다이아나Diana가 채찍질을 당한 일화를 들려주고, 죽기 전 유언을 작성하는 주피터Jupiter의 신중함을 묘사했다. 또한 트로이 전쟁Trojan War에서 신들의 전쟁을 찾아냈다. 바로 거신족 티탄Titans이 주피터에게 한 공격 말이다. 이 전쟁에서 공포를 느낀 신들은 거처를 떠나 이집트에 숨었다. 그리고 악마(또는 양파)로 변신하였다. 시인들은 세 영웅의 집요한 허기, 주피터에게 벼락을 맞은 아들의 비극적인 운명 그리고 이를 슬퍼하는 태양을 노래했다. 더불어 어느 목동의 무관심을 마주한 키벨레Cybele 여신의 음탕한 불평들을 그려냈다. 이들의 시 속에서 헤라클레스Hercules는 퇴비 비우는 것을 좋아했고, 아폴로Apollo는 소를 길렀으며, 넵튠Neptune은 트로이 벽 건설을 위해 라오메돈Laomedon에게 고용되었다. 그리고 넵튠은 노동의 대가를 받지 못하는 불행을 알게 되었다. 또한 가장 강력한 신인 주피터는 여성들을 유혹하고 납치하기 위해 황금 빗방울, 백조, 황소로 변신하였다.

아르노비우스Arnobius는 이교도들이 신에게 여러 역할을 부여하고 숭배한다며 비난했다.

신들의 역할을 살펴보면 의상 디자이너, 선원, 바이올린 연주가, 가축을 돌보는 자, 음악가, 산파, 점성가, 의사, 웅변가, 전사, 대장장이 등이 있었다. 끝으로, 성 아우구스티누스St. Augustine는 이교도들이 이렇게 신에게 부여한 역할들을 두고 다음과 같이 말했다. '이것은 위엄있는 신의 모습이 아니라 극장의 우스갯짓에 가깝다.'(『신국론De Civitate Dei』, 3권, 5장)

이교도 교리의 조잡함을 보여주기 위해, 더욱 자세하게 이를 소개하겠다. 메시나Messina 출신의 유헤메로스Euhemerus는 주피터와 다른 신들의 이야기, 오래된 신전에서 나온 증서, 묘비의 글, 낙서 등을 한데 모았다, 특히 주피터의 신전에는 주피터가 직접 새겼다는 글들이 있었다. 그럼, 이 글들의 요점만 말해보겠다. 농경신 사투르누스Saturn는 다산의 여신 옵스Ops와 혼인을 하고 왕위에 올랐다. 반면 사투르누스의 장남인 티탄은 왕위에 오르고 싶어 했다. 이에 딸인 베스타Vesta는 그의 자매인 케레스Ceres, 어머니인 옵스와 함께 사투르누스를 찾았다. 그리고 티탄에게 왕위를 넘기지 말라고 조언했다.

이런 상황에서 티탄은 사투르누스와 한가지 약속을 하게 되었다. 티탄은 지금 당장 왕위를 줄 필요는 없다고 말했다. 대신 사투르누스가 아들을 낳는다면 모두 죽이고, 나중에 자신에게 왕권을 계승하라는 것이었다. 사투르누스는 이 말에 동의했고, 약속 때문에 자기 아들을 살해했다. 그 뒤를 이어 주피터와 주노Juno가 태어났으나, 주노만이 세상에 얼굴을 내비쳤다. 반면 주피터는 사투르누스를 피해 베스타에게 맡겨져 비밀리에 길러지게 되었다. 그리고 넵튠이 다음에 태어나 마찬가지로 비밀리에 길러졌다. 이후 플루토Pluto, 글라우카Glauca가 차례로 태어났다. 글라우카는 사투르누스에게 죽임을 당했고, 플루토는 주피터처럼 몸을 숨길 수 있었다. 추후 사투르누스의 아들들이 살아있다는 것을 알게 된 티탄은 자식들을 모았고, 사투르누스와 옵스를 공격하고 가두었다. 이후 어른이 된 주피터는 티탄과 싸워 이겼고 부모를 구해냈다. 하지만 자신의 아버지가 이와 같은 끔찍한 약속을 했다는 사실을 알게 되었다. 결국 주피터는 권력을 차지했고, 아버지를 이탈리아로 추방했다.(랙탄티우스Lactantius의 저서, 1권, 14장)

이교도들은 신들을 여러 계급으로 나누었다. 그리고 일부 신들은 버질Virgil이 정한 명칭(『아이네이스Aeneis』, 12권)에 따라 '마요네스Majores'* 또는 '코무네스Communes'**라고 불렸다. 로마제국이 통치하는 모든 민족은 이들을 공동으로 인정하고 숭배했다. 이 주요 신들은 또한 '아비테르니œviterni'***라고도 불렸다. 이들은 총 12명이며 그들의 왕국을 만들었다. 엔니우스Ennius는 이들을 다음의 두 행으로 명시하였다.

'주노, 베스타, 미네르바Minerva, 케레스, 다이아나, 비너스Venus, 마르스Mars.
머큐리Mercury, 주피터, 넵튠, 불카누스Vulcan, 아폴로.'

이 외 다른 신들은 천상, 지상, 수중, 지옥의 특정 지역을 다스리는 신이었다. '인디게테스Indigetes'**** 또는 '세미데이Semidei'*****라고 불리는 신들은 인간과 신 사이에서 태어난 존재들이었다. 혹은 선행이 인정되어 새로 신격화된 존재이기도 했다. 헤라클레스, 카스토르Castor, 폴룩스Pollux, 아스클레피오스Asclepius와 같이 공을 세워 하늘로 오른 자들이 이 부류에 속했다. 키케로Cicero는 우스갯소리로 이 신들 때문에 하늘에 인간 종족만 사는 것 같다고 지적했다. 나머지 신들은 야만인신 또는 외국신이라고 불렸다. 혹은 애매한 미상의 신으로 여겨졌다. 이 신들은 '네가 신이라면', '네가 여신이라면' 등과 같은 표현에 사용되었고, 이름 없이 불렸다. 플라우투스Plaute의 희극에서 '크거나 작은 신, 그리고 항아리의 신'으로 불린 것처럼 말이다.(플라우투스, 『키스텔라리아Cistellaria』, 2막). 오비디우스Ovid는 이들을 '신 중의 천민'이라 칭했다. 그리고 여기에 파우누스Fauns, 사티로스Satyrs, 라레스Lares, 님프Nymph를 포함하였다.

신들을 살펴보면 일부는 선했지만, 악한 경우도 있었다. 그리고 사람들은 신들을 진정시키고 노여움을 피하고자, 이들에게 제물을 바쳤다(아울루스 겔리우스Aulus Gellius, 5

권). 더불어 신들은 다시 상급신, 중급신, 하급신으로 분류가 되었다. 이 계급에 따라 신들은 다른 수준의 숭배를 받았다. 대중들은 상급신들에게 최상의 그리고 보편적인 숭배를 드렸다. 하지만 중급신은 이보다 낮은 취급을 받았다. 키케로는 천상에 있는 신과 업적을 쌓아 신격화된 신들만 숭배할 것을 권했다. 그리고 신들의 계급 존재를 인정하였다(『법률De legibus』, 2권). 하급신, 외국신, 존재가 애매한 신들은 능력에 부합하는 정도로만 약하게 숭배했다.

이름조차 우스꽝스러운 수많은 고대 이교 신들은 여기에서 자세히 언급하지 않겠다. 이 중엔 바기타누스Vagitanus, 로비구스Robigus, 피쿠스Picus, 티베리누스Tiberinus, 필룸누스Pilumnus, 콘수스Consus가 있다. 그리고 여신으로는 클로아키나Cloacina, 에두카Educa, 포티나Potina, 볼룹타Volupta, 페브리Febis, 페소니아Fessonia, 플로라Flora 등이 있다. 신의 이야기는 시인들이 상상으로 지어낸 것이다. 그리고 이는 천성적으로 미신을 잘 믿는 민족들에게 편견 없이 받아들여졌다. 이렇게 허구임을 증명하는 것 외에 다른 쓰임이 없는, 터무니 없는 이야기들은 여기서 마치도록 하겠다."

* '더 위대한 신'이라는 의미가 있다. / ** '보편적인 신'이라는 의미가 있다. / *** '시간과 영원 사이'라는 의미가 있다. / **** '영웅'이란 의미가 있다. / ***** '반신'이란 의미가 있다.

N

나밤 [Nabam] 토요일에 소환하는 악마. **참조.** 액막이Conjurations.

나베루스 [Nabérus] 네비로스Nebiros라고도 불리는 지옥 제국의 후작. 군의 총사령관이며 총괄 감독을 맡고 있다. 나베루스는 큰 까마귀 모습을 하고 등장하며 쉰 목소리를 낸다. 그는 소환자에게 웅변술, 친절함을 선물하고 인문학을 교수한다. 또 '영광의 손' 찾는 일을 도와주며 금속, 식물, 순종 또는 순종이 아닌 동물의 특성 등을 알려준다. 강신술사의 지도자인 나베루스는 미래를 예견한다. 그는 19개 군단을 거느린다.(1)

<small>(1) 요한 바이어Johann Weyer, 『악마의 유사군주제 Pseudomonarchia Dæmonium』, 929페이지.</small>

느부갓네살 [Nabuchodonosor / Nebuchadnezzar] 바빌론Babylon의 왕. 오직 신에게만 바칠 수 있는 숭배와 의식을 요구했다가 7년간 소처럼 변했다. 어릿광대들은 느부갓네살왕의 여러 쓸모없는 물건 가운데 손톱도 있다고 주장했지만(1), 그의 손톱은 덴마크 왕의 진기한 진열실 안에 있다….

세브로Chevreau는 다음과 같이 말했다. "교회의 신부들 가운데 일부는 느부갓네살왕의 저주를 확실히 믿었고, 나머지는 그의 구원을 절대 의심하지 않았다. 이 외에『다니엘서Book of Daniel』에 관한 쓸모없는 질문들도 던져졌다. 『다니엘서』엔 다음과 같은 내용이 등장한다. '느부갓네살은 7년간 인간사회로부터 멀어졌고 들짐승과 살았다. 그는 소처럼 풀을 뜯어 먹었고, 그의 털은 독수리의 깃털처럼 길어졌으며, 그의 발톱은 새의 발톱처럼 자랐다.' 예루살렘Jerusalem의 성 시릴Saint Cyril, 케드레누스Cedrenus를 비롯한 몇몇 이들은 그가 소로 변했다고 믿었다. 늑대인간을 믿었던 우리의 보댕Bodin은 이에 동의했을 것이다. 나는 이러한 의문을 완전히 반박해 뒤집기보다, 여럿 이야기를 종합해 느부갓네살이 이성을 상실한 것으로 생각하겠다. 이는 그가 야외 생활로 상해를 입고, 바뀐 털과 손발톱 길이로 인해 큰 정신적 변화를 겪었으며, 짐승과의 동침으로 자신마저 짐승이라고 생각했기 때문이었을 것이다. 테르툴리아누스Tertullian는 그가 정신착란을 보인 것이라고 말했다. 성 토마스St. Thomas는 그가 망상에 시달렸다고 주장했다. 그리고 성 예로니모Saint Jerome의 기도문은 주목할 만하다. '그러나 그가 감각이 회복되었다고 말했을 때 그는 모습이 변한 것이 아니라 정신을 잃은 것임을 보여주었습니다.Quando autem dixit sensumsibi redditum, ostendit non formam se amisisse, sed mentem(2)'"

(1)보다 정확하게는 네브카드네자르Nebuchadnezzar이다. 이는 주신인 네보Nebo를 의미하며 칼데아인Chaldeans이 수성을 지칭하던 말이기도 했다. (외젠 보어Eugène Boré, 『칼데아와 칼데인들De la Chaldée et des Chaldéens』) / (2)『쉬브로아나Chevræana』, 1권, 249페이지.

나흐트마넷 [Nachtmaneken / Nachtmannetje] 작은 남성 야인. 플랑드르인Flemish들은 인쿠비Incubi*를 이렇게 불렀다.

<small>* 인큐버스Incubus(남성 몽마)의 복수형.</small>

나흐트브라우트예 [Nachtvrouwtje] 작은 여성 야인. 플랑드르인들은 서쿠비Succubi*를 이렇게 불렀다.

<small>* 서큐버스Succubus(여성 몽마)의 복수형.</small>

나가트 [Nagates] 실론Ceylon*의 점술가들. 순진한 여행가들은 이 점술가들의 지식을 높이 사며, 지나간 사건들을 예언했다고 믿는다. 나가트들은 어린아이들의 운명을 결정한다. 아이가 태어날 때 나쁜 별이 하늘에 떠 있으면, 아버지는 미신에 사로잡혀 불행할 아이의 삶을 일찍감치 거둬버린다.

하지만 태어난 아이가 첫째일 경우, 별의 악영향과 예언에도 불구하고 아이를 낳는다. 이쯤 되면 아이가 너무 많은 집안의 아버지에게 점술가의 예언은 좋은 핑곗거리가 될 뿐이다. 나가트들은 여전히 별을 연구해 앞날을 내다보며, 결혼의 행복 여부나 질병의 위험성 등을 예언한다.

* 스리랑카의 옛 명칭.

나글파르 [Naglefare / Naglfari] 켈트족Celts의 죽음의 배. 망자들의 손톱으로 만들어졌다. 나글파르는 종말이 닥칠 때쯤 완성이 될 예정이다. 완성된 배는 인간과 신을 두려움에 떨게 할 것이다. 나글파르는 동방에서부터 악마 군단을 실어 나른다.

나구알 [Nagual] 멕시코인들이 사역마를 부르는 명칭. 모든 신생아에게는 한 마리의 나구알이 있다. 또 부족마다 공동의 나구알이 존재한다. 신생아의 나구알은 짐승, 물고기, 새와 같은 모습이며 탄생일의 점성에 따라 달라진다. 혹은 호랑이, 고양이, 앵무새, 벌레의 모습이 될 수 있다. 정복 이전 멕시코의 종교의식에선 신과 사역마에게 피를 바쳤다. 이들은 갓 태어난 아이의 귀 아래(또는 혀 아래)에서 피 한 방울을 뽑아 물의 여신이자 아이들의 수호신인 찰치우틀리쿠에Chalchiuhtlicue에게 가장 먼저 바쳤다.

거대한 마코 앵무새는 멕시코 일부 지역에서 숭배받았다. 앵무새에게는 전담 사제가 있었고, 이들은 바늘로 문신을 새기며 피를 한 방울씩 바쳤다. 이 의식은 얼마 전까지도 몇몇 동굴 속에서 이어졌다.[(1)]

(1) 브라서르 드 부르부르Brasseur de Bourbourg 신부의 테우안테팍Tehuantepec 지협, 치아파스Chiapas, 과테말라 공화국 여행기 속 흥미로운 사건들을 참조할 것.

나귀유(카테린) [Naguille(Catherine)] 11세의 어린 마녀. 한낮에 마녀 집회에 참석했다는 고발을 당했다.[(1)]

(1) 드 랑크르Pierre de Lancre, 『악마의 변화론Tableau de l'inconstance de démons』 등, 2권, 66페이지.

나귀유(마리) [Naguille(Marie)] 어린 마녀이자 나귀유 카테린Naguille Catherine의 자매. 그녀는 16살에 체포되었으며, 자신의 어머니가 마녀 집회에 데려갔다고 고백하였다. 또 어머니와 함께 집회에 갈 때면 악마가 그들의 방 창문을 열고 현관에서 기다리고 있었다고 덧붙였다. 그녀의 어머니는 항아리에서 기름을 조금 꺼내와 얼굴을 제외한 머리 전체에 바르고 딸을 옆구리에 끼운 다음, 날아서 집회에 가곤 했다. 반면 집에 돌아올 땐 악마의 도움을 받았다. 그녀는 파골Pagole의 작은 숲 인근에서는 아직도 집회가 열린다고 인정했다.[(1)]

(1) 드 랑크르Pierre de Lancre, 『악마의 변화론Tableau de l'inconstance de démons』 등, 2권, 118페이지.

나하마 [Nahama] 두발가인Tubalcain의 누이. 『탈무드Talmud』에서 악마의 네 어머니 중 하나로 등장한다. 악마학자들의 주장에 따르면 서큐버스Succubus(여성 몽마)가 되었다고 한다.

난쟁이 로린 또는 엘프왕 [Nain-Laurin, l'Elf-ro / Dwarf Laurin, King Elf] 작은 엘프, 코볼트Kobold, 난쟁이 영들의 왕. 니벨룽족Nibelungs의 시Poem에서 큰 역할을 한다.

난쟁이(드워프) [Nains / Dwarves] 아일랜드의 모든 요정은 거의 다 난쟁이이다.

바이에른Bavaria 왕의 결혼식에는 파이 속에 가둘 만큼 작은 난쟁이가 등장했다. 이 난쟁이는 창과 검을 들고 있었다. 식사 중 파이에서 나온 난쟁이는 창을 든 채 식탁 위를 뛰어다녔고, 이를 본 모두는 감탄스러워했다.[(1)]

신화에 따르면 키가 겨우 2피트밖에 되지 않는 소인족들이 늘 두루미와 전쟁을 치렀다고 한다. 거인의 존재를 믿었던 그리스인들은 완벽한 대조를 위해 이 작은 인간을 고안한 뒤 피그미Pygmies라고 불렀다. 어쩌면 에티오피아의 페키니Pechinies라는 작은 민족이 영감이 되었을지도 모른다. 두루미는 겨울이 되면 자신의 나라로 돌아왔기 때문에, 피그미족은 두루미에게 겁을 줘 그들의 밭에 머무르지 못하게 만들었다. 이것이 두루미와 피그미족의 전투가 된 것이다.

스위프트Swift는 걸리버Gulliver가 릴리퍼트Lilliput 섬에서 0.5피트의 키를 가진 소인족들을 만나게 해주었다. 이에 앞서 시라노 드 베르제락Cyrano de Bergerac은 『태양으로의 여행 Voyage au soleil』에서 엄지손가락만 한 작은 난쟁이들을 보았다고 기록했다.

켈트족Celts은 난쟁이가 거인 이메Ime의 몸, 즉 흙에서 생겨난 존재라고 생각했다. 원래는 지렁이에 불과했던 이 존재들은, 신의 명을 받고 이성을 가지며 인간의 모습을 하게 되었다. 하지만 여전히 이들은 땅과 바위 속에 산다. '미국 세인트 루이스Saint-Louis로부터 20마일 떨어진 메라막Meramac 강 연안에서 돌로 만든 무덤들이 발견되었다. 이 무덤 축조에는 놀라운 기술이 도입되어 있었고, 대칭을 이루며 정렬되어 있었다. 그리고 그 어떤 무덤도 4피트를 넘지 않았다. 묻힌 유골의 키는 3피트를 넘지 않았다. 이 유골의 치아를 보았을 때 나이를 먹은 인간이었음을 알 수 있었다. 두개골은 신체 다른 부위와 대조했을 때 비율이 맞지 않았다. 바로 소인족이 발견된 것이다(2).' 참조. 피그미족Pygmée.

다음은 난쟁이에 관한 이야기다.

인스부르크Innsbruck에서 1리유* 떨어진 움브르Umbres 성엔 15세기 티롤Tyrol에서 태어난 거인 아이몽Haymon의 묘지가 있다. 전해지는 말에 따르면 그의 키는 16피트였고 힘이 무척 셌으며 한 손으로 소를 들 수 있었다고 한다. 아이몽의 유골 옆엔 그를 죽게 만든 난쟁이의 유골이 있다. 이 난쟁이는 거인의 신발 끈을 풀었고 거인이 이를 다시 묶기 위해 허리를 숙였을 때, 따귀를 때렸다. 이는 페르난도Ferdinand 대공과 궁정들 앞에서 벌어진 일이었다. 목격자들은 거인을 비웃었고, 큰 상처를 받은 아이몽은 슬픔에 잠겨 며칠 뒤 사망했다.

한때는 궁에 난쟁이나 미치광이를 두는 것을 큰 사치로 여기기도 했다.

(1) 존스톤Johnston, 『자연 기적학Thaumatographia naturalis』. / (2) 《토론 저널Journal des Débats》, 1819년 1월 25일. / * 1리유는 약 4km 정도이다.

나이란시 [Nairancie] 아랍인들이 사용한 일종의 점술. 태양 및 달의 여러 현상에 기반을 두고 있다.

나카론키르 [Nakaronkir] 무함마드Muhammad가 이슬람교도 죄인의 꿈속에 보내 회개하도록 만드는 영.

남브로스 [Nambroth] 화요일에 소환하는 악마. 참조. 액막이Conjurations.

난 [Nan] 라플란드Lapland 지역에서 흔히 보이는 날벌레. 주민들은 이 벌레를 정령으로 여겼다. 그들은 가죽 주머니에 난을 담아 다니면 모든 종류의 질병을 막아줄 것이라 믿었다.

나피에르(바바라) [Napier(Barbara)] 참조. 제임스 1세Jacques Ier.

나폴레옹 1세 [Napoléon Ier / Napoleon I] 프랑스의 황제. 소크라테스Socrates를 비롯한 당대 동경을 얻었던 많은 위인처럼, 그에게도 사역마가 있었다는 풍문이 있다. 나폴레옹 1세는 정령과도 같은 신비하고 붉은 소인과 만났다고 한다. 나폴레옹 1세의 적대자들은 그가 적그리스도의 선구자 중 한 명이라고 주장했지만, 이는 헛소리다.

나락 [Narac / Naraka] 인도인들의 지옥. 이곳에 가면 뱀들에게 괴롭힘을 당한다.

나스트란드 또는 나스트런드 [Nastrande, Nastrund] 스칸디나비아 지옥의 한 구역. 이곳에는 거대하고 지저분한 건물 하나가 세워져 있다. 북쪽으로 나 있는 문은 시체와 뱀으로 만든 것이고, 모든 머리는 안쪽을 향해 자리해 독을 내뿜는다. 그렇게 내뿜어진 독은 강물을 이루는데 이 위를 배반자, 암살자, 신성 모독자들이 떠다니게 된다. 다른 지역에서 형벌을 받는 이들은 더욱 끔찍한 일을 당한다. 게걸스러운 늑대가 그곳에 보내진 모든 육신을 끊임없이 찢어발기기 때문이다.

가자의 나탄 [Nathan de Gaza / Nathan of Gaza] 가짜 메시아, 사바타이 제비Sabbatai-Zevi의 선구자라 스스로를 소개했던 유대인 예언자.

나토나(베르트) [Natona(Berthe)] 1217년 3명의 악마에게 빙의된 제노바Genoa 여성. 악마들은 나토나를 8피트에서 9피트의 공중으로 들어 올렸다. 그녀는 구마사들의 중보기도를 통해 성 우발드St. Ubald의 성유물 앞에서 악마에게 풀려났다.

자연과 초자연 [Naturel et Surnaturel / Natural and Supernatural] 약하면서도 강인한 정신을 지녔다고 오인하며 의심하지 않는 많은 이들이 생긴 것은, 이 두 가지 본질을 혼동했기 때문이다. 발타자르 베커Balthasar Bekker는 『마법의 세계The Enchanted World』에서 자신의 추함으로 인해 악마라는 오인을 샀기에 악마를 소멸하고자 했다고 기록했다. 그는 인간 타락에 관해 이야기 하며 모세Moses의 '뱀이 여자에게 말했다.'라는 구절을 인정하지 않았다. 발타자르 베커는 다음과 같이 생각했다. '과연 뱀이 말을 할 수 있는 장기가 있는가?' 만약 악마가 뱀의 탈을 쓴 것이라고 주장한다면, 그는 다시 반박했다. '영 또한 말할 수 있는 기관이 있는가?' 결국 그는 다음의 결론에 이르렀다. '이는 자연스럽지 않기에 거짓이다.' 그러나 벤자민 비네Benjamin Binet는 다음처럼 반박했다. '당신의 답은 아무런 의미가 없다. 그것은 초현실적인 사건이기 때문이다.'

(우리 주변에 존재하는) 자연주의자, 이성론자, 현실주의자들은 베커처럼 사고하기 때문에, 올바른 사고를 할 수 없다.

노데(가브리엘) [Naudé(Gabriel)] 1600년 파리에서 태어난, 당대 가장 뛰어났던 학자 중 하나. 그는 마자린Mazarin 추기경의 사서로 일하다가 크리스티나Christina 왕비 밑에서 일했다. 노데는 1653년 아브빌Abbeville에서 사망했다. 그는 『장미십자회 형제 이야기에 관한 진실을 다루는 프랑스에 대한 명Instruction à la France sur la vérité de l'histoire des frères de la Rose-Croix』(4절판과 8절판, 희귀본)을 남겼다. 노데는 저서에 장미십자회 형제가 속이기 쉬운 사람을 찾아다니는 위선자들에 불과하다고 기록했다. 또 연금술을 비롯한 여러 경이로운 비밀을 알려준다고 대중을 속였음을 증명했다. 이 흥미로운 소논문은 『장미십자회 형제들에 대한 경고Avertissement au sujet des frères de la Rose-Croix』라는 작은 소책자가 포함되어 있다. 이 외에도, 노데는 『사실과 달리 마법사로 지목받은 위인들을 위한 변론서Apologie pour les grands hommes faussement soupçonnés de magie』(1625년, 8절판)를 펴냈다. 지나치게 틀에 박힌 듯한 이 책은 여러 번에 걸쳐 재판되었다. 이 책은 사역마를 지니거나 마법을 통해 수많은 지식을 쌓았다고 의심받던 과거와 현대의 현자들을 대변했다. 이 현자들은 소크라테스Socrates, 아리스토텔레스Aristotle, 플로티노스Plotinus 등이다.

노로즈의 돌 [Naurause(Pierres de)] 참조. 세상의 종말Fin du Monde.

나비우스(아시우스) [Navius(Accius)]
키케로Cicero의 기록에 따르면, 젊은 나비우스는 가난으로 인해 돼지를 키웠다고 한다. 그러던 어느 날, 나비우스는 돼지 한 마리를 잃어버렸고 이를 되찾는다면 신에게 그 해 열린 포도 중 가장 아름다운 송이를 찾아 바치겠다고 기도했다. 돼지를 되찾았을 때, 그는 남쪽으로 발길을 돌려 포도밭 한가운데에 멈춰 섰다. 그는 포도밭을 네 구역으로 나누어 살폈다. 세 번째 밭까진 기도에 언급했던 포도를 찾을 수 없었으나, 마지막 네 번째 구역에선 굉장한 크기의 포도송이를 발견하게 되었다. 이 경이로운 이야기는 그가 점술가가 되어 타르퀴니우스Tarquin에게 예견하는 계기가 되었다. 그는 면도기로 돌을 갈라 자신의 예언이 정확한지 증명하기도 하였다.

네일로(제임스) [Naylor(James)]
16세기의 사기꾼. 영국 요크York 교구에서 태어났다. 네일로는 램버트Lambert 대령 군대에서 얼마간 하사로 복역한 뒤, 셰이커교Shakers에 입문하였다. 그는 연설을 통해 큰 명성을 얻고 성인 취급을 받게 되었다. 이 유명세를 이용하고 싶었던 그는 스스로를 신격화하였고 1656년 한낮에 브리스틀Bristol에 입성했다. 네일로는 말에 올라타 있었고 남자 한 명과 여자 한 명이 고삐를 잡고 있었다. 그를 뒤따르는 행렬은 "거룩하도다, 거룩하도다, 거룩하도다, 만군의 신⁽¹⁾"이라고 합창하였다. 사법관들은 네일로를 체포해 법정에 세웠다. 1657년 1월 25일 네일로는 신성 모독과 국민을 현혹한 혐의로 형벌을 선고받게 되었다. 이 형벌은 달군 쇠로 혀에 구멍을 내고, 이마에 신성모독자Blasphemer를 의미하는 B를 새기는 것이었다. 이후 그는 브리스틀로 돌려보내졌는데, 말을 탄 채 얼굴은 꼬리를 향해 돌아가 있었다. 이 미치광이는 당나귀를 타고 입성하길 원했지만*, 형은 선고된 대로 집행되었다. 네일로는 남은 생을 감옥에서 보내게 되었지만, 얼마 뒤 석방되었고 죽는 날까지 자신을 믿는 자에게 설교하는 것을 그치지 않았다.

<small>(1) 만군의 신이라고 번역하였으나, 해당 단어는 천상 보병의 신이라는 의미도 있다. / * 이는 예수 그리스도Jesus Christ가 당나귀를 타고 예루살렘Jerusalem을 입성한 것과 비교된다.</small>

나작 [Naxac]
페구Pegu의 민담에 등장하는 장소. 이곳에서는 윤회를 여러 번 거친 영혼들이 고통의 시간을 보낸다.

네비로스 [Nébiros] 참조. 나베루스Naberus.

네카토 [Nécato]
안다예Andaye의 마녀. 수감되어 있는 동안에도 다른 마녀들과 함께 마녀 집회에 드나들었다. 이 불행한 존재들이 늘 하는 것처럼, 그녀의 영혼만 이동 했던 것이다. 드 랑크르Pierre de Lancre는 이 마녀를 끔찍한 외모의 괴물로 묘사하고 있다. 네카토는 사티로스Satyr의 수염과 야생 고양이의 눈을 가졌으며 쉰 목소리를 냈다. 그녀의 눈빛은 동료들마저도 두려움에 떨게 했다.

강신술 [Nécromancie / Necromancy]
죽은 자를 소환하거나 시체를 살펴보며 미래의 일을 예언하는 기술. 참조. 내장점 Anthropomancie, 에리크토Érichto 등

세비야Seville, 톨레도Toledo, 살라망카Salamanca엔 깊숙한 동굴 안에 위치한 강신술 공립 학교가 있었다. 이자벨Isabelle 여왕은 이 학교들의 입구를 막도록 명했다. 죽은 사람의 혼을 소환하는 미신 및 강신술이라는 이름 아래 행해지는 모든 것을 막기 위해, 모세Moses는 유대인에게 현명한 방식으로 경고했다. 이사야Isaiah는 망자들에게 질문을 던지는 자들과 꿈을 꾸기 위해 묘지 위에서 잠드는 자들을 벌했다. 동방에 널리 퍼진 강신술의 남용을 막기 위해 이스라엘 민족은 죽은 자를 만지면 부정을 탄다고 여겼다. 강신술은 그리스인, 그중에서도 테살리아인Thessalian들이 주로 사용하였다. 이들은 뜨거운 피로 시체를

적켰고, 미래에 관한 정확한 답을 들었다고 주장했다. 망자에게 질문하는 자는 강신술을 주재한 마법사가 명한 속죄를 사전에 치러야 했다. 또 몇 가지 제물을 바쳐 죽은 자의 영혼을 달래야 했다. 이러한 조치가 없다면 죽은자는 모든 질문을 무시했다. 시리아인Syrians 또한 이 점술을 이용했다. 그들이 사용한 강신술 방식은 다음과 같았다. 먼저 어린 아이들의 목을 졸라 죽인 뒤 머리를 자르고 소금에 절여 방부 처리를 하였다. 그리고 황금 판에 이 제물을 바치는 악령의 이름을 적었다. 이후 판 위에 잘린 머리를 올리고 양초로 주변을 둘러쌌다. 마지막으로 우상 같은 존재를 숭배하며 답변을 얻었다.(1). **참조**. 마법Magie.

이스라엘과 유다의 이교 왕들은 강신술을 행했다. 사울Saul은 사무엘Samuel의 영혼을 찾고자 했을 때 강신술을 이용했다. 교회는 이러한 혐오스러운 행동을 항상 금지해 왔다. 콘스탄티누스 대제Constantine가 기독교로 개종했을 때, 고대 이교도들이 점술을 행하는 것은 허용했으나 흑마법이나 강신술은 용인하지 않았다. 율리아누스Julian는 이 끔찍한 술수를 행했다.

현대에도 중세 시대 때 행해졌던 '관의 심판'을 통한 강신술의 잔해가 여전히 남아있다.

(1) 르 루아예Pierre Le Loyer, 『귀신의 역사 혹은 귀신 환영Histoire des spectres ou apparitions des esprits』, 5권, 544페이지.

네프솔리안 [Neffesoliens] 이슬람의 종파. 이들은 인간의 개입 없이 오직 성령으로부터 태어났다고 주장한다. 그렇기에 이들은 존경의 대상이 되며 매우 조심스럽게 취급된다. 네프솔리안의 머리를 만진 것만으로 병이 나은 사람이 있다. 하지만 드 랑크르Pierre de Lancre는 이 성자들이 오히려 악마의 자식들이며, 새로운 신도를 구하는 임무를 행하고 있다 기록했다.(1). 그렇다. 이것이 더 가능성 있는 주장이다.

(1) 드 랑크르Pierre de Lancre, 『악마의 변화론Tableau de l'inconstance de démons』 등, 3권, 231페이지.

네가 [Néga] '성 네가St. Nega에게 서약한다.' 이는 코르시카Corsica 섬의 산적들이 사용하는 표현이다. 성 네가는 연대기에 등장하지 않는다. 이 망나니들이 성 네가에게 맹세하는 것은 모든 편견을 부정한다는 의미를 가진다.(1)

(1) 프로스페르 메리메Prosper Mérimée, 『콜롱바Colomba』.

부정 [Négation / Denial] 최초의 부정을 한 것은 사탄이다. 사탄은 신마저 부정하는 오만함을 저질렀다. 가장 끔찍한 부정은 몰상식한 자들이 신을 부정하는 행위이다. 죽음을 통해 이를 깨우칠 땐 이미 한참 늦은 뒤일 것이다.

네키르 [Nékir] **참조**. 몬키르Monkir.

넴브로스 [Nembroth] 마법사가 자문을 구하는 정령 중 하나. 화요일이 그의 날로 정해져 있으며, 그를 소환할 수 있다. 왔던 곳으로 되돌려 보내려면 돌멩이를 던지면 된다. 어렵지 않은 일이다.

님롯 [Nemrod] 아시리아Assyria의 왕. 아랍 작가들의 이야기에 따르면 님롯은 아무리 높게 바벨탑Tower of Babel을 쌓아도 하늘에 닿지 않자, 거대 독수리 네 마리를 묶은 소쿠리에 타고 하늘로 오를 생각을 했다고 한다. 이 생각은 실현되어 님롯은 소쿠리에 담긴 채 새와 함께 날아올랐다. 하지만 너무 높이 그리고 멀리 가버린 바람에 더는 그의 소식을 들을 수 없었다.

수련 [Nénufar / Nenuphar] 차가운 물에 사는 식물로 다음과 같은 효능이 있다. 어느 여름, 한 수리공이 지붕을 고치고 있었다. 이때 집주인은 창가에 물과 수련을 담은 유리병을 올려두고 햇빛에 정화하고 있었다. 그러던 중 목이 말랐던 수리공은 이 물을 들이마시게 되었다. 그는 갑작스레 한기를 느끼며 집으로 돌아갔다. 며칠 뒤, 몸이 너무 차가워진 수리공은 마법에 걸린 것이 아닌지 의심하게 되었다. 그리고 누군가 저주를 내렸다며 호소했다. 집주인은 유리병을 살펴보고 비어있다는 것을 알아차렸다. 이렇게 저주의 원인이 밝혀졌다. 수리공은 생강 절임으로 만든 술을 마시며 몸을 데웠다. 수리공은 곧 회복되었고 불평 또한 사라졌다[1].

(1) 생 안드레Saint-Andre, 『마법에 관한 글Lettres sur la magie』.

네피림 [Néphélim / Nephilim] 거인 또는 도적을 의미한다. 성서에서 천사와 여자들 사이에서 태어난 아이들을 부르는 명칭이기도 하다. 『에녹서The Books of Enoch』의 기록에 따르면 네피림은 거인의 자식들이었다고 한다.

네쾀 [Nequam] 마법사들의 왕자. 마인츠Mainz 연대기엔 네쾀이 마인츠의 기초를 세웠다고 기록되어 있다.

네르 또는 네레 [Ner, Néré] 페르시아에서 디베Dives(악령)에 속하는 남자 악령을 부르는 명칭. 이들은 몹시 악랄하다. 그중 잔혹하다고 알려진 존재로는 뎀로슈 네레Demrousch-Nere, 세헬란 네레Sehelan-Nere, 모르다슈 네레Mordach-Nere, 카하메라슈 네레Cahamerash-Nere가 있다. 이들은 신화 속 동방의 최초 군주들을 상대로 전쟁을 벌였다고 전해진다. 하지만 타무라스Tahmuras가 이들을 물리쳤고, 굳게 닫힌 동굴 속에 가두었다[1].

(1) 데르벨로D'herbelot, 『동양 총서Bibliothèque orientale』.

네르갈 [Nergal] 2계급 악마. 지옥 경찰 수장이자 벨제부스Belzébuth의 1호 밀정이다. 그는 위대한 심판자 루시퍼Lucifer의 감시하에 놓여있다. 하지만 이는 악마학자들의 주장일 뿐이다. 네르갈(네르겔Nergel)은 불을 숭배했던 아시리아인Assyrians들의 우상이었다.

네로 [Néron / Nero] 로마의 황제. 그의 끔찍한 이름은 폭군에게 할 수 있는 가장 잔인한 욕설이 되었다. 그는 미래를 예견해 주는 작은 조각(또는 만드라고라Mandrake)을 지니고 다녔다. 네로는 마법사들에게 이탈리아 추방 명령을 내렸는데, 이 안에는 철학자들도 포함되어 있었다. 이는 철학자들이 마법을 장려한다 생각했기 때문이었다. 악마학자들은 그가 자신의 어머니인 아그리피나Agrippina의 혼을 소환한 것이 확실하다고 주장한다[1].

(1) 수에토니우스Suetonius, 『네로의 생애Life of Nero』, 24장.

네틀라 [Netla] 참조. 쐐기풀Ortie.

네토 [Nétos] 말루쿠Maluku 제도의 악마. 랑틸라Lanthila를 우두머리로 두고 있다.

9 [Neuf / Nine] 많은 민족은 이 수는 신성하게 여긴다. 중국인들은 황제 앞에서 아홉 번 절을 올린다. 아프리카에선 속국의 왕들이 큰 권력을 쥔 왕에게 말을 걸기 전 아홉 번 분진에 입을 맞추어야 한다. 팔라스Pallas는 몽골인들 또한 이 숫자를 매우 신성하게 여기며, 유럽인들 또한 비슷한 견해를 가진다고 말했다.

노이하우스의 백색 여인 [Neuhaus(Femme Blanche de / White Lady of)] 참조. 백색 여인Femmes Blanches.

뇌르인 [Neures, Neuriens / Neurians] 유럽 사르마티아Sarmatia 민족. 일 년에 한 번 늑대로 변신했다가 원래의 모습으로 돌아오는 능력이 있다고 한다.

뉴 헤이븐 [New-Haven] 신대륙의 난파선 앞에는 뉴 헤이븐 요정의 배가 나타난다 전해진다. 이 경이롭고 설명 불가능한 전설은 공기 굴절로 인한 것으로 추정된다. 마치 메시나 만Bay of Messina 위로 빛나는 모건 르 페이Morgan le Fay*의 성처럼 말이다.

* 아서Arthur 왕의 이복 누이. 반은 요정인 마녀라고 알려져 있다.

멍청이 [Niais] '부정하다Nier' 라는 프랑스 동사에서 파생된 형용사. 부정하는 사람들이 좋아할 리 없는 표현이다.

니브리안 [Nibrianes] 나폴리Napoli의 요정들로 집마다 하나씩 붙어있다. 그렇기에 집에 대해 불만이 있는 자는 니브리안을 향해 욕을 한다. 이는 집주인들이 지어낸 이야기임이 틀림없다.

닉카르 또는 닉 [Nickar, Nick] 독일과 영국의 대다수 민간전승의 원천인 스칸디나비아 신화에는 다음의 내용이 등장한다. 주신 오딘Odin은 파괴자 또는 악령이 될 때 닉카르Nickar, Hnickar라는 이름을 사용했다. 이때 그는 켈피Kelpie(스코틀랜드의 악마 말)의 모습으로 나타나 스칸디나비아 호수와 강을 지배하고 태풍과 폭풍우를 몰고 왔다.

뤼겐Rugen 섬에는 혼탁한 물이 담긴 호수와 울창한 숲으로 덮인 기슭이 존재한다. 닉카르는 이곳에서 배를 전복시켜 어부들을 괴롭히는 것을 즐긴다. 때로는 가장 키가 큰 전나무 꼭대기까지 어부들을 던지기도 한다. 튜턴족Teutons 물의 요정인 '물의 남자'와 '물의 여자'는 닉카르로부터 파생되었다. 이 중 가장 유명한 존재는 엘베Elbe 강과 가알Gaal 강의 님프Nymph(물의 정령)들이다.

기독교가 전파되기 전, 두 강 인근에 살던 색슨족Saxons은 마그데부르크Magdeburg 또는 메그드부르크Megdeburch(처녀의 도시)에 신전을 두고 있는 한 여신을 숭배했다.

그녀는 엘베 강의 나이아스Naiad* 만큼이나 두려운 존재였다. 마그데부르크에서 그녀는 팔에 소쿠리를 든 모습으로 시장에 출몰하곤 했다. 그녀는 우아하고 잘 자란 태가 나, 한눈에도 부르주아의 딸처럼 보였다. 하지만 예리한 관찰자들은 그녀의 앞치마 한 부분이 항상 젖어있는 것을 보고 물에서 왔다는 것을 알아챘다.(1)

영국인 선원들은 악마를 늙은 닉Old Nick이라고 부른다.

(1) 북쪽의 민간 전승(『영국 저널Revue britannique』, 1837년). / * 그리스신화에 등장하는 물의 님프.

닉사 [Nicksa] 참조. 닉사스Nixas.

니콜라이 [Nicolaï] 참조. 환각Hallucination.

니드 [Nid] 아이슬란드인들이 세이드Seidr* 또는 흑마법과 비교하는 고등 마법. 이 마법은 적에게 저주 주문을 읊을 때 사용한다.

* 아이슬란드의 흑마법.

니데(장) [Nider(Jean)] 성 도미니크회Dominican 학자. 1440년에 사망했다. 니데의 저서 『개미탑Formicarium』에는 빙의에 관한 흥미로운 이야기가 기록되어 있다.

니플하임(무저갱) [Niflheim(Abîme / Abyss)] 스칸디나비아에 있는 이중 지옥. 스칸디나비아인들은 아홉 번째 세계에 이 지옥이 자리했다고 생각한다. 이들의 전설에 따르면, 지상에서 몇 번의 겨울이 있기 전에 니플하임이 생성되었다고 한다. 고대 북유럽 시집 『에다Edda』에는 이 지옥 한가운데 베르젤머Hvergelmer라는 샘이 있다고 기록되어 있다. 이 샘에서부터 불안, 기쁨의 적, 죽음의 체류, 타락, 심연, 태풍, 소용돌이, 포효, 울부짖음, 지독함의 강이 흘러나온다. 소란의 강은 '죽음의 체류 강' 수문 근처에 흐른다. 이 지옥은 일종의 여인숙이다. 혹은 갑작스러운 공격이 있을 때 하급 신을 보호하기 싫어하는 평화로운 자들(혹은 게으른 자들)이 갇히는 감옥이기도 하다. 이 여인숙에 머무는 자들은 마지막 날 심판 또는 용서를 받기 위해 이곳을 나서야 한다. 이는 연옥에 대한 매우 불완전한 구상으로 볼 수 있다.

니그로맨시 [Nigromancie / Nigro-

mancy] 마치 광물, 화석처럼 암흑 속에 숨겨진 것들을 알아내는 주술. 이를 행하는 자들은 악마를 소환하고 숨겨진 보물을 가져오라고 명령했다. 이러한 소환은 한밤에 이루어졌으며, 악마는 어둠이 깔리는 동안 맡은 임무를 수행했다.

니논 드 렝클로 [Ninon de Lenclos] 지나친 허영심으로 자신의 아름다움을 80세까지 간직하고자 했던 그녀는 결국 악마와 계약을 맺었다. 악마는 당시 검은 옷을 입은 난쟁이의 모습을 하고 나타났다. 니논 드 렝클로가 숨을 거둘 때, 침대 발치에는 그녀를 기다리는 난쟁이가 있었다고 한다.[1]

  (1)「지옥의 전설Légendes Infernales」속 해당 이야기를 참조할 것.

니루디 또는 니론디 [Nirudy, Nirondy] 인도인들이 악마의 왕이라 여기는 인물. 검을 쥐고 거인의 어깨에 올라타 있는 모습으로 묘사된다.

니 그리고 니고드렝 [Nis / Nie(et Nisgodreng]] 덴마크의 작은 악마들로 클루리콘Cluricaunes*에 속한다. **참조. 클루리콘.**

  * 아일랜드의 장난기 많은 사역마.

니스 [Nisses] 스코틀랜드의 작은 요정.

니토에 [Nitoès] 말루쿠Maluku 제도 주민들이 중요한 일을 앞두고 찾는 악마 혹은 정령. 주민들은 모여서 작은 북소리로 악마를 소환한다. 횃불을 밝히면 니토에 혹은 니토에를 섬기는 존재들이 모습을 드러낸다. 이때 술과 음식을 대접하면 질문에 대한 답을 얻을 수 있다. 모인 주민들은 연회를 치르고 남은 음식을 모조리 먹어 치운다.

닉사스 또는 닉사 [Nixas, Nicksa] 강 또는 바다의 신. 발트해Baltic Sea 연안에서 숭배를 받았다. 닉사스는 명백히 해신 넵튠Neptune의 모든 특성을 가진 것으로 보인다. 이 어두운 고장에서 안개를 동반한 바람과 태풍을 가장 큰 해악으로 지목한 데에는 나름의 이유가 있다. 그리고 이 신에게 부여한 초자연적 특성은 두 가지 양상으로 전해진다. 독일인이 믿는 닉사는 상냥한 요정이며, 고대인들에게 나이아드Nalades라고 불렸다. 늙은 닉Old Nick(영국의 악마)은 북해 신의 진정한 후손으로, 북해 신의 능력 중 큰 부분을 물려받았다. 용맹하기로 알려진 영국의 선원도 이 위험한 존재를 두려워한다. 또한 이 존재를 여러 천재지변의 원인으로 보고, 자신의 덧없는 생명을 노린다고 믿는다.

노알(잔) [Noals(Jeanne)] 베젠Vegenne 교구의 라 쿠두리이라Las Coudoudeira 방앗간 물레를 고장 낸 혐의로 1619년 3월 20일 보르도Bordeaux 법정에서 재판을 받고, 화형에 처해진 마녀. 그녀는 다른 두 여성과 이 방앗간에 보리를 빻으러 갔었다. 하지만 주인 장 데스트라드Jean Destrade는 며칠 전 받은 보리를 먼저 갈아야 하니 기다려달라고 부탁하였다. 그녀들은 기분이 상했고 곧 물레가 멈췄다. 방앗간 주인과 아내는 망가진 원인을 찾지 못했다. 이에 수리공을 부르자, 앞서 말한 마녀들을 데려오라고 말하였다. 노알이 물을 멈추는 데 사용하는 기계에 무릎을 꿇고 앉자, 15분 만에 어느 때보다 빠른 속도로 물레방아가 돌기 시작했다.[1]

  (1) 드 랑크르Pierre de Lancre, 『완전히 입증된 마법에 대한 의심과 불신Incrédulité et mécreance du sortilège pleinement convaincue』, 논설 6, 318페이지.

노디에(샤를) [Nodier(Charles)] 『트릴비 또는 아르가일(아르질Argyle)의 고블린Trilby ou le lutin d'Argail』의 영적 저자. 이 외에도 요정과 고블린Goblin이 시적으로 그려진 여러 매력적인 글을 남겼다.

노아 [Noé / Noah] 동방에서는 이 성조의 이야기에 여러 경이로운 전설들을 덧붙였다.[1]

  (1)「구약성경의 전설Légendes de l'Ancien Testament」을 참조할 것.

노엘(자크) [Noël(Jacques)] 1667년 약간의 소동을 일으킨, 빙의가 되었다고 주장하던, 어쩌면 강박관념에 사로잡혔던 자. 그는 파리 아르쿠르 학교College d'Harcourt 철학 교수의 조카였다. 노엘은 계속해서 유령을 본다는 망상에 사로잡혔다. 그는 간질 발작을 일으켰고, 이상한 표정을 짓고, 몸을 비틀었으며, 비명을 지르고, 진기한 동작을 선보였다.

노엘에게 악령이 빙의되었다고 생각해 여러 검사를 해보았지만, 그는 집회에 가지 않아 저주를 받은 것이라고 주장했다. 노엘은 여러 번 다른 형상의 악마를 보았다고도 말했다.[1] 그리고 이후 그가 미쳤다는 것이 밝혀졌다.

(1) 생 안드레Saint-Andre, 『마법에 관한 글Lettres sur la magie』.

노 [Noh] 호텐토트족Hottentots 전설에 등장하는 최초의 인간. 호텐토트족은 최초의 선조들이 문 또는 창문을 통해 호텐토트로 입성했다고 믿는다. 이 선조들은 신이 직접 보낸 자들로 가축을 먹이는 법과 여러 기술을 사람들에게 전수했다.

흑인 [Noirs / Black] 일부 몽상가들의 의견에도 불구하고, 피부색이 다르다고 해서 다른 인간은 아니다. 또한 흑인이 대홍수 당시 전멸한 카인Cain의 후손이라는 의견도 허황된 말이다. 아시아에서 구릿빛 피부를 가졌던 인간이 아프리카로 넘어가 검은 피부를, 북방 지역으로 넘어가 흰 피부를 후천적으로 가지게 되었을 뿐이다. 이 모든 인간은 태초에 동일한 남녀에게서 탄생했다. 이 주제에 관한 다소 악의 없는 잘못된 사상은 오직 무지한 자들에게만 받아들여진다.

마법사들은 때때로 악마를 '큰 흑인'이라고 불렀다. 이름 및 출신이 미상인 어느 법률가는 악마를 만나고 싶어 한 마법사를 따라 인적이 드문 사거리를 찾았다. 그곳은 평상시 악마들이 모이는 곳이었다. 사거리엔 흑인이 높은 왕좌에 앉아 있었다. 그리고 창과 몽둥이로 무장한 검은 병사에게 둘러싸여 있었다. 왕좌에 앉은 흑인은 마법사에게 누구를 데려왔느냐고 물었다. 마법사는 답했다. "왕이여, 그는 충직한 하인입니다." 악마는 법률가에게 자신을 섬기고 숭배하며, 그의 오른쪽에 앉을 것을 권했다. 하지만 그는 지옥 왕국의 음울한 분위기에 실망하며 십자가를 그렸고 악마는 사라졌다.[1]

흑인에게는 백인이라는 악마가 있다.

(1) 『야코비 데 보라지네의 황금 전설Legenda aurea Jacobi de Voragine』, 64번째 전설. 『구약성경의 전설Légendes de l'Ancien Testament』 속 해당 내용을 참조할 것, 84페이지.

호두 [Noix / Nut] 호두에는 경이로운 비밀이 숨겨져 있다. 호두를 태워 빻은 뒤 와인, 기름과 섞으면 모발을 보호하고 탈모를 막을 수 있다.[1]

(1) 『대 알베르투스의 경이로운 비밀들Les admirables secrets d'Albert le Grand』, 199페이지.

문자점 [Nomancie / Nomancy] 이름과 철자를 활용한 점술. 이름점Onomancy과 같은 점술이다. **참조.** 이름점.

2 [Nombre Deux / Two] 숫자 2를 불행한 것이라 주장한 피타고라스Pythagoras 이후, 이탈리아인들은 2를 가장 불행한 숫자로 여기게 되었다. 이 학설을 과신했던 플라톤Plato은 숫자 2를 생식력이 없고 명예롭지 못한 다이아나Diana와 비교하였다. 로마인들은 이 때문에 매해 두 번째 달이나 매월 두 번째 날을 플라톤에게 바쳤다. 모든 불길한 것들은 그에게 바쳤기 때문이다.

다른 숫자에도 여러 믿음이 존재한다. **참조.** 아홉Neuf 등.

노노 [Nonos] 필리핀 원주민들이 믿는 악령. 이들은 물에 둘러싸인 경이로운 장소에 거주한다. 주민들은 이 장소를 두려워 하며 허락을 구하지 않고선 절대 지나가지 않았다. 만약 누군가가 병에 걸리면 주민들은 노노에게 쌀, 와인, 코코넛, 돼지와 같은 것들을 제물로 바친다. 그리고 이를 환자에게 먹인다.

노른 [Nornes / Norns] 켈트족Celts의 요정 또는 운명의 세 여신Parcae. 인간의 나이를 정해주었다. 이들은 스스로를 우르다Urda(과거), 베란디Verandi(현재), 스칼다Skalda(미래)라고 칭했다.

노르스거브 [Norsgubb] 고대 노르웨이어에서 사용하던 단어. 스웨덴의 유명한 악마 이름이다.

노스트라다무스(미셸) [Nostradamus (Michel)] 1503년 프로방스Provence 생레미Saint-Remi에서 태어난 의사이자 점성가. 1566

년 살롱Salon에서 사망했다. 그는 프로방스 전역을 휩쓴 여러 전염병을 낫게 하는데, 자신의 재능을 사용했다. 하지만 이는 동료들의 질투를 불러왔고 결국 사회를 떠나게 되었다. 노스트라다무스는 홀로 책에 둘러싸여 지내며, 스스로 미래를 내다보는 능력이 있다고 믿는 지경에 이르렀다. 그는 예언을 수수께끼처럼 적었는데, 이를 조금 더 무게 있게 보이도록 시로 표현하였다. 1555년, 그는 이렇게 만든 수많은 4행시를 엮어 리옹Lyon에서 일곱 권의 『세기Centuries』를 발간했다. 이 예언집은 상상을 초월하는 인기를 끌었고, 사람들은 그를 새로운 예언자로 섬겼다. 지각 있는 사람들 또한 그를 견자, 선지자 등으로 여겼고 악마와 거래를 한 것으로 생각하는 이도 있었다. 하지만 대다수의 분별 있는 사람들은 노스트라다무스를 사기꾼으로 보았고, 의사로서 성공하지 못한 그가 대중의 경솔함을 이용한다고 여겼다. 노스트라다무스의 예언 가운데 최고의 예언은 자신이 이 직업으로 부를 얻게 될 것이라 말한 것이다. 그는 카테린 드 메디시Catherine de Medici, 샤를 9세Charles IX, 지성이 부족한 평민들을 통해 재산을 축적하고 영예를 쌓았다. 시인 조델Jodelle은 그의 이름으로 다음과 같은 말장난을 쳤다.

거짓말을 하듯 우리는 우리의 것을 준다
Nostra damus cum falsa damus, nam fallere nostrum est ;
거짓말을 하면 우리의 것만 준다Et cum falsa damus, nil nisi nostra damus.

노데Naude는 대여섯 가지 빈번히 일어나는 주제를 다루는 수천 개 4행시 중에 프랑스 도시의 점령, 유명한 이탈리아인의 죽음, 스페인의 흑사병, 괴물, 화재, 승리 또는 그 비슷한 것을 언급하는 구절을 찾는 것이 그리 놀라운 일은 아니라고 말했다. 이러한 예언은 신는 사람에 따라 달라지는 테라멘Theramene의 신발과 다를 것이 없다. 그의 예언에 심취했던 샤비니Chavigny는 『프랑스의 야누스Janus français』에서 노스트라다무스 예언 대부분이 17세기 초반에 모두 이루어졌음을 증명했다. 하지만 그의 예언은 아직도 현대에 맞춰 언급되고 있다. 그의 예언은 연감처럼 적혀있다. 어리석은 이들은 그의 천 개의 거짓 중 하나의 진실을 찾았을 때, 모든 것을 의심 없이 믿어 버렸다. 노스트라다무스는 자신의 묘지가 죽음 뒤 옮겨질 것이라고 예언했다. 그는 살롱의 성 프란치스코회Franciscan 교회에 묻혔는데, 이 교회는 훗날 무너졌다. 교회터에는 들판이 자리하게 되었고, 대중들은 이토록 제대로 된 예언을 하는 이를 믿지 않으면 안 된다고 생각하게 되었다(1).

(1) 드 투De Thou는 노스트라다무스의 아들이 아버지의 재능을 물려받아 그처럼 예언했다고 기록했다. 도피네Dauphine 푸생Poussin이 포위되었을 때, 생 뤽Saint Luc이 푸생의 운명에 관해 질문하자, 노스트라다무스의 아들은 다음과 같이 답했다. "화재로 끝날 것이다." 침입한 병사들이 궁을 약탈할 동안, 예언자의 아들은 직접 여러 장소에 불을 붙여 예언이 실현되도록 하였다. 하지만 그의 행동에 분노한 생 뤽은 어린 점성가를 말로 밟아 죽였다.

노타리콘 [Notarique / Notarikon] 유대인 카발라에서 단어와 문장을 재배치하기 위해 사용하는 세 가지 고대 방법 중 하나. 단어마다 한 글자를 골라 문장 전체를 만들거나, 문장을 구성하는 단어들의 앞 글자만을 따서 새로운 단어 하나를 만든다.

물에 빠진 사람 [Noyés / Drowned Man] 영국과 미국 선원들은 물에 빠진 사람을 끌어 갑판에 놓았을 때, 사망하면 불행과 위험을 예고하는 흉조로 보았다. 이러한 미신은 잔혹하게도 물에 빠진 자들을 물속에 그대로 두도록 만들었다. 시인 욀렌슐레게르Oehlenschlager가 들려주는 한 짤막한 이야기는 실제로 일어난 비극을 다룬다. 한 평범한 선원이 난파 사고로 아들을 잃고, 그 슬픔으로 인해 미쳐버렸다. 매일 그는 배를 몰고 바다 한복판으로 나갔다. 그곳에서 선원은 힘차게 북을 치며 아들을 큰 소리로 불렀다. "이리 오렴, 이리 오렴! 숨지 말고 이리로 헤엄쳐 오렴. 이 아비의 배에 태워줄 테니! 네가 죽었다면 묘지에 묻어주마. 꽃과 나무로 뒤덮인 그런 묘지에. 파도 속보다는 그곳에서 더 편히 잠들 수 있을 테니." 이 불행한 자는 답 없는 아들을 외쳐 불렀고 부질없이 수평선을 바라보았다. 밤이 되자, 그는 집으로 돌아와 다음과 같이 말했다. "내일은 더 멀리 나가야지. 불쌍한 아들이 내 말을 듣지 못한 모양이야."(1)

(1) 마미에Marmier, 『발트해 연안의 이야기』Traditions des bords de la Baltique』.

죽은 자의 밤 [Nuit des trépassés / Night of the Dead] 플랑드르인Flemish에게 11월 1일만큼 미신적 공포에 사로잡히는 날은 존재하지 않는다. 이날 자정이 되면 죽은 자들은 긴 수의를 걸친 채 묘지에서 나와, 자신을 잊은 자들에게 기도를 요구한다. 마녀와 늙은 양치기는 이날 밤에 가장 무시무시한 저주를 내린다. 천사 가브리엘Gabriel은 악마를 짓누르는 발을 12시간 동안 들어 올린다. 그리고 악마에게 잠깐 인간을 괴롭힐 권한을 준다. 자연의 황폐화는 이 믿음에 공포를 더한다. 이날은 태풍이 몰아치고, 눈이 쏟아지며, 거대한 급류가 모든 것을 집어삼킨다. 또 고통과 죽음이 모든 여행자를 위협한다.(1)

(1) H. 베르톨드H. Berthould, 『만성절의 밤』La nuit de la Toussaint』.

누마 폼필리우스 [Numa-Pompilius] 로마의 두 번째 왕. 백성들에게 제법 현명한 법률을 선포했는데, 님프Nymph(물의 정령) 에제리아Egeria로부터 받은 것이라고 한다. 그는 행복한 날과 불행한 날을 기록했다(1). 악마학자들은 누마 폼필리우스를 뛰어난 주술가이자 깊이 있는 마법사라고 주장한다. 또 누마 폼필리우스의 권속 님프인 에제리아 또한 사역마로 만든 악마에 불과하다고. 누마 폼필리우스는 악마 소환에 재능이 있고 박식한 인물이었다. 르 루아예Pierre Le Loyer는 이 사역마의 보좌 능력 덕분에 그가 로마 백성의 호감을 사는데 필요한 뛰어난 일들을 많이 할 수 있었다고 확고히 주장했다. 또 이것이 그가 멋대로 백성 위에 군림하기 위하였음이라 덧붙였다. 같은 이야기로, 할리카르나소스의 디오니시우스Dionysius of Halicarnassus는 시민을 위한 연회가 열린 날, 누마 폼필리우스가 소박한 접시에 간단한 음식을 내놓은 적이 있다고 기록했다. 이때 그의 말 한 마디에 악마가 나타났고, 연회장을 순식간에 품격 있는 가구로 채우고 훌륭한 음식을 식탁에 올렸다. 누마 폼필리우스의 주술은 주피터Jupiter가 올림포스Olympus에서 벗어나 그의 앞에 나타나게 만들 정도였다. 드 랑크르Pierre de Lancre의 기록에 따르면, 누마 폼필리우스는 왕좌에 오른 자중 가장 위대하고 강력한 마법사였으며, 인간보다 악마에게 더 많은 권력을 행사할 수 있었다고 한다. 그는 여러 마법서를 썼지만, 사망하고 400년 후 불태워졌다…. **참조.** 에제리아Égérie.

(1)하루는 그가 로마인들에게 안실Ancile(또는 안실리Ancilie)이라는 이름의 특별한 방패를 보여주었다. 그리고 이탈리아를 휩쓴 전염병이 창궐했을 당시 하늘에서 떨어졌다고 주장했다. 그는 이 방패의 보존이 로마 제국의 운명과 연관이 있으며, 이는 에제리아와 뮤즈Muses가 알려준 중요한 비밀이라고 말했다. 누마 폼필리우스는 이 신성한 방패를 도난당하지 않기 위해 완벽히 똑같은 열한 개의 방패를 추가로 만들었다. 이 방패들은 너무나도 비슷하여, 그 자신조차도 진짜를 판가름하기 어려울 정도였다. 열두 방패는 양쪽이 둥글게 패어 있었다. 누마 폼필리우스는 특별히 교육한 열두 사제에게 이 방패들을 지키는 일을 맡겼다. 이들은 살리이Salii(또는 아고나레스Agonales)라고 불렸다. 뛰어난 기술로 열한 개의 가짜 방패를 만든 맘무리우스Mammurius는 맡은 일을 충실히 해낸 것에 대한 영광 외에 그 어떤 보상도 받지 않았다.

노르차 [Nursie / Norcia] 나폴리Napoli 왕국에 자리 잡고 있다. 무녀 동굴이 있던 곳으로, 중세 시대엔 마녀들이 여기를 차지하고 사람들의 상담을 받았다.

니바스 [Nybbas] 하급 악마이자 지옥 왕국의 위대한 어릿광대. 환영과 꿈을 관리한다. 대개 존경 받지 못하고 요술쟁이 또는 협잡꾼 취급을 받는다.

님프 [Nymphes / Nymphs] 여성 악마. 이들이 나타날 때 보여지는 아름다운 모습으로 인해 해당 이름이 붙었다. 그리스인들 사이에서 님프는 매우 존경받는 대상이며, 여러 계급으로 존재한다. 님프 멜리에Melie는 호의를 베풀거나, 속이고 싶은 사람을 따라 다닌다. 이들은 눈에 보이지 않는 속도로 달릴 수 있다. 님프 제네틸리드Genetyllide는 출생을 지배한다. 이들은 요람 속 아이를 돌보고, 산파의 역할을 하며, 아이에게 음식을 먹이기도 한다. 주피터Jupiter 또한 님프 멜리사Melissa의 손에 길러졌다. 그리스인들은 님프가 가득 채워지면 빙의가 된다고 말한다.(이것이 그들이 악마라는 증거이다) 또한 카발리스트들은 이 악마가 물속에 살고 샐러맨더Salamander(불도마뱀)는 불 속에, 실프Sylphs는 공기 중에, 노옴Gnomes 또는 소인족은 땅 속에 산다고 주장한다. **참조.** 운디네Ondins.

엘베 강의 님프 [Nymphe de l'Elbe / Nymph of Elbe] 16세기 유명 작가인 프레토리우스Pretorius는 때때로 엘베 강의 님프가 강기슭에 자리를 잡고 인어처럼 머리카락을 빗는다고 기록했다. 월터 스콧Walter Scott은 '래머무어가의 신부The Bride of Lammermoor'와 유사한 엘베 강의 인어 전설이 있다고 말했다. 이 이야기는 그림 형제Brothers Grimm의 독일 전설 모음집을 통해 자세히 다루어졌다. 운디네Undine 또는 닉스Nixes의 외적인 아름다움에도 불구하고, 이들의 본질을 살펴보면 늘 악마적인 무언가가 숨어 있다. 베일에 가려져 보이지 않는 듯하지만, 이 신비한 아름다움과 사탄과의 관계는 확실히 존재한다. 이들의 유혹에 넘어가는 자는 죽음을 면치 못하게 된다. 일부 작가들은 최근 발레Valais에서 일어난 홍수가 닉카르Nickar 또는 닉스가 아니라면, 최소한 물과 육지를 모두 오가는 악마가 벌인 일이라고 주장한다. 반느Bagnes 골짜기 인근에는 죽음의 산이 존재하는데, 이곳에는 악마들이 집회를 위해 모여든다. 1818년 시온의 두 걸인 형제는, 이 불법적인 집회를 알고 참여자의 수와 계획을 확인하기 위해 산에 오르기로 했다. 형제들은 마치 빙의된 사람처럼 그들에게 다가갔다. 집회에서 무리의 대변자는 다음과 같이 말했다. "존귀한 형제들이여, 우리는 어마어마한 수의 군대를 형성하고 있소. 그 군사들에게 여기 알프스Alps의 얼음과 바위를 공평하게 나눠준다면, 아마 각자 1리브르Livre**도 갖지 못할 것이오." [1]

(1) 북쪽의 민간 전승(『영국 저널Revue britannique』, 1837년). / * 물의 요정. / ** 프랑스에서 질량을 세는 단위. 1리브르는 약 490g 정도이다.

니놀(장 드) [Nynauld(Jean de)]
『늑대인간, 변신과 마법사의 황홀경De la Lycanthropie, transformation et extases des sorciers』(1615년, 파리, 8절판)의 저자.

니올 [Nyol]
브로스Brosse의 자작. 16세기 말 마법사라는 이유로 체포되었다. 그는 마법사들에게 내려지는 형벌을 듣고 달아난 후 오래도록 먼 고장에 머물렀다. 니올을 뒤쫓던 이웃들은 돼지 외양간에서 그를 발견하였다. 니올은 여러 저주에 관해 심문당하였고, 쿠아 드 라 모트Croix de la Mote에서 열린 마녀 집회에 딱 한 번 참여한 적이 있다고 자백했다. 그곳에서 그는 검은 숫염소의 모습을 한 악마를 보았다. 니올은 악마에게 부와 행복을 얻는 대가로 자신의 허리띠와 머리카락 일부를 바쳤고, 죽은 뒤에는 엄지손가락 하나를 바치기로 약속했다. 이후 악마는 그의 어깨에 표식을 남기며 질병을 퍼뜨리고 인간과 짐승을 살해하라고 명했다. 또 사탄의 이름으로 마법 가루를 뿌려 경작물을 망쳐 버릴 것을 지시했다. 니올은 마녀 집회에서 악마가 다른 마법사들과 춤추게 만들었다고 고백했다. 마녀 집회의 참석자들은 모두 양초를 하나씩 들고 있었는데, 악마가 떠나자마자 모두 저절로 집으로 되돌려 보내졌다. 28인의 증인은 니올이 마법사로 유명했으며, 네 명의 사람과 많은 짐승의 죽음을 초래했다고 증언했다[1]. 그는 형을 선고받았다.

(1) 리키우스Rikius, 『논설: 마법, 독살, 우상숭배의 개요. 푸아투 몽모리용의 왕좌에서 판결받은 범죄 소송 인용 Disc. sommaire des sortilèges, vénéfices, idolâtries, tirés des procès criminels jugés au siége royal de Montmorillon, en Poitou』.

니포 또는 니푸스(오구스틴) [Nypho, Nyphus(Augustin)]
이탈리아 마법사. 드 랑크르Pierre de Lancre의 기록에 따르면 수염이 난 사역마가 있었다[1]. 이 사역마는 니포에게 모든 지식을 알려주었다. 그는 아르테미도루스Artemidorus의 해몽서 이후 『점술서Des divinations』를 펴냈다. **참조**. 아르테미도루스.

(1) 『타락 천사의 변화론Tableau de l'inconstance des mauvais anges』, 5권, 414페이지.

니스로크 [Nysrock]
2계급 악마이자 벨제부스Belzébuth의 수석 요리사. 식욕과 식성을 지배한다.

색인

2	291	가비에누스	46	강귀(시몬)	53
9	288	가스트로크네미아	54	강드레이드	52
가고일	53	가스파드	54	강디용(피에르)	52
가넬론	52	가에치	46	강신술	286
가니자	54	가요 드 피타발	56	강티에르	53
가니포트	53	가이야르(프랑수아)	47	강한 어깨	34
가닥	32	가이우스	47	개구리	72
가라차이드	47	가일랑	47	개미	36
가랑디에	53	가자르디엘	56	갱의 가스	74
가룟 유다	151	가자의 나탄	285	거대한 굴	69
가루다	54	가즈(테오도르 드)	56	거울	260
가르강튀아	53	가지엘	57	거인	57
가르니에(질)	54	가터	143	거짓말	245
가르드맹(마리)	53	가파렐(자크)	46	검둥오리	209
가르시아(마리)	53	간나	53	검은 이반	138
가름	78	간점	98	검은 인간	106
가리네(줄)	54	갈(프란츠 요세프)	49	게랑(피에르)	76
가리보(잔)	54	갈다크라프티간	47	게르마니쿠스	61
가면무도회	238	갈라차이드	47	게마트리아	58
가물리	52	갈란타	47	게이세릭	62
가미긴	52	갈레노스	47	게티아	67
가브리엘	46	갈리가이(레오노라)	47	겐나디우스	60
가브리엘 데스트레	46	갈릴레오	48	겔로	57
가브리엘 드 P	46	갑	46	겔뤼드	58
가브리엘(질)	46	갑상선종	67	겔리스 던캔	57
가비노	46	갑카르	46	겔리온	58
가비니우스	46	강가 그람마	52	겨우살이	76

결혼	234	공포	39	귀브르	78
경이	248	과요타	76	귀신	6
경이로운 서	258	과차로	76	권포르	78
계급	102	광기	32	그노시스파	65
고그니	67		229	그라	69
고냉	68	광부(악마)	258	그라브비트니르	71
고데슬라스	66	광신주의	5	그라타롤로(굴리엘모)	71
고드윈	67	광인	36	그라튈레	71
고리	56	괴레스	68	그라티디아	71
고릭(뤽)	55	괴물	264	그라티안(쟈네뜨)	71
고모리	67	괴테	67	그란도	70
고브	66	골	62	그란손	70
고블린	65	구	68	그랄론	69
고비노	65	구구	69	그랜디어(위르뱅)	69
고비노 드 몽뢰장	66	구넴	78	그레실	72
고사리	36	구렁	68	그레아트라크(발렌틴)	71
고성소	189	구산달(빛의 골짜기)	78	그레이 메일	72
고슐랭	55	구소인	79	그레일메일	72
고압	65	구스타프	79	그로스테스트(로버트)	75
고약한 수도자	261	구에쿠바	76	그로스페터	75
고용	69	구엘드레	76	그로자크	75
고티에	56	구울	62	그론제트	75
고티에 드 브루주	56	구테일	79	그루오 드 라 바르	75
고티에(장)	56	구틸	79	그르니에(장)	72
고프(마리)	67	군단	181	그리그리	73
고프리디(루이 장 밥티스트)	55	군트람	68	그리말디	73
		굴	69	그리말킨	73
고호리(자크)	67	굴레오	69	그리스 불	20
곤데릭	68	굿윈	68	그리스그리스	74
골드너	67	귀도	77	그리핀	72
골리	62	귀뚜라미	73	그린(크리스틴)	72
곱	66	귀몽 드 라 투슈	79	그릴란디(파올로)	73

글라샬라볼라스	64	꽃	30	네르갈	288
글라피라	64	끓는 기름	116	네르투스	101
글랜빌	64	나가트	282	네비로스	286
글럽덥드립	65	나구알	283	네일로(제임스)	286
글레디치	64	나귀유(마리)	283	네카토	286
글로스터	64	나귀유(카테린)	283	네쿰	288
금지령	134	나락	285	네키르	287
기계	208	나밤	282	네토	288
기계학	240	나베루스	282	네틀라	288
기라델리(코르네이)	62	나비우스(아시우스)	286	네프솔리안	287
기르타너	64	나스트란드	285	네피림	288
기안 벤 기안	62	나스트런드	285	넴브로스	287
기온 텐진	64	나이란시	284	노	291
기욤	77	나작	286	노노	291
기욤 3세	78	나체 고행자	79	노데(가브리엘)	285
기욤 드 카르팡트라	77	나카론키르	284	노디에(샤를)	290
기욤 드 파리	78	나글파르	283	노로즈의 돌	286
기우르타슈	63	나토나(베르트)	285	노르스거브	291
기유맹	78	나폴레옹 1세	284	노르차	294
기윤	165	나피에르(바바라)	284	노른	291
기적	259	나하마	283	노새	275
기적을 행하는 성 그레고리	72	나흐트마넷	282	노스트라다무스(미셸)	291
		나흐트브라우트예	282	노아	290
기타노	64	낙엽송	244	노알(잔)	290
긴게레	63	난	284	노엘(자크)	290
긴눈가갑	63	난쟁이 로린	283	노움	65
긴대 빗자루	228	난쟁이(드워프)	283	노이하우스의 백색 여인	288
길굴	62	남브로스	284	노장의 길베르	77
길굴 네샤못	62	네가	287	노타리콘	292
길로	58 63	네레	288	녹색 여인	16
길버트	63	네로	288	녹스(존)	167
꼭두각시	236	네르	288	농어	200

뇌르인	288	닉	288	라브로스	172
뇌전증	224	닉사	289	라비사리	179
누마 폼필리우스	293		290	라비트	172
눈물	178	닉사스	290	라샤뇹테리	173
뉴 헤이븐	288	닉카르	288	라슈스	173
느부갓네살	282	님롯	287	라시(장)	173
늑대	196	님프	294	라자르	179
늑대인간	197	달	202	라자르(드니)	180
늑대인간화	206	달군 쇠(시험)	16	라카유(드니즈 드)	173
늑대지기	245	달팽이	190	라팔루드	177
늪	230	닭풀	99	라팡(자크)	173
니	290	담비	238	란델라	176
니고드렝	290	당나귀 머리점	164	람폰	175
니그로맨시	289	대 위그	115	랑게	177
니논 드 렝클로	290	대 토끼	187	랑다(카테린)	176
니뇰(장 드)	295	도마뱀	185	랑달(카테린)	176
니데(장)	289	돌점	191	랑시네	176
니드	289	때리는 자	39	랑제악	176
니롱디	290	라겐하르(니콜)	173	랑틸라	177
니루디	290	라노(다비드)	174	램프점	175
니바스	294	라드와이투르	173	레노(다비드)	174
니브리안	288	라레스	178	레리슈 신부	184
니세	78	라르브	178	레멘스(레비누스)	182
니스	290	라리베이(피에르)	178	레뮈르(원귀)	182
니스로크	295	라모트르 바예(프랑수아)	175	레미아	182
니올	295	라미	174	레비아탄	185
니콜라이	289	라미아	174	레쉬	181
니토에	290	라바디(장)	172	레스코	184
니포(오구스틴)	295	라바터(요한 카스파르)	179	레스페스	184
니푸스(오구스틴)	295	라바테(루이)	179	레슬러	205
니프어돌링	167	라부랑	172	레오 3세	182
니플하임(무저갱)	289	라부르	172	레오나드	183

301

레오폴드	183	루시퍼	200	르콕	181
레이던의 얀	145	루시페리안	201	를루(오귀스탱)	181
레이라	179	루아예(피에르 르)	199	리누르구스	190
레코리에르(마리)	184	루이 11세	195	리미르	190
레테	185	루이 13세	195	리바니우스	186
레파파	184	루이 14세	195	리시	190
레프러콘	184	루이 1세	195	리에데(마들렌)	186
렌스베르흐(마테오)	173	루이스(매튜 그레고리)	185	리오	190
렘니우스(레비누스)	182	루친	205	리자베	191
렝글렛 뒤프레누아(니콜라)	182	루코모리안	201	리자타마	190
		루코필라	185	리지마키아	207
로게리	192	루크만	192	리카스	206
로노이(장)	178	루키아노스	200	리카온	206
로레이	193	루터(마르틴)	204	리토마나	191
로멜리(바티스타)	192	루틴	205	리투스	191
로아녹스(수잔나)	191	룩셈부르크 남작 부인	206	린컵(마리온)	190
로아타	193	룩셈부르크(프랑수아 드 몽모랑시)	205	린콥(마리온)	190
로키	192			릴리(윌리암)	190
로투	178	뤼르(기욤)	203	릴리스	189
로파르드	192	뤼시마코스	207	마가	210
로파르티	180	뤼지냥	204	마가레트 나바르	234
로헨(납달리)	192	륄(레이몬드)	201	마고그	216
롤라르(고티에)	192	르 노르망(마르탱)	182	마고아	216
뢰스 카랭	185	르 루아예	182	마네스	229
루 페카	197	르노르망 아가씨	182	마녀 집회의 축하연	17
루덩	194	르두 아가씨	181	마녀 집회의 호칭 기도	191
루드럼	201	르루 드 랭시	184	마누	229
루리당	204	르브룅(샤를)	180	마니	230, 274
루리콘	203	르브룅(피에르)	180		
루비에(빙의 사건)	199	르사주	184	마니교도	229
루세슴	200	르장드르(길베르 샤를)	181	마니투	230
루스모르	204	르카누 신부	181	마니파	230

마라	230	마베르트	208	말씀	245
마렌타켄	233	마살리안	239	말점	103
마롯	236	마세이	237	말파스	227
마룸	230	마스티팔	239	맙	208
마르게리트	233, 234	마오리다스	230	맛주	240
마르바스	231	마운티니어	265	망 타르	229
마르소	232	마이야(루이즈)	216	매머드	227
마르초시아스	233	마차 할라	208	매이몬	216
마르켈루스	233	마치 마니투	239	맥 도날드(아치볼드)	208
마르쿠스	231	마코카	210	맥 알란(파니)	208
마르키온주의	233	마클리스	209	맥 알지언(유페미)	208
마르탱(마리)	237	마태오 라엔스버그	240	맥 인토스	209
마르탱(생)	237	마트리카스	112	맥 카티	208
마르탱(토마)	238	마티뇽(르 P. A. 드)	240	맥로도	209
마르티네	238	마티뇽(자크 고용 드)	240	맨	228
마르티벨(사레나)	237	막달레나 델라 크루스	210	맨프레드	223, 229
마르티벨(세레나)	237	만드라고라	228	맹주앵	245
마르팀	238	만소트(라)	230	맹프루아	223
마를(토마 드)	236	만카나스	228	머리카락의 떨림	41
마리니(앙게랑 드)	236	만토	230	머맨	242
마리산느	236	말 베트	224	머스캣	278
마리아그란(마리)	236	말도나도	224	머큐리	246
마리아초 드 몰레레스	234	말라크 카발라	223	멀린	246
마리우스	236	말라타스카	224	멍청이	288
마몬	227	말라파르	224	메갈란트로포제네시스	242
마법 램프	175	말랭	226	메나	244
마법과 마법사들	210	말레브랑슈	227	메나세 벤 이스라엘	245
마법사 요한	144	말레타나(도밍지나)	226	메난데르	244
마법사의 비계	69	말렝가	224	메네스트리에(클로드 프랑수아)	245
마법서	73	말로	236		
마법의 빛	202	말리나	226	메니프	245
		말브랑슈(니콜라)	224		

303

메데이아	241	
메디	242	
메디아	241	
메로베크	247	
메르시에	245	
메르카나	245	
메르카티(미카엘)	245	
메사 할라	208	
	248	
메살리안	239	
메스머(앙투안)	248	
메이그 말로크	243	
메이어	249	
메이지	210	
메카스피나	241	
메타트론	249	
메피스토펠레스	245	
멘라	245	
멜기세덱	243	
멜란히톤	243	
멜람푸스	243	
멜렉 알 무트	243	
멜리사	244	
멜리에	244	
멜리진	244	
멜콤	243	
모건 르 페이	266	
모그	260	
모독	156	
모라	261	
모라비아의 레비	185	
모라일	266	

모락스	32	
	266	
모랭(시몽)	266	
모랭(장 밥티스트)	266	
모렐(루이즈)	266	
모로	266	
모르다드	266	
모르트마르	273	
모리(알프레드)	240	
모리(장 시프렝)	240	
모리스	240	
모세	262	
모스트 마스티트	274	
모이셋	262	
모차르트	275	
모키소	262	
모텔루	274	
모토곤	274	
모페르튀이	240	
목요일	150	
몬스 클린트	260	
몬키르와 네키르	264	
몬타누스	265	
몰록	262	
몰리토르(울리치)	262	
몸짓	254	
몹소스	265	
몽골	261	
몽생미셸	250	
몽타네	265	
몽탈렘베르(아드리앙 드)	265	
몽테주마	265	

묘지기	35	
무감각	134	
무닝스	276	
무르무르	277	
무르잔티	277	
무수카	278	
무스펠하임	278	
무언증	278	
무주코	274	
무지	121	
무하지민	275	
무함마드	216	
문자점	291	
물결	31	
물로	253	
물병점	54	
물에 빠진 사람	292	
물점	117	
물질	240	
물트(토마스 조세프)	274	
물푸레나무	41	
품몰루스	275	
뮈게타 데셴	275	
뮌스터	276	
뮌처(토마)	276	
뮐랭	275	
뮐러(요하네스)	275	
미갈레나	252	
미노손	258	
미다스	251	
미라	263	
미라벨(오로레)	258	

미락	260	벼락	36	살인	250		
미르빌(J. 유드 드)	260	변신	249	상상	122		
미리카에우스	279	별의 영향	130	상형문자	102		
미미	254	별자리 운세	109	생 제르망의 불	20		
미미르	253	별점	108	생선 내장 점	119		
미셸	250	병자	223	석탄	112		
미셸 드 사우르스프	251	보이지 않는 손	222	선악과	43		
미스라임	260	보헤미안 미셸	251	선한 구데만	76		
미스콘 마리	260	복권	193	섬	121		
미아고루스	278	복부점	54	성 그레고리 7세	72		
미오암	278	복수의 세 여신	44	성 루퍼스의 삼각 케이크	55		
미카도	252	복희씨	31	성 안셀무스의 불	20		
미카엘(엘리아킴)	250	봉황	32	성 예로니모	149		
미카엘리스(세바스티앙)	250	부엉이	101	성 요한의 불	18		
미칼	278	부정	130 287	성녀 멕틸드	241		
밀교	279	분수	32	성모 마리아의 실	24		
밀라노의 요한	146	불	18	세계	264		
밀랍상	122	불가시성	135	세례 요한	145		
밀러	253	불꽃점	206	세상의 종말	24		
밀론	253	불능 저주(동여 묶기)	187	세인트 엘모의 불	20		
밀알	69	불멸	126	셀렌	95		
밀턴	253	불신자	129	소환 주문	136		
밍그렐리아	258	불연성	128	속임수	127		
바르바스	231	불행	226	손	216		
바보	119	붉은 남자	107	솔개	252		
바팀	238	사냥꾼 장	146	수도원장 피아르	21		
박하 기름	116	사미인	177	수도자	261		
방랑하는 유대인	152	사부아의 루이즈	196	수련	287		
배교자 율리아누스	155	사자	190	수안기	138		
백색 여인	15 16	산토끼	187	수요일	245		
베르젤머	117	살롱의 원수	233	수점	180		
				수태 능력	12		

숲	33	악마의 벽	277	엘리아	95
슈젠자	142	악마의 외형	33	엘베 강의 님프	294
스라소니	207	악마의 장난	226	엘프왕	283
스코틀랜드인 미셸	251	악마의 표식	237	여성	15
스콘석	130	악마의 허기	4	여호와	148
승부	150	악마의 헛간	70	연기	43
시간	101	악인	241	연기 나는 입	43
시칠리아의 요한	146	알리시안	119	열	23
식탐	69	알파벳 문자	185	영광의 손	222
신기루	260	앙리 3세	96	영원한 램프	175
신앙	31	앙리 4세	98	예로니모	149
신의 심판	152	야곱	139	예루살렘	149
신화학	279	야마	119	예시엘(여이엘)	148
실레지아의 쿤티우스	161	야마로카	143	예제르 웁	150
아르빌리에(잔)	87	야마부시	142	예제르 하라	150
아르프	87	야코	208	오시(마리 드)	93
아메를랭	85	얀 복켈슨	145	올레인	95
아셀다마	80	얀네와 얌브레	143	요괴	142
아스라필	138	얄다바오트	142	요르단의 일(멩프로이 드 릴)	137
아이비	186	얌브레	227	요르문간드	151
아이슬란드 마법	214	양	274	요세프달(요셉의 골짜기)	151
아이슬란드의 제트	144	양치기	53	요셉	151
아이슬란드인	137	어머니	246	요아킴	150
아이페로스	136	어머니 잔	148	요일	151
아일랜드	136	에녹	96	요정	12
아켈다마	80	에렌베르크(장 크리스토프)	99	요정의 마부	150
아콰르	85	에르몰라오 바르바로	100	요하네스 22세	144
악마 제럴드	60	에르빌리에(잔)	101	요한 드 쿠리스	151
악마의 결혼	235	에즈(장 드)	101	요한복음서	144
악마의 딸	24	엑사고누스	101	욕설	127
악마의 모습	23	엔니서(르)	96	욥	150
악마의 미사	248				

306

우박	72	이덴(제오프루아)	119	임신	75
우상	119	이르멘트뤼드	136	입문	130
우소리	5	이를 칸	136	잉스티토르(앙리)	134
우연	93	이마	41	자기	215
우울	243	이마점	250	자드	141
운명론	10	이메르	126	자바미아	139
웃음점	58	이미르	126	자바섬 사람들	143
원로 요한	144	이반	145	자비르	57
원시언어	176	이블리스	119	자손	58
원점	79	이비스	119	자연과 초자연	285
월	261	이사카룸	137	자웅동체	99
월계수	178	이세벨	149	자유사상가	186
월요일	203	이스	137	자정	258
위공	115	이스라필	138	자코뱅 드 베른	139
위그	115	이스파레타	137	잔 다르크	146
위에(피에르-다니엘)	114	이시스	137	잔 뒤 아드	148
윌 오더 위스프	20	이암블리코스	142	잔 디비숑	148
윌랭	116	이야기	103	잠두콩	21
윌리엄 루퍼스	77	이오	136	장 다라스	145
윔베르 드 보주	116	이완 바질로위츠	138	장 데탕프	145
유니콘	186	이자벨	137	장 드 묑	146
유대인	152	이자보	137	장 뮐랭	146
유대인의 구세주	249	이집트 몽구스	119	장 바실로위츠	145
유령 라포레	264	이페스	136	장례식	44
유령 섬	121	이프린	121	장수	192
유령의 집	223	인간	106	잭 오 랜턴	139
유체 발현	230	인도의 의식	18	저거너트	142
윤회	249	인쇄	128	저글링 광대	151
융	156	인큐버스	129	저작	239
의학	241	인큐보네스	129	저주	225
이교	99	인페르노	130	저주초	99
이다	119	임베르타	126	전조	135

정기	31	존슨(사무엘)	151	치즈 제조인	43
정령(게니이)	58	졸리 보이스	151	칠성장어	176
정령의 탈것	265	종교재판	130	카라 칼프	162
정오	252	주니에	156	카라자메아	162
정조	22	주마등	6	카르덱(알란)	162
제니라드	59	주물	18	카르시스트	162
제니안	58	주피터 암몬	156	카메오	52
제다이	148	죽은 자의 밤	293	카모슈	161
제디	57	죽음	266	카미	161
제라드	60	쥐리유	157	카바	158
제라딘(로즈)	60	쥐점	278	카부테르	166
제레아	61	지니스탄	63	카부테르만네켄	158
제롤드섹	61	지라르(장 밥티스트)	63	카비르	158
제르(베르토민 드)	61	지벨	62	카샤파	158
제르마(질)	61	지오에르닌카 베뒤르	63	카이드 모르	159
제르베	61	지옥 문자	185	카이링거	163
제르베르	60	지옥의 군주제	263	카이오메르	159
제르송(장 샤를리에 드)	61	지옥의 후작	237	카이포라	163
제마(코르넬리우스)	58	진	148	카코스	159
제비	103	진구	58	카타카네스	162
제이랄다	57	진느	63	카트미르	163
제일라나	57	진주점	233		170
제임스 1세	139	질 드 바이야도로스	63	카틀라	161
제처	149	질 드 친	63	카프	158
젤론(골짜기)	58	짐승의 변	22	카하	159
조곤나타	150	책	191	칼미크족	159
조명파	121	천년왕국주의자	253	칼스트라라	161
조바르	150	천체의 음악	278	칼파브리스카	160
조수아 벤 레비	151	최면술	118	칼하메(마리)	159
조안 사우스코트	148	최후의 심판	152	캄라	161
조카바	150	축복의 씨앗	69	커피 찌꺼기(점술)	231
조프로이 디덴	60	출몰	85	케리코프	164

케모슈	161
케모슈	163
켄	163
켄토르프	164
켈렌과 니스로크	163
켈비	163
켈피	163
코란	168
코르손	68
코리건	169
코발	167
코볼트	167
코사크인	169
코조제드	167
코터	169
콘만(헨리)	168
콜피	168
콰린	63
쿠가스	169
쿠르곤	171
쿠르드족	171
쿠마노 규호	164
쿠툭투스	171
쿠파(카테린)	171
쿠파이	171
쿠파이스	169
쿨만(퀴리누스)	171
크라켄	169
크라팀	170
크레칭	170
크로도	170
클루데	166

클린저(프레데릭-막시밀리안 본)	167
키르기즈족	165
키실로바의 흡혈귀	165
키악키악	165
키온	165
키제르	164
킹 케이크	55
툴루즈 베네딕트파 수도사 유령 출몰 이야기	185
티티새	246
파니우스(가이우스)	6
파르파데	8
파르파렐리	9
파리	274
파머(위그)	9
파베르(아브라함)	4
파베르(알버트 오톤)	4
파브르(피에르 장)	4
파브리시우스(장 알베르트)	4
파시누스	138
파알	4
파우누스	10
파우스트(장)	10
파즐 이븐 살	4
파퀴어	7
파키어	5 7
파피시아	7
판타스마고리아나	6
팔코네(노엘)	5
팔콘	5

페라구스	17
페르난드(앙투안)	17
페르디난드 4세	17
페르히타	98
페리(잔)	17
페리에(오제르)	17
페발(폴)	21
페슈너(장)	12
페어 포크	4
페어리	5
페어팍스(에드워드)	4
페이	21
페코르	12
펜리스	16
펠젠하버(폴)	14
포라스	32 34
포레이	32 266
포르네우스	34
포르카스	32
포지트	35
포칼로르	31
포투	201
폰세카(P. 피에르 드)	32
폴가르	32
퐁트네트(샤를)	32
퐁트넬	32
푸르네(카테린)	36
푸르카스	32 44
푸르푸르	44
푸젤리(헨리)	44

풀크	36		피엔(토마스)	22		헨델	85
풍뎅이	85		피오라반티(레오나르도)	25		할티아스	85
풍수	32		피오리나	25		할파스	84
퓌메(마르탱)	44			31		핫치	93
프라이부르크	41		피키노(마르실레)	22		핵	80
프라티첼리	39		핀란드인	25		햄릿	85
프란조티우스	39		핀스크갈든	25		향점	186
프랑크(세바스티앙)	39		필리아 추 치	24		허버트	99
프랑크(크리스티안)	39		하겐티	80		허스	117
프레드리히 바르바로사	40		하늘을 나는 유령	7		헛진	117
프로톤	43		하드라오트	117		헝가리의 루이 2세	195
프리메이슨	36		하로	86		헝가리인	107
프조니세	78		하롤드 겜손	86		헤라이드	98
플라가	26		하리디	86		헤로디아	100
플라드	26		하보림	80		헤론	101
플라로스	29		하본디아	80		헤르메스	100
플라멜(니콜라)	26		하비	88		헤르멜린	100
플라뱅	30		하스파리우스 유베디	93		헤르모티무스	100
플라비아 베네리아 베사	29		하시시	112		헤르미안	100
플라잉 더치맨호	105		하이네르팡거(이삭)	118		헤르미알리트	100
플라크(루이 외젠)	28		하이에나	118		헤르미온	100
플렉스빈더	30		하인리히 3세	97		헤르바디야	98
플로랑 드 빌리에	30		하인리히 4세	97		헤카테	93
플로랑드	31		하인리히 사자공	98		헤카톤케이레스	93
플로론	31		하켈베르크	80		헤클라	94
플로리몽 드 레몽	31		하퀸	85		헤후가스트	94
플로린	31		하킨	81		헥데킨	94
플로틸드	31		하킴	81		헥사콘탈리토스	94
플린	30		하톤 2세	93		헨리 4세	97
피귀에(루이)	23		하프	87		헨리 8세	98
피셔(거트루드)	25		하피	85		헬	94
피안	21		한노	85		헬가펠	95

310

헬레나	95	홀츠호이저(바르톨로뮤)	106	히포미르메세스	103
헬레니움	95	홉킨스	107	히포크라테스	102
헬레퀸	96	화살	30	히포킨도	102
헬렌	95	화석	35	히포포드	103
헬리오가발루스	96	화요일	233	힘	33
헬리오도로스	96	화재	128		
헬리오트로프	96	환각	81		
헬싱란드	96	활석 기름	116		
헬헤스트	95	황금초	99		
혀	176	황달	143		
현혹	9	횃불	26		
협잡	36	후네릭	116		
호노리우스	107	후리	112		
호데켄	94	후브너(스테판)	114		
호데켄	105	후아카	174		
호두	291	후아트	114		
호레이	108	후줌신	116		
호르녹	108	후투티	117		
호르텐시우스(마르티누스)	112	훈족	116		
		훈증 요법	44		
호르틸로피츠(잔)	112	훔마	116		
호박	117	휘데뮐렌	114		
호수	172	흑인	291		
호스트(콘라드)	112	흙점	60		
호크	104	희생양점	102		
호포	108	히리고엔	103		
호프만	105	히메라	118		
호흡	81	히멤버그	102		
혼란초	99	히에롬네논	102		
홀다	105	히파르추스	102		
홀레르	105	히포그리프	102		
홀수	126	히포만	102		

저자. 자크 콜랭 드 플랑시
역자. 장비안
윤문 및 교정. 고성배, 권수인

초판 1쇄 발행. 2023.11.20
편집 디자인. 닷텍스트
인쇄. DOUBLE K

닷텍스트(.TXT)
10113 김포시 유현로 200, 106-1004
이메일. dottext@daum.net
인스타그램. @dot.text

이 책의 판권은 출판사 닷텍스트에게 있습니다. 이 책의 내용의 전부 또는 일부를 재사용하려면 반드시 서면 동의를 받아야 합니다.

ISBN 979-11-956499-4-5(03900)